명공서판청명집 - 호혼문 역주

Qing-ming Ji The Enlightened Judgments by Eminent Magistrates

옮긴이 박영철(朴永哲, Pak, Yeong-cheol)은 서울대학교 역사교육과를 졸업, 같은 대학교에서 동양사학과 석사과정을 수료하고, 일본 교토대학에서 문학박사학위를 취득하였다. 현재 군산대학교 사학과 교수이다. 중국사회사와 법제사를 전공하고 있으며 주요 논문으로 「나라카에서 지옥으로-불교의 번역과 중국문명」, 「해태고-중국에 있어서 신판의 향방」, 「송사의 출현을 통해 본 송대 중국의 법과 사회」, 「Balance and Balancing Weight : A Study of the Conception of Justice in the History of China and its Relationship to the Modernization of Chinese Legal System」, 역서로 『일본의 중국사 논쟁』, 『논어』 등이 있다.

명공서판청명집-호혼문 역주

2008년 8월 10일 1판 1쇄 인쇄
2008년 8월 15일 1판 1쇄 발행

옮긴이 _ 박영철
펴낸이 _ 박성모
펴낸곳 _ 소명출판
등록 _ 제13-522호
주소 _ 137-878 서울시 서초구 서초동 1621-18 (란빌딩 1층)
대표전화 _ (02) 585-7840
팩시밀리 _ (02) 585-7848

somyong@korea.com | www.somyong.co.kr

값 30,000원
ISBN 978-89-5626-312-0 93360

명공서판 청명집

호혼문

淸明集

박영철 역주

소명출판

◆ 일러두기

1. 저본에 대해서

본서는 『名公書判清明集』 총 14권 중의 4권에서 9권에 해당하는 「戶婚門」을 역주한 것이다. 『名公書判清明集』(이하 『清明集』)의 판본에는 송본(宋本)과 명본(明本) 및 명본(明本)의 행간에 주필(朱筆)로 삽입되어 있는 上海圖書館校勘本이 있다. 근대의 것으로는 이 셋을 비교 점교(點校)한 것으로 中華書局에서 출간된 것이 있다(中國社會科學院歷史研究所宋遼金元史研究室點校, 『明公書判清明集』, 1987, 2002(2쇄)). 이 점교본은 송본에는 없고 명본에만 있는 판어(判語) 또는 반대로 명본에는 없고 송본에만 있는 판어들을 함께 수록하고 점교한 것으로서 이용자에게 많은 도움을 주고 있으나 한편 교감이 불충분할 뿐만 아니라 구두점(句讀點)이 정확하지 않은 부분이 상당히 많다는 중대한 결함을 갖고 있다(2002년에 간행된 中華書局本 제2쇄의 후기(後記)에 많은 학자들이 이를 지적하고 있음을 볼 수 있다). 본 역주에서는 송본이 권4, 5, 8, 9 밖에 없기 때문에 완전한 명본을 저본으로 사용하고 中華書局本에서 교감된 것을 그대로 실어두면서 한편 中華書局本에서 누락된 교감을 보충해두었다. 본 역주는 앞의 세 판본을 비교하여 해석한 것인데 특별히 주기하지 않은 것은 명본에 따른 것이다.

2. 『清明集』에는 선행의 역주가 있다. 본 역주가 주로 참고한 것은 송본을 번역한 우메하라 가오루(梅原郁)의 역주(『明公書判清明集譯注』, 京都 : 同朋舍, 1986)와 송본에는 없는 「戶婚門」 6, 7권을 번역한 다카하시 요시로(高橋芳郎)의 업적 및 Brian E. Mcknight and James T.C. Liu의 발췌 영역본 *The Enlightened Judgments Ch'ing-ming Chi The Sung Dynasty Collection*, State University of New York Press, 1999이다. 본 역주작업에 있어서 이 선행연구들에 많은 도움을 받았다. 그러나 역시 이들 역주도 문제가 없지 않으므로 본고는 이들 업적을 비판적으로 수용하였다. 색인류로서 石川重雄編, 『宋元釋語語彙索引』, 東京 : 汲古書院, 1995는 용어의 검색에 큰 도움을 주었다.
3. 번역은 직역의 바탕 위에서 가능한 한 가독성을 높이려고 하였다. 그러나 『清明集』과 같은 일반인들은 물론 전문가에게도 생소한 전문적인 법률용어가 많이 등장하는 책을 쉬운 우리말로 표현해내기란 본래 곤란한 일이 아닐 수 없다. 『清明集』이 난해한 만큼 독자로 하여금 원문과의 대조를 쉽게 할 수 있게 하기 위해서는 직역을 하는 것이 바람직하겠지만 생경한 어투가 되는 경우가 많아서 직역의 원칙을 완화한 경우가 상당히 있으나 가능한 한 우리에게 친숙한 우리말이 되어 버린 한자어를 선택하여 번역하였다. 원문의 한자를 제시할 필요가 있을 때는 [ ], 내용의 이해를 돕기 위해 역주자가 첨가한 부분은 ( )로 표시하였다.
4. 본고에 삽입된 관계도표는 난해한 본문을 이해하기 쉽도록 하기 위해 역주자가 작성해 넣은 것이다.

해제

서언(序言)

『정명집淸明集』은 송대宋代의 자료 중 매우 희귀한 1차 문헌사료로서 중국사 특히 송대사宋代史 연구자들의 주목을 받아왔다. 그러나 『청명집』은 그 난해성으로 인하여 연구자들이 쉽게 접근할 수 있는 자료라고는 말하기 어려운 문헌이다. 가령 『청명집』을 자료로 한 연구가 가장 앞선 일본학계에서 나온 역주[1]나 중국에서 출간된 점교본點校本[2] 가운데도 적지 않은 오류가 발견된다. 그럼에도 불구하고 기존의 업적들을 토대로 『청명집』은 재검토되어 가면서 매우 유용한 자료가 되어가고 있다. 최근에 와서는 우리 학계에도 『청명집』을 이용한 연구가 생산되고 있다.[3] 이

1) 梅原郁, 『名公書判淸明集譯注』, 京都 : 同朋舍, 1986.

2) 中國社會科學院歷史研究所宋遼金元史研究室 點校, 『明公書判淸明集』, 中華書局, 1987, 2002.

3) 박영철, 「訟師의 출현을 통해 본 宋代 중국의 법과 사회」, 『法史學研究』 27호, 2003.4. 특히 최근에 우리나라에서도 역주작업이 나오고 있어 연구자들을 고무하고 있음은 반

하『청명집』의 내용과『청명집』출현의 역사적 배경 및『청명집』의 난해성에 관한 설명을 중심으로 해제에 대신하고자 한다.[4)]

1. 내용

『청명집』은 원래『사고전서총목제요四庫全書總目提要』에도 법가류法家類로 분류되어 있듯이 흔히 법제사法制史 자료로 인식되어 있다. 그러나 그것은 단순한 법제사의 자료가 아니다.『청명집』의 판결문 중에는 단순한 행정적 지시에 불과한 것들도 있지만 대다수는 지방사회에서 실제로 일어났던 사건에 대한 재판의 판결문이며, 그것은 남송南宋시대의 명공名公들이 지방장관으로 재직하면서 재판의 처리과정 중에 작성했던 판결의 원안으로서 분식되지 않은 일차사료이기 때문이다. 따라서 본서에서는 여타의 법령집과 같은 정형화된 자료들과는 달리 당시 사회에서 재판의 과정과 법의 실제의 운용을 볼 수 있다. 즉 단지 법령들을 편제해놓은 허다한 관찬자료官撰資料에서는 찾아볼 수 없는 개개인의 이해관계를 둘러싼 갈등과 해결의 과정을 통해 당대인의 삶의 모습을 풍부하고 구체적으로 보여주고 있는 것이다. 여기에는 황제의 종실에서부터 사대부나 지역사회의 실력자·지주·상인·서리胥吏·무뢰배·군인·승려·도사·점쟁이·미용사 및 끊임없이 소송을 일으키려고 하는 소송브로커들, 그리고 물론 소리 없이 역사 속에 파묻혀버린 무수한 농민대중 등 당시 사회의 신분 계층을 총망라할 정도로 다양한 부류의 인간들이 상호 이해관계에 얽혀 치열하게 분쟁을 벌이는 모습이 보이는 한편 분쟁을 해

가운 일이다. 任大熙 외,『清明集』「戶婚門」(『名公書判清明集』卷之四),『中國史研究』33집, 2004.12; 任大熙 외,『清明集』「戶婚門」(『名公書判清明集』卷之四),『中國史研究』34집, 2005.2.

4) 본 해제는 필자가 기왕에 발표한 논문을 가감하여 쓴 것이다. 박영철,「名公書判清明集의 版本과 讀解」,『역사문화연구』22집, 2005.6.

결하고 지역사회의 안정을 유지하려고 고뇌하는 재판관들의 모습이 생생한 육성으로 담겨 있다.

『청명집』에는 조세와 부역의 부담을 둘러싼 사건, 가족이나 종족의 승계와 상속에 관한 문제, 황실의 종가가 지역 유력자로서 소송에 개입된 사건, 호민豪民이나 형세호形勢戶로 불린 지방의 유력자들이 관여된 형사사건, 민간의 종교적 비밀결사와 관련된 사건, 승려와 군인의 범죄 등 당시 지방사회에서 일어날 법한 거의 모든 사건들이 망라되어 있다. 독자는 이를 통해서 당시의 법제도와 법의 운용의 실제를 볼 수 있을 뿐만 아니라 당시인들의 가치관이나 법의식과 행동양식 등을 생생하게 볼 수 있다. 한마디로 『청명집』은 당시의 사회의 총체적인 모습을 복원할 수 있는 자료를 제공하는 진귀한 문헌인 것이다.

2. 역사적 배경

이렇게 구체적인 판결문을 수집한 문헌의 출간에는 다음과 같은 역사적 배경이 있었던 것으로 생각된다. 『청명집』 편찬의 목적은 『청명집』의 서문이 결락缺落된 상태이기 때문에 구체적인 것은 알 수 없지만 그것이 지방에 부임한 관료의 행정에 도움을 주기 위해 편찬된 것임은 짐작할 수 있다. 송대는 육조수당六朝隋唐의 귀족제 사회에서 전환하여 과거관료제가 정착되는 시대였다. 그러나 지방사회는 과거제로 출신한 관료들에 의해서 완전히 장악되는 사회가 아니었다. 지방관은 임기 3년으로 낯선 지방에 부임하는 것이 원칙이었기 때문에 3년의 단기간에 지방행정을 파악하고 그 업무를 수행하는 것은 실무자들이며 지방사회의 토착적 세력이었던 서리胥吏에게 맡겨 있었다. 지방행정의 장악을 통한 전국적인 관료적 지배의 실현은 국가의 궁극적 목표였으나 실질적인 지방의 행정은 실무계층인 서리에 의해서 장악되고 있었던 것이다.

송宋 왕조는 이전의 왕조와는 달리 사법행정에 많은 개혁을 시도하였다. 사법행정은 국가의 지배를 실현하기 위한 가장 중요한 행정업무였고 송 왕조는 이전에는 거의 전적으로 서리에게 맡겨져 있었던 사법행정을 위한 실무를 지방관이 직접 처리하도록 독려하였다. 실제 『청명집』에는 지방의 유력자와 맞서면서 행정의 실행을 위해 노력하는 지방관의 모습이 역력하게 보이기도 하지만 송 왕조는 관료들이 법률행정을 숙지하도록 하기 위하여 관료들에게 법률시험을 실시하여 그 결과를 인사고과에 반영하기도 하였다.

이처럼 송 왕조가 이전의 왕조에는 볼 수 없을 정도로 행정에 있어서 법률을 강조한 이유는 결국 분쟁을 해결하고 안정된 통치를 위한 데 있었다고 하겠지만 한편 피지배의 입장에 있는 일반대중들 간에도 법률을 통한 이익의 획득이라는 사정이 눈에 띠게 증가한 것도 매우 주목할 만한 일이다. 송대에는 소송에서 승리하기 위해 설득력이 있는 소장訴狀을 작성하는 방법을 전문적으로 가르치는 사설학원도 출현하고 있고 또 이러한 송사訟事의 처리를 전업으로 하는 송사訟師라고 불리는 현대의 변호사와 같은 존재도 출현하고 있었다. 실제 『청명집』에는 법률을 잘 모르는 대중들이 법률전문가의 조언이나 권유, 또는 교사敎唆에 의해 소송을 제기하는 경우도 적지 않게 보인다.

한편 송대에는 이전에는 보이지 않았던 지방관의 행정실무를 돕기 위한 매뉴얼, 즉 『작읍자잠作邑自箴』, 『주현제강州縣提綱』, 『주렴서론晝簾緖論』 등의 관잠서官箴書도 간행되었는데 관잠서의 출현은 한편으로는 민간에 있어서 소송의 번다함과 민중의 법의식의 향상 및 법률전문가의 출현이라는 현상과 병행하고 있는 것으로 보인다. 이 역시 이러한 사회적 분위기를 반영한 것이라고 할 수 있는데 『청명집』의 출현은 실제 현장에서 부딪치는 소송의 해결이라는 리얼한 행정실무를 돕기 위해 보다 구체적으로 사법행정의 모범적인 실례를 제공하고 있는 데 큰 의의가 있다고 할 것이다.

현대 중국에서 『청명집』을 연구하는 현대의 학자들은 개인의 사적 권리의 향상이라는 점에서 이들 판결문에 나타나는 송사訟師와 같은 존재를 높이 평가하는 경향이 있는데 이것은 판결문의 작성자인 과거 출신의 지방관들이 송사에 대해 매우 부정적으로 묘사하고 있는 것과 대조를 이룬다. 이 점은 『청명집』을 읽을 때 주의해야 할 부분이다.

한편 『청명집』의 편찬자가 인식하지 못했던 『청명집』 출간의 중요한 원인으로서 송내에 있어서 상업과 도시의 발달 및 이와 맞물린 인구의 증가라는 사실이 있다. 『청명집』에는 이전에 없었던 다양한 사회계층들이 다양한 종류의 분쟁을 벌이고 있거니와 이것은 이 시대의 사회경제적인 변화라는 역사적 배경에서 이해해야 할 것이다. 『청명집』에 보이는 개인들 간의 경제적 이익의 충돌은 이러한 변화에 따른 사회의 복잡화에 기인하는 바가 크다고 할 것이다.

13세기 남송 시대에 『청명집』과 같은 명공名公들의 판결집의 출간에는 이와 같은 정치적 · 경제적 · 사회적인 여러 요인들이 배경에 있었던 것으로 생각되며 『청명집』은 이러한 역사적 배경을 거꾸로 검증할 수도 있는 자료라고 할 수 있다.

3. 판본

『청명집』의 판본에는 기본적으로 두 종류, 잔본殘本인 송판본宋版本과 족본足本인 명판본明版本이 있으며 이 외에 명판본을 교감한 또 하나의 판본 이른바 상해도서관교감본上海圖書館校勘本을 추가할 수 있을 것이다. 현존하는 가장 오래된 판본은 송판본으로 이것은 일본의 정가당문고靜嘉堂文庫에 소장된 것으로서 천하의 고본孤本으로 불려왔는데 후에 『속고일총서續古逸叢書』 그리고 『사부총간속편四部叢刊續編』에 영인 수록되었다. 송판본은 1983년 중국에서 명판본이 발견되기까지는 세계에서 유일한 판본이었다.

송판본『청명집』이 언제 출판되었는가는 잔결殘缺로 남아 있는 서문이 (이종理宗) 경정景定 신유辛酉년(1261)의 것이므로 그 연대를 짐작할 수 있다. 송판본『청명집』은 불분권不分卷이며 호혼문戶婚門 만으로 구성되어 있는데 입계立繼·호절戶絶·귀종歸宗·분석分析·검교檢校·고유孤幼·여승분女承分·유촉遺囑·별택자別宅子·의자義子·취속取贖·쟁업爭業·위법교역違法交易·위모교역僞冒交易·분묘墳墓·옥우屋宇·고본庫本·쟁재爭財·혼가婚嫁·리離·접각부接脚夫·고첩雇妾 등으로 분류되어 있다. 매 편마다 판결문의 수를 명시하고 있어 도합 총 117조가 되지만 실제로 수록되어 있는 것은 133조이다. 이 중 입계와 쟁업에 관한 것, 즉 집안의 후사를 세우는 문제와 재산을 둘러싼 분쟁이 가장 많은 분량을 차지하고 있다.

새로 발견된 명판본은 북경北京도서관 소장의 10권본과 상해上海도서관 소장의 14권본인데 북경도서관본은 상해도서관본과 같은 간본刊本이며 상해도서관본이 족본足本인데 비해 북경도서관본은 11권에서 14권까지를 결한 잔본殘本이다. 명판본은 융경隆慶 기사己巳년(1569) 장사유張四維의 서문을 달고 있으며 전부 14권으로 관리문官吏門(권1~2), 부역문賦役門(권3), 호혼문戶婚門(권4~9), 인륜문人倫門(권10), 인품문人品門(권11), 징악문懲惡門(권12~14)으로 구성되어 있다. 즉 송판본의 경우는 호혼문만으로 되어 있는데 비해 명판본은 관리문·부역문·문사문文事門·호혼문·인륜문·인품문·징악문 등의 7문門으로 호혼문 외에 6문이 더 있는 것이다. 송판본『청명집』은 불분권으로 명판본의 호혼문 중의 권4, 5, 8, 9에 해당하며 내용은 권8, 4, 5, 9의 순서로 되어 있다. 호혼문은 명판본의 발견과 함께 전 6권으로 구성되어 있는 것이 밝혀졌고 분량은 전체의 삼분의 일로 가장 많이 차지하고 있다. 송판본과 명판본은 내용이 거의 일치하는데 약간의 이동異同이 있다. 즉 송본에는 명본에는 없는 서판書判이 6조條가 있고, 명본에는 송본에는 없는 서판이 3조가 있다.『청명집』은 유일본이었던 송판본 만으로도 귀중한 자료로 이용되어 왔는데 명판본의 발견은 송대의 문헌자료의 발견으로서는 20세기 최대의 사건으로 평가될 만

큼 중요한 것으로 새로운 연구의 지평을 열어주었다고 평가되고 있다.[5)]

『청명집』의 정확한 해독을 위해서는 우선 정확한 텍스트가 필요한데 송판본과 명판본을 대조 교감하는 것은 이를 위한 필수적인 작업이다. 한편 이 두 개의 판본 외에 명판본 『청명집』에 붉은 글씨로 씌어진 교감도 참고하지 않으면 안 된다.[6)] 이러한 작업은 이미 중국사회과학원역사연구소 송요금원사宋遼金元史연구실에서 점교한 『명공서판청명집名公書判淸明集』(中華書局, 1987, 2002) 중에 수행되어 있다. 그러나 현재 가장 손쉽게 구할 수 있는 이 점교본은 중국의 이 방면의 전문가들의 합동작업의 산물임에도 불구하고 왕왕 적지 않은 착오가 눈에 띈다. 『청명집』의 해독이 그만큼 쉽지 않다는 증거이다. 이런 점을 수정하여 보다 정확한 텍스트를 만들기 위해 필자는 스스로 교감을 해가던 중 하나의 중대한 사실을 발견하였다. 그것은 두 가지 판본의 선후관계에 관한 것이다. 말할 필요도 없이 명판본이 명대의 연기年期를 가지고 있다고 해서 현존하는 송판본보다 원래의 내용에 더 가깝다고 할 수는 없다. 즉 명판본은 현존하는 송판본보다 더 앞선 별개의 판본계통에 속할 수도 있기 때문이다. 필자는 송판본이 명판본보다 최초의 판본에 가깝다는 결정적인 단서를 발견하였다.

첫째, 송판본에 있는 것이 명판본에 없는 경우가 있다. 『청명집』 권5[7)]의 〈受人隱寄財産自輒出賣 : 翁浩堂〉 서판 중에 있는 "呂千五所供, 已

---

5) 한편 사고전서총목제요四庫全書總目提要에 『청명집淸明集』에 대해 '輯宋元人案牘判語'라고 하고 그 권수를 17권이라고 기술하고 있는 것을 보면 『청명집』은 이 두 개의 판본 외에 또 하나의 판본이 더 있는 셈이다. 나머지 3권 중에 원대元代의 서판書判이 포함되어 있을 것은 당연하고 『청명집』이 송대 이후에도 증보판을 내면서 계속 활용되어 왔음을 알 수 있다. 그러나 이 17권은 아직 발견되지 않고 있다.

6) 이 교감은 『청명집』을 이해하는 데 많은 도움을 주기도 하는데, 무엇을 근거로 한 것인지는 알 수 없다. 단순히 교감자의 창작에 불과한 것인지 별개의 판본이 있었는지 분명치 않다.

7) 中國社會科學院歷史硏究所 宋遼金元史硏究室 點校, 『名公書判淸明集』, 中華書局, 1987, 2002(이하 『點校本淸明集』), 136면.

明言乃父因鄕司差役, 將産作江山縣重親詹德興立戶, 卽此見其本情矣" 라는 구절을 명본과 대조해보면 명본에는 重親이 없는 것이다.

둘째, 권4[8]의 〈羅琦訴羅琛盜去契子賣田〉라는 서판 중의 "又據羅琛所供, 此田原係田與姊夫謝瑜"를 명본과 대조해보면 명본에는 姊夫 謝瑜가 姨夫 謝某로 되어 있다. 송본과 명본은 글자의 이동異同이 있어 그 판본이 다른 계통에 속하는 것으로 판단되는데, 송본의 인명 사유謝瑜가 명본에는 사모謝某로 되어 있는 점은 송본이 명본의 성립보다 시기가 앞선다는 사실을 증언하는 것이다.

셋째 송본에서는 서판의 저자가 다만 아호雅號로 표기되어 있는 데 비해 명본에는 성명으로 표기된 점은 역시 송판본이 명판본보다 앞선 계통의 판본에 속하는 것임을 뒷받침한다고 생각된다.

넷째 이처럼 송본은 명본보다도 앞선 계통의 판본에 속한다는 사실을 무엇보다도 확실하게 보여주는 증거로서 권5 「姪假立叔契昏賴田業」(중화서국본, 147면 9행)의 "寶慶之元"이라는 구절을 들 수 있다. 이것은 보경寶慶 원년을 가리키는 것인데, 송본의 元은 명본에는 原으로 되어 있고 상해도서관교감본은 乙酉(1225년)를 주기하고 있다. 명본에 原으로 되어 있는 것은 이 청명집의 명본이 송본보다 늦은 시기의 판본에 속하는 것임을 확실하게 증언하는 것이다. 왜냐하면 명대에 들어 와서 元年은 몽고제국의 국호인 元을 피해 原年으로 칭해졌기 때문이다.[9]

4. 『청명집』의 난해성

『청명집』은 당시 사회의 실태를 생생하게 전해주는 희귀하고 중요한

---

8) 『點校本淸明集』, 102면.

9) "明太祖旣登極, 避勝朝國號, 遂以元年爲原年, 民間相傳如此, 而史書不載." 王應奎, 『柳南隨筆』 권3.

사료이기는 하나, 그 난해성으로 인해 연구에 많은 어려움을 주고 있기도 하다. 일본학계에서 나온 『청명집』의 번역이나 중국에서 나온 점교본 등의 오류도 이를 증언해주고 있다.

『청명집』이 난해한 이유로는 첫째, 당시의 재판관들에게조차 다소 난해했던 전문적인 법조문과 법률용어들이 포함되어 있다는 점이다. 이것은 물론 법률교육과 법의식과 관련된 문제이기도 하다. 둘째, 복잡한 재판행정체계이다. 약간의 설명을 가하면, 가령 재판에 관한 판결, 적어도 원안을 작성하는 작업을 하는 데 통판청通判廳이 크게 활약을 하는 것이 보이고 있다. 주청州廳, 통판청, 승청丞廳, 이 외에 주부청主簿廳[10]의 존재도 생각되는데 이들과 사부使府·헌대憲臺·헌사憲司·전운사轉運司·제형사提刑司 등과의 관계가 명시되지 않아서 역설적으로 『청명집』의 난해성을 가중시키고 있다. 예를 들면 권9 제3조의 제원구齊元龜의 소송에서 채구헌蔡久憲이 내린 판결문이 암시하듯이 원래 사건은 전운사에게 가야 할 것이, 제형사에 와서 판결을 받고 있는데 현존하는 판어만으로는 그 관계를 잘 알 수 없는 것이다. 특히 저자의 신분이 드러나 있지 않은 경우 더욱 난해성이 가중된다. 셋째, 원고와 피고의 소장은 남아 있지 않은데 재판관은 소송을 숙지함으로 해서 구체적인 과정이나 배경이 생략되는 것이 많다는 점이다. 어떤 경우에는 행위의

---

10) 주부청主簿廳의 존재는 명확하지는 않은데, 권9(『點校本清明集』, 325면) 「主佃爭墓地 : 莆陽」의 예를 들 수 있다. 이 서판의 작성자의 신분은, 후에 나오는 조지현趙知縣의 판결(『點校本清明集』, 327면)에 보이는 대로 보양현莆陽縣의 주부主簿라는 것을 알 수 있다. 보양이라는 이름은 권9(『點校本清明集』, 339면)의 서판 「掌主與看庫人互爭」에도 보이고 동일인물일지도 모르는데, 『청명집』에 보이는 정확한 이름이나 신분을 밝히지 않은 서판의 주인공들은 아마 현령縣令 이하의 직위를 가진, 무명의 명공名公이라고 불러야 옳을 것 같다. 이 판어判語와 관련하여 생각해볼 문제는 주부가 독자적인 판결 권한을 가지고 있는가 하는 것이다. 현승縣丞의 경우는 제48조에 보이는 것처럼 승청丞廳이라고 하는 판결을 내릴 수 있는 독자적인 집무소를 갖고 있었다고 해도 좋을 것이다. 본 판어의 내용으로 볼 때, 주부도 독자적인 판결을 할 수 있었던 것으로 생각되는데 그 명칭은 명확하지 않다. 『청명집』에는 수많이 '당청當廳'이라는 말이 쓰이고 있는데 혹은 이 당청 중에 '주부청' 같은 것이 포함되어 있지 않을까 일단 생각해볼 수 있을 것이다. 판어 53조에 '통판청通判廳'이라는 말이 있는 것을 보면 주부청도 충분히 있을 수 있다.

주체를 생략함으로 인해서 난해성을 가중시키고 있는 점 등을 들 수 있다. 결국 이런 점들이 복합적으로 작용하여 『청명집』을 난해하게 만드는 것이다. 이런 경우 독자는 소송의 배경을 판결문을 통해 추리할 수밖에 없다. 『청명집』 중에서도 호혼문은 특히 난해한 부분이다. 왜냐하면 호혼문에 수록된 판결문들은 민간에서 일상다반으로 일어나는 상속, 재산권 등의 분쟁 사건과 관련된 것인데 이러한 분쟁은 원고와 피고 쌍방 간의 갈등이 미세한 부분에서까지 첨예하게 부딪치기 때문에 그만큼 추리하기 어렵게 된다.

결어(結語)

난해한 『청명집』은 주로 일본학계에서 많은 연구가 이루어져왔지만 완전한 독해는 아직 이루어지지 않았으며 따라서 그 전모가 밝혀져 있지는 않은 상태이다. 이제까지의 연구는 『청명집』 중에서 가장 많은 부분을 차지하고 또 가장 난해한 호혼문을 중심으로 진행되어왔다. 역주로는 우메하라 가오루梅原郁의 『名公書判淸明集譯注』(同朋舍, 1986), 다카하시 요시로高橋芳郎, 「『名公書判淸明集』 권6, 戶婚門 譯注稿 1」, 『北大文學部紀要』 48-2, 1999 등 및 영어권에서 나온 Brian Mcknight와 James T. C. Liu가 번역한 *The Enlightened Judgments Ch'ing-ming Chi The Sung Dynasty Collection*(SUNY, 1999)이 있다. 우메하라의 역주는 노작이긴 하지만 적지 않은 오류를 포함하고 있어 주의하여야 할 필요가 있다. 이에 비해 다카하시의 역주는 보다 높은 수준의 것이다. 영역英譯은 완역이 아니라 발췌 번역인데 때로 영어 특유의 명쾌한 문장이 난해한 『청명집』의 문장을 해독하는 데 도움이 되기도 하지만 역시 한문 원전과 영어 번역에는 괴리가 있음을 느끼게 한다. 또 원문의 난해함으로 인해 역시 오역이나 의미 불명인 곳도 적지 않게 눈에 띄지만 한문문화권에 속하는 우리에게 있어서 번역의 의미를 반성해보는 데 의미가 있는 역주이다.

『청명집』을 활용한 대표적인 연구로는 니이다 노보루仁井田陞의 『中國法制史硏究－法と慣習・法と道德』(東京大學出版會, 1964)를 비롯해 시가 슈조滋賀秀三의 『中國家族法의 原理』(創文社, 1967, 1990) 등이 있다. 이들 역주나 연구는 모두 재산의 상속이나 후사, 양자, 여자의 재산분할 등에 대한 문제에 관심을 집중하고 있다. 그러나 보다 섬세한 주의가 요구되는 인간관계의 양상이라든가 당대인들이 갖고 있던 법의식 등, 사회・문화사적인 문제들은 비교적 연구가 되어 있지 않다.[11] 『청명집』은 구체적인 재판과정 중에서 생겨난 판결문으로서 법제사적인 접근 외에 여러 가지 측면에서의 접근을 가능하게 하는 자료이기 때문에 제도사적인 연구만으로는 파악하기 어려운 실제 재판의 과정 속에 보이는 미세한 인간관계에 주목해야 할 것이다. 『청명집』은 오히려 이러한 법사회사적・법문화사적인 연구를 위한 자료라는 점에서 더 큰 가치가 있을지도 모른다.

『청명집』이 갖고 있는 자료적 가치에 비해 최근까지 우리 학계는 『청명집』을 이용한 연구가 거의 없음은 물론, 그 존재 자체도 거의 주목되지 않는 상황에 있다고 해도 과언이 아닐 것이다. 이는 일반적으로 말해 우리 학계에서 학문적 연구가 아직 그 정도로 축적되어 있지 않은 상황에서 비롯되는 것이겠지만 한편으로는 정치사나 경제사에 치중한 나머지 법과 권리 또는 정의 실현의 역사에 대해서는 현저히 무관심한 편향적인 연구태도에서 기인하는 바도 적지 않을 것이다. 이러한 국내에서의 학문적 불균형과 국제학계에서의 소외는 극복되어야 할 과제이며 이를 위해서라도 우선 『청명집』의 충실한 독해가 필수임은 말할 필요도 없을 것이다.

---

11) 이 점에서 주목되는 것으로 흥미로운 연구가 있다. 大澤正昭 외, 『主張する愚民たち－傳統中國の紛爭と解決』, 東京 : 角川書店, 1996. 이 책을 소개한 것으로 필자의 서평이 『中國史硏究』 제7집, 1999에 실려 있다.

권5

爭業 下

권6

권7

권8

권9

권4

爭業 上[1]

1. 오맹이 오석을 토지를 팔았다고 고소하다

吳盟訴吳錫賣田, 范西堂[2] 後同[3]

오석吳錫은 오혁吳革의 후사가 된 후 1년도 되지 않아 토지를 전매典賣하여 남은 것이 거의 없다. 길가다 만난 사람에게 두 손으로 나눠주듯 하였기 때문인데 뜻밖에 굴러들어온 물건인 것처럼 별로 아까워하는 기

---

1) 쟁업爭業 상上 : 송본宋本에는 없다.

2) 범서당范西堂 : 서당西堂은 범응령范應鈴의 호. 강서로남창풍성江西路南昌豊城(강서성江西省) 출신. 개희開禧 원년(1205)의 진사進士이다. 청렴강직하고 유능한 지방관으로서 유명하다. 『宋史』 권410에 전기가 있다.

3) 후동後同 : 후동이란 이하의 판어判語는 모두 범서당의 것이라는 것인데 이후 판어의 작자가 기재되어 있지 않다가 판어 제21조에 와서 범서당의 이름이 나온다.

색도 없었다.[4] 오숙吳肅은 이 기회를 틈타 며칠 사이에 잇달아 다섯 건을 계약하여 그 집 재산을 모두 집어삼켰는데도 아직 만족할 줄 모른다. 오맹吳盟은 (오석과 오숙) 둘 사이를 왕래하면서 함께 의논도 하고 서명도 해주었지만 마음속으로는 이득을 노리고 있었으니 충고 같은 것을 할 리 없었을 것이다. 사실 조금만 마음에 차지 않으면 관에 고소도 하고 협박도 하였던 것이다.

이처럼 오석은 재산을 탕진했고 오숙은 탐욕을 부려 음모를 꾸몄고 오맹은 사기로 협박을 했으니 세 사람은 사실 똑같은 죄를 지은 것이다. 그들이 한 거래는 법에 어긋나는 것이다. 그렇지만 (거래를 무효로 하고) 원래의 주인(오석)에게 돌려준다 해도 다만 먹고 노는 데 써버려서[5] 결국 무일푼이 되고 말 터이니 소용없는 일이 되고 말 것이다. 요컨대 오혁의 가산은 불의로 들어온 것이었기 때문에 나갈 때도 불의로 나간 것임을 알아야 할 것이다. 불의로 들어온 것이 불의로 나간다는 것은 당연한 이치이며 이상한 일도 아니다.

그런데 이제 또 오숙이 이를 따라 해보려는 것 같은데 장차 현재를 돌아본다면 오석의 전철을 밟은 꼴임을 알게 될 것이다.

오맹과 오석을 각각 장杖 1백에 처한다. 그리고 오숙은 아직까지 본인이 관에 출두한 적이 없으므로 벌금형을 허락한다.[6] 다섯 통의 계약서의 전산田産은 합계 52무畝 반半으로 되어 있는데[7] 지방의 관례慣例로[8] 계산

4) 굴러 들어온 물건인 것처럼 별로 아까워하는 기색도 없었다 : 得之儻來 殊無難色. 당래儻來는 뜻밖에 우연히 얻는 것, 『장자』「繕性」에 나오는 말이다.

5) 먹고 노는 데 써버려서 : 游食之費. 송본은 游飲之費.

6) 그리고 오숙吳肅은 아직까지 본인이 관에 출두한 적이 없으므로 벌금형을 허락한다 : 且以吳肅正身未曾到官, 並與聽贖. McKnight는, "오숙은 본인이 관에 출두할 필요는 없기 때문에 벌금형을 허락한다"라고 해석하면서 오숙은 관에 출두하지 않아도 좋은 특권을 가진 신분이었을 것이라고 추정하고 있다. (Brian E. Mcknight and James T.C. Liu, *The Enlightened Judgments Ch'ing-ming Chi The Sung Dynasty Collection*, State University of New York Press, 1999, p.147, 520) 그러나 원문에는 그가 특권신분임을 암시하는 아무 단서도 없다. 아마 그는 오맹吳孟이나 오석吳錫과는 달리 이전에 소송 등으로 관사에 출두하여 관부를 번거롭게 한 이력이 없어서 특별대우를 받았던 것으로 생각된다.

하면 1무당 전錢 3관貫이 부족하지만 이것은 추궁하지 않기로 한다. 그러나 북원北源 1항項의 450파把는[9] 원래 오혁의 딸에게 떼어준 것으로서 오석이 도매盜賣[10]하거나 오숙이 도매할 수 없는 것이므로 본청本廳에서 계약서를 파기한다. 이 땅의 가치를 계산해보면 대략 (앞서 말한 1무당 전 3관이라는) 부족한 금액에 상당한다. 나머지 4건의 계약에 대해서는 원래 계약대로 (오숙의) 재산임을 인정한다. 오석을 압송하여 밖으로 내보내고[11] 원래 딸의 몫으로 떼어준 토지를 대정對定하여 상신上申하라.

2. 사주에서 의황현의 장춘과 조영의 토지분쟁 건을 보내다
使州送宜黃縣張椿與趙永互爭田產

조굉趙宏은 의황현宜黃縣[12]에 토지를 두고[13] 안경부安慶府에[14] 거처하였는데 멀리 떨어져 있어 토지를 돌볼 수 없었기 때문에 동생에게 관리를 맡겼다. 이것은 인정상 당연한 일이며 세금을 제대로 내고 있으면 (토지를 내리고) 도망갔나고 발할 수는 없는 것이다. 그런데 (조굉의 동생) 조환趙煥은 형의 토지를 자기 것처럼 생각하고 처음에는 현縣의 학교에 기

7) 합계 52무 반 : 원문 約計五十二畝半. 송본에는 約이 紐로 되어 있다.

8) 지방의 관례 : 鄉原體例. 송대 지방 고유의 관행에 따른 제도를 말할 때 鄉原體例 또는 줄여서 鄉例라고 말한다. 梅原郁, 127면, 주6 참조.

9) 파把 : 수전水田의 면적을 세는 단위이다. 한 손에 쥘 수 있는 볍씨의 양만큼 뿌릴 수 있는 면적이라고 생각된다. 滋賀秀三, 『中國家族法の原理』, 東京 : 創文社, 1967(이하 滋賀秀三으로 약칭), 202면 참조.

10) 타인의 물건을 자기 물건인 것처럼 가장해서 파는 행위. 『宋刑統』 권13, 「戶婚律」 참조.

11) 오석을 압송하여 밖으로 내보내고 : 押吳錫出外. 밖으로 내보낸다는 것은 '押出縣界'와 같이 현縣 밖으로 내보낸다는 것을 말하는 것인지 단순히 밖으로 내보낸다는 것인지 불명하다. 그러나 '押出 縣界'라고 한다면 왜 오석만이 그런 처벌을 받아야 하는지 알 수 없다.

12) 의황현宜黃縣 : 강서성江西省 의황현, 무주撫州의 남방에 있는 현.

13) 의황현에 토지를 두고 : 置產于宜黃. 송본에는 置가 植으로 되어 있다.

14) 안경부安慶府 : 안휘성安徽省 안경시安慶市. 안경부는 양자강 북안 안휘성에 있으므로 의황현과는 상당히 먼 거리이다.

부했다가 다음에는 또 군郡의 학교에 기부했다. 이렇게 자꾸 번복하는 것 자체가 이미 옳지 않은 일이거니와 두 번 모두 전주田主의 본의가 아니기 때문에 합법적이라고 할 수도 없다.[15] 지금 토지는 관에서 소유하고 있고 공사장貢士莊이라고 이름하고 있다. 이 일은 이미 오래된 일이기 때문에 바꾸기가 쉽지 않은 일이다.

(그런데) 조굉의 아들 조영趙永이 안경부의 공문을 갖고 본주本州에 와서 간조干照[16]를 제출하며 과거사를 상세히 진술하면서 본래의 토지를 반환해달라고 청원하였다. (이 사건에 대한) 첨청僉廳[17]의 원안을 꺼내어 읽어보니 "조상의 전산이 분명하므로 관에서 잡아두기 어렵다. 사부使府[18]께서 이런 사정에 근거하여 (조영에게) 급부하여 관리시키려고 한 것은 깊이 배려한 판단이며 그렇게 시행하는 것이 타당할 것"이라고 한다.

그러나 장춘張椿은 소작인인데도 감히 고집을 부리면서 (조굉의 토지를) 관에 귀속시켜 경작의 이利를 탐하려고 하고 있다. 그의 소장을 보면

---

15) 두 번 모두 전주田主의 본의에서 나온 것이 아니었기 때문에 합법이라고 할 수도 없다 : 且其不出田主本意. 송본에는 其가 俱로 되어 있다.

16) 간조干照는 법적으로 유효한 증거문서를 말한다.

17) 첨청僉廳(簽廳) : 첨청簽廳이란 첨서판관청簽書判官廳의 약칭으로서 막직관幕職官 중에서도 필두로 꼽히는 주州의 요직이다. 장리長吏를 도와 문서를 작성하고 함께 서명을 한다. 부府, 주州, 군軍, 감監에 모두 설치되었다. 첨청은 당唐의 절도사節度使에 기원이 있다. 절도사는 사원使院을 설치하여 군사軍事를 관장하게 했다. 송대에 와서 절도사는 해체되었지만 속관인 판관判官, 추관推官 등은 존속하였고 그 사무기관을 첨청이라 했다. 그래서 첨청을 사원이라고도 했다(『宋史』「職官志7」「幕職官」 참조). 여기서는 구헌久軒이 현의 판결을 미덥지 않게 보고 첨청에 재심再審을 명한 것이다.

18) 사부使府 : 사부는 지부知府를 높여 부른 말로서 지부각하知府閣下 정도의 의미이다. 사使는 조정의 사명使命이라는 뜻에서 경칭으로 쓰인다. 『청명집』에서 자주 보이는 사주使州나 사대使臺 등도 그러한 의미를 담고 있다. 특히 남송에서는 중요한 부주府州의 지부나 지주知州는 안무사安撫使를 겸했기 때문에 사부라는 용어가 정착했다고 한다. (梅原郁, 54면, 주1 참조). 中國社會科學院歷史研究所宋遼金元史研究室 點校, 『明公書判淸明集』, 中華書局, 2002, 1987(이하 中華書局本으로 약칭)에서는 사부를 사, 부로 끊어서 별개의 것처럼 구두句讀하고 있는데 이는 오류이다. 『청명집』 영역본英譯本도 사부를 지부(Prefecture)로 번역하고 있다. Brian E. Mcknight and James T.C. Liu, *The Enlightened Judgments Ch'ing-ming Chi The Sung Dynasty Collection*, State University of New York Press, 1999 참조.

조영은 별파別派이고 조광의 아들이 아니라고 한다. (따라서 조영에게는 토지를 환수 받을 자격이 없다는 것이다.) 그러나 조영이 안경부의 공문을 갖고 있는 것을 보면 그는 확실히 (조광의 아들이라는) 근거가 있다. 그런데도 장춘은 감히 거짓말을 하고 또 이 사건이 본주로 위임되어 온 것은 관원들이 모두 매수당했기 때문이라고 하고 있다. 성내城內의 관부나 군郡의 관원들 중에 어찌 꼿꼿하게 자기 소신에 따라서 행동하는 사람이 없겠는가?[19] 그런데도 장춘은 이렇게 앞뒤 가리지 않고 말하고 있는 것이다.

도전逃田의 법은 본래 본인이 원래의 토지로 귀환하는 것을 인정하고 있다. 더구나 도망간 것도 아닌데 어찌 몰수할 수 있다는 말인가? 이제 관에서 이미 반환하기로 했는데 소작인이 감히 반박하는 것은 참으로 해괴한 일이다. 첨정의 원안대로 시행해주기를 바란다. 다시 고소를 한다면 판결에 따라 엄중히 처단할 것이다.

3. 라기가 라침을 계약서를 훔쳐 토지를 팔았다고 고소하다
羅琦訴羅琛盜去契子賣田

조택趙宅에서 라침羅琛의 경난자호庚難字號의[20] 만도전晩稻田 1무畝 2각角 22보步를[21] 매입한 건에 대해서는 이미 증거 계약서가 있다. 또 제출된 수분관서受分關書[22]에도 파기한다는 기록은 없고[23] (조택과 라침의) 거래

19) 어찌 꼿꼿하게 자기 소신에 따라서 행동하는 사람이 없겠는가 : 豈無特立獨行. 이 말은 『禮記』 「儒行」에 나온다. “儒有澡身而浴德 (…중략…) 同弗與, 異弗非也, 其特立獨行有如此者.”

20) 庚難字號 : 경庚은 십간十干의 경, 난難은 천자문 중의 난자로서 천자문 위에 간지干支를 붙인 것은 경계법經界法 시행 때에 토지측량을 위해 붙여진 토지정리번호이다. 梅原郁은 토지계약서의 일련번호라고 잘못 설명하고 있다. 梅原郁, 131면, 주1 참조. 경계법에 대해서는 판어 제16조의 주석 참조.

21) 1무 2각 20보 : 1畝2角20步. 송본에는 20보가 22보로 되어 있다.

22) 수분관서受分關書 : 가산을 분할받은 것을 증명하는 문서이다. 이 『청명집』의 판어에

는 정당하다. 불명한 점이 있더라도 고의로 그런 것은 아니다. 이제 라침의 친형 라기羅琦의 진술에 의하면 "본인이 이전에 매입한 것인데 라침에게 계약서를 도둑맞고 그 토지가 전매되었다"고 한다. 라침이 절도를 했을지도 모르지만 라기는 일편一片의 증거도 갖고 있지 않다. 성부省簿[24]를 보아도 형제는 하나의 호적에 등록되어 있어[25] 세전稅錢, 세묘稅苗의 출납에서는 (누구의 소유인지) 증명할 수가 없다. 그러니 관에서 무엇을 근거로 거래를 환원시킬 수 있겠는가? 그 토지는 계약대로 (조택의) 재산으로 인정해야 할 것이다.

또한 라침의 공술에 의하면 이 토지는 원래 이부姨夫 사모謝某[26]에게 전당잡힌 것이라고 한다. (여기에 대해서는) 또 다른 형 라구羅球 역시 재

는 수분관서는 1회뿐이고, 아마 이를 줄여 말한 관서關書가 더 많이 쓰인다. 이 관서는 본래 '분관부서分關簿書'의 약어이기도 하다(Gudula Linck, *Zur Sozialgeschichte der Chinesischen Familie im 13.Jahrhundert Untersuchungen am 'Ming-Gong Shu-pan Qing-ming Ji'*, Stuttgart, Franz Steiner Verlag Wiesbaden GMBH, 1986, p.63). '분관부서'는 『청명집』 권4, 제7조 판어에도 보인다. 관서는 또 다음 판어 「後立者不得前立者自置之田」에서 보듯이 관약關約이라고도 한다. 이외 분서分書·구서鬮書라고도 했다. 仁井田陞, 『唐宋法律文書の硏究』, 東方文化學院, 1937, 598면 참조. 한편 명대에는 분관分關이라고 쓰인 예도 있다. 예를 들면 가정嘉靖 22년(1543) '歙縣鳳山余氏賢昆分關序'가 있다. 周紹泉·王鈺欣 主編, 『徽州千年契約文書』 宋元明 編 권5, 花山文藝出版社, 1992), 212~245면. 이 중 구서鬮書는 『청명집』의 판결에 자주 보이는, 재산을 분할할 때 제비를 뽑게 하는 예를 상기시킨다. 가장 공평한 분배는 운명의 추첨에 따르는 것이라고 생각했기 때문에 이런 방식을 택했을 것이다. 가산분할을 구분鬮分이라고도 하는 것은 이 때문이며 제비뽑기는 신 앞에서 행해지기도 한다(仁井田陞, 『支那身分法史』, 東方文化學院, 1942, 468면).

23) 파기한다는 기록은 없고: 無批破. 비批는 여백에 메모처럼 기입해둔 것을 가리킨다. (라침의 소유권을 파기한다는) 기록이 없다는 것은 라씨가羅氏家의 관서에 라침의 소유권이 타인(아마 고소를 한 라기羅琦)에게 이전되었다는 기록이 없다는 사실을 가리킬 것이다. 즉 라침이 조택趙宅에게 매각하기 전 토지의 소유권자는 라침이고 따라서 라침과 조택의 거래는 정당하다는 것이다.

24) 성부省簿: 현에 있는 상서성尙書省 호부戶部의 관할 하에 있는 장부帳簿를 말한다.

25) 하나의 호적에 등록되어 있어: 今爲一戶. 송본에는 今이 合으로 되어 있다.

26) 姨夫 謝某: 송본에는 姊夫 謝瑜로 되어 있다. 송본宋本과 명본明本은 글자의 이동異同이 있어 그 판본이 다른 계통에 속하는 것으로 판단되는데, 송본의 인명 謝瑜가 명본에는 謝某로 되어 있는 점은 송본이 명본의 성립보다 시기가 앞선다는 사실을 증언하는 것이 아닐까? 또한 송본에서는 판의 저자가 다만 아호雅號로 표기되어 있는 데 비해 명본에는 성명으로 표기된 점도 이러한 추측을 뒷받침한다.

산분할에 관여했으므로 반드시 증명할 수 있을 것이다.[27] 더구나 친척형제이므로 (라구에게 증언을 시키면) 숨김없이 대답할 것이다. 만약 이전에 분명히 (라침에게) 곡절이 있었다면 (즉 라침의 소유가 아니라면) 라침 명의의 재산을 감독하여 토지대금을 반환시키도록 하라.

4. 고칠일이 진경을 토지를 점거했다고 고소하다
高七一狀訴陳慶占田

향사鄕司[28]의 공술에 의하면 진문창陳文昌이 고칠일高七一이라는 궤명詭名[29]으로 호를 등록했는데 얼마 후에 (진문창을) 출두시켜 궤호詭戶를 진문창 본인의 호에 귀속시킬 것을 고시하였고 진문창도 이를 받아들여 본 호에 귀속시켰다고 한다. 그런데 지금 고칠일이 느닷없이 제출한 소장에 의하면 "본인이 매입한 토지이므로 진문창의 호에 귀속시켜서는 안 됩니다"라는 것이다. 간조干照와 증거들을 색출해 보았지만, 세전稅錢은 120 남짓이고 계약할 때의 가격은 50관이라고 한 (고칠일의) 진술을 증명할 수가 없다.[30] 또 이 속에는 토지의 번지수나 면적이 기재되어 있

27) 반드시 증명할 수 있을 것이다 : 必能證明. 송본에는 證明이 知證으로 되어 있다.

28) 향사鄕司 : 향사는 본래는 향서수鄕書手가 전업화한 것이다. 향서수는 원래 이정里正을 도와 문서처리를 보조하는 역할을 수행했는데 이것이 발달하여 향사鄕司가 되고 곧 이정과는 별개의 기구로 성립되었다. "國初, 里正戶長掌課輸, 鄕書手隸里正. 里正於第一, 戶長於第二, 等差鄕書手."(『雲麓漫鈔』 권12) 남송에 이르러 현縣 밑의 향鄕의 공무를 처리하는 기구로 변화했다.

29) 궤명詭名 : 타인의 명의를 빌리거나 가공의 호戶를 만들어 가산을 분산시켜 호당 재산평가를 낮추어 세금(요역徭役)을 줄이려고 하는 행위를 말한다. '詭名立戶', '詭名子戶', '詭名挾戶'라고도 한다. "二弊相乘, 民不堪命, 於是規避之心生, 而詭戶之患起" (『宋史 食貨志』 上三). "鄙意無他, 蓋以本州田稅不均, 隱漏官物動以萬計, 公私土地, 皆爲豪宗大姓詭名冒占, 而細民產去稅存, 或更受俵寄之租, 困苦狼狽, 無所從出." (『朱熹集』 권28, 「與留丞相箚子」) 상세한 것은 周藤吉之, 「宋代の詭名寄産と元代漢人の投獻－佃戶制とも關連させて」, 『唐宋社會經濟史研究』, 東京大學出版會, 1965 참조.

30) 간조와 증거들을 색출해 보았지만, 세전은 120 남짓이고 계약할 때의 가격은 50관이라고 한 (고칠일의) 진술을 증명할 수가 없다 : 及索干照呈驗, 稅錢一百二十有零, 契立價

지 않고 따로 한 장의 종이를 앞에 붙여놓았는데 이 또한 봉인이 없다. 지방의 관례로는 계약을 맺고 거래를 할 때는 반드시 계약서상에 번지수와 면적을 기재하여 이것을 근거로 관인官印을 받는 법이다. 지금 (고칠일은 토지의 위치나 면적 등을 기입하지 않은) 계약서를 만들어 놓고는 앞에 (관인도 없는) 백지만 한 장 붙이고 있을 뿐이다. 이렇게 해서 세묘稅苗의 출납도 숨길 수 있고 재산의 다소多少도 모두 변경할 수 있다면 이것은 명백한 사기이다. (고칠일을) 장 60에 처하고 진문창의 서약서責狀에 의거해[31] (토지를) 귀속시키도록 한다. 곧 문서를 갖추어 판결하였다.[32] 고칠일이 본관 앞에서 진문창에게 토지를 귀속시키겠다고 서약하였으므로 재차[33] 처벌을 면제한다.

5. 증기가, 진증이 전당잡은 토지를 취하고 대금을 다 지불하지 않는다고 고소하다
曾沂訴陳增取典田未盡價錢

해설 : 이 판결문은 상당히 난해하여 원문을 제시해두었다. 『청명집』의 판결문의 난해함은 재판관이 소송의 상황을 숙지함으로 해서 소송배경을 생략하고 있기 때문인데 이 경우는 특히 그러하다. 이에 더해 전전轉典·도조倒祖·수속收贖 등의 전문용어가 더욱 내용을 난해하게 만들고 있다. 수속은 속회贖回, 회속回贖, 린속恪贖, 취속取贖 또는 단순히 속贖이라고도 한다. 부동산 거래에는 매매와 전당典當(전매매典賣買; 전당을 잡고 잡히는 것)의 두 가지 종류가 있는데 전당의 경우는 매매의 경우같이 완전한 소유권의 이동이 발생하는 것이 아니다. 전당은 일정기한을 두고 업(業; 부동산)을 인도하고 대가를 취득하는 행위이다. 전당을 잡힌 측을 업주業主라고 하고 전당을 잡은 측을 전주典主 또는

錢五十貫, 已是不證. 송본에는 稅錢一百二十有零이 稅錢一百二十有令으로, 已是不證은 已是不登으로 되어 있다. 송본의 명백한 오류이다. 한편 中華書局本은 稅錢一百二十에서 끊어 읽는 오류를 범하고 있다. 103면 참조.

31) 진문창陳文昌의 서약서(책장責狀)에 근거해 : 照陳文昌責杖. 송본에는 杖이 狀으로 되어 있다. 명본의 착오이다.

32) 곧 문서를 갖추어 판결하였다 : 송본 원문 尋具案引斷. 명본에는 引이 隱으로 되어 있다. 명본의 착오이다.

33) 재차 : 再. 재차라는 것은 처음 고칠일이 궤호詭戶의 명의를 빌려준 죄에 이어 본인의 토지라고 허위 고소한 죄까지 다시 사면해준다는 것일까?

전주錢主라고 한다. 전당 때 설정한 일정기한을 전한典限이라 하는데 이 기한을 지나 전당잡힌 업을 업주가 되찾아가는 것을 속회라 하고 전주가 업주의 속회 요구에 응하는 것을 퇴속退贖이라 한다. 전한 내에는 업주는 물건을 속회할 권한이 없고 전한이 지난 후는 속회의 권리가 발생하지만 업주의 속회는 의무적인 것은 아니며 전주도 속회를 강요할 권리는 없다. 전전轉典은 전당기한이 만료되어도 업주가 업을 회속하지 않을 때 전주가 제3자에게 다시 전당잡히는 것을 말한다. 즉 전주는 제3자에게 업을 전당잡혀 대가를 취할 수가 있었다. 전주가 바뀌어도 업주는 항상 회속할 권리가 있었다. 전전은 계속 반복될 수 있는데 최초의 업주는 원칙적으로 영원히 업을 속회할 권리를 갖는다. McKnight의 영역본에서는 '典當'을 'conditional sale', '賣買'를 'unconditional sale'로 간단하게 번역하고 있다.

"曾沂元典胡元珪田, 年限已滿, 遂將轉典與陳增. 旣典之後, 胡元珪却就陳增名下倒祖"에서 '曾沂元典胡元珪田'은 그 자체로는, '증기曾沂는 호원규胡元珪에게 토지를 전당잡히고 있었다'라고 해독할 수도 있으나[34] 전전이라는 것이 이미 전당을 잡았던 자가 다시 제3자에게 전당을 잡히는 것이기 때문에 '曾沂元典胡元珪田轉典'은 증기가 (호원규에게 전당을 잡힌 것이 아니라) 호원규의 토지를 전당잡고 있는 것으로 해석하지 않으면 안 된다. 또 도조라는 것은 전매를 매매로 바꾸는 것이라는 것을 알면[35] 이 판결문 뒤에 숨어 있는 소송의 배경을 보다 쉽게 밝혀낼 수 있을 것이다. 추리를 통해 본 소송의 배경은 다음과 같다.

업주 호원규가 처음의 전주였던 증기에게서 토지를 수속하지 않고 진증陳增에게 양도해 버려 전주 증기는 전전주轉典主로부터 회속할 수 없게 되었다. 전전가轉典價는 원래의 전가典價보다 값이 싸서 따라서 증기가 호원규로부터 전당잡았을 때 준 금액은 진증에게 전당잡힐 때 받은 금액보다 컸을 것이다. 만약 증기가 전전주인 진증에게서 이를 수속하고 업주 호원규가 증기에게 도조했다면 증기는 이득을 얻었을 것인데 오히려 손해를 본 셈이 되어서 차액만큼의 전당가를 반환하라고 고소를 하게 된 것이다. 이런 내용이 판결문에 생략되어 있는 것이다.[36]

曾沂元典胡元珪田, 年限已滿, 遂將轉典與陳增. 旣典之後, 胡元珪却就陳增名下倒祖, 曾沂難以收贖. 雖是比元錢差減, 然鄕原體例, 各有時價, 前後不同. 曾沂父存日典田, 與今價往往相遠. 況曾沂元立契自是情願, 難於反悔. 若令陳增還足元價, 則不願收買, 再令曾沂收贖, 無祖可憑, 此目今入務已久, 不應施行. 仍乞使府照會.

34) 梅原郁, 『明公書判淸明集譯注』, 同朋舍, 1986, 133면.

35) 전매典賣를 매매賣買로 변경할 때(改典就賣) 단골斷骨이나 도조倒祖라고 했다. 周藤吉之, 『唐宋社會經濟史硏究』, 東京大學出版會, 1965, 215~232면 참조.

36) 이 소송의 배경에 대해서 앞의 주 참조.

증기는 원래 호원규의 토지를 전당잡고 있었는데 전당 기한이 만기가 되자 진증陳增에게 전전轉典[37]하려고 했다. (증기가 진증에게) 전전하자 호원규는 진증에게 도조하였다.[38] 이렇게 되자 증기는 (전당잡힌 토지를) 수속하기가 어려워졌다. (자신이 받은 전전가轉典價가) (자신이 지불한) 원래의 전당가격보다 떨어진다고 고소하였지만, 지방의 관례가 시세에 따라 값이 다른 법이어서 증기의 부친이 생존해 있을 때의 전당가격과 지금의 가격은 상당히 차이가 있기 마련이다. 더구나 원래 증기가 계약을 한 것은 본인이 원해서 한 것이어서 후회해도 어쩔 수 없다. 만약 진증에게 원래의 차액을 전부 돌려주고 사라고 한다면 수매를 원하지 않을 것이다. 한편 증기에게 수속하게 하려고 해도 원래의 전당계약서가 (이미 전당에서 매매로 바뀐 것이기 때문에) 없다. 또한 지금은 농사철이 되어[39] 이 사건을 처리하기 어렵다. 사부使府에 조회를 신청하라.

6. 유성이 유홍부는 토지를 (매매한 것이 아니라) 저당잡은 것이라고 고소하다

游成訟游洪父抵當田産

법은 "무릇 전택田宅을 거래하여 3년이 경과한 이후에는 이자가 붙은 부채有利負債를 준절准折[40]한 것이라고 고소해도 관사官司는 수리할 수 없

---

37) 전전轉典은 전당 기한이 만료되어도 업주業主가 업業을 회속回贖하지 않을 때 전주典主가 제3자에게 다시 전당잡히는 것을 말한다. 전주가 바뀌어도 업주는 항상 회속할 권리가 있었다.

38) 진증陳增에게 도조倒祖하였다 : 就陳增名下倒祖. 上海校勘本에는 祖가 租로 되어 있다.

39) 지금은 농사철이 되어 : 入務. 농사철에는 급박한 사안이 아닌 한 소장의 접수를 금하고 있었다. 이를 무한務限의 법이라고 하는데 무한의 기간은 소흥령紹興令에 의하면 2월 1일부터 9월 30일까지이다. 그런데 소흥령은 무한의 기간 중에 전당의 기간이 걸릴 경우 일어난 소송은 접수하도록 규정하고 있다. 『宋會要輯稿』「刑法3-46」, 소흥紹興 2년 3월 17일 條 참조. 상세한 것은 高橋芳郎, 「務限の法と茶食人-宋代裁判制度研究(1)」, 『史朋』 24, 1991 참조.

40) 준절准折 : 준절이란 형벌이나 채무, 부세賦稅 등을 다른 것으로 환산해서 갚는 것을 말한다. 『慶元條法事類』 권80, 「出擧債負」의 관시령關市令에, 미곡을 빌린 경우는 미곡

다"라고 규정하고 있다.[41] 또 법은 "무릇 전택을 거래하면 전택의 소유자는 이를 양도해야 한다. 일부만을 전매한 경우라도 (전前 소유자) 본인은 소작할 수 없다"라고 되어 있다.[42]

유조游朝는 토지 1무와 택지 59보를 유홍부游洪父에게 팔았는데 가격은 10관이었다. 가정嘉定 10년(1217)의 일이고 계약서에 관인을 받은 것은 1년 반을 지나서였다. 지금 유조는 이미 사망하였는데 그 아들 유성游成이 갑자기 당시의 계약은 (매매가 아니고) 전매였다고 소장을 내었다. 그러나 계두契頭[43]가 사망한 지 3년이 지났는데 어찌 다시 수리를 할 수 있겠는

으로 갚아야 하며 현금으로 준절할 수는 없다는 규정이 보인다. "卽元借米穀者, 止還本色, 每歲取利不得過五分, 謂每斗不得過五升之類, 仍不得準折價錢." 부세의 예로 『續資治通鑑長編』 권87, 大中 祥符 9년 8월 丙子 條에 "詔諸路支移稅賦, 勿至兩次, 仍許以粟麥蕎菽互相准折"이라는 용례가 보인다. 형벌의 경우 예를 들면, 「宋律」에 '准折決放'이라는 용어가 있는데, 이것은 도죄범徒罪犯의 가家에 겸정兼丁이 없을 때 도형徒刑을 장죄杖罪로 환산해서 형을 집행하고 석방하는 것이다(『宋刑統』 권3, 「犯流徒罪」: 諸犯徒應役無兼丁者, 徒一年加杖一百二十, 不居作, 一等可二十. 若徒年限內無兼丁者, 總計應役日及應加杖數, 准折決放). 또 명률明律에는 채권자가 채무를 채무자의 처첩妻妾으로 대신해서 받는 것을 금지하는 조항이 있다(明律, 戶律, 錢債, 違禁取利: 若准折人妻妾子女者, 杖一百, 强奪者加二等).

41) 유리부채有利負債란 이자가 붙은 부채. 이식부채利息負債라고도 하는데 유리부채의 경우는 부동산으로 준절해서 갚는 것은 불법이었다. 이에 대한 처벌은 장杖 1백이었다. (『淸明集』 권9, 「豪橫」 참조) 부동산의 전매매典賣買에는 이자가 붙지 않는 것이 법이었다. 그러나 이것이 불법행위라 해도 3년이 경과한 후에는 수리할 수 없다는 것이다. 좀 더 명확하게 말하면 "토지를 전매典賣하여 유리부채有利負債를 현금으로 준절한 경우, 토지는 원 소유자에게 반환하고 현금은 추징하지 않는다"는 법이 권9의 판어 제7조에 보인다. 이 유리부채와 관련된 법령은 『청명집』에서 자주 인용되는데 『청명집』 권4의 6조, 21조, 권5의 6조, 권6의 4조, 권9의 7조, 권12의 「豪橫」 등이 있다. 이 법은 『宋會要輯稿』 「刑法3-47」, 紹興 5年 閏四月 10日, 戶部의 上言에도 나온다. "戶部言, 賣田宅, 依法, 滿三年而訴以利息負債准折, 或應問隣而不問者, 各不得受理." 다만 판어 본문의 '유리부채를 준절하였다(는 불법거래가 있다)고 고소해도' 論有利負債准折가 訴以利息負債准折로 되어 있다. 또한 『宋會要輯稿』 「食貨37-12」의 기사도 참조. 섭몽득葉夢得의 『石林奏議』 권8 「奏乞蠲免回易錢狀」에 "自來民間有利債負, 於法皆不當受理"라는 용례가 보인다.

42) 이 법과 관련해서 『宋會要輯稿』 「食貨69-68」, 開禧 元年 6월 25일의 다음 기사를 참조. "諸凡爲客戶者, 許役其身, 而無得及其家屬婦女皆充役作, 凡典賣田宅, 聽從條離業, 不許就租以充客戶, 雖非就租, 亦無得以業人充役使."

43) 계두契頭: 계약서의 필두인筆頭人. 계수契首라고도 한다.

가? 향인鄕人이 불법으로 저당抵當을 하는 것은 곧잘 있는 일이지만 모두 전매계약서를 작성한다.[44] 지금 유조의 계약서는 영구매매[영매永賣]로 되어 있고 유성의 공술서에도 역시 원래 매매계약서를 만들고 저당으로 삼았다고 한다. 이미 매매계약을 한 것인데 어찌 이를 저당이라고 할 수 있는가? (이 사건은) 단지 당시에 (매매계약을 한 후 원 소유주와 그의 아들이) 전택을 양도하지 않았기 때문에 (그리고 계속 소작인으로 있었기 때문에) 비롯된 것으로서 피차가 법을 위반하여 분쟁에 이른 것이다.

금년의 수확은 우선 편의 상 균분한다. 당청當廳에서 유성에게 즉시 소작을 그만두도록 명한다. 유홍부는 계약대로 자신의 소유로 하고 다른 사람을 불러 경작을 시키도록 하라.

7. 무점 등 3호가 조상 전래의 재산에 대해 고소하다
繆漸三戶訴祖產業

무소繆昭는 아들 셋을 두었는데 장남은 점漸, 차남은 환煥, 삼남은 홍洪이다. 무소가 사망하자 장남인 무점이 호戶를 등록했다. 그러므로 무점은 무소의 도호都戶이다. 무점 형제는 모두 사망했고 그 자손들이 7家로 나뉘어 각각 호명戶名이 있는데 조부 무점의 호적은 아직 말소되지 않았고 매년의 세금은 서로 떠넘겨서 누락이 많았다. 보장保長[45]이 구신具申해와서 (관계자를) 소환해서 공술을 시키니[46] 모두 사실을 인정하고 무점의

44) 모두 전매계약서를 작성한다 : 송본 원문 皆作典契立文. 명본에는 作이 依로 되어 있다.
45) 보장保長 : 왕안석王安石의 보갑법保甲法에 의해 송대의 모병제는 일종의 징병제로 전환되고 이에 따라 농촌은 보保와 갑甲으로 편제되었다. 보갑법에 의하면 10가家를 1보保로 하고, 50가를 1대보大保, 10대보를 1도보都保로 하여 각각 보장保長, 대보장大保長, 정부도보정正副都保正을 두어 관리했다. 양정兩丁 이상이 있는 가는 1인을 보정保丁으로 내어 보갑을 조성하게 된다. 보갑의 장長은 부력富力이 있는 가에서 선출하였다.
46) 소환해서 공술을 시키니 : 追到供對. '供對'에 대해서는 '상대로 취조하다'(梅原郁, 175면) : '공술시키다'(高橋芳郎, 「梅原郁 譯注『名公書判淸明集』訂誤」, 『名古屋大學東洋史硏究報告』 12, 1987, 123면) : '공술을 대조하다 ihre Ausagen einander gegenueberstellen'(Gudula

세전稅錢을 삼등분하여 각 호에 할당해서 납입하기로 하였고 관官에서는 이미 (밀린) 세금을 징수했다.

그런데 그 중에 세금의 삼분의 일을 부담한 무우고繆友皐가 "조부 명의의 세전은 3등분했지만 조부의 토지는 각자가 점유하고 있고 아직 분할되지 않았습니다. 세전을 나눈 이상 토지도 균분해야 합니다"라고 소장을 제출했다. 이제 무우고에게 명하여 무점 명의의 토지를 제출시켜보니 모두 번호와 지단地段[47]이 명기되어 있다. 이것이 사실이라면 균분하지 않을 이유가 어디 있겠는가? 향사鄕司는 우선 무점의 세전을 3분하고[48] 원래의 호적을 말소시킨 후 모두 소환하여 일동의 면전에서 지분을 확정하라.[49] 본현本縣의 약속約束[50]에 의하면 과거합격자를 낸 집안은[51] (재판에서) 간인幹人[52]을 대리인으로 세울 수 있도록 규정하고 있지만 가

Linck, *Zur Sozialgeschichte der Chinesischen Familie im 13.Jahrhundert Untersuchungen am 'Ming-Gong Shu-pan Qing-ming Ji'*, Stuttgart, Franz Steiner Verlag Wiesbaden GMBH, 1986, p.63) 등의 해석이 있다. 여기서는 '공술시키다'로 보는 것이 적절할 것이다.

47) 번호와 지단: 號段. 段은 토지 1필筆의 필에 해당하는 것으로 구丘라고도 한다. 宮崎市定, 「宋代以後の土地所有形體」, 『アジア史研究』 4, 同朋舍, 1975 참조

48) 향사鄕司는 우선 무점繆漸의 세전稅錢을 3분하고: 鄕司先將繆漸稅錢均作三分. 명본에는 '作三'이 없다.

49) 모두 소환하여 일동의 면전에서 지분을 확정하라: 원문은 押各人對衆摽焱. 추첨을 통해서 각자의 지분을 확정하는 것이다.

50) 약속約束: 『吏學指南』 獄訟에 '立法拘制, 謂之約束'이라고 설명하고 있다. 법으로 제약하고 단속하는 것을 말한다. 『新註無冤錄』에는 '言語要結, 戒令檢束, 皆曰約束' (264면)라고 풀이하고 있다.

51) 과거합격자를 낸 집안: 發擧之家. 발거發擧는 발해거인發解擧人, 즉 향시鄕試에 합격하여 중앙의 회시會試를 볼 자격을 얻은 거인擧人을 말한다.

52) 간인幹人: 보통 사대부 등 세력가의 집사·관리인을 의미한다. 때와 경우에 따라서 다양한 성격을 갖는다. 지주의 마름이 되어서 토지를 관리하기도 하고 부상富商의 지배인, 사대부의 집사 등의 역할을 하기도 했다. 송대 재판에서는 변호사는 인정되지 않았고 소송은 당사자가 직접 하는 것이 원칙이었다. 그러나 사대부가 소송 당사자인 경우에는 일종의 특혜로서 간인을 소송의 대리인으로 쓸 수 있었다. 이것은 법적으로 규정되어 있던 것인데 본 판어에서 본현의 약속을 근거로 내세운 것은 향시의 합격자를 사대부에 준하는 것으로 특별히 취급했기 때문인 것으로 생각된다. 한편 당사자의 소송 대리인인 간인은 자신의 주가主家인 사대부의 세력을 믿고 횡포를 부리는 경우가 많았다. 『청명집』에는 이러한 사례가 많이 소개되어 있는데 본 판어에서도 그 일례를 볼 수 있다.

산을 놓고 분쟁이 일어났는데 관서關書[分關簿書][53]도 없이 간인에게 이를 맡기는 것은 곤란하다.

유방游邦은 무강중繆康仲의 간인으로서 사수詞首[54]인 무우고와는 자연히 주복主僕의 분分[55]이 있는 법인데 공정公庭에서 불손하게 주인에게 대들어서는 안 될 것이다. 징벌하여 제자리로 돌려보내지 않으면[56](분수를 알게 하지 않는다면) 필시 함부로 일을 꾸며[57] 소송이 결말이 나지 않을 것이다. 유방을 우선 장杖 60에 처한다. 그리고 본인을[58] 소환하여 공술供述시키도록 하라.

---

53) 관서關書에 대해 권4, 제3조 참조.

54) 사수詞首 : 고소 대표인, 책임자를 뜻하는 말이다. 사수와 비슷한 말로 장수狀首가 있다. 예를 들면 주자朱子는 담주潭州의 지주知州 시절에 장수는 장 1백을 감당할 만한 건강한 자여야 할 것을 사법행정의 한 방침으로 정하고 있다. 某縣某鄕某里姓名. 一, 年幾歲, 有無疾蔭, 合爲狀首, 堪任杖責, 系第幾狀(『朱文公文集』 권100 「約束榜」). 『청명집』에도 12세의 고소인에 대해서 “나이가 어린 자는 장수가 될 수 없다”는 법령을 인용하여 대신 소장을 써준 이를 벌하는 판어가 있다. “豈不知年尙幼, 法不當爲狀首, 而敎之訟”(中華書局本, 479면). 역시 비슷한 용례로 계수契首가 있다. 『청명집』 권9, 판어 제6조 참조.

55) 주복主僕의 분分 : 主僕之分. 간인幹人은 간복幹僕이라고도 부르는데 복僕의 의의에 대해서 중세 농노적인 성격의 것이라고 보는 설에 대해(周藤吉之, 『中國土地制度史硏究』, 東京大學出版部, 1965, 92~96면 참조) 僕이라는 글자에 얽매이지 않고 시대의 역사적 실체를 투시하라는 宮崎市定의 비판이 있다. 宮崎市定은 농촌의 업주業主, 상업상의 경기經紀, 정치상의 서리胥吏를 중국 근세의 사대부사회를 지탱하는 삼대지주라고 평가하는데(宮崎市定, 「宋代以後の 土地所有形體」, 『アジア史硏究』 4, 同朋舍, 1975 참조) 여기의 간인은 바로 법제상의 경기와 같은 존재로 볼 수 있을지도 모른다. 여기서 주복의 분을 지키지 않았다는 것은 그의 신분의 높이를 암시하는 것일까? 그러나 그가 그 대가로 장 60의 형을 선고받은 것 및 그 뒤에는 역시 무강중繆康仲이라는 주인이 있었다는 것은 주의해야 할 것이다.

56) 징벌하여 제자리로 돌려보내지 않으면 : 원문은 若不懲治, 押下地頭. 지두地頭는 보통 현장의 뜻으로 쓰이나 여기서는 그렇게 해서는 의미가 통하지 않는다. 유방游邦의 간인으로 서의 부서部署, 자리 정도를 의미하는 것으로 보아야 할 것이다.

57) 필시 함부로 일을 꾸며 : 송본 원문 必致强橫生事. 명본에는 必이 卒로 되어 있다. 송본에 따른다.

58) 본인本人 : 원문은 正身. 유방이 아니라 유방의 주인인 무강중을 가리킨다.

8. 여문정이 여빈을 토지를 점거했다고 고소하다
呂文定訴呂賓占據田産

여문정呂文定, 여문선呂文先 형제 두 사람은 부모의 탈상脫喪 이후 (재산을) 균분했는데 문선은 후사가 없이 사망했다. 문선의 형 문정이 당숙 여빈呂賓이 토지를 (불법)점거했다고 고소했다. 지금 제출된 간조干照를 보면 여문선은 가정嘉定 12년(1219)에 여빈에게 전당을 잡히고 있고 13년 8월에는 관인도 받고 있다. 계약서는 분명하므로 사기라고 보기는 어렵다. 만일 계약서가 위조라면 본인이 매매계약서를 위조해놓고 어찌 다시 전매계약으로 변경할 수 있겠는가?

현위縣尉의 판단은 참으로 타당하다. 그러나 전당을 잡힌 토지는 여문정이 연분인連分人[59]이고 (계약에 동의한다는) 서명은 하지 않았기 때문에 속회하여 자기 소유로 하는 것을 허락한다. 당초에 (이런 점에 대해) 설명해두지 않았기 때문에 소송이 일어난 것이다. 당청에서 읽어주고 판단사유서[단유斷由]를 교부하여 증거로 삼게 한다. 상신上申하여 조회받도록 하라.

9. 왕구가 백부 왕사를 토지를 점거했다고 고소하다
王九訴伯王四占去田産

왕구王九는 왕사王四가 자신의 토지를 함부로 팔고 나이 어린 사람을 기만했다고 고소했다. 지금 유단游旦이 갖고 있는 원래의 매입계약서를

59) 연분인連分人 : 가산의 분할에 참여할 권리를 가진 사람을 말한다. 송대의 법은 토지매매에 있어서 원소유주와 친척관계에 있는 사람들에게 선매권先買權과 속회권贖回權을 부여하고 있었다. 또 이 판결문에 보듯이 가산의 전매에 있어서 연분인의 동의가 필요했던 것을 알 수 있다. Brian E. Mcknight and James T.C. Liu, *The Enlightened Judgments Ch'ing-ming Chi The Sung Dynasty Collection*, State University of New York Press, 1999, p.151, 520 참조.

찾아서보니 왕구의 부父 왕흔王昕의 서명이 있으며 개희開禧 원년(1205)에 거래하고 다음 해 관인을 받았던 사실이 명백하다.

법에 의하면 "전택田宅의 소송에서 계약서가 불분명하고[60] 20년이 경과, 전주錢主나 업주業主[61]가 사망한 경우는 수리受理할 수 없다"라고 규정하고 있다. 지금 업주는 사망했고 계약서도 15년을 경과하고 있으므로[62] 거래가 불분명하더라도 수리할 수 없다.[63] 토지는 원래의 계약서대로 (유단의) 소유로 한다. 남은 사람들은 방면한다.

10. 라역이 처의 전부의 토지를 몰관할 것을 청원하다
羅棫乞將妻前夫田產沒官

라겸羅謙은 아들 셋을 두었는데 장남은 절嵒, 차남은 숭崇, 삼남은 선佡이다. 부모의 탈상 이후 재산을 삼분하였고 성부省簿에도 각자의 성명이 등기되어 있다. 라숭이 사망하자 아들 라녕노羅寧老는 모친이 라숭의 동증조同曾祖의 동생인 라역羅棫에게 재가할 때 따라가게 되었다. 후에 라녕노가 사망하자 라역은 라녕노 소유의 토지를 절호絶戶로 신고하여 관에 헌납했다. 지금 라녕노의 숙부인 라선이 장형 라절羅嵒의 차남을 형羅崇의 후사로 명한 것은 합법적이다. 다만 법에는 "무릇 후사가 끊어진 가家

60) 계약서가 불분명하고: 契書不明. 송본에는 契要不明으로 되어 있다.

61) 전주錢主는 물건을 사는 사람(매주買主)이고 업주業主는 물건을 파는 사람(매주賣主)이며 따라서 영어로는 Buyer, Seller로 번역되고 있다. Brian E. Mcknight and James T.C. Liu, 앞의 책 참조. 참고로 『宋會要』「刑法1-27」, 政和 3년 9월 4일 조에 조법條法 중에 들어가 있는 '主'를 변경하라는 명을 받들어 전주錢主를 전매인典買人으로 업주業主를 전매인典賣人으로("典賣田宅, 交易文契邀約, 錢主改爲典買人, 業主改爲典賣人") 개칭하고, "以田佃與人限滿並佃人爲主"라는 법령 내의 '佃人爲主'도 '並歸佃人'으로 개칭하기로 한다는 기사가 있다.

62) 계약서도 15년을 경과하고 있으므로: 인용된 법령에서는 20년으로 되어 있으니 꼭 정확히 법에 따른 것은 아니다.

63) 소송제기 유효기간의 문제에 대해서는 仁井田陞, 「清明集戶婚門の硏究」, 『中國法制史硏究 法と道德·法と慣習』, 東京大學出版部, 1964, 390~393면 참조.

에서 대를 이을 자손을 세우는 경우—즉 근친의 존장이 후사를 명하는 경우를 말한다[64]—절가絶家의 재산은, 미혼녀나 귀종녀歸宗女나 출가녀가 없는 경우는 전호全戶의 3분의 1을 지급하고 나머지는 몰관沒官한다"라고 규정하고 있다. 따라서 라선이 장형의 아들을 라승의 후사로 세우는 것을 허락하고 라승의 재산의 3분의 1을 지급하고 나머지는 전례에 따라照已行 몰관해야 할 것이다.

그러나 라역은 본래 라승과는 복내服內의 종제從弟이므로 라승이 사망한 후 처 왕씨王氏를 라역과 재혼시키는 것은 있을 수 없는 일이다. 법은 "무릇 위법한 결혼을 한 경우—이전에 단면袒免 이상의 친족의 처[65]였던 자와 결혼한 경우를 말한다—20년을 경과하지 않았다면 사면이 있어도 이혼해야 한다"라고 규정하고 있다. 라역은 왕씨와 결혼한 지 겨우 3년이 지났을 뿐이므로 당연히 이혼해야 할 것이다. 만약 왕씨가 다시 라승의 가家에 돌아가 재혼하지 않고 그 아들을 양육한다면 당연히 "남편이 사망하면 그 처妻에 따른다"는 법을 적용하여 왕씨가 호주가 되는 것을 승인하고 몰관을 면제할 것이다. 두 사람을 압송하여 하향下鄕시키고 이혼장을 받아 상신上申하라.

64) 근친의 존장이 후사를 명하는 경우를 말한다 : 송본 원문 謂近親尊長命繼者. 명본에는 謂가 諸로 되어 있다. 명본의 착오로 보인다. 이 부분은 할주割註 형태로 작은 글씨로 되어 있다.

65) 단면袒免 이상의 친족의 처妻 : 袒免以上親之妻. 단면 이상의 친족이란 오복五服 이외의 친족으로서 高祖親兄弟, 曾祖堂兄弟, 祖父從兄弟, 父三從兄弟, 身四從兄弟, 三從姪, 再從姪孫을 가리킨다. 송률宋律은 당률唐律과 마찬가지로 "단면친親의 처와 결혼한 경우는 장 1백에 처한다"라고 규정하고 있다. "諸嘗爲袒免親之妻而嫁娶者, 各杖一百, 緦麻及舅姪妻徒一年, 小功以上以姦論, 妾各減二等, 並離之." 『宋刑統』 권14 「戶婚律」 「同姓及外姻有服共爲婚姻」條 참조.

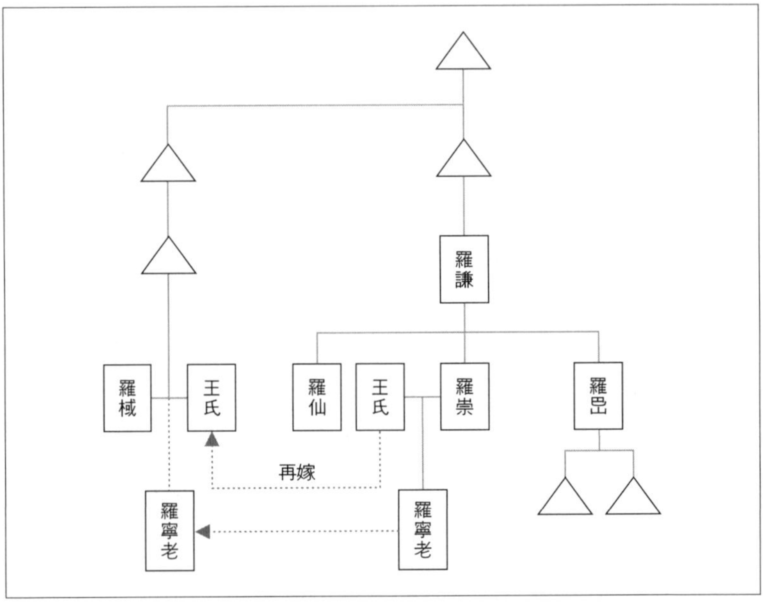

卷4-10조

11. 진오가 등즙을 남원의 땅을 그냥 빼앗고 대금을 주지 않는다고 고소하다
陳五訴鄧楫白奪南原田不還錢

해설 : 본 판어判語의 내용은 지주 등즙鄧楫과 소작인 진오陳五 사이의 소송인데 몇 가지 흥미로운 점을 찾아 볼 수 있다. 첫째, 토지매매에서 토지와 함께 소작인의 신분도 함께 이동되었다는 점. 둘째, 지주가 투호궤명投戶詭名과 같은 불법을 소작인에게 의뢰하였다는 점. 셋째, 지주로부터 조상의 땅을 속회하기 위해서 지주의 불법을 역으로 이용하였다는 점. 넷째, 지주의 불법을 이용하여 나아가서 지주에게 사기를 치려고 했다는 점. 다섯째, 사기계약서 작성을 위해 여러 사람을 동원하였다는 점. 여섯째, 송사訟師와 같은 불법적인 존재가 가명으로 소송에 간여한 점. 일곱째, 재판관의 판결이 무전거래無錢去來나 투호궤명과 같은 불법행위를 묵과하고 있다는 점 등이다.

이름을 지명志明이라 하는 진세영陳世榮은 소흥紹興 연간(1131~1162)에 자신이 살고 있는 집을 팔아 등념이鄧念二에게 주었다. 지명은 네 아들을 두었는데 토지는 사남인 등모鄧謀가 물려받았다. 등모는 순희淳熙 11년(1184)에 다시 이 토지를 만형인 등연鄧演에게 팔았고 소작인[66] 진오陳五가 거주하고 있다는 것을 (계약서에) 명기하였다. 진오는 진세영의 손자이다. 진연陳演의 자식들은 각자 가산을 분할 받아 땅이 서너 조각으로 나누어졌다. 이 땅들은 진오가 거의 속회했는데 등즙鄧楫의 지분만은 아직 속회하지 못했다. 보아하니 진오는 여전히 (등념이의 손자인) 등즙의 소작인이고 게다가 원래 (진오의 조부인) 진세영이 이미 매매계약서를 작성한 이상 소유주鄧楫가 원하지 않는다면 강제로 속회시킬 도리는 없다는 것은 분명한 사실이다.

작년 겨울 방수方燧는 토명土名 창가퇴唱歌堆라는 곳에 있는 만도전晩稻田 4무를 (등즙에게) 팔았는데 그 땅은 진오의 문전門前에 있는 땅이었다. 새로 땅 주인이 된 등즙은 진오에게 (진오의) 신부 오이고吳二姑를 위해 수매한 땅이라고 하라고 떠맡겨 왕왕 세금을 내지 않으려는 계략을[67] 꾸몄다. 그 후 진오는 땅이 자기 집 앞에 있어서 경작하기에 편할 것이라고 생각하여 증소삼曾少三을 통해서 (등즙에게) 간청하여 등사육鄧四六에게 계약서를 써달라고 부탁했다. 이렇게 하여 본인이 소유하고 있는 조상 대대로 물려받은 남원南原에 있는 땅과 교환하였다. 진오는 계약을 맺고 정당하게 팔고 등즙도 계약을 맺고 (계약서를) 진오에게 주어 계약서대로 방수가 자신에게 팔았던 땅을 진오가 소유하도록 하였다. 진오와 증소삼 및 등사육을 옥獄에 보내어[68] 공술시켜보니 모두 분명히 사실을 인정하였다.[69]

---

66) 소작인 : 과객夥客. 지객地客이라고도 한다. 송본에는 夥가 火로 되어 있다.

67) 세금을 내지 않으려는 계략 : 寄稅之計. 앞의 판어(제4조 「高七一狀訴陳慶占田」)에 궤명詭名과 같은 것으로서 남의 명의를 빌려 세금을 내지 않으려는 것이다.

68) 옥에 보내어 : 送獄. 옥獄이란 미결수나 분쟁의 당사자를 구류하기 위한 유치소留置所를 말한다. 송대 뿐만 아니라 전근대의 중국에서는 범죄자를 노역에 복무시키기 위한 형무소 같은 시설은 존재하지 않았다.

지금 진오는 (등즙이 매입한) 방수의 땅을 (계략을 꾸며) 등즙의 소유에서 자신의 소유로 만든 사실은 인정하지 않고, 도리어 남원의 땅이 (아무 대가없이) 등즙의 소유로 넘어갔다고 (그래서 남원의 땅값을 지불받도록 해달라고) 진술하고 있다. 값을 지불하지 않고 토지를 거래하는 것은 법이 허락하지 않는다고 하더라도 피차 모두 계약서를 체결하고 가격을 매겨서 관인을 받았기 때문에 역시 유효하다고 할 수 있을 것이다.

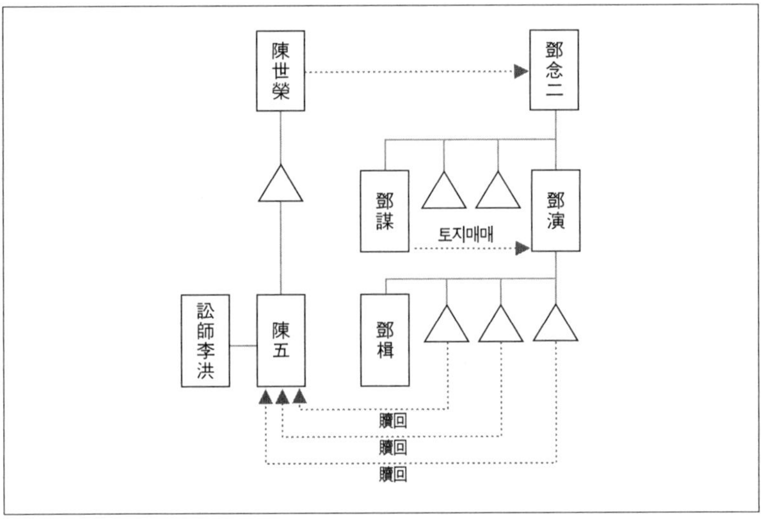

卷4-11조

진오와 등즙은 원래 주인과 종 사이主僕之分이다. 그런데도 (진오는) 왕왕 등즙의 명의로 되어 있는 주거를 다 속회하려고 하였고[70] 등즙이 이

69) 모두 분명히 사실을 인정하였다: 명본은 各已照付分明. 송본의 各已招伏分明에 따라 해석한다. 여기서 인정된 사실이란, 판어 본문에는 생략된 재판과정에서의 진오의 주장, 즉 방수의 땅은 등즙 소유가 아니라 내 명의로 되어 있듯이 내 땅이라고 한 진술이 거짓이라는 사실이다. 즉 이 사람들은 진오의 부탁을 받고 방수의 땅을 자기 소유로 하려는 계략에 동승하였던 사실을 자백한 것이다.

70) 그런데도 (진오陳五는) 왕왕 또 등즙鄧楫의 명의로 되어 있는 주거를 다 속회하려고 하였고: 往往又欲倂贖鄧楫一分住居. 송본에는 又가 久로 되어 있다.

에 따르지 않자 사기를 쳐서 거래하려고 한 것이니 참으로 얼마나 간교한지 알 수 있다.

이홍李洪은 진오와는 아무 상관도 없는데 소장이 접수되자 곧 이홍이라는 이름으로 중간에 끼어들어 소송을 교사하였으니 참으로 무뢰배이다. 이홍과 진오는 각각 장 1백에 처하고 그 땅은 원래의 계약서대로 각각 관리시키도록 한다. 남은 사람들은 모두 방면한다.

12. 사주에서 본건을 조사하여, 오신이 고소했을 때 현에서 간조를 말소한 것은 부당하다고 하다

使州索案爲吳辛訟縣抹干照不當

조대照對.[71] 최근에 하달된 사첩使帖[72]은 각하의 판결을 다음과 같이 상세히 기록하고 있다.

현위縣尉와 지현知縣의 판단을 대조해본 바, 현위는 오원창吳元昶의 땅은 서육삼徐六三과 인접하고 있기 때문에 서육삼에게 친린親鄰의 법에[73] 의거해 속회해주도록 해야 한다고 주장하고 있고, 지현은 서육삼이 재산을 얻은 후, 오원창이 이웃한 땅을 사서 그 위에 집을 지은 것이기 때문

71) 조대照對 : 照對 또는 照得은 송대 이후의 공문서에 자주 쓰이는 용어로 사실이나 문서 등을 조사, 검토하고 나서 자기의 의견이나 의론을 서술할 때 모두冒頭에 놓이는 말이다.

72) 사첩使帖 : 첩帖을 높여 부른 말이다. 사부使府가 지부知府를 높여 부른 말이듯이 상부上部의 부주府州 등에서 하달된 첩을 높여 부른 것이다.

73) 친린親鄰의 법 : 친족이나 인인隣人에게 선매권을 주는 법을 말한다. 송대 친린은 부동산의 선매권先買權을 갖고 있었다. 『宋刑統』 권13 「典賣持當論競物業」 條에 "一, 應典賣依當物業, 先問房親, 房親不要, 次問四隣, 四隣不要, 他人並得交易"이라고 규정하고 있다. 그러나 『청명집』의 실례에서 보는 한 선매권의 우선 소유자는 본종유복친本宗有服親의 이 인인隣人이었다. 또 인隣이란 전매지典賣地와 자기의 소유지가 연접할 필요가 있고 구하溝河나 도로 등 공유지로 격리되어 있으면 인이 아니었다. 仁井田陞, 「淸明集戶婚門の硏究」, 387면 이하 및 梅原郁, 167면, 주1 참조.

에 속회하게 해서는 안 된다고 말하고 있다. 이것은 지현의 판단이 옳다. 그러나 양가兩家가 원래 매입했던 오원조吳元祖의 땅은 합계 2,279보인데, 현위가 측량한 바로는 겨우 602보에 불과하다. 서육삼이 원래 갖고 있던 토지 두 필 합계 580보를 더해보아도 오원창이 샀다고 하는 토지는 결국 허구에 불과하다. 오원창에게 전래의 이전계약서以前契約書[74]가 있다 해도 현재 토지가 없는 이상 이전에 토지를 샀는지 여부는 당연히 분명하지 않다. 계약서는 있는데 (실체인) 토지는 없는 문서를 가지고 땅을 팔기란 어려운 일이다. 서육삼의 계약분을 뺀 나머지 20보의 토지는 서육삼에게 대금을 더 지불하고 사게 하든지, 아니면 오원창에게 돌려주어 원래의 대금을 반환시키도록 하든지, 어느 쪽이든 양가의 편의에 따르도록 하면 소송은 결말이 날 것이다.

본현이 보기에 (이상과 같은 사주使州의) 판결은 논리가 아주 명백하다. 삼가 사주의 판결에 따라 오원창의 원래의 매입계약서를 찾아내어 오원창이 원래 구입한 대금을 강제 반환시키도록 한다. 오원창의 집사 오신吳辛이 제출한 원 계약서는 당청에서 말소하고 모든 것을 사주의 판결에 따라 시행한다.

본건의 담당 서리 서화徐和는 당시 1통의 계약서로 모두 4건의 산과 토지를 샀는데 그 중 다만 한 건 당문광唐文廣 호戶의 22보만을 말소해야 할 것을 간과하고 이들을 함께 묶어서 상정上程하였다. 결국 일시의 부주의로 모두 말소한 후 문건에 첨부하였다. 함께 묶인 계약서를 꺼내어 조

74) 이전계약서以前契約書 : 上手契本. 『청명집』에는 상수간조上手干照, 상수계上手契, 상수계요上手契要 등의 말이 자주 나오는데 이것은 권리 이전移轉의 유래를 보여주는 이전계약서를 가리킨다. 전매典賣나 매매賣買를 할 때 매주賣主는 매주買主에 대해 권리 이전의 유래를 보여주는 이전의 계약서를 새로운 계약서와 함께 교부했다. 이전계약서는 물론 여러 통이 있을 수 있었고 새로운 계약은 이전계약서를 첨부해서 확실한 계약의 증거로 작용했던 것이다. 仁井田陞, 『中國法制史硏究・土地法取引法』, 東京大學出版會, 1960, 592면 참조.

사해보니 분명히 오사량吳士良, 부천명傅天明,[75] 당중명唐仲明에게 차례로 매각한 3필의 토지가 상세히 기재되어 있으며 이것은 서육삼이 고소한 것과는 상관이 없다. 따라서 거래를 승인해야 할 것이다.

담당자承行人인 서화를 장 60에 처하고 또한 판단사유서[단유斷由]를 상세히 기록하여 3건의 면적과 위치를 분명히 기재하여 오원창에게 급부하여 증거로 보관하도록 한다. 만약 오신이 그때에 재소사했더라면 자신이 당연히 거래를 개정改正했을 터이고 결코 주州에 월소越訴하여 관부官府를 번거롭게 할 필요도 없었을 것이다. 앞서 말한所有 대금 합계 50관문貫文은 역시 4건의 총합계이다. 관에서는 현재 당문광의 1건의 가격이 합계 얼마인지 알 수 없다. 오원창을 수감하여 공정하게 친히 심문하여 합의서를 받아 상신하라. 그리고 원래의 판결과 함께 사주에 상신하여 조회받도록 하라.

13. 웅방 형제와 감씨의 재산분쟁
熊邦兄弟與阿甘互爭財産

웅진원熊賑元은 아들 셋을 두었는데 장남은 방邦, 차남은 현賢, 막내는 자資이다. 웅자가 사망한 후 그 처 감씨甘氏는 개가하여 집에는 미혼의 딸과[76] 350파의 토지가 남아 있었다. 본래 그 값이 300관貫 미만이므로 법에 따라 모두 딸에게 주어 상속시켰다.[77] 그런데 딸 또한 미혼인 채 사망하였다.

---

75) 부천명傅天明 : 명본에는 傅가 傳으로 되어 있는데 송본의 傅에 따른다. 역시 上海圖書館校勘本도 傳을 傅로 고치고 있다.

76) 미혼의 딸 : 존실녀存室女. 존실녀는 재실녀在室女의 오기인 것 같다.

77) 본래 그 값이 300관 미만이므로 법에 따라 모두 딸에게 주어 상속시켰다 : 웅자雄資는 아들을 남기지 않고 사망하였고 처는 개가함으로써 호절戶絶이 되었으므로 재산은 "諸戶絶財産, 盡給在室諸女"(『淸明集』「立繼」「繼絶子孫止得財産四分之一」(판어 제9조)에 인용된 법령)에 따라 딸 1인에게 귀속된다. 본문의 "(본래 그 값이 300관 미만이므로) 법에 따라 모두 딸에게 주어 상속시켰다. 從條盡給付女承分"는 것은 이를 뜻한다. 그러나 그 액수에는 한도가 있었는데 본문에 보이듯이 300관 미만의 규정이 그것이다.

지금 두 형(응방과 응현)은 자신의 아들을 후사로 세우려고 싸우고 있고 또 감씨는 350파 중 100파는 자신이 사둔 땅이라고 주장하면서 분할해주기를 바라고 있다. (두 형이) 후사를 세우겠다는 주장은 명목은 동생을 위한다고 하지만 속셈은 땅을 차지하려는 것이다. (감씨는 자기가 시집온) 후에 사두었다고 하지만 (개가하였기 때문에) 감씨가 가지고 갈 수 있는 것은 아니다.

법으로 따진다면 모두 관에 몰수해야 할 것이다. 후사를 세운다고 해도 (응자) 생전의 일이 아니므로 역시 절가絶家의 재산에서 다만 4분의 1만 지급해야 할 것이다. 지금 본관은 법대로 몰관하고 싶지는 않다. (이 사건에 대해 본관은 다음과 같이 판결한다.) 현금 10관족貫足을 공제하여 딸의 장례비로 지출하는 외 나머지는 3등분하여 (두 형과 감씨에게) 각자 1분씩 지급하기로 한다. 이것은 법의法意가 아니라 본관의 후의厚意에 의한 것이다. 각자 추첨하여 가지도록 한다. 만약 다시 분쟁이 생기면 이번에는 법대로 시행할 것이다.

그런데 이 300관은 아마 3,000관의 착오가 아닌가 한다. 판어 제34, "고아의 토지를 처분하다. 處分孤遺田産" 에 인용된 법에는 다음과 같이 3,000관을 한도로 규정하고 있기 때문이다. "후사가 끊어진 절가絶家에서 후사를 세웠을 때, 즉 근친의 존장이 명계命繼한 경우를 말하는데, 절가의 재산은, 미혼녀만이 있는 경우는 가산의 4분의 1을 후사에게 지급하는데 귀종歸宗(이혼하고 돌아온) 자녀도 있을 경우는 5분의 1을 지급하고 미혼녀와 귀종녀歸宗女에게는 전체의 5분의 4를 호절법戶絶法에 의거해 지급한다. 귀종녀만이 있는 경우는 호절법에 의해 지급하는 외에 나머지를 반분해서 후사에게 지급하고 나머지는 몰관沒官한다. 출가녀出家女만이 있는 경우는 가산을 3등분하여 2분은 출가녀와 균등히 지급하고 1분은 몰관한다. 만약 미혼녀·귀종녀·출가녀가 없는 경우는 가산의 3분의 1을 지급한다. 모든 경우 3,000관을 한도로 한다. 재산이 20,000관에 달하면 2,000관을 증급增給한다."

14. 장명과 원안의 토지분쟁
章明與袁安互訴田産

사주使州의 지시行下[78]는 다음과 같다. "전산田産의 측량[79]은 약속을 명시하고 각각 현재의 경작자를 소유주로 하라. 옛날 간조干照를 갖고 함부로 측량하여 소유주를 따져서는 안 된다."

왕문王文은 지난 해 원안袁安 명의의 땅을 매입했다. (매입 당시가 아니라) 이제 와서 관의 날인을 받기 위해 신고했다고 해도 전 소유자인 원안의 이전계약서以前契約書[上手]를 갖고 자신의 소유로 한 지 오래되었다. 최근 관에서 토지를 측량하는 틈을 타 장명章明이라는 자가 건도乾道 8년(1172)의 계약서를 갖고 와 점거하려고 했다. 그러나 계약서의 말미에 날인의 흔적이 남아 있지 않아 관인을 받은 것이 몇 년 몇 월인지 알 수가 없다. 계약서가 불분명하고 이미 50년이 지난 이상 어떻게 증거로 사용할 수 있겠는가? 사주의 지시대로 현재의 경작자를 소유주로 해야 할 것이다. 다시 소송을 하면 장 80으로 처단할 것이다.

15. 오숙, 오용, 오회의 토지분쟁
吳肅吳鎔吳檜互爭田産

오숙吳肅의 가정嘉定 12년(1219)의 계약서에는 오용吳鎔의 제자호전帝字號田 6무 2각, 관자호전官字號田 2무 30보를 9년 기한으로 전매하고 있고 이미 관인도 찍혀 있다.[80] 이 계약서에는 원래의 분재문서分財文書[81]에 기

78) 행하行下 : 공문公文을 발포하여 하달하는 것 또는 하달된 공문을 말한다. 凡事干因革損益, 而非法式所載者, 論定而上之. 諸司傳宣特旨, 承報審覆, 然後行下(『宋史』 권161, 「職官志1」, 中書省, 3783면). 元符三年, 翰林學士 曾肇言, 門下之職, 所以駁正中書違失. 近日給事封駁中書錄黃, 乃令舍人 書讀行下, 隳壞官 制, 有損治體. 願正紀綱, 爲天下後世法(『宋史』 권161 「職官志一」, 門下省, 3779면).

79) 측량: 원문은 經量. 經界打量 또는 經界量田의 약어일 것이다. 梅原郁, 150면, 주1 참조

80) 제자호帝字號 전田, 관자호官字號 전田 : 帝字, 官字는 앞에서도 나왔지만 천자문을 이

입되어 있는 분실한 상수계上手契는 출현한다 해도 사용할 수 없다고 분명하게 기록되어 있다.

오숙이 토지로부터 수익을 거두고 세금을 자신이 인수한[82] 지도 거의 5년이 지났다. 그런데 최근 오회吳檜라는 자가 갑자기 나타나 토지를 점거하려고 하자 오숙이 고소를 하였기 때문에 소환하여 간조干照를 제출하라고 하였다. 오회가 제출한,[83] 소흥紹興 20년(1150)에 그 조부 오무성吳武成이 오용의 증조부 오사을吳四乙에게 매각했다는 증거인 적계赤契[84] 한 통에 의하면, 첨부된 엉터리 계약서[공지空紙]의 후미에 "순희淳熙 8년(1181)에 속회하여 즉시 원래의 소작인佃人에게 임대하여 경작시켰다"라고 기입되어 있다.

원래의 계약서를 증거로 삼을 수 있다고는 하더라도 엉터리 계약서의 후미에 ("순희 8년(1181)에 속회하여 즉시 원래의 소작인에게 임대하여 경작시켰다"라고) 기입되어 있는 것[비착批鑿]은 무엇에 근거한 것인가?[85] 더구나 원래의 계약서는 (전당계약서가 아니라) 영구 매각[영매永賣] 계약서인데 어떻게 그 후에 속회했다고 기입할 수 있는가? (오사을에게서) 속회한

용한 토지의 표기법이다. 가령 帝는 천자문 제19구句의 '龍師火帝', 官은 제20구 '鳥官人皇' 중의 한 자이다.

81) 원래의 분재문서分財文書: 祖鬮. 명본 중에 있는 삽입되어 있는 주석(上海圖書館校勘本)에서는 祖를 租로 고치고 있다.

82) 세금을 자신이 인수한: 過割稅苗. 과할過割이란 남송에서 원에 걸쳐 납세자가 변경되었을 때 썼던 용어이다. 『書簾緖論』「催科篇」에 "升降不等, 過割不時"라는 용례가 있다. 梅原郁, 153면, 주2 참조.

83) 오회吳檜가 제출한: (檜)賫出. 檜는 원문에 없는 것을 上海圖書館校勘本에 의해 보충했다.

84) 적계赤契: 관청의 적인赤印이 찍혀 있는 계약서로 인印이 없는 백계白契에 대하는 말이다. 주계朱契, 홍계紅契라고도 한다.

85) 후미에 ("순희 8년(1181)에 속회하여 즉시 원래의 소작인에게 임대하여 경작시켰다"라고) 기입되어 있는 것은 무엇에 근거한 것인가: 원문은 厥後批鑿何所依憑. 鑿은 명본에는 作으로 되어 있다. 鑿이든 作이든 뜻은 동일하다고 생각된다. 梅原郁(151면)은 송본 원문의 '鑿'에 집착하여 "그 뒤는 말소하고 있기 때문에"라고 해석하고 있는데 이것으로는 의미가 통하지 않는다. 梅原郁은 비착批鑿의 鑿을 말소표시라고 하고 있는데 批鑿의 鑿은 비작批作의 作처럼, 단순히 批를 강조하는 의미로 볼 수 있다.

것이 과연 허위가 아니라면 순희 8년부터 지금까지 이미 42년을 경과하고 있는데[86] 왜 일찍이 (오사을은 오무성에게) 토지를 양도하지 않았는가? 즉시 임대하여 소작시켰을지는 모르지만 오사을에서 오용까지 이미 4대를 지나고 있다. 토지의 임대기간이 이렇게 긴 것은 일찍이 없었던 일이다.

법은 "무릇 전택을 전매할 때 이미 계약서에 날인하고 나서 면적이 다르다고 고소할 경우는 다만 계약서 내에 기재된 토지의 경계를 기준으로 한다. 연한을 따질 때는 계약서에 날인된 날을 시점으로 한다. 또 물건의 양도가 날인한 날보다 늦은 경우는 물건을 양도한 날을 시점으로 한다"라고 규정하고 있다.[87] 또 법은 "무릇 전택의 소송에서 계약서가 불분명하고 20년을 경과, 전주나 업주가 사망한 경우는 관官에서 수리受理하지 않는다"라고 규정하고 있다.

오회가 제출한 증서는 이미 50여 년을 경과했고[88] 그동안 파손과 마멸이 심하여 불분명하니 어찌 수리할 수 있겠는가? 기입된 바대로라면 속회했다고 하는 것도 이미 40여 년을 경과하고 있지만 그 토지는 여전히 양도되지 않고 원래의 (오용의) 명의로 되어 있으니 어찌 오숙의 토지 거래를 정당하다고 하지 않을 수 있겠는가?

분쟁의 발단을 찾아보면 실은 오용이 (오숙과 선당계약을 할 때 오숙에게) 이전계약서를 함께 주지 않았기 때문에 얼마 후에 원래의 소유주(즉 오용)와 오회가 밀통하여 사기를 치려고 했던 데 있다. 오회는 바로 오용의 숙부이니 악인끼리 서로 도와 깊이 음모를 꾸민 것이다. 한편 저 오숙이라는 자는 본래 악착같이 재물을 긁어모은 자로서 이제까지의 거

86) 따라서 현재 소송이 벌어진 시점은 1223년이다.

87) 이 법과 관련되는 것으로 『宋會要輯稿』「食貨70-139」, 紹興 2년 閏4월 23일의 詔가 있다. "詔, 應典田宅, 若故違投契日限, 經隔年月, 遇赦方始自陳, 即印契者, 其所典年限, 並自交業日爲始."

88) 오회가 제출한 증서를 紹興 20년(1150)에 조부가 매각한 시점으로 따지면 현재 1223년까지 73년이다. 또 속회했다고 하는 淳熙 8년(1181)을 기준으로 하면 42년이 되므로 50여 년이란 숫자는 어떻게 산출된 것인지 의문이다.

래 중에 불법계약이 없다고 할 수 없을 것이다. 최근 본현에서는 불법계약 한 두건을 추궁하여 이미 징벌했는데 탐욕스런 자들이 좇아서 사기를 치려는 욕심을 품은 것이다. 그러나 무릇 백성의 고소는 모두 도리에 근거해야 할 것이며 거래는 모두 간조를 근거로 해야 한다는 것을 알아야 할 것이다. 소송에서는 저쪽이 틀리다면 이쪽이 바른 것이며 틀린 쪽은 벌을 주고 바른 쪽은 상을 주어야 할 것이다. 일방의 주장에만 집착하여 간계에 빠질 수 있겠는가?

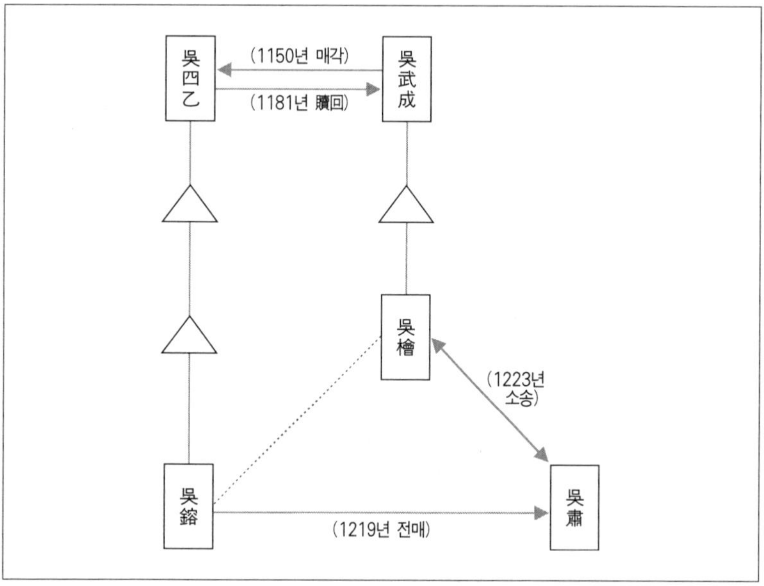

卷4-15조

오용이 처음 (오회와) 한 패가 된 것은[89] 그 속셈이 땅을 차지하려는 데 있었지만 간계가 실행에 옮겨지게 되면 도매의 죄盜賣之罪를 면치 못한다는

89) 오용吳鎔이 처음 (오회와) 한 패가 된 것은: 吳鎔初焉符合. 명본에는 符가 附로 되어 있다. 명본에 따라 해석했다.

것을 생각하지 못했다. 옥에 보내어 철저히 조사하니 자백하여 사실이 밝혀졌다. 오용과 오회는 각각 장 60에 처하고 이전계약서廢契는 말소하고 서류에 첨부하라. 토지는 오숙이 한 거래대로 재산으로 한다.

16. 호남과 주춘이 황의방이 등록한 주통직의 토지를 놓고 싸우다
胡楠周春互爭黃義方起立周通直田産

조대照對. 영수향이십삼도穎秀鄉二十三都에서는 주통직周通直과 조소부趙少傅[90]의 양호兩戶가 세금을 몇 년이나 계속 납부하지 않고 있는데 추징도 할 수 없다고 한다. 호소오胡小五의 공술에 의하면 "호남胡楠이 명의를 속인詭名 것입니다"라고 하므로 당연히 소급하여 추징하도록 해야 할 것이다. 그리고 호남의 공술에 의하면, 조소부의 묘세苗稅를 제대로 납부하겠다고 인정한 외에, 주통직 일호一戶는 원래 황의방黃義方이 세운 것이라고 한다. 이미 세금을 납부한 이상 원래의 토지를 (황의방에게) 주어야 할 것이다. 제출한 황의방의 침기부砧基簿[91]에는 세전稅田으로서 정영丁盈36

90) 주통직周通直과 조소부趙少傅 : 通直은 통직랑通直郎, 조관朝官의 기록관寄祿官 즉 봉록을 표시하는 관명으로 정8품이다. 소부少傅는 소사少師, 소보少保와 함께 삼소三少라고 불리는데 기록관도 정1품으로 최고이다. 본 판어에서는 둘 다 관호官戶로서 향촌에서 횡포를 부리고 있는 모습을 볼 수 있다.

91) 침기부砧基簿 : 남송대에 경계법經界法 실시에 따라 새로 작성된 토지장부를 말한다. 경계법은 남송 때 과세의 공정을 실현하기 위해 경지의 소유상태를 파악하려고 한 제도이다. 토지소유관계가 혼란해지면서 새로 토지를 측량하고 침기부를 작성하여 이것을 근거로 세금을 부과하려고 한 것으로서 고종高宗 紹興 12년(1142)에 이장년李椿年의 건의에 의해 실시되었다. 이에 따르면 장차 새로 작성되는 토지문서에 근거하지 않은 계약은 무효이며 관에 몰수한다고 하였다. 향鄉을 단위로 관호官戶, 민호民戶의 토지의 형태, 구단坵段, 무보畝步, 전매典賣, 조산租産 등 모든 기본적 사항이 기입되어 있다. 3년마다 새로 작성되고 관에서는 침기부를 3부 만들어 현縣, 주州, 전운사轉運司에 비치하도록 했다. 경계법은 처음 평강平江(강소성오현江蘇省吳縣)에서 실시되기 시작하여 전국적으로 확산되었는데 초기에는 효과가 있었지만 곧 폐해가 나타나 이종理宗 淳祐 12년(1252)에 폐지되었다. 경계법에 대신해서 남송 말년에는 추배법推排法이 실행되었다. 이것은 현縣, 도都, 보保의 순서로 재력이 있고 공정한 자를 뽑아 토지와 세금문제를 해결하려고 한 것인데 별 효과가 없었다.

호號, 정영38호, 정행丁行76호, 정행40호, 정행48호, 정행76호[92] 등 합계 5구坵가[93] 있는데 매매거래는 되어 있지 않다. 참으로 황의방의 호세戶稅인 것이 분명하고 이웃의 황정黃政의 공술과도 일치한다.

그런데 이제 주춘周春이 가지고 온 계약서의 후미에는 정영74호, 정영75호, 정영78호, 정영79호, 정영85호의 토지는 황인黃仁이 이전에 황의방이 자배資陪하여 료씨廖氏에게 준 둔전屯田[94] 을 속회한 것[95]이라고 적고 있다. 호수號數는 같다고 하지만 영점影占[96]이 있는 것 같고 그 근거로 다음의 네 가지 허위사실이 인정된다.

주춘의 계약서 중의 5호는 둔전인데 황의방은 가정嘉定 5년(1212)에 이미 정을수丁乙秀에게 매각하였고 다음 해의 관인도 분명히 찍혀 있다. 따라서 그 후에 다시 이 토지를 료씨廖氏에게 팔 수는 없다. 이것이 첫 번째 허위이다.

지금 사람들은 토지를 사면 혹은 둔조屯租[97]를 납부하고 혹은 묘세를 납부하는데 거래를 하게 되면 우선 즉시 호戶를 등록한다. 그런데 료씨

92) '丁盈36號, 丁盈38號, 丁行76號, 丁行40號, 丁行48號, 丁行76號' : 송본에는 丁盈36號, 丁盈38號, 丁盈40號, 丁盈48號, 丁盈76號로 되어 있다.

93) 구坵 : 송본에는 丘로 되어 있다.

94) 둔전屯田 : 명본은 也田. 송본에 따른다. 上海圖書館校勘本은 명본의 也를 屯으로 고치고 있다.

95) 황인黃仁이 이전에 황의방黃義方이 자배資陪하여 료씨廖氏에게 준 둔전을 속회한 것 : 黃仁元贖回黃義方資陪與阿寥屯田. 梅原郁은 자배資陪를 소작권을 매매하는 것이라고 하는데(梅原郁, 156면, 주3), 자배는 둔전을 대상으로 전가田價에 근거한 거래행위에 붙여진 명칭이라고 한다. 高橋芳郎, 「宋代官田の所謂佃權について」, 『史朋』 5, 1976(高橋芳郎, 『宋代中國の法と社會』, 東京 : 汲古書院, 2002 수록) 참조.

96) 영점影占 : 송대 요역徭役을 속일 때에 사용되던 용어이다. 영점은 실제 사람은 없이 그림자처럼 이름만 차지하고 있다는 뜻으로 실제 요역을 맡은 경우는 정점定占이라 한다. 『續資治通鑑長編』 권99, "乾興元年十一月乙卯, 詔應典賣田產, 影占徭役者, 聽人告, 以所隱田三之一予之 (…중략…) 初上封者言, 州縣力役煩重, 多典賣田產, 入形勢之家, 以規避徭役."

97) 둔조屯租 : 원문은 屯職. 周藤吉之는 屯租의 오기로 추정하고 있다. 周藤吉之, 『中國土地制度史研究』, 東京大學出版部, 1965, 394면 참조. 中華書局本은 屯, 職으로 끊어 읽어 이해하기 어렵게 한다. 屯租에 따른다. 둔조는 둔전에 대한 부세賦稅이다.

가 매입한 황의방의 토지는 납세도 하지 않고 호도 등록하지 않고 있다. 황인仁이 무엇을 근거로 속회했는지 (그리고 료씨에게 매각했는지) 알 수 없다. 이것이 두 번째 허위이다.

황의방이 주통직의 호를 등록한 세운 이상 주통직의 묘세는 즉 황의방이 납부해야 할 것이고 황의방의 전산은 즉 주통직의 재산이다. 지금 토지문서 중에 아직 만도전晩稻田 5호가 있는데 아직 거래도 되어 있지 않다. 그런데 이를 어찌 타인이 무단으로 점거할 수 있겠는가? 이것이 세 번째 허위이다.

호남은 가정嘉定 14년(1221) 7월 관에 체포되어 묘세를 추징당했는데 주춘이 계약서에 날인한 것은 그해의 12월이다. 일이 발각된 (그래서 체포된) 후에 모의를 한다는 것은 믿기 어려운 일이다.98) 이것이 네 번째 허위이다.

이 네 가지를 보면 주춘의 허위는 불을 보듯이 명백하다. 료씨의 중첩된 허위 계약서는 말소해서 문건에 첨부한다. 그러나 주춘의 계약서는 다른 전산田産과도 연관되는 것이므로 함께 말소하지 않겠다.

당초 사건은 위사尉司에게 보내었는데 2년을 전전해도 결국 결론이 나지 않아서 서류를 청구하여 조사해본 결과 이세 간세가 드러나게 된 것이다. 토지 측량에 관한 주州의 현행규정約束에 의하면 불법경작은 타인의 고발을 허락하고 (그 토지는) 법에 따라 고발인에게 준다고 되어 있다. 지금 황의방은 주통직 명의의 호를 등록하고 여러 해 동안 도망하였다. 본현은 호남의 명의로 되어 있는 토지에 대해서 세금을 추징시키려고 하였는데 호남은 오히려 주춘이 불법으로 경작하고 있는 토지라고 고발해왔다. 만약 (호남에게 앞에 말한 주州의 현행규정에 따라) 토지를 급부하지 않으면 관의 방침을 어떻게 믿고 따르라고 할 수 있겠는가? 또 민간의 도전逃田을 어떻게 밝힐 수 있겠는가? 우선 증서를 발급하고 주의

98) 믿기 어려운 일이다 : 難以憑信. 송본에는 信이 使로 되어 있다.

지시에 의거하여 고발인에게 주어서 재산으로 삼게 한다.

호남은 또 황의방의 토지문서를 제출했는데 그 중에 고원高園이라는 지명의 정지자丁地字의 세전稅田 13호가 있었다. 현위縣尉가 조사해본 바 11호가 현존하고 있었다. 경작자인 서오삼徐五三의 공술에 의하면 해원解元 오십구호吳十九戶[99]의 둔전이라고 한다. 소유주를 소환하여 공술시켜 보니 오우吳宇는 이제 나이 겨우 14세로 간조 1장도 없으므로 이것으로는 물론 토지를 점거하기 어렵다. 성부省簿와 대조해보니 오우의 호명戶名은 조청랑朝請郎 오민吳敏[100]의 것이고 이전부터 둔전(의 세금)을 납부한 적이 없으므로 이 토지 역시 황의방의 세전임이 분명하다. 모두 (고발인인) 호남에게 주어서 재산으로 삼게 한다. 사주使州에 상신하여 조회받도록 하라.

17. 아이와 채안인의 토지분쟁

阿李蔡安仁互訴賣田

채안정蔡安政은 아들 셋을 두었는데 장남은 신新, 차남은 선先, 삼남은 안인安仁이다. (안인은) 독신으로서 분할받은 땅을 두 형에게 양보하고 형들의 보살핌을 받았으니 그 뜻이 참으로 가상하다.[101]

지금 안인은 호戶가 없다고 하나 그가 원래 가산을 분할받았다는 사실은 명백히 기재되어 있다.[102] 그런데 두 형이 모두 사망하자 그 조카가

---

99) 해원解元 오십구호吳十九戶 : 吳十九解元戶. 해원解元은 과거科擧의 지방시험인 향시鄕試의 수석합격자.

100) 조청랑朝請郎 오민吳敏 : 吳敏朝請. 오민(1089~1132)은 자字 원충元忠, 강소江蘇 의진현儀眞縣 출신. 북송 말에서 남송 초에 걸쳐 활약. 『宋史』 권352에 「本傳」이 있다. 조청은 조청랑(정7품) 또는 조청대부朝請大夫(종6품)를 가리킨다.

101) 梅原郁은 안인安仁이 그 이름으로 보아 이복의 형제일 가능성이 있고 따라서 자기 몫의 재산을 양보한 것이 가상하다고 한 것이라고 추정하고 있다. 梅原郁, 157면, 주1 참조.

102) 원래 가산을 분할 받았다는 사실은 명백히 기재되어 있다 : 原來分關聲載分明. 송본에는 聲이 陞으로 되어 있다.

도리어 증서를 주고 팔아버리려고 했다. 이 땅을 팔아버리면 안인은 어디에서 생활비를 받을 수 있겠는가? 그대로 남겨 두어 안인의 생활에 도움이 되도록 하고 안인이 사망하면 원래의 계약대로 땅을 (조카의) 소유로 하라.

18. 라병의 여종 래안이 주모를 분할받은 재산을 탈취했다고 고소하다
羅柄女使來安訴主母奪去所撥田産

라병羅柄은 본인의 명의로 세전稅錢 50여 관貫(이 부과되는 정도의 토지)을 소유하고 있다. 정실에게는 뒤를 이을 아들이 없고 래안來安이라는 여종에게서 아들 하나를 낳았다. (라병은) 전에 그녀에게 문서批帖를 주었는데 그 내용은 이렇다. "내 나이 60에 (여종 래안이) 후처에게 인정받지 못하고 밖으로 쫓겨났다. 여종 래안에게 호랑護郎이라는 아들이 태어나 전사田舍에 맡겨두었는데 곧 한 살이 되려고 한다. 이제 평심암平心庵에 거처하게 하고 용임龍嵒의 도지 3,000파把를 분여分與하여 식비에 충당하도록 한다."

얼마 지나지 않아 호랑이 사망하고 이 토지는 그대로 반환되어 라씨羅氏에게 돌아갔다. 그 후 래안은 집을 떠나 부모에게 돌아갔다. 라병은 전당으로 잡고 있던 양종楊從 명의의 토지와 그 계약서를 함께 그녀에게 주어 재산으로 삼게 하였다. 그리고 곧 추씨鄒氏(즉 래안) 명의의 호를 세워 양종의 호주[戶頭]인 양조楊照의 세전[103] 453문文(을 내는 정도의 땅)을 여기에 귀속시켰다. 이것은 가정 9년(1216)의 일로서 성부에서 확인할 수 있다. 당시 라병은 건강했고 (라병의 조치에 불만을 품은) 소송은 일어나지 않았다.

다음 해(1217) 양종은 다시 이 (원래 라씨에게 전당잡혔지만 라씨가 추

103) 양종楊從의 호주戶頭인 양조楊照의 세전稅錢 : 楊從戶頭楊照稅錢. 호두戶頭는 호주를 말한다. "初入仕, 必具鄕貫, 戶頭, 三代名銜, 家口, 年齡, 出身履歷"(趙昇, 『朝野類要』「入仕」).

씨에게 넘겼던) 땅을 전매에서 매매로 바꾸어倒祖[104] 추씨에게 팔았으며 날인된 계약서도 있다. 가정 11년(1218)에 이르러 추씨는 또 자신의 돈으로 양종으로부터 등가평鄧家坪 등의 토지 6호, 합계 51관의 토지를 전당으로 잡았다. 이렇게 해서 세전 97문(을 내는 땅)을 다시 거두었다. 추씨 본호本戶의 두 건의 세전은 합계 501문[105]이 된다.

본관이 부임한 후 여호女戶를 세우는 것을 불허하는 법에 따라[106] (추씨의 호를) 추씨의 부친인 추명鄒明의 호로 바꾸었다. 가정 14년 가을에 추명을 차출하여 묘장苗長[107]에 1차 충당하고 있는데 이것은 추명의 전산田產이 불분명한 것이 없고 토지에서 수확을 거둔 지도 오래되었다는 것을 말하고 있다. 그런데 라병이 작년에 죽자 그 간인幹人 황인黃蘊이 갑자기 관에 소장을 내어 추명의 세전을 모두 회수하고 추씨의 재산을 빼앗으려고 했다. 라병이 준 것도 빼앗으려고 노리고 있을 뿐만 아니라 추씨가 자기 돈으로 매입한 것도 마음대로 집어삼키려고 하고 있다. 이런 마음가짐이 어찌 천리天理에 맞는 일이겠는가? 더구나 라병이, 50여 관의 세전을 납부하는 토지 중에서 만년에 무료하여 떠나간 여종, 이전에 아들 하나를 낳아주었지만 길러주지는 않았던 이 여자에게 전당으로 잡은

---

104) 도조倒祖 : 전매계약을 매매계약으로 바꾸는 것을 말한다. 권4 제5조에 도조의 예가 보인다. 上海圖書館校勘本에는 倒租라고 되어 있다. 뒤의 본문에 나오는 도조지전倒祖之錢도 마찬가지이다.

105) 501문文 : 五百有一. 두 건, 즉 453문과 97문의 합계는 550문이 되므로 계산이 틀리다. 또한 송본에는 五百五十有一, 즉 551문으로 되어 있다.

106) 여호女戶를 세우는 것을 불허하는 법에 따라 : 從條不許起立女戶. 이와 관련되는 법으로 『文獻通考』 권13 「職役」에 "무릇 남편과 자식이 있으면 여호를 세울 수 없다. 남편과 자식이 없으면 본인이 여호를 세울 수 있지만 본인이 죽으면 절호絶戶로 된다. 여자가 출가할 때 갖고 간 지참금으로 매입한 재산은 남편의 호戶의 것으로 한다"는 조항이 있다. 그런데 이 법에 따른다면 아들의 명의로 호를 세워야 할 것이다. 본문에는 언급이 없지만 아들이 만약 사망했다면 절호가 되므로 부친을 호주戶主로 할 수는 없을 것이라는 의문이 든다.

107) 묘장苗長 : 세금을 최촉催促하는 일을 맡은 차역差役의 일종으로 생각된다. 『元典章』 권14 「嫁娶」 「女婿在逃依婚書斷罪」條에 묘사장苗社長의 용례가 있다. 梅原郁, 161면, 주 8 참조.

세전 400문 정도의 토지를 준 것도 결코 과분하다고는 할 수 없는 것이다. 그런데 지금 하루아침에 재산을 모두 환수하여 이제 (양종으로부터) 전당잡힌 토지를 매입할 때 들어간 돈과 자신이 전당으로 잡고 있는 재산도 모두 물거품으로 만들어버려서야 인정에 맞는 일이라고 하겠는가? 더구나 추명은 전년에 추씨를 대신하여 호주가 되었는데 이제 와서 추명 명의의 재산을 매입했다고 속이 빤히 들여다보이는 거짓말을 하고 있다. 이렇게 보면 라병의 문서는 믿을 만한 것이며 결코 허위가 아님을 알 수 있다.

법에 의하면 처에 칠출七出이 있는데 첫째는 자식이 없는 것이다.[108] 라병의 처 조씨趙氏는 자식이 없을 뿐 아니라 일찍이 서자를 죽이려고 한 적이 있어 라병에게 쫓겨났던 사람이다. 이에 관해서는 공문서가 있고 사람들도 모두 알고 있다. (조씨는) 후에 돌아와서 라병이 늙고 병든 것을 틈타 재산을 점거하고 서자를 내쫓고 자신이 가사를 장악하였다. 큰 집이 있어도 다시는 라병을 안거할 수 없게 만들고 서자가 있어도 키우지 못하게 했으니 길을 가던 사람도[109] 이를 듣고 슬퍼했고 모두 부당하다고 생각했던 것이다. 지금 여종은 떠나고 그 남편은 죽었거늘 여전히 해독을 퍼뜨리고 있다. 심하도다! 여자가 못됐다 해도 이 여사보다 더할 수는 없을 것이다.

본현에서는 납세자의 명의 변경은[110] 모두 보인保人에 의거하고 있는

108) 『宋刑統』 권14 「戶婚律」 「和娶人妻」의 소의疏議에 칠출七出에 관한 영令이 인용되어 있는데 이에 따르면 칠출이란, 첫째는 자식이 없는 것이고 둘째는 음일淫佚한 것, 셋째는 시부모를 섬기지 않는 것, 넷째는 구설口舌, 다섯째는 절도竊盜, 여섯째는 투기妬忌하는 것, 일곱째는 악질惡疾에 걸린 것이다. 한편 자식 즉 뒤를 이을 아들을 낳지 못했다 하더라도 49세까지는 쫓아낼 수 없으며 50세가 넘어도 자식이 없을 경우 적용한다라고 규정하고 있다.

109) 길을 가던 사람 : 行路人. 송본에는 行路之人.

110) 납세자의 명의 변경 : 원문은 過稅. 보통은 상세商稅의 통과세通過稅를 말하는데 여기서는 과할세묘過割稅苗의 약어로 해석된다. (梅原郁, 161면, 주12) 과할過割은 납세자의 명의를 변경하는 것을 말한다. 54조의 판어 참조.

데 추점鄒漸은 보인의 도장을 이용해[111] 허위로 변경하였다. 죄가 없다 할 수 없으니 장 60에 처한다. 향사鄉司에게 명하여 이전대로 곧 추명의 호를 세워 빼앗았던 원래의 토지를 그에게 반환하고 추씨가 개가할 때 가지고 가도록 하라.

19. 조사(전운사)에서 허덕유 등의 토지분쟁 건을 송부하다
漕司送許德裕等爭田事

허봉許奉은 안경부安慶府의 회녕현懷寧縣[112]에 거주하는데 소흥紹興 32년(1162)에 김립金立의 토지 1단을 매입했다. 그 후에 허지실許知實이 소유주가 되었다가 그가 사망하자 아들 허국許國이 승계하였다. (허국은) 허봉의 후손이라고 하는데[113] 그 진위는 알 수 없고 (따라서 허국의 토지도) 승계해 받은 것인지 매입한 것인지 믿을 수 있는 근거는 없다. 어쨌든 허봉이 매입했을 때의 관인계약서赤契는 현재 허국의 수중에 있다.

(허국은) 가정 6년(1213)에 장지통張志通과 양지재楊之才에게 전매했다가 7년 후에는 주창朱昌에게 매각했다. 주창이 토지를 매입한 것은 장지통과 양지재의 명의로 전당잡혀 있던 것을 속회한 것이며 이것은 여러 사람의 서명이 있어 증명할 수 있다. 토지에서 얻은 수익으로 세금을 납부하는 일은, 본향의 조사에 의하면 모두 새로 토지 소유주가 된 사람이 책임을 지고 있다. 허봉의 최초의 계약서는 이미 관인이 찍혀 있고 장지통과 양지재가 전당을 잡혔다는 것이나 주창이 이를 매입했다는 것은 모

---

111) 보인保人의 도장을 이용해 : 用保印. 송본은 輒用保印.

112) 회녕현懷寧縣 : 회남서로淮南西路 안경부安慶府(현 안휘성안경부安徽省安慶府) 소속의 현.

113) (허국許國은) 허봉許奉의 후손이라고 하는데 : 云許奉後. 송본에는 云이 爲로 되어 있다. 본문의 후반부에 이 판判의 작자가 "허국은 아마 허봉의 후손 같지는 않고"라는 말이 나오므로 云이 옳을 것이다. 이 말은 허국의 부친인 허지실許知實과 허봉의 혈연관계는 명확하지 않다는 말로 해석된다. 허지실이 허봉의 아들이라면 허국은 자연히 허지실의 손자이기 때문이다.

두 증서가 있는 분명한 사실이다.

그런데 작년(1237?) 봄 갑자기 허덕유許德裕라는 자가 광주光州의 고시현固始縣[114]에서 와서 주州에 고소하였다. 그는 족보를 갖고 와서 자신은 허봉의 손孫이며 허국은 자기와 종파가 다르므로 (이 토지는 자기 것이며) 자기의 토지를 훔쳐 가져서는 안 된다고 하였다. 그가 공술한 내용은 다음과 같다.

순희 9년(1182)에 부친 허다재許多才가 회녕에서 광주로 이사 와서 허봉의 친제親弟 허숭許嵩의 경작청부문서耕作請負文書[115] 1장을 받았는데, 그 내용은 "원래 매입한 김립의 토지는 친족들이 나눠 갖기로 한다. 그리고 허숭 홀로 회녕에 남아 경작을 관리하여 각자의 지분에 따라 소작료를 환급한다"는 것이다. 이런 일은 물론 있을 수 있는 일이다. 그러나 당시 계약을 할 때 허덕유는 아직 태어나지 않았고 소송을 하게 되었을 때는 허숭의 호는 이미 절호絶戶가 되었다. 사적인 계약이 있었다 하더라도 (이를 증빙하는) 공문서도 없고 또 긴 세월이 지났으니 무엇을 증거로 삼을 수 있겠는가?

(허덕유는) 또 가정 2년(1209)에 허국을 불법으로 토지를 경작했다고 회녕현에 고소한 적이 있었는데 당시에는 다만 관의 조정으로 화해하고 소작료의 배상금으로 50관을 받고 더 이상 따지려고 하지 않았다고 한다.

과연 이러한 사실이 있었다면 조사해야 할 것이지만 지금은 당시의 기록도 없고 또 당시의 쌍방 간의 합의서도 없다. 또한 (허국이 장지통과 양지재에게) 전당잡힌 후 14년이나 경과하는 동안 고소하지 않다가 갑자기 아무 근거도 없이 소장을 내고는 구설에만 의거하려고 하니 무엇으로 신빙할 수 있겠는가?

---

114) 고시현固始縣 : 회남서로淮南西路의 광주光州(현 안휘성 광주光州)에 속한 현이다.

115) 경작청부문서耕作請負文書 : 撲約. 뒤에 나오는 박전문자撲田文字와 같다. 박撲에는 청부請負한다는 뜻이 있다. 梅原郁은 입찰에 의한 경작문서耕作文書라고 하나(梅原郁, 163~165면), 입찰보다는 청부에 의미가 있다.

생각건대 허덕유의 공술에 의하면 소작계약서가 있었다고 하는데 그렇다면 순희 9년(1182)부터 가정 2년(1209)까지 27년이 지나는 동안 어째서 소작료를 전혀 지불하지 않고 있었는가? 그리고 이미 소작료를 환불해주었다고 하는데 그렇다면 가정 2년(1209)부터 보경寶慶 3년(1227)까지 또 19년이 지나는 동안[116] 어찌 다시 그 토지를 관리하지 않고 작년 봄이 되어서야 비로소 고소를 한단 말인가? 허덕유의 부친 허다재, 즉 소작계약서에 관여한 자는 이미 사망했고 허국의 부친 허지실, 즉 원래 토지의 소유주도 사망했고, 허봉의 친제 허숭, 즉 원래 계약을 해서 소작료를 환급하고 있던 자 또한 죽었는데 이제 와서 허망하게도 종파나 근거 없는 계약을 (소송의) 근거로 삼으려고 하는 것은 불법으로 토지를 점거하려는 의도이므로 그렇게 하도록 할 수는 없다.

추측해보건대 허국은 아마 허봉의 후손 같지는 않고 허숭은 (허덕유의 주장대로) 원래 토지를 함께 분할했던 사람일 것이다. 그러나 만약 허국이 허숭의 토지를 불법으로 점거했다고 한다면 이는 결코 사실이 아닐 것이며, 아마 허국의 부친 허지실이 허숭 명의의 토지를 매입한 것이 사실일 것이다. 그러나 (이것은 추측에 불과하고) 사람들도 세대가 바뀐 지 오래되어 일의 자초지종을 알 수는 없을 것이기 때문에 판결에 참조할 수는 없다.

법에 의하면 "무릇 조부모, 부모가 모두 사망한 후 공동의 소유로 되어 있는 전택을 전매하여 사적으로 함부로 사용한 경우는 분할의 법에 따라 반환시키고[117] 원래의 전당잡힌 사람은 그 값을 (소유주에게) 환불하도록 한다. 전매한 지 만 10년이 지났으면 (전택의) 반환은 면제하고 다만 그 값만을 환불시킨다. 10년이 지나 전매인이 사망한 경우 또는 (전매인이 사망하지 않더라도) 20년을 경과한 경우는 모두 수리의 대상이

116) 嘉定 2년(1209)부터 寶慶 3년(1227)까지 또 19년이 지나는 동안: 앞서 나온 27년이라는 수가 맞다면 이것은 19년이 아니라 18년이 옳다.

117) 분할의 법에 따라 반환시키고: 準分法追還. 명본에는 準 다음에 '十'자가 있다.

되지 않는다"라고 정하고 있다.

(이 법에 따르면) 만약 허숭이 지금 살아 있고 거래한 지 10년 이내에 소송이 제기되었다면 다만 환불만 될 뿐이고, 거래한 지 10년이 지나면 이미 추급追及이 면제되기 때문에 토지를 회수할 길은 없다. 순희 9년(1182)부터 현재까지 통산 57년이 지났고[118] 허숭의 호는 절호絶戶가 되어 아무도 없으니 어떻게 다시 소송의 대상이 될 수 있겠는가? 마땅히 현재 경작자의 소유로 해야 할 것이다.

20. 전운사에서 등기와 강회영의 전산분쟁사건을 송부하다
漕司送鄧起江淮英互爭田産

해설: 이 사건은 사촌형제인 등선鄧先과 등진보鄧震甫 사이에 벌어진 분쟁이다. 소송은 등선의 친형제인 등문례鄧文禮가 강자성江子誠에게 전매한 토지의 속회를 놓고 우선 속회했다고 주장하는 등선에 대해 등문례는 (아마 속회의 수속을 밟지 않았다는 이유로) 등선의 속회가 무효라고 주장하고 자신이 속회하겠다고 주장하는 데서 벌어졌다. 이 사건에 대해 판결은 등선의 편을 들어주고 있다. 그 이유는 ① 등선과 강씨 사이에 속회가 행해졌다는 양자 간의 일치된 공술이 있고 ② 등선은 원래의 소유자인 등문례와 친형제이기 때문에 사촌형제인 등진보보다 우선권이 있으며 ③ 설령 등진보가 속회한다고 하더라도 오촌 조카 즉 원래의 소유자 등문례의 친자인 등십이鄧十二가 속회를 요구하면 이에 응해야 하므로 등진보의 속회는 영속성이 없다는 것이다.
이 판결에서 주목되는 것은 두 가지이다.
① 속회수속批退을 밟지 않았다고 하더라도 계약 당사자 간의 공술이 일치하고 계약서가 있으면 법적으로 속회의 효력을 갖는다고 인정하는 재판관의 법의식이다. 그러나 법적으로 엄밀히 논하자면 판결을 내린 재판관의 법의식에는 역시 문제가 있음을 지적할 수 있다. 즉 (본문에는 명시되어 있지 않지만) 패소자인 등진보의 주장대로 속회의 절차를 밟지 않은 것을 이유로 이 속회를 무효로 처리할 수 있었을 것이기 때문이다. 재판관이

---

118) 淳熙 9년은 1182년이고 57년 후가 현재라면 현재는 1239년이다. 본문에서 허덕유許德裕가 소송을 한 해는 작년이라고 하므로 1238년이 된다. 그러나 본문 중의 "嘉定 2년(1209)부터 寶慶 3년(1227)년까지 또 19년이 지나는 동안 어찌 다시 그 토지를 관리하지 않고 작년 봄이 되어서야 비로소 고소를 한단 말인가?"라는 말을 참고하면 작년은 1228년이며 올해는 1229년이 된다. 그렇다면 淳熙 9년(1182)에서 현재까지는 57년이 아니라 47년이 아닐까?

그렇게 하지 않은 것은 정식의 절차를 밟게 되면 결국 재판관의 판결이유 — 사촌형제인 등진보보다 친형제인 등선에게 속회의 우선권이 있다는 — 대로 등진보가 속회할 수는 없다고 생각했기 때문인지도 모른다. 다음 제60조의 판어判語 — 전운사轉運司가 토지분쟁 사건을 내려보내다. 漕司送下互爭田産 — 에서는 속회수속을 밟지 않았다는 이유로 속회를 무효로 처분하고 있는 것과 대조된다.

② 재판관도 소송에서 패배한 등진보의 주장대로 현재의 전주인 강회영江懷英이 등선의 속회요구에 응하여 등선에게 실제로 매각한 것이 아니고 강회영이 과세상의 이득(탈세)을 노려 허위로 명의만 등선의 것으로 변경한 '불법적인' 영점影占일 것이라고 추정하면서도 실제로 이에 대해 어떠한 조치도 취할 수 없었다는 점이다. 그렇다면 당시 주자朱子 등의 식자들이 한탄했던 영점이라는 사회적인 문제는 법적으로만 문제가 없다면 해결될 수 없는 것이라는 결론이 도출된다는 사실이다.

조대照對.

강자성이 개희開禧 2년(1206) 이후 전당으로 잡은 등문례의 토지계약서는 3통이다. 즉 구고단九姑壇과 대판미大畈尾와 수정水井의 3건이다. 친린親鄰인 등진보가 돈을 준비해 속회하려고 하여 그 중 수정과 대판미 두 건은 이미 속회가 끝났는데 구고단의 토지의 경우 수년간 계속 소송이 벌어지고 있다. 이 때문에 서로 파종播種을 하면서 번갈아 소동을 벌이는 것도 인지상정이다.

등진보[119]가 친척이기도 하고 근린이기도 하기 때문에 빨리 속회하려는 것은 물론 법에 합당한 일이다.[120] 강자성의 아들 강회영을 소환해서 당청에서 심문해보니, "아직 고시를 받기 전에 이미 등선에게 양도하여 그 재산이 되었기 때문에 구고단의 토지는 등선의 것이며 나와는 무관합니다"라고 한다. 그래서 등선을 소환해 공술시켜보아도 하는 말이 완전히 같다. 한편 원래 토지를 전당잡혔던 등문례는 이미 사망하였고 그 아들은 현재 광주光州에 있어 소환할 길이 없다.

생각건대 강회영의 의도는 본래 등선의 명의를 빌려 영점하려고 한

119) 등진보鄧震甫 : 원문에는 甫가 없다. 上海圖書館校勘本에 의해 보정補正한다.
120) 친척이기도 하고 근린이기도 하기 때문에 빨리 속회하려는 것은 물론 법에 합당한 일이다 : 有親有鄰, 徑行贖回, 本自合法.

것이고 등선의 공술은 강회영을 위해 승인해준 것에 불과하다. 실제로 그 전산田産은 (등선에게 양도했다고 하지만) 여전히 강자성의 소유인 것으로 보인다. 만약 과연 등선이 속회하여 이미 전산의 양도가 완료되었다면 지금의 전산은 마땅히 등선이 소유주가 되어야 할 것인데 왜 말을 바꾸어 매년 파종을 하는 데 등문례의 아들 등십이[121]가 수고하고 있다고 말하는 것인가? (즉 이것은 실제로 토지소유주가 변경되지 않았다는 증거이다.) 마음속에 걸리는 바가 있으면 그 말이 흔들리는 법이다.[122]

그러나 등진보와 등문례는 종형제이고 등선과 등문례는 친형제이다. 인속鄰贖의 법[123]은 먼 친척보다 가까운 친척에게 우선권을 준다라고 규정하고 있다. 등선이 (전당잡혔던 토지를) 이전에 속회했다고 (그래서 자기가 소유주가 되었다고) 이미 공술서에서 인정하고 있는 이상은 등진보가 이와 쟁송爭訟할 이유가 없고, 법으로 따지더라도 해당 법령이 분명히 존재한다. 더구나 그 토지는 원래 전당계약을 했던 것이고 소유주鄧文禮의 아들도 생존해 있으므로 설사 鄧震甫가 손에 넣을 수 있다 해도 훗날 (진주의 아들 등십이가) 속회를 요구할 경우는 반드시 속회해주어야 하며 강제로 억류할 수는 없는 것이다.

(본건에 대해서 다음과 같이 판결한다.) 우선 등선을 소유주로 승인하고 훗날 등십일[124]이 속회하겠다면 등선은 그에게 속회해주도록 한다. 등선이 사용하지 않거나 혹은 타인에게 매각한다면 등진보가 오히려 종형제라는 친린으로서 속회하는 것이 법의 취지에 부합할 것이다. 더구나 소송이 시작될 때 이미 진언陳彥 등의 합의에 의하여 대판과 수정의 두 건은 등진보에게 양도하고 구고단의 1건은 강자성에게 양보하기로 결정하였던 것이다.

---

121) 등십이鄧十二 : 명본에는 鄧甫二로 되어 있다.

122) 마음속에 걸리는 바가 있으면 그 말이 흔들리는 법이다 : 中心旣疑, 其辭必枝. 『易經』「繫辭傳下」에 "中心疑者其辭枝"라는 말이 있다.

123) 인속鄰贖의 법은 곧 친린속회親鄰贖回의 법을 말한다. 판어 제12조 참조.

124) 등십일鄧十一 : 앞에는 鄧十二라 되어 있어 어느 쪽인가가 착오이다.

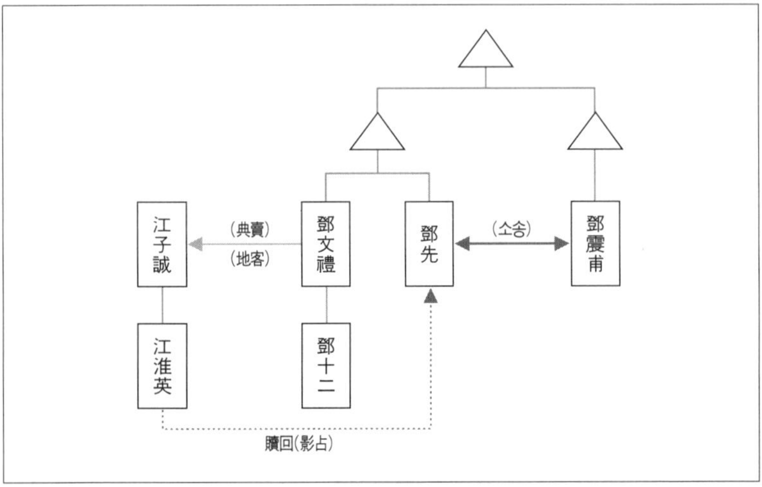

卷4-20조

계약서가 남아 있어 약정내용도 알 수 있으니 사실 비퇴批退한 것과 동일하다.[125] 따라서 "인인隣人에게 물어보아야 하는데 묻지 않았다"고 말할 수는 없으며 재판하기는 더욱 어렵다. 그 동안 이득을 얻기 위해 서로 치고 받고 싸웠는데 피차 고소할 것이 있으면 당연히 현에 고소해야 하지만 향鄕에서 사실을 구명究明한 적도 없고 관에서도 상해傷害를 조사한 적이 없다. 지금은 오랜 세월이 흘러 조사할 길도 없으므로 이제부터 각각 재산을 관리하도록 한다.[126] 다시 소송을 벌인다면 반드시 엄단할 것이다. 그 간의 관계서류가 불비不備하므로[127] 쌍방 당사자를 소환하여 다시 공술시키도록 하고 이를 참작하여 결정한다. 우선 판결을 읽어

---

125) 사실 비퇴批退한 것과 동일하다: 實與批退一同. 비퇴批退는 비작퇴업批作退業을 줄인 말로 퇴전退田 또는 퇴업退業이라고 비서批書(메모, 기입)하는 것. 즉 속회수속贖回手續이다.

126) 이제부터 각각 재산을 관리하도록 한다: 當自今准各自管業. 송본에는 准이 始로 되어 있다.

127) 그간의 관계서류가 불비不備하므로: 緣其間案沓不全. 안답案沓은 축적·보존되어 있는 서류를 말한다. "(周)煇頃在番江, 因得架閣庫故紙, 見有以借緋魚袋入銜者, 乃政和間案沓也"(周煇, 『淸波別志』 卷中).

주고 아울러 구신具申하여 시행을 기다리도록 하라.[128][129]

21. 전운사에서 토지분쟁 건을 송부하다[130]

漕司送下互爭田産; 范西堂

해설: 1173년의 토지매매에서 발단이 된 이 사건은 52년 후 1225년에 소송이 제기되었다. 다소 복잡하고 난해한 사건인데 개요는 다음과 같다. 여염余焱은 황자진黃子眞이 여덕경余德慶으로부터 불법으로 매입했다고 주장하면서 당숙인 여덕광余德廣과 함께 친린의 법에 의거해 다시 속회할 수 있게 해줄 것을 요구했다. 제1심에서는 친린의 법을 적용하여 토지를 환급하라는 판결에 따라 1,600관을 받았다. 이에 황자진은 조상 전래의 땅 즉 묘전墓田임을 주장하며 불복하였다. 이에 대해 첨청僉廳과 주원州院과 법관 모두 여염 숙질의 손을 들어주었으나 판결은 묘전이 친린보다 우선한다고 보고 원안을 뒤집고 황자진의 손을 들어주었다.

나는 향민이 어떤 경우 누차 판결을 내려도 따르지 않고 몇 년이나 소송을 계속 벌이는 것은, 본래 그 사람이 완고하여 소송으로 끝장을 보려고[131] 하기 때문이기도 하지만 또한 관에서 실수했기 때문이기도 하다고 생각한다. 가령 사건이 호적이나 혼인에 관한 것일 때 토지법田令에 따르지 않거나 인정에 맞게 처리하지 못한 경우 곧 여러 관사官司에 소장을 내어 소송이 벌어지기 마련인데 이는 인지상정이며 일률적으로 논할 수는 없는 일이다.

보경寶慶 원년(1225), 여염이 현에 소장을 내어 "황자진이 숙부 여덕경

---

128) 시행을 기다리도록 하라: 聽自施行. 梅原郁은 여기의 自가 의미 없는 접미사라고 하나(梅原郁, 97면, 주10), '自'가 '스스로' 또는 '~으로부터'의 의미 등을 가진, 그래서 상사上司의 재정裁定에 맡긴다는 의미를 가지고 있다고 滋賀秀三은 해석한다. (滋賀秀三, 「書評 · 梅原郁譯註『名公書判淸明集』」, 『法制史硏究』 37, 1988 참조.) 권8, "取自施行"도 같은 경우이다.

129) 본 판어의 표제에 보이는 등기鄧起는 본문에는 나오지 않는다.

130) 이 판어는 명본에는 없고 송본에만 있다.

131) 소송으로 끝장을 보려고: 원문은 終訟. 이것은 소송을 끝낸다는 뜻이 아니라 정반대로 끝까지 소송을 하겠다는 부정적으로 쓰이는 말이다.

호하戶下의 지명 동피東陂, 소피小陂의 (전당으로 잡혀 있는) 토지를 불법으로 매입했으니 이를 친린의 법으로써 속회해야 합니다"라고 고소했다.[132] 황자진도 소장을 갖고 출두하여 "여덕경이 원래 황문만黃文萬의 지명 동피, 소피의 토지를 매입하여 지금 다시 나에게 매각한 것인데 이 것은 본래 (우리) 조상 전래의 전산田産이기 때문에 다시 친린에게 (속회할 의사가 있는지 여부를) 물을 필요는 없는 것입니다"라고 주장했다.

이 사건이 현에서 주로 이첩되어 첨청에도 하달하고, 주원州院[133]에도 넣고, 법관[134]에게도 보내어 검토하라고 하였던 것인데[135] 모두 이것은

132) 친린의 법에 대해서는 판어 권4, 제12조 使州索案爲吳辛訟縣抹干照不當 참조.

133) 주원州院 : 사리원司理院과 함께 형옥刑獄을 담당하는 기관으로 녹사참군錄事參軍이 주관한다. 주州가 부府로 승격하면 부원이라 한다. 사리원은 사리참군司理參軍이 주관한다.

134) 법관法官 : 이것은 사법참군司法參軍을 말하는 것이다. 다음 주 참조.

135) 이 사건이 현에서 주로 이첩되어 첨청에도 하달하고, 주원에도 넣고, 법관에게도 보내어 검토하라고 하였던 것인데 : 由縣及州, 下僉廳, 入州院, 送法官. 첨청과 주원, 법관은 모두 주의 사법을 담당하는 조직인데 첨청이 일차 검토한 후 다시 주원으로 안건을 넘겨 사실의 심문을 한다. 법관은 주원의 사실 심문에 근거하여 여기에 맞는 법령을 검토하는 일을 한다. 법관은 대개 사법참군이 수행한다. 이것을 두고 송대 법제도에 있어서 국얼분사鞫讞分司 즉 심문과 판결의 제도적 분리가 성취되었다고 하여 여기에서 법제도면에서의 송대 사회의 선진성, 근세성이 도출되기도 한다. 대표적인 논고로 宮崎市定의 앞의 논문 및 Ichisada Miyazaki, The Administration of Justice During the Sung Dynasty, in J.A. Cohen, *Essays on China's Legal Tradition*, Princeton Univ. Press, 1980; 徐道鄰, 「鞫讞分司考」, 『東方雜誌』 復刊 5-5, 1971; 屈超立, 『宋代地方政府民事審判職能研究』, 巴蜀書社, 2003 등을 참조. 그러나 국얼분사가 현실의 제도로서 명확히 성립된 것인지는 매우 의문스럽다. 사실의 심문을 담당한 국옥관鞫獄官과 법의 적용을 담당한 법관이 서로 왕래하는 것을 처벌하는 법도 있었지만(『慶元條法事類』 권9 「職制門6」 「饋送」 「斷獄勅」: "錄問檢法與鞫獄官吏相見者, 各杖八十") 그럼에도 불구하고 이런 원칙이 제대로 지켜졌는지는 의문이다. 바로 본 판어에서조차 첨청과 주원과 법관은 국얼분사의 원칙에 따른다면 서로 다른 역할을 수행해야 할 것이지만 실제로는 동일한 판단을 내리는 동일한 성격을 가진 세 기관에 불과한 것임을 보여준다. 보다 본질적으로는 국얼분사 즉 심문과 판결의 분리 자체가 서방의 사법과 행정의 분리와 같은 삼권분립적인 성격이 아니었다는 데에 문제의 소재가 있다고 생각한다. 가까운 예를 들어보면 이 『청명집』에 수록된 많은 판어 자체가 사실은 판사가 법정에서 내리는 판결처럼 확정력이 있는 것이라고 보기는 어렵다. 그것은 오히려 행정적인 지시라는 의미가 농후하다. 본 『청명집』에서도 판어의 말미에 상투적으로 쓰이는 '취태지取台旨'나 '취태판取台判' 등의 용어 자체가 이런 사실들을 잘 보여주고 있다. 적어도 『청명집』이 다루고 있는 호혼戶婚과 같은 민

위법거래이고 비퇴批退(속회수속)를 거치지 않았기 때문에 (황자진은) 대금을 돌려받고 (여염에게) 토지를 속회해주어야 한다는 동일한 결론을 내었다. 즉 "지금 당현에 명령을 내려 수확물을 봉장封椿하여 관리하게 한다. 아직 토지를 양도하지 않았으므로[136] (황자진에게) 토지대금을 수령하게 하고 원래의 계약서는 말소시킨다. 그 후 소송이 일어나지 않으면 여염을 소유주로 한다"라는 것이다.

내가 생각건대 황문만이 황자진의 조부라고 하더라도 계약을 맺어 매각한 것은 이미 건도乾道 9년(1173)의 일이고 중간에 다시 토지를 취득했으나 또 장복張福이라는 이가 이를 매입하는 등 토지소유주가 바뀐 지 오래되었기 때문에 (황자진의 조상전래의 땅이라는 주장에) 그대로 따라 대응해서는 안 된다. 여염과 여덕경은 시마緦麻 이상의 친족이고 (전산이 매각된 지) 3년 이내에 자신이 고소하였고 또 도면圖面에 의거해 보더라도 사린의 경계가 명시되어 있으므로 속회해주어야 한다는 것은 다시 말할 필요도 없다.

그러나 법에 의하면 "무릇 전택을 전매하는 경우 서면에 사린四隣이 경계를 개시開示하여[137] 본종本宗 시마 이상의 친족 및 묘전墓田이 100보

사적 사안에 대해서는 현장조사와 법률운용 즉 사법기관과 행정기관이 상호 분리된 독립적인 기관이 아니었다는 점을 주시해야 할 것이다. 이 점은 Gudula Linck의 역저, *Zur Sozialgeschichte der Chinesischen Familie im 13.Jahrhundert Untersuchungen am 'Ming-Gong Shu-pan Qing-ming Ji'*, Stuttgart, Franz Steiner Verlag Wiesbaden GMBH, 1986에서 강조되고 있는데 동양권에 속하는 학자들이 국얼분사의 선진성을 강조하는 것과는 대조를 이룬다.

136) 아직 토지를 양도하지 않았으므로 (황자진黃子眞에게) 토지대금을 수령하게 한다: 未曾交業 而責領價錢. 토지를 교부하지 않았다는 것이 구체적으로 어떤 상황인지는 불명하나 토지 거래에 있어서 계약의 유효성과 관련하여 계약서에 날인한 시점보다 교부시점이 후일 경우 교부시점을 거래의 법적 유효시점으로 한다는 법령이 참고가 된다. 즉 판어 권4 제15조 吳肅吳鎔吳檜互爭田產에 인용되어 있는 다음 법령이다.

> "무릇 전택을 전매할 때 이미 계약서에 날인하고 나서 면적이 다르다고 고소할 경우는 다만 계약서 내에 기재된 토지의 경계를 기준으로 한다. 연한을 따질 때는 계약서에 날인된 날을 시점으로 한다. 또 물건物件의 양도가 날인한 날보다 늦은 경우는 물건을 양도한 날을 시점으로 한다."

이것은 서류상으로 합법적인 거래가 성립했다고 해도 중국의 거래법에서는 실질적인 거래가 우선한다는 특징을 보여주는 법령으로 주목된다.

이내에 있는 자가 있다면 서면으로 (선매先買의 의사를) 물어야 한다"라고 되어 있다. 이 법이 만들어진 당초에는 당연히 어떤 취지가 있었을 것이다. 조상의 전산은 자손들이 분할해서 상속하게 되는데 결국은 자기 몫을 보전할 수가 없게 되는 경우가 생기게 된다. 가령 전매하여 성이 다른 사람이 취득하게 되면 수리水利가 문제가 된다든가 경계가 문제된다든가 해서 서로 충돌하는 일이 일어나기 마련이다. (이런 일을 예방하기 위해서 위의 법을 만들었던 것이다.) 물론 친親이든 린鄰이든 그 어느 한쪽이기만 하면 비퇴를 거칠 필요는 없을 것이다.

한편 묘전이 있는 곳에서 경작하게 되면 반드시 범법행위가 일어나기 마련인데 그것은 토지소유주가 자신이 태어난 곳이 아니라면 (누구의 묘인지) 돌아보지 않기 때문에 그런 문제가 발생하는 것이다. 그렇기 때문에 동종同宗의 친족이 있으면 먼저 사지 않겠느냐고 물어야 한다는 것이다. (이것이 법을 처음 만들었을 때의 취지이다.) 양가의 묘가 있을 때 상호간의 분쟁을 막기 위해서는 동서남북으로 순차를 정하는 것이 가장 주도면밀한 방법이다. 양가의 주장에는 다 근거가 있다.

지금 황문만의 땅을 매입한 것은 여준명余俊明인데 여준명의 아들 덕경이 다시 원 소유주의 손자인 황자진에게 매각했다. 또 여덕경의 땅을 속회하겠다는 자는 여덕광余德廣인데 덕광의 부父 준민俊民은 여준명의 자손과 거의 관계가 없다. (동족 중 계파가 다른) 별가別家의 토지인 경우, 전매해서 호戶에 등록했다고 하더라도 본래 그 일가의 재산이 아니다. 서로 관계가 없는데도 함부로 친린의 법으로 속회하는 것은 입법의 본의를 상실한 것이다. 또한 황씨에게는 본래 선영先塋이 옆에 있고 도면에 의하면 고조, 증조 이하 11개소가 있다. 이 모두가 사실인 것은 아니라

---

137) 서면에 사린四隣의 경계를 개시開示하여 : 具帳開析四隣所至. 개석開析은 자세히 써서 보여주는 것을 말한다. 가령 다음의 용례가 있다. "臣曾見河北轉運司牓開析制擧常平官約束條目 云……"(『宋名臣奏議』 권114). 역시 개석과 비슷한 용어로 '개사開寫'가 있음이 참조된다. '屍傍開寫東西南北四至處所'(『新註無冤錄』, 180, 238면 참조).

하더라도 여덕광의 원래의 계약서를 보면 "동쪽으로는 황자진의 묘墓를 경계로 하고 있다"고 명언하고 있으므로 '묘전상거백보墓田相去百步의 법'[138]에 합치한다. 여덕경이 매각한 것이 황씨黃氏의 조상 전래의 땅이 아니라 하더라도 당연히 먼저 상대방의 의사를 물어보는 일을 선행해야 할 것이다. 하물며 원래 조상의 선영을 자손이 취득했는데 오히려 기한이 지난 지 오래되었다고 하여 소유주가 되는 것을 허락하지 않는다니 어찌 이런 이치가 있는가? 묘전의 경우는 당연히 친족과 근린近鄰 둘 다 물어보아야 한다. 그러나 친린을 묻는 것은 그 뜻이 재산에 있고 묘전을 묻는 것은 그 뜻이 조종祖宗에 있다. 지금 묘전을 버리고 친린을 위주로 하는 것은 가벼이 해야 할 것을 중히 하고 중히 해야 할 것을 가벼이 하는 것이니 법의法意에 어긋난다.

여염이 근거도 없이 점거를 다투는 것은 물론 억지이지만 몇 년간 소송을 반복하여 상사上司를 번거롭게 한 것은 주현州縣에 그 과실이 있으며 백성을 책망할 일이 아니다. 또한 토지분쟁의 경우 원래 해당법령이 있고 이 법령대로 결단하면 일언一言으로 해결될 것을 걸핏하면 옥사獄司에 보내어 공술을 강요하고 위세를 부리고 뇌물을 받고[139] 하니 어찌 관을 신빙할 수 있겠는가?

황자진이 제출한 관인계약서赤契에는 가격이 2,000관이라고 적혀 있다. 계속해서 옥사의 조사에 의하면 "실제로는 1,600관에 불과한데 (초과한 400관 중) 200관은 부풀린 것이고 200관은 준절準折(환산)한 분입니다. 모두 위법이며 이대로 하여서는 안 될 것이기 때문에 결국 부풀린 부분은 여

138) 앞에 나온 "무릇 전택을 전매하는 경우 서류를 갖추어 사린의 경계를 명시하여 본종本宗의 시마緦麻 이상 친족 및 묘전墓田이 100보步 이내에 있는 자에게 서류로 (선매先買의 의사를) 물어야 한다"는 법.

139) 위세를 부리고 뇌물을 받고: 訖威訖富. 『書經』「呂刑」, "典獄, 非訖于威, 惟訖于富." 非訖于威, 惟訖于富에는 여러 가지 해석이 있다. 예를 들면 사법관은 힘 있는 자 뿐만 아니라 재력 있는 자에게도 정의를 행하여야 한다, 형벌의 권위를 행사하는 데 그치지 말고 (부富를 복福으로 보아) 도와주어 스스로 개과천선하도록 해야 한다는 등등의 해석이 있다.

염에게 환급하고 현물로 준절한 부분은 관에 몰수하였습니다"라고 한다.

부풀린 것에 대해서는 진위를 알 수 없지만 법에 "현물로 준절하는 것을 불허한다"고 규정한 것은 다만 유리부채有利負債의 경우에만 해당되는 것이므로 지금 곡물과 면백綿帛으로 가격을 준절해서 상환한 것을 위법이라 할 수 있겠는가? 소흥紹興 11년(1141) 정월의 칙勅에 의하면 "인호人戶가 전택을 전매하는 경우 백전마다 감합전勘合錢[140] 10문을 징수한다. 만약 금은과 비단으로 환산을 원한다면 편의에 따라 시장가격으로 가격을 정한다"라고 규정하고 있다.[141] 감합전조차 현재가격으로 환산하는 것을 허락하고 있는데 토지대금은 말할 필요도 없다.

그런데 지금 그대로 관에 몰수하라고 한 것은 도대체 무슨 의도인가? 황자진은 토지를 취득하지 못할 뿐만 아니라 대금까지 손해를 보게 될 것이니 어찌 고소하지 않겠는가? 사건기록을 조사해보니 양楊 권현權縣은 이렇게 말하고 있다. "당형 여덕광이 친린으로써 속회하려고 하는데 확실히 연접連接하고 있으니 당연히 땅을 돌려주어야 할 것이다." 그러나 이것은 여덕광이 비록 친족이고 근린이라 하더라도 이 땅은 여준명(여준민余俊民)[142]이 계속해서 매입한 것으로서 당질堂姪인 여덕광과는 본래 무관하며 친린의 법에 의해 속회할 수 있는 대상이 아니라는 것을 모르고 하는 말이다.

한편 여사군余史君은 이렇게 말하고 있다. "토지[산업産業]를 매각한 후 50년이나 지났는데도[143] 자신의 소유물로 인정해달라고 한다. 이렇게 되면 조정朝廷의 법은 없는 것이나 다름없다." 그러나 이것은 황문만이 땅

---

140) 감합전勘合錢: 등기료登記料, 계약서 수수료에 해당한다.

141) 이 칙勅과 관련한 것으로 『宋會要輯稿』「食貨35-6」 紹興 5년 3월 4일의 다음 기사를 참조. "戶部言, 乞將人戶典賣田業, 計價, 每貫收納得產人勘合錢一十文足, 從之." 본 판어에서는 100문마다 10문을 징수한다고 되어 있는데 紹興 5년의 경우는 매관每貫 즉 1,000문마다 10문을 거둔다고 되어 있다.

142) 여준명余俊明(여준민余俊民): 원문은 余俊民인데 내용상 余俊明이 되어야 할 것이다.

143) 토지(산업産業)를 매각한 후 50년이나 지났는데도: 황문만黃文萬이 乾道 2년(1173)에 여준명에게 토지를 매각하고 나서 지금 1225년까지 52년이다.

을 팔고 오랜 세월이 지났다 하더라도 그 땅은 황씨의 조상의 묘가 있는 곳이기 때문에 묘전이 상접하고 있다는 사실만으로도 당연히 물어보아야 할 것이며 근린이 속회하는 것과는 비교할 수 없는 것임을 모르고 하는 말이다. 어찌 전매년한을 경과한 것을 구실로 삼을 수 있겠는가?

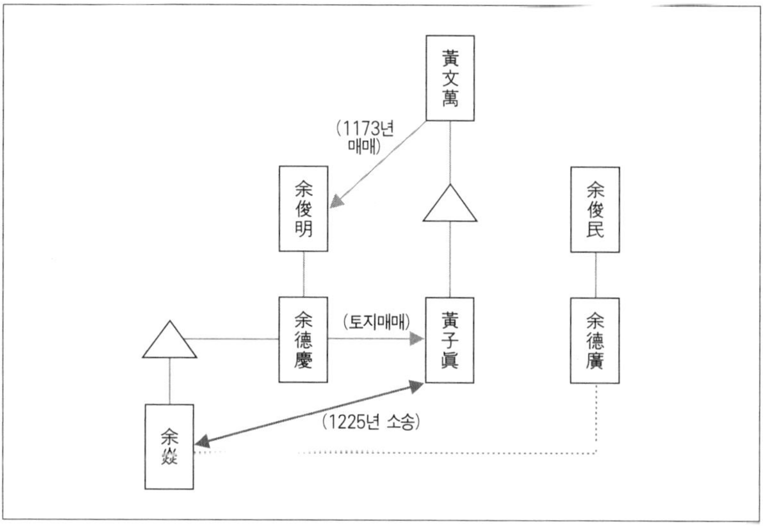

卷4-21조

옥관獄官 조지록趙知錄[144]은 이렇게 말하고 있다. "토지 대금을 현물로 준절準折하고 가격을 부풀린 것은 모두 위법이다." 그러나 이것은 여염이 본래 2,000관의 대금을 관고官庫에 기탁한[145] 것에 대해 전혀 이의가 없

---

144) 옥관獄官 조지록趙知錄 : 옥관은 옥사獄司의 구체적인 개인으로서 특정 관직명은 아니다. 재판이 있으면 주의 속관屬官 중의 누군가가 그 책임자가 되는데 이를 일반적으로 옥관이라고 부르는 것이다. 조지록의 정식의 관명은 지록知錄 즉 지록사참군사知錄事參軍事이다.

145) 관고官庫에 기탁寄託한 : 원문은 寄庫. 재판 계류중으로 결말이 나지 않은 분쟁의 대상인 재물을 관에 위탁하여 두고 분쟁이 해결된 이후 돌려주는 제도이다. 『宋會要輯稿』「職官79-36」 嘉定 15년 9월 2일의 다음 기사를 참조. "應民戶紛爭未決之財, 并取贖未定之訟, 其財皆寄於官, 謂之寄庫, 俟已定奪, 則給還之."

었다는 것을 모르고 하는 말이다. (옥관의 말은) 옥리獄吏가 법을 왜곡하면서 계약서 안의 가격을 조사하고 이 가격은 부풀린 가격이라고 자백하도록 시킨 것이기 때문에 아마 사실이 아닐 것이다. 곡물과 비단으로 지불한 것은 (부채를) 준절한 것이라고 (그래서 불법이라고) 하지만 유리부채146)와는 경우가 다른 것이므로 위법이 아니다.

(본건을) 본주本州에 보내니 원고와 피고를 모두 소환하여 원래의 계약서대로 거래하도록 한 후 즉시 상신하라.

22. 함부로 토지소송을 하다

妄訴田業 : 胡石壁

소송을 한다는 것은 결코 좋은 일이 아니다. (소송을 하게 되면) 생업은 버려지고 가산은 파괴되고 서리에게 뜯기고 옥졸에게 모욕당하고 이리저리 뛰어다니다가 감옥에 들어가기도 하기 때문이다. 동족과 소송을 하면 동족간의 은정이 손상되고 마을사람들과 소송을 하면 사람들과의 우의가 손상된다. 다행히 승리한들 잃은 것이 이미 많고 불행히 패배하면 후회해도 이미 늦다. 그러므로 (소송을 하면) 반드시 억울한 마음을 품게 되는 것이다. 그렇지만 혹시 빈자가 부자에게 빼앗기거나 약자가 강자에게 침해를 당하거나 우매한 이가 간교한 이에게 패했을 때 그것이 너무 상리常理에 어긋나고 사람을 심히 핍박하였기 때문에, 그 불공평함을 한번 호소하지 않을 수 없게 되어147) 소송을 하게 되었다면, 소송을 한 본인에게 잘못이 있다고 할 수는 없을 것이다.

---

146) 유리부채有利負債 : 이자가 있는 부채. 『청명집』 권4, 제6조 판어의 주석 참조.

147) 그 불공평함을 한번 호소하지 않을 수 없게 되어 : 不容不一鳴其不平. 한유韓愈의 「送孟東野序」에 "大凡物不得其平則鳴 (…중략…) 人之於言也亦然. 有不得已者而後言, 其歌也有思, 其哭也有懷. 凡出乎口而爲聲者, 其皆有弗平者乎"(『韓昌黎全集』 권19, 中國書店, 1994).

지금 유위劉緯가 본인은 유씨인데 공가龔家를 위해 토지소송을 한 것은 "본인의 일이 아닌 것은 간여할 수 없다"는 법에 위배된다.[148] 생각건대 그는 평소 오직 향촌에서 송사를 일으키는 것을 능사로 하는 자일 것이다. 지금 이 사건은 사면이 내리기 이전의 일이어서[149] (그래서 사면의 대상이 되기 때문에) 소급해서 처벌하기는 어려우나[150] 조금이나마 처벌하지 않으면 장차 간교한 짓을 징계할 수 없게 될 것이다. 따라서 죄를 경감하여 죽비竹篦 10대에 처한다. 유량신劉良臣을 첨청에 압송하고 공효공龔孝恭도 소환하여 공술을 받도록 하라.

첨청의 원안을 보면 세세한 사정까지 상세히 기록하고 있어 공효공의 허망이 불을 보듯 명확하게 드러난다. 비록 이유가 있다 하더라도 100년이 지났는데 이제 와서 소송을 할 수는 없을 것이거늘[151] 더구나 그 이유조차도 부당하지 않은가! 호혼戶婚에 관련한 사건은 처단하지 않으면 소송이 끊이지 않으므로 공효공은 장 80에 처하고 유량신은 계약서대로 토지를 관리하도록 하라.

---

148) "본인의 일이 아닌 것은 간여할 수 없다"는 법에 위배된다 : 可謂事不干己. (명본에는 己가 已로 오기되어 있다.) 송대의 소송법은 본인의 일이 아닌 것을 간여하는 것을 금하고 있었다. 刑部言臣僚陳乞禁約健訟之人 (…중략…) 其訴事不干己, 并理曲或誣告, 及教令詞訴之人, 依法斷訖, 本州縣將犯由鄉貫姓名籍記訖, 縣申州, 州申監司照會. 若日後再有違犯, 即具情犯申州斷遣 (…중략…) 從之(『宋會要輯稿』「刑法3－28」). 물론 이런 법령이 잘 지켜지지 않았던 것은 『續資治通鑑長編』 天禧 元年(1017) 10월의 "自今後所訴事, 并須干己, 證佐明白, 官司乃得受理, 違者坐之"라는 조칙詔勅의 반포에서도 알 수 있다. 『州縣提綱』 권2－6b에도 "완민頑民이 소송을 좋아한다 해도 일이 혹시 본인과 관련된 것이라면 봐줄 수도 있지만, 일이 본인과 관련된 것이 아니라면 힘써 징계하지 않을 수 없다(頑民健訟, 事或干己, 猶有可諉, 可不力懲)"는 지방관의 말이 보인다.

149) 오직 향촌에서 송사를 일으키는 것을 능사로 하는 자일 것이다. 지금 이 사건은 사면이 내리기 이전의 일이어서 : 송본 원문은 專以健訟爲能事今事在赦前. 명본 專以健訟爲能事在赦前에 事今이 없는 것은 착오.

150) 소급해서 처벌하기는 어려우나 : 固難追斷. 송본은 固難斷.

151) 100년이 지났는데 이제 와서 소송을 할 수는 없을 것이거늘 : 不應隔百餘年而始有訴. 송본에는 訴가 詞로 되어 있다.

23. 모친이 개가할 때 데리고 간 아들이 친아들의 토지를 빼앗으려고 하다
隨母嫁之子圖謀親子之業; 胡石壁

이자흠李子欽은 겨우 서너 살 때 어머니가 담념화譚念華에게 개가할 때 데리고 간 자식인데 그곳에서 양육의 은혜를 입은 것이 거의 30년이나 되니 친자나 다를 바가 없다. 그런데 이자흠은 배은망덕하게도 모친과 계략을 짜서 담념화 부자를 이간시키고 담념화의 가산을 차지하려고 했다. 담념화는 어리석고 무지한 사람이어서 후처를 총애한 나머지 이자흠의 간계에 떨어져 드디어 전처 소생의 친자식을 쫓아내고 (친자식인 담우길譚友吉 형제에게) 억지로 허위계약서를 쓰게 해서 토지를 모두 이자흠에게 주어버리고 말았다.

지금 이자흠이 제출한 주계朱契[152] 10통을 일일이 점검해보니 그 중 5통은 가정 10년(1217) 이후에 만든 것이고 5통은 소정紹定 연간(1228~1233)과 단평端平 연간(1234~1236)에 만든 것으로 모두 담념화 생전의 일이다. 담념화 생전에는 그 형의 재산은 모두 담념화가 관리했는데 어찌 그 아들 담우길이 마음대로 전매할 수 있는가? 설사 담념화의 뜻에서 나왔다고 해도 체결된 계약서는 담념화가 모두 서명하지 않으면 안 되는데 왜 가정 연간의 5통과 소정 연간의 계약서 1통에는 담념화의 서명이 없고 다만 소정 3년, 5년과 단평 원년과 가희嘉熙 원년의 4통에만 서명이 있는가? 또 관인을 받은 날짜를 조사해보면 가정 연간의 계약서 중 3통은 순우淳祐 2년(1242) 2월의 관인이 있으므로 이십 사오 년이나 차이가 난다. 소정 이후의 5통 중 1통도 같은 순우 2년에 관인을 받고 있기 때문에 역시 십삼사 년이나 차이가 난다. 이 두 가지 중대한 문제점만 논하더라도 이미 법에 크게 위배된다.

또 이웃隣保의 공술에 따라 실상을 조사해 보면 이자흠은 무진戊辰년(가정 원년, 1208)에 모친이 담념화에게 개가할 때 데리고 온 자식이었는데 몸

---

152) 주계朱契: 적계赤契와 마찬가지로 붉은 도장이 찍힌 관인계약서를 가리킨다.

에 가진 것이라고는 아무 것도 없었으며 생부가 남긴 토지도 없었다. 이자흠은 장성한 후에도 어떤 생업에도 종사한 적이 없었고,[153] 담념화가 의식도 대어주고 혼인도 시켜주었던 것이다. 그런데 이자흠의 모친 위씨魏氏는 담우길 형제를 미워하여 담념화에게 참소하여 쫓아내고 이자흠만을 옆에 두게 하였다. 담념화의 재산은 모두 이자흠에게로 넘어갔다. 토지는 이자흠에게 가공으로 매매하여 넘겨주고 가택까지도 모두 이자흠의 소유가 되어버려 담우길 형제는 손가락 하나 댈 수 없게 되었으니 이 어찌 인정에 맞는 일이겠는가? 담념화가 이자흠을 친자 이상으로 길렀다면 이자흠은 담념화를 친부와 같이 여겨야 할 것이고 그렇다면 담우길 형제도 친형제가 되는 것인데 부모 생전에 형제간에 제멋대로 거래를 해도 되겠는가?

이렇게 따져보니 체결된 계약서는 담념화의 서명이 없는 것만 무효일 뿐만 아니라 소정 이후 4통의 계약서 중 담념화의 서명이 있는 것도 역시 무효이다. 법의로 보거나 인정으로 보거나 모두 불가한데도 이자흠은 세 치 혀로 이를 다투고 있으니 될 일인가?

이자흠은 일개 촌부인데도 그 간교함이 특히 심하다. 30년간 악심을 품고 담우길 형제에게 해독을 끼쳤다. 오직 재산을 다 차지하기 위해 모든 수단을 다 썼던 것이다. 만약 담우길 형제가 예의를 알지 못하는 사람이었더라면 미련한 생각에 이자흠의 계략에 벌써 오래전에 대응했을 것이다. 설마 스스로 좋아서 집 밖으로 쫓아내면 점잖게 쫓겨나가고 계약서를 써라 하면 머리 숙여 계약서를 쓰고 참고 견디다가 이제 와서 소송을 하게 되었겠는가? 그것은 아마 부친의 마음이 상하지 않을까 우려했기 때문일 것이다. 부친이 사망한 후에 관에 고소를 한 것은 이처럼 어쩔 수 없는 사정이 있었던 것이다.

관에서 만약 공정하게 재판을 하지 않고 이자흠의 간계에 현혹되어서

153) 어떤 생업에도 종사한 적이 없었고: 亦不曾作何生事. 송본은 亦不曾作是何主事.

담념화의 올바르지 못한 뜻이 이루어지게 된다면 담우길 형제는 필경 굶어 죽을 것이고 담씨의 조상도 제삿밥을 먹지 못하게 될 것이다.[154) 옛날 구양공歐陽公은 오대五代의 의아전義兒傳을 지어 "세도世道는 쇠퇴하고 인륜은 무너지고 친소親疎의 이理는 상도常道를 거스르고 골육 간에는 싸움이 일어나고 핏줄이 다른데도 부자父子가 되었다"[155)]고 말했다. 지금 담우길 형제는 담념화의 친자인데도 참소를 당해 쫓겨나 자신의 가家를 가질 수 없게 되고 이자흠이 가를 갖게 되었으니 이것이 친소의 상리에 반하는 것이 아니고 무엇이란 말인가? 소인이 세도와 인륜의 흥망성쇠에 관여하여 이를 어찌할 수는 없겠지만 그러나"서리가 내리면 얼음도 곧 얼게 되리라"고[156)] 하듯이 일이란 차츰차츰 진행되는 것이기 때문에 일찍 바로잡아두지 않으면 안 된다.

(본건에 대해 다음과 같이 판결한다.)

이자흠이 제출한 계약서 10통은 모두 당청에서 말소한다. 사건을 현에 이송하고 본보本保에 지시하여 담씨의 족장들을 소집하여 담념화가 관장하고 있던 전산과 이자흠 명의로 매입한 것을 모두 법에 따라 자식들에게 균분하도록 한다. 이자흠은 죄상이 이와 같으니 본래 균분의 대상으로 할 것은 아니지만 함께 살아온 지 오래되었고 담념화가 애정을 쏟은 자식이기 때문에 특별히 일분一分을 지급한다. 그러나 남의 부자를 이간하고 남의 가산을 차지하려고 한 죄를 모두 용서하기는 어려우므로 죄를 경감하여 장 1백에 처한다.

---

154) 담씨譚氏의 조상도 제삿밥을 먹지 못하게 될 것이다: 譚氏之鬼不其餒乎. 송본에는 乎가 而로 되어 있다. 중화서국본은 상해도서관교감본에 의해 而를 乎로 고친다고 주기하고 있으나, 송본의 원문이 틀린 것은 아닐 것이다. 『左傳』 宣公 4년 條에 "若敖之鬼, 不其餒而"라는 말이 나오는데 두예杜預는 "而, 語助, 言必餒"라고 주를 달고 있다.

155) 歐陽修, 『新五代史』 권36 「義兒傳」의 序.

156) "서리가 내리면 얼음도 곧 얼게 되리라": 履霜堅氷. 어떤 일의 징후가 보이면 머지않아 큰일이 일어날 것이라는 뜻이다. 출전은 『易經』 「坤卦」의 괘사에 있다. "履霜堅氷至, 象曰, 履霜堅氷, 陰始凝也. 馴致其道, 至堅氷也."

24. 자식이 부모를 봉양하지 못하여 부모가 사위의 집에 거처하게 되면 재산은 당연히 사위에게 돌아가야 한다
子不能孝養父母而依棲壻家則財産當歸之壻

본건을 조사해보니 왕유성王有成의 부친 왕만손王萬遜은 부모를 봉양하지 못하여 결국 그 부모가 늙고 병들어 돌아갈 곳이 없어 사위의 집에 기대어 살게 되었으니 살아서 봉양하고 죽어서 장례를 치를 수 있었던 것은 모두 사위 덕택이라는 것이 명백하다. 당시 몸에 지닌 재물이라든가 집에 있는 전택을 모두 사위에게 주었다 해도 왕만손의 아들로서는 마땅히 반성하여 이렇게 생각해야 할 터이다. "부모는 자기 자식을 천하에서 가장 지극히 사랑하는 법인데 지금 나는 부모님이 나를 사랑하게 하지 못하고 오히려 미워하게 만들었다. 부모님이 내 밥을 드시지 않고 사위 밥을 드시고 내 집에 살지 않고 사위 집에 사신다. 부모님은 살아계실 때도 내 봉양을 받으려 하지 않으시고 돌아가실 때도 내 간수를 받으려 하지 않으셨으니 왜 그런 생각을 하셨던 것일까? 필시 내가 자식의 도리를 못하여 부모님의 마음을 아프게 했기 때문일 것이다."

이렇게 한 번 생각해보았다면 장차 평생의 아픔을 가슴에 품고 지내면서 분골쇄신하여 낭상 그 자리에서 죽지 못함을 한탄할 것이며, 비록 만금의 재물이 있다 한들 문제가 되지 않을 터이다. 더구나 본 사건에서 문제가 된 직전職田[157]은 관의 것이며, 부친의 유촉이나 모친의 소장訴狀 그리고 관사官司의 증서와 역대 태수太守의 판결도 모두 이무선李茂先에게 경작을 맡긴다고 하고 있다.

왕유성 부자는 어찌 끝까지 잘못을 뉘우치지 못하고 시끄럽게 소송을

---

157) 직전職田 : 오대五代에 폐지되었던 직전제職田制를 송대(함평咸平)에 부활하여 관장官莊이나 원년도망전遠年逃亡田을 직전에 충당하고 부객浮客으로 전호佃戶를 삼아 경작하여 수확을 전호와 지방관 사이에 균분하도록 하였다. 주로 지방관에게 주었는데 주현의 크기에 따라 20경頃에서 2경까지 차등지급하였다. 『宋史』 권172 「職官志」 「職田」 참조.

계속하고 있는 것인가? 기어코 부모의 명을 거역하고 강탈하겠다는 것인가? 이무선의 집에서 의식비나 장례비를 전부 내준 것이기 때문에 설령 이것(토지)으로써 보상한다고 해도 결코 과분하다고는 할 수 없을 것이다.

왕유성 부자는 죄를 짊어지고 잘못을 바로잡을 줄은 모르고[158] 10여년을 계속하여 감히 하늘을 원망하고 사람을 탓하며 관사를 번거롭게 하고 있다. 마땅히 법으로 단죄해야 할 것이다. 왕유성을 죽비 20에 처한다.

25. 중이 토지를 뺏으려고 사기를 치다

寺僧爭田之妄 : 方秋崖[159]

묘연원妙緣院은 이유도 없이 시끄럽게 소송을 하는 자라고 해야 할 것이다. 제출한 침기부砧基簿에 (거래날짜가 기재될) 마지막 한 장만이 없는 것은 경계법經界法[160] 이전의 폐기된 문서에서 날짜부분을 삭제함으로써 관부를 속여 소송을 하려는 것을 어찌 모르겠는가? 이것이 그 첫 번째 사기이다.

그런데 이를 꾸짖자, (묘연원은) "소흥紹興 19년(1149)에는 강서江西의 경계經界는 이미 완료되었고 이것은 그해의 토지문서이다"라고 말하고 있다. 그러나 이제 날짜가 없는 이상 무엇을 근거로 소흥 19년의 토지문서라고 하는가? 이것이 두 번째 사기이다.

가령 그 말대로 정말 토지문서라고 해도 오승절吳承節[161]의 공거公據는

158) 죄를 짊어지고 잘못을 바로잡을 줄은 모르고 : 不知負罪引慝. "日號泣于旻天于父母, 負罪引慝 (…중략…) 至誠感神矧玆有苗"(『書經』「大禹謨」). 전설의 우왕禹王은 모든 죄와 잘못을 자기 탓으로 돌리고 하늘과 부모에게 읍소하여 사람과 신을 감응시켰다.

159) 방추애方秋崖 : 방악方岳(1199~1262)의 호, 자는 거산巨山이다. 휘주徽州 흡현歙縣 출신으로 紹定 5년(1232)의 진사이다. 『宋史翼』 권17 참조.

160) 경계법經界法 : 원문은 經界. 경계법은 1142년에 시행된 제도이다. 경계법에 대해서는 권4, 제16조를 참조.

161) 오승절吳承節 : 승절承節은 승절랑承節郎을 말한다. 무관武官의 기록관寄祿官으로 종9품이다.

소흥 30년(1160)의 것이므로 10년 전의 문서(즉 묘연원에서 제출한 소흥 19년의 토지문서)는 오래전에 휴지가 되었을 터이다. 이것이 세 번째 사기이다.

오승절의 공거에는, 관사官司가 상세히 기록한[162] "몰관된 호절가戶絶家의 토지를 매각하라"는 칙지勅旨가 보이고 "(몰관된) 묘연원의 불법 토지를 매입"한 일시도 명언되어 있다. 그러므로 당시 이 전산은 관에 몰수된 전산이었으며 사원 소유의 재산이 아니었던 것이다. 이것이 네 번째 사기이다.

몰관된 토지를 매각한다고 하는 것을 보면 이 공거는 소흥 28년의 지휘指揮[163] 이후의 공거이고 토지 매입을 신청한 날짜와 합치하는데도 (묘연원은) 토지를 강탈했다고 말한다. 이것이 다섯 번째 사기이다.

오씨는 대금을 관에 납부하였고 애초부터 절에서 토지를 매입한 것은 아니다. 그런데 (묘연원은) 사원의 향화香火는 끊어지지 않았기 때문에 결코 팔았을 리가 없다고 한다. 이것이 여섯 번째 사기이다.

소흥 30년(1160)부터 순우淳祐 12년(1252)까지 모두 93년간 오씨의 전산이었는데 어느 날 갑자기 소송을 제기한다. 이것이 일곱 번째 사기이다.

종합해서 말하면 이 땅은 묘연원이 법을 어겨 몰수된 땅이고 관에서 불러 매각한 것인데 중이 왜 간여하는 것인가? 100년 전에는 법을 어기고 100년 후에는 시끄럽게 소송을 해대니 이것이 여덟 번째 사기이다.

사건기록을 조사해보니 모두 5회의 판결이 내려져 있다. 그 중에서 특히 장사호章司戶[164]의 원안이 명쾌하고 합당한데 중은 감히 뇌물이 있었다고 무고하고 이를 (상대방에게) 관대한 판결이라고 한다. 이것이 아홉 번째 사기이다.

---

162) 상세히 기록 : 備坐. 비좌備坐는 비세개좌備細開坐를 줄인 말로서 상세히 빠짐없이 열기列記한다는 뜻이다. 梅原郁, 186면, 주4 참조.

163) 紹興 28년의 지휘指揮 : 이 지휘는 『宋會要輯稿』「食貨61－15」에 보이는 다음의 지휘를 가리킬 것이다. "紹興二十八年十月十七日, 詔, 戶部將所在常平沒官戶絶田產, 已佃未佃, 已添租未添租, 並行拘收出賣."

164) 장사호章司戶 : 사호司戶는 주州의 속관屬官인 사호참군司戶參軍의 약칭.

거래법에 견주어서 말한다면 계약서가 불분명하고 전주錢主와 업주業主가 사망한 경우는[165] 재판의 대상이 되지 않는다. 지금 100년이 지나 오씨가 소유주가 된 지 여러 세대가 지났고 중도 고소하는 일 없이 여러 세대가 지났다. 그런데 이제 소송을 제기하니 이것이 열 번째 사기이다. 중 속의 나찰이란 말이 있는데 바로 이 사람이 아니고 누구이겠는가? 본래 중벌에 처해야 할 것이나 사은赦恩에 의해 법망을 빠져나가게 되었다. 오승절은 공거를 갖고 토지를 관리하고 묘연원의 토지문서는 수정하여 발급한다. 만약 계속 완고하게 소송을 한다면 그때의 소송은 사은이 지난 후가 되므로 다시 요행을 바랄 수는 없을 것이다. (판결을) 문에 게시하라.[166]

26. 간조가 불분명하면 압수해서 말소해야 한다

干照不明合行拘毁 : 劉後村[167]

땅을 매입하는 경우 모두 반드시 이전계약서上手干照에 의거해야 한다. 잠이潛彝가 매입한 계자귀桂仔貴의 황전荒田은 계약서에 "문서는 형이 감춰버렸다.[168] 이후 계자귀가 돈을 마련해 속회했다"고 명언하고 있으므로 이 경우는 속회간조贖回干照[169]를 근거로 삼고 있다. 속회계약서를 근거로 생각해보면 지명地名이 청석교青石橋이며 황지荒地인데[170] 잠이에게

165) 전주錢主와 업주業主가 사망한 경우는 : 田業主死者. 송본에는 死가 犯으로 되어 있는데 명본이 옳다.

166) 문門에 게시揭示하라 : 송본 원문 門示. 명본에는 門이 開로 되어 있다. 『청명집』에는 門示의 예가 몇 개 보이므로 여기서는 송본에 따른다.

167) 본 판어는 『劉後村先生大全集』 권193에 수록된 「饒州州院申潛彝招桂節夫周氏阿劉訴占產事」와 같은 것인데 약간의 문자 이동異同이 있다.

168) 문서는 형이 감춰버렸다 : 文字被兄藏伉. 『劉後村先生大全集』 권193 「饒州州院申潛彝招桂節夫周氏阿劉訴占產事」에는 文字가 文約으로 되어 있다.

169) 속회간조贖回干照 : 원문에는 干照 앞에 贖回가 없는데 『劉後村先生大全集』 권193 「饒州州院申潛彝招桂節夫周氏阿劉訴占產事」에 의하여 贖回를 넣어 해석했다.

170) 황지荒地 : 『劉後村先生大全集』 권193 「饒州州院申潛彝招桂節夫周氏阿劉訴占產事」에는 茅地로 되어 있다.

판 것은 지명이 철로당鐵爐塘이며 (황지가 아닌) 농지田로서 면적과 위치 및 동서남북의 경계 모두 일치하지 않는다. 추측하건대 청석교의 토지계약서는 별개의 폐기된 간조이고[171] 철로당의 토지계약서는 위조된 것으로서 통용될 수 없는 것들이다.

계절부桂節夫가 소지하고 있는 두 장의 토지문서砧基簿는 절부의 조카 경안景顔의 가서家書가 옆에 기입되어[172] 있는데 계씨의 족인族人이 동조同祖의 황산荒山을 양보하고 있음을 볼 수 있다. 그것은 인정과 법의法意에 따라 당연히 행한 것이며 잠이와는 아무 관계가 없다. 그런데 이제 순우 3년(1243)에 계자귀의 토지를 매입했다는 계약서를 날조하여 계절부를 괴롭혀 형의 장례도 치르지 못하게 하고 있으니 이것은 무슨 도리인가?

잠이 부자父子는 돈냄새가 나는 것을 꺼려하여[173] 유자儒者의 의관을 가장하고 평소 유명한 사대부들의 시문을 이리저리 구걸하여 무단횡포武斷橫暴의 흔적을 지워보려고 하고 있지만 이제까지 남의 토지를 사기로 사들이거나 교묘히 강탈한 것이 이루 헤아릴 수 없이 많다. 이전의 전임 제형사提刑使 조중서趙中書의 임기 중에 수년 동안이나 추적을 피하다가 드디어 법망을 빠져나갔다.[174] 조중서는 이를 서판書判에 써두었고 문서는 모두 보관되어 있다. 주씨周氏나 아유阿劉 등 고아와 과부의 재산을 탈취한 것도 이미 관에서 판결을 했지만 여전히 계약서를 쥐고 재산을 반환하려고 하지 않으며 관계부서에 보내어 사실조사를 시켰더니 겨우 두 건의 계약서를 돌려주었는데 아직도 돌려주지 않은 것이 있다.[175]

---

171) 추측하건대 청석교青石橋의 토지계약서는 별개의 폐기된 간조干照이고: 蓋青石橋地契乃別項廢干照. 『劉後村先生大全集』 권193 「饒州州院申潛彝招桂節夫周氏阿劉訴占產事」에는 乃가 係로 되어 있다.

172) 가서家書가 옆에 기입되어: 원문은 家書傍照. 『劉後村先生大全集』 권193 「饒州州院申潛彝招桂節夫周氏阿劉訴占產事」에는 照가 批로 되어 있다. 批로 해석해둔다.

173) 돈냄새가 나는 것을 꺼려하여: 원문은 恃其銅臭. 恃는 『劉後村先生大全集』 권193 「饒州州院申潛彝招桂節夫周氏阿劉訴占產事」에는 嫌으로 되어 있고 이에 따라 해석한다.

174) 드디어 법망을 빠져나갔다: 卒致漏網. 명본에는 網이 脫로 되어 있다.

175) 아직도 돌려주지 않은 것이 있다: 猶有還不盡者. 『劉後村先生大全集』 권193 「饒州州

본관은 부임한 이래 아직 한 사람의 사인士人도 처벌한 일이 없다.[176] 그러나 잠이는 사은에 기대어 2, 3개월이나 소환을 피하다가 출두했지만 소지하고 있는 불법계약서를 제출하려고 하지 않는다. 이것은 모두 사면 이후의 일이다. (따라서 처벌할 수 있다) 사인의 행실이 이와 같다면 이후[177] 시문詩文을 써준 현賢사대부들이 감사監司나 태수太守가 된다 하더라도[178] 엄중하게 처벌할 것임이 틀림없다. 더구나 돈을 내어納粟 소사신小使臣[179]을 매관買官하고는 제멋대로 잠감주호潛監酒戶[180]가 되고 제멋대로[181] 간인幹人을 시켜 어사대에 월소越訴하다니 참으로 겁이 없는 소인이다.

본래는 처벌하여 목에 칼을 씌워 본현에 압송하여 호령號令해야 할 것이나 우선 사면에 의해 처벌을 면제한다.[182] 매입했지만, 이전증서以前證書가 없어 통용될 수 없는 계약서 2통은 말소하여 문건에 첨부한다. 계절부는 토지문서에 의거하여 재산을 관리시키도록 하고 방면한다. 귀계현貴溪縣[183]의 저자거리에 방시榜示하라.

院申潛彝招桂節夫周氏阿劉訴占產事」에는 還이 退로 되어 있다.

176) 본관은 부임한 이래 아직 한 사람의 사인士人도 처벌한 일이 없다: 未嘗罪一士人. 『劉後村先生大全集』 권193 「饒州州院申潛彝招桂節夫周氏阿劉訴占產事」에는 一이 及으로 되어 있다.

177) 이후: 원문은 向後. 『劉後村先生大全集』 권193 「饒州州院申潛彝招桂節夫周氏阿劉訴占產事」에는 向來로 되어 있다.

178) 감사監司나 태수太守가 된다 하더라도: 원문은 爲監司太守. 『劉後村先生大全集』 권193 「饒州州院申潛彝招桂節夫周氏阿劉訴占產事」에는 太守 앞에 爲자가 있다.

179) 소사신小使臣: 무신武臣의 기록계寄祿階로 종의랑從義郞(종8품) 이하의 8단계를 총칭하는 말인데 하급 무관에 해당한다.

180) 잠감주호潛監酒戶: 감주호監酒戶란 전매품인 술의 제조와 판매를 감독하는 하급 관직이다.

181) 제멋대로: 輒. 원문에는 없으나 『劉後村先生大全集』 권193 「饒州州院申潛彝招桂節夫周 氏阿劉訴占產事」에 의해 보충한다.

182) 우선 사면에 의해 처벌을 면제한다: 姑與引赦免斷. 『劉後村先生大全集』 권193 「饒州州院申潛彝招桂節夫周氏阿劉訴占產事」에는 姑與가 但已로 되어 있다.

183) 귀계현貴溪縣: 강남동로江南東路 신주信州의 속현(현 강서성江西省 귀계현貴溪縣). 본 판어는 유후촌劉後村의 문집에 수록되어 있는 표제(『劉後村先生大全集』 권193 「饒州州院申潛彝招桂節夫周氏阿劉訴占產事」)에 보이듯이 신주에 이웃한 요주饒州 주원州院에서 상신해온 안건에 대한 판결인데 신주에 속한 귀계현은 요주에 인접해 있다.

27. 남의 위급을 틈타 집을 빼앗다

乘人之急奪其屋業 : 吳雨巖

장광서張光瑞가 홍백사洪百四의 집을 빼앗으려고 한 것은 사정이 극히 분명한데도 파양鄱陽184)의 옥獄에 보내었더니 오히려 사정이 모호해져버렸다. 이제 현지의 검증과 함께 옥에 가서 불러내어 심문을 해본 결과 다음과 같은 사실이 밝혀졌다.

장광서의 가옥은 홍백사와 경계를 접하고 있는데 평소 (홍백사의 가옥을) 집어삼키려고 하였으나 할 수 없었다. 그러다가 홍백사가 병사하여 그 장례를 치를 비용도 없는 것을 보고 드디어 그 위급한 틈을 타서 빼앗으려고 하였다.

그런데 만약 자기의 이름을 내려고 하면 반드시 홍백사 측의 사람이 쓴 계약서가 필요한데 그 아들이 꼭 계약서를 쓰는 데 동의해준다는 보장도 없고 또한 다른 사람도 그 계약이 홍백사 부자가 원해서 한 것이 아니라는 것을 알게 되면 꼭 대서代書해 준다는 보장이 없기 때문에 결국 자신의 아들 장회칠張會七을185) 시켜 현재의 계약서를 작성하게 했다. 아들이 계약서를 쓴 이상 자신의 이름을 내기는 어려우므로186) 이번에는 또 사위인 첨통십을詹通十乙의 이름을 빌려 계두契頭로 삼았으니 참으로 그 계략이 주의 깊고 교묘하다고 할 만하다.

당시 (장광서는) 홍천이洪千二와 홍천오洪千五를 무능하고 쓸모없는 사람들이라고 만만히 보고 내심 돈을 얻어 부친의 장례를 치르면 반드시 순순히 따라줄 것이라고 생각했다. 또 홍백사의 형 홍백삼洪百三의 권위를 빌려 핍박하면 반드시 가능하리라고 생각했던 것이다. 그런데 뜻밖의 일이 발생했다. 홍백사가 다른 집에 양자로 보냈던 주천이周千二가 돌아

184) 파양鄱陽 : 강남동로江南東路 요주饒州의 속현(현 강서성 파양현鄱陽縣).

185) 장회칠張會七 : 송본에는 會가 曾으로 되어 있다.

186) 자신의 이름을 내기는 어려우므로 : 難以自出己名. 송본에는 己名이 自名으로 되어 있다.

와서 동의하지 않는 것이었다. 장광서는 주천이를 자기 마음대로 할 수 있다고 보고 급한 나머지 주천이를 두들겨 팼다. 주천이가 물러나준다면 자신의 의도를 달성할 수 있다고 생각했던 것이다. 그러나 사람이 마음속으로 승복하지 않으면 반드시 후환이 생기는 법이라는 것을 생각지는 못했다. 과연 머지않아 주천이는 홍천이와 함께 관에 소장을 내어 "장광서가 부친을 놀라 죽게 했습니다"라고 고소하고 한편 쓰지 않고 남은 돈을 모아서 (장광서에게 주어) 화해를 하려고 했다.

주천이 등이 무고를 한 것은 물론 죄가 되지만 이것은 장광서가 초래한 일이기도 하다. 이 사건은 쌍방 모두를 처벌해야 한다. 죽였다고 무고한 것이나 억지로 남의 재산을 도모한 것이나 모두 용서할 수 없다. 당시 소장은 주천이와 홍천이의 명의로 낸 것인데 그 중 홍천이는 소송이 화가 되어 병들어 죽었고 잇달아 주천이도 사망하였다. 이렇게 하늘이 이미 벌을 내려 단죄할 사람이 없어졌다. 그 외 장광서가 (그들이) 주동한 것이라고 하는 주장이 헛된 말이라는 것은 물을 필요도 없는 사실이다.

장광서의 아들이 계약서를 쓰고 사위가 이름을 빌려주고 남의 죽음을 틈타 집을 빼앗으려고 한 것은 아들과 사위 모두 단죄해야 할 것이지만 모든 일은 장광서가 주도한 것이고 죄는 그 한 몸에 있다. 더욱이 이 사건으로 인해 결국 두 사람의 사망자가 나왔으니 장광서의 형벌을 어찌 모면하게 할 수 있겠는가? 죄를 경감하여 장 1백에 처한다. 남은 사람들과 함께 방면한다. 해당 금전에 대해서는 감사監査를 면제한다.

해당 자산은 본래는 소유주에게 환급해야 할 것이나 소유주의 무고행위를 면죄하였기 때문에 대신 자산을 관에 몰수하여 가볍게나마 경계의 표시로 삼는다.

28. 계약이 불분명하고 전주나 업주가 사망한 경우는 수리할 수 없다
契約不明錢主或業主亡者不應受理 : 方秋崖

형대刑臺[187]의 판결을 배독拜讀한 바, 사정을 통찰하시어 역시 겹씨郟氏가 잘못이라고 보고 있다. 겹씨가 잘못이라면 탕씨湯氏가 옳은 것이니 시비는 표리일체이기 때문이다. 그런데 여기서 쌍방을 모두 옳지 않다고 판결하여[188] 모두 학관學官에 귀속시켜버렸다. 이 때문에 탕집중湯執中[189]이 계속 소송을 벌이고 있는 것이다.

쌍방의 계약서를 열람해보니 필적도 다르고 위치도 다르고 여러 사람의 서명도 다르니 참으로 형대가 의심을 품은 바와 같이 계약이 불분명하다고 할 수 있다. 법에 의하면 "계약서가 불분명하고 20년이 경과, 업주業主나 전주錢主가 사망한 경우는 수리할 수 없다"고 되어 있다.[190] 이 법은 두 가지 조항을 담고 있다.[191] '20년이 지나면 수리할 수 없다'고

---

187) 형대刑臺 : 중앙의 형부刑部, 또는 어사대御史臺를 지칭하는데 본 판어에서는 말미에 형부에 상신하라는 지시가 있는 것으로 보아 형부를 지칭하는 것 같다.

188) 여기서는 쌍방을 모두 옳지 않다고 판결하여 : 於此而兩不然之. 명본에서는 於가 于로 되어 있다.

189) 탕집중湯執中 : 『至順鎭江志』 권19 「僑寓」에 동일인인지는 알 수 없지만 탕집중이라는 인물이 채록되어 있는데 자는 여권輿權, 광동제형廣東提刑, 지매주知梅州를 역임했다고 한다(梅原郁, 194면, 주3 참조).

190) 『宋刑統』 권13, 典賣指當論競物業, "建隆三年十二月五日勅節文 (…중략…) 請准唐長慶二年八月十五日勅, 經二十年以上不論, 卽不在論理之限." 또 王炎, 『雙溪類稿』 권21 「上孫漕」, "官司理斷爭土地訟, 先憑干照. 旣有干照, 須問管業, 則條令自有明文, 如契要不明限以二十年, 是也." 참조.

191) 이 법은 두 가지 조항을 담고 있다 : 그러나 이 법이 과연 두 가지 조항을 담고 있는지는 본문의 판결만으로 본다면 명확하지 않다. 이 법의 원문은 "契要不明, 過二十年, 錢 主或業主亡者, 不得受理"인데 과연 재판관의 말대로 두 가지 조항이라면, 업주業主나 전주錢主가 사망한 경우는 20년이 경과하지 않더라도 수리할 수 없다고 해석할 수밖에 없다. 그렇다면 사망 시점과 관계없이 무조건 수리할 수 없다는 해석이 된다. 그러나 이것은 불합리한 해석이며 사망의 경우에도 시한이 있을 것으로 생각된다. 권4 제15조의 판에도 같은 법령이 인용되고 있는데 그것이 두 개의 조항인지 한 개의 조항인지는 역시 불분명하다. 그런데 이 문제를 해결하는 단서가 권4, 제19조의 판에 보인다. 19조에서 인용된 법은 보다 자세한데 그 내용은 다음과 같다.

법에 의하면 "무릇 조부모, 부모가 모두 사망하고 공통의 소유로 되어 있는 전택을

하는 것은 오랫동안 소송이 없기 때문에 수리하지 않는다는 뜻이다. 이것이 한 가지 조항이다. (또 한 가지는 '전주나 업주가 사망한 경우는 수리할 수 없다'고 하는 조항이다.) 그런데 세상 사람들이 두 조항을 합쳐서 하나의 조항으로 생각하고 있다면 이는 법의 취지를 모르는 것이다. 지금 이 소송은 20년에는 미치지 못하나 이맹전李孟傳[192]이라는 자가 오래전에 사망하여 계약의 진위를 아무도 증명할 수 없기 때문에 수리해서는 안 되는 것이다. 따라서 "수리해서는 안 된다"는 조항에 따라야 할 것이다. 계약서는 말소하여 문건에 첨부하고 증서를 발급하여 학관에 보내어 자산을 관리하도록 한다. 형부刑部에 상신하여 조회받도록 하라.

29. 이미 매각한 땅을 현학에 기부해서는 안 된다
已賣之田不應捨入縣學 : 翁浩堂

정응서鄭應瑞와 오팔吳八이 다투고 있는 주촌교周村橋 부근의 땅은 연간 조액租額이 겨우 5두斗일 뿐인데도 14년이 지나도록 결말이 나지 않고 있

전매하여 사적으로 함부로 사용한 경우는 분할의 법에 따라 반환시키고 전당잡힌 사람은 그 값을 (소유주에게) 환불하도록 한다. 전매한 지 만 10년이 지났으면 (전택의) 반환은 면제하고 다만 그 값만을 환불시킨다. 10년이 지나 전매인이 사망한 경우, 혹은 (전매인이 사망하지 않더라도) 20년을 경과한 경우는 모두 수리의 대상이 되지 않는다"고 정하고 있다.

여기에 인용된 법은 명확히 두 개의 경우를 밝히고 있다. 사망한 시점도 10년 이후로 정해져 있다. 참고로 권4, 제9조의 판에도 이 법이 판결의 근거로 쓰이고 있는데, 그 판결은 다음과 같다.

"지금 소유주는 사망했고 계약서도 15년을 경과하고 있으므로 거래가 불분명하더라도 수리의 대상이 되지 않는다 : 今業主已亡, 而印契亦經十五年, 縱曰交易不明, 亦不在受理之數."

본조의 판결은 동일한 법령이 자구 하나 때문에 전혀 다른 결과를 낳을 수 있다는 사실을 보여주는 매우 주목할 만한 판결이다. 또한 남송시대의 재판관의 법에 대한 인식의 정도를 보여주는 점에서도 흥미로운 판례이다.

192) 이맹전李孟傳(1136~1219) : 자는 문수文授. 절강성浙江省 상우현上虞縣 출신. 지강주知江州, 조청대부직보모각朝請大夫直寶謨閣 등을 역임했다(『宋史』 권363, 401 및 『會稽縣志』 권5). 그러나 동명이인일 수도 있다. 梅原郁, 194면, 주5 참조.

는 것은 아마 오팔이 형세호形勢戶(形勢)[193]인 공주부孔主簿에 투탁投托하여[194] 그 비호를 얻을 수 있었기 때문일 것이다. 지금 간조를 조사해보니 정응서가 이 땅을 모잉이관인毛仍二官人에게서 매입한 것은 명백하고 소정紹定 6년(1233)의 계약서가 있다. 오팔은 또 단평端平 원년(1234)에 모잉일관인으로부터 토지 1필筆을 매입했다. 그것은 정응서가 매입한 토지 속에 포함되어 있고 여기 5두의 곡전穀田이 바로 이것이다. 오팔은 곧 이 토지를 공주부에게 매각했는데 공주부는 다시 이 토지를 정응서에게 매각했다. 오팔이 본래 매입했을 때 거래가 올바른 것이었는지 여부는 지금 물을 필요는 없다. 그러나 이미 공주부에게 매각한 후 다시 정응서에게 매각한[195] 이상 정응서는 위치가 분명한 온전한 토지를 갖게 된 것이고 오팔과 공주부는 모두 손을 떼고 물러나야 할 것이다.

(본관은) 공주부가 도대체 왜 순우淳祐 2년(1242)에 매각한 땅을 현학縣學에 기부했는지 알 수 없다. 예권지현倪權知縣은 유래를 묻지 않고 크게 방문을 쓰고 즉시 이를 받아들였다. 만약 이처럼 기부를 받아들인다면 이는 우리의 지성문선왕至聖文宣王[196]을 겪병의 중개인으로 삼아 현하의 학전學田을 크게 늘린 셈이 되니 이보다 더 심하게 선성先聖을 속이고 학도를 모욕할 수는 없을 것이다. 이것은 공주부의 음모일 뿐만 아니라 사실은 오팔[197]도 공모한 것이다. 오팔은 이로 인해 더욱 거리낌 없이 이 땅을 차

193) 형세호形勢戶 : 오대五代, 송초宋初에 걸쳐 관료나 향촌의 호민을 형세호, 형세관호形勢官戶 등으로 불렀다. 형세形勢라는 말은 당대唐代에 출현했는데 전통적인 귀족이 아니라 벼락출세하여 권세를 부린다는 의미를 담고 있다. 남송대 법령은 형세호에 대해 다음과 같이 정의하고 있다. "形勢戶謂見充州縣及按察使吏人, 書手, 保正, 耆官長之類, 并品官之家, 非貧戶弱者"(『慶元條法事類』 권47 「賦役門」 「違欠稅租」 「賦役令」). 한편 형세호는 세금장부에 '형세' 두 글자가 붉은 색으로 쓰여 있었다고 한다(梅原郁, 196면, 주2 참조).

194) 투탁投托 : 송본에는 托이 없다.

195) 다시 정응서鄭應瑞에게 매각한 : 又買與鄭應瑞. 買는 賣의 착오일 것이다.

196) 지성문선왕至聖文宣王 : 공자孔子를 가리킨다. 진종眞宗 大中 祥符 元年(1008) 공자의 시호를 현성문선왕玄聖文宣王으로 했다가 5년에 지성문선왕으로 개정했다. 『宋史』 권7, 8 「眞宗本紀」 참조.

197) 오팔吳八 : 송본에는 鄭八로 되어 있는데 吳八의 잘못이다. 뒤에 나오는 吳八도 마찬

지하여 경작했을 뿐만 아니라 다시 이웃에까지 소동을 일으켰다.198)

정응서가 고소하여 정당함을 인정받지 못하고 14년이 지났는데 이번의 제소에서는 조모를 화장한 후 뼈를 담은 골함骨函이 그 땅속에 있다고 한다. 조사해보니 정응서는 화장을 지내는 집안이 아니며 수전水田은 뼈를 묻을 수 있는 땅이 아니다. 아마 소송에서 정당성을 인정받지 못하자 장지葬地라는 명분을 빌려 싸우려고 한 것일 터이다. 이것은 정응서의 궁여지책이지만 공주부와 오팔은 가공하게도 끝까지 불의를 강요했던 것이다. 세상의 도道가 이 지경이 되었으니 참으로 한탄할 일이다.

오팔은 불법으로 토지를 점거했으므로 장 1백에 처한다. 현학의 방문榜文은 떼어서 폐기하고 미납한 조과租課를 감독하여 징수토록 한다.199) 공주부 택宅의 집사는 일단 죄의 추궁을 면제한다. 증서를 정응서에게 돌려주고 토지를 관할하도록 한다. 아울러 증서를 발급하여 토지와 조응照應하도록 한다. 자세히 방시榜示하고200) 사부使府에 상신하라.

가지이다.

198) 이웃에까지 소동을 일으켰다: 騷擾鄰里. 송본에는 里가 至로 되어 있다.

199) 미납한 조과租課를 감독하여 징수토록 한다: 引勘未納租粟. 송본에는 粟이 課로 되어 있다.

200) 자세히 방시榜示하고: 備榜. 송본에는 備牒으로 되어 있다. 비첩備牒의 비備는 첩문牒文을 보낸다는 뜻이라고 하고 장문狀文을 보낼 때는 신申이라 한다(田中謙二, 「『朱子語類』 外任篇譯註 2」, 『東洋史研究』 28－2・3, 1970, 102면). 그러나 여기서는 비備를 보낸다는 뜻으로 보기는 어렵다. 두 번 보내는 것이 되기 때문이다. 또한 첩牒은 동등한 기관 간에 보내는 문서 형식이다. 한편 『청명집』 권5, 제3조의 판결에 "備榜縣門申州幷提擧司照會"라는 구절이 보인다. 榜은 牓으로 통용되고 牒은 牓과 글자가 흡사하여 생긴 오자일 것이다.

권5

爭業 下

1. 조카가 양자로 간 숙부와 토지를 다투다

姪與出繼叔爭業 : 翁浩堂

양천상楊天常은 양제거楊提擧의 어린 아들로서 생가에서 나와 백부 통령統領[1]의 후사가 되었으므로 양제거의 재산을 다시 취득하는 것은 본래 부당한 일이다. 지금 친조카인 양사요楊師堯 등이 양천상이 양제거 가家의 1,300석碩의 (수확이 가능한) 농지를 점취했다고 고소하였다.[2] 제출된

---

1) 통령統領 : 남송 시대 중앙군인 삼아三衙와 근위대인 어전군御前軍에 소속된 고급 장교를 가리킨다. 『建炎以來朝野雜記』 「甲集」 卷11 참조.

2) 1,300석의 (수확이 가능한) 농지를 점취했다고 고소하였다 : 楊師堯等訴謂天常店提擧位一千三百碩穀田. 訴는 송본에는 所로 되어 있는데 착오이다.

간조干照를 보니 훈무랑訓武郎[3] 양제거楊提擧의 처 하씨夏氏가 작성한 계약서인데 "훈무랑이 생전에 양천상으로부터 금은과 동전 및 회자會子 5,000여 관을 빌렸었는데, 훈무랑이 임종 때 유언하기를 이 땅을 주어 빚을 상환하라고 하였다"고 되어 있다. 그러나 과연 이러한 사실이 있었는지 아니면 무언가를 구실 삼아 이런 말을 하는 것인지 알 수가 없다.

"이 땅을 주라"는 계약서는 가정 16년(1223)의 것이고 하씨가 사망한 것은 가정 17년(1224)인데, 양천상은 거의 23년간 토지를 관리해왔다. 계약서에 관인이 찍힌 것은 가희嘉熙 4년(1240)이니 6년 전의 일이다. 하씨의 처음 생각은 이미 알 수가 없으므로 다만 증서에 의거하여 논한다면 고소인 양사요의 부친인 감세관監稅官[4]은 이미 서명에 간여하고 있었다. (따라서 고소를 한다면 부친이 하는 것이 옳을 것이다.) 부친이 고소를 하지 않는데 어찌 아들이 고소할 수 있는가?

법은 "재산을 분할한 이후 3년이 경과해 불공평을 고소하거나 유촉한 지 10년이 지난 후 고소하는 것은 수리할 수 없다"라고 규정하고 있다. 양천상이 재산을 얻은 것의 타당성 여부는 따질 수 없다. 시간이 지난 지 오래되었고 농지를 관리한 것도 이미 오랜 세월이 흘렀으니 참으로 소급해서 심리하기가 어렵다.

양천상과 양사요 두 숙질은 원래대로 관리하고 동족간의 우의를 돈독히 하도록 하라. 굳이 일을 만들어 분쟁을 일으켜 망자의 이름이 함부로 소장訴狀에 나오게 한다면 이는 참으로 불미스런 일이다. 만일 이 판결에 불복한다면 직접 상급관청에 상소하라.

---

3) 훈무랑訓武郎 : 송대 삼반사신三班使臣으로 총칭되는 하급 무계 중의 최고위로 정8품이다. 양제거楊提擧가 무계武階의 훈무랑訓武郎의 지위를 갖고 있었다는 사실을 알 수 있다.

4) 감세관監稅官 : 상세商稅를 징수하는 장무場務의 책임자.

2. 남에게서 은밀히 기탁 받은 재산을 마음대로 팔아버리다

受人隱寄財産自輒出賣 : 翁浩堂

강산현江山縣[5])의 첨덕흥詹德興은 그 지방에서 갱남坑南·우차두牛車頭·장정구長町丘로 불리는 토지를 모감승毛監丞[6]) 댁에 매도하였다. 그런데 같은 현 임강향臨江鄕의 여천오呂千五라는 자가 소장을 내어 상기의 토지는 자기 집의 것인데 첨덕흥이 도매盜賣하였다고 진술하였다. 이제 모감승 댁에서 제출한 한 묶음의 증서에는 순희 16년(1189)과 소희 5년(1194)의 계약서 두 통이 있는데 모두 첨덕흥이 매입한 것으로 되어 있다. 또 가희 4년(1240)의 재산장부[産簿] 1책이 있는데 상기의 토지가 모두 기재되어 있고 역시 첨덕흥이 매입한 것으로 되어 있기 때문에 첨덕흥의 토지가 아니라고 말할 수 없다. 한편 여천오가 제출한 가정 12년(1284)의 재산분할문서 1통은 첨덕흥이 계약서를 작성한 것으로서 상기의 토지를 여덕현呂德顯 가에 전당잡힌다는 내용으로 되어 있다. 이것을 보면 또한 여천오가의 토지가 아니라고 말할 수도 없다.

이런 분쟁이 생긴 것은 모두 향촌의 간민姦民이 부역으로부터 도피하기 위해서 허위사실을 꾸며내 수많은 말들을 지어냈기 때문이다. 즉 여천오의 공술에 의하면, 부친이 향사鄕司의 차역差役 문제로 (차역을 벗어나기 위해서 본인의) 재산을 강산현의 중친重親[7]) 첨덕흥의 것으로 하여 호를 세웠다고 명언하고 있으니 바로 여기에 (부역에서 도피하고자 하

---

5) 강산현江山縣 : 양절서로兩浙西路 구주衢州의 속현(현 절강성 강산현江山縣).

6) 감승監丞 : 감승은 국자감國子監, 장작감將作監, 군기감軍器監의 감승의 통칭인데 북송 전반기에는 종8품의 기록관寄祿官인 장작감승將作監丞을 지칭했다. 이 기록관명寄祿官名을 받는 것은 명예로운 일이었다. 서도徐度의 『却掃篇』 卷上에 "역대로 진사進士 중 상위 삼등에게는 장작감승과 통판通判을 제수하였다. 따라서 지금도 장원壯元을 감승이라 부른다(祖宗朝, 進士上三名, 皆授將作監丞通判, 故至今猶稱壯元爲監丞)"는 기사가 보이는데 본문의 감승이 만약 장원을 가리키는 것이라면 開禧 원년(1205)의 모자지毛自知가 이에 해당할지 모른다. (梅原郁, 201면, 주2 참조)

7) 중친重親 : 겹사돈처럼 인척간에 다시 인연을 맺은 경우를 지칭한다. 명본에는 重親 두 글자가 없다.

는) 그 속셈이 보이고 있다. 법은 "무릇 호등戶等이나 과배科配를 속이거나 숨겨서 감면받은 자는 위제違制로써 논죄한다"라고 규정하고 있고 또 (이 법령의) 주注에 "재산을 몰래 기탁하거나 타인의 명의戶名를 빌리거나 가공의 호명을 세워 재산을 숨기는 류類를 말한다"라고 설명하고 있다.[8]

여천오의 행위는 바로 재산을 몰래 기탁하고 타인의 명의를 빌리는 것에 해당한다. 이미 재산장부를 꾸며 다른 현의 호로 만들어놓고 다시 또 (그 토지는 첨덕홍이 여씨 가에 전당잡혔던 것이라는 허위의) 첨덕홍의 전당계약서를 날조해서 갖고 있다. 그래서 부역이 자기에게 돌아오면 재산장부를 근거로 남에게 떠밀고, 남의 이름을 빌려 호를 만들어놓고도 전당계약서를 근거로 내세우고 (토지의 소유권을 주장하고) 있다. 이렇게 공사公私를 기망欺罔하고 있으니 그 죄가 막대하다. 이제 술책이 다하자 첨덕홍이 계약서에 근거하여 (토지를 모감승 댁에 팔아버리게 된 것이다. 이제 관사官司에서 (여천오의) 사기행위를 알면서 (모감승 댁에 넘어간 토지를) 찾아서 돌려준다면 이것은 간악한 짓에 대해 상을 주는 것이 되므로 절대로 여천오가 토지를 돌려받게 할 수는 없는 일이다.

(한편) 첨덕홍은 본래 여천오의 확실한 친척이고 그래서 토지의 기탁을 받았던 것인데 친척의 정의情誼가 한번 상하자 곧 남의 물건을 자기 소유로 보고는 관에 신고도 하지 않고 돌연 자신이 팔아버리고 말았다. 법은 "사실을 알면서 기탁을 받거나 재산을 속이거나 숨기는 자는 장 1백에 처한다"라고 규정하고 있다. 첨덕홍이 여천오[9]가 기탁한 재산을 받

---

8) 법은 "무릇 호등戶等이나 과배科配를 속이거나 숨겨서 감면받은 자는 위제違制로써 논죄한다"라고 규정하고 있고 또 (이 법령의) 주注에 "재산을 몰래 기탁하거나 타인의 명의(호명戶名)를 빌리거나 가공의 호명을 세워 재산을 숨기는 류類를 말한다"라고 설명하고 있다: 在法, 諸詐匿減免等第或科配者, 謂以財產隱寄, 或假借戶名, 或詐稱官戶, 及立詭名挾戶之類, 以違制論. 科配: 송본에는 科罪라고 되어 있는데 科配가 옳다. 과배科配란 정세正稅 이외의 물품징수를 위해 할당된 부분을 말한다. 이 외 호명은 호하戶下, 궤명詭名은 호명으로 되어 있는데 『慶元條法事類』 권47 「賦役門1」 「匿免稅租」에 수록된 같은 법령에 의해 고쳐 해석했다.

9) 여천오呂千五: 명본에는 呂千五戶로 되어 있다.

은 사실은 마땅히 죄를 받아야 할 것이다. 그리고 관사가 허위사실임을 알면서도 그에게 허여한다는 것은 도둑질을 하라고 가르치는 것이 되므로 첨덕홍이 토지를 소유하게 할 수는 없는 일이다.

서안현西安縣[10]은 부세賦稅의 결손이 많고 과배도 잘 징수되지 않아 다스리기 어려운 읍이라고 말하고 있는데 이는 모두 향민이 명의를 변경하여 토지를 기탁하기 때문에 생긴 일이다. 본관은 증서를 색출하여 발견하기도 하고 혹은 토지대장이나 호적을 열람하여 인지하기도 하였지만 일일이 법으로 처리할 수는 없었다. 그러나 또한 기탁한 사람과 기탁을 받은 사람이 이렇게 분쟁하는 것은 보지 못했다.

상기의 토지는 인정과 법의를 참작해 볼 때 여, 첨의 양가 모두 소유해서는 안 된다. 모감승 댁이 (토지를) 매수買受한 것은 본래 사정을 모르고 한 것이고 현재 토지를 관리하고 있는 이상, 마땅히 본현에서 증명서를 발급하여 그에게 허여하여 도리가 바로 서도록 해야 할 것이다. 양가의 허위계약서와 장부는 모두 말소하여 본건 문서철에 첨부한다. 첨덕홍이 (토지를) 팔아서 취득한 돈은 추징하여 본현 및 승청丞廳의 공사비起造에 충당하고 현승縣丞에 통첩하여 관리시키도록 한다.

첨덕홍은 이미 사망했고 여천오는 사면에 의해 죄를 면세한다. 첨원삼은 감옥에 구류하고 그 외의 사람들은 방면한다.

3. 승려가 환속하여 재산을 상속받다

僧歸俗承分 : 翁浩堂

나는 하씨何氏의 소송을 보고 천도天道는 속일 수 없으며 인위人僞는 이룰 수 없다는 것을 알았다. 하남부何南夫에게는 세 아들, 장남 점點, 차남 대중大中, 삼남 열烈이 있다. 대중은 출가하여 죽고 대가 끊어졌다. 점에

10) 서안현西安縣 : 양절서로兩浙西路 구주衢州의 속현(현 절강성 구주시衢州市).

게는 아들 덕무德懋가 있었는데 일곱 살에 부모를 여의고 열두 살에는 조부何南夫를 여의어 외로운 고아가 되어 망연히 의지할 데가 없어졌다. 열은 덕무의 친숙부인데 혈기왕성한 장년으로 집안일을 관리하고 있다.[11] 당연한 일이지만 조카를 키우고 시서詩書를 가르치고 결혼을 시켜 그 형의 제사를 지내도록 한다면 참으로 인의仁義의 도리를 다하는 것이 아니겠는가![12]

하남부가 죽고 나서 겨우 2년 만에 덕무는 갑자기 출가하여 상산현常山縣[13]의 명원사茗原寺에 들어가 동행童行[14]이 되었다. 열네 살의 어린 아이가 혈육을 버리고 승려를 스승으로 모시며 고향에서 70여 리나 떨어진 곳에서 오직 홀로 고생한 것이다. 지금 생각해보아도 측은한데 망자가 안다면 참으로 구천에서도 한을 품고 애통해 할 것이다. 하열이 꾸민 계략은 참으로 잔인하다. 국가에서 법을 만들어 "무릇 동거 친족을 유인誘引하거나 강제하여 동행이나 승도僧道로 만들어 재산을 차지한 자는 장 1백에 처하고 원상태로 환원한다. 장물이 큰 경우는 장죄贓罪로 논죄한다"[15]라고 규정한 것은 바로 이런 일 때문이다.

이 하열에게도 친자가 없어서 결국 이성異姓인 조희손趙喜孫을 양자로

---

11) 혈기왕성한 장년壯年으로 집안일을 관리하고 있다 : 壯年當家. 가장이 명분상 가家의 최고 존장을 가리키는 말임에 비해 당가當家는 실제로 가의 실무를 담당하는 이를 가리키는 말이다. 滋賀秀三, 287면 이하 참조. 가장과 당가는 꼭 일치하는 것이 아니다. 본 판判에서도 보이는 것처럼 가장에 해당하는 인물은 열烈의 부친인 하남부何南夫이다. 하남부가 연로한 탓에 열이 실무를 보는 당가의 위치에 있었던 것으로 생각된다.

12) 참으로 인의仁義의 도리를 다하는 것이 아니겠는가! : 豈不仁至義盡矣乎. 송본은 矣乎가 夫로 되어 있다. '仁至義盡'은 『禮記』 「郊特牲」의 "蜡之祭, 仁之至, 義之盡也"에서 온 말이다.

13) 상산현常山縣 : 양절서로 구주의 속현(현 절강성 상산현常山縣).

14) 동행童行 : 行童. 송본에는 '行'으로 되어 있다. 童行의 잘못이다. 바로 뒤에 인용된 법령에 童行이라는 말이 나온다. 동행은 동자행자童子行者의 약칭으로 절에 들어가 있지만 정식으로 도첩度牒을 받지 못한 자를 가리킨다. 『慶元條法事類』 「道釋門」에 "남자는 19세, 여자는 14세 이하, 이전에 환속을 했거나, 몸에 문자文刺가 있거나, 죄를 피해 도망하거나 (…중략…) 는 동행이 될 수 없다"는 영令이 있다.

15) 『慶元條法事類』 권50 「道釋門」.

삼았는데 만년에 첩이 아들을 낳아 오노烏老라고 이름을 지었다. 덕무는 나이가 들어 가계家系를 알게 되면서 비로소 숙부(하열)가 자신을 핍박하여 재산을 차지하려고 했다는 것을 알고 참지 못해 마침내 순우 2년(1242) 환속하여 머리를 기르고 집에 돌아와 하열과 동거하였다. 하열은 연로했고 결단을 내리지 못하였다.[16] 한편에는 사나운 처가 있고 또 한편에는 사랑스런 사식이 있어 명쾌히 용단을 내려 덕무를 처우하지 못했다. 거처할 집을 마련해준다든가 땅을 떼어준다든가 하여 도와주지 못했던 것이다. 덕무는 참고 견디며 다만 숙부가 죽기를 다릴 수밖에 없었다. 그리고 숙부가 죽자 곧 소송이 일어났다.

법은 "승도가 죄를 범하여 환속하였는데 본가가 재산을 이미 분할했다면 이미 분할된 경우는 다만 조부가 현재 소유하고 있는 재산 중 함께 나누어 가질 권리가 있는 재산을 균분한다는 (법에) 의거한다"라고 규정하고 있다.[17] 하열은 이미 사망했으므로 재산을 수중에 넣으려고 한 부분에 대해서는 법을 따져 철저히 구명하지는 않겠다.

하씨의 현존재산은 모두 "아들은 아버지의 지분을 계승한다"는 법을 적용해 균등하게 양분해야 할 것이다. 무씨繆氏 모자는 사리를 깨닫지 못하고 여전히 유촉과 관서關書 1통을 갖고 가산분할이 이미 끝났다는 증거라고 주장하고 있다. 이것은 모두 하열이 생전에 작성하여 꾸며놓은 것이며 아직 관의 도장도 찍지 않은 것이다. 어찌 사가私家의 헌 종이로 나라의 법을 어지럽힐 수 있다는 말인가? 본관의 이 판결은 다만 덕무를 위해서 생각한 것만이 아니라 무씨를 위해서도 배려한 것이다. 옛말에

16) 하열何烈은 연로했고 결단을 내리지 못하였다: 何烈年老依違. 의위依違는 망설이면서 태도를 결정하지 못하는 모습을 말한다. 『漢書』「律歷志」, "書缺樂弛, 朕甚難之, 依違以惟, 未能修明" 중의 의위에 대해 안사고顔師古는 "依違, 不能決也"라고 주석을 달고 있다.

17) 다만 조부가 현재 소유하고 있는 재산 중 함께 나누어 가질 권리가 있는 재산을 균분한다는 (법에) 의거한다: 止據祖父財産中分見在者均分. 이 법에 대한 상세한 설명은 仁井田陞, 『清明集戶婚門の研究』, 416면 참조. 중분衆分이란 여러 사람이 나눠 가질 권리가 있다는 뜻.

이르기를 "독사에게 손을 물리면 장사壯士는 손목을 자른다"고 하지 않던가! 이 말은 작은 것을 버리면 큰 것을 보전할 수 있다는 뜻이다.[18] 덕무의 환속은 하열이 사후死後에 남긴 독毒일 것이니 무씨 모자가 어떻게 막을 수 있겠는가? 만일 본관의 판결을 따르지 않고 남이 교사敎唆하는 말만 듣고 상급관청에 월소하여 소송을 계속한다면 하씨의 재산은 곧 탕진되고 말 것이다. 이는 사물의 이치 상 필연적인 일이다.

이제 이 사건에 대해서 즉 족장 및 향사鄕司를 감독하여 하씨의 현재 재산을 남김없이 조사하고 재산장부를 색출하여 대조한 다음 균등하게 양분하고 관서를 만들고 새로 호적을 등록하고 관의 입회하에 서명날인을 시켜 양가의 쟁송을 끝내도록 한다. 문제의 (양자) 희손喜孫은 성이 다른 자식이라고는 하나 하열이 생전에 양육하고 있었기 때문에 당연히 "처가 생존해 있으면 처의 뜻에 따른다"는 법에 따라야 할 것이다. (본 판결을) 현문縣門에 자세히 방시牓示하고 주州와 제거사提擧司에 상신하여 조회받도록 한다.

4. 처의 돈으로 매입한 토지는 분할의 대상이 되지 않는다
妻財置業不係分 : 翁浩堂

진규陳圭는 "아들 중룡仲龍과 그 처 채씨蔡氏가 중분전衆分田[19]을 훔쳐 채인蔡仁에게 전당잡혔다"고 고소했다. 채인을 소환하니, 전당잡힌 토지는 중룡이 처의 재산으로 매입한 것이라고 진술하고 현재의 간조와 이

---

18) 옛말에 이르기를 "독사에게 손을 물리면 장사壯士는 손목을 자른다"고 하지 않던가! 이 말은 작은 것을 버리면 큰 것을 보전할 수 있다는 뜻이다 : 원문은 傳不云乎, 蝮蛇螫手, 壯士解腕, 謂其所棄者小, 所保者大也. 본문에 인용한 옛말은 『文選』 권44 「陳琳」 「檄吳將校部曲文」의 "蝮蛇在手, 則壯士斷其節, 何則以其所全者重, 以其所棄者輕"에서 따온 것 같은데 『文選』의 이 말은 『史記』 권94 「田儋傳」의 "蝮螫手則斬手, 螫足則斬足, 何者, 爲害於身也"로 소급된다.

19) 중분전衆分田 : 기출. 여러 사람이 나눠 가질 권리가 있는 토지를 말한다.

전소유자의 증서上手를 제출하였다. (한편 중룡이 처의 재산으로 매입했다고 하는 토지의 원소유주인) 아호阿胡의 원래 계약서를 가져오게 하여 보니 진해원陳解元(즉 중룡)에게 팔았다고 기록되어 있다. 따라서 (중룡이 전당잡힌 문제의 토지는) 중룡이 처의 지참금粧奩으로 매입했던 것이 분명하므로 중분전이라고 할 수는 없다. 법은 "처가에서 얻은 재산은 분할의 대상이 아니다"라고 규정하고 있다.[20]

또 법은 "부인의 재산은 모두 남편과 공동으로 소유한다"라고 규정하고 있다. 그러므로 지금 진중룡陳仲龍 본인이 처의 지참금으로 매입한 토지를 전당잡힌 것은 정당한 거래이다. 다만 채인이라는 자는 실은 처 채씨의 동생이므로 이 거래에는 의심스러운 점이 있다. 또한 진규의 주장에 의하면 (이 토지는) 채인에게 속아서 체납한 집세 대신으로 팔리게 된 것이라고 한다. 관련서류를 조사해본 결과 단평 3년(1236)의 거래인 것이 확실하고 3년의 (속회) 기간이 지났기 때문에 소송하여 시비를 논할 수는 없다는 사실이 밝혀졌다. 문제의 토지는 원래 전당가가 20관문족貫文足이다. 분쟁의 발단은 무한務限[21]의 기한 내에 있기 때문에 속회를 허락할 수 없다 하더라도 채인은 중룡의 처남이므로 부친 진규가 소장을 낸 이상 채인도 당연히 장기간 점유해서는 안 된다. 현금과 회자를 준비하여 관의 입회 하에 속회하는 것을 허락해야 할 것이다. 이제 채인이 토지를 누나(중룡의 처)에게 반환하기를 원하고 있으니[22] 관사는 당연히 이를 허락해야 할 것이다.

담당부서案는 반드시 양가를 소환해서 물어보도록 한다. 만약 진규가

20) 법은 "처가에서 얻은 재산은 분할의 대상이 아니다"라고 규정하고 있다 : 在法, 妻家所得之財, 不在分限. 『宋刑統』 권12 「戶婚律」 「幼私輒用財物」條에 "准戶令, 應分田宅及財物者, 兄弟均分, 妻家所得之財, 不在分限"라는 규정이 있다.

21) 무한務限 : 2월 1일부터 농무農務에 들어가기 때문에 입무入務, 수확이 끝난 10월 1일 이후를 무개務開라 한다. 농사철을 피해 재판을 10월 1일부터 1월 말까지 제한하는 것이 무한이다. 권4, 제6조 주석 참조.

22) 이제 채인이 토지를 누나(중룡의 처)에게 반환하기를 원하고 있으니 : 今蔡仁願以田業還其姊. 송본에는 業을 棄로, 姊를 妹로 오기하고 있다.

돈을 준비하여 채씨에게 (토지를) 반환하기를 원한다면, 토지는 당연히 여러 사람의 것으로 귀속될 것이며 장래 형제들의 가산분할 대상에 들어가게 된다. 만약 진규가 속회전贖回錢을 내지 않는다면 토지는 채씨에게 돌아갈 것이고 자연히 '처가 가지고 온 토지에 관한 법'에 의거하게 된다.[23)]

(이렇게 되면) 훗날 분쟁이 일어나지 않을 것이다. 동의서責狀[24)]를 받아 서류에 첨부하라.

5. 계모가 노후를 위한 토지를 친생녀에게 주라고 유촉하다
繼母將養老田遺囑與親生女 : 翁浩堂

장여림蔣汝霖의 사건이 오랫동안 결말이 나지 않는 것은 섭씨葉氏가 관에 한 번도 출두하지 않았기 때문이다. 이제 본주로부터 압송되어 와서 비로소 사건의 진상이 밝혀지게 되었다. 섭씨는 장삼蔣森의 후처이고 장여림은 장삼이 원래 양육하고 있던 양자이다. 아들(장여림)이 계모(섭씨)를 고소할 수는 없는 것이므로 장여림은 당연히 죄를 받아야 하겠지만, 계모의 형제들이 그렇게 하도록 시켰기도 하다.

장삼의 재산으로 곡물 290석 분의 토지(즉 곡물 290석을 수확할 수 있는 토지)가 있었는데 장삼은 생전에 자신이 32석 분의 토지를 매각했다. 장삼이 죽자 섭씨와 오빠 섭십을수葉十乙秀가 모의하여 제멋대로 토지를 분할하였다. 장여림은 170석 분의 토지를 받고, 섭씨의 친생녀 귀낭歸娘은 31석 분의 토지를 받아 결혼지참금으로 삼고, 섭씨 본인은 57석 분의 토지

23) 자연히 '처가 가지고 온 토지에 관한 법'에 의거하게 된다 : 自依隨嫁田法矣. 송본에는 矣가 없다.

24) 동의서 : 責狀. 『청명집』에는 責戒勵狀(보증서를 제출받다), 責罪狀(자백서를 제출받다) 등의 용법이 있는데 여기서는 주로 명대의 문서에서 쓰이는 '責(甘遵)狀'과 같이 동의서를 받는 것을 뜻한다.

를 받아 노후의 자금으로 삼았다. 귀낭은 섭씨의 친생녀이고 또 섭씨의 언니의 아들 정경일鄭慶一에게 시집가게 되면서[25] 섭씨와 정씨는 합쳐서 일당이 되고 장여림은 드디어 고립한 형세가 되었다. 장여림이 효를 다하여 계모의 마음을 돌리게 하고 또 예를 존중하여 부친의 재산을 지킬 수 있었다면 가장 좋았을 것이다. 그러나 (장여림은) 나눠 받은 재산을 말도 없이 차례차례 팔아버렸다. 그러니 계모와 누이가 어찌 의구심을 갖고 방어하지 않을 수 있겠는가? 계모와 누이와의 정이 멀어지게 되자 이에 여림이 드디어 불손하게도 소송을 일으킨 것이다.

이미 분할한 재산, 이미 매각한 토지에 대해서 관에서 이제 와서 개정改正하라고 하기는 어렵다. 다만 현재 상황에 따르면 귀낭의 31석 곡전穀田은 당연히 귀낭의 것으로서 결혼지참금으로 가져가도록 해야 할 것이고 여림은 간여할 수 없다. 섭씨의 57석 곡전은 섭씨가 생존해 있으므로 다른 사람이 참견할 수 없다. 그러나 섭씨의 이 곡전은 노후의 자금으로 삼는 것은 좋으나 독단으로 전매하는 것은 안 되며, 이것을 지참하고 개가하는 것도 안 되며, 딸에게 유증하는 것도 안 된다. 왜냐하면, (첫째) 법은 "과부는 자손이 없거나, 또는 자손이 16세 이하인 경우는 모두 전택의 전매를 불허한다"라고 규정하고 있기 때문이다. 이것은 남편이 죽으면 아들을 따른다는 도리에 의한 것이다. 부인에게는 자기 몫으로 승계할 전산田産이 없는데 이 어찌 자기 마음대로 전매할 수 있겠는가? (둘째) 여자가 결혼할 때 지참한 토지는 부모가 준 것이고 (그래서 일단 논외로 한다고 하더라도), 남편 집안의 토지는 당연히 남편 집안에 승분인承分人[26]이 있는 것이니,[27] 어찌 이를 출가지참금으로 삼을 수 있겠는가?

---

25) 섭씨葉氏의 언니가 친언니라면 귀랑歸郎과 정경일鄭慶一은 사촌 간에 결혼하는 셈이 된다.

26) 승분인承分人 : 승분인의 분分은 분석分析(가산분할)의 분과 같은 의미이다. 승분인은 가산분할에 참여하면서 그 집의 제사를 지낼 권한이 있는 직계비속을 말한다.

27) 여자가 결혼할 때 지참한 토지는 부모가 준 것이고 (그래서 논외로 한다고 하더라도), 남편 집안의 토지는 당연히 남편 집안에 승분인이 있는 것이니 : 婦人隨嫁奩田, 乃

(셋째) 과부가 남편 집안의 재산을 유증하는 것 자체는 허락되지 않는 것은 아니지만, 그러나 호령戶令에 "무릇 재산이 승분인이 없어 내외 시마緦麻 이상의 친족에게 재산을 유증하기를 바라는 자는 자진自陳할 수 있다"라고 규정하고 있기 때문에 승분인이 있다면 유증해서는 안 된다. 이제 장여림이라는 승분인이 있는 이상 어찌 마음대로 유증하고 자기가 낳은 딸만을 배불려서야 되겠는가?

장여림에게 명하니 이제부터 개과천선해서 큰소리를 지르지 말고 섭씨를 잘 봉양하라. 섭씨 역시 아들과 딸을 (차별하지 말고) 잘 기르고 두 마음을 품어서는 안 된다. 또한 (오빠) 섭십을수[28]로 하여금 장씨 집안의 일에 끼어들어 모자 사이를 이간시켜서는 안 된다. 여림은 일단 소장小杖 20으로 징계한다. 다시 죄를 저지르면 엄중히 다스릴 것이다.

주州에 상신하여 조회받도록 한다.

6. 이중거래의 경우 계약서에 있는 금액을 강제로 반환시킨다
重疊交易合監契內錢歸還 : 姚立齋[29]

우원右院[30]이 조사한, 강신江伸과 구모丘某의 토지분쟁 건을 자세히 살펴본 결과 다음과 같은 사실을 알았다. 강신사삼江伸四三은 소정 4년(1231)

是父母給與, 夫家田業, 自有夫家承分之人. 中華書局本(141면, 13행)에는 '乃是父母給與, 夫家田業'이 구두점 없이 '乃是父母給與夫家田業'으로 되어 있는데 이대로 읽으면 뜻이 통하지 않는다. 中華書局本의 잘못된 구두句讀의 대표적인 한 예로 지적해두고 싶다. 한편 "부인이 결혼할 때 지참한 전산은 부모가 준 것이고 (그래서 일단 논외로 한다고 하더라도)"이라고 "일단 논외로 한다"는 것은, 결혼지참금으로 가져온 재산도 개가할 때 갖고 갈 수 없기 때문이라는 사실을 염두에 둔 말일 것이다. 滋賀秀三, 422면 참조.

28) 섭십을수葉十乙秀 : 송본에는 十이 千으로 되어 있다.

29) 요립재姚立齋 : 자는 귀숙貴叔, 호가 립재立齋. 남검주순창南劍州順昌(복건성福建省) 출신으로 嘉定 4년(1211)의 진사進士이다. 지건령부知建寧府, 복건전운사福建轉運使를 역임했다.

30) 우원右院 : 주州의 사법司法을 담당한 우사리원右司理院의 약칭. 송대 대군大郡이나 송사訟事가 다발하는 지역에 좌우사리원左右司理院을 두어 업무를 분담시켰다.

4월에 구모삼삼丘某三三[31]으로부터 전錢 100관을 빌리고 5월 중에[32] 토지 2단段을 100관족貫足으로 잡고 전당계약서를 작성했다. (강신은) 성보成甫로 명명하고[33] 부친 강당종江唐宗을 대신해서 계약당사자[34]가 되어 (전당계약서를) 구모에게 돌려주었는데 계약서 내에 수확한 곡물은 납부하되 토지를 양도하지는 않는다고 명언해두었다.[35] 구모는 이렇게 사기를 당했지만 수확을 수납한 지 6년이 지나서도 강신이 그 토지를 서길보와 이중으로 거래했다는 것을 몰랐다.

(이렇게 되어) 쌍방이 논쟁하게 되었는데 강신은 (이 사건과는) 별개의 이전에 이미 처리가 완료된 구삼십丘三十과 서을徐乙의 노름돈에 관한 사건을 이 사건과 함께 묶어서 생트집을 부렸다. 그런데 주부主簿는 구삼십을 구삼삼으로 오해하고 계약서를 말소시켜버렸다. 사실은 강모는 구삼십에게는 노름돈 건 때문에 토지를 돌려주었고, 구삼삼에게는 돈을 빌린 일로 토지계약서를 주었던 것이다. 법에 금령이 있어 (노름돈에 관한 계약서는) 말소해도 좋지만, 남에게 돈을 빌리는 것은 으레 있는 일로서 말소하는 것은 잘못이다. 지금 강신이 우원에서 공술한 비로는 "구모에게서 100관족의 돈을 빌렸는데 그 중 현금은 50관족이고 관회官會가 65관입니다"라고 한다. 실제로는 계약서에 쓴 선낭잡힌 토지 중 한 단은 사

31) 구모삼삼丘某三三 : 송본은 丘某三十인데, 명본의 丘某三三이 옳다.

32) 5월 중에 : 五月內. 송본은 內가 而로 되어 있는데 명본에 따라 內로 고친다. 본문의 뒤에는 역시 五月內로 되어 있다.

33) 성보成甫로 명명命名하고 : 以成甫命名. 송본에는 命이 없다.

34) 계약당사자 : 知契. 출업인出業人(판매자), 아인牙人(중개인), 시견인時見人(입회인) 등과 함께 당시 계약서에 서명하는 사람들 중의 하나이다.

35) 계약서 내에 수확한 곡물은 납부하되 토지를 양도하지는 않는다고 명언해 두었다 : 契內明言, 認供苗, 不離業. 이것은 토지는 전당잡혔어도 본인이 경작을 계속하겠다는 뜻이다. 이처럼 토지를 양도하지 않는다고 한 것은 위법이다. 예를 들면 『청명집』 권4의 '游成訟游洪父抵當田産'에 "무릇 전택을 거래하는 경우 모두 전택을 양도해야 한다. 일부의 전매라 하더라도 자신이 임차하여 소작할 수는 없다"라는 법령에 위반되는 것이다. 또한 『宋會要輯稿』「食貨 69-68」 開禧 元年 6월 25일 조에도 "凡典賣田宅, 聽從條離業, 不許就租以充客戶, 雖非就租, 亦無得以業人充役使"와 같이 비슷한 내용의 법령이 보인다.

실이지만 한 단은 거짓이므로 사기詐欺법에 의거해서 죄를 결정해야 할 것이다.

(이 사건에 대해) 사리司理는 도박이나 돈을 빌려주고 받는 것이나 모두 위법이므로 돈을 추징하여 관에 몰수하려고 하나 이것은 옳지 않다. (법령을) 참조해 보면 '유리부채有利負債'를 (전산田産으로) 준절準折(상쇄)하는 것은 위법이다.[36] 지금 강신은 4월 중에 돈을 빌렸고 5월 중에 토지를 전당잡혔다. 거래는 1개월 이내에서는 이자가 생기지 않으므로 따라서 상기의 법령과는 (적용되는 상황이) 다르다. 더구나 구모는 사기를 당한 것이고 또 원래 실정도 몰랐기 때문에 돈을 추징하여 몰관하기는 어렵다. 그 토지는 원래 소유주가 아직 양도하지 않았기 때문에 소유주에게 돌려주어야 할 것이다. 다만 강신은 도리에 맞지 않게 토지를 허위로 기록하고 구모의 차금계약서를 사기쳤다. 법에 따라 장 80에 처해야 할 것이나 사면에 의해 처단을 면제한다. 우원에 통첩하여 현으로 압송하여 공술한 현금과 회자를 구모에게 강제 반환시키도록 한다. (구모의) 영수증을 받아 상신하라.

7. 토지분쟁을 세 가지 경우로 나누어 판결하다

爭田合作三等定奪 : 葉息菴[37]

해설 : 이 사건은 두 건의 분쟁이 얽혀 있는 사건이다. 옹태翁泰라는 자가 사망하자 그 토지의 소유권을 주장하는 사람들 간에 소송이 벌어졌다. 소송의 구체적인 내용은 나와 있지 않으나 옹태의 토지를 미성년과 성년 때의 계약으로 나누어 구분하여 미성년 때의 계약은 위법이라고 할지라도 관전의 매출에 준하여 보다 싼 가격으로 새로 매입을 하도

36) 『慶元條法事類』 권80 「出擧債負」의 關市令에, 미곡을 빌린 경우는 미곡으로 갚아야 하며 현금으로 준절准折할 수는 없다는 규정이 보인다. "卽元借米穀者, 止還本色, 每歲取利不得過五分, 謂每斗不得過五升之類, 仍不得準折價錢." 『청명집』 권4, 제6조 참조.

37) 섭식암葉息菴 : 葉武子. 식암息菴은 호, 자는 성지成之. 소무邵武(복건福建)출신. 주자朱子의 제자로 嘉定 7년(1214)의 진사進士이다(『宋元學案』 권69 참조).

록 하고 성년 때의 계약은 합법적인 것으로 인정한다는 것이다. 한편 옹태의 사후 호오저胡五姐라는 여성이 옹태와 혼인했다고 주장하면서 재산을 요구하였는데 옹태의 사후에 그 집은 호절戶絶이 되었으므로 혼인이 사실이라면 옹태의 재산은 모두 호오저의 것이 되므로 관에서는 옹태와의 혼인 여부를 조사하여 처리하려고 한 사건이다.

내가 생각건대 옹태의 토지는 세 가지로 분별해 보아야 할 것이고, 호오저의 혼인은 두 가지로 나누어 판결하는 것이 옳다. 첫째, 옹태가 미성년일 때(의 토지분쟁 건에 대해서는), 현의 판결이 난 것은 현재의 소유주가 계승하여 관리하도록 하고 동시에 이를 정당한 거래로 간주하고, 현의 판결이 나지 않은 것은 위법으로 처벌해야 할 것이다. 그러나 각자 현금과 회자를 써버렸을 것이고 또 게다가 세 번이나 소동에 휘말려왔다. 이제 최근에 하달된 관전官田의 매출賣出에 관한 지휘指揮를 참조하여 2할을 감한 다음 다시 1, 2할을 더 감하여, 토지소유주가 현금과 회자를 갖고 관사에 출두하여 매입하게 한다.

둘째, 옹태가 성인이 된 후 매각한 토지는 정당한 거래이기 때문에 계약서대로 토지를 관리하도록 한다.

셋째, 옹태 사후의 토지는 (후사가 끊긴) 절호의 전산이기 때문에 모두 관에 귀속시킨다.

호오저에 관해서는 당시 누가 혼례를 주관하고 누가 중매를 했으며 무엇을 예물로 했으며 무엇으로 반례했으며 누가 혼서婚書를 썼으며 언제 혼례를 행하였으며 결혼하는 날에[38] 어떤 친척이 모이고 어떤 이웃을 초대했으며 연회에는 누가 요리를 했는가를 철저히 조사해야 한다. 만약 이것이 예에 맞는 결혼이었다면 옹태 사후에 다 매각하지 못하고 남아 있는 토지는 호오저가 계승하여 관리하도록 해야 할 것이다. 그러나 소작료만 자기가 가질 수 있으며 계약서는 관고官庫에 기탁시키고 전매를 불허한다. 만일 혼인이 성립하지 않는다면 부모에게 명하여 시기를

38) 결혼하는 날에 : 成親之日. 송본은 成親之夕.

놓치지 말고 시집을 보내도록 한다. 여자가 재판정을 돌아다니는 것은 아주 보기 싫은 일이다.

비견鄙見은 이상과 같습니다. 실행할 만하다면 정강精强한 관원에게 맡겨 본래의 계약서 및 증거를 빠짐없이 수집하여 철저히 조사하고 검토하면 소송을 종식시킬 수 있을 것입니다.

연유緣由[39]를 갖추어 상신한 결과 이대로 시행하라는 지휘를 받아 (이상의 안을 상신하여) 제거상부提擧常簿 각하로부터 다음과 같은 판결을 받았다.[40] "세 가지로 나누어 분별하자는 제안은 건안현建安縣[41] 지현知縣이 제시한 (옹태의 재산) 전부를 호절로 하자(그래서 관에 몰수하자)는 제안에 비해 훨씬 후덕厚德한 생각이다. 섭부판葉府判에 통첩하여 상신한 대로 다시 보름의 기한을 주어 토지소유자들에게 각각 계약서와 증거를 갖고 관에 출두시켜 일일이 대조하게 하라. 계약서를 모두 수합하고 호오저가 혼인을 했는지 여부를 그 계약서 중에 방증할 수 있는 것이 있다면 계약서를 세 가지로 분별하라. 그것으로 호적을 바로 잡을 수 있다면 소송은 자연히 끝날 것이다. 만약 기한이 지나도 계약서를 갖고 관에 출두하지 않거나, 이미 고소한 뒤에 입장을 바꾸어 계약서에 도장을 찍었거나 계약서 내의 연월年月을 변조했음에도 불구하고 즉시 자수하지 않는 경우는 모두 체포하여 옥에 보내 철저히 조사하여 법에 따라 시행하라. 그리고 건양현에 방시하라."[42]

---

39) 연유緣由 : 因依. 『新註無冤錄』은 因依를 緣由라고 풀이한다(『新註無冤錄』, 148면).

40) 제거상부提擧常簿각하로부터 다음과 같은 판결을 받았다 : 奉提擧常簿台判. 提擧常簿는 미상. 梅原郁은 상常은 성姓, 부簿는 어떤 관명官名의 약칭일 것으로 추정하고 있다. 관련되는 관직으로서는 제거상평사주부提擧常平司主簿라는 관직이 있는데 태판台判이라는 경칭을 쓸 정도로 고위관직은 아니라고 한다. 梅原郁, 217면, 주5 참조.

41) 건안현建安縣 : 복건로福建路 건녕부建寧府의 속현(현 복건성 건구시建甌市).

42) 그리고 건양현建陽縣에 방시榜示하라 : 次榜建陽縣. 이 다섯 자는 작은 글씨로 쓰여 있다. 건양현은 건안현과 같이 복건로福建路 건녕부建寧府의 속현으로서 현 복건성 건양시建陽市에 해당한다.

8. 종형이 이미 사망한 동생의 토지를 도매하다
從兄盜賣已死弟田業 : 建陽佐官[43)]

조득照得.

법은 "무릇 훔친 것을 거래하거나 이중거래를 한 경우[44)], 매입자가 사정을 알고 있었다면 대금을 몰관沒官하고, (사정을 알고) 자수하거나 사정을 몰랐다면 청산하여 (매출자가 매입자에게) 반환한다. 범인이 변상해도 부족한 경우는, 사정을 알았던 중개인이나 보증인이 균등하게 지불한다"라고 규정하고 있다. 또 법은 "훔쳐서 토지를 전매한 것은 장 1백에 처한다. 훔친 금액이 크면 도盜에 준해서 논죄한다. 중개인이 사정을 알고 있었으면 동죄에 처한다"라고 규정하고 있다.

구장丘莊 즉 구육사丘六四는 구훤丘萱의 종형從兄이다. 구훤은 아들 없이 죽고 (부인) 유씨劉氏는 의지할 곳 없는 과부가 되었다. 구장은 (종제從弟 구훤의 재산에) 흑심을 품고 있다가 종제가 죽게 되자 침을 흘리며 구신丘新을 후사로 세우려고 획책했다. 그것이 잘 안 되자 간교한 술책을 자행하여 결국은 구훤의 (노지 중) 삼구리三瞿里에 있는 이미 분할된 토지 50종種[45)]을, 직접 두 통의 계약서를 작성하여 중개인을 세워 주부朱府[46)]에게 매각해버렸다. 현 당국은 당시 관련자들을 심문하였다. 구장이 이미 자백한 바에 의하면 도매盜賣하여 장물을 손에 넣은 내력은 분명하다. 구덕광丘德廣과 정천칠丁千七을 소환하여 대질해보아도 사정은 마찬가지이다. 법으로 논하면 세 사람의 죄는 벗어날 길이 없다. (그런데) 구장은

---

43) 건양좌관建陽佐官 : 건양현의 보좌관으로서 현승縣丞, 현위縣尉, 주부主簿 등이 이에 해당된다.

44) 이중거래에 대해서는 仁井田陞, 「淸明集戶婚門の硏究」, 384면 참조.

45) 종種은 남송 시대 절강浙江, 복건福建 등에서 행해진 파종량에 의한 토지의 계량단위이다. 『朱文公文集』 권21 「經界申諸司狀」 참조. 『청명집』 권6, 판어 제8조에 "8석石 6두종斗種의 토지"라는 표현이 보인다.

46) 주부朱府 : 여기의 부府는 고유명사가 아니라 본문에 나오는 朱縣尉一位, 朱總領一位처럼 고관高官에 대한 경칭이다.

한번 출정出廷하여 제멋대로 (이미 공술한 것을) 번복하고 "현옥縣獄에서 공술한 것은 모두 강제로 한 것이며, 현청에 와서 처음 공술한 것과 후에 본청에서 공술한 것만 사실입니다"라고 주장한 바 있다.

(여기) 하급관청에서는 형벌을 가할 수도 없고[47] 주부의 계약서는 아무리 찾아도 나오지 않는다. 대부臺府에 보고할 기한도 있으니 오랫동안 방치해 둘 수는 없다. 어떻게 하면 진실을 알 수 있을까? 다만 이치를 따져 치밀하게 살펴볼 수밖에 없다.[48]

우선 주현위朱縣尉와의 거래 건에 대해서는 구장이 처음 현에서 공술할 때는 "간인幹人 정천칠의 집에서 계약을 했습니다"라고 했는데 본청[49]에 와서는 "본부本府의 넷째 부인이 본리本里의 용은암龍隱庵[50]에 와서 성묘[醮墳]하면서 계약했습니다"라고 공술하고 있다. 그런데 주현위 댁의 간인 범인范寅은 "구장이 구훤을 데리고 주부 댁에 와서 거래를 했습니다"라고 공술하고 있다.

주총령朱總領[51]과의 거래건에 대해서는 구장이 현에서 처음 공술할 때는 "총령 댁의 간인 유광劉廣과 협의하고 계약했습니다"라고 했는데 본청에 와서는 "순우 원년(1241) 12월, 총령이 임지에서 돌아왔을 때 본현의 쌍계각雙溪閣[52]에서 거래를 했으며 총령의 지시를 받아 고사庫司 진제할陳提轄에게 보내어 상의하라는 총령의 지시를 받았습니다"라고 공술하고 있다. 그런데 총령 댁의 간인 왕부王傅[53]는 진술서에서 "구장이 구훤을

47) 하급관청에서는 형벌을 가할 수도 없고 : 下廳既無刑禁. 하청下廳은 이 판의 작성자인 건양좌관의 청을 말한다.

48) 다만 이치를 따져 치밀하게 살펴볼 수밖에 없다 : 但以理密察之. 송본은 但以意密察之.

49) 본청本廳 : 즉 좌관청佐官廳.

50) 『萬曆建陽縣志』 권2 「丘墓」에 주자朱子의 차남 야埜의 무덤이 三衢里左衢村龍隱菴에 있다고 기록되어 있다(梅原郁, 220면, 주6에서 인용).

51) 주총령朱總領 : 총령은 총령사總領使를 말한다. 梅原郁은 주자의 손자로 호광총령사湖廣總領使가 된 『宋元學案』 권49에 나오는 주감朱鑑일 것이라고 추정한다. 梅原郁, 220면, 주7 참조.

52) 쌍계각雙溪閣 : 명본에는 閣이 闕으로 되어 있다.

53) 왕부王傅 : 中華書局本은 傅를 傳으로 오기하고 있다.

데리고 부댁府宅에 가서 매각했습니다"라고 공술하고 있다.

이렇게 말들이 다르니 그것이 허위임을 알 수 있다. 더구나 계약을 하고 중개인을 세우고 대금을 수령한 것은 구장 혼자서 한 것인데 거래 장소는 어찌 이처럼 앞뒤가 서로 맞지 않고 근거가 없단 말인가? 주부는 명문가 출신이고[54] 모든 행동이 사리에 맞을 것이기 때문에 이런 (엉터리) 기래는 결코 하실 리가 없나. 틀림없이 구장과 간전幹佃들이 잘못한 것에 불과할 것이다.

구장의 죄는 본래 철저히 조사해야 하나[55] 일단 법에 따라 장 1백에 처하고 칼을 씌워 구금한다. 구장이 스스로 주부에서 원래의 계약서를 받아 관에 가서 대조시키도록 하고 과연 구훤의 친필이라면 관사는 별도로 (형을) 시행해야 할 것이다. 증빙할 만한 계약서가 없거나, 필적이 의심스러우면 이것은 도매盜賣이니 관사는 처단하고 장물을 차압한다. 구장은 (토지의 대가로) 수령한 대금은 당연히 직접 준비해서 주부에게 반환해야 하며, 그 토지는 유씨劉氏에게 반환하고 이전처럼 계약서대로 경작하되 함부로 전매해서는 안 된다. 정천칠, 구더광, 구원삼은 감면하여 죄를 과하는 것을 면제한다.[56] 그 외의 사람은 우선 집에 돌아가 판결을 기다린다.

담당부서案는 연유를 갖추어 현에 상신하여 의견을 물은 후 시행한 다음 대부臺府에 회신하여 조회받도록 하라.

54) 주부朱府는 명문가 출신이고: 朱府名賢之閱. 송본에는 閱이 閥로 되어 있다.
55) 구장丘莊의 죄는 본래 철저히 조사해야 하나: 丘莊本欲盡情根究. 송본에는 本이 未로 되어 있다.
56) 감면하여 죄를 과하는 것을 면제한다: 송본 원문 照減降免科. 명본은 照가 없다.

9. 조카가 숙부의 계약서를 날조하여 토지를 가로채려고 하다
姪假立叔契昏賴田業 : 建僉[57)]

일에는 옳은 것 같지만 실제는 잘못된 것이 있고, 고소장에는 약한 것 같지만 실제는 힘 있는 고소장이 있다. 소장을 사실에 근거해 살펴보아야[58)] 비로소 진실과 허위를 알 수 있는 것이므로 훌륭한 재판관은 어느 한 쪽으로 치우쳐 판결해서는 안 될 것이다.

지금 가성보賈性甫, 가문호賈文虎, 가선賈宣의 소송을 보면 이전에 첨청에서 작성한 원안에 대해 누가 잘못되었다고 말할 수 있겠는가? 그러나 문서를 반복해서 조사해보니 크게 잘못된 것이 있다. 가문호는 면중免仲의 서자庶子로 영노寧老의 양자養子[過房]가 된 자이고, 가성보는 면중의 친동생으로 현위縣尉에게 양자로 준 자이고, 가선은 유씨의 아들로 성보가 양육한 자이다. 양자가 된 자는 본가에 따르고 양육된 자는 양육된 가에 따르는 법이다.[59)] 성보는 문호를 조카라 부르고 있으므로 문호는 성보를 숙부라고 불러야 할 것이다. 가선은 문호를 형이라 부르고 있으므로 문호는 가선을 동생이라고 불러야 할 것이다. 그런데 문호의 소장을 보면 성보에 대해서는 숙부라고 부르고 있으나 가선에 대해서는 (동생이라고 부르지 않고) 유헌游憲이라고 부르고 있다. 이것은 윤리 법도를 몰라서 그러는 것인가 아니면 무슨 의도가 있어서 그러는 것인가? 훌륭한 재판관은 반드시 이 점을 깊이 생각해야 할 것이다.

본건은 앞서 첨청에서 작성한 원안이 진실을 잘 파악하고 있었으나 판결할 때에 와서 갑자기 진위가 뒤섞이고 시비가 바뀌었다.[60)] 그러니

---

57) 건첨建僉 : 건주建州의 속관屬官인 첨서판관僉書判官을 말한다.

58) 소장을 사실에 근거해 살펴보아야 : 察詞于事. 송본에는 事가 差로 되어 있는데 上海圖書館校勘本은 역시 差를 事로 고친다. 문맥상으로도 差는 事의 오기일 것이다.

59) 양자가 된 자는 본가에 따르고 양육된 자는 양육된 가에 따르는 법이다 : 過房者從本房, 抱養者從所養. 여기서 양자로 번역된 과방過房은 법률상의 권리가 인정되는 양자로서 동종同宗 중에 소목昭穆이 맞는 자만이 과방이 된다. 포양자抱養者는 법률적 권리는 없는 양자이다.

첨청에서도 이의를 제기하지 않을 수 없었을 것이다. (그렇지만 잘못된 점이 있으므로 이하 그것에 대해 설명한다.)

면중의 첩 엄씨가 (면중의 친동생인) 성보에게 시집온 것은 소정 기축己丑년(1229)[61]의 일이다. 그 당시 면중은 건강했다. 팔려온 것인지 아닌지 재물이 있었는지 없었는지 등의 문제는 그럴 수 있는 사람(즉 면중)이 한 것인 이상[62] 이들이 간여할 일이 아니다.

(그러니) 첨청이 "형이 죽어서 갑자기 엄씨를 그 집에 끌어들인 것입니다"라고 말한 것은 충분히 생각하지 못한 것이 아닐까? (한편) 성보의 토지가 문호에게 전당잡힌 것은 보경寶慶 을유乙酉년(1225)이다. 그 당시 문호는 아직 어린 아이였고 면중은 생존해 있었다. 계약서에 도장도 찍지 않고 납세자 명의도 변경하지 않고割稅 소작료도 걷지 않고 토지를 관리하지도 않았다. 그렇다면 도대체 무슨 이익이 있어서 거래를 했으며 무슨 생각으로 토지를 관리하지 않았는가? (그러니) 첨청이 "문호가 먼저 돈만 내고 숙부 성보의 토지를 전당잡은 것입니다"라고 주장한 것은 한쪽 의견만을 듣고 잘못 말한 것이 아닐까?

---

60) 훌륭한 재판관은 반드시 이 점을 깊이 생각해야 할 것이다. 본건은 앞서 첨청에서 작성한 원안이 진실을 잘 파악하고 있었으나 판결할 때에 와서 갑자기 진위가 뒤섞이고 시비가 바뀌었다. 송본 원문은 "善聽訟者, 要當深察乎此. 此事昨來僉廳所擬間得其情, 至於剖決之際, 未免眞僞混殽, 是非易位. 明本은 善聽訟者, 要當深察乎. 此事昨來僉廳所擬間得其情, 至於剖決之際, 未免眞僞混淆, 是非易位"로 글자의 이동이 있다. 중요한 것은 송본의 此此事와 명본의 此事의 차이인데, 이것은 송본이 옳은 것 같다. 문맥상 앞의 此는 앞의 내용을 지시하는 대명사이고 뒤의 此는 본건을 가리키는 것이다. 한편 상해도서관교감본은 명본의 事를 者라 고쳐 此者로 읽고 이를 앞의 乎에 붙여 읽는데 이렇게 되면 본건을 가리키는 此事는 사라지게 된다. 그러나 이것은 매우 부자연스럽다. 중화서국본은 상해도서관교감본을 따르고 있는데(148면) 찬동하기 어렵다.

61) 己丑年은 명본은 己巳로 되어 있다. 그러나 소정 연간에 己巳年은 없으므로 명백한 명본의 착오이다.

62) 그럴 수 있는 사람(즉 면중)이 한 것인 이상 : 旣由所由. 由는 송본과 명본 모두 由로 되어 있으나 상해도서관교감본에서는 生으로 고치고 있다. 그러나 이것은 역시 由가 옳을 것이다. 旣由所由와 비슷한 표현으로 必由所由(『청명집』 권8 「當出家長」)가 있다. 다른 판어에 비해 이 판어에 대한 상해도서관교감본의 교감은 재고해볼 곳이 많다. 이것은 그만큼 본 판어의 내용이 난해하다는 것을 의미한다.

제출된 전당계약서를 보면 소정 6년(1233) 4월 초삼일에 서명 날인한 것임을 분명히 알 수 있다. 그렇다면 보경 원년(1225)[63]부터 이 해(1233)까지는 9년이 지났는데 (문호의 주장처럼 1225년에) 성보의 계약서에 날인할 수 있었다면 왜 소작료를 거두거나, 납세자 명의를 변경하거나, 토지를 관리할 수 없었다는 것인가? 설마 부자가 되어서 겸양의 미덕이라도 발휘한 것일까?

부자라고 해봤자 문호가 상속한 지분은 이미 탕진되어 남은 것이 없고 죽은 형의 재산도 도매盜賣하고 거의 남은 것이 없다. 그런데 어떻게 22년간이나[64] 소작료도 없고 세금도 내지 않는 토지만은 팔지 않았는가? 설마 특별히 숙부[65]를 위해서 남겨놓은 것은 아닐 것이다. 만약 그렇다고 하더라도 당연히 개정해야 할 터인데 그렇지도 않았기 때문에 더욱 이상한 일이다. 게다가 성보가 고소하자 이미 두 차례나 죄를 뉘우치는 자술서[책죄장責罪狀]를 현에 제출하여 분명히 유언[66]이나 표발摽撥[67] 등의 계약서는 없다고 하지 않았는가? 이제 와서 있다고 한다면 성보의 고

63) 보경寶慶 원년 : 송본 원문 寶慶之元. 元은 명본에는 原으로 되어 있고 상해도서관교감본은 乙酉를 주기하고 있다. 명본에 原으로 되어 있는 것은 이 청명집의 명본이 송본보다 늦은 시기의 판본에 속하는 것임을 확실하게 증언하는 것이다. 왜냐하면 명대에 들어 와서 元年은 몽고제국의 국호인 元을 피해 原年으로 칭해졌기 때문이다. "明太祖登極, 避勝朝國號, 遂以元年爲原年, 民間相傳如此, 而史書不載." 王應奎, 『柳南隨筆』 권3.

64) 22년간이나 : 二十二年. 上海圖書館校勘本에는 '淳佑(佑는 祐의 잘못)七年也'라고 주를 달고 있다. 淳祐 7년은 1247년이므로 22년 전이면 1225년 즉 寶慶 원년에 해당한다. 따라서 이 22년을 寶慶 원년에 전당계약을 하고 나서 현재까지를 가리키는 것으로 본다면 소송이 발생한 것은 1247년이 된다.

65) 숙부 : 원문은 백伯인데 숙叔으로 고쳐야 할 것이다.

66) 이 유언은 모친 엄씨가 문호에게 했다는 유언이다.

67) 표발摽撥 : 가산을 승계인承繼人 즉 아들이나 양자. 이외의 사람, 즉 딸이나 의자義子, 첩, 출계한 아들에게 주거나 종족 공유의 재산으로 줄 때 표발이라 한다. 이 점에서 분分과 표발은 구별되는데 分이 재산을 나누는 것이라 한다면 撥은 재산에서 떼어준다는 의미의 차이가 있다(滋賀秀三, 125, 143면 참조). 승계란 사자死者 그 사람 또는 그 사람의 제사, 재산을 혼연일체로 승계하는 것인. 중국인의 의식에 있어서 상속의 목적으로 의식되고 있었던 것은 이 삼자이며 더구나 이 삼자가 불가분의 일체로서 의식되고 있었다(滋賀秀三, 118~119면 참조).

소는 분명 허위가 아니고 사실인 셈이다.

현 당국이 이전에 분석 검토했을 때도 이미 견해 차이가 있었던 만큼 첨청이 지금 다시 조사해도 의문점이 없을 수 없을 것이다. 문호가 제출한 "땅을 엄씨에게 표발하라"는 면중의 유언장은 글자도 같고 도장도 같고 날인한 날짜도 모두 같다. 첨청의 생각으로는 엄씨가 성보에게 시집온 이상 본인이 가져 온 재산은 성보에게 귀속되어야 할 것이다. 엄씨가 통판(성보)의 호적에 이름이 올라와 있는 이상 문호의 손으로 도장을 찍고 문호의 손으로 소작료를 걷으라고 유촉할 수 있겠는가? 그렇다면 문호가 두 통의 계약서를 날조한 것은 무슨 의도인가?

또한 "免仲의 재산은 내가 얻을 수 있는 것은 아니지만 엄씨는 나의 어머니이므로 나에게 줄 수가 있는 것입니다. 그런데 성보의 아들은 이성으로 수양된 아들인데 이 계약서에 몰래 도장을 찍고 언젠가 이를 빙자하여 사기를 치고 협박하려고 한 것입니다.[68] 성보가 이 사실을 알고 고소하지 않을 수 있겠습니까?"라고 한다.

앞서 첨청의 원안에서는 "지금 때를 놓쳐 처리하지 않으면 훗날 반드시 자손의 걱정거리가 될 것이다"라고 했는데 이는 참으로 진실을 파악한 말이다.

가씨 일족은 지파支派는 많으나 사람은 적어서 성보가 이성을 양자로 들이려고 한 것도 어쩔 수 없는 일이었다. 앞서 첨청은 이러한 사정을 모르고 곧바로 유헌을 체포하였다.[69] (그러나) 이미 가성보의 양자인 이상, 즉시 가성賈姓에 따라 가선이라고 이름을 짓고 제부除附[70]하고 증명서를 발

---

68) 이 계약서에 몰래 도장을 찍고 언젠가 이를 빙자하여 사기를 치고 협박하려고 한 것입니다: 송본 원문 盜印此契, 異時藉以爲騙脅之資. 명본은 姓이 時로 되어 있다. 또 상해도서관교감본에는 姓 앞에 '以臨' 두 글자를 삽입하고 있다. 이것은 역시 송본에 따라야 할 것으로 보이는 바, 명본의 以臨 두 글자는 어디서 비롯된 것인지 궁금하다.

69) 앞서 첨청은 이러한 사정을 모르고 곧바로 유헌을 체포하였다: 前此僉廳不知此情便追游憲. 상해도서관교감본은 不知의 不를 正으로 고치고 있는데 이것은 착오임이 틀림없다.

70) 당唐·송宋·원元대의 법에서 양자養子는 관에 신고하여 생가의 호적에서 이름을

급받았다. 이것은 모두 분명한 사실이다. (가선은) 성보에게는 아들이고 문호에게는 동생이다. 아들이 아버지를 교사한 것에 대해 (처벌하는) 법조문은 없으며 아버지가 지은 죄 또한 아들에게 미치지는 않는다. 그런데 어찌 한쪽의 말만 듣고 그대로 체포한 것인가? 만약 관에서 과감하게 판결을 내리지 않고[71] 다시 질질 끈다면 일흔 다섯 살 된 노인은 장래를 보장할 수 없을 것이고 일은 문호가 뜻한 대로 되어갈 것이다.

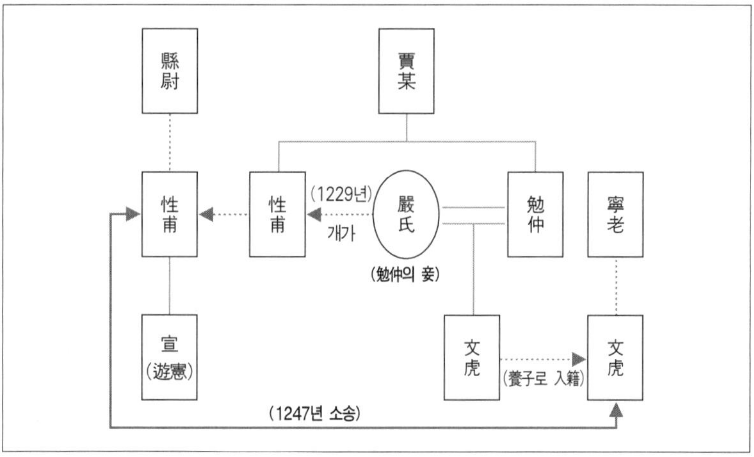

卷5-9조

(이 사건에 대해 다음과 같이 판결한다.) 우선 가선을 방면하고 허위계약서는 말소하여 문건에 첨부한다. 또한 관고에 기탁한 관회는 틀림없이 성보에게 반환하여 수령하도록 한다. 이렇게 하면 (세상사람들이) 지부각하께서 청명淸明하셔서 사기나 은폐에 미혹되지 않았다[72]는 것을 알게 될 것이다. (한편) 문호가 본래 부정하게 수령했던, 구회자舊會子로 300관

제除하고 양가養家의 호적에 이름을 부附하게 되어 있었다. 이를 제부라고 한다.

71) 만약 관에서 과감하게 판결을 내리지 않고: 官司若不爲果決. 송본은 果가 予로 되어 있다. 판결의 시급함을 말하는 것으로 보아 果가 옳을 듯하다.

72) 사기나 은폐에 미혹되지 않았다: 不至爲欺僞蒙蔽所惑. 송본에는 惑이 是로 되어 있다.

도貫道가 되는 성보의 소작료[묘리전苗利錢]는 추징해야 할 것인가 말 것인가? (지부 각하께서 결정하시기 바랍니다.)

이상의 원안을 상정하여 지부知府 양시랑楊侍郎[73] 각하로부터 다음과 같은 지시를 받았다. "원안의 판단은 매우 타당하니 모두 그대로 실행하라. 가문호가 수령한 성보의 소작료는 기한을 정하여 성보에게 틀림없이 반환하고 수령장을 받아 상신하라."

10. 원옥을 전매하고 계약서가 없다면 속회하기 어렵다[74]

典賣園屋旣無契據難以取贖 : 莆陽[75]

해설 : 증지부曾知府의 아들 증약曾爚과 호응묘胡應卯 사이의 소송이다. 증약에 의하면 부친 증지부가 호응묘로부터 매입한 원옥園屋을 호응묘는 매매가 아니라 전매한 것이라고 하여 속회의 권리를 주장하였다. 이 소송에서 평소 형 증약과 사이가 나빴던 증현위는 호응묘의 편을 들고 있다. 이 사건은 본 판어判語에서는 보이지 않지만 본래 전운사轉運司에서까지 올라가 전운사는 호응묘에게 속회해주라는 판결을 받았던 것인데, 이 판결에 불복한 증약이 재소하여 현에서 사건을 다시 조사한 결과, 호응묘의 주장을 뒷받침할 수 있는 전매계약서가 없다고 하여 전운사의 판결을 뒤집는 판결을 낸 것이 본 판어의 내용이다.

증씨 형제는 선현의 후손이며 명신의 자손으로서 다른 사람들의 모범이 되어야 할 사람들이다. 마땅히 효행과 우애로 명성을 떨쳐 조상의 가

---

73) 양시랑楊侍郎 : 이 인물에 대해 梅原郁은 『福建通志』「職官」에 나오는 양회楊恢라고 추정하고 있다. 梅原郁, 224면, 주8 참조.

74) 본 판어의 송본은 그 말미 부분이 누락되어 있다.

75) 보양莆陽 : 복건로福建路 흥화군興化軍 보전현莆田縣의 아명雅名(현 福建省 莆田市). 이곳은 송대 수많은 인재가 배출된 곳으로 유명하다. 『청명집』의 명공名公 중 방대종方大琮, 유극장劉克莊, 유희인劉希仁, 왕매王邁 등도 보양 출신이다. 이 판어의 작성자는 누구인지는 알 수 없으나 본문에 전임 陳主簿 云云이라는 구절을 참조하면 보양현의 주부主簿로 추정된다. 역시 보양현의 주부가 작성한 것으로 추정되는 판어가 『청명집』 권9, '主佃爭墓地', '掌主與看庫人互爭' 두 개가 있다.

르침을 실추시키지 말아야 할 것이다. 그런데 지금 그렇지 못하다. 처음에는 조정의 은택을 입어 (관직을) 천거하는 문제로 싸워 사이가 나빠졌다. (그러나 부친의 추천에 의해) 동생이 형보다 앞서 관직에 나간 것은 부친의 명이기 때문에 형이 된 자로서 무슨 불만이 있어서는 안 될 것이다. 그러나 동생이 이미 관직에 나간 이상 원대한 마음으로 처신하고[76] 무슨 일이든 형에게 조금 양보해서 도와주었다면 (형의 원망도) 누그러졌을 것이다. 그런데 그렇지 못하고 (형에게) 양보하지 않을 뿐만 아니라 그의 지위를 이용해서 모두 차지하려고 하였다.[77] 그러니 형의 울분과 원망이 어떻게 풀어질 수 있겠는가? 이로부터 드디어 쌍방 간에 싸움이 일어나게 되어[78] 서로 은밀히 무리를 지어 형은 남의 힘을 빌려 동생을 괴롭히고 동생은 사람을 시켜 형을 해치는 등 서로 도리에 어긋나는 짓을 하고 음모와 거짓으로 상대를 모함하려고 하였다. (형제라는) 천륜의 무거움에도 불구하고 원수처럼 질시하고 골육의 친족임에도 불구하고 늑대나 호랑이같이 서로 물어뜯으려고 하였고 고소장은 계속 날아들어 한 달도 쉬는 달이 없었다. 관사가 이를 모르는 것이 아니고 전임 조지현趙知縣의 판결도 그 대강을 파악했지만 어떻게 할 도리가 없었다. 저쪽은 관의 위세를 등에 업고 있는데 본현의 권한은 참으로 미약하다. 도리로써 권하면 저쪽에서 따르지 않으려 하고 법으로 처리하자니 이쪽에서 하기 어려운 것이다. 이 때문에 소송은 계속 되고 결말이 나지 않는다. 비유하면 장작에 불을 붙이는 것과 같으니 장작이 있는 한 불은 꺼지지 않을 것이다.

본관은 부임한 당초[79] 현으로부터 호응묘와 증약과의 원지園地의 속회

76) 원대遠大한 마음으로 처신하고 : 以遠大自將. '將'은 『漢書』「兒寬傳」, "寬爲人溫良, 有廉知自將"에 용례가 보이는데 안사고顔師古는 將에 대해 "지혜로써 스스로를 보호하는 것(將衛也, 以智自衛護也)"이라고 해석하고 있다.

77) 그의 지위를 이용해서 모두 차지하려고 하였다 : 從而掩其有. 송본에는 其가 없다.

78) 여기에서 드디어 쌍방 간에 싸움이 일어나게 되어 : 송본 원문 自此遂致互起爭端. 명본은 互가 有로 되어 있는데, 上海圖書館校勘本은 有를 互로 고치고 있다.

건 및 뽕잎 채취 분쟁 건을 해결하라는 명령을 하달 받았다. 본건 관련 문서를 조사하고 자술서[款狀]를 검토하고 직접 심문한 결과 증씨 형제의 소송이 일어난 이유 및 앞서 말한, 은밀히 무리를 지어 형제끼리 남의 힘을 빌려 서로를 괴롭히게 만든 것은 바로 호응묘 일당이라는 사실을 알았다. 호응묘가 원옥園屋을 속회한 건을 한번 논해보자.80)

법은 "전택을 선매하는 경우, 모두 합동계合同契를 만들어 전주錢主와 업주業主가 한 부씩 갖는다"라고 규정하고 있다. 이것은 천하에서 통행되는 것이고 보통 사람이라면 다 알고 있는 것이다. 호응묘 부자81)가 도시[현시縣市]에 살면서 어찌 이를 몰랐겠는가? (그런데도) "소둔蕭屯의 원옥을 증지부에게 전매하였습니다"고 스스로 말하면서도 일자一字의 증서도 없다.

지금 어떤 사람이 옷을 갖고 전당포에 가서 돈 10전이나 100전을 빌려왔을 때도 영수증[帖子]을 근거로 수속收贖한다. 만약 영수증을 잃어버렸으면 옷을 수속할 수가 없다. 그런데 어찌 전택田宅을 거래하면서 아무 근거도 없이 수속할 수 있겠는가? 이전에 현청에서는 무슨 증서를 근거로 한 것인지도 모르고 그(호응묘)에게 관고官庫에 돈을 납부시킨 다음 증서를 발급해주어 원옥을 관리하게 하였다. 비록 "대금을 납부시키고 증서를 발급하라"는 전운사의 판결이 있었다 해도 호응묘의 일방적인 주장을 근거로 한 것이기 때문에 당연히 모든 진술과 사정을 갖추어 상신하여 명령을 기다려야 할 것이다.

이런 점에서 추측해보면 본건을 담당한 서리의 폐해가 명백히 드러난다. 증현위가 먼저 교부한 현금 5관이 있었던 것만 생각하고, 증현위가 무엇을 근거로 한 것인지 모르고 이것은 전매라서 우선 돈을 납부한 것이라고 본 것에 불과하다. 지금 어떤 사람에게 재산이 있을 때 누가 그

---

79) 본관은 부임한 당초: 當職到任之初. 송본에는 當職의 두 글자가 없다.

80) 호응묘胡應卯가 원지園地를 속회한 건을 한번 논해보자: 請試就胡應卯贖園之事而論之. 송본에는 就가 援으로 되어 있다.

81) 부자父子: 명본에는 없다.

것을 아끼지 않겠는가? 할 수 없을 때 속회를 포기하는 것이다. 증현위의 부친이 매입한 원옥을 반드시 호응묘가 취득하도록 하겠다고 한다면 이것은 도대체 무슨 의도인지 알 수 없다. 증약은 "소둔의 원옥은 부친이 매입한 것이고 정식계약서는 없지만 대금을 교부한 영수증이 있습니다"라고 말하고 있고 조판현趙判縣[82]은 이를 입증할 수 있다고 말하고 있다. 또 정자소丁子昭가 재산을 처분했을 때의 현의 기록을 제출시킨 바, 현의 문서 중 두 건이 이에 대해 언급하고 있는데 모두 이미 증지부曾知府에게 전매轉賣하였다고 말하고 있다.

그렇다면 증약에게는 소둔의 원옥은 매입된 것이라는 사실을 방증하는 3건의 증거가 있는 것이다. 그런데 관사가 어찌 3건의 증거가 있는 '전매轉賣'사실을 무시하고 일자의 증거도 없는 '전매典賣'설을 따를 수가 있겠는가? 현재 호응묘의 주장에 의하면, "증약에게는 정식의 계약서가 없습니다"라고 말하고 있음에 불과하다. 그렇지만 증약도 동생 증현위가 "계약서는 찾는 대로 일괄해서 제출하겠습니다"라고 비기批記한 문서를 근거로 제시하고 있다. 전임 진주부陳主簿는 이미 계약서가 동생(증현위)에게 있다는 사실을 간파하고 있었다. 사정이 이러하므로 증약이 어디에서 정식 계약서를 손에 넣을 수가 있었겠는가.

또 조사해본 바, 분쟁이 되고 있는 소둔의 원옥은, 그 땅에서 나는 수익이 극히 미미한데도 불구하고, 호응묘는 반드시 손에 넣으려 하고 증현위는 반드시 호응묘에게 돌아가게 하려고 한다. 그것은 아마 증현위가 그 형 증약에 의해 쫓겨나서 따로 나가 살면서 공당公堂의 전미錢米[83]를 지급받지 못하였는데, 이 소둔의 원옥이 바로 공당의 미곡을 저장해두는 곳이기 때문에 증현위는 (쫓겨나면서 공당의 미곡도 지급받지 못한) 분

82) 판현判縣: 판判은 고관高官이 중요한 부주府州의 장관으로 임명될 때 쓰는 것인데 여기서는 현縣이기 때문에 이 경우에 해당된다고 보기는 어렵다. 단순히 아칭雅稱으로 판현이라고 한 것일지도 모른다.

83) 공당公堂의 전미錢米: 公堂錢米. 공당의 전미란 송대 유행한 의장義莊과 같이 일족의 공유재산과 같은 성격의 것을 말하는 것 같다.

함을 풀 길이 없어[84] 반드시 이곳을 빼앗아서 호응묘가 차지할 수 있도록 바랐기 때문이다. 그래서 호응묘를 도와서 끊임없이 소송했던 것이다.

이제 사건은 본청에 접수되었는데, 모두 명문의 사대부로서 본인이 재삼 권유하여[85] 화해하게 한다면 은의를 보전할 수 있을 터인데 모두 내가 말을 하기 어려운 사람들이다. 따라서 관위의 비천卑賤을 개의하지 않고 다만 공정하게 사실에 따라서 말할 수밖에 없으며 이로 인해 원한을 산다 해도 어쩔 수 없다.

문제의, 호응묘가 주장하는 바 증약으로부터 속회하겠다는 소둔의 원옥은 증명할 계약서가 없는 이상 속회하기 어렵다. 현청에서 이미 발급한 근거 없는 증명서는 현의 담당부서에 환송하여 말소시켜야 할 것이다. 또 문제의, 관고에 기탁한 현금은 호응묘에게 환급하도록 현에 상신해야 할 것이다. 재산분할의 날을 기다려 만약 증현위가 그것(원옥)을 취득한다면 그때 호응묘에게 속회해주어도 늦지 않을 것이다.

분쟁 중인 뽕나무 잎은, 공술에 의하면 호응묘 부자가 배병자裵丙子 등을 데리고 가서 채취해 간 것이라고 한다. 지금 원옥은 증지부[86]에게 돌아갔으므로 땅에서 나는 수익도 정당한 주인에게 돌아가야 할 것이다. 본건이 결착된 후 배병자를 소환하여 공술을 받고 증지부 댁에 분명히 반환시키도록 한다.

다시 조득照得. 본관은 하급의 말직으로서 말할 것은 숨기지 않고 모두 말하거니와, 증씨 형제의 소송은 얽혀 있어서 풀기 어렵기 때문에 이대로는 틀림없이 분쟁이 그치지 않을 것이다. 그러나 생각건대 관에서 증씨의 분쟁을 멈출 수 없다고 해서 호응묘 일당이 이를 조장하는 것을 그냥 방관하고 처벌하지 않아서는 안 될 것이다. 갖추어 현청에 상신하여 (다음과 같이) 방문榜文을 게시하도록 간청해야 할 것이다.

84) 분함을 풀 길이 없어 : 無以發其憤. 송본에는 無以發其□憤.
85) 본인이 재삼 권유하여 : 吾再三勸諭. 송본에는 '吾'가 '無不'로 되어 있다.
86) 증지부曾知府 : 송본에는 知가 없다.

"금후 일어나는 모든 소송에서 증씨 형제의 일에 간섭하여 동생이 사람을 시켜 형을 고소하게 하거나 형이 사람을 시켜서 동생을 고소하게 하는 경우 모두 그 내력을 철저히 조사하여[87] 한패가 되어 교사敎唆하는 무리들을 엄하게 다스릴 것이다."

이렇게 한다면 증씨의 소송도 어느 정도 그치게 될 것이다. 증서는 호응묘의 것은 제외하고 모두 당청에서 환급한다. 서팔오徐八五는 남아서 뽕나무 잎을 채취해 간 일에 대해서 공술하도록 하고 그 외의 사람은 방면한다.

11. 재산이 모두 바닥나자 고의로 끼어들다[88]

物業垂盡賣人故作交加 : 人境

내가 보건대 몰락한 집안이 재산이 바닥나면 거래 계약을 할 때마다 간계를 쓰거나 속여서 재산을 노리는 일이 많은데 지친至親의 것이라도 뒤돌아보지 않는다. 혹은 묵적墨迹의 농담을 흐리게 하거나 혹은 필획을 조작하거나 혹은 재산을 은닉하거나 혹은 지명을 변경하거나 혹은 면적이나 사지四至를 누락시키거나 틀리게 하는 등 그 수법은 이루 말할 수 없을 정도로 다양하다. 재산을 얻은 사람도 상대를 지나치게 믿어 점검도 하지 않고, 소송이 일어나도 관에서는 다만 빈약한 자를 가련히 여겨 돕는다는 생각만 하고 진실의 시비를 조사하려고 하지 않기 때문에 판결은 부당하고 소송은 끊이지 않고 관민官民 모두 번거롭게 되고 피해도 적지 않게 보는 것이다.

막세명莫世明에게는 세 명의 아들, 여호如箎·여훈如塤·여강如江이 있었다. 그의 생전에 집의 재산을 3등분하여 관서鬮書 3통을 만들어 부친이

---

87) 모두 그 내력을 철저히 조사하여 : 並與根究來歷. 송본은 여기서부터 누락되어 있다.
88) 본 판어의 송본은 제목을 비롯해 초반 일부가 결문이다.

지호知號[89]한 외, 형제 3인이 서로 서명날인하고 증거로 보관하였다. 이때 (막)여산(莫)如山의 이름은 끼어 있지 않았다. 매입한 사람 황대구黃大坵, 구죽동丘竹峒 등 처處의 토지[90] 및 뽕나무와 대견大絹 등의 재물도 있고, 관서에는, "이후 여호·여훈·여강에게 균분하여 각자의 소유로 한다. 함부로 분쟁해서는 안 된다"라고 명확히 기재되어 있으나, 이 중에 여산이라는 이름은 전혀 없다.

막여강은 가정 7년(1214)에 계약서를 작성하여 백죽동白竹垌의 토지를 왕순검王巡檢 호戶내의 (왕)행지(王)行之에게 매각했고 계약서에 날인하고 소유로 한 지 이미 2년이 지났다. 그런데 금년 8월 막여산이, "막여강이 이미 비유卑幼에게 분여된 재산을 매각했습니다"라고 사부使府에 고소하였다. 사부로부터 "회송하니 속히 관계자를 소환하여 철저히 조사하고 공정하게 처단한 후 상신하라"는 명에 따라 본관이 본건에 관련된 최초의 서류를 인출하여 조사해본 결과, 막여강은 당시의 토지매각계약서에 "(이 토지는) 본인이 관서鬮書를 받고 분여 받은 부친 막세명의 재산입니다"라고 명언하고 있다. 또한 "존비를 속이는 것이 아니며 친족외의 사람과는 무관합니다. 만약 불분명한 점이 있으면 모두 매각한 사람 본인이 해명하겠습니다"라고 명언하고 있다. 이처럼 계약서가 분명한데 막여산은 왜 함부로 소장을 써서 고소하는 것인가? 단지 상기의 계약서 말미에 막여산 본인이 서명날인한 몇 글자가 있어 이를 근거로 소송의 발단을 삼으려고 하고 있음에 불과하다. 그러나 막여강의 자술서[款狀]에 의하면, "이전 거래 때 잘 아는 사람인 주우대周祐代에게 막여산의 이름을 서명날인 해달라고 부탁하였습니다"라고 명백히 말하고 있다. 본래 사람들이 거래계약서를 본인이 쓸 수 없을 때는 남에게 대필을 시키기 마련이지만, 그러나 서명날인을 하는 것은 이해관계가 얽힌 중대한 것인데

89) 지호知號 : 미상.

90) 황대구黃大坵, 구죽동丘竹峒 등 처處의 토지 : 黃大坵丘竹峒等處土地. 송본에는 본 판어의 제목부터 '黃大坵丘竹峒等'까지가 결락缺落되어 있다.

어찌 남에게 대필해달라고 할 수 있는가?

막여산이라는 자는 원래 상속지분이 있는 자가 아니다. 그런데 막여강이 자신의 재산을 본인이 매각하고 주우대에게 서명날인을 대필시킨 것은 막여강이 계약서를 작성할 때 이미 오래전부터 흑심을 품고 있었다는 것을 의미한다. 그리고 왕행지는 막여강과는 친척으로 평소 서로 믿는 사이라서 (자신의) 음모를 제지하지 못할 것이기 때문에 막여강은 계략이 성공할 것으로 생각하고 기뻐하고 있었던 것이다. 그러나 거래에 관한 분쟁이 일어났을 때 관에서는 다만 계약서에 의거해서 판결을 할 뿐이라는 것은 전혀 생각하지 않았다.

막여강의 토지매각계약서에는 (그 토지가) 자신의 토지이며 친족 내외의 사람과는 무관한 것이라고 분명히 기재되어 있다. 그런데 부친 막세명이 친필로 쓴 관서에는 여훈·여호·여강이 3분하여 관리한다고 기재되어 있고 여산의 이름은 없다. 그리고 막여산이 함부로 고소했을 때, 막여강이 자술서에서 진술한 내용은 원래의 계약서 및 관서에 기재된 내용과는 전혀 상반된다.

다시 전의 재판기록을 자세히 조사해보니, 막여산은 최초의 소장에서, "모친의 명을 받들어[91] 형들과 함께 호적상의 토지를 사분四分했습니다"라고 주장하고 있는데, 후에 다시 "부친 막세명이 생전에 처분한 토지입니다"라고 주장하고 있다. 이처럼 앞뒤가 전혀 맞지 않는 말을 하고 있다. 더구나 엉터리로 만든 증서는 관의 날인을 받은 계약서도 아니므로 관에서 신빙할 수가 없다. 이것은 분명히 막여강이 막여산과 공모하여 한패가 되어 근거 없는 고소로 왕행지를 괴롭히는 것이며, 억지로 사기를 치려는 것임이 틀림없다. 관에서 계약서나 관약을 한낱 종이쪽으로만 보고 터무니없는 고소에만 귀를 기울인다면 선량한 백성을 괴롭히고 억지로 사기를 치려는 풍조를 조장하게 될 것이다.

91) 모친의 명을 받들어 : 奉母親令. 송본은 令이 合으로 오기되어 있다.

이제 법에 따라 죄를 부과한다. 막여강 및 막여산은 각각 장 1백에 처한다. 이미 매각한 토지는 매입자인 왕행지에게 명하여 원래의 계약서대로 그가 소유하여 경작하게 한다. 다시 상부로부터 지시를 받아 시행한다.

12. 문서를 변조하다

揩改文字 : 人境

조득照得. 공부龔敷와 유백희游伯熙는 제48도都의 제1보保의 승자承字 287호號, 288호, 289호 등 3호의 토지를 놓고 서로 싸우고 있는데 양자가 각자 자기주장을 고집하여 관에서도 처음에는 누가 옳고 누가 그른지를 알지 못했다. 본청에서 산출한 도부圖簿[92]와 양가가 소지하고 있는 증서를 대조해본 결과, 287호 및 288호의 토지는 현재 공부가 관리 경작하고 있고, 289호의 토지는 현재 유백희가 관리 경작하고 있다는 것이 밝혀졌다.

287호 토지의 면적은 합계 5무 40보[93]이고, 288호 토지의 면적은 합계 4무畝 1각角 32보步[94]인데, 관부官簿와 대조하니 모두 추호의 차이도 없다. 그런데 289호 토지는 유백희의 증서에 의하면 합계 10무 55보인데 관부를 보면 겨우 5무 15보로 되어 있다. 이를 철저히 조사해보니 이것은 증서 내에 토지 면적을 늘린 다음 자획을 고친 것인데 묵의 농담과 글자의 소밀疏密이 명백히 보인다. 두 사람 모두 토지를 관리 경작한 지 오래되었는데 이제 와서 소송이 제기된 것은 유백희가 공부의 토지를 무단 점거하려고 준비해온 것임이 분명하다. 두 분쟁 당사자를 현장으로 압송하

---

92) 본청本廳에서 산출한 도부圖簿 : 本廳出産圖簿. 송본에는 產이 山으로 되어 있다. 송본의 존재가 알려지지 않았을 때 仁井田陞은 송본에 따라 產圖簿로 읽고 이것을 魚鱗圖冊에 상당하는 것 같다고 추정하였는데(『中國法制史研究 土地法・取引法』, 278면) 여기서처럼 단순히 圖簿로 읽는 것이 옳음을 알 수 있다. 역시 다음 조條의 판어에 圖簿라는 용례가 보인다.

93) 45보步 : 송본은 40보.

94) 4무畝 1각角 32보步 : 1무는 4각이고 1각은 60보, 1무는 240보이다.

고 인보隣保를 소집하여 공정하게 고래古來의 경계표지境界標識에 따라 양가兩家에 주어 관리하게 해야 할 것이다.

지금 공부의 진술에 의하면, 고래의 경계는 활엽수[95] 울타리였는데 이미 유백희가 다 베어버렸다고 한다. 그러나 베어버린 흔적은 틀림없이 있을 터이니 공정하게 경계표지를 지정해주어 남의 토지를 넘보지 않게 하라. 만약 다시 소송을 제기한다면 반드시 인보를 소환하여 처단할 것이다.

13. 토지를 이웃한 사람이 경계를 침범하다

田鄰侵界 以此見知曹帥送一削[96] : 人境[97]

섭충민聶忠敏과 차언가車言可가 분쟁하고 있는 토지의 경계를 확정하라는 현아縣衙의 의뢰에 따라 본건을 조사해보았다.

본관이 지부知府각하의 "만약 본인(섭충민)이 조상의 토지를 속회한 것이 분명하고 차언가가 도부圖簿를 개찬한 흔적이 있다면 철저히 조사하여 공정하게 결말짓도록 하라"는 지시에 따라 곧 차언가가 보관하고 있는 증서를 조사해본 결과, 도부 중에 개찬이 있었는가 유무는 판단하기 어려운 애매한 문제이지만, 차언가가 공술한 원래 차적공車迪功으로부터 매입한 토지의 면적과 사지四至가 현재 분쟁 중인 토지의 사지와는 상응하지 않는다는 것을 알 수 있었다. 그리고 섭충민이 한경韓鯨으로부터 속회한 전당계약서를 제출하게 하니 다만 본인이 비퇴批退한 문서[98] 1장에

95) 활엽수 : 活樹.

96) 以此見知曹帥送一削 : 이 글자는 부제로 작은 글씨로 쓰여 있다. 해석하면 현재 이 안건의 담당책임자曹帥가 의견을 첨삭한 것을 보내왔다는 뜻이 될 것이다.

97) 인경人境 : 이 판어의 작성자의 신분은 서두의 '현아縣衙의 의뢰에 따라(准縣衙委請)'라는 표현으로 보아 현의 속관으로 보아야 할 것이다. 구체적으로는 보양莆陽이라는 판어 작성자의 신분이 주부主簿인 것으로 볼 때(권5, 판어 제10조 참조) 인경 또한 주부일지도 모른다.

근거했을 뿐이지만, 향사鄕司의 진원陳垣을 소환하여 당청에서 (이 비퇴문서를) 세부稅簿와 대조해본 결과, 섭충민은 이미 가정 8년(1215)에 한경의 호戶로부터 산전產錢 72문文분의 토지[99]를 속회했으며, 이것을 조상 전래의 침기부砧基簿에 기재되어 있는 수치와 대조해보니 이동異同이 없었다.

정월 22일에 이르러 본관이 직접 현지에 나가 조사해본 결과, 현지의 토지는 구획이 정연하며 전혀 혼동이 없다는 것을 알 수 있었다. 그리고 다방면으로 물어보고[100] 중론을 들어보니 모두, "섭충민의 조부 섭사재가 원래 소유하고 있던 합계 3호의 토지는 북에서 남으로 위아래가 연접해 있습니다"라고 말하고 있다. 요컨대 동쪽으로는 보문원산普門院山에 이르고, 서쪽으로는 황추관黃推官 및 아료阿廖와 장대종張大宗, 장사종張嗣宗의 토지에 이르고, 북쪽으로는 원래 차언가 가家에서 매입한 차적공의 토지에 이르고 있다. 이처럼 이 토지의 사지는 분명하지만 다만 그중 남쪽의 경계는 본래 섭사재의 토지가 아황阿黃의 토지와 서로 상접하고 있었던 곳인데, 처음 경계법經界法을 실시할 때 섭가聶家가 땅을 개간할 자력資力이 없었기 때문에 이틈에 서쪽으로 토지를 이웃하고 있던 장대종, 장사종 형제가 토지를 침범하여 경작하였다. 후에 장가張家 형제가 잇달아 사망하자 장가에서 침범한 토지와 자기 소유의 토지를 아울러 계약서를 작성하여 매각하였고 몇 년 후에 몽언륭蒙彥隆과 한국위韓國威 가家에 귀속되었다. 현재 아황의 토지와 상접하고 있는 것이 바로 몽언륭과 한국위의 토지이다.

당장 전택田宅 중개인인 진달陳達과 인보隣保 등의 사람을 소환하여 차언가, 섭사재, 몽언륭, 한국위 사가四家의 연접한 토지를 일동의 앞에서

---

98) 비퇴批退한 문서 : 批退文字. '비퇴批退'란 전매한 토지를 속회한다('退田' 또는 '退贖') 라고 비기批記한 것.

99) 산전產錢 72문분文分의 토지 : 원문은 '產錢柒拾貳文'으로 토지라는 말은 없지만 흔히 이렇게 표현하며, 세금 72문을 낼 수 있는 크기의 토지를 가리킨다.

100) 그리고 다방면으로 물어보고 : 仍多方詢訪. 송본에는 仍 다음에 與가 불필요하게 들어 있다.

끝에서부터 측량하였다. 몽언륭이 매입한 이전 소유자가 장사종이었던 토지는 원래 합계 6무 2각 18보이었는데 지금 측량해보니 1무 남짓 초과하고 있다. 한국위가 매입한 이전 소유자가 장대종이었던 토지는 원래 합계 5무 3각 54보 2척이었는데 지금 측량해보니 2무 남짓 초과하고 있다. 문제의[101] 차언가가 원래 차적공에게서 매입한 토지 합계 12무 2각 17보는 지금 측량해보니 12무 38보로 1무 남짓 부족하지만, 현재 경작하고 있는 토지의 북쪽에 1구坵[102]의 땅이 있고 중인이 번갈아[103] 이 땅은 차언가가 경작하고 있었다고 증언하고 있다. (이 땅이) 섭충민이 지적한 차적공이 매각한 땅에 해당할 터인데 차언가는 완강하게 측량을 허락하지 않고 있다. 이래서는 사람들의 의심을 해소할 수 없을 것이다. 다시 보니 그 토지 중에 홍수에 쓸려 간 곳은 오목 볼록 곡절이 있어 측량하기 어렵지만 아직 남은 땅이 있어서 이 땅의 면적과 앞의 (1무 남짓 부족했던) 면적을 비교해보면 이번에는 (부족한 것이 아니라) 넘치고 있다. 섭사재의 토지는 겨우 합계 7무 2각 21보 3척인데 지금 측량해보니 5무 3각 23보밖에 안 되어 오히려 2무 가까이 부족하다. 이 (부족한) 수치를 따져보면 몽언륭과 한국위 양가의 초과한 면적의 수치와 맞아 떨어진다는 것은 의심할 바 없다. 그런데 섭사재가 사망한 후 그 자손이 사실 규명을 바라지 않았던 것은 무엇 때문일까? 혹시 이미 오랜 세월이 지났으니 덮어두고 현재의 토지대로 경작하려고 한 것일까?

최근 또 차언가는 매입한 차적공의 토지계약서 내의 880호를 근거로 881호의 토지도 탈취하려고 하고 있다. 관에서 나서서 공론公論을 주도하지 않을 경우, 섭충민의 토지는 점점 침범당하여 장래 어떻게 양세兩稅를 납부할 수 있을지 심히 우려된다. 생각건대 섭충민이 최근 지부知府 각하

101) 문제의 : 所有. 송본은 所是.

102) 구坵 : 『淸律』 「戶律」 「欺瞞田粮」의 주注에, "方圓一區曰坵, 坵中分界曰段"이라고 한다.

103) 번갈아 : 遞. 송본에는 遞年이라고 되어 있다. 그렇다면 '해를 번갈아'라는 뜻이 되는데 이대로는 뜻이 통하지 않는다.

에게 고소를 한 것은 다만 경계를 바로잡아 다시 손실이 없게 하여 향후의 납세에 연체가 없기를 바랐을 뿐인 것이니 그의 정성이 가륵하지 않은가? 더구나 섭충민이 공술한 동서남북 사지는 조상 전래의 침기부砧基簿에 기재된 사지와 전혀 차이가 없음이 명명백백하지만, 차언가가 공술한 사지는 현재 분쟁 중인 저지의 사지와 다만 한 곳만 부합하고 나머지 세 곳은 전혀 상응하지 않는다. 예를 들어 881호는 동쪽으로는 보문원산에 이르고, 서쪽으로는 황추관의 토지에 이르고, 남쪽으로는 섭사재 본인의 토지에 이르고, 북쪽으로는 차언가가 매입한 차적공의 토지에 이르고 있다. 그런데 차언가가 매입한 차적공의 880호의 토지계약서에 기재된 바로는 동·서·북으로 모두 본인의 토지에 이르고,[104] 남으로 황추관의 토지에 이른다고 되어 있다고 한다. 이처럼 상응하지 않으니 관에서 어찌 신빙할 수 있겠는가?

또 차언가가 다시 공술한 바에 의하면, "토지를 이웃한 사람은 모두 섭충민 일당이고 오직 왕언상汪彥祥만이 토지의 실제를 모두 알고 있습니다"라고 하는데, 지금 왕언상에게 사실확인서[105]를 쓰게 한 바, 역시 "현재 분쟁 중인 토지는 섭충민의 토지임이 확실합니다"라고 명언하고 있다. 그러니 차언가는 다시 더 할 말이 없을 것이다. 섭충민과 차언가에게 명하니 각자 원래 소지하고 있던 증서에 의거하여 분쟁 전의 경계대로 관리 경작하고 다시 함부로 불법 점거하지 않도록 하라. 만약 또 일을 벌여 공사公私를 번거롭게 한다면 당연히 죄를 처벌할 것이다.

지금 지도를 문서의 앞에 첨부하여 다시 각하로부터 지시를 받도록 한다.

---

104) 모두 본인의 토지에 이르고 : 皆至自己田. 송본에는 田이 西로 오기되어 있다.
105) 사실확인서 : 원문은 罪賞狀.

14. 산을 다투면서[106] 근거 없이 경계를 가리키다

爭山妄指界至 : 劉後村[107]

유행부兪行父와 부삼칠敷三七의 산송山訟 건은 이미 최근에 판결을 내렸는데 유행부가 동생 유정국兪定國을 시켜서 근거 없이, 경계를 표발摽撥했다는 것을 구실로 보사保司[108]와 한패가 되어 시비是非를 흐리려고 하고 있다. 본관이 유행부를 중벌에 처하려고 하는데 조주부祖主簿라는 자가 찾아 와서 자칭 유행부와 유정국의 친척이라고 하면서 유행부 형제가 옳고 부삼칠이 그르다고 주장하였다. 본관은 평소 재판할 때 항상 함부로 내 의견을 고집하지 않고 오직 옳은 것만을 따라 왔다. 오히려 조주부의 말에 일리가 있을지도 모른다고 생각하여 현위에게 본건을 조사하여 확인하도록 하였다.

현위가 직접 현지에 가자 조주부는 현위에게 은밀히 청탁하려고 하였으나 현위는 면담을 거절하였다. 조주부는 화를 참지 못하고 (증인으로서) 중요한 인인隣人을 숨기고, 공연히 본인(조주부)의 조인條印[109]을 써서 인인들의 대문을 봉인하여 막고 관사官司의 소환을 용인하지 않았다.

얼마 후 현위는 유행부가 매입한 산과 부삼칠이 매입한 산[110]은 도랑을 하나 사이에 두고 있어 두 개의 산은 별개의 것이며 분명히 서로 무관한 것임을 알았다. 조주부, 유행부, 유정국은 스스로 잘못이라는 것을

---

106) 산을 다투면서 : 爭山. 여기서 산山은 단순한 산이 아니라, 분산墳山 또는 묘산墓山이라고도 하는 조상의 무덤이 있는 산을 말한다.

107) 이 판어는 梅原郁에 의하면, 유후촌劉後村이 嘉定 17년(1224) 선교랑宣教郎으로 지건양현知建陽縣이었을 때의 것이라고 한다(梅原郁, 244면, 주1).

108) 보사保司 : 도보제都保制에서의 보정保正이나 보장保長을 가리키는 것으로 생각된다. 후문에 대보장大保長이라는 말이 보인다.

109) 조인條印 : 문서의 이음매에 쓰는 장방형의 인장. 조인은 본래 북제北齊에서 시작되었다고 하는데(『事物紀原』 권3), 후에는 지주知州, 지현知縣 등이 사용하는 인장 중 원형의 인장인 단인團印에 대해, 장방형의 것을 가리키게 되었다.

110) 산山 : 원문은 田이나 뒤에 '二山二處'라고 하기 때문에 田은 山의 오기일 것이라 보고 해석한다.

알면서도 관사의 판결에 불복하고 부삼칠은 새로 만든 분묘에 함부로 오물을 뿌리고 짓밟았다. 힘없는 백성이 땅을 사서 부모를 안장하는 데 유행부, 유정국 형제를 침범한 일은 없다. 그런데 처음에 보사保司의 주기朱記[111]를 차용했을 때 이 사실을 추궁하자 백白을 흑黑으로 바꾸고 동東을 서西로 바꾸면서 변명하였다. 다음에는 보사를 매수하여 함께 사기를 쳤고 최후에는 기거관寄居官[112]을 끼고 반드시 (이 소송을) 이기려고 하고 있다. 그런데 조주부는 성이 조씨인데 유씨나 부씨 같은 타인의 소송에 간여하는 것은 자신과 무관한 일로 소송에 끼어드는 (죄를 범하는) 것은 아닌가?[113] 또 인인들의 대문을 봉인하여 막고, 오물을 남의 묘에 뿌리는 것이 어찌 사대부가 할 일이겠는가?

건양建陽이라고 하면 명교名教와 예의禮義의 땅이다. 노선생들은 이미 세상을 떠나 뵐 수 없지만 (그러나 그 후예인) 유낭중游郎中은 현청의 뒤에 거주하면서 한 번도 현청에 찾아온 일이 없고, 한 번도 현임관에게 청탁한 적이 없었다. 또 주시랑朱侍郎은 한림학사翰林學士라는 높은 종관從官의 지위에 있었던 분이지만[114] 글을 쓸 때마다 항상 간복幹僕들이 촌민을 사기치고 괴롭히는 것을 걱정하고 계셨다. 조주부는 배행輩行은 주朱, 유游보다 높지 않고 관위官位는 낭관郎官이나 종관보다 높지도 않은데도 함부로 권세를 부리며 향촌을 제멋대로 하려는 것 같다. 이것은 참으로 지현知縣인 내가 인망이 없어 백성을 지켜주지 못했기 때문인데 촌민들이 기

111) 주기朱記 : 앞에 나온 조인이나 단인과 함께 공적인 관인으로 인정받았다. 『慶元條法事類』 권17 「給納印記」 참조.

112) 기거관寄居官 : 원문은 寄居. 여기서는 조주부祖主簿를 가리킨다.

113) 자신과 무관한 일로 소송에 끼어드는 (죄를 범하는) 것은 아닌가 : 無乃不干己乎. 송대의 소송법은 본인의 일이 아닌 것을 간여하는 것을 금하고 있었다. 권4의 22조의 판어에 이 법이 인용되고 있다. "본인의 일이 아닌 것은 간여할 수 없다"는 법에 위배된다(可謂事不干己). 22조의 주 참조.

114) 주시랑朱侍郎은 한림학사翰林學士라는 높은 종관從官의 지위에 있었던 분이지만 : 朱侍郎貴爲從槖. 주시랑은 주희朱熹의 말자末子로 공부시랑工夫侍郎과 한림시독학사翰林侍讀學士를 지냈던 주재朱在를 지칭하는 것 같다. 종탁從槖이란 문필文筆의 직職에 종사한다는 뜻으로 여기서는 한림학사를 역임한 것을 가리키는 것이다.

거관에게 억압을 받아도 손도 쓰지 못하고 있으니 부끄러울 뿐이다.

유행부의 조부인 장사랑將仕郎[115]은 동전 300관으로 유덕성劉德成의 토지 3구[116]와 산 12단을 매입했는데 참으로 의심스럽다. 대개 토지를 매입할 경우 반드시 이전소유자의 증서上手干照를 근거로 한다. 유덕성의 형색은 거지와 같고 (따라서 그가 매각했다는 토지와 산이 본래 그의 소유인지도 의심스러울 뿐만 아니라 더구나) 매각한 토지 3구와 산 12단의 이전소유자의 증서는 바로 대보장大保長의 빙유憑由에 의거해서 만들었는데 이것은 신빙할 수 없다. 그러나 지금은 이 문제를 논할 여유가 없다. 다만 부삼칠이 매입한 유팔사劉八四의 산은 유행부의 산과는 전혀 무관하므로 우선 부삼칠에게 환급하여 그의 소유로 하여 안장하게 한다. 유행부와 유정국은 재력을 믿고 힘없는 백성을 억압하고 기거관을 끼고 관부官府에 반항하였으므로 각각 장 1백에 처한다. 계약서는 압수하여 문서에 첨부한다. 유덕성을 추궁하여 이전소유자의 증서[117]의 내력을 밝히도록 하라. 간인幹人에게는 (이후 이런 일이 없도록 힘쓰겠다는) 서약서를 받도록 한다.

15. 관서를 변조하여 산지를 차지하다
揩擦關書包占山地 : 翁浩堂

방백달方伯達과 서응진徐應辰이 강두산岡頭山을 놓고 분쟁하고 있는 건은 오래도록 결말이 나지 않고 있다. 이제 각자 소환하여 증서를 제출시켜본 바 다음 사실이 밝혀졌다. 방백달의 숙부 방육을方六乙은 문제의 강두산을 서응진의 숙부인 서천사徐千四[118]에게 전당을 잡혔으며 서천사에

115) 장사랑將仕郎 : 將仕. 장사랑은 남송의 문관文官 기록관寄祿官으로 종9품이다.
116) 구坵 : 송본은 丘.
117) 이전소유자의 증서 : 上手. 앞의 상수조간上手干照의 줄인 말일 것이다.
118) 서천사徐千四 : 송본에는 徐千四秀로 되어 있다.

게는 엽熚[119]이라는 아들이 생존해 있다. 방백달은 조상의 묘가 산에 있었기 때문에 가희 4년(1240)에 현금 8관 400족으로 산지山地를 갖고 있던 서엽 측으로부터 속회하였고, 이것은 서엽이 그해 대금을 받은 영수증에 분명히 기재되어 있다. 영수증에는 "적계赤契는 찾아보았지만 발견하지 못하였음"이라고 명언하고 있는데 방백달은 이 영수증을 관에 제출하여 관인을 받았다.

서씨 일족은 이미 대금을 받았으면서도 토지를 양도하려고 하지 않았다. 서응진이라는 자는 서엽의 족제族弟인데 자기와 무관한 일인데도 산의 분쟁에 발을 들여놓고 함부로 조상의 관서關書 중의 한 줄을 지우고 二保土名, 네 글자를 집어넣고 '外段園山'과 합쳐 새로 한 줄을 만들어 강점하려고 하였다.[120] 당청에서 서포書鋪에게 식별시킨 바, 글자를 지운 흔적[121]이 명확하다. 또한 '외단원산' 네 글자는 도부圖簿 상의 토명土名과 전혀 맞지 않는다. 이것은 다만 '이보' 두 글자로 타인의 1무의 산을 강점하려고 한 것이다.

서엽은 관에 출두하려 하지 않고 오로지 서응진을 출두시켜 강변시기

---

119) 엽熚: 송본과 명본 모두 曄으로 되어 있는데 후문에 따라 熚으로 고친다.

120) 함부로 조상의 관서 중의 한 줄을 지우고 二保土名, 네 글자를 집어넣고 '外段園山'과 합쳐湊 새로 한 줄을 만들어 강점하려고 하였다: 송본 원문 輒將祖上關書揩擦一行, 塡作二保土名四字, 湊外段園山作一行, 欲行包占. 이 문장은 송본과 명본의 차이가 심하다. 명본 원문은 '輒將祖上關書揩擦一行, 塡作二保兩字, 占人一畝之山, 湊外段園山作契, 欲行包占'인데 양자를 대조해보면 송본이 타당한 것으로 생각되어 송본에 따라 해석한다. 다만 문제가 되는 것은 후에 "'外段園山' 네 글자는 도부圖簿 상의 토명土名과 전혀 맞지 않는다"는 지적을 보면 外段園山' 네 글자는 바로 변조할 때 새로 만든 토명이 될 텐데 앞의 "二保土名, 네 글자를 집어넣고 '外段園山'과 합쳐湊 새로 한 줄을 만들어 강점하려고 하였다"고 하는 문장과는 어긋난다는 점이다. 가장 합리적인 해석이 되려면 '外段園山'이 바로 토명 네 글자가 되는 것이다. 그렇게 하려면 "'外段園山'과 합쳐(湊)"의 '湊'가 연자衍字가 되는 것이다. 그러나 湊(명본에는 湊)가 연자라는 확증은 없다. 어쨌든 중화서국본이 송본에 없는 '占人一畝之山' 여섯 자를 명본에 의거해 보충한 것(중화서국본, 160면, 교감 3)은 착오임이 틀림없다. 본 문장은 후문에 나오는 '占人一畝之山'을 하기 위한 계약서의 변조 과정을 기술한 것이며, '占人一畝之山'은 잘못 끼워넣어진 것으로서 삭제되어야 할 것이다.

121) 글자를 지운 흔적: 揩擦改寫. 송본에는 揩改로 되어 있다.

고 있다. 만일 (서씨 일족 중의) 어느 일방(즉 서엽)은 대금을 얻고, 어느 일방(즉 서응진)은 산을 강점하는 데 성공한다면, 유력한 자는 모두 향촌에 횡행하고 국법은 폐기되어 버릴 것이다.

서응진을 장 1백에 처한다. 관서關書는 문서에 첨부하고 분산墳山은 방백달에게 반환하고 이미 속회한 대로 관리하게 한다. 현지에 방을 게시하고 관에 출두하지 않은 네 명의 소환을 독촉하라.

16. 분산을 놓고 각자 자기가 옳다고 싸울 때는 방증을 참고해야 할 것이다
爭山各執是非 當參旁證

조득照得.

증자회曾子晦와 범승范僧이 다투고 있는 산지는 두 건이다. 한 건은 계롱산雞籠山인데 이미 사부使府에서 재판을 끝냈기 때문에 다시 논할 필요는 없다. 현재 분쟁 중인 것은 송가원두산宋家源頭山이다. 이 산은 원래 양삼육楊三六의 것이었는데, 범숭范崇에게 매각한 것이다. 계약서에는 사지四至가 분명하게 나와 있고 (대금) 현금 6관도 기재되어 있다. 이것은 소희원년[122](1190) 11월[123]에 계약하여 소희 3년[124] 4월에 관에 제출한 것으로 범승이 내세우고 있는 근거이다. 후에 아황阿黃은 아들 범승과 함께 황치원黃梔園과 산을 모두 증대기의曾大機宜[125]에게 매각하였다. (대금은) 현금 6관 200문이라고 기재되어 있는데 산의 사지는 전혀 나와 있지 않고, 가정 2년(1209) 9월 모일에 계약서 용지를 청구하여 소정 2년(1229) 8월에 세금을 납부하였다. 증자회는 이것을 내세우고 있다.

---

122) 소희紹熙 원년元年 : 원문은 紹熙 九年. 紹熙는 5년까지 밖에 없기 때문에 九는 5보다 작은 수여야 하고, 자형字形의 유사성에서 元의 오기로 보인다.

123) 11월 : 宋本은 十二月.

124) 소희 3년 : 명본은 紹熙十三年으로 오기되어 있다.

125) 증대기의曾大機宜 : 기의機宜는 경략안무사經略按撫使 등의 속관인 기의문자機宜文字의 약칭.

법은 "거래는 단지 계약서를 근거로 삼는다"라고 규정하고 있다. 범승이 모친과 함께 이 산을 계약하여 증자회에게 매각한 이상, 매각한 이후에는 흙 한 줌이나 나무 한 그루라도 당연히 증자회의 것이 되어야 할 것이다. 원래의 계약서가 있다 하더라도 다시 사용할 수는 없을 것이니 범승에게 무슨 할 말이 있겠는가? 그러나 쟁점을 따지면 이유가 없는 것도 아니다. 증자회가 갖고 있는 계약서에는 "아들이 풍에 걸렸는데 치료할 돈이 없다"고 명언하고 있기 때문이다. 이것은 범승이 어릴 때 아황이 계약서를 작성하고 범팔范八이 흉내를 내어 쓴 것인데 범승도 여기에 끼어 있었다. 그런데 증자회는 범승이 친히 서명했다고 하나 범승은 계약서에 서명한 적이 없다고 한다. 대금의 수령에 대해서는, 증자회는 범승이 친히 수령했다고 하나 범승은 수령한 적이 없다고 한다. 증자회의 주장대로 당초 정말 계약서를 쓰지 않았다면 범승은 왜 30년 전에 싸우지 않고 증자회가 고소한 이후 싸우는 것인지 의문이고, 범승의 주장대로 당초 정말 증자회에게 매각한 것이라면 왜 반년 동안이나 계약서를 갖고 관에 출두하지 않고 먼저 위조문서를 근거로 강점하려고 하는지 의문이다.

법은, "전매한 지 20년을 경과한 후, 전주 혹은 업주가 사망한 경우, 수리할 수 없다"라고 규정하고 있다.126) 본건의 경우, 업주와 전주가 모두 생존해 있으며 쌍방의 주장은 이렇게 큰 차이가 난다. 더구나 증인이 될 계약서 상의 인물이 한 사람도 생존해 있지 않다. (그러므로 당청에서 사실을 조사하기가 어렵다.) 당청에서 철저히 조사하기 어려운 이상 무엇을 근거로 진실을 알아낼 수 있을 것인가?127) 따라서 양가를 법정 밖

126) 법은 "전매한 지 20년을 경과한 후, 전주錢主 혹은 업주業主가 사망한 경우, 수리할 수 없다"라고 규정하고 있다: 원문은 '在法, 典賣過二十年.' 법령의 내용이 생략되어 있다. 다른 판어, 예컨대 판어 40조에 인용된 것('在法, 典賣過二十年, 錢主或業主死者, 不得受理')을 보충하여 해석한다.

127) 무엇을 근거로 진실을 알아낼 수 있을 것인가: 向緣不得實情. 송본은 何緣可得實情. 송본에 따라 해석한다.

에서 화해시킬 수밖에 없다. 그 뜻은 다른 데 있는 것이 아니다. 증자회는 토지를 얻은 자이고 범승은 토지를 잃은 자이다. 어리석은 자라도 벌써 (증자회와 범승의 분쟁은 마치 춘추시대에) 정국鄭國과 식국息國이 싸웠던 형세와 비슷하다는 것을 알 것이다.[128] 그래서 관에서 재삼 우국虞國과 예국芮國처럼 화해를 하도록 권유한 것이다.[129] 그렇게 함으로써 피차 분쟁을 영원히 근절하고 관부를 번거롭게 하는 것을 피하고자 한 것이다.

현재 양가가 완고하게 자기에게 유리한 점을 고집하고 있는 이상, 본관으로서는 다만 공정하게 처리할 수밖에 없다. 송가원宋家源의 산은 가치는 아주 미미하지만, 산에 심은 소나무와 삼나무가 이득이 매우 많다. 범승이 나무를 베기 전에는 이 산은 원래 주인이 누구인지도 몰랐는데 범승이 (나무를 베어) 팔자, 증자회가 관에 고소를 한 것은 분쟁의 목적은 산이 아니라 나무에 있다는 것을 말해준다. 양가의 진술을 다시 읽고 평심으로 논하자면, 증자회가 아황이 가정 2년(1209)에 매각했을 때의 계약서를 근거로 이 산의 주인임을 주장하는 것은 좋지만, 증자회의 부친인 지부知府가 기재한 보경 원년(1225)의 지서支書[130](분재문서分財文書)를 근거로 이 산의 주인임을 주장할 수는 없다. 지서에 기재된 산은 토명土名 송가원이며, 송가원두宋家源頭와는 생각건대 별개의 곳이다. 더구나 송오

128) 어리석은 자라도 벌써 (증자회曾子晦와 범승의 분쟁은 마치 춘추시대에) 정국과 식국이 싸웠던 형세와 비슷하다는 것을 알 것이다: 雖愚者已知其有鄭息之勢. 정식지세鄭息之勢란, 춘추시대 정나라와 식나라 간의 분쟁을 가리키는데, 본인의 잘못을 깨닫지 못하고 상대방과 싸우면 패망한다는 것을 비유한 말이다. 『左傳』 隱公 11年 條의 기사 참조.

129) 그래서 관에서 재삼 우국과 예국처럼 화해를 하도록 권유한 것이다: 所以官司再三勉以虞芮之成. 우예지성虞芮之成이란 우나라 사람과 예나라 사람이 토지분쟁을 해결하기 위해 주周나라에 입국하였을 때 주나라 사람들이 서로 양보하며 싸우지 않는 것을 보고, 부끄러워 서로 양보했다는 것을 말한다. 『史記』「周本紀」 참조.

130) 지서支書: 『청명집』에 자주 나오는 관서關書, 관약關約, 분서分書, 분관分關, 분탁관서分拆關書 등과 동의어로서 분재문서分財文書를 뜻한다. 분가分家를 했다는 법적 증서이다. 여기에는 현재 소유하고 있는 재산을 분할하여 누가 어떤 물건物件을 취득했는가라는 재산목록을 기재하게 된다.

宋五의 산의 사지四至 중 일지一至는 범가산范家山이다. 증자회와 송오의 거래가 아황보다 앞이었는지 뒤였는지는 모르지만, 증자회는 당초 곧바로 이 계약서를 관에 제출하여 조사를 받지 않고 먼저 지서를 갖고 증거로 삼았으므로 범승이 떠들썩하게 주장하는 것도 당연한 일이다. 그래서 관에서는 지서라는 것을 이 계약서와 함께 의심하는 것이다.

이 외에 참고할 만한 또 하나의 주장이 있다. 즉 범승의 형 범팔에 의하면 이전에 황치원黃梔園을 증자회와 거래했었다는 것이다.[131] 건양建陽의 관례에 의하면 거래할 때 왕왕 원래 지분의 지서(분재문서)에 기입[비착批鑿][132]을 하는 경우가 많다. 그런데 증자회는 황치원 및 송가원두산宋家源頭山 모두 기입하지 않았다고 하고, 범승은 황치원만 기입했고, 이것(송가원두산)은 매각하지 않았기 때문에 기입도 하지 않았다고 한다. 현재 범승 지분의 지서는 사부使府의 사호청司戶廳에 보관 중이다. (조사해서) 만약 두 건의 산과 원[133]이 모두 비착되어 있지 않다면 증자회의 주장이 옳으므로 이 산은 증씨 댁에 돌려주어 관리하도록 해야 할 것이다. 만약 황치원이 비착되어 있다면 범승의 주장이 옳으므로 증자회의 계약서야말로 심의해야 할 것이다.

여기서는 본래 문서를 조사하기도 어렵고, 사부가 엄수하라고 한 기한도 감히 어길 수가 없다. 그러므로 담당부서에서 사리에 맞는 원안을 갖추어 상신하고 사부로부터 별도로 담당관을 위임받아 하나하나 조사하여 결말을 짓는 것이 공정하고 타당하다고 생각한다. 계약서는 환급하고 수령증을 받도록 한다.

---

131) 황치원黃梔園을 증자회曾子晦와 거래했었다는 것이다 : 曾將黃梔園與曾子晦交易. 송본에는 與가 典으로 오기되어 있다.

132) 비착批鑿 : 어떤 문서에 특정한 사항이나 증거를 기입하는 것을 말한다.

133) 두 건의 산山과 원園 : 兩項山下園. 송본의 兩項山園에 따른다.

17. 이십년이 지난 후 전매의 불공평을 고소한 경우는 수리할 수 없다

經二十年而訴典買不平不得受理[134]

오생吳生이 범승范僧을, 근거 없이 묘산을 자기 것이라고 주장한다고 고소한 건에 대해서, 양가에게 계약서를 제출시켜 얼마 전 사호司戶에 보내어 상세한 검토를 하게 하였다.

보고에 의하면, "범승 형제 3인, 장남 성지誠之, 차남 원지元之, 삼남 승僧은 이미 개희開禧 3년(1207)에 지서支書를 작성하여 가산을 분할하고 관인도 받았습니다. 증씨 댁은 가정 원년(1208) 10월에 범원지의 계롱산雞籠山 하의 산을 매입하였는데 당시 중개인은 범칠육范七六이었고 이미 30여 년이 지났습니다. 매주賣主 범원지는 이미 사망하였기 때문에 소환할 길이 없습니다. 이상 지부知府각하께 보고합니다"라고 한다.

(이 보고를 받고) (건양建陽)현에 통첩하여 이해관계가 없는 보정保正을 파견하여 다시 인인隣人을 소집하여 공정하게 조사하라고 하였다.

지금 건양현에서 다음과 같이 보고하였다. "보정 상길常吉과 인인 종오구鍾五九 등에 의하면 범원지는 가정 4년(1211)에 사망했으며 자손은 없다고 합니다. 또 계롱산 밑에는 증지부曾知府, 로안인盧安人, 강유인江孺人[135] 3인의 묘가 있는데 30여 년 된 것이며 또 왕가王家의 고묘도 있지만, 범승이 상을 당하여 산에 안장한 것은 본 적이 없다고 합니다. 또 개희 3년(1207), 범승은 관에 신고하고 가산을 분할했는데, 범원지가 생전에 분여받은 만전晩田은 하수재夏秀才에게 매각하였고, 원園은 화씨아華氏兒에게 매각하였고, 황치원黃梔園과 산은 함께 증지부 댁에게 매각하였다고 합니다."

---

134) 본 판어는 전조前條의 판어의 연속이다. 본 판어는 후문에 나오는 대로 주州의 첨청僉廳에서 작성한 것이다.

135) 노안인盧安人, 강유인江孺人 : 안인安人과 유인孺人은 관인官人의 부인의 칭호이다. 휘종徽宗 政和 2년(1112) 12월, 기존의 부인의 칭호였던 현군縣君과 현군郡君을 위로부터 부인夫人, 숙인淑人, 영인令人, 공인恭人, 의인宜人, 안인安人, 유인孺人의 7급으로 바꾸었다. 남편의 기록관寄祿官이 통직랑通直郎(종8품) 이상이면 유인, 조봉랑朝奉郎(정7품) 이상이면 안인이라고 부른다.『宋會要輯稿』「儀制10-28」참조.

내가 조사해본 결과 분쟁의 대상인 산은 범원지가 증씨 댁에 가정 원년에 매각한 것으로서 범원지는 가정 4년에 사망하였다. 지금 범승은 순희 3년[136](1176)의 계약서를 근거로 시비를 다투면서 "산 안에 양모養母 아황 및 형 성지의 묘가 있습니다"라고 주장하지만, 증씨 댁에서는 그것은 '왕씨의 古墓'라고 한다. 그러나 범승은 증씨 댁에서 안장할 때는 싸우지 않고 증씨 댁에서 고소하자 싸우고 있다. 지금 조사해보니 범승이 산에 (조상의) 묘가 있다고 한 주장은 근거가 없고 증씨 댁에서 산을 관리하고 안장을 한 지 오래되었으므로 당연히 증씨 댁에 돌려주어 계약서대로 관리하게 해야 할 것이다. 다만 증씨 댁도 현재 산에 있는 문제의 묘들을 파헤쳐서는 안 된다.

현에 통첩하여 조응照應하도록 하고 상신하여 각하로부터 지시를 받도록 한다.

(상신하여) 왕시랑王侍郎 각하로부터 다음과 같은 판결을 받았다. "무릇 전택을 전매한 지 20년이 지난 후 전매가 불명不明하다고 고소한 경우는 수리할 수 없다. 증지부가 범원지의 분산墳山을 매입한 지 30년이 지났는데 만약 범증의 지분이라면 왜 증씨 댁에서 매입할 당시에 고소하지 않았는가? 더구나 전주와 업주가 모두 사망하였으므로 (설령 범승의 지분이라고 하더라도) 역시 수리의 대상이 되지 않는다. (이 판결을) 범승에게 자세히 보여주고[137] 나머지는 첨청의 원안대로 시행하라."

136) 순희淳熙 3년 : 이것은 전조前條의 판어의 紹熙 3年(1192)의 오기인 것 같다.
137) 범승에게 자세히 보여주고 : 開示范僧. 송본은 開가 門으로 되어 있다.

권6

贖屋

1. 이미 팔았지만 양도하지 않다
已賣而不離業 吳恕齋[1]

아장阿章은 소정 연간(1228~1233)에 가옥 2채와 그 택지를 3통의 계약서를 만들어 서린徐麟에게 현금 105관에 팔았다. 당시 아장은 과부였고 서정손徐鼎孫은 미성년이었다. (따라서) 법령에 따른다면 아장은 원래 팔아서는 안 되었고 서린 또한 사서는 안 되었다. 그러나 아장은 가난이 뼛속까지 스며들 정도로 가난뱅이였고 남편과 자식도 모두 죽고 두 손자는 아직 어린 상태였다. 따라서 팔아서 입에 풀칠이라도 할 수 있다면 급히 팔려고 나선 것도 부득이한 일이었을 것이다.

2년 남짓 시간이 지나 서십이徐十二는 친린의 법[2]을 원용하여 (가옥과 택지를) 인속吝贖[3]하여 자신의 소유로 삼았는데 그로부터 9년간 아장은 한 번도 고소한 적이 없었다. 그런데 금년 정월 아장은 정손과 함께 갑자기 고소를 하여 "당시는 서린에게 전당잡힌 것이었을 뿐 단매斷賣한 것은 아니었다"고 하면서 속회하려고 했다. 그래서 본현(창화현昌化縣)에서는 서십이에게 돈을 받고 가옥과 택지를 반환하라고 한 것이다. 그런데 이번에는 서십이가 부府에 고소하여 "이런 일이 벌어진 것은 서린이 주거가 멋지게 수리된 것을 보고 왕년에 나에게 속회해준 것을 후회하여 아장과 정손이 짜고 완전히 판 것이 아니라 전당잡힌 것이었다고 했기 때문이다"라고 주장하며 서린이 원래 매입했던 적계 3통을 속회하여 부에 제출해왔다.

본 소송을 자세히 살펴보면 아장에게는 이미 서린에게 팔았던 적계가 있고 여기에는 '출매出賣'라는 두 글자가 명확히 씌어져 있어 이것을 "판 적이 없다"고 말할 수는 없을 것이다. 십여 년이 지난 이상 과부와 미성년(이기 때문에 위법)임을 근거로 이 문제를 논한다 하더라도 법이 정한 소송기한을 경과했기 때문에 역시 이 소송은 수리할 수 없다. 만약 이제까지 친족이 아닌 사이에 사고파는 것이 계속되어 왔다면 아장 측에서 속

---

1) 오서재吳恕齋 : 명名은 혁革, 서재는 자. 본 판어는 창화현昌化縣을 관할하는 임안부臨安府에서 나온 것인데 『嘉靖浙江通志』 권32 「官師志5」 12의 「吳革」의 항에 純祐 中(1241~1252)에 전당현령錢塘縣令이 되고 이어서 통판임안부通判臨安府로 옮겨갔다고 한다. 또 萬曆 37년의 『錢塘縣志』 「紀宦」의 「吳革傳」 및 康熙 25년의 『杭州府志』 권28 「名宦下」 「吳革」條에 "純祐中爲錢塘令 (…중략…) 九年通判臨安府"라고 되어 있다. 그렇다면 오혁吳革이 통판임안부가 된 것은 純祐 9년(1249)이고 권6의 판어는 이때 쓰여진 것으로 생각된다. 또한 오혁은 景定 4년(1263) 4월부터 익년 7월까지는 지임안부知臨安府를 역임하고 있다(『咸淳臨安志』 권49 「秩官7」 「古今郡守表」). 이상 高橋芳郎, 「『名公書判清明集』 권6, 戶婚門 譯注稿 1」, 『北大文學部紀要』 48-2, 1999(이하 高橋芳郎, 1999로 약칭), 12면, 주1 참조.

2) 친린親鄰의 법 : 親鄰條法. 전매典賣하는 자의 유복친有服親이고 또 전매되는 토지와 인접한 토지를 가진 자에게는 우선취득권 즉 선매권先買權이 있었다. 이것을 '친린의 법'이라 한다. 仁井田陞, 「清明集戶婚門の研究」, 『中國法制史研究-法と慣習・法と道德』, 東京大學出版會, 1964 참조.

3) 인속吝贖 : 속회贖回와 같다.

회할 수 있는 길은 전혀 없다. 그러나 인정을 참작하면 아장과 서십이는 형수와 시동생 사이이므로 속회할 수 있는지 없는지 딱 잘라 말할 수는 없다.

아장의 공술에 의하면 "지금도 내 손자와 함께 이 집에 살고 있으며 이 집을 양도한 적은 전혀 없다"고 한다. 만약 그렇다면 서십이는 형수가 당시 어쩔 수 없어서 매각했다는 상황을 생각하고 또 그 손자가 자립할 수 있기를 기원하여 원래대로 반환하여 생활의 기반으로 삼도록 해 주어야 할 것이다. "초나라 사람이 활을 잃어버려도 초나라 사람이 이를 줍는다(면 그것으로 좋은 것이다)"라는 고사도 있다.[4] 어찌 차마 한 노인과 두 어린아이를 쫓아내어 갈 곳도 없게 할 수 있겠는가! 이것이 아장이 아직 속회할 수 있는 이유이다. 그러나 한편 서십이의 공술에 의하면 "아장이 주택과 택지를 양도하고 나서 오랜 시간이 지났는데 다만 서린이 원한을 품고 소송을 하라고 교사했기 때문에 일어난 것에 불과하다"고 한다. 만일 그렇다면 소인의 간계에 빠져 근거 없는 소송을 크게 벌여서는 안 될 것이다.

대개 관사의 판결이라고 하는 것은 가可가 아니면 부否가 있을 뿐이며 양쪽 다 옳다고 할 수는 없다. 다만 본부本府에서는 아장이 이전에 과연 주거를 양도했는지 아닌지를 아직 조사하지 못했으므로 당장 결론을 내기는 어렵다. 지금 쌍방의 소송 당사자 모두 부에 출두하지 않았고 또 더운 여름에 연행해서 공술을 취하고 싶지는 않으나[5] 일족 내에 분쟁이

---

4) "초楚나라 사람이 활을 잃어버려도 초나라 사람이 이를 줍는다(면 그것으로 좋은 것이다)"라는 고사도 있다: 楚人亡弓, 楚人得之. 춘추시대에 초나라 공왕共王이 사냥을 하는데 귀하게 여기던 활을 잃어버렸을 때 신하들이 이것을 찾으려고 하자 "그만두라, 초나라 사람이 활을 잃어버렸으니 초나라 사람이 주울 것이다. 꼭 찾을 필요가 있겠는가"라고 하였다는 고사에서 유래한다. 『說苑』 권14 「至公」 또 『孔子家語』 권2 「好生第十」 등에 보이는데 공자는 초왕의 말에 대한 공자의 평가를 묻자 한술 더 떠 굳이 초나라 사람이어야 하겠는가, 천하의 어떤 사람이라도 주우면 좋을 것이라고 답하고 있다.

5) 연행해서 공술을 취하고 싶지는 않으나: 不欲牽連追對. '欲' 자는 판결의 최후 부분에 쓰일 때는 대개 '바라다, 하고 싶다'라는 의욕이나 욕망을 표현하기보다는 명령이

있으므로 심리하여 처리하지 않으면 안 된다. 창화현의 좌관佐官[6]에게 통첩[7]하여 다시 공정하게 조사하여 5일 내에 결말을 지어 상신하도록 하라.

2. 가산지분권[8]을 갖고 가옥과 토지를 속회하다
執同分贖屋地 : 吳恕齋

거래에 관한 소송에는 본래 법이 정한 기한이 있다. 모여량毛汝良이 가옥과 토지를 진자목陳自牧, 진잠陳潛에게 전매한 것은 모두 10년 전의 일인데 모영성毛永成은 가산분할 전의 재산이라는 것을 결정한 백약白約을 갖고 10년이나 지나 속회하려고 하고 있다. 본현에서는 법이 정한 소송기한(에 관한 규정)을 인용하여 모영성을 허망죄虛妄罪[9]로 처벌하려고 했다. 영성은 소송에서 물러나야 할 터인데 지금 다시 부府에 고소하여 속회를 계속 주장하고 있다. 만일 그가 있지도 않는 일을 꾸며내는 소송꾼이라면 당연히 처벌해야 할 것이다.

본건문서를 자세히 들여다보고 이 사건을 검토해보니 법과 인정 상 참작해야 할 점이 있다. 대개 소인이 가산분할 전의 재산을 속이려고 할 때는 제멋대로 거래를 하고 대개 오랫동안 비밀로 하기 때문에 (거래의 부당함을) 호소하는 자가 있어도 법정의 소송기한을 넘는 경우가 있다. 이 점은 일단 불문에 붙이기로 한다.

나 지시를 언도言渡하는 기능을 한다. 즉 '欲' 이하는 명령문이 된다고 한다(高橋芳郎, 1999, 12면, 주6). 원래 '欲' 자가 욕망을 뜻하므로 이것은 상급자의 의사에 대해 하급자가 동의해주길 바라는 고상한 또는 교묘한 명령의 표현이라고 해야 할 것이다.

6) 좌관佐官 : 현령의 보좌관으로 주부, 현승 등을 말한다.

7) 첩牒은 본래 통할관계가 아닌 관청간의 평행문서 즉 첩문牒文을 보낸다는 의미인데 여기에서는 단순히 문서를 보낸다는 의미로 쓰이고 있다.

8) 가산지분권 : 同分. 유분有分이라고도 하는데 분할 전의 가산에 대해서 상속할 권리를 갖고 있는 것을 말한다.

9) 허망죄虛妄罪 : 무고죄誣告罪를 말한다. 『宋刑統』 권23 「鬪訟律」 「告反逆」 조 참조.

영성의 백약은 물론 신빙할 수 없지만 문제의 가옥과 토지가 과연 여량이 상속한 그 자신의 재산이라면 반드시 관인이 찍힌 증서가 있어야 할 터이다. 지금 그것을 제출하지 않고 어떻게 영성의 백약이 가짜라는 것을 증명할 수 있을까? 그러나 이 또한 불문에 붙이기로 한다.

그렇지만 영성의 고소에 의하면 "여량이 진자목에게 매각한 가옥 중 한 칸은 내가 살고 있는 흰 칸과 한 지붕 밑에 있기 때문에 진자목이 가옥을 철거해버리면 내가 살고 있는 가옥도 무너져버려 비바람을 피할 수 없습니다"라고 주장하고 있다. 이것은 인정 상 그렇게는 할 수 없는 일이다. 또 영성의 고소에 의하면 "여량은 대언大堰의 상지桑地 한 단과 황토갱黃土坑의 산 일편一片과 또 동공구童公溝의 수전水田 1무와 매가원梅家園의 상지桑地 한 단을 진잠에게 전매했으나 그 중 대언의 상지에는 조상의 묘 한 곳이 있습니다"라고 한다. 다른 땅은 속회를 불허해도 되겠지만 조상의 묘가 있는 땅을 불초한 자식(즉 여량)이 팔긴 했지만 뜻있는 사람이 속회를 허락하여 돌려주는 것은 역시 훌륭한 일이다. 그 땅을 속회시켜주지 않아서야 되겠는가? 이 또한 인정 상 그렇게는 할 수 없는 일이다.

만일 여량이 당시 (거래가 올바른지) 영성에게 분명하게 물었고 그 후 영성이 계약서에 비퇴批退[10]한 것이라면, 살고 있는 집이 한 지붕 아래 있다 하더라도, 또 팔아버린 땅에 조상의 묘가 있다 하더라도, 이제 와서 영성이 할 말은 없을 것이다. 지금 여량이 "당시 거래 때 영성이 확실하게 계약서에 서명을 하거나 비퇴하지는 않았다"고 말하고 있는 이상, 한 지붕 밑에 있는 집이 타인에게 철거되거나 조상의 묘가 타인에게 짓밟히기보다는 역시 이것을 가산지분권이 있는 형제의 것으로 하는 쪽이 좋지 않겠는가!

관사는 공평하게 조처하여 (현에) 통첩하여 모여량, 진자목, 진잠을 소

---

10) 비퇴批退 : 退贖. 즉 속회해주겠다고 비기批記한 것.

환하여 가옥 두 칸 및 대언의 조상묘가 있는 상지 1무를 원가대로 현금과 교환하여 모영성에게 양도하여 그가 소유하도록 하라. 그 외의 황토갱의 산, 동공구의 논, 매가원의 상지는 모두 진잠 등이 계약서대로 관리하는 것을 허락한다. 이렇게 하면 법의와 인정을 모두 만족시킬 수 있을 것이다. 진자목과 진잠은 사인士人인 이상 도리를 분별해야 할 것이고 만약 이 사소한 가옥과 토지를 포기할 수 있다면 의거일 뿐만 아니라 소송으로 불려 다니는 번거로움도 면할 수 있을 것이니 잃는 것보다 얻는 것이 더 많을 것이다.

抵當

3. 저당을 잡히고 토지를 양도하지 않다

抵當不交業：吳恕齋

해설 : 서자정徐子政과 양연楊衍은 정식의 전당계약(정전正典)을 한 것이 아니고 저당을 한 것인데 서자정이 이를 저당이 아니라 정식의 전典이라고 주장한 것이 소송의 발단이 되었다. 이 판어判語에서 우리는 현재 흔히 전당으로 풀이하는 전典과 저당抵當은 송대의 경우 별개의 것으로서 법적으로 구분되어 있었다는 점을 알 수 있다. 본 판어에서 재판관이 누차 저당은 정식의 전(정전正典), 전당典當이 아니라고 강조하고 있는 점은 바로 저당이 법적으로 허용되지 않는 불법적인 전당이라는 사실을 의미한다. 그러나 현이 여러 차례의 판결에서도 저당과 전당을 가려내지 못했다고 질책을 받고 있는 것을 보면 양자는 이미 구별되기 어려운 것이었다.

법은 "무릇 전택田宅을 전매典賣할 때는 반드시 물업物業을 양도해야 한다"라고 규정하고 있다.[11] 또 "무릇 전택을 전매하고 계약서에 관인을

11) 법은 "무릇 전택을 전매할 때는 반드시 물업物業을 양도해야 한다"라고 규정하고 있

받고 계약세를 납부한 자는 즉시 관청에서 전택의 이동을 기록하고 납세자명의를 갱신하라"라고 규정하고 있다. 반드시 이러한 법 절차를 거친 이후에 비로소 정식으로 전매가 이루어진 것이 된다.

서자정은 가정 8년(1215)에 회자會子 280관을 주고 양연의 토지 7무 남짓을 전당잡고[전典] 계약서에 관인을 받았다. 그러나 가정 연간부터 순우 연간까지 26년간 이제까지 서사정은 새로운 세금납부자로서 세금을 납부한 적이 없으며 양연도 토지를 비워서 경작을 그만두지도 않고 전당잡은 날을 시작으로 허위로 소작계약을 하고 다만 (양은 서에게) 매년 (빌린 돈에 대한 이자로) 회자 30관을 지불한다는 약정을 했다. 이것을 보면 양연은 당시 이 토지를 자정에게 저당한 것에 불과하고 자정은 매년 늘어나는 이자로 이득을 보았음에 불과하다.[12] 양연은 보경 원년(1225)에 죽었지만 보경 이전에는 양연이 매년 조전租錢[13]을 서자정에게 지불하였고 서자정이 관에 고소한 적은 없었다. 보경 이후는 양연의 아들 왕정王廷이 매년 조전을 서자정에게 납부하였다. 때로 납부하지 않은 적도 있었지만 서자정이 고소한 적은 없었다.

순우 원년(1241)에 이르러 서자정은 처음으로 현에 소장을 내어 왕정 등이 매년 납부할 조곡租穀을 1친근으로 계산해, 보경 이후 18년간[14] 미납한

다 : 원문은 在法, 諸典賣田宅, 並須離業. 『청명집』 권4 「爭業上」 「游成訟游洪父抵當田產」에 "准法, 應交易田宅, 並要離業, 雖割零典買(賣?), 亦不得自佃賃"이라는 같은 취지의 법령이 보인다.

12) 이 말은 즉 둘 사이의 계약이 사실은 전당(전典)이 아니라 담보(저당抵當)를 잡고 돈을 빌려주고 받은 거래에 불과하다는 의미이다. 여기서 전典과 저당抵當은 현대의 우리가 쓰는 용법과는 다르다는 점에 주의할 필요가 있다. 현대의 전은 저당과 같은 의미로 쓰이고 있지만 『청명집』의 경우 저당은 전과 달리 명확히 구별되고 있는 것이다. 본문에서 쓰인 바, 전과 저당의 차이는, 다음 조의 판어에도 설명되어 있듯이 전의 경우 돈과 토지를 서로 주고받고 즉시 토지를 양도하고 납세자명의를 변경하지만, 저당의 경우 저당이라면 돈을 받은 자는 즉시 토지를 양도하려고 하지 않고 돈을 빌려준 사람 또한 즉시 납세자명의를 변경하지(과세過稅) 않는다는 점에 있다. 말하자면 저당은 임시적이고 비공식적이고 불법적인 전이라고 할 수 있을 것이다.

13) 조전租錢 : 현금으로 내는 소작료. 곡물로 내는 것은 조곡租穀이라고 한다.

14) 보경寶慶 이후 18년간 : 寶慶 원년(1225)에서 純祐 원년(1241)까지는 17년간인데 18년

조곡 총합계 18,000근 중 이미 받은 210관의 조전을 제외한 나머지 미납분 조곡을 모두 징수하려고 했다. 서자정이 미납한 조전의 징수를 주장하는 것은 좋다고 하나, 일단 전錢을 곡물로 환산한다고 하면 근년에 기근이 자주 있어 곡물가격이 급등했기 때문에 만약 곡물가격으로 미납분을 계산한다면 그 금액이 얼마나 될지 알 수 없다. (엄청난 금액이 될 것이니 그 금액으로 계산하겠다면) 이것은 참으로 매우 가혹한 행위이다. 만약 당시의 거래가 분명 정식의 전당典當이고 분명 곡물로 대가를 수취한 것이라면 후에 곡물가격이 이전의 백배가 되었다 하더라도 왕정 등도 (속회할 때에) 곡물로 지불해야 합당할 것이고 현금으로 지불하는 것은 부당하다.

그러나 (서자정이) 세금을 납부한 적도 없고, 토지를 관리한 적도 없고, 그 때문에 곡물을 수취한 적도 없는 이상 이 거래는 저당抵當에 불과하며 (서자정이 주장하는 바와 같은) 정식의 전당이 아니라는 것이 명백하다.[15] 아울러 (가정에서 순우까지) 26년간 양연은 생전에 전으로 지불했고 왕정 등도 부친이 사망한 이후 전으로 지불했다. (양연 부자가) 이제까지 한 번도 곡물로 지불한 적은 없었는데도 (서자정은) 왜 한 번도 고소하지 않았는가?

서자정이 끝없이 탐욕을 부리는 이유를 잘 살펴보면 근년에 회자의 가치가 하락하고 곡물가격이 비등했기 때문에 싼 회자 대신 비싼 곡물로 받으려고 하는 것임이 틀림없다. 그것이 아니라면 왕정 등이 관에 고소해서

간이라 한 것은 착오이다.

15) 이 거래는 저당抵當에 불과하며 (서자정이 주장하는 바와 같은) 정식의 전당典當이 아니라는 것이 명백하다: 其爲抵當而非正典明矣. 이것은 서자정과 양연의 거래는 원래 전당이었고 정식의 전매(전典)가 아니었는데 서자정은 이것을 정식으로 전매한 것이라고 주장함으로써 토지를 속회해주려고 하지 않는 것이다. 여기서 우리는 저당에 대해 두 가지 용법이 있음을 알 수 있다. 즉 정식으로 관에 신고하고 납세자명의도 변경한 공식적인 저당과 관에 신고도 하지 않고 사적으로 하는 전당이 그것이다. 현재 우리가 쓰는 "저당을 잡혔다"는 말은 앞의 정식의 전당(전典)을 말하는 것이고 『청명집』에 보이는 저당은 정식의 전당이 아니라는 점에 유의할 필요가 있다. 참고로 Mckight는 저당은 a collateral for loan, 전은 a conditional sale이라고 번역하고 있다(McKnight, op. cit., p.194).

토지를 속회하려고 하자 그것을 방해하려고 미납분을 과장한 것일 것이다. 그러나 (서자정은) 정식의 전당은 언제라도 반드시 속회할 수 있다는 사실은 생각하지 못했다. 더구나 처음부터 납세자명의도 변경하지 않고 또 토지도 양도하지 않았으므로 전당했다고 하나 이것은 정식의 전이 아니며 처음부터 280관으로 저당한 것에 불과하다. 26년간 누적되어 취득한 이시도 적은 액수가 아닌데 언제까지 이익을 탐하려고 하는가?

관할 현이 최후에 나온 판결에 따라서 왕정과 왕열王烈에게 이미 지불한 조전 외에 새로 최신의 회자 60관을 서자정에게 지불하도록 하고 그 다음 최근 연말에 반포된 약속約束에 의거하여 신구회자新舊會子 각 삼분의 일씩 합계 280관을 준비하여[16] 부친의 (이른바) 전당계약서를 속회하도록 명했는데 이것은 매우 타당한 조치이다. 다만 당초 사리에 맞지 않게 (현에서) 저당을 정식의 전당으로 간주하였고, 전후 몇 차례의 판결에서도 서자정이 세금을 이관하지 않고[불과세不過稅], 토지도 양도하지 않은 것은[불과업不過業] 그것이 저당이며 법조문에도 맞지 않는 것이라는 사실을 전혀 가려내지 못했기 때문에 서자정의 욕심을 두절시키지 못하였다. 이 때문에 서자정은 계속해서 자기의 이익을 고집하면서 관부를 번거롭게 하였던 것이다.

현에 통첩하여 현이 이미 내린 판결대로 서자정에게 보여주고 (판결에 승복하겠다는 뜻을) 서약시키도록[17] 한다. 감히 다시 고소하면 법대로 시행한다.

16) 신구회자新舊會子 각 삼분의 일씩 합계 280관을 준비하여 : 備三分新舊會二百八十貫. 삼분신구회三分新舊會란 세 종류의 회자를 말하는 것으로 생각된다. 즉 이 판결이 내려진 전년인 嘉熙 4년에 십팔계회자十八界會子가 발행되어 이미 발행된 십육계회자十六界會子와 십칠계회자十七界會子를 회수하는 조치가 나왔는데 현행 십팔계회자와 미회수의 십육계회자 및 십칠계회자 이 세 가지의 회자이다. 상세한 것은 草野靖, 「南宋東南會子界制發行額」, 『劉子健博士頌壽紀念宋史研究論叢』, 京都 : 同朋舍, 1989 참조.

17) (판결에 승복하겠다는 뜻을) 서약시키도록 : 知委. 판결에 승복하겠다는 서약을 받는 것을 말한다. 다음 판어에서도 '取陳嗣祐知委'라는 용례가 보인다. 『청명집』의 다른 판어, 예를 들면 권8의 「子隨母家而歸宗」에 보이는 '준종장遵從狀'과 같은 것이다.

4. 매각을 저당이었다고 하여 속회하다

以賣爲抵當而取贖 : 吳恕齋

향민鄕民이 토지를 갖고 계약서를 작성하고 잠시 유력가에 전당典當한 것으로 했다가 기일을 정해 돈을 돌려주고 계약서를 돌려받는 것은 어디에나 있는 일이다. 악착같이 이득을 보려고 하는 자는 계약서를 작성하여 저당抵當에 넣으면 곧바로 정식의 거래라고 하여 관에 계약세를 납입하고 바로 자기 것으로 만들어버리려고 하기도 한다. 그러나 그것이 저당이라면 돈을 받은 자는 즉시 토지를 양도하려고 하지 않고 돈을 빌려준 사람 또한 즉시 납세자명의를 변경하려고[과세過稅] 하지는 않는다. 돈과 토지를 서로 주고받고 즉시 납세자명의를 변경하고 토지를 양도한다면 그것은 정식의 거래임이 명백하고 결코 저당이 아니다.

진사우陳嗣祐는 소정 2년(1229) 8월에 이전에 매입해서 3년간 소유하고 있던 라가오羅家塢의 산지山地의 적계를 일괄해서 양도하고 가격을 전錢 7관으로 하여 계약서를 작성하여 하태응何太應에게 매각했다. 당시 진사우는 이미 물업物業을 양도했고 하태응도 납세자의 명의를 (자기 앞으로) 변경했다. 5년이 지나 하태응은 계약서를 관에 제출하여 계약세를 지불하고 토지를 관리했다.

그런데 10여 년이 지나 순우 2년(1242)에 진사우는 처음으로 현에 소장을 내어 "당시는 다만 전당에 넣은 것일 뿐이며 결코 정식으로 단매斷賣한 것은 아닙니다"라고 하면서 속회를 원했다. 지현知縣은 당창현唐昌縣[18]의 풍습에 전당에 넣는 일이 많고 아울러 이 토지는 진사우가 보경 2년(1226)에 13관에 취득한 것인데 소정 연간에 겨우 7관으로 값을 내려 매각할 리는 없다는 것을 근거로 이것은 전당일 것이라 생각하고 하태응에게 속회를 명하였다. 지현은 인정을 참작할 줄 아는 인물인 것 같다.

---

18) 당창현唐昌縣 : 高橋芳郎에 의하면 창화昌化를 가리키는 것이라고 한다. 高橋芳郎, 1999, 27면, 주3 참조.

그런데 지금 하태응은 완강하게 속회하라는 판결에 불복하고 부府에 소장을 제출하였다. 처음에는 소송꾼인가 생각했는데 반복해서 자세히 살펴보니 하태응의 주장도 일리가 있는 것 같다.

관에서 거래를 판결할 때는 우선은 적계를 주된 증거로 삼지만 이른바 전당에 대해서는 반드시 그것이 전당인가 아닌가를 명백히 변별하지 않으면 안 된다. 진사우가 계약서를 작성하여 토지를 매각한 후 토지를 양도했고 하태응이 돈을 내어 토지를 매입한 후 또 즉시 납세자의 명의를 변경했으므로 이것은 정식의 거래임이 명백하다. 이미 10년이 지났는데 어느 날 갑자기 (진사우가) 전당이었다고 소장을 내자 10여 년 전에 이미 관인을 받은 적계가 있는데도 (지현이) 이를 전당이라고 했기 때문에 하태응은 불복한 것이다. 만약 (지현처럼) "진사우가 고가에 사서 저가에 판 것이다"라고 해도 보경에서 소정까지 이미 수년이 지났고 지가는 시기에 따라서 오르내림이 있는 것이 아닌가? 또 법은 "무릇 토지를 전매하고 3년을 경과한 후 이자 있는 부채[유리부채有利負債]를 준절한 것이라고 고소해도 수리해서는 안 된다"라고 규정하고 있다.[19] 하물며 정식으로 매매계약서를 작성하고 10년이 지났는데도 전당이었다고 고소할 수 있겠는가?

부유한 자는 흔히 재산을 불리려는 탐욕을 품고 있는데 마땅히 마음을 다스려야 할 것이고, 가난한 자는 늘 억울한 일이 있으므로 특히 더 배려해주어야 하지만 관사는 역시 도리에 따를 뿐이다. 이 소송은 필시 라오의 산이 옛날에는 황무지였지만 지금은 개간이 되었고 옛날에는 민둥산이었는데 지금은 숲이 무성해져 진사우가 자기 것이었던 산을 되찾으려고 했기 때문에 일어난 것이다. 그러나 정식으로 계약서를 작성한

---

19) 법은 "무릇 토지를 전매하고 3년을 경과한 후 이자 있는 부채를 준절準折한 것이라고 고소해도 수리해서는 안 된다"라고 규정하고 있다: 在法諸典賣田産, 滿三年而訴以準折債負, 並不得受理. 여기의 부채는 유리부채有利負債이다. 『청명집』 권4 「爭業上」 「游成訟游洪父抵當田産」에 "准法, 應交易田宅, 過三年而論有利負債準折, 官司並不得受理"라고 같은 취지의 법령이 보인다.

지 이미 여러 해가 지났고 납세자의 명의를 변경하고 토지를 양도한 것도 명백한 사실이다. 만약 저당이었다고 하여 속회의 요청에 따른다면 아마 계약서를 갖고 있는 자들은 모두 증빙할 것이 없게 되고 근거 없이 소송을 하는 자들은 요행을 노리게 될 것이다. 이 지역에는 전문적으로 (소송을) 교사教唆하기를 일삼는 자들이 있어 시끄럽게 일을 꾸며내어 관에서도 소동을 감당하지 못하고 있다.

현縣에 통첩하여 다만 하태응에게 소정 2년에 매입한 적계赤契대로 관업管業하게 한다. 진사우에게 판결에 승복하겠다는 서약서를 받아 부府에 상신하도록 하고 (진사우가) 이 판결에 승복하지 않겠다면 허망죄虛妄罪로 처벌하도록 한다.

5. 저당

倚當 : 葉巖峰

조대照對.

섭위수葉渭叟가 죽자 그 집에서는 간인幹人의 이름으로 소장을 제출하여 송천석宋天錫과 이여권李與權이 거래대금을 사취詐取했다고 고소했다. 이른바 사취라는 것은 거래가 아니다. 이여권의 아들 이정대李正大는 소장訴狀에서 “선친은 원래 토지를 저당한 것입니다”라고 한다. 저당이라는 것은 정식의 전매가 아니다. 이 현의 풍습으로서 금품을 빌릴 때는 토지를 담보로 반드시 두 통의 계약서를 써서 한 통은 저당계약서로 삼고 한 통은 정전正典계약서로 삼는다. 그래서 시간이 흘러 오래된 일이 되면 한 통은 쓰고 한 통은 숨겨 마침내 정전계약서를 갖고 자기의 소유라고 주장하는 풍습이 있다. 저당과 전매는 다르다는 것을 잘 모르고 있는데 어찌 증거로 삼을 계약서나 생각할 정황이 없겠는가?

이여권은 가정 11년(1218)에 전田 33무를 섭위수에게 전당잡혔는데 가격은 450관이었고 중개인은 송천석이었다. 계약서를 보면 저당이 아니라 정전[正典]같다. 대개 부동산을 매입할 때는 많든 적든 반드시 토지를 양도하고 용익자를 바꾸는 법이다. 더구나 30여 무라면 그 영향도 작지 않은데 어찌 간인에게 전토田土를 회수시키지 않고 중개인인 송천석에게 조전租錢의 징수를 청부하도록 보증시켰는지 이 점이 우선 의문이다. 게다가 송친석도 자신의 토시계약서 한 통을 같이 전당에 넣고 섭수위는 여기에 자필로 수령했음을 기입하면서 "송천석과 이여권은 차금을 보증하기 위해 자신의 계약서를 담보에 넣었다. 차금이 전액 변제되면 (계약서는) 틀림없이 (계약서를) 반환한다"고 비기批記하고 있다. 그렇다면 이것은 원래 저당이었음이 명백하다.

이여권은 3년간 이자를 지불해본 결과 채무가 나날이 늘어날 것을 걱정하여 가정 13년(1220) 겨울에 전항의 차금을 변제했다. 이에 대해서도 섭위수는 자필로 수령했음을 기입하면서 "송천석과 이형李兄이 변제한 전은 합계 300관족이다. 이것(비기批記)을 증거로 삼는다"고 쓰고 있다. 글 내용과 서명은 아주 뷴명하지만 이 330관족은 원래의 금액(450관)과 비교하면 여전히 미진하다.

이정대는 "그 후 고화古畫 이작도梨雀圖 병풍 1년, 고대부高大夫의 산수화 4대축大軸, 당唐대의 작내죽작雀內竹鵲 4축, 담첩潭帖과 강첩絳帖 각 1부로 전항의 미진한 금액을 변제한다"[20]고 말하고 있다. 섭수위가 수령했다는 말(비批)은 없지만 섭위수의 간인의 공술에 의하면 장간莊幹[21] 이희李喜가 수령했다고 한다. 그렇다면 빌린 동전과 회자를 변제한 것이 분명하다.

(이렇게) 이여권이 동전과 회자를 변제한 후 15년이 지났는데 아직까

20) 이작도梨雀圖, 고대부高大夫, 작내죽작雀內竹鵲 등은 미상. 담첩潭帖은 북송의 순화각법첩淳化閣法帖을 경력慶曆 연간에 담주潭州에서 돌에 새긴 것을 말한다. 강첩絳帖이란 관각官閣의 순화각법첩을 강주絳州에서 모각模刻한 것이다.『輟耕錄』권15「淳化閣帖」참조.
21) 장간莊幹 : 간인幹人 중에서 토지를 관리하는 자.

지 토지를 관리하지 않고 소작료도 징수하지 않고 있다. 저당했다는 주장이나 상환에 관한 약속은 확실히 신용할 수 있다. 만일 이여권과 섭위수가 지금도 살아 있다면 반드시 해결되어 분쟁은 없었을 것이고 이처럼 문제를 남겨 자손에게 화가 되게 하지는 않았을 것이다. 어찌하랴! 일년을 전후하여 양가의 거래 당사자는 모두 사망하였다. 섭위수의 과부가 가사를 맡고 있지만 어린 손자가 무엇을 알겠는가? 반드시 일가를 장악한 자가 왕왕 이 계약서를 찾아내어 곧 이정대의 업을 자기 것으로 하려고 했음이 틀림없다. 그러나 이것은 저당에 넣은 토지는 벌써 이미 차금을 변제하였고 그 후 15년간 소송이 없었는데 이제 와서 그 토지를 자기 것으로 하고 소작료를 거두려는 것이 얼마나 망령된 일인지를 전혀 모르고 하는 짓이다.

그러나 다음과 같이 생각할 수도 있을 것이다. 원래의 금액 450관은 동전과 회자가 반반인데 이여권이 동전 300관족을 변제했다고 해도, 반(225관)은 동전이었다는 사실과 비교해보면 이미 액수를 (75관족이나) 초과하고 있다. 이 남은 동전(75관족)을 원래 반분이었던 회자를 변제하는데 쓴다면 (회자 225관분의) 삼분의 일이 된다. 설령 그림이나 법첩法帖으로 변제해도 좋다고 해도 한 쪽은 저가로 한 쪽은 고가로 견적을 매기려고 할 것이기 때문에 값 차이가 날 것이다. 이여관은 초과지불 했다고 말할 것이고 섭위수는 금액미달이라고 말할 것이기 때문에 분쟁은 결코 끝나지 않을 것이다. 그러므로 그림과 법첩을 이여관의 아들 이정대에게 반환하고 이정대에게 명하여 미지불분의 회자를 준비해서 섭위수의 집에 변제하도록 하는 것보다 좋은 방법은 없을 것이다. 동전과 회자로 빌린 것을 동전과 회자로 갚게 하자는 데 무슨 불만이 있겠는가!

6. 허위로 거래하다

僞冒交易 : 韓竹坡

막군실莫君實의 아들 몽회夢回가 생모 주팔낭周八娘과 함께 임용林榕이 계약서를 위조하여 증상전蒸嘗田22)을 도매盜賣했다고 고소했다. 임용을 소환하자 처음에는 청매원靑梅園을 매각한 계약서를 증거로 제출했는데 후에 그 땅이 이미 조맹전趙孟鏔에게 팔렸다는 것이 판명되자 이번에는 조맹전이 갖고 있는, 막군실이 (임용에게) 매각한 계약서와 임용이 다시 조맹전에게 매각한 계약서를 증거로 내세웠다. 주팔랑은 이번에는 막군실이 임종 때 쓴 유언장을 갖고 와 막군실의 화압花押과 필적을 조사해 달라고 간청했다. 곧 대조해보니 계약서의 막군실의 화압은 유언장의 필적과 달랐다. (이것이) 첫 번째 의문점이다.

막군실의 모친 소씨를 소환하자 계약서에 서명한 것을 인정하지 않을 뿐만 아니라 조씨 본인이 당청에서 쓴 글씨의 필적도 계약서의 필적과 일치하지 않았다. (이것이) 두 번째 의문점이다.

막군실은 순우 11년(1251)에 사망했는데 이 계약서는 (순우) 10년에 작성된 것이다. 계약서가 죽기 전의 것이라고 믿을 수도 있겠지만 관인을 받은 것은 보우寶祐 원년(1253)이며 막군실이 죽은 지 3년 후이다. 대개 사람들이 거래를 할 때는 본래 (즉시) 관인을 받을 수 없는 경우가 있기 마련이다.23) 그러나 계약 당사자가 사망한 경우에는 즉시 관인을 받아야 할 것이다. 어찌 업주가 사망한 지 3년 후에 관인을 받는 일이 있다는 말인가? 이것은 필시 막군실이 사망한 후 계약서를 위조한 것이기 때문에

---

22) 증상전蒸嘗田 : 제사에 쓰는 비용을 충당하기 위한 토지.

23) 본래 (즉시) 관인을 받을 수 없는 경우가 있기 마련이다 : 固有未能授印. 授는 아마 投의 오기일 것이다. 바로 뒤에는 投印이라고 쓰고 있다.

날짜도 어긋났을 것이고 모친의 서명도 위조해서 썼을 것이다. 더구나 계약이 (갑에서 을로, 을에서 병으로) 전승傳承될 때에는 반드시 상수계上手契(이전소유자의 계약서)와 침기부砧基簿(토지대장)를 근거로 삼는 것인데 지금 이 계약서에는 "이 거래에 관한 상수계 및 침기부는 (막군실의) 숙부인 희공晞孔이 갖고 있다. 지금은 다만 적계赤契에 의거해서 증거문서를 인도하기로 한다.[24] 만일 장래 침기부나 백계白契를 제출해도 무효이다"라고 씌어 있다. 이것은 참으로 가소로운 말이다. 상수계가 이미 희공의 손에 있는데 또 누구의 적계에 의거해서 증거문서를 인도한다는 말인가? 만약 과연 이전의 적계가 있다면 임용이 전매轉賣했을 때 당연히 함께 인도했을 터이다. 지금 당청에서 "맹전이 은닉하고 있다"고 입으로는 말하고 있지만 계약서에는 (적계의 전소유자에 대해서) 아무 것도 쓰여 있지 않다. 그러므로 이제까지 말해 온 적계라는 것은 허위이다.

한편 납세자명의의 변경[할세割稅]에 대한 부분은 더욱더 가소롭다. 막군실의 계약서에는 "막통판莫通判의 호에서 조지현趙知縣의 호로 변경한다"[25]라고 씌어 있는데 만약 그 세를 임용이 이전에 임사법林司法 호戶로 변경한 것이라면 후에 조맹전에게 매각했을 때에는 당연히 임사법 호로부터 변경해야 할 터인데 지금은 막통판 호로부터 변경하고 있다. 그렇다면 막통판의 토지는 이제까지 임사법에게 매각된 적이 없고 임사법의 호도 막통판 호의 세액稅額을 부담한 적이 없다는 셈이 된다. 점검해본 결과 계약서의 필적도 다르고, 실제 조씨가 서명한 적이 없고, 분명히 상수계는 존재하지 않고, 또 납세자의 변경도 하지 않았다는 것은 임용이 죽은

---

24) 지금은 다만 적계赤契에 의거해서 증거문서를 인도하기로 한다: 今只憑赤契文關. 文은 交의 오기일 것으로 보고 해석했다. 바로 뒤에 交關이 보인다.

25) 막통판莫通判의 호에서 조지현趙知縣의 호로 변경한다: 從莫通判戶割入趙知縣戶. 막통판호莫通判戶라는 것은 막군실의 조상 중에 통판이었던 사람이 있어 그 후 자손이 실제로는 가산분할을 거쳐 분가했음에도 불구하고 현의 조세장부상에는 막통판호를 남겨두어 납세창구로 하고 있었던 것을 보여준다. 뒤에 나오는 임사법호林司法戶도 마찬가지이다. 그러나 조지현호趙知縣戶는 "趙知縣爲富不仁"이라는 말이 뒤에 나오기 때문에 이것은 현존하는 인물의 호戶이고 조맹전趙孟錪은 그 족인族人일 것이다.

사람의 계약서를 위조하여 막통판의 재산을 도매盜賣했다는 것이 명백하다. 조지현이 탐욕스럽게 부를 쌓으려고 해서 이렇게까지 된 것이다.

임용을 장 1백에 처한다. 돈은 조맹전에게 강제로 돌려주고 토지는 막몽회에게 반환하여 경작을 관리하도록 한다. 제출한 3통의 계약서는 말소하여 문서에 첨부하라.

7. 형제가 재산을 다투다
兄弟爭業; 吳恕齋

관할현의 판결 및 (부府의) 첨청[26]의 판결원안에서는 첫째 반종潘琮이 반조화潘祖華에게 전여典與한 전산田産은 그 동생 반정潘橸이 계약서를 써서 단매斷賣한 것이 아니라고 하고, 둘째 계약서의 후미에 동성同姓 반조응潘祖應의 이름을 첨가하고 있는데 묵적의 농담이 같지 않다 하고, 셋째 첨가된 필적은 또한 관인을 찍은 주묵朱墨의 위[27]에 있기 때문에 반조화가 갖고 있는 매매계약서는 참으로 신빙하기 어렵고 (전산은) 반조응에게 돌려주고 (반조응은) 돈을 지불하고 속회하면 그만이라고 한다. 이 세 가지 점을 갖고 재판을 한다면 반조화는 마땅히 손을 떼고 물러나야 할 것이다. 그런데 조화는 현의 판결에 불복하여 부에 고소하고 부의 판결에도 또 불복하여 고소하고 이렇게 반복해서 4년간이나 시끄럽게 소송을 하고 있다. 어찌 이리 소송하기를 좋아하는가!

반조화의 소장을 자세히 살펴보면 "반종과 반정은 친형제이고 반종은 형제가 가산분할하기 전에 출전出典했는데 반정이 단매한 것은 형제가

---

26) 첨청僉廳 : 보통의 주州에서는 '첨서판관청僉書判官廳'을 약칭하여 첨청이라고 하는데 여기는 임안부臨安府이기 때문에 임안부의 '첨서절도판관청僉書節度判官廳'을 가리킨다.

27) 관인을 찍은 주묵朱墨의 위 : 稅契朱墨之上. 세계稅契란 인세印稅라고도 하는데 계약서를 관에 제출할 때 계세契稅(교역세交易稅)를 지불하고 관인을 찍는 수속을 말한다.

가산을 분할한 후입니다. 아마 이 땅은 반정의 명의로 되어 있기 때문에 반정이 스스로 계약서를 써서 단매했을 것이며 반정이 재산을 도매盜賣한 것은 아닙니다. 또 반정은 자신이 가산분할로 얻은 이 땅을 단매했을 뿐만 아니라 가옥과 상지桑地를 조응에게 매각했을 때에도 반정이 친서했으며 계약서의 필적은 모두 대조 증명할 수 있습니다"라고 주장하고 있다. 묵적墨迹의 농담이 다른 것을 변명하는 부분에 이르러서는 "묵적은 달라도 필적은 조응이 지금 갖고 있는 계약서와 실로 다를 바가 없습니다"라고 주장하고 있다.

조화의 주장을 전부 신뢰할 수는 없다. 그러나 조응이 "조화가 산지山地와 수전水田 이항二項의 퇴속退贖에 대해 승복하지 않습니다"라고 처음 고소하였을 때 산지 일항에 대해서는 상대방의 말에 쉽게 따랐는데 수전 일항28)에 대해서는 강력하게 저항한 것도 의문이다.

관의 판결이 만약 쌍방의 주장을 철저히 구명하지 않는다면 무망誣罔의 뿌리를 끊을 수 없다. 하물며 반정이 이미 사망한 이상, 그의 친필 매매계약서 중 반조화의 수중에 있는 것은 위조라고 인정하면서 반조응의 집에 있는 것은 반대로 위조가 아니라고 말할 수 있을까? 검증할 수 없는 것이 많이 있지만 이것은 충분히 검증할 수 있다.

반조화(의 신병身柄) 및 본건 서류와 계약서 및 서명을 현에 보내고 아울러 반조응이 이전에 매입한 반정의 가옥과 상지의 적계를 제출시켜 공정히 대조하라. 만약 조화와 조응 양가가 매입한 반정의 계약서의 필적이 일치하면 이 전田은 확실히 반정이 가산분할로 받은 그의 재산이고 확실히 반정 본인이 직접 매입하고 작성한 계약서이기 때문에 반조응은 가산분할 이전의 쓸데없는 장부를 갖고 반종의 것이라고 속여서 함부로 속회해서는 안 된다.

만약 양가의 계약서의 필적이 일치하지 않는다면 조화가 단매한 계약

---

28) 수전水田 일항一項: 원문은 水田一頃. 頃은 項의 오기이다.

서는 위조임이 틀림없으므로 말소해야 할 것이며 (조화에게) 강제해서 대금을 받고 퇴속하도록 하라.

만약 다시 불복한다면 부에 압송하여 처벌받도록 한다. 소인의 마음은 이익밖에 추구하려고 생각하지 않는다. 싸우는 땅은 1무도 되지 않는데 서로 소송을 걸며 싸우기를 몇 년이 가도 멈추지 않아서 드디어 형제의 의가 크게 손상되었는데도 반성하지 않고 있다. 관에서 소속히 해결하지 않으면 형제의 싸움이 언제 끝이 날지 알 수 없다. 10일 내 결말을 지어 상신하라.

8. 거래 후 매입자가 값이 비싸다고 번복하다[29]

出業後買主以價高而反悔：韓似齋[30]

이진경李震卿은 모친 예씨倪氏와 연명으로 3월중에 8석石 6두종斗種의 토지를 노흥사盧興嗣에게 팔기로 하고 가격은 550관으로 정했다. 노흥사는 친히 토지를 계측하고 소작인을 고용하여 (면적에 차이가 없다는 것을) 서명시켜 인정받았다. 그리고 우선 소작료를 정하여 관업管業하고 그 후에 계약서를 작성하고 토지대금을 건넸다. 노흥사는 참으로 용의주도하고 심사숙고했던 것이다. 계약서를 작성할 당초에 노흥사는 이진경이 번복할 마음이 있다고 의심하고 결국 문서를 작성하여 "먼저 번복하는 자는 벌금 100관을 관에 납입한다"고 명시하게 했다. 즉 당시 노흥사가 이진경의 토지를 매입할 때는 오직 매입하지 못할까봐 우려했던 것이다. 노흥사가 진경에게 계약서를 쓰게 하여 "(이 토지에 지분이 있는) 비유卑幼[31]는 없다"라고 명언하게 한 것은 노흥사가 고가로 거래를 했다고는

29) 번복하다 : 反悔. 반회反悔에 관한 보다 생생한 묘사는 원말元末에 편찬된 『老乞大』에서 찾아볼 수 있다. 鄭光, 『原本 老乞大譯註』, 김영사, 2004, 268면, 275~277면 참조.

30) 한사재韓似齋는 미상. 본문의 내용으로 보아 부府의 속료이고 본 판어는 지부知府에 보내는 판결원안이다.

하나, 그것은 본심으로 바란 바였고 진경이 중개인과 결탁하여 그를 유인한 것은 아니라는 것을 말해준다.

이미 5개월이라는 긴 시간이 경과했는데 (노홍사가) 아직도 백계白契를 손에 들고 관에 출두하는 것은 본인이 계약 (취소의) 기한을 위배하고 본인이 먼저 번복했다는 것이 되는데 가볍게 처벌해서는 안 될 것이다.

지금 노홍사는 진경이 미성년이라는 것을 문제로 삼을 수는 없다고 주장한다. 최근에는 (부의) 첨청에 소장을 제출하여 "진경에게는 동생이 있는데 미성년입니다"라고 주장하고 있다. 한편 진경은 공술에서 "내 동생은 어릴 때 이미 양자로 들어가 숙부의 재산을 상속하고 있고 나 진경은 부친의 재산을 상속하고 있기 때문에 양자가 된 동생과는 원래 무관합니다"라고 말하고 있다. 아울러 노홍사가 처음 부에 고소했을 때의 소장에서는 "진경에게는 동생이 있고 연령은 미성년"이라는 주장은 전혀 없었다. 이리저리 소장의 말을 바꾸고 불리면서 관부를 현혹하는 것은 참으로 용납할 수 없는 일이다.

노홍사는 진경이 이미 성년이라는 것을 명확히 알고 토지를 거래했지만 150일을 지나 다시 미성년이라는 것을 근거로 소송을 제기했다. 홍사는 전에 백계를 갖고 관에 출두했는데 그 이유를 물으니 "매입한 이진경의 토지가 가격이 좀 비싸서 진경에게 건넨 돈을 꼭 돌려받고 싶습니다"라고 자기 입으로 말했다. 이 말은 인정으로 보나 법의로 보나 아주 잘못된 말이다.

무릇 사람들은 가난해서 할 수 없이 토지를 내놓는 것이다. 만약 노홍사가 60일이라는 (계약취소) 기한 전에 번복했다면 이진경이 수령한 돈은 별 탈 없이 돌아왔을 것이다. 지금 돈을 주고받은 지 이미 반년이 지

---

31) 비유卑幼: 비卑는 세대가 아래인 자, 유幼는 같은 세대 중에 나이가 아래인 자를 가리킨다. 유는 『청명집』 권6의 「已賣而不離業」에 보이는 바와 같이 '미성년'의 의미로도 쓰인다. 여기서는 같은 세대 중에 나이가 어린 자를 가리키지만, 본 판어 중에도 미성년의 의미로 쓰이고 있기도 하다. 高橋芳郎, 1999, 47면, 주3 참조.

났고 진경은 부친의 장례비용으로 돈을 써서 한 푼도 남아 있지 않을 것이다. 만약 원래의 돈을 억지로 준비시켜 홍사에게 돌려주게 한다고 하면 거래에 관한 법률에 계약(취소)기한을 설정하지 말라는 것이 된다. 노홍사가 꼭 돈을 돌려받고 싶다고 한다면 진경은 다시 토지를 내놓지 않으면 안 된다. 비록 저가로 부유한 집에 판다고 하더라도 (부유한 집에서) 진경의 토지거래가 현재 소송중인 것을 알면 진경에게 돈을 지불하는 이가 있을 리가 없고 오히려 다시 토지를 내다 파는 진경의 부담만 무거워지게 된다.

이진경과 모친 예씨를 소환하여 관의 면전에서 계약서에 비기批記하여[32] 노홍사에게 주기로 한다. 비기에는 (다음과 같이) 명언明言하도록 한다.

"노홍사에게 계약대로 토지를 관리할 것을 명한다. 만약 금후 양자로 간 동생이 (매각한 토지에 대해서) 싸우는 일이 있다면, 진경에게 자기의 상속분에서 별도로 공제하여 이미 매각한 토지의 소작료에 상당하는 부분을 양자로 간 동생에게 상환하도록 하고, 노홍사에게 불편을 끼치지 말 것을 명한다."

이렇게 하면 노홍사의 의심도 풀 수 있을 것입니다. 노홍사에게 이 판결을 보여주고 즉시 계약세를 지불하고 계약서에 관인을 받아 관리시키도록 해주시기 바랍니다. 만약 다시 감히 소송하여 사부使府를 번거롭게 하면 먼저 법에 따라 죄를 묻고 벌을 가하고 그 후에 원래의 계약에 따르도록 해주시기 바랍니다. 이렇게 하면 소송을 좋아하는 자들의 징계가 될 수 있을 것입니다.

---

32) 비기批記하여 : 批. 비批는 비점批點 즉 시문詩文의 잘 된 곳에 찍는 둥근 점이나 비답批答이나 주비朱批 즉 신하의 상주문에 적는 군주의 의견처럼 문서를 검토하고 그에 대한 결과를 메모처럼 기입하는 것을 말한다.

9. 토지분쟁
爭田業

이행가李行可가 가져 온 세 통의 계약서 중 홍관생洪觀生 자필의 한 통은 문제가 없어 제외한다고 해도 나머지 두 통은 모두 오용吳庸 본인이 쓰고 본인이 보증인이 되고 본인이 경작자가 되었다. 또 (오응吳膺에게) 소작료의 징수를 청부시킨다고 쓴 비기批記에는 (오응에게) 토지를 관리시킨다고도 씌어 있어 필시 당시에 정식으로 거래한 것이 아닐 것이다. 생각건대 오응은 생전에 (장인인) 홍씨의 가계를 관장하고 이씨李氏라는 자에게 가끔 돈을 빌렸는데[33] 이 계약서는 (차금의 담보로) 전당을 잡혔던 계약서일 것이다. 그러나 계약서는 이씨에게 있고 관인을 받고 계약세를 납입한 지 이미 20년이 지났고 최후의 것도 17년이 경과했다. 오응은 이미 사망했지만 이행가는 오응의 처에게서 (오응이) 갚지 못한 돈을 달라고 하여 토지를 손에 넣었다.

(오응의 처) 홍칠랑洪七郎은 어느 날 갑자기 참을 수 없다 하고 홍종기洪宗起라는 자의 도움을 받아 고소했다. 다행히도 그 계약서는 원래 부친인 홍관생의 자필이 아니어서 위조된 것이라고 주장할 수 있었고 남편 오응의 자필이라고 해도 다행히 그가 죽어서 죄를 가할 수 없었기 때문에 드디어 현에 고소하게 된 것이다. 그런데 현에서 이 고소를 부당하다고 하자 이번에는 주州에 고소했다. 그러나 관으로서는 문서에 의거해야하고 또 오랜 시간이 지났기 때문에 다만 이행가에게 돌려주어 관업管業하도록 해야 할 뿐이다. 홍칠랑이 위조라고 주장해도 위조한 것은 다름 아닌 그녀의 남편이다. 더구나 홍칠랑은 최후의 계약서에는 자신이 서명하고 있지 않은가? 만약 당시 서명이 위조된 것이라고 위증을 하려고 해도 여기

---

33) 이씨李氏라는 자에게 가끔 돈을 빌렸는데 : 借借于李氏者不一. 차차借借는 본래 민간에서 상호 대차하는 것을 가리키는데 후에 관에서 강제로 빌리는 것도 가리키는 말이 되었다. 宮崎市定, 「借借の解」, 『アジア史研究』 4, 同朋舍, 1975 참조.

에 대해서는 그녀의 사촌오빠 허념일許念一의 분명한 공술이 있다.

홍관생은 아들이 없어 그 집을 모두 딸(홍칠랑)과 사위(오응)에게 맡겼으므로 오응과 이행가가 토지를 거래한다는 것을 홍칠랑이 몰랐을 리는 없다. 이것은 전후 소장의 내용이 앞뒤가 맞지 않는 것을 보면 자명한 일이다. 그렇다면 (홍칠랑은) 남편이 생존해 있을 때는 함께 위조하여 타인의 돈을 손에 넣고 남편이 죽자 스스로 그것이 위소임을 폭로하여 타인의 토지를 손에 넣으려고 하고 있는 것이다. 망령되게 일개 아녀자가 어찌 이처럼 사실을 변조하여 사기를 친다는 말인가!

홍종기와 홍관생 명의의 가산이 관련이 있는지 여부는 아직 조사하지 않았으나 홍종기가 갖고 와 제출한 홍성삼洪誠三의 계약서에 의하면 (계약서상의 토지는) 종기와는 무관하며 이씨와 분쟁이 벌어진 전토의 사지四至와도 일치하지 않는다. 또 홍종기가 갖고 온, 홍관생이 주었다고 하는 문서는 (그 필적이) 분명히 종기가 공술서에 쓴 필적과 같은데 별지에 홍관생의 화압花押 하나를 옮겨와 그것을 풀로 붙여 속이려고 하였다. 간계를 꾸미려고 애는 많이 썼지만 사기를 치는 기술은 아주 형편없다. 만약 징벌하지 않으면 이후 이행가와 소송하는 것만으로 그치지 않을 것이다. 옥에 보내어 본래의 사정을 철저히 조사하여 중벌에 처해야 할 것이나 일단 벌을 경감해주기로 하고 홍종기, 홍칠랑을 각각 장 60에 처하여 간악을 응징한다. 이행가는 계약대로 관업하도록 한다. 위조된 계약서를 송부하니 말소하여 서류에 첨부하라. 그 외의 자는 석방한다.

10. 토지분쟁

爭田業

창대倉臺[34]에서 내려보낸 손孫과 여閭의 토지분쟁의 기록을 (주에서) 상

34) 창대倉臺 : 창대란 북송에서는 제거상평광혜창사提擧常平廣惠倉司, 남송에서는 제거

세히 적고,[35] 사실을 조사하도록 하라는 명령을 받고 직접 현지에 가서 공술을 받고 아울러 양가의 증거문서와 공문서 등을 검토했다.

조득照得.

여구보지閭丘輔之의 증조 여구소閭丘紹는 아장阿張을 맞이하여 처로 삼았다. 여구소는 생전에 두 딸, 사이랑四二郎과 사사랑四四郎을 낳았고 유복자로 일남 계조繼祖가 있었다. 이 때 (여씨 사후) 아장은 시어머니 아섭阿葉의 명으로 호철胡喆을 접각부接脚夫[36]로 맞이하여 어린 아이들을 키웠

상평차염사提擧常平茶鹽司의 약칭이다. 북송의 희령熙寧 연간에 각 로路에 설치되었고 경제관계, 징세를 관장하고 주현관의 감찰도 했다. 본건에서 보이는 바와 같이 호절전戶絶田이나 몰관전沒官田 등의 관유지官有地 등의 매각 등의 일도 하고 있다. 본건은 본건에 나타난 상평전常平田과 관계된 연유로 일단 상평사常平司까지 송부되고 다시 현으로 되돌아 온 것이다.

35) 상세히 적고 : 원문은 備坐. 비좌備坐란 비세개좌備細開坐의 약어로 상세히 적는다는 뜻이다. 梅原郁, 186면 참조.

36) 접각부接脚夫 : 남편의 사후에 처가 자기집으로 맞이한 새 남편을 말한다. 송대의 문헌에 처음 나타나는 것으로 보인다. 『袁氏世範』「收養義子當絶爭端」: "娶妻而有前夫之子, 接脚夫而有前妻之子, 欲撫養不欲撫養, 大不可不早定"이라고 하는 것을 보면 접각부에 딸린 전처前妻의 아들은 호절가戶絶家의 승계문제와 관련해서 크게 말썽이 되었던 것 같다. 접각부는 줄여서 접각接脚이라고도 하고 접각서接脚壻라고도 하는데 데릴사위에 비유해 말한다면 '데릴아비'라고 부를 수 있는 존재이다.

접각부는 송대 호절재산몰수법戶絶財産沒收法과 관련해서 입법 상 특별한 배려를 받고 있었다. 접각부는 본 판어에 보이는 것처럼 전부前夫의 자식이 어린 경우에 데려오는 경우도 있고, 자식 없는 과부가 접각부를 데려오면서 한편 전부를 위해 동종자同宗者를 입사立嗣하는 경우도 있다. 후사後嗣가 있으면 물론 호절재산戶絶財産의 문제는 발생하지 않지만 어느 경우이든 후부後夫는 전부前夫의 재산을 관리운영할 뿐 이를 자신의 재산으로 할 수는 없고 후부의 자子도 전부의 재산을 승계할 수는 없다. 후부에게는 접각부로 들어오기 이전의 재산이 있을 터이고 이것과 전부의 재산을 운영해서 새로 증식한 부분이 그의 재산이 된다. 그렇지만 증식분이 상당히 클 때는 후부의 자가 사실상 승계를 한 셈이 되어버린다. 본 판어는 이런 상황에서 후부의 자가 의모義母에게 불효한 것을 재판한 것이다.

접각부는 재산은 있으나 일손이 없어 살림을 꾸려나갈 수 없는 집을 구제하기 위한 편의적인 것이기 때문에 집안에 일손이 있는데도 과부가 접각부를 불러들이는 것은 추행醜行으로 비난받았다. 그러한 예를 다룬 것으로서 『청명집』「違法交易」「已出嫁母賣其子物業」과 『청명집』「接脚夫」「已嫁妻欲擄前夫屋業」 등이 있다.

정통적인 원칙에서 벗어난 동거행위인 접각부는 후세에는 초부招夫라고도 불리었는데 사대부들은 수치스런 행위로 여겼다. 때로 정부는 풍속을 바로잡는다는 취지에서 이를 단속하려고 했지만 가난한 백성의 편의에 의한 것은 묵인한다는 정책이었고 또 그

다. 그런데 4년만에 호철 또한 사망하였다. 호철에게는 두 딸 사십랑四十郞과 오십랑五十郞이 있었는데 역시 일찍 죽었다. 그 후 여사이랑은 채일蔡佾을 데릴사위로 맞이했고 여사사랑은 조숙훈曹叔訓을 데릴사위로 맞이했다. 이것은 모두 아섭의 명에 의한 것이었다. 여계조閭繼祖는 장성하여 아조阿曹를 처로 맞이했고 일남을 낳았는데 통칭 제구십弟九十, 이름은 선璿이라 했다. 여선이 아직 어릴 때 계조도 죽고 말았다. (여선의 조모) 아장은 다시 처음(아들 여계조를 키웠던 것)처럼 여선을 양육했다.

순희 연간(1174~1189)에 족질族姪인 여구기가 채일과 아장의 불의를 고소하는 일이 있어서 가산을 적기籍記[37])했다.[38]) 곧 아장도 관에 고소하여 "남편이 사망한 후부터 가계를 맡아서 아들딸을 양육하고 실제로 남편의 집안을 위해 토지를 증식하고 아울러 아들 계조를 위해 관직도 사주었습니다.[39]) 지금 아들은 죽고 손자만 있을 뿐인데 조모는 손자와 동거해야 할 것이 아닙니까? 또 자손이 어리고 조부모와 부모가 있는데도 재산을 몰수해야 합니까?"라고 물었다. 관에서는 그녀가 여구閭丘 가家에 시집간 지 오래되었고 (개가하지 않고) 그 집에 머물러 있었기 때문에 결국 여구 가의 재산을 아장과 아조에게 주어 관장하도록 했다. 이 사실로 본다면 아장은 여구 가에 2세대에 걸쳐 양육한 공이 있는 것이다. 또한 백년간에 걸친 공문서를 검토해보았지만 유복자가 아장이 낳은 자식이

렇게 하지 않을 수도 없었다. 滋賀秀三, 618면 이하 참조.

37) 적기籍記: 관의 몰수에 대비하여 가산을 장부에 기록하는 것을 말한다.

38) 여구기가 채일蔡佾과 아장阿張의 불의不義를 고소하는 일이 있어서 가산을 적기籍記했다: 이것은 채일과 아장의 불의 자체가 문제가 되어 가산이 적기된 것이라고 보기는 어렵다. 적기가 되는 경우는 모반 등의 중대한 범죄행위나 호절戶絶의 경우였다. 여구기의 고소는 여구소가 죽기 전에 채일과 아장에게 불의(아마 간통)가 있어 계조는 채일의 자식이며 여구소의 자식이 아니라는 점에 있었다고 생각된다. 여구보지閭丘輔之가 증조모를 비난한 것도 이 점과 관련이 있을 것이다. 계조가 여구소의 자식이 아니라면 여구 가는 호절이고 관에서는 이를 인정하여 적기했을 것이다.

39) 관직도 사주었습니다: 進納告身. 직역하면 진납進納하여 고신告身(임명장)을 받았다는 뜻이다. 송대에 곡물이나 현금을 정부에 진납하면 그 액에 따라서 관직을 주는 것을 말한다.

아니라는 것을 (입증하는 증거를) 발견하지 못했고 또 여구기가 손대춘孫大椿을 고소한 소장도 발견하지 못했다.

지금 여구보지는 증조모(아장)의 악행을 헐뜯고 수절을 지키지 못했다고 비난하고 또 유복자(계조)는 아장이 낳은 것이 아니라고 주장하고 있다. 또한 여구기가 순희 연간에 채일을 고소한 일을 손대춘을 고소한 것으로 바꿔치고 있다. 그가 이렇게 날조해서 말하는 것은 아마 후부後夫는 전부前夫의 재산을 사용해서는 안 된다고 생각하고 있기 때문일 것이다.[40] 그런데 그의 주장은 먼 옛날의 근거도 없는 헛소리라는 것을 전혀 모르고 하는 말이다.

손소조孫紹祖가 갖고 있는 것은 수십 년에 걸친 참고할 만한 계약서이다. 여구선이 매각한 토지에 대해서 말해보면, 손소조가 제출한 경원慶元 원년(1195)의 적계에 의하면 여구선은 "석가도石家渡 등의 수전水田 50무 및 상지桑地, 밭, 상평常平 등의 토지를 매각한다"고 친서親書하고 있고 (그 실물 여부를) 검토할 수 있는 현관縣官의 인印, 감관監官의 인[41] 및 납세증명서와 주초朱鈔[42]도 있다. 이에 대해 보지輔之는 선조(부친 여구선)의 친서가 아니라고 한다. 폐기된 계약서를 꺼내 필적을 비교했다.

손소조의 주장에 의하면 "이전 가정 연간(1208~1224)에 그 계약서 내에서 석가산石家山의 토지를 떼어내어 이문통李文通에게 팔았는데 여구선이 계약의 보증인이 되었습니다. 또 대만大灣의 토지를 떼어내어 여구선에게 매각하여 그의 소유로 하고 이미 납세자명의도 변경했습니다. 어찌 여구선이 매각한 후에 다시 매입하고 또 계약의 보증인이 되었는데도

40) 후부後夫는 전부前夫의 재산을 사용해서는 안 된다고 생각하고 있기 때문일 것이다: 이에 관해서는 滋賀秀三, 618면 이하에 상세한 설명이 있다.

41) 감관監官의 인印 : 監官印. 감관이란 감당관監當官의 약칭. 감당관이란 각종 전매나 상세商稅 등의 재정과 징세에 관한 사무를 담당하는 관으로 중앙정부와 주현州縣까지 각종의 감당관이 설치되었다.

42) 주초朱鈔 : 관인을 받은 납세증명서를 말한다. 정식 명칭은 수납세조초輸納稅租鈔. 상세한 것은 周藤吉之, 「宋代における稅租鈔」, 『宋代史研究』, 東洋文庫, 1969 참조.

자신의 친서가 아니라고 할 수 있겠습니까?"라고 주장하고 있다. 여구보지는 이에 대해 "대만의 토지는 일족인 여구기가 재차 관에 고소한 결과, 손소조가 경境을 화압한 부분의 반분을 돌려주었는데 화해를 권한 자가 (반각하는 토지에 대해) 매매계약서를 만들어 쓰게 하였을 뿐입니다"라고 주장하고 있다. 그래서 이문통의 계약서를 가져오게 하여 보니 과연 여구선이 계약보증인이 된 화압이 있고 여구보지가 갖고 온 직계에도 또 확실히 손소조가 정식으로 매각하고 이미 8무의 세금을(여구선이) 인수했다고 씌어 있다. 그래서 이른바 화해를 권한 자가 누구인가 (여구보지에게) 물으니 "이미 세상을 떠났습니다"고 하니 다시 소환해서 물어볼 길도 없다.

사정이 이와 같으니 관에서는 다만 계약서와 공문서를 증거로 할 수밖에 없나. 여구선이 계약을 했을 때 나이는 23세였고 그 후 32년이 지나 사망했는데 그 사이에 (타인의 계약의) 보증인이 되거나, 자신이 (토지를) 매각하거나 했는데, (계약서들의 서명이 친필이 아니라는 것은 들어보지 못했다. 여구선이 죽은 지 24년이 지나 아들이나 손자가, (친필이) 아니라고 하는데 가당한 말인가? 또 진위를 판별할 수 없는 사약私約을 제출하여 증거로 삼고 있지만, 순희 연간에 여구기가 고소할 때의 소장은 다만 한 장의 백지白紙[43]에 불과하였고 이 외에 특별히 (이 소장과 관련해서) 관청 간에 문서가 오고 간 적은 없다. 손대춘이 소장에 설명을 붙인 계약서[44] 및 이대형李大亨이 토지를 양도한다는 등의 계약서도 종이 한 장에 불과해서 검토하고 신빙할 수 있는 것이 아니다. 또 전호佃戶 등의 공술에 의하면 모두 "손씨의 땅을 경작하고 손씨에게 소작료를 내고 있습니다"라고 한다. 또 청사請射[45]한 토지에 대해서 말해보면 손소조

43) 백지白紙 : 송대에 긴급하거나 중요한 사건의 경우 아무 것도 쓰지 않은 백지의 소장을 제출할 수 있었다. 상세히는 平田茂樹, 「南宋裁判制度小考」, 『集刊東洋學』 66, 1991 참조.

44) 손대춘孫大椿이 소장에 설명을 붙인 계약서 : 孫大椿任狀貼說之約. 구체적으로 무엇을 말하는지 알 수 없다.

45) 청사請射 : 관에서 관유지를 불하할 때 토지를 지정해서 불하해줄 것을 청원하는 것

가家가 갖고 있는 소장의 순희 12년(1185)의 관급문서官給文書에 기록된 사지四至는 여구보지 가가 갖고 있는 순희 8년 관에서 반환한 토지의 지명이 기록된 공문서와 비교해보면 (같은 지명이) 하나도 없다. 여구보지는 "따로 관급문서가 조지대趙至大 가에 있습니다"라고 하지만 몇 번을 제출하라고 해도 제출하지 않고 이리저리 말을 돌리고 있다. 또 순희 12년에서부터 지금까지 이미 70년이 경과하고 있지만 모두 손대춘이 관업管業해왔다. 여구선은 18세부터 가사를 관장하여 죽는 날까지 거의 37년간 계속해왔는데 그 때는 왜 반환하라고 요구하지 않았는가? 여구선이 죽고 24년이 지난 후 이제 와서 여구보지 부자가 쟁탈하려는 것은 도저히 있을 수 없는 일이다. 그들의 주장에 의하면 산간山間에 개장改葬한 폐혈廢穴이 하나 있는데 여구보지는 이것을 증조부 소紹의 쓰지 않았던 무덤이라고 한다. 그러나 이미 100년이 지나 참고할 증거가 없다. 다만 손대춘이 청사한 문서 중에 '여구가분금閭丘家墳禁'이라는 다섯 글자가 있다. 그러나 모든 여구 성을 가진 자는 다 이에 해당하는 것이고 오직 여구소의 폐혈만을 가리키는 것은 아니니, 이 (다섯 글자)를 갖고 자기 땅이라고 하는 주장을 어찌 용인할 수 있겠는가!

무릇 토지와 혼인에 관한 소송은 오직 증서를 주된 근거로 삼을 뿐이다. (여구보지는) 손대춘이 청사하여 (관유지를) 매입한 계약서를 ('여구가분금'의 다섯 글자가 있으므로) 전용轉用해서 이를 뒷받침으로 하여 순희 8년의 계지현計知縣의 공문서 1통[46]을 자기주장의 근거로 삼고 있지만, 이 문서를 호씨胡氏가 청사한 (관유지 매입에 관한) 공문서와 대조해보면 참고할 만한 (동일한) 지명이 전혀 없다. 기타 짤막한 문서에 이르러서는 모두 진위를 판별할 수 없는데 (자기주장을 입증하는 것이) 가능한가?

을 말한다. 한편 請은 본문에서는 淸으로 쓰여 있는데 이것은 오기이다. 뒤에 나오는 請射도 마찬가지이다.

46) 순희淳熙 8년의 계지현計知縣의 공문서 1통 : 이 문서가 순희 연간에 적기籍記한 가산을 관에서 여구閭丘 가에 급부했을 때의 문서이다.

아! 祖母가 두 세대에 걸쳐 양육한 은혜를 잊어버리고 그 악행을 헐뜯고 부친의 친필 계약서를 숨기고 진실을 은폐하는 것은 스스로 자신의 부조父祖를 고소하는 짓이며 후대해야 할 사람을 박대하는 짓이라 할 것이다.[47]

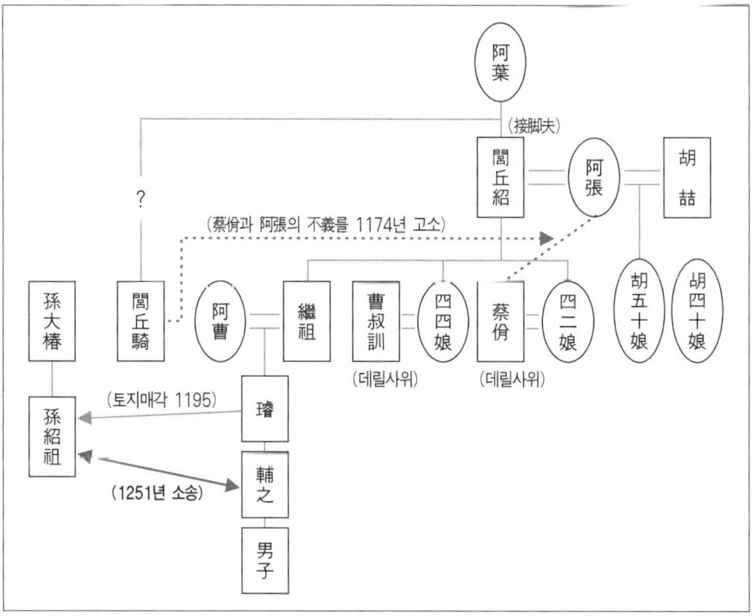

卷6-10조

원래 혼인과 토지에 관한 소송은 기한이 정해져 있다.[48] 법률[금과옥조金科玉條]은 엄격한 것으로서 위배할 수 없다. 지금의 사건은 거의 100년

47) 후대해야 할 사람을 박대하는 짓이라 할 것이다: 可謂于所厚者薄矣. 『孟子』「盡心章句上」에 "孟子曰, 於不可已而已者, 無所不已. 於所厚者薄, 無所不薄"이라는 말이 있다.
48) 통상 부동산 거래에 관한 소송기한은 20년이었다(仁井田陞, 「清明集戶婚門の研究」, 『中國法制史研究−法と慣習・法と道德』, 東京大學出版會, 1964 참조). 高橋芳郎은 본문에서 보면 본 판어는 寶祐 3년(1255) 무렵에 씌어진 것인데 이때의 고소기한이 20년인지 10년인지는 명확하지 않다고 추정한다. 高橋芳郎, 1999, 61면 참조.

이 지난 일이고 또 모두가 옛날의 일이며 더욱이 소송할 시기가 아닌 때 결정을 보려고 한다. 이래서는 국법이 없는 것이나 마찬가지다. 그리고 일의 시비곡직은 이상과 같이 명백한데도 이전에 사실을 구명한 담당관은 하나같이 애매한 판결을 하고 있다. 아마 그들이 시끄럽게 소송하는 것도 두렵고 또 그들이 완미頑迷하게 자기주장을 고집하는 것도 싫어하여 보신책을 우선했기 때문에 철저히 구명하지 못했을 것이다. 내가 생각건대 천하에 자기 직무를 다 했는데 견책을 받는 자는 없다. 그러므로 감히 극언하여 말한다면 전임자들이 어찌 그 간계를 간파할 수 없었겠는가? (그렇게 할 의지가 없었기 때문일 뿐이다.)

나무를 벤 건수와 그 견적 가격에 대해서는 이미 나주부羅主簿가 사실을 조사한 서류가 있다. 더 이상은 용서하지 않을 것이다.

11. 토지를 놓고 싸우다가 간통사건으로 그 처에게 죄를 덮어씌우다
爭業以姦事蓋其妻

근래 헌대憲臺[49]에서 손잠孫岑의 소장을 내려보내 손원선孫元善, 손두남孫斗南 등이 원지園地분쟁을 논한 건과 사부使府에서 첩문을 보내 손두남과 왕씨王氏 등을 압송해 와서 손선달孫善達의 간통을 논한 건 및 주씨朱氏가 손두남이 원지園地를 이중으로 거래했다고 고소한 건을 수령했다.

조득照得.

토지분쟁은 계약서의 (시간적) 전후가 중요한 논점이고 간통은 사실의 여부가 중요한 논점이다. 손태孫蛻, 손잠은 손두남에게 친숙부이고 손란孫蘭, 손원선, 손달선은 당형제이고 손언열孫彦烈은 먼 친척이다. (친척 간에) 토지를 놓고 싸우는 것도 옳지 않은 일인데도 하물며 간통으로 무고할 수가 있는가! 일족의 우의가 어찌 이렇게도 각박한가!

49) 헌대憲臺 : 제점형옥사提點刑獄司의 간칭. 일로一路의 재판에 관한 일을 담당했다.

손두남이 당초 원지 1각 30보를 숙부인 손태에게 매각했다는 것은 소정 4년(1231)의 계약서로 분명하다. 손두남은 (손태가) 퇴속退贖했다고 거짓말하고 소정 6년에 다시 숙부 손잠의 아들 손란에게 이중으로 매각했다. 이럴 수가 있는가? 손두남은 다시 원지園地 2각, 초옥草屋 3간間을 숙부 손잠의 아들 손란에게 전매했는데, 그것은 소정 5년에 임지부林知府의 명의로 거래한 것이있는네 즉시 계약서 내용을 전매典賣에서 매매賣買로 고쳐서 손란에게 전근田根과 함께 매각했다.[50] 손두남은 또 소정 6년에는 전근과 함께 숙부 손태에게 매각했는데 이래도 되겠는가? 이것은 시간을 두고 한 이중거래인데 시비는 가리지 않아도 명백하다. 손태가 죽고 그 토지는 아들 손원선의 것이 되었는데 드디어 손란과 분쟁이 벌어져 관에 고소하게 되었다. 손원선의 모친 주씨도 손두남이 무례하게 싸움을 한다고 고소해왔다. 손두남이 그 죄를 다 덮어 감출 수가 없어서 허망한 소송이 일어난 것이다. (손두남은) 곧 군郡에 손선달과 처 왕씨가 간통했다고 고소했는데 간통은 남편이 간통의 상대를 잡아[51] 그 사실을 밝혀야 되는 것이다. (그러나) 지금 손두남은 간통의 현장을 직접 본 것이 아니라 다만 족형族兄 손언열의 말을 믿고 간통이 사실이라고 믿고 있음에 불과하다. 그런데 손언열은 공술에서 "간통이 있었는지 어떤지 잘 모르겠습니다"라고 증언하였고, (손두남의 처) 왕씨는 "절대로 간통한 적이 없습니다"라고 말하고 있다. 이처럼 사정이 애매하고 증거도 불확실한데 함부로 간통으로 사람을 무고할 수가 있는가?

손두남은 마치 나무로 깎아 만든 사람처럼 아주 우둔한 사람이다. 걸

---

50) 전근田根과 함께 매각했다 : 倂根爲正. 근根이란 전근田根 즉 전典에 넣은 토지를 속회贖回할 수 있는 권리를 말한다. 전토田土는 전에 의해, 전주典主가 갖는 용익권用益權과 업주業主에게 유보되는 속회권贖回權으로 분리되는 것으로 생각되었다. 정正은 정整(정리하다). 高橋芳郎, 「宋代官田の立賈交佃と一田兩主制」, 『宋代中國の法制と社會』, 汲古書院, 2002 참조.

51) 간통은 남편이 간통의 상대를 잡아 : 姦從夫捕. 『慶元條法事類』 권80 「雜門」 「諸色犯姦」 「捕亡勅」에 "諸妻犯姦, 從夫捕"라고 한다. 처의 간통죄는 남편이 현장에서 상대방 남자를 잡아야 비로소 증거능력을 갖는다는 뜻이다.

핏하면 족인이 시키는 대로 하는데, 이중거래를 명하면 이중으로 계약서를 쓰고 친족이 재산을 잃어도 별로 동정하지도 않았다. 간통이 있었다는 말을 듣고는 곧 소장을 내어 무고하여 처가 모욕을 받았는데도 수치스럽게 생각하지 않았다. 그래서 결국 일가 형제가 모두 불의와 불법을 저지르게 하는 결과를 초래했다. 그 죄는 도저히 용서하기 어렵다.

이제 명하니 손원선은 원지 1각 30보를, 손란은 원지 2각, 초옥 3간을 관리하도록 하고 손선달과 왕씨는 간통사실이 전혀 없으므로 손언열과 함께 방면한다. 손두남은 형벌을 감형해서 장 80에 처하고, 이중거래한 대금을 강제징수하여 34관은 손란에게 10관은 손원선에게 반환한다. 이렇게 하면 타당한 조치일 것이다. 이제 사부使府와 헌대에게 확실히 상신하여 조회받도록 하라.

12. 위조한 비약52)으로 사기를 치다

偽批誣賴：葉巖峰

오오삼吳五三은 즉 오부吳富이다. 그 부친 오아휴吳亞休가 토지 5무 3각 10보를 진세원陳稅院53)의 부친에게 전매했는데 아주 오랜 세월이 지났다. 오오삼은 형제들과 함께 그 땅을 경작했고 매년 소작료를 거르지 않고 납부했다. 최근 3, 4년 사이에 형제들이 모두 죽고 오오삼이 혼자 남았는데 드디어 그 땅을 자기 것으로 하려는 마음을 먹고 소작료를 납부하지 않고 오히려 "죽은 부친이 이전에 이 땅을 속회했으며 증명할 수 있는

52) 비약批約 : 批. 비약이란 비기批記를 한 계약서를 말한다. 토지를 전당잡히거나 그 토지를 속회한다거나 하는 권리의 이동이나 변경이 있는 경우에 그 증거로 원래의 계약서에 비기를 하는 것이다.

53) 진세원陳稅院의 세원稅院이란 본래 '도상세원都商稅院'의 약칭으로, 도상세원은 임안臨安의 상세商稅를 징수하는 기관이다. 여기에는 감관監官이 3명 배치되었다. 진세원이란 인물은 이 감관 중의 1인이든가 세원에서 근무하는 공리公吏를 지칭하는 것 같다. 高橋芳郎, 1999, 73면, 주2 참조.

비약批約도 있습니다"라고 주장한다. 진세원이 누차 소장을 내어 진술하자 오오삼은 할 말이 궁하고 사리가 맞지 않게 되어, 포구십鮑九十 등에게 부탁하여 화해를 구하였고 비약은 위조임을 자인하고 소작인을 바꾸는 것에 동의하고 이러한 내용을 담은 서장書狀을 담당자에게 제출하여 즉시 소작인을 무백육繆百六으로 바꾸었다.

가을 수확기가 되자 오오삼은 다시 강세로 벼를 베고는 오히려 "진세원은 부당하게도 남산율원南山律院[54]에서 화해하여 소작을 그만두도록 강제하고 다시 부당하게도 현위縣尉의 집무실에서 (내가) 강제로 벼를 베었다고 고소하고 사람들을 소환하여 소동을 일으켰습니다"라고 고소하고 이로써 진세원에게 토지를 강점했다는 죄를 씌우려고 했다. 그러나 분쟁이 있는 이상 화해를 하는 것은 당연한 일이며 서로 고소한 이상 소환을 당하는 것도 당연한 일이 아닌가? 이것은 모두 사건의 본질을 벗어난 쓸데없는 말이고 여기에는 토지가 누구의 소유인가 하는 문제는 전혀 언급이 없다.

본건을 상세히 조사해보니, 오오삼은 도리를 버리고 위세에 기대고 있고 진세원은 도리를 믿고 위세를 꺼려하고 있는 것을 알 수 있다. 본관이 어찌 도리를 굽혀 위세에 따를 수 있겠는가? 다만 무엇이 올바른가를 생각할 뿐이다.

이제 오오삼의 침기부, 비약과 진세원의 계약서, 소작계약서를 근거로 분쟁의 연유를 생각해 보면 시비곡직이 명백히 보인다. 대저 침기부는 수미가 전부 갖추어져 있어야 할 것이고 비약은 필적이 명백해야 할 것이다. 오랜 세월이 지나도 종이와 묵은 늘 동일한 색이어서 조금이라도 손을 대거나 위조하면 분명하게 드러난다. 지금 오오삼이 갖고 온 침기부는 한 장뿐이고 앞뒤 면이 빠져 있어 누구의 것인지 알 수 없으며 누가 쓴 것인지 알 수 없는 토지의 이동에 관한 비기批記[비할批割]가 있는

54) 남산율원南山律院 : 임안臨安의 남산南山에 있었던 사원寺院의 약칭으로 추정된다.

데 과연 신빙할 수 있는 것인가? 또한 오오삼이 증거로 삼는 비약 2장은 연기와 먼지에 그을리고 더럽혀져 있고 종이색은 오래된 것 같은데 필적은 새 것 같은 것을 보면 공공연히 사람을 속이고 있는 것이다. 이것을 증거로 채택할 수 있겠는가? 이것이 오오삼의 첫 번째 사기이다.

진세원이 증거로 제출한 오아휴의 계약서 및 아울러 제출한 전소유자의 적계에 의하면, 매출한 것은 가태嘉泰 2년(1202) 8월이고 당년에 관인을 받아 관업하고 납세자명의를 본인으로 변경한 지 30여 년이 지났다. 한편 오오삼은 "부친 오아휴가 이미 가태 원년에 속회하였으며 있고 내가 갖고 있는 진세원의 부친 진해원陳解元이 퇴속退贖했음을 기록한 두 장의 비약은 모두 가태 원년 8월 21일의 서명입니다"라고 주장하고 있다. 진해원은 오래전에 사망하여 필적의 시비는 물론 가릴 수 없지만 비약을 계약서와 대조해보면, (가태) 2년에 처음 거래했는데 (이보다 1년 앞선 가태) 원년에 먼저 퇴속하는 일이 있을 수 있는가? 도대체 누구를 속이려고 하는가? 주의를 기울여 위조했지만 세월의 차이를 전혀 계산에 넣지 않고 있다. 이것이 오오삼의 두 번째 사기이다.

오조흥吳朝興, 오도정吳都正, 오부吳富, 오귀吳歸는 친형제이고 오부는 오오삼인데 모두 함께 계약서를 작성하여 앞의 토지의 전근을 가정 8년(1215)에 진세원의 부친에게 일괄해서 매각했고 그 관인을 찍은 것이 분명하다. 오조흥 등은 또 소작계약서를 작성하여 경작했는데 그로부터 20년이 된다. 계약서 내에 서명한 형제들이 상담하여 죽은 부친 오아휴가 전당잡힌 토지를 매각하고 돈을 받은 것은 아주 명백하다. 아버지가 먼저 전매하고 자식이 뒤에 매각한 것에 대해 다시 무엇을 더 말하겠는가? (그런데도) 지금 오오삼은 "부친이 이전에 속회했습니다"라고 제멋대로 말하고 있으니 허위로 이득을 얻으려는 것이 아니고 무엇인가? 이것이 오오삼의 세 번째 사기이다.

오오삼은 이미 오래전에 전근을 전매했고 비약을 위조하는 것은 범죄라는 것을 본인도 알고 있었으면서도 무리하게 고소하여 사람을 속였다.

처음에는 그 토지는 조사승曹寺丞 댁에 전당잡힌 것이라고 날조했는데 진세원이 조사승 댁으로부터 받은 "이 토지에 관여한 적이 없다"고 하는 회신을 제출하자 오오삼의 계략은 궁해져 드디어는 조팔주부曹八主簿의 1장의 방문榜文을 근거로 토지를 점거했다. 그러나 위세를 빌어 비호를 받을 줄은 알아도 도리에 어긋나서는 행하기 어렵다는 것은 모르고 있다. 어찌 정식계약서가 위조문서만 못한 일이 있을 수 있겠는가? 조금이라도 식견이 있는 사람이라면 모두 알 것이다. 그렇지 않다면 마을 누구의 토지라도 모두 강탈할 수가 있고 모두가 서로 위조를 하게 될 것이다.

이 악당들은 그 죄를 바로잡지 않으면 안 된다. 오오삼을 장 80에 처한다. 위조한 비약 및 원래 (증거로) 썼던 침기부는 말소하여 서류에 첨부하라. 그리고 소작료를 강제 징수하도록 하라. 진세원陳稅院에 명하여 계약서대로 관업하고 편한 대로 소작인을 바꾸도록 한다. 그 외의 사람은 모두 방면한다.

13. 조카가 땅을 도매했다고 고소하다

訴姪盜賣田 : 吳恕齋

화강華綱, 화위華緯 및 그 아들 유덕惟德, 유충惟忠은 소정 2년(1229)에서 가희 3년(1239)까지 총 10통의 계약서를 작성하여 토지 6무 남짓을 진순신陳舜臣에게 전당잡힌 것을 정리하여 단매斷賣하고[55] 그의 소유로 하고 모두 관인을 받았다. 그 후 화강과 화위가 죽고 진순신도 죽었는데 화대성華大成이라는 자가 (그 토지는) 죽은 조부 화영華詠이 남겨놓은 가산분할 이전의 토지라고 하면서 "조카 유충과 유덕이 진순신의 아들 진가구陳可久에게 사실을 숨기고 도매盜賣하였습니다"라고 고소하였다.

---

55) 전당잡힌 것을 정리하여 단매斷賣하고 : 正典斷賣. 여기서 정正은 판어 제11조에도 나왔듯이 정리하다는 정整의 의미이다. 즉 전당잡힌 것을 정리하고 매각한다는 뜻이 된다.

현에서 모두 소환하여 공술시키자 화대성은 "이것은 돌아가신 조부가 남겼던 가산분할 이전의 토지입니다"라고 주장하고 유덕, 유충은 "이것은 돌아가신 부친 화강, 화위 본인들이 상속한 토지입니다"라고 주장하였다.

관에서는 이러한 경우에는 우선 양가의 증서를 찾아오게 하여 이것이 가산분할 이전의 토지인지 아닌지를 밝혀야 할 것이고 그렇다면 시비곡직이 분명히 가려질 것이다. 도대체 (현에서는) 왜 가산분할의 사실 여부 및 지분권의 유무에 대한 사실 여부도 밝히지 못하면서도 화대성에게는 2무에 상당하는 돈을 준비시키고 진가구 가家로부터는 2무를 떼어 (화대성에게) 속회시키도록 하였는가? 또 그 시비가 아직 명확하지 않기 때문에 화대성은 망촉望蜀의 마음[56]을 품고 있어 2무를 얻는 데 만족하지 않을 것이고 진가구 또한 전벽全璧의 뜻[57]을 갖고 있어 2무를 떼어주는 것을 참지 못하기 때문에 이 소송은 그치지 않을 것이다. 즉 2무를 떼어내어 해결한다는 (현의) 생각은 아직 지당한 것이라고 할 수 없고 가산분할 이후인가 이전인가를 철저히 구명하지 않으면 안 되는 것이다. 만약 그것이 확실히 가산분할 이전의 토지라면 화영에게는 네 명의 아들이 있고 가산은 사분四分한 것이기 때문에 이 토지는 네 명의 상속인이 각각 속회해야 할 것이고 화대성의 상속분으로서 2무를 속회한다고 해서 되는 것은 아니다.

조득照得.

화영의 네 명의 아들은 먼저 개희 2년(1206)에 가산을 분할하고 화강, 화대성 형제도 가정 연간(1208~1224)에 가산을 분할했는데 왜 가산분할

56) 망촉望蜀의 마음 : 望蜀之心. 망촉이란 '평롱망촉平隴望蜀'의 약어로 끝없는 욕망을 말한다. 『後漢書』 권7 「岑彭傳」에 이미 롱隴(감숙甘肅)을 평정하고 다시 촉蜀(사천四川)을 공격하여 얻으려는 끊임없는 인간의 욕심을 한탄하는 고사에서 나온 말이다.

57) 전벽全璧의 뜻 : 全璧之意. 전벽이란 완벽完璧과 같은 말인데, 완벽이란 전국시대 조趙의 혜문왕惠文王을 섬겼던 인상여藺相如가 벽옥을 갖고 진秦에 사신으로 갔다가 벽옥을 잘 보전해서 가져왔다는 유명한 고사에서 온 말이다. 『史記』 「藺相如傳」 참조.

후 30년이 지났는데도 가산분할을 하지 않은 토지가 있는 것인가? 또 왜 30년 전 화강의 생전에 고소해서 싸우지 않았는가? 또 왜 다른 상속인은 분쟁하지 않는데 한 사람의 상속인(화대성)만이 싸우고 있는 것인가? 이 토지를 (현에서는) 가산분할 이전의 것이라고 하는데 관에서는 무엇을 근거로 삼고 있는가? 만약 "돌아가신 조부가 남긴 가산분할 이전의 토지입니다"라고 말한다면 반드시 가산분할 이전의 재산이라는 것을 약속한 문서가 있을 터이고 또 반드시 각 상속인의 분서分書(분재문서分財文書)도 있을 터이므로 기재된 것을 상호 대조하여 확인할 수 있을 것이다. 이 문서를 제출시켜서 사실을 밝히면 될 것이고 문서가 없는 자가 끝까지 자기주장을 해서는 안 될 것이다. 다만 당사자 쌍방의 관계자가 많아 만약 한 사람씩 부에 소환하면 번거로운 일이 될 것이다.

부양현富陽縣[58]에 본건을 회송하고 여기에 말한 바를 상세히 검토하고 증서를 제출시켜 공평하게 결말을 짓도록 하고 5일 이내에 상신하도록 하라.

14. 처가 결혼 때 지참해 온 토지에 대해 고소하다
訴奩田 : 巴陵趙宰[59]

석거이石居易는 조카딸이 아버지를 여의고 또 가난해서 혼수도 없는 것을 가련하게 생각하여 맹성孟城의 토지를 증문證文[비批]에 써서 주고 조카 석휘石輝에게 팔아서 결혼자금에 충당하도록 했다.

석휘라는 자는 당연히 숙부의 분부에 따라 동생에게 부친이 없는 것을 가련히 생각하고 힘을 다해 도와주어야 할 터인데 돌봐주기는커녕 위의 토지를 유칠劉七에게 팔아 현금 400여 관을 받아 대부분 전에 제멋

58) 부양현富陽縣 : 임안부臨安府의 속현(현 절강성 부양시富陽市).

59) 파릉조재巴陵趙宰 : 파릉巴陵은 형호남로荊湖南路 악주岳州의 속현(현 호남성湖南省 악양시岳陽市). 파릉현의 조지현趙知縣을 가리킬 것이다.

대로 빌린 부채를 변제하는 데 써버렸다. 료만영廖萬英은 그의 매제인데 집에 와서 혼수를 찾아보았지만 아무 것도 없었다. 석휘는 유칠에게 토지를 팔아 받은 돈을 유칠과 결탁한 조왕曹旺 등에게 협박당하여 빼앗겼다고 생각하고 있다. 그러나 잇달아 돈을 지불했다고 쓴 증문[비첩批貼]은 모두 석휘가 친서한 것이고 빌린 돈을 갚는 것은 당연한 이치가 아닌가? 어찌 유칠에게 그 죄를 덮어씌울 수 있는가? 선비라고 자칭하고는 거짓을 반복하며 도적이나 소인배가 하는 짓을 모방하면서 그래도 선비라고 부를 수 있는가? 여동생을 시집보내고 보살펴주는 것은 석휘의 책임이 아니고 누구의 책임인가? 털끝만큼이라도 도와주기는커녕 오히려 숙부가 결혼자금에 쓰라고 준 토지를 팔아서 자기 것으로 돌리다니 참으로 이 무슨 심보란 말인가?

(석휘는) 지금 료만영의 요구를 물리칠 수 없어서 유칠이 사기를 쳤다는 주장만으로 자기를 변명하려고 하는데 사리를 살펴보면 유칠이 사기를 쳤다고는 할 수 없으며 석휘가 무고했다는 사실만은 명명백백하다.

(이 거래는) 본래 정당한 거래이다. 거래로 생긴 돈으로 부채를 갚으려는 것은 (토지로) 부채를 준절准折하는 것과 같은 것으로 논할 수 없기 때문이다.[60] 단 원래 (석거이)의 증문에 응당 기재된 것은 아마 "석씨(석거이의 조카딸)의 결혼자금에 충당하라"라는 말이었을 것이므로 (그 토지는) 도마 위의 고기처럼 료만영의 것이 될 터인데[61] 유칠은 이 점을 깊이 생각하지 못했던 것이다.

이러한 화단禍端을 만든 것은 석휘의 죄이며 아무리 벌해도 다 벌할 수 없는 큰 죄이지만 죽비竹篦[62] 20에 처하고 신병을 구속하여 즉시 문

60) (토지로) 부채를 준절准折하는 것과 같은 것으로 논할 수 없기 때문이다 : 不可以準折負債者並論也. 본문에는 負債가 償債로 오기되어 있다.

61) 도마 위의 고기처럼 요만영廖萬英의 것이 될 터인데 : 廖萬英杌上肉. 올상육杌上肉은 『朱子語類』 권131 「本朝5」 「中興至今人物上」에 '쉽게 손에 들어올 수 있는 것'의 의미로 쓰이고 있다.

62) 죽비竹篦 : 죽비는 대나무로 만든 회초리인데 죽비는 법정의 형벌이 아니다. 사인士

제의 대금을 납부시켜 유칠에게 교부하고 토지를 속회하여 료만영에게 주고 계약서는 기고寄庫[63]한다. 한편 석휘는 물론 잘못했지만 료만영도 잘했다고 할 수는 없다. 처를 맞이할 때에 지참금을 문제로 삼는 것은 오랑캐나 하는 짓이다. 대장부는 작은 일에 구애되지 않으니 처자의 방에 있는 토지를 보고 기뻐하거나 슬퍼하거나 하지 않는 법이다. 지금 강에 빠진 칼을 주우려고 배에 표시를 한다 해도 넓은 강에서 칼을 찾기는 어렵다. 비록 비옥하고 풍요한 토지를 얻어 자신이 부자가 된다 해도 친척의 화목한 우애를 전부 잃어버린다면 얻는 것보다 잃는 것이 더 클 것이다. 다시 생각을 하기 바란다.

15. 왕직지와 주씨의 토지분쟁

王直之朱氏爭地 : 吳恕齋

토지분쟁이 일어날 때 관에서는 계약서에 의거한다. 서감옥徐監獄[64]의 며느리 주씨朱氏가 증거로 제시한 소희 경원 연간(1190~1200)에 시문패施文覇의 상지桑地를 전당잡은 일곱 통의 계약서는 (면적의) 합계 2무 1각 19보로 필수 기재사항인 무보와 사지가 아주 명백하고 또한 최후의 두 통의 계약서에는 "가옥 및 택지를 처마끝을 경계로 해서 시왕덕施王德에게 전당잡힌 외, 나머지는 모두 서택徐宅에 매각한 것이다"라고 분명히 씌어 있다. 이것이 주씨의 계약서이다.

人에 대한 징계의 의미로 쓰인다. 사인이 법정의 형벌을 받으면 과거에 응시할 수 없게 되므로 우대해서 징계를 하는 것이다.

63) 기고寄庫 : 기고란 계쟁 중인 물건이나 금전, 계약서 등을 해결될 때까지 관에 공탁하는 것을 말한다. 酒井忠夫, 「宋代寄庫制」, 『史潮』 8－2, 1938 참조.

64) 서감옥徐監獄 : 감옥監獄이란 관직은 송대에 존재하지 않는다. 여기서 감옥이란 감악묘監嶽廟를 가리킬 것으로 추정된다. 獄은 嶽의 오기이든가 혹은 통용일 것이다. 高橋芳郎, 「『名公書判淸明集』 권6, 戶婚門 譯注稿 2」, 『北大文學部紀要』 48－3, 2000(이하 高橋芳郎, 2000으로 약칭), 51면, 주1 참조. 감악묘는 『宋史』 권70 「職官10」 「宮觀」에, 오악五嶽을 비롯해 각지의 악묘嶽廟를 관리하기 위해 설치된 관직이다.

왕직지가 증거로 제시한 가희 3년(1239)과 4년에 시왕덕의 택지를 전당잡은 네 통의 계약서 및 관에 제출한, 시왕덕이 시문패의 가옥과 택지를 매입했을 때의 관인이 없는 오래된 계약서에는 가옥의 넓이와 택지를 기재하고 있지만, 옥외에 상지의 면적이 있다는 것은 분명히 기록되어 있지 않다. 이것이 왕직지의 계약서이다. 양자의 계약서로 따져보면 주씨는 상지를 모두 갖고 있어야 할 것이고 왕직지는 겨우 택지를 매입했을 뿐이다. 양자의 증서는 극히 명확하다.

이제 왕직지는 시왕덕의 사후, 택지 이외의 토지를 손에 넣으려고 주씨의 상지 1각을 점거했는데 도대체 무엇을 근거로 했는지 알 수 없다. 만약 "(왕직지가) 제출한 시왕덕이 원래 매입한 시문패의 오래된 계약서가 근거입니다"라고 한다면 40여 년이 지난 한 폭의 죽지竹紙[65]가 결국 계약세도 납부하고 있지 않으니 신빙하기 어렵다. 또 신빙할 수 있다고 해도 계약서에는 가옥과 택지만 기재되어 있을 뿐 '상지', '일각'이라는 두 문구는 없다. 다만 시왕덕의 최초의 전당계약서 내에 아무 근거도 없이 '상지' 두 글자가 씌어 있는데 여기에는 또 면적과 사지가 기재되어 있지 않다. 이어서 가희 4년 윤월에 시백이랑施百二郎이 시왕덕의 사후에 단매斷賣했을 때(의 계약서)에 또 '일각'이라는 말을 첨가하고 있다. 시왕덕과 시백이랑이 무엇을 근거로 상지 일각을 매각했는지, 왕직지는 또 무엇을 근거로 상지 일각을 매입했는지를 알 수 없다. 아마 주씨의 상지는 본래 시왕덕이 소작하고 있던 땅일 것이다. 또 시백이랑의 증언에 의하면 "당시에는 단지 가옥과 택지만 팔았을 뿐이며 상지도 같이 왕직지에게 판 적은 없습니다"라고 한다. 그러므로 이것은 왕직지가 탐욕스럽게 손에 넣으려고 한 것이 아니라면 시왕덕이 지주의 토지를 도매盜賣한 것이라고 할 수 밖에 없다. 지금 왕직지는 자신의 부정한 계약서는 반성하지 않고 주씨의 계약서(의 문제)를 찾아서 "가희 연간에 계약세를 납부

65) 죽지竹紙 : 죽지란 죽竹을 원료로 만든 종이로 북송에서 쓰였는데 남송에 보급되었다.

할 수는 없으므로 이 계약서는 틀림없이 가짜입니다"라고 말하고 있다.

조사해본 결과 주씨의 일곱 통의 계약서는 한 통은 소정 3년(1193)에 관인을 받고, 여섯 통은 가희 4년(1240)의 관인이 찍혀 있다. 그 가희 4년에 관인을 받은 것은 물론 의심이 가긴 하지만, 매입한 시문패의 상지 내의 일각에 대해서는 이미 소희 4년(1193)에 관에 제출하여 침기부에 비기批記하고 있고, 그 2무 1각 19보에 대해서도 또 경원慶元 5년(1199)에 관에 제출하여 침기부에 비기하고 있으며, 또 가정 6년(1213)의 분서分書(분재문서)에도 비기되어 있고 관의 날인이 모두 분명하게 되어 있다. 왕직지는 아직도 (자신의) 경원 원년(1195) 이래 지금까지도 관인을 받지 않은 한 장의 계약서를 증거로 내세우면서도 어찌 주씨가 소희, 경원, 가정에 관인을 받은 침기부와 분서는 신빙할 수 없다는 것인가? 주씨가 미리 소희, 가정 연간에 침기부와 분재分財를 위조해 두고 그것으로 가희 4년에 토지를 속여서 취하려고 했을 리는 없다.

두 사람의 소장을 잘 검토해보면 겨우 일각의 땅을 갖고 해를 넘도록 질질 끌고 있는데 재판에 소요되는 비용이 (토지) 몇 가에 해당되는지를 모르겠다. 경계를 양보할 줄을 모르면 이렇게 최악의 사태에 도달하게 되는 것이니 깊이 생각해야 할 것이다.

이제 양가의 계약서를 반복해서 조사하여 문제점을 찾아내어 분쟁을 그칠 수 있게 되었다. 주씨는 당연히 상지를 모두 소유해야 할 것이고, 왕직지는 단지 택지만 취득할 수 있으며 피차 사기를 쳐서는 안 된다. (본건에 대해) 관할현에서는 주부主簿에게 일임하여 경계를 정해서 상지는 주씨에게 돌려주고 택지는 왕직지에게 돌려주었는데 양가의 진술의 진위에 대한 분석이 극히 불분명하였기 때문에 왕직지가 아직도 만일의 요행을 노렸던 것이다.

(관할 현은) 당청에서 서약서를 받고 각자 제출한 증서는 모두 돌려주도록 하라. 이렇게 하면 소송을 끝낼 수 있을 것이다.

16. 밭을 관의 소유로 귀속시켜 분쟁을 종식시키다
陸地歸之官以息爭競 : 吳恕齋

장청張淸은 아들 없이 죽고 유산으로 함당鹹塘의 밭 2무를 남겼는데 주안례朱安禮와 장칠사張七四가 서로 싸워 (사건이) 현에서 전전하여 2년이 지나 부로 이첩되었다. 그동안 주안례는 계속 소장을 내고 장칠사는 두 번이나 자해를 하였다.[66] 주안례의 주장에 의하면 "가희 4년(1240) 2월 중에 회자 80관을 받고 위의 밭을 전매하였고 당년 11월에 계약세를 납입했습니다"라고 한다. 한편 장칠사의 주장에 의하면 "장청은 (나를) 양자로 삼고 가희 4년 10월에 죽었는데 주안례는 가희 4년 11월에 계약서에 관인을 받았습니다. 장청은 당년 3월 중에 문제의 땅을 주안례에게 전당을 넣고 다음 5월 중에 원리元利를 상환했습니다만 계약서는 아직 돌려받지 못했습니다. 문제의 전당계약서는 주안례가 이미 죽은 장청의 아들 장백삼張百三을 핍박하여 쓰게 한 가짜입니다"라고 한다.

이제 현과 부의 본건문서를 반복해서 상세히 검토한 결과 장청의 밭은 장칠사와 주안례 두 사람 모두 취득할 수 없으며 다만 호절戶絶의 재산으로 처리하여 관에 귀속시켜야 한다는 것이 밝혀졌다. 무엇을 근거로 이렇게 말하는가 하면, 장청이 토지를 저당한 것은 도처에 관습으로 행해지고 있는 일로서 다만 (장청이) 원리를 다 상환했는데도 계약서를 회수하지 못했기 때문에 주안례는 장청이 죽자 드디어 집어삼키려는 욕심을 품고 정식의 전당계약서를 만들어 관인을 받은 것이다. 이렇게 위조를 하느라고 애를 썼지만 속이 뻔히 내다보이는 줄을 전혀 모르고 있다.

이제 두 계약서를 조사해보니 모두 날짜를 덧붙인 것이고 게다가 한 사람이 쓴 것도 아니다. 이것이 첫 번째 위조이다. 이미 2월에 계약을 했

66) 두 번이나 자해를 하였다 : 自刑至再. 『宋刑統』 권24 「鬪宋律」에 "若上表以身事自理訴, 而不實者, 杖八十. 自毁傷者, 杖一百"이라고 몸을 훼상하면서 소송을 제기하는 것은 장 1백에 처해졌다. 『청명집』 권13 「釘脚」에 자기 발에 못을 박으면서 소송하는 것이 보인다.

는데도 10월에 장청이 사망한 후 관인을 받고 있다. 이것이 두 번째 위조이다. 주안례의 거래가 불분명하니 이 땅을 취득했다고 해도 물론 말이 통하지 않는다.

한편 장칠사가 (땅을 손에 넣으려고) 침을 흘리고 있지만 역시 안 되는 일이다. 왜냐하면 장칠사는 장육일張六一의 적자이고 장청은 그의 숙부이기 때문이다. 장청이 죽기 전에는 장칠사는 스스로 주거를 달리 하였고 두 사람은 별거하고 있었다. 그런데 장청이 죽자 비로소 장칠사는 슬며시 집에 들어온 것이다. 이것은 그가 장청의 자식이 아니라는 것을 보여주는 첫 번째 근거이다. 만약 "양자가 되었습니다"라고 한다면 왜 존장이나 이웃사람들이 감히 이를 증언하려고 하지 않고 관의 호적에도 변경했다는 명문明文이 전혀 없는 것인가? 그리고 주안례가 제출한 관할 현이 가희 2년에 발급한 별건의 판단사유서[단유斷由]에는 장청은 장칠사의 숙부라고 분명히 지적하고 있다. 이것은 그가 장청의 자식이 아니라는 것을 보여주는 두 번째 근거이다. 설령 "정말로 양자가 되었습니다"라고 해도 법은 "남의 양자가 되는 자는 적자嫡子여서는 안 된다"라고 규정하고 있다.[67] 장칠사가 그린 가계도를 보면 그의 생부는 다만 장칠사 하나만을 낳은 것으로 되어 있으니 실로 적자임이 분명하다. 남의 적자가 되어 스스로 친부모의 대를 끊고 숙부의 양자가 된다는 것은 도리에 맞는 일이 아니다. 이것은 장칠사가, 장청이 죽어서 아들이 없고 또 주안례의 거래가 불분명한 것을 알고 역시 집어삼키려는 욕심을 품고 양자라는 이야기를 지어내어 땅을 점거하려고 한 계략임이 분명하다.

이득이 있는 곳이라면 조그마한 것이라도 반드시 싸우려 했기 때문에 결국 주안례는 태연히 위조계약서를 만들었고 장칠사는 (친부모를 생각하지 않고) 거짓으로 양자가 되었다. 이런 간악한 짓을 철저히 처벌하지 않는다면 도저히 세간의 각박한 풍조를 개선할 수 없을 것이다.

---

67) 법은 "남의 양자가 되는 자는 적자여서는 안 된다"라고 규정하고 있다: 在法, 爲人後者不以嫡. 滋賀秀三, 311면 이하에 사자嗣子에 관한 상세한 설명이 있다.

주안례가 제출한 위조계약서는 말소하고, 관할현에 명하여 장청의 전 재산을 조사하여[68] 전부 호절의 법대로 적몰籍沒하고 몰수하여 혹시 현학縣學의 교육비에 일조할 수 있도록 한다. 그리고 장칠사는 생부 장육일의 집으로 압송하여 조상의 제사를 지내도록 한다. 분쟁이 된 밭은 극히 미미하여 관사官司에 이익이 되는 것은 아니지만, 이득을 탐하는 소인들이 조금이라도 삼가여 법을 범하거나 도리에 어긋난 일을 하지 않도록 하기 위해서이다.

爭屋業

17-1. 숙부와 조카의 분쟁

叔姪爭 : 吳恕齋

성영盛榮과 성우능盛友能은 종숙從叔과 종질從姪사이로서 빈부차이가 심한데 이들의 사이가 벌어진 것은 하루아침의 일이 아니다. 성우능은 분명 재력이 있을 터인데도 평소 (일족에게) 도움을 준 일이 없었다. 성영은 말을 잘하는 능변가로서 드디어 소송을 제기하여 몇 년째 계속되고 있다. 처음 성영이 조카가 고로古路를 점거했다고 고소하자 성우능은 숙부가 찹쌀(나미糯米)을 사판私販했다고 고발[69]하였으니 이것을 보면 소송

---

68) 장청張淸의 전 재산을 조사하여 : 契勘張淸但于物業. 但干은 본문에서는 但于로 되어 있는데 但干의 오기인 것 같다. 단간但干의 용례는 『청명집』 권7, 243면의 7행, 권8, 280면의 4행에도 보이는데, 袁賓編, 『宋語言詞典』, 上海敎育出版社, 1997은 『宋會要輯稿』의 용례를 인용하여 '단간但干'을 '모든'(범시凡是, 소유所有)의 의미로 풀이하고 있다. 中華書局本은 명본 원본의 于를 於로 바꿔놓고 있는데 (188면의 7행) 이것으로는 해석이 곤란하다.

69) 찹쌀(나미糯米)을 사판私販했다고 고발 : 『朱文公文集』 권18 「奏狀」, '按唐仲友第三狀'

상황을 대략 알 수 있을 것이다.

성영이 고소한 것은 반드시 모두가 사실인 것은 아니겠지만 관찰추관觀察推官[70]이 "토지의 소송을 결말지을 때 의거해야 할 것은 계약증서이고 (채용해야 할) 공술은 여러 사람들의 증언이다"라고 말한 것은 아주 지당하다. 성영이 아직 흔쾌히 굴복하지 않는 것은 바로 관에서 양가의 계약증서를 가져오게 하여 증인의 공술과 대조해보지 않았기 때문이다.

지금 성영이 고소한 네 가지 사항을 자세히 보면 허위가 틀림없는 것이 두 가지가 있다. "성우능이 고로를 점거하고 있습니다, 조상의 묘를 점거하고 있습니다"라고 하는 것이 그것이다. 또 의심의 여지가 있는 것이 두 가지가 있다. "성우능이 죽지竹地와 상지桑地를 점거하고 있습니다"라고 하는 것이 그것이다. 무엇을 근거로 이렇게 말하는가 하면, 분쟁의 대상이 된 고로는 본래 성영 자신의 땅이 아니라 많은 사람들이 밟고 다니는 길이며, 고묘古墓는 본래 성영의 직계 조상의 묘가 아니라 동족인 성사삼盛卸三의 조상묘이기 때문이다.

만약 "성우능이 길을 점거하고 문을 만들었습니다"라고 말한다면 이웃사람은 "중인의 왕래에 전혀 지장이 없습니다"라고 증언할 것이다. 만약 "(나) 성영에게는 따로 조상묘가 있습니다"라고 말한다면 이웃사람들이 "(성영의 주장과 달리 성영에게는) 다른 조상묘는 없습니다"라고 증언할 것이다. 많은 사람들이 다니는 길을 사람들은 불편하다고 생각하지 않는데 성영 혼자서 그렇게 말하고 있고, 성사삼의 조상묘도 성사삼은 점거당했다고 생각하지 않는데 성영이 감히 제멋대로 말한 것이다. 이것은 허위임이 명백하다.

다만 성우능이 죽지와 상지를 강점했다고 고소한 부분에 대해서는 관

에 지태주당중우知台州唐仲友가 나미糯米, 나곡糯穀을 판매한 자를 체포했다는 기술이 있는 것을 보면, 전국적인 법령의 실시 등은 명확하지 않지만, 나미의 사판은 때로 지역적으로 금지되었던 것으로 보인다. 高橋芳郎, 2000, 61면 참조.

70) 관찰추관觀察推官 : 원문 추찰推察은 관찰추관觀察推官의 약칭.

에서도 조사할 필요가 있다. 고소한 죽지 일단은 성문왕盛文旺과 성문귀盛文貴가 반씩 나눈 토지이다. 성문왕은 성영의 부친이고 성문귀는 성우능의 조부이다. 그런데도 (지금 성우능이) 이 토지를 모두 소유하고 있는 것이다. 이것이 성영이 소송을 한 이유이다. 성우능이 이 토지를 모두 소유하고 있는 것은 도대체 무슨 근거에서인가? 만약 그 부조父祖가 이전에 성문왕에게 분할된 반분을 매입한 것이라면 관에서 지금 계약서를 제출시켜 조사하면 성영이 소송할 일은 저절로 없어질 것이다. 그런데 현에서 부에 이르기까지 성우능이 이 토지를 전부 소유하게 된 원인을 밝혀내지 못했기 때문에 성영이 계속 소송을 해대는 것이다.

한편 고소한 상지 일단은 "(성영의) 부친이 성문지盛文智의 토지를 매입한 것입니다"라고 하는데, 그 침기부와 상수계를 보면 뜻밖에도 이것은 조카 성우문盛友聞이 도매盜賣해서 성우능에게 준 것이 아닌가? 이 때문에 성영이 소송을 하게 된 것이다. 조카로서 가산분할 전의 재산을 도매하는 것은 세간에 있는 일이다. 관할현에서 성우능을 소환하여 무슨 증서에 의거해서 성우능과 거래했는가 또 그때 성영에게 물어보지 않았는지를 철저히 심문하고 이어서 성우문과 성영을 소환하여 도매인지 아닌지를 대면해서 답하게 하면 성영은 자연히 소송할 일이 없어질 것이다. 현에서 부에 이르기까지 일찍이 성우문을 소환해서 매각한 원인에 대해 답변하도록 하지 않았기 때문에 성영이 계속 소송을 해대는 것이다. 소인의 고소는 왕왕 사실을 빌려 허위를 키우고 그 일을 과장하여 관의 이목을 끌려고 한다. 그러나 이것은 거짓말을 한 흔적은 쉽게 드러나는 법이며 한 번 거짓말이 드러나면 사실을 말해도 사실로 들어주지 않게 된다는 것을 전혀 모르고 하는 짓이다.

만약 부에서 한 사람씩 소환해서 조사하면 서로 이야기가 통하지 않고 지연될 우려가 있다. 성영의 신병을 서류와 함께 현의 좌관청佐官廳에 압송하고 관계자를 소환하여 계약서를 제출시켜 공정하게 사실을 확정하여 3일 내에 상신하라. 만약 이 두 가지 사항도 역시 허위에 속하고 교활하고 못된 흔적이 분명하게 드러난다면 동족에게 해를 끼치고 관부를 번거롭게 하였으므로 즉시 신병을 (부로) 압송하여 법에 따라 처벌하라.

17-2. 재판결

再判 : 吳恕齋

성영이 성우능을 죽지와 상지 두 단을 강점했다고 고소한 사건에 대해서 성우문과 성우능을 소환하여 공술을 시켰다. 그 결과 다음 사실이 밝혀졌다. 상지 1단은 확실히 성영의 부친 성문왕이 먼저 성문지의 토지를 매입한 것으로서 소정(1228~1233) 연간에 그 조카 성우문이 도매盜賣하여 성우능에게 주어 그 재산으로 한 것이다. 성우능은 내력을 묻지 않고 상수계도 없이 적당히 거래를 했다. 그래서 금일의 소송이 생긴 것이다.

그리나 현에서는 다음과 같이 판결하였다.

"성영과 성우능은 동족의 숙질간으로 거주지도 가까운데 어찌 소정 2년에 이 토지를 매각한 사실을 모를 리가 있는가? 더구나 성우능이 이 토지를 취득하여 그 위에 집을 짓고 대나무를 심어 숲을 만든 지 이미 14, 5년이나 지났는데 이제 와서 비로소 소송을 하는 것은 무엇 때문인가? 법은 '동거의 비유卑幼가 몰래 함부로 토지를 전매했다면, 5년 이내의 것은 존장이 소송하는 것을 허락한다'[71]라고 규정하고 있고, 또 (법은) '무릇 조부모와 부모가 죽고 가산분할 전의 토지를 전매하고 몰래 함부로 써버렸다면 가산분할의 법에 따라 (토지를) 추환追還하고 처음 전

---

71) 법은 '동거의 비유卑幼가 몰래 함부로 토지를 전매典賣했다면, 5년 이내의 것은 존장이 소송하는 것을 허락한다' : 『宋刑統』 권12 「戶婚律」 「卑幼私用財」에, 비유가 동거의 재산을 비용했을 때의 처벌규정이 있는데 그 재산의 처치에 관해서는 규정이 없다. 본문의 법은 이 규정을 보충하고 있다.

당잡힌 사람에게 대금을 추환시킨다. 만약 10년을 경과했다면 추환은 면제하고 단지 그 대금만을 상환시킨다'라고 규정하고 있다. 이 소송을 법으로 따지고 인정을 참작해볼 때, 시간이 지난 지 이미 오래이므로 성영 측에서는 대금만 받도록 해야 할 것이고 토지를 취득하게 해서는 안 될 것이다."

현에 통첩하여 능우문이 먼저 매각한 계약서를 강제로 성우능에게 환급해서 관업管業하도록 한다. 그 외에 분쟁 중인 죽지 1단은 성영이 제출한 분서分書에 의하면 확실히 성문왕과 성문귀가 각각 반분을 취득한 것이다. 성영은 성문왕의 아들이고 성우능은 성문귀의 손자인데 지금 성우능이 모두 소유하고 있고 일편의 증서도 없다는 것은 소유자명의를 속여서 전부 점거하고 있는 것임이 틀림없다. 성영이 계속 소송을 해대고 있는 것은 이 때문이다.

앞의 건과 함께 현에 통첩하여 관에 위임하여 분서대로 문제의 죽지에 경계 표지를 세워 (각각의 상속분으로) 양분하여 관리하도록 한다. 이렇게 결정하면 각자 만족할 것이다. 만일 성영이 감히 다시 끈덕지게 소송을 계속하면 주의 판결대로 처벌하라.

18. 외숙부와 조카의 분쟁

舅甥爭 : 葉巖峰

장성도張誠道는 외숙부이고 승신랑承信郎[72] 종만균鍾萬鈞은 조카이다. 외숙부와 조카가 집을 놓고 싸우는 것은 의義가 아니다. 종승신鍾承信은 "모친이 매입한 양가항楊家巷의 일곱 개의 방, 두 동棟의 가옥은 일족 외의 사람에게 임대한 것입니다"고 공술하고 있는데 장성도는 "그 중의 앞의

72) 승신랑承信郎 : 정화政和 연간에 정해진 무관의 기록관寄祿官으로서 종9품에 상당한다.

두 방과 작은 한 방은 (내가) 매입한 것입니다"라고 공술하여 서로 자기 것이라고 싸우게 되었다.

대저 거래란 계약서를 문제삼아야 할 것이고 또 누가 관업管業하고 있는가를 문제삼아야 할 것이다. 장성도는 하루도 관업한 적이 없고 다만 장순정張洵正의 매매계약서 한 장을 갖고 있으면서 결국 "계약서가 있는데 어찌 계약서가 없는 사람에게 이기지 못하겠는가"라고 말하고 있다. 종승신은 장모張模 등의 상수계만 3통 있을 뿐 그 외 정식의 전당계약서는 없지만 28년간 관업하여 왔다. 결국 "(28년이나) 관업하고 있는데 어찌 실업失業시킬 수 있겠는가"라고 말하고 있다. 쌍방이 서로 주장하며 물러서지 않아 시비를 판결하기 어렵다.

장성도는 종승신이 관업했다는 주장을 설파하려고 "종鍾조카는 오랫동안 밖에 나가 돌아오지 않고 친누나는 가난해서 생활할 수 없었기 때문에 (내가) 잠시 이 집을 빌려 임대료를 받아 그것으로 생계를 도왔습니다"라고 말하고 있다. 그러나 이 말은 통하지 않는다. 요새는 인정이 각박해져 형제자매도 서로를 길가는 타인처럼 보고 있는 세상인데 자기 재산을 축내면서까지 형제를 도왔다고 한다면 나는 믿을 수 없다.

한편 종승신은 (본인에게) 계약서가 없다는 주장을 깨기 위해서 "모친이 이 집을 매입했을 때에 고아와 과부가 사람들에게 사기당할까 우려하여 외숙부의 명의로 계약을 한 것인데 결국 (외숙부는) 계약서를 갖고 돌려주지 않았습니다"라고 주장하고 있다. 이것은 아마 그럴지도 모른다. 안고현安固縣[73]의 습속에서는 (다른 사람의) 성을 빌려 재산을 사는 일이 있는데 이런 일은 소송문서 중에도 자주 보인다. 더구나 종승신의 모친은 다년간 관업해왔고 사망한 지 2년 지났지만 지금까지 종씨는 매일 임대료를 점검 기록하고 있고 이것을 증명하는 장부도 있다. 이제까지 가

---

73) 안고安固 : 양절동로兩浙東路 온주溫州 서안현瑞安縣(현 절강성 서안시瑞安市)의 고칭. 高橋芳郎은 섭암봉葉巖峰의 출신과 관련하여 서안현 지현으로 추정하고 있다. 高橋芳郎, 2000, 67면, 주2 참조.

옥을 임차한 사람들 중에 장일로張溢路, 서십삼徐十三 등이 있는데 "종씨의 집을 임차했습니다"라고 말하지 않는 사람이 없다. 또 이것을 증명하는 임대계약서와 공술이 있다. 이렇게 관업한 사실이 분명하니 어찌 계약서를 갖고 있는 것보다 못하다고 하겠는가?

쌍방의 주장의 곡직은 여기에서 판단할 수 있다. 그렇지만 외숙부와 조카의 의義는 중한 것이니 차마 화기和氣를 손상시킬 수 없다. 지금으로서는 계약서의 유무를 문제삼을 필요는 없고 또 얼마나 오랫동안 관업했는가를 문제삼을 필요도 없다. 장성도의 공술과 그 최초의 의향에 따르면 되는 것이다. 처음에 이 가옥 전부를 바쳐 누이를 잘 봉양한 이상 최후에 와서 이 집을 조카의 것으로 돌려줄 수 없을 리가 있겠는가! 활은 초나라 사람이 줍고[74] 모전毛氈이 왕씨에게 돌아가는 것[75]은 당연한 이치이니 외숙부[76]로서 무슨 할 말이 있겠는가?

이제 승신랑 종만균에게 명하여 옛날처럼 이 집을 관전管佃하도록 하면 장성도의 시종일관의 의를 보전할 수 있을 것이다. 본건의 담당부서[77]는 종승신에게 계약서를 주도록 하라. 이렇게 하면 타당한 조치가 될 것이다.

---

74) 활은 초나라 사람이 줍고 : 弓得于楚人. 『청명집』 권6의 판어 제1조의 주석 참조.

75) 모전毛氈이 왕씨에게 돌아가는 것 : 氈還于王氏. 『晉書』 「王羲之傳」에 아들 헌지獻之가 집에 도둑이 들었을 때 청전靑氈만은 가보이니 놓아두고 가라고 하자 도둑이 놀라서 도망갔다는 고사가 있다.

76) 외숙부 : 원문은 渭陽. 어머니의 형제를 가리킨다. 『詩經』 「秦」에 위양渭陽이라는 제목의 시가 있는데 진秦의 강공康公이 외숙부인 진晉의 중이重耳를 위양에서 보내면서 죽은 어머니를 추념하여 후에 지은 시이다. 이로부터 위양이 어머니의 형제를 가리키는 말이 되었다.

77) 본건의 담당부서 : 원문은 案.

19. 사기를 쳐서 가옥을 차지하려고 하다

謀詐屋業：葉巖峰

이전에 읽은 두보杜甫의 시에 "어찌 하면 천만 간 큰집 얻어 천하의 가난한 선비들을 감싸서 기쁜 얼굴 하게 할 수 있을까", 또 "언제 내 눈앞에 큰집 높이 솟아오르는 것 볼 수 있을까, 차라리 내 집은 없어져 얼어 죽어도 좋으리"78)라는 구절이 있었다. 만약 도적도涂適道에게 이 시를 읽게 한다면 부끄러워 죽으려 할 것이다. 도적도는 어리석은 사기꾼이다. 물론 그에게 가난한 선비를 감싸라고는 말하지 않겠다. 다만 그 스승이 살고 있는 집을 빼앗지만 않는다면 그것으로 족하다. 또한 그에게 자기 집이 없어지기를 바라지도 않겠다. 다만 그 스승을 얼어 죽게만 하지 않는다면 그것으로 족하다.

학유學諭 진국서陳國瑞와 진문시陳聞詩 부자는 모두 도적도가 스승으로 따랐던 사람들이다. 아이에서 어른까지 스승으로 존경하고 있을 뿐만 아니라 인근의 사람들도 진국서가 가정교사로 가난하게 생활하며 가족이 함께 몸둘 집도 전혀 없었기 때문에 마침내 가정 13년(1220)에 심종로沈宗魯, 심숭沈崇의 서원書院의 방 세 칸을 임차해서 살고 있던 것을 잘 알고 있다.

6, 7년이 지난 보경 2년(1226) 가을에, 심종로는 상기의 방 한 칸 반을 진국서에게 전당잡혔는데 계약서에는 "전당잡힌 가옥과 택지에는 진학유가 거주하고 있다"고 씌어 있다. 이어서 심숭은 보경 3년 겨울에 다시 한 칸 반을 진국서에게 전당잡히고 계약서에는 또 "그 집은 본래 진학유가 거주하고 있고 모든 방문과 판막이[판장板障]는 진학유 본인의 것이다"라고 쓰여 있다.

두 장의 계약서를 보면 진국서는 다년간 임차하여 살고 있었고 이제 임차에서 전당으로 바뀐 것은 법률에 부합함을 알 수 있다. 가난한 선비

78) 두보杜甫의 「茅屋爲秋風所破歌」의 일절.

가 얼마 안 되는 돈을 이리저리 돌려 겨우 집을 얻은 것이다. 그런데 어찌 "(나) 도적도가 심권등沈權等의 가옥을 전당잡아 얻은 것을 (진국서가) 욕심낸 것입니다"라고 말할 수 있는가? (도적도는) 사우師友의 교분을 무시하고 백방으로 집어삼키려고 계략을 꾸며 일부를 손에 넣으려고 하고 있다. (도적도는) 심종로가 소송 때문에 사망하여 (심종로와) 악사惡事를 꾸밀 수가 없게 되자 드디어 심숭을 설득하여 이중거래를 시켰고 이에 대해서는 심숭의 공술이 있어 증명할 수 있다. 때문에 이중으로 전당을 한 것도 보경 3년(1227)이고 (가옥의) 속회권贖回權(근根)까지 매입한 것은 소정 2년(1229)이다. 그리고 또 힘으로 (진국서를) 압박하려고 하여 다시 소정 2년에 신대감辛大監[79]이라는 가짜 명의로 계약서를 작성했다. (도적도는) 이 세 통의 계약서가 모두 진국서가 보경 2년에 거래한 후의 것임을 전혀 모르는 것 같다. 그리하여 지부知府와 상사上司에 고소하여 10년간이나 싸우면서 억지로라도 반드시 속회하려고 하고 있다. 진국서는 나이가 팔순이 다 되어 가는데 부자父子는 응수하느라고 피곤하며 학관學館의 문도 닫은 채 재판정에서 지쳐 있다. 사도師道는 어디에 있단 말인가! 이것은 예羿의 도道를 배워서는 예를 죽인다는 것이 아닌가?[80] 세상의 풍조가 이렇게도 각박한가!

도적도는 빼앗으려고 마음을 먹자 곧 심숭이 이중으로 전당한 것을 속회하려고 했을 뿐만 아니라, 심종로가 혼자 전당한 것까지 아울러 속회하려고 했다. 그런데 이웃이나 친척에게 (도적도를 비판하는) 공론公論이 거의 없다. 초여현楚汝賢 등은 모두 도적도涂適道와 일당이고 겉으로는

---

79) 대감大監 : 대감이란 사천감감司天監監, 장작감감將作監監, 소부감감小府監監, 군기감감軍器監監, 비서감감秘書監監을 가리킨다.

80) 이것은 예羿의 도道를 배워서는 예를 죽인다는 것이 아닌가 : 盡羿之道以殺羿乎. 예는 태양을 활로 쏘아 떨어뜨렸다는 신화적인 궁술의 명인. 『孟子』「離婁章句下」에 "봉몽逢蒙이 예에게 활쏘는 법을 다 배운 다음 천하에 자기보다 활을 잘 쏘는 사람은 예밖에 없다고 하여 예를 죽였다(逢蒙學射於羿, 盡羿之道, 思天下惟羿爲愈己, 於是殺羿)"라는 이야기가 있다.

화해를 권하면서 속으로는 함정에 빠뜨리려고 하였다. 그래서 진국서를 유인하여 심숭의 계약서를 내게 하자마자 곧 이를 가로채고는 (진국서를) 핍박하여 동전과 회자를 수령하게 하고서 "도적도가 심종로의 가옥을 속회한 동전과 회자를 수령했다"[81], 또 "두 통의 계약서에 관한 동전과 회자는 모두 전액 수령했다"라고 강제로 비약을 쓰게 하였다. 그 사기 행적은 여기에 드러나고 있다. 무엇을 근거로 이렇게 말하는가 하면, 진국서의 가옥 임차는 먼저 있었던 일이었고 매사가 정당하기 때문이다.

만약 (친린의 법에 의거하여) '근린近鄰'을 문제로 삼는다면, 진국서는 이미 먼저 임차하고 먼저 전당잡았고, 도적도(의 거래)는 모두 그 후에 있었다. 먼저 물업物業을 취득한 자가 업주가 되어야 하므로 진국서는 진국서의 근린의 물업을 속회할 수 있지만 도적도는 진국서의 물업을 속회할 수 없는 것이다. 또 만약 (친린의 법에 의거하여) '친親'을 문제로 삼는다면, 도적도와 심종로, 심숭과는 이성異姓이며 심종로가 도적도의 친척이 아닌 이상[82], 도적도가 어찌 심종로가 전당잡혔던 가옥을 속회할 수 있을 것인가? 지금 수령했다고 쓴 비기批記에는 "도적도가 심종로를 대신해서 속회한다"고 되어 있는데 이런 도리는 없다. 심히 법을 어기고 의를 배반한 것이 명확하다. 그 의도는 스승이 주거하는 가옥을 탈취하려고 함에 있는 것이 아니겠는가?

진국서 부자는 유약하여 말도 잘 못하는 것 같은데 일시 도적도의 친척에 협박당하자 결국 머리를 숙이고 화해했던 것이지만, 후에 생각해보니 "이 집의 거래는 모두 내가 먼저 한 것인데 갑자기 정당한 이유도 없이 속회해 가버리면 살 곳이 없는데 또 다시 누구 집에 기대어 살아야 하나?"라고 생각하고 결국 가옥을 퇴속하여 인도하는 데 동의하지 않았

---

81) "도적도涂適道가 심종로沈宗魯의 가옥을 속회한 동전과 회자를 수령했다": 원문은 領涂適道恪贖沈宗魯屋錢令訖. 그러나 최후의 錢 다음의 令은 아마 會의 오기일 것으로 보고 해석한다.

82) 심종로가 도적도의 친척이 아닌 이상: 원문은 沈旣涂之親戚인데 旣 뒤에 非가 오탈誤脫된 것으로 보고 해석한다.

다. (그런데 결국은 가옥을 퇴속하게 되었다.)

도적도는 진국서를 하루 빨리 쫓아내고 싶어서 이번에는 (진국서가) 이사해서 생계를 꾸려나갈 수가 없다는 것을 생각하고는, 회자 10관을 내어 이사를 도와주었지만, 곧 (생각을 바꾸어) 관에 소장을 내어 "이 회자는 진국서가 제멋대로 요구한 배상금인데 금액이 적은 것은 (배상금을 요구하는 행위가) 법에 위배되기 때문입니다"라고 고소하였다. 도적도의 의도는 진국서처럼 가난한 선비가 관에서 법에 저촉한 죄를 추궁하는 것을 당해낼 수 없을 것이어서 결국은 생활비를 모두 탕진해버리고 말 것이고, 그렇게 된다면 이 집은 가만히 있어도 저절로 내 손안에 굴러들어 올 것이라는 데 있었다.

이미 진국서의 가옥을 빼앗아 찬바람 막을 곳을 잃게 하고는 다시 또 죄를 뒤집어 씌워 함정에 빠뜨린다면 (진국서는) 낭패하여 길거리를 떠돌아다니게 되리라는 것을 (도적도는) 전혀 염두에 두지 않는다. 어찌하여 차마 노선생을 이렇게까지 곤란을 겪게 할 수 있는가? (이것은) 스승을 얼어 굶어 죽게 하려는 게 아니고 무엇인가? 도적도는 마음씨가 못되어서 이득이 보이면, 더할 수 없을 정도로 의義를 잊어버리고 있다. 그래서 마을에서도 이를 갈고 있는 바이다.

천도는 근본으로 돌아오기 마련이며 사람의 욕심이 (천도를) 이기기는 어렵다. 다행히 진국서에게는 아직 주州의 담당부서에 보존되어 있는, 도적도에게 빼앗기지 않은 심종로의 전당계약서 1통이 있었다. 이를 찾아오게 하여 보니 드디어 거래날짜가 앞서 있었다는 것을 증명할 수 있었다. 또 다행히 진국서는 곧 현승청에 소장을 내어 계약을 번복하고 퇴속할 때 받은 동전과 회자를 (관에) 납입하였고, 또한 (도적도에게서) 이사비용으로 받은 관회官會는 서사현徐士顯 가家에 맡겨두고 자기가 수령하여 가지고 있지는 않았다.

이제 명하니 앞의 동전과 회자를 제출시켜 도적도에게 강제로 수령시키고 또 도적도의 이중거래계약서 및 (진국서가 수령했다고 쓴) 비약批約

을 말소하여 문서에 첨부하도록 하라. 아울러 심숭이 이중으로 전당잡힌 돈을 강제 징수하여 도적도에게 반환하도록 하라. 진국서에게 명하여 두 통의 계약서대로 관업하여 거주하도록 하라. 이렇게 하면 이제부터 비바람이 불어도 흔들리지 않고 산같이 편안할 것이다. 그러나 심숭은 부당하게도 고의로 법을 위반하며 이중거래를 했고, 도적도는 부당하게도 사도師道를 거스르고 함부로 가옥을 속회하였다. 모두 장 80에 처해야 할 것이나 "집행을 면제하라"[83]는 (지부知府의) 지시에 따라 형집행을 면제한다. 이제 사부使府에 상신하여 조회 받도록 하라.

賃屋

20-1. 집세도 내려 하지 않고 집도 비우려 하지 않다

不肯還賃退屋 : 葉巖峰

천하에 이처럼 불공평한 일도 다 있는가! 황청도黃淸道는 악당 중의 악당으로 참으로 십왕十王[84]이라는 호를 그저 얻은 것이 아닌 것 같다. 진성지陳成之 같은 가난한 선비가 어찌 십왕의 세력에 대적할 수가 있겠는가? 어찌 하랴, (진성지 소유의) 조상 전래의 방 일곱, 여덟 칸을 황청도

83) 집행을 면제하라 : 疏決. 소결疏決이란 본래 미결수의 심리를 촉진하거나 기결수의 처분을 촉진하기 위한 심사를 의미했지만, 곧 은사恩赦의 의미가 강해져 혹서, 혹한처럼 일기가 불순할 때 등에 수인囚人을 심사하여, 모살謀殺이나 고살故殺 등의 중대한 범죄를 제외하고 기타 잡범사죄雜犯死罪는 유죄流罪로, 유죄는 도죄徒罪로, 도죄는 장죄杖罪로 감형하고 장죄 이하는 석방하는 것을 말한다. 『宋史』 권200 「刑法2」 「理宗」 條 참조.

84) 십왕十王 : 중국불교에서 사후 세계에서 사자를 심판하는 10명의 왕이다. 십왕사상十王思想은 10세기 전후에 형성된 것으로 보이는데 이른바 염라대왕은 십왕 중에 다섯 번째의 왕으로 자리잡고 있다.

가 강제로 임차하고는 집세를 내지 않을 뿐 아니라 종을 때려 상처를 입히기까지 했다. (황청도는) 그 죄를 은폐할 수가 없어 결국 제멋대로 처 양씨楊氏의 이름을 빌려 친린이라는 명목으로 속회하려고 했다. 정말 모르는가? 건도乾道(1165~1173) 이래 80여 년의 업業이고 또 큰 환란을 겪은 후[85] 계약당사자는 모두 사망하였는데 이제 와서 속회하겠다니 전혀 도리에 맞지 않는 일이다.

본현에서는 이미 황청도를 죄가 있다고 판결하고 집세를 지불하라고 명령했지만 (황청도는) 이에 불복하였고 또 강제로 퇴거시키려고 했지만 결국 따르지 않았다. 두 번에 걸쳐 지부각하使府로부터 "현의 판결대로 하라"는 명을 받아 권현승權縣丞에게 압송하여 강제로 집세를 지불하도록 하였고, 또 현위에게 압송하여 추단追斷하게 하였지만 모두 어찌할 수 없었다.

무릇 정치를 하는 데는 세력이 가장 큰 인물을 꺾는 것이 중요하다. 더구나 황청도는 시정의 일개 완민頑民에 불과한데 왜 모두 두려워하고 위축되어 감히 시행하려고 하지 않는 것인가? 다시 지부 각하로부터 "현에 장狀을 보내 강제로 퇴거시키도록 하라. 10일 기한"이라는 지시를 받았다. 본현이 엄격하게 강제소환하지 않는 것은 아니나, 지금 이미 1개월 남짓 지났는데도 본건의 담당부서는 감히 체포하여 독촉하려고 하지 않고 소환업무를 담당하는 자[승차인承差人]도 (직무태만으로) 차라리 장을 맞는 것에 만족하면서 호랑이나 늑대를 두려워하듯이 황청도의 흉악함을 두려워하는 것 같다. 그중에서도 옥리[86]들은 그를 꺼려하고 다수가 그와 한패가 되어 있다. 소인을 다스리기는 이렇게 어렵다. 그런데 진성지는, 이유도 없이 가옥이 폐쇄되고 집세를 깎였으니 무엇으로 가난한

---

85) 큰 환란을 겪은 후 : 經風潮漂蕩之後. 풍조표탕風潮漂蕩이란 송宋과 금金의 전쟁을 가리키는 것 같다.

86) 옥리獄吏 : 원문은 刻木輩. 『漢書』 권51 「路溫舒傳」에 나무를 깎아 옥리라고 해도 누구나 외면할 정도로 옥리의 혹독함을 표현한 말이 있다. "俗語曰, 畵地爲獄, 議不入, 刻木爲吏, 期不對." 여기에서 각목배刻木輩는 옥리를 뜻하게 되었다.

생활을 유지한다는 말인가?

황청도는 벌써 도피해버려 할 수 없이 우선 가족에게 소장을 내게 한 바, "이미 지부에게 고소하여 판결을 받았습니다"라고 거짓말을 하며 오히려 진성지의 가옥을 억지로 부수려고 하였다. 완전히 본말이 전도되었다고 해야 할 것이다. 그 의도를 짐작해보면 단지 소환을 피하려고 소동을 벌이고 가난한 선비의 몇 칸 가옥을 완전히 때려 부수어 화를 풀고 말겠다는 것 같다. 도대체 이런 세상이 다 있는가? 더 지연시키면 틀림없이 그 계략에 빠져들 것이다. 일단 처의 일족 양씨와 양수楊璲의 소장訴狀대로 기한을 정하여 후일 퇴거시키도록 한다. 창틀 하나 문짝 하나도 이동시켜서는 안 되고 모두 원래대로 보전하고 (진성지의) 수령서를 받아 상신하라. 만일 양씨와 양수가 불복한다면 그들을 압송해 오게 하여 칼을 씌워 사부로 호송하여 시행하도록 하라.

20-2. 임차한 가옥을 점거하다

占賃房 花判[87)]: 葉巖峰

진성지는 여덟, 아홉 칸의 조상 전래의 집을 소유하고 있다. 황청도가 이미 10년간 셋방살이를 하면서 비바람을 막아주는 주거로 삼고 있는 이상 마땅히 주객의 신분을 분별해야 할 것이다. 어찌하랴, 이 못된 인간은 의를 모르고 집세도 내지 않고 결국에는 집세를 받으러 온 하인까지 구타를 당하는 욕을 보았다. 투서投鼠의 기탄忌憚[88)]을 모를 뿐 아니라 함부

87) 화판花判 : 화판이란 당唐대의 병려체駢儷體로 쓰인 판어를 모방하여 해학을 섞어서 사세些細한 것을 논한 것을 말한다. 본 판어는 전조前條의 판어를 이어서 당대의 화판을 모방한 것이다. 『容齋隨筆』 권10 「唐書判」 참조.

88) 투서投鼠의 기탄忌憚 : 投鼠之忌憚. '投鼠之忌憚'이란, 『漢書』 권48 「賈誼傳」에 "里諺曰, 欲投鼠而忌器, 此善論也. 鼠近於器, 尙憚不投, 恐傷其器. 況於貴臣之近主乎"라고 하는 바와 같이 쥐를 잡으려 돌을 던지면 잘못 그릇을 깨트릴까 걱정이 되어 쥐 잡는 것을 꺼려한다는 것으로 악을 제거하려고 해도 그 영향이 큰 것이 두려워 꺼려하는 것을 뜻한다.

로 방조房鵰를 믿고[89] 사기를 치려고 한다. 그리하여 제멋대로 이리저리 말하지만 전혀 근거가 없다. 본인이 세든 사람이며 친서한 집세계약서도 있는데도 가옥이 처가의 것이라고 하면서 전당을 잡힌 (것인 양) 가옥을 속회하려고 하였다. 처음에는 다른 토지를 갖고 타인의 명의로 이웃의 토지를 취득하려고 하였고 결국 주인을 고소하여 택지를 빼앗으려고 하였다. 가히 본말전도라고 할 것이다. (황청도는) 문제의 토지가 오래된 것이어서 양씨도 3, 4세대가 지났기 때문에 죽은 계두契頭를 소환할 수도 없고, 건도 연간의 거래에서 80년이나 경과한 사건을 수리하는 법률은 전혀 없다는 것을 생각하지 못하고 있다.

군자는 소인을 이기기 어렵고 객승은 오히려 주지가 되려고 한다. 만약 시정의 잡배가 모두 이를 본떠서 멋대로 날뛴다면 집을 가지고 있는 사람들이 모두 약탈당하고 말 것이다. 도대체 이것은 무슨 풍조인가! 마땅히 죄를 바로잡아야 하겠지만 죄를 감면하라는 사면령이 내려왔기 때문에 우선 관대히 처벌을 면제한다. 진성지에게 명하여 조상 대대의 가옥을 주지主持하도록 하고 황청도에게 명하여 체납한 몇 달의 집세를 강제 징수하여 상환하도록 한다. 만약 다시 소장을 낸다면 반드시 퇴거시킬 것이다.

21. 가옥을 임차한 사람이 집을 부수다

賃者析屋 花判 : 葉巖峰

이광李廣은 현의 리첩吏貼[90]이다. 무엇 하나 잘 하는 것이 없는데도 집

89) 방조房鵰를 믿고 : 恃房鵰. 방조는 『吏學指南』 「雜類」에 "俗語, 訐人私者, 謂之房鵰" 및 "猶利己害物也" 또 "謂刻也" 등으로 풀이하고 있다. 여기서는 '訐人私者'(남의 비밀을 잘 들춰내는 것)의 뜻으로 보는 것이 타당할 것 같다.

90) 이첩吏貼 : 서리胥吏의 직명으로 문서의 서사書寫나 장부의 작성을 담당하는 첩사貼司라고 추정한다. 高橋芳郎, 2000, 83면, 주1 참조.

주인 포환지는 오히려 모욕을 당했다. (이광은) 몇 년이나 집에 세들어 살다가 어느 날 갑자기 제멋대로 집을 부수었다. 갑의 집에서 을의 집으로 이사할 때는 당연히 자기의 물건만 갖고 가면 되는데 (주인집을) 동쪽 벽에서 서쪽 벽까지 때려 부수고 사방 벽을 다 허물어버려 집을 파손시키는, 해서는 안 될 짓을 하여 하루에 복구할 수는 없을 정도로 만들었다. 물건을 훼손하려고 마음먹었다면 이째서 가수茄樹를 그려서 가고[91], 정상을 참작하여 죄를 정하는 데 어찌 부들가지[92]로 때려 용서하겠는가? 이광을 장 1백에 처하고 (가옥을) 강제복구 시키도록 하라.

爭山

22. 묘산분쟁

爭山：吳恕齋

우대농牛大同은 전거무錢居茂의 사위이고 전효량錢孝良은 전거홍錢居洪의 아들이다. 전거무와 전거홍은 가정 6년(1213)에 분서分書를 작성하여 가산을 분할하고 따로 살게 된 지 이미 30년이 지났다. 순우 2년(1242)에 우대동은 모친을 전거무의 상금향祥禽鄉[93]의 산에 안장했는데 전효량이

91) 가수茄樹를 그려서 가고 : 畵茄樹而行. 미상.

92) 부들가지 : 蒲鞭. 『後漢書』 권25 「劉寬傳」에 유관劉寬이 이인吏人이 잘못을 하면 관용을 베풀어 때려도 아프지 않은 부들가지로 만든 회초리(포편蒲鞭)로 벌을 가해 모욕만 주고 고통을 주지는 않았다는 고사가 있다.

93) 상금향祥禽鄉 : 咸淳, 『臨安志』 권20 「疆域5」 「鄉里」 條에 의하면 상금향은 임안부臨安府 신성현新城縣(현 절강성 부양시富陽市 신등현新登縣)의 속향이다. "唐正觀(정관正觀은 본래 정관貞觀이나 송 인종仁宗의 명정名禎을 피휘避諱한 것)中, 有白雀見, 因以爲名"이라는 주注가 있다. 高橋芳郎, 2000, 86면, 주1에서 인용.

"우대동은 전거무의 유언을 위조하여 산지山地를 강점했습니다"라고 현에 고소했다. 현이 이를 부당한 고소라고 판결하자, 다시 부에 고소하였다. 이제 관에서는 먼저 그 사리의 시비를 논하고 다음에 유언의 진위를 검토해야 할 것이다.

조득照得.

우대동이 장례를 지낸 산은 전거무의 산이다. 전거무는 죽었지만 그의 처 왕씨汪氏와 아들 효충孝忠은 살아 있다. 만일 우대동이 과연 유언을 위조하고 산지를 강점했다면 왕씨와 효충이 고소를 할 수는 있을 것이다. 그러나 지금 왕씨와 효충은 모두 아무 말이 없는데 전효량이 무슨 관련이 있어 위조했다고 고소를 하는가?

이것은 다름이 아니라 소인이 무지하여 (산에) 분묘를 조성한 것을 보고 풍수에 좋지 않을까 생각하고는 처음에는 애매모호하게 말하여 이를 방해하고 계속해서 소장에서 친린의 자격으로 (산지를) 속회하고 싶다는 말을 지어내어 기회를 엿보아 빼앗으려고 한 것이다. 그러나 이것은 사실을 전혀 모르고 하는 말이다. 즉 지분권이 있는 재산을 만약 일족 외의 사람에게 매각했다면 친린이 이를 속회할 수 있다. (그러나) 현재 우대동은 전거무의 사위이고 전거무가 유언하여 그에게 주었고 왕씨와 효충은 잘못이 없다고 하고 있는 이상 전효량은 아무 할 말이 없는 것이다. 더구나 유언을 검사해보니 전거무가 생전에 표발標撥하여 딸에게 주어 결혼자금에 충당하도록 한 것임이 확실하다. 그 말이 매우 서툴고 조리가 없다 하더라도 분명히 전거무가 친필로 서명한 것이며, 가정 연간의 분재문서分財文書[분서分書]와 대조해보면 한 사람이 쓴 것이며[94] 진짜라는 것은 의심할 여지가 없다.

또 더구나 전거무와 전거홍은 합동合同[95]의 분서 내에 분명히 기재되

---

94) 한 사람이 쓴 것이며 : 出于一手. 원문에는 '一' 자가 없는데 상해도서관교감본에 의해 보충한다. 중화서국본은 于를 於로 오기하고 있다.

95) 합동合同 : 원문 今同은 合同의 오기일 것이다. 합동은 합동계合同契, 즉 동일한 계약

어 있는 대로 전거무는 산을 받고 전田은 받지 않았고 전거홍은 전을 받고 산은 받지 않았다. 전효량은 욕심을 품고 있지만 하나도 가당한 것은 없다.

계약서 및 본건 문서와 함께 현에 통첩하여 우대동에게 유촉한 대로 관업하도록 한다. 이렇게 하면, 시비가 명백히 가려지고 (관사의) 판단도 분명하므로 향촌의 소인들이 각각 분수에 안주할 것이며, 시끄럽게 소송을 해대어 친족의 우의를 크게 손상시키는 일도 없을 것이다.

爭界地

23. 토지의 경계를 놓고 싸우다
爭地界

부량傅良은 포가鮑家의 가산을 승계하고 심백이沈百二는 교택喬宅의 가옥을 임차하고 있는데 서로 경계를 놓고 분쟁하더니 고소를 하였다. 이에 관에 위임하여 심리하여 진위를 밝히도록 했다.

이제 주부主簿의 상신을 상세히 살펴보니 심백이의 주장 중 도리에 맞지 않는 것이 세 가지 있다. 증서를 갖고 검토해보면 노영盧永이 제출한 교댁의 계약서에 사지四至가 기재되어 있는데 그 일지는 "포가의 도로道路에서 멈춘다"고 되어 있다. 이미 "도로에서 멈춘다"고 한 이상, 포가에 이르지 않는 것은 명백하다. 지금 심백이는 급히 새로 울타리를 치고 경계를 억지로 이전하고 포가의 집 주변에 경계표지를 세우려고 하고 있

서를 두 장 작성하여 당사자가 한 장씩 갖는 것이다. 상세한 것은 仁井田陞, 『中國法制史研究－土地法・取引法』, 東京大學出版會, 1980, 591면 이하 참조.

다. 이것이 첫 번째 문제점이다.

또 지세地勢를 참고해보면 고저高低가 있고 포가의 집 옆에는 옛날부터 수로水路가 있어 직접 성내의 관가官街로 이어지고 있다. 즉 수로가 (포가에서) 직접 나오고 있다는 것은 모두 포가의 택지라는 사실을 증명하고 있다. 지금 심백이는 새 울타리를 비틀어 돌려서 외부의 수로의 일반一半을 울타리 안으로 끼워 넣으려고 하고 있다. 이것이 두 번째 문제점이다.

이웃의 증언을 들어보면 심구이沈九二 등은 "종래 울타리는 심백이의 가옥 주변을 끼고 있고 수로의 입구는 심백이의 울타리 밖에 있습니다"라고 공술하고 있다. 그러므로 수로는 포가에 속해 있는 것이다. (심백이의) 울타리가 심백이의 집에 붙어 있음은 중인이 모두 알고 있는 바이고 갑자기 알게 된 사실은 아니다. 이제 와서 갑자기 울타리를 고쳐 수로에 걸치게 하여 경계를 구부려 점거하고 있는데[96], 설령 부량은 속일 수 있다 하더라도 이웃은 속일 수 없다. 이것이 세 번째 문제점이다.

증서를 검토하고 지세를 살펴보고 이웃의 증언을 들어보면 (심백이의 주장이) 이렇게 사리에 맞지 않는데도 어째서 여전히 점거하려고 하는 것인가? 그 원인을 따져보면 부량의 부친이 생전에 이 토지를 심백이에게 대여한 적이 있었는데 당시 양가의 관계는 아주 좋아서 피차 경계 따위는 전혀 생각하지 않았다. (그런데 심백이는) 오랫동안 돌려주지 않고[97] 자기 것으로 생각해버리고 또 그 위에 집을 지으려고 했다. 부량은 호의에서 심백이가 침범한 땅을 (심백이에게) 주려고 했는데, 심백이가 오히려 욕을 하고 마구 대항하였기 때문에 힘을 다해 싸우게 된 것이다.

일이 관에까지 오게 되었으니 다만 도리로써 처단할 뿐이다. 심백이를 구금하고 새 울타리를 강제 철거하고 다만 증서 상의 경계에 의거하여

---

96) 경계를 구부려 점거하고 있는데 : 원문은 曲拆包占. 拆은 折의 오기일 것으로 보고 고쳐 해석한다.

97) 오랫동안 돌려주지 않고 : 久假不歸. 『孟子』「盡心章句上」에 "孟子曰, 堯舜性之也, 湯武身之也, 五覇假之也. 久假而不歸, 惡知其非有也"에서 온 말이다. 오랫동안 빌리고 있으면 자기 것이 아니라는 것을 잊어버리게 된다는 뜻이다.

토지를 (부량에게) 반환하면 분쟁이 끝날 것이다.

그러나 싸우는 토지는 몇 척에 불과하고 이웃간에는 화목이 중요하다. 심백이가 계속 임차하고 싶다고 한다면 부량으로서도 마땅히 이웃과의 화목을 생각해야 할 것이다. 그들에게 명하여 계약서를 분명하게 작성하게 하고 삼가 정에 호소하여 충고하고 다시 고소하지 않겠다는 서약[98]을 받아 상신하라. 나시 노리에 따르지 않는다면 법대로 시행하라.

24. 경계 분쟁 건에 대해 다시 고소하지 않겠다는 서약을 받아 이웃 간의 우의를 보전하다

爭界地取無詞狀以全比鄰之好：吳恕齋

상관廂官[99]의 조사에 의하면 잘못은 전부 유정보劉正甫에게 있다. 양가兩家는 울타리를 함께 하고 있는데 유정보가 이것을 철거하고 새로 만들고 싶었다면 당연히 먼저 예의를 갖추어 주장선周掌膳에게 말했으면 좋았을 것이다. 울타리를 철거하겠다는 말도 없이 곧바로 밭에 들어샀으니 주장선이 어찌 화가 나지 않겠는가? (그렇지만) 유정보가 이때라도 빨리 사과할 수 있었다면 이웃간의 우의를 보전할 수 있었을 것이다. 그런데 다시 대들고 욕을 하니 주장선도 이번에는 고소하지 않을 수 없었을 것이다. 더구나 주장선은 사인士人이고 유정보는 소리小吏[아리牙吏]이므로 당연히 신분의 고하를 알아야 할 터인데 어찌 이렇게 무례할 수 있단 말인가?

그러나 주장선이 욕을 보게 된 원인은 그 땅이 인접해 있는데 (자기가 아니라) 유정보가 속회한 것을 미워했기 때문이다. 천지간에 물건은 각각

98) 다시 고소하지 않겠다는 서약: 無詞狀. 이미 나온 바 있는 '지위知委' 나 '준종장遵從狀'과 같이 판결에 승복하겠다는 서약서를 말한다.

99) 상廂: 송대 개봉開封이나 항주杭州 같은 수도를 비롯해 부주府州 급의 도시는 상으로 구획되어 있었다. 이 구획은 경찰관구警察管區로서도 쓰였고 순찰대를 상순廂巡이라고 했다. 각 상에는 유치장이 있어서 피고인들이 유치되기도 했다. 梅原郁, 6면, 주9 참조.

주인이 있는 법인데 꼭 이런 일 때문에 원망을 품을 필요는 없을 것이다.

(본관으로서는) 급히 처벌을 내려 이웃간의 우의를 손상시키고 싶지는 않으므로 다시 상관에 통첩하여 유정보에게 반드시 예를 갖추어 경계를 침범한 것을 사과하게 하고, 다시 고소하지 않겠다는 서약을 받아 상신하라. 다시 힘을 믿고 행패를 부린다면 반드시 처벌할 것이다.

권7

立繼

1. 생전에 수양한 외성을 사후에 바꾸기는 어렵다
生前抱養外姓，歿後難以搖動：吳恕齋

“무릇 자손이 없으면 동족 중 소목昭穆[1]이 맞는 자를 양육하는 것을 허락한다”[2]는 것이 법이다. 형림邢林과 형남邢柟은 친형제인데 형림에게

1) 소목昭穆 : 소목은 종묘, 사당에서 배열하는 신주神主의 서차序次를 말한다. 시조를 중앙으로 2, 4, 6대代 짝수 대의 신주는 좌측에 나열하고 이를 소昭라 부르고 3, 5, 7대 홀수 대의 신주는 우측에 나열하고 이를 목穆이라 부른다. 소목이 맞는다는 것은 곧 동일조상의 후손으로 같은 세대에 속한다는 것, 즉 항렬이 같다는 것을 의미한다. 아들이 없는 경우 후사는 동종同宗 중 소목이 맞는 자 중에서 선택하며 이를 위반하면 처벌을 받는다고 당唐대 이래의 법은 규정하고 있다.

2) 이러한 법령은 당 호령戶令에서부터 인정되고 이후 각 왕조에 계승되고 있다. 상세한 것은 慈賀秀三, 311면 이하 참조.

는 아들이 없다. 형남에게 두 아들이 있어도 형림의 후사後嗣로 세우려고 하지는 않았고 형림이 죽은 날에 모친 오씨吳氏와 형수 주씨周氏의 명에 따라 조모 채씨蔡氏의 조카를 형림刑林의 후사로 세웠는데 이가 현재의 형견邢堅이다. 채성蔡姓의 아들을 양육하여 형성邢姓의 후사로 삼는 것은 물론 법의法意에 맞는 것은 아니지만 그러나 당시의 조모 오씨 및 그 모친 주씨의 본심에서 나왔고 형남 또한 본인이 그렇게 명한 이상, 법을 어기고 형견을 세운 것은 형견의 죄는 아니다. 만약 형남의 일족 중에 도의를 아는 사람이 있어서, 이것은 위법이라 하여 형남이 형견을 후사로 세우려고 하자 이에 맞서 싸우겠다고 하는 것이라면 몰라도, 후사를 세운 지 8년이나 지났는데 이제 와서 이를 교체하려고 하는 것은 안 될 일이다. 또 오씨와 주씨가 죽기 전에 이에 맞서 싸우겠다고 하는 것이라면 몰라도 오씨와 주씨가 죽은 후에 이제 와서 쫓아내려고 하는 것은 안 될 일이다.

더구나 8년 동안 그 조모와 모친이 형견을 기르고 사랑하여 전혀 문제가 없었을 뿐만 아니라 형남 또한 고소하여 형견의 잘못을 지적한 적도 없었던 것이다. 또 형견은 형씨의 아들이 된 지 8년 동안 세 번이나 상을 입었다. 그런데 어느 날 조모와 모친이 잇달아 사망하자 형남이 이유도 없이 갑자기 오덕손吳德孫을 형견의 동생으로 삼겠다는 것은 도대체 무슨 심보란 말인가? 또 형씨 일족이 형남이 싸움을 일으키자 이성異姓을 양자로 삼을 수는 없다는 주장을 하면서 연명으로 고소하여 형견을 쫓아내려고 했는데 이것은 또 무슨 심보란 말인가? 또 형남은 "형견은 유약합니다"라고 말하고 있는데 그 조모와 모친이 일곱 살 때에 후사로 세울 것을 명하면서도 유약하다고는 생각하지 않았는데 이제 나이가 열네 살인데 오히려 유약하다고 하니 될 말인가? 형남은 또 형견이 과실過失이 있다고 (그래서 후사로서 적절하지 않다고) 말하지만, 형남도 "유약하다"고 말한 것처럼 형견은 이제 열네 살이고 이 나이에 과실이 있는 것은 오히려 당연한 일이라 할 것이다. 이렇게 나이는 아직 어리고 현저한 과

실도 없고 가산을 탕진한 일도 없는데 갑자기 이유도 없이 내쫓으려고 하는 것은, 조모와 모친이 생전에 후사로 세워 8년이 지난 이상, 도리 상 결코 허락할 수 없는 일이다.

헌사憲司와 조사漕司 양사가 한두 차례 판결을 하여 모두 형남의 고소를 부당하다고 했는데 형남은 반성하지 않고 감히 함부로 대부臺府의 관원의 성명을 식섭 지명하며 함부로 비방했는데 이것은 필시 사정私情으로써 공법公法을 폐하려고 하는 것이다. 형견을 쫓아내어 그 생가로 돌려보내는 것은 물론 어려운 일은 아니다. 그러나 형견은 쫓아낼 수 있어도 형림에게 후사가 없다면 조모와 모친이 구천에서 편안히 눈을 감을 수 있겠는가? 형남은 단지 그 조카(형견)를 기를 줄을 모를 뿐만 아니라 부모형제에게 효제孝悌하는 것은 참으로 영원불멸의 가치라는 것을 모르고 있다.

형남이 황후와 일족[3]인 이상 법과 도리를 알 터이므로 결코 이유 없이 이런 일을 할 리가 없을 텐데 조사해보니 실제 격분할 만한 일이 있어서 그랬다는 것을 알았다. 즉 형견의 외삼촌으로 주요周耀라는 자와 모친의 여종이었던 왕연희王燕喜라는 자가 있는데 오씨와 주씨가 사망한 이후 형견은 아직 어려 물정을 몰랐기 때문에 결국 외삼촌과 여종이 돌봐주게 되었는데 그들은 틀림없이 형견에게 숙부를 공경하라고 가르치지 않았던 것이다. 그래서 숙부가 바라는 바가 있어도 (형견은) 반드시 그 뜻에 따르지는 않았고 여기서부터 둘의 사이가 벌어지게 되었던 것이다. 또한 형견은 형남이 오덕손을 세워 그 동생으로 삼자 이미 여러 번 관에 고소하여 "숙부가 나를 모해謀害하고 가산을 점거하려고 합니다"라고 하고 또 "숙부가 바꾸고 숨기려고 하는 일이 있습니다"라고 하였다. 이런 말은 모두 형견이 할 말이 아니다. 사실 형견이 스스로 이런 말을 할 수는 없었을 것이고 틀림없이 안에서는 왕연희가 선동하고 밖에서는 주요가 교사했기 때문에 드디어 이렇게 윗사람을 모욕하는 말이 나왔을 것

3) 황후와 일족: 后族. 『宋史』 권243 「后妃下」에 의하면 고종高宗에게 헌절형황후憲節邢皇后가 있는데 형남邢楠은 그 일족인 것 같다.

이다. 이 때문에 형남이 노했고 또 "주요와 왕연희가 간계를 부려 재산을 훔치려고 합니다"고 말했던 것이다. 형씨의 가산을 형씨의 존장이 장악할 수 없고 반대로 형씨가 아닌 사람이 장악하려고 했기 때문에 형남이 심히 분노한 것이다.

이제 재삼 상세히 심문해본 결과 형남의 구두진술 및 친필 공술서에 의하면 "본래 조카에게 화낼 생각은 없었고 다만 (조카) 형견이 후사로 세워준 은혜를 잊고 주요와 왕연희가 부추기는 말만 듣고 함부로 현에 고소했기 때문에 (화를 낸 것에) 불과합니다"라고 한다. 이것이 형남의 진정眞情일 것이며 형견에게도 죄가 없을 수는 없다.

이제 당청에서 형남에게 권유하여 묵은 감정을 모두 풀고 조카를 친자식같이 사랑하도록 하고 형견에게 훈계하여 이제까지의 잘못을 모두 고치고 숙부를 아버지같이 공경하도록 하라. 가산은 검교檢校[4]하지 않을 수 없으며 주요와 왕연희는 처벌하여 장래의 분쟁을 막아 천륜의 도의를 보전시키지 않을 수 없다.

주요는 장 80에 처하고 다시는 형견의 가사에 간여하지 않겠다는 서약서를 받도록 하라. 왕연희는 즉시 혼처婚處를 찾아 결혼시키도록 하라. 모든 가산은 가흥부嘉興府[5]에 통첩하여 청렴강직한 관원[6]에게 별도로 위임하여 족장을 소집해서 공평하게 검교하여 양분한 다음 장부에 적고 서명날인하도록 한다. 형견은 그 반분을 받아야 할 것인데 우선은 형남이 관리하도록 하고 성인이 되면 지급하도록 하는데 이후에도 탕진하거나 전매해서는 안 된다. 이렇게 조치하면 숙부와 조카도 천륜을 회복하

---

4) 검교檢校 : 어린이가 성년이 될 때까지 또는 정당한 승계자가 나타날 때까지 재산을 조사하고 감시하는 것을 말한다. 상세한 것은 加藤繁, 「宋代檢校庫」, 『支那經濟史考證』 및 仁井田陞, 『支那身分法史』 7장 2절, 未成年者後見 참조.

5) 가흥부嘉興府 : 양절서로兩浙西路에 속하는 부府로 임안부臨安府의 북동부에 인접해 있다.

6) 청렴강직한 관원 : 淸强官. 원문에는 '淸' 자의 필획이 빠져 있는데 上海圖書館校勘本에 의해 보충한다.

고 죽거나 살거나 유감이 없을 것이며 세간의 풍교風敎에도 적지 않게 도움이 될 것이다.

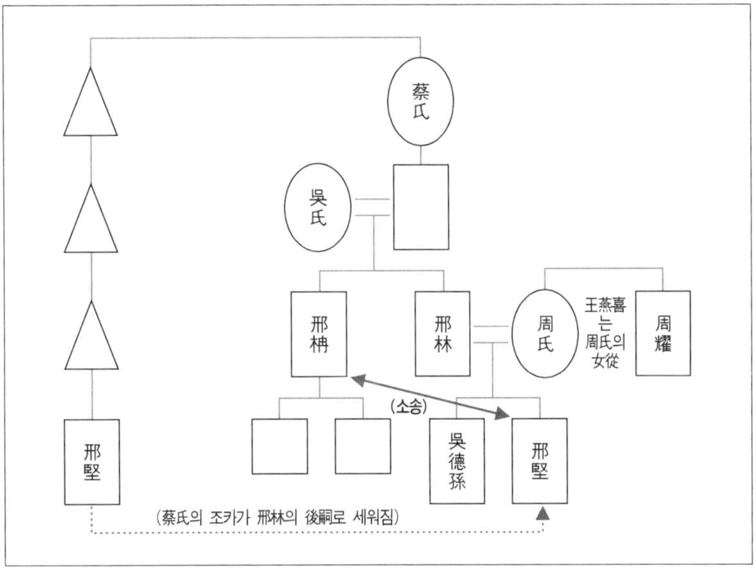

卷7-1조

2. 형제 중 한 사람은 가난하고 한 사람은 부유해서 추첨으로 후사를 세우다

兄弟一貧一 富, 拈鬮立嗣 : 吳恕齋

섭수발葉秀發은 아들이 없어 관할현에서는 경전과 법률에 따라 "손孫과 오吳는 모두 이성異姓이라 후사로 세워서는 안 된다. 다만 동족 중에 소목昭穆이 맞는 자를 구해야 할 것이다"라고 하였다. 가히 명분이 올바르고 주장도 타당하다고 할 만하다. 그래서 만일 소목이 맞는 것을 문제로 한다면 섭용지葉容之와 섭영지葉永之가 모두 섭수발의 당제堂弟이고 용지의 아들 혜손惠孫과 영지의 아들 기손寄孫 모두 후사로 세울 수 있다. 지금

(섭용지와 섭영지는) 각자 자기 아들을 섭수발의 후사로 세우려고 다투고 있다. 용지는 "혜손을 세운 지 이미 3년이 지났습니다"라고 주장하고 있고, 영지는 "기손을 세운 지 이미 3년이 지났습니다"라고 주장하고 있다.

그러나 (섭용지와 섭영지의) 친형인 섭서지葉瑞之도 후사가 없는데 용지는 "(영지의 아들인) 기손이 이미 섭수지의 아들로 되어 있습니다"라고 주장하고 있고, 영지 또한 "(용지의 아들) 혜손이 이미 섭수지의 아들로 되어 있습니다"라고 주장하고 있다. 두 설이 서로 배치背馳되는데 자기 아들을 섭수발의 후사로 세우려고 하면서 섭서지의 후사로 세우려고 하지는 않는다. 그 모친 손씨孫氏의 공술을 조사해보면 전혀 관에서 제부除附를 하지 않았고 따라서 후사문제에 대해서 정해진 의논이 없다는 것이 명백하다.

대의大義를 생각하면 친형 섭서지의 후사가 없는 것이 당형堂兄 섭수발의 후사가 없는 것보다 더 중한 일인데도 가까운 친척을 버리고 먼 친척에 붙는 것은 의義를 위해서인가 이利를 위해서인가?

생각건대 섭수발의 생활은 아주 풍족한 데 비해 섭서지의 가계는 빈곤하다. 섭용지와 섭영지는 利를 따르고 義를 저버리고는 마침내 형제간에 서로 싸우면서 반성은 하지 않고 부끄러운 줄 모르고 관에 고소까지 하였다. 심지어 모친에 대해 "(섭서지를) 편애하고 있다"고 무고하고 있다.[7] 인정이 이토록 각박하니 참으로 불미스러운 일이다. 관에서 빨리 공평하게 처리하지 않으면 서지와 섭수발의 사후 양자 모두 뒤를 부탁할 곳을 잃어버릴 뿐만 아니라 용지와 서지 형제도 사이가 더욱 나빠져버려[8] 전혀 모친을 위로하고 세속을 교화할 수 없을 것이다.

섭용지, 섭영지 형제를 소환하여 당청에서 혜손과 기손 두 사람에게

---

7) 심지어 모친에 대해 "(섭서지를) 편애偏愛하고 있다"고 무고하고 있다: 원문은 甚至誣其母以偏受. 여기서 偏受는 偏愛의 오기로 보고 고쳐 해석한다.

8) 사이가 더욱 나빠져버려: 參商益深. 삼參과 상商은 별의 이름으로 천구의 대극에 위치하면서 동시에는 나타나지 않기 때문에 형제 사이가 나쁜 것에 비유된다. 『左傳』 昭公 元年 條 참조.

분향하고 추첨시켜 하늘의 뜻에 따르기로 한다. 그리하여 한 사람은 섭서지의 후사로 삼고, 한 사람은 섭수발의 후사로 삼으면 사람이 꾸민 계략은 자연히 종식되고 하늘의 뜻은 자연히 분명해질 것이다. 또한 아들 없이 죽은 자의 후사를 세우고[9] 노인은 편안하게 하고 젊은이는 보살펴 주게 될 것이므로 생자와 망자 모두 유감이 없을 것이다.

3. 오종주 등이 오평보가 돈을 요구한다고 고소하다
吳從周等訴吳平甫索錢：吳恕齋

무릇 입계立繼라는 것은 존장尊長의 본심과 방장房長의 공의公議에서 나와 부득이 타인의 후사를 세우는 것이라야 한다.[10] 지금 오평보吳平甫가 유자儒者의 의관을 하고 있으면서 관에서 이미 판결한 후에 입사立嗣를 문제삼고 싸우려고 하는 것은 의義를 위해서인가 이利를 위해서인가? 그러나 오종주吳從周, 오문보吳文甫도 또 소장을 내어 "오평보에게는 이전에 친필로 쓴, 금진을 수령했나는 증서가 있습니다"라고 한다. 이것은 당청에서 분향하고 추첨을 한 다음 본인들이 서로 양보해서 모두에게 공평하도록 행해진 것이다. 그런데 오평보라는 자는 어째서 남의 돈과 물건을 반드시 받아야겠다는 것인가? (오평보를) 구속해서 고소한 세 항목의 금전을 징수하여 군학軍學[11]에 넣어 수리에 보조하도록 하라.[12]

---

9) 아들 없이 죽은 자의 후사를 세우고: 存亡繼絶. 『春秋穀梁傳』 僖公 17년에 "桓公嘗有繼絶存亡之功, 故君子爲之諱也"라는 기사가 있다.

10) 존장尊長이란 일족 중에 세대와 연령이 위인 사람, 방장房長이란 일가 중에 각각의 부부가 점거하는 방房의 주인이라는 의미이다. 그러나 방장이라고 하는 경우, 족장과 같이 일족의 각 지파의 장로長老라는 의미를 갖는 것도 있다. 여기서는 후자의 의미일 것이다. 高橋芳郎, 「『名公書判淸明集』 권7, 戶婚門 譯注稿」, 『北大文學硏究科紀要』 103, 2001(이하 高橋芳郎, 2001로 약칭), 57면, 주1 참조.

11) 군학軍學: 부府, 주州와 동급의 행정구역인 군軍에 있는 학교를 가리킨다.

12) 본 판어의 내용은 구체적인 상황은 나와 있지 않아 알 수 없는데, 대강의 내용은 후사를 세우는 문제를 놓고 벌어진 것이다. 즉 오평보吳平甫 측과 오문보吳文甫, 오종주

4. 추첨으로 후사를 세우다

探鬮立嗣 : 吳恕齋

채씨蔡氏의 후사를 세우는 것과 나무를 베었다고 고소한 것은 별개의 건 같지만 사실은 인과관계가 있는 것으로서, 입사立嗣가 미정인 상태에서 나무를 벤 것이 결국 싸움으로 번지게 되었던 것이다.

조득照得.

채씨에게는 사대가四大家가 있고 제3가인 로원輅院[13]의 두 아들 중 장남 여가汝加는 재梓를 낳았고 차남 여려汝勵는 기杞를 낳았다. 재와 기가 모두 죽고 각자 데릴사위만 있었을 뿐 아들은 없었고, 아직 명계命繼도 하지 않았다. 양몽등楊夢登과 이필승李必勝은 재의 사위이고 조필예趙必㦤는 기의 사위이다. 최근 양몽등이 장인의 생모인 범씨范氏의 명을 받아 처가의 산에서 땔나무를 베어내자 제가諸家와는 본래 관계없는 일이었지만 제가의 자제들이 양몽등을 집단구타 하였다. 그들은 채씨의 나무를 양씨가 베어서는 안 된다고 생각했고 게다가 범씨는 (원래) 여가의 노비였기 때문에 더욱더 무시하였던 것이다.

지금 범씨는 "다만 두 손자사위가 늙은 몸을 봉양해주기를 바랄 뿐 기와 재를 위해서 따로 후사를 세우고 싶지는 않습니다"라고 말하고 있다. 부녀자가 어찌 이법理法을 알겠는가? 범씨 자신은 그럴 수 있다고 생각하겠지만 그렇다면 채씨의 후사문제는 어떻게 처리할 것인가? 만일 지금 기와 재를 위해 명계를 하지 않으면 채씨 일족은 분분히 싸울 것이고 틀림없이 이 벌목 싸움을 그치지 않을 것이다. 벌목한 것은 범씨가 명한 것인데 분명 본가(즉 3가)에서 벌채할 수 있는 것이기는 하나, (양몽등이) 구

吳從周 측이 다투어 결국 관에서 추첨에 의해 (아마 오문보 측의 승리로) 결말이 난 것을 다시 오평보 측에서 돈을 요구한 것이 발단이 되었던 것 같다.

13) 노원輅院 : 노원이란 차로원車輅院 소속의 '감군로원監軍輅院' 또는 '감차로원문관監車輅院門官'의 약칭. 차로원은 태복사太僕寺에 속하며 천자의 거가車駕와 행렬을 관리했다. 『宋史』 권164 「職官4」, 太僕寺條 참조.

타로 입은 상처도 깊지는 않으므로 이 일은 일단 문제삼지 않기로 한다.

그러나 명계 이 문제는 반드시 일가의 대가 끊이지 않도록 처리하여 각 집안 간의 분쟁을 막아야 할 것이다. 존장 채역蔡棫 등이 의견을 모아 제1가인 해楷의 아들 엽燁을 기의 후사로 추천한 것은 극히 타당한 처사이나, 제4가인 병棅이 자기 아들 소炤를 (기의) 후사로 세우려는 것은 전혀 도리에 맞지 않는다. 이점은 이미 왕주부王主簿도 지적하고 있다. 그렇지만 아직도 (명계 문제의) 처리가 미진한 것은 기를 위해서 후사를 세운다면 재의 후사도 세워야 한다는 점이 남아 있기 때문이다. 재가梓家의 두 사위는 재력이 좀 떨어지고 기가杞家의 한 사위는 생활이 조금 넉넉하기 때문에 모두 기의 후사가 되기를 원하고 재가의 사위가 되려고 하지는 않는다. 채씨가 그린 가계도家系圖[종지도宗支圖]를 보면 4대가 중 해에게 아들 셋이 있고 병에게도 아들 셋이 있으므로 둘 다 출계出繼를 할 수 있다.

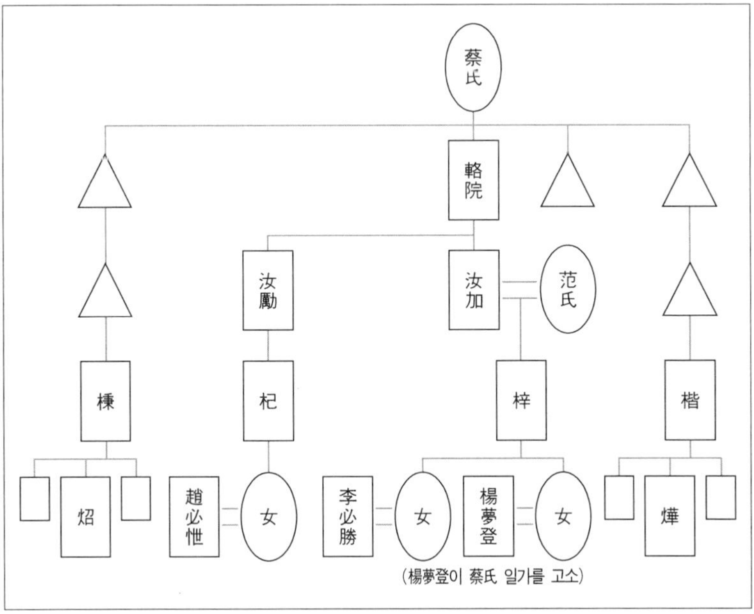

卷7-4조

이제 현에 통첩하여 해의 아들 엽과 병의 아들 소를 관의 입회 하에 추첨시켜 한 사람은 재의 아들로 또 한 사람은 기의 아들로 삼도록 한다. 입사가 끝나면 모든 가산·토지·산림 등을 현에서 관에 일임하여 공평하게 균분하도록 한다. 이렇게 하면 하늘의 뜻으로 결정된 것이니 빈부의 차이가 난다 해도 문제가 되지 않을 것이다. 가산의 반은 후사가 된 아들에게 주고 반은 데릴사위에게 주어야 할 것인데, 딸은 부모의 소생이고 사위도 데릴사위 노릇을 오래 하였으므로 법령을 참조하여 모두 균분해야 할 것이다. 범씨도 연로하고 의지할 곳 없으므로 깊이 배려해야 할 것이다. 후사가 된 아들에게 명하여 법대로 공양하게 하고, 약간의 재산을 분할하지 않고 남겨두어 장차 범씨의 장례비용으로 삼는다. 이렇게 하면 망자와 생자 모두 편안하고 분쟁도 사라지게 될 것이다.

5. 이미 후사가 정해져 있는데 서자로 교체하는 것은 부당하다
先立已定，不當以孽子易之

양몽룡楊夢龍이 팔이수八二秀의 후사가 된 것은 조부의 명에 의한 것이고 양반린楊攀麟이 팔오수八五秀의 뒤를 이은 것은 부친과 조모의 명에 의한 것이었다. 또한 오랜 시간이 지났고 친필 유촉과 관급문서도 명백히 증언하고 있고, (이 건에 대해서) 방장房長에게 물어보아도 별 문제는 없었다.

그런데 그들의 숙부 양예楊銳가 어느 날 갑자기 그들을 쫓아내고 자신의 서자를 후사로 세우려고 하니 어떻게 참을 수 있겠는가? 구실로는 "두 조카가 방탕하여 자제로서의 과실이 없지 않습니다"라고 말하고 있는데, 숙부된 자로서는 마땅히 이들을 어여삐 여겨 가르쳐야 할 것이고 아니면 가법家法으로 훈계해야 할 것이다. 그런데 어떻게 부형의 유언[14]을 모두 폐기하고 후사를 변경하겠다고 하여 분쟁을 일으키게 되었는가?

14) 유언 : 治命. 정신이 맑을 때 한 유언을 말한다.

이것은 다름이 아니라 한번 사욕이 싹트자 자신에게 서자가 있는 것만 생각하고 형에게 아들이 있다는 것을 생각하지 않게 되었기 때문이다.

지현知縣의 판단과 사호참군司戶參軍[15]의 판결원안은 아주 적절하다. 인심과 천리는 누구나 다 갖고 있는 것이다. 본관은 이곳에서 2년간 근무해왔는데 모든 육친과 친척간의 분쟁에 대해서 항상 도리로써 훈계하였다. 그래서 소인小人과 천인賤人이라도 후회하며 뉘우치지 않는 자가 없었고 모두 본연의 상태로 돌아갔다. 요 근래 동족 간에 소송하는 일이 없어서 태수인 나로서 이를 기쁘게 생각하였다. 그런데 양예楊世는 본인이 유자儒者임을 자처하면서 이런 소송을 하여 주변 사람들이 깜짝 놀랐던 것이다. (양예는) 일족간의 화목을 만회해야 할 것이며 법과 도리를 거스르거나 육친을 가슴 아프게 하거나, 돈을 낭비하여 서리를 배불리게 하는 일이 없도록 해야 할 것이다.

팔이수의 가산은 몽룡에게 급부해야 할 것이고 팔오수의 가산은 반린에게 급부해야 할 것이다. 현에 통첩하여 모두 이전의 판결대로 처리하고 양무손楊茂孫과 양보복楊保福에게 재차 발급한 문제의 증명서는, 관이 양예를 오해하게 만들었던 것이므로 모두 찾아 말소하여 문서에 첨부하라. 몽룡과 반린은 원래대로 후사가 된 이상, 일족친척들을 나 보아 겸손하게 예의를 다 갖추고 조모와 조부에게 감사하고 교훈을 준수하여 그럼으로써 잘못을 뉘우치고 새로 갱생하는 뜻을 굳게 다지도록 하라. 만약 다시 방탕하고 불초한 행실이 있어 잘못을 자초하면 반드시 추구追究하여 불효죄로 처벌할 것이다. 그때는 후회해도 늦을 것이다.

15) 사호참군司戶參軍 : 원문은 司戶. 주州의 속료로 호적, 부세 등의 민정과 재정을 담당한다.

6. 노복의 아들을 후사로 세워서는 안 된다
不當立僕之子

황이안黃以安은 불행히도 일찍 세상을 떠나 아들이 없었다. 뇌환雷煥은 그의 숙부이고 이녕以寧은 그의 형이다. 당연히 슬퍼하고 동정하며 공평무사하게 마음을 모아 황이안을 위해 후사를 세우고 후사에게 진정으로 의탁할 곳을 얻게 하고 가업을 보전하여 쇠퇴하지 않도록 해야 하는 것이 부형父兄으로서의 책임이다. 지금 이녕은 숙부에게 알리지 않고 혼자서 후사를 세웠는데 이 때문에 뇌환은 조카(이녕)를 극력 비방하고 입사立嗣는 전혀 부당하다고 주장하고 있다. 아마 숙부와 조카는 평소부터 사이가 벌어져 있고 각자 할 일이 있어서 그러는 것이겠지만 그것은 사실 진정으로 망자를 위한 생각이라고는 할 수 없다. 심중의 의도를 들추어내어 논한다면 처음부터 이미 정당하지 않은 이상 이렇게 분규가 일어나는 것은 당연한 일이다.

사건이 관에 접수된 이상 오직 이법理法에 따라 처단해야 할 뿐이다. 사권현史權縣[16]이 네 가지 점에서 불가하다고 한 판결을 검토해보면 아주 분명하게 법에 의거한 판결인데 만약 사실이 과연 법의에 부합한다면 뇌환은 명교名敎의 죄인이며 할 말이 없을 것이다. 그러나 아원阿袁이 과연 (조로曹老를) 낳은 것이 아니고 "(황이안의) 생모의 명에 따른 것입니다"라는 말이 사실이라면, 그리고 조로가 황씨성이 아닌데 황씨의 후사로 세우려고 한 것이라면, 이것은 (지현이 의거하는) 법은 있다고 하더라도 (지현이 말하는) 사실은 없는 셈이기 때문에 뇌환의 고소를 근절할 수는 없을 것이다. 더구나 조로 부자가 과연 성이 서씨徐氏이고 또 본래 황씨의 노복奴僕이었다면, 신발이 새 것이라도 베개 위에 놓을 수는 없다[17]는 말처럼 명분名分의 소재所在는 백대百代가 지나도 변할 수 없는 것

16) 사권현史權縣 : 사권지현史權知縣의 약칭. 권權이란 관료를 실직에 임명할 때 자서資序(자격서열資格序列)보다 높은 실직實職을 수여할 때 실직명實職名 앞에 '권權'을 붙인다.

이다. 이녕은 또 어찌 차마 노복의 아들을 동생의 후사로 삼는다는 말인가? 이는 동생과 숙부를 욕되게 하는 것이며 자신도 욕되게 하는 것이고 위로 조상까지 욕되게 하는 것이다. 당당한 대족大族에 어찌 소목이 맞는 사람이 없겠는가? 한쪽 말만 믿을 수는 없지만 입계立繼의 때에 (이녕이) 숙부의 의견을 묻지 않았다는 점은 의문이다.

이원과 아탕阿湯 및 조로 부자를 관에 출두시켜 공술을 받고 황씨의 존장들을 한 곳에 모아서 물어보면 틀림없이 아원이 생모인지 아닌지, 조로가 성이 서씨인지 아닌지, 아탕이 본심으로 명계命繼를 원한 것인지 아닌지, 시비곡직이 즉시 판명날 것이다. 그러나 관계자를 군軍에까지 소환하는 것은 아마 시간이 많이 걸릴 것이다. 신지현新知縣은 매우 총명한 사람이므로 패문牌文[18]을 현에 보내어 확실하게 소환하여 공술시키고 공성하게 결말을 지은 다음 상신하도록 하라. 만일 조로를 후사로 세워서는 안 되고 뇌환에게 아들은 있지만 손자가 없고, 또 후사로 세울 사람이 없다면, 지현은 다시 종족친척 중에 도리를 아는 사람들에게, 후사를 협의해서 선택해달라고 청하여 후사 없이 죽은 사람의 대를 잇는 의義를 보존해주기 바란다.

군수의 직책은 교화에 있다. 항상 도리로써 깨우쳐 시노해가니 일반 백성들이 홀연히 뉘우치고 깨닫지 않는 자가 없고 근래 친척·육친 간의 소송도 7, 8할이나 줄어들었다. 황씨 또한 유자儒者의 가문이며 뇌환은 또 백미白眉라고 불리고 있다. 설령 이녕의 하는 행동이 최선을 다하지 못한 점이 있더라도 마땅히 가르치고 크게 품어야 할 것이고, 분노나 미

---

17) 신발이 새것이라도 베개 위에 놓을 수는 없다: 履雖鮮, 不可加于枕. 『漢書』 권48, 「賈誼傳」에 나오는 말이다. "신臣이 듣기로는 신이 새것이라도 베개 위에 놓지는 않으며 관冠이 낡았더라도 신발에 깔지는 않습니다(臣聞之, 履雖鮮, 不加於枕. 冠雖敝, 不以苴履)."

18) 패문牌文: 원문은 牌. 패牌란 여기서는 상급 관청에서 하급 관청으로 보내는 지령서일 것이다. 명청明淸시대에는 많이 보이지만 송대에는 용례가 적다. 이것은 관직에 수반해서 수여되는 패인牌印을 찍었던 문서이기 때문에 패라고 불리어졌을 것이다. 高橋芳郎, 2001, 69면, 주3.

움을 품어서는 안 될 것이며 다만 황이안에게 후사가 있게 해준다면 숙부로서의 도리를 한 것이다. 이녕 또한 당연히 숙부의 훈계에 따를 것이며 다른 의견에 미혹되어서는 안 될 것이다. 각자 숙부와 조카의 윤리를 보전하라. 이것이 태수인 내가 거듭 바라는 바이다.

7. 한 사람을 양가의 후사로 세울 수는 없어서 따로 뽑아서 후사를 세우다

不可以一人以爲兩家之後, 別行選立 : 吳恕齋

아들이 없이 죽은 사람의 후사를 세우는 것은 법률에 명확히 규정되어 있을 뿐만 아니라 일족의 형제와 아들조카 모두 천륜으로써 생각하여 털끝만큼의 사심도 그 속에 끼어들어서는 안 되는 것이다.

오열吳烈은 조모의 유언을 위조하여 위팔委八의 후사를 세우려고 하지 않았다. 아마 그의 전 재산을 다 집어삼키려고 하여 사자死者(위팔)가 있다는 것을 전혀 생각하지 않았기 때문일 것이다. 오등운吳登雲은 이미 위오委五의 양자가 되었는데 이번에는 또 위팔의 후사가 되려고 하고 있다. 이 또한 그 재산을 탐하여 가지려는 것에 불과하고 진정으로 사자死者를 위해 생각하는 것은 아니다. 두 사람의 마음은, 이利를 보면 (의를 생각하는 것이 아니라) 오히려 의를 잊어버리려 하고 있으니 크게 책망해야 할 것이다. 더구나 조모의 유촉은 이미 사후에 의탁할 곳이 없다는 것을 알고 다만 가산을 떼어내어[표발摽撥] 스스로 장례비용으로 삼으려고 한 것이며, 위팔의 후사문제에 관여하지 않겠다는 말을 한 것은 아니다. 그런데 오열은 말을 지어내고 법을 위반하면서 조모가 伯父의 후사를 단절시켰다고 무고하고 있으니 이것은 가장 죄를 받아야 할 짓이다. 오등운이 한몸으로 두 사람의 (후사가 되어) 재산을 모두 차지하려는 것은 또 무슨 법을 근거로 한 것인가? (이 사안에 대해) 전임자인 등권지현鄧權知縣이 판결하여 명한 바는[19] 이미 실상을 잘 파악한 것인데도 왜 2년이 지나도록 아직도 시행되지 않고 드디어 양가로 하여금 피곤하게 끝까지 소송을 하게 만든 것인가?

지금 사호참군司戶參軍의 판결원안은 (전의 등권지현鄧權知縣의 판결에) 인정을 참작한 것으로서 가장 상세하고 타당한 것이다. 주씨朱氏의 유촉대로 가산을 떼어낸 외에 나머지 재산으로 따로 명계를 시행하라. 이렇게 하면 위팔도 지하에서 눈을 감을 것이고 오열과 오등운도 모두 탐욕을 끊고 본연의 마음으로 돌아갈 것이다. 그리고 근친의 위일수委一秀와 위칠수委七秀 양인兩人 중에 한 사람을 골라 후사로 세우도록 한다. 시행하는 대로 즉시 헌대憲臺에 상신하여 조회받도록 하라.

8. 동족 간에 후사문제로 싸우다

同宗爭立 : 韓竹坡

옛사람의 종족의 은혜는 백세百世가 지나가도 끊어지지 않는 것이다. 왜냐하면 상복을 입는 관계가 비록 멀다 하더라도 본래 같은 조상을 섬기고 있기 때문이고 더구나 일가 내의 삼촌과 형제와 같은 근친은 서로 핏줄이 통하기 때문이다. 현재 왕문식王文植 일가가 입사立嗣를 놓고 서로 고소하며 싸우는 것을 보면 참으로 마음이 아프고 한탄스럽다. 왕문식에게는 아들이 없어 처음에는 형 왕문추王文樞의 차남 왕백대王伯大를 자기의 아들로 세우려고 했는데, 백대가 죽어서 결국 근친의 조카 지학志學의 아들 지도志道를 백대의 후사로 세웠다. (후사가) 일가 내에서 나온 것은 법에 정확히 부합한다.

왕문식이 처음 지도를 후사로 세울 때 문추의 장남 백달伯達이라는 자가 동생 백겸伯謙을 문식의 후사로 세우기 위해 싸웠는데 성공하지 못했

19) 전임자인 등권지현鄧權知縣이 판결하여 명한 바는 : 원문은 前斷任內鄧權命所定. 高橋芳郎의 견해에 의하면 이 문장은 앞의 斷이 鄧(知縣)의 앞에 놓여야 한다(高橋, 2001, 71면 참조). 이에 따른다.

다. 백겸이라는 자는 즉 학옹學翁이다. 문식은 본래 이전에 본사本司에 소장을 내어 학옹이 자신의 대를 끊으려 한다고 고소한 적이 있었다. 지도가 문식의 후사가 된 지 4년이 지났는데, 이 4년 동안 학옹은 문식의 가산에 입맛을 다시며 지도에게 무슨 흠잡을 것이 없나 하고 늘 안절부절 기회를 보고 있었다.[20] 문식이 가벼운 병에 걸린 것을 틈타 즉시 두 여종을 시켜 약을 보내주었는데 사람은 연로해지면 남이 자기에게 봉사해주는 것을 좋아하는 법이다. 문식은 그 계략에 놀아나면서 이를 눈치채지 못했고 희로애락의 감정까지 생겨났다. 이 단계에서 학옹의 계략은 성공을 거둔 것이다.

지도는 왕문식의 후사가 되었지만 이전에 조모의 상을 입었고 또 이미 처를 맞이하여 아들도 낳았다. 조부와 손자는 서로 의지하면서 4년을 살았지만 화목했고 (둘 사이를) 이간시키는 말은 없었다. 이제까지 지도는 늘 조부의 연로함을 걱정하면서 조부가 화를 낼 때는 웃는 얼굴로 조부의 화를 풀어주었고 조부의 명이 있으면 힘껏 받들어 행하였다. 조부가 병이 나면 밤잠을 자지 않고 직접 탕약을 맛보며 시봉侍奉했기 때문에 조부의 마음도 즐겁고 집안이 봄같이 화목했으므로 이간시키는 말이 생길 리가 없었다.

지금 문식이 입사한 당초의 상황을 보면 "지도는 사랑스럽다"라고 말했고, 후사를 축출했을 때는 "애초의 마음을 생각하면 (지도를 축출하기란) 차마 하기 어렵다"라고 말했다. 사물이 천리를 거슬러도 결국에는 본래대로 돌아가는 법인데 하물며 (문식과 지도처럼) 자연과 천리에 따라서 본래 화목했던 사이라면 더욱 그러한 것이다.

본건을 자세히 검토해보니 "지도가 문식을 미워하고 있습니다"라는 말은 모두 학옹이 제멋대로 한 말이며 존장尊長(문식文植)의 본심에서 나온 말은 아니다. 지도를 축출하고 따로 학옹을 세운 것은, (양養)자손을

---

20) 늘 안절부절 기회를 보고 있었다: 無一日不憧憧往來于懷也. '憧憧往來'는 『周易』 「咸」에 "九四, 貞吉悔亡. 憧憧往來, 朋從爾思"라고 하여 왕래가 끊임없는 모양을 가리킨다.

축출하고 후사를 세우는 것에 관한 법에 저촉되지는 않을 것이다.[21] 그러나 학옹은 이전에 (무언가 잘못을 저질러) 문식에게 고소당한 적이 있었다. 옛날에는 고소를 하더니 지금은 오히려 후사로 세운다는 것은 자기모순이므로 문식도 마음에 거리끼는 바가 있을 것이다. 지도는 이미 문서를 주어 후사로 세웠고 또 세운 지도 오래 되었는데 갑자기 축출한다는 것은, 학옹이 남의 밭을 가로질러 가서 소를 빼앗겠다는 것과 다를 바 없으니[22] 문식도 마음이 편안하지 않을 것이다.

문식이 지도를 고소한 소장을 보면, 심하게 죄를 가하겠다는 것은 아니고 다만 "마음이 비뚤어져서 남의 말을 잘 듣지 않습니다"라고 말하고 있을 뿐이다. 마음이 비뚤어진 것은 바로잡을 수 있고 남의 말을 듣지 않는 것은 가르쳐서 고칠 수 있다. 지도는 그 처와 아들을 데리고 (본가로) 돌아갔지만,[23] 조부에 대한 죄와 잘못을 뉘우치고 있고 천리天理에 순응하려고 한다. (학옹을 제외하고) 지도 한 사람만을 후사로 삼게 되면, 학옹은 오랫동안 재산을 집어삼키려고 침을 흘려왔고 (재산이) 이미 도마 위의 고기나 주머니 속의 물건처럼 제 손에 들어온 것이나 다름없기 때문에 결코 소송을 멈추지 않을 것이다. 그러므로 (지도 한 사람을 후사로 세우는 것보다는) 첨청이 두 사람을 후사로 세우자는 주장에 따라 한없는 소송을 끝내게 하는 것이 낫다.

---

21) (앙)자손을 축출하고 후사를 세우는 것에 관한 법에 저촉되지는 않을 것이다 : 이 법의 구체적인 내용은 알 수 없지만, 후사에게 현저한 과실이 있고 관에 의해서 입증된 경우, 입사를 취소할 수 있다는 원칙이 남송대에 확립되었다고 한다(滋賀秀三, 339면 이하 참조).

22) 남의 밭을 가로질러 가서 소를 빼앗겠다는 것과 다를 바 없으니 : 鶴翁蹊人之田, 而奪其牛. 이것은 『左傳』 宣公 11년의 다음과 같은 기사에서 나온 말이다. "抑人亦有言曰, 牽牛以蹊人之田, 而奪其牛. 牽牛以蹊者, 信有罪矣, 而奪之牛, 罰已重矣(소를 끌고 남의 밭을 가로질러 간 것은 분명 잘못이지만 그렇다고 그 소를 빼앗는 것은 지나친 벌이다)." 즉 남의 작은 잘못을 구실로 하여 더 큰 것을 탐하려고 하는 잘못을 비유한 말이다.

23) 지도志道는 그 처와 아들을 데리고 (본가로) 돌아갔지만 : 원문은 志道挈其妻與子婦로 되어 있는데 끝의 婦는 歸의 오기일 것이다.

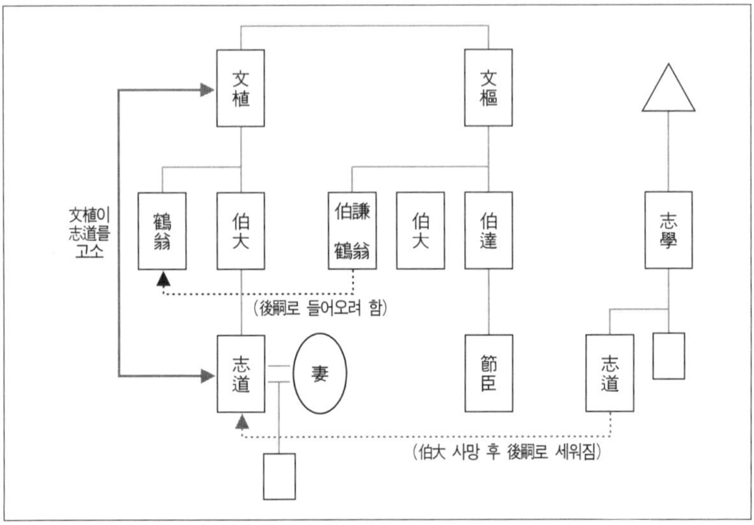

卷7-8조

문식은 노경에 접어들어 살날이 얼마 남지 않았으므로 자손이 효도하고 공경하여 함께 노후를 즐기면 좋을 것이다. 백달과 절신節臣이 함께 주모자가 되어 함부로 소송하는 것을 허락한다면 반드시 가산을 탕진해 버리고야 말 것이다. 왕씨가 큰 불효를 저질러 문식이 심란해 하는 것은 참으로 슬픈 일이다. 옛 시에 "백년이래야 얼마나 되겠는가, 바람 앞에 촛불 같은 것을!" 이라고 읊은 시가 있다.[24] 최고의 효도는 종宗을 승계承繼하는 데 있다. 그래야 노친의 연로를 재촉하지 않을 수 있는 것이다. 문식은 여든을 넘긴 노인이지만 앞으로도 즐겁게 살아 100세의 장수를 누릴 수 있다. 사람의 자손된 자 또한 효양孝養을 극진히 해야 "아아 즐겁구나!"라는 말이 (노친의 입에서) 나올 수 있을 것이다. 매일 빠짐없이 봉양하고 노친의 의향에 따라 노친을 기쁘고 즐겁게 해드리고, 윤리와

24) 백년이래야 얼마나 되겠는가, 바람 앞에 촛불 같은 것을! : 百年能幾時, 奄若風中燭. 이 시詩는 송의 郭茂倩輯, 『樂賦詩集』 권41, 「古辭」 「怨詩行」에 보이는 "百年未幾詩, 奄若風吹燭"을 인용한 것이다.

도의道誼를 지켜 노친의 연로를 재촉하는 일이 없다면 후사가 될 수 있는 것이다.

이제 학옹과 지도 두 사람을 후사로 세우겠으나 호적을 따로 하고 재산을 나누어 각각 제멋대로 해서는 안 되며 오로지 효 하나로 시종일관해야 할 것이다. 효는 천하의 모든 선善의 근본이다. 홀연히 느끼고 깨달아 열심히 효도하면 천지신명이 보우할 것이고 가도家道도 나날이 융성할 것이다. 혹 그렇지 아니하고 다시 관에 소장을 낸다면 국법이 준엄하니 이번에는 관에서도 결코 적당히 처리하지는 않을 것이다.

9. 후사 문제로 분쟁하는 자는 세워서는 안 된다
爭立者不可立 : 葉巖峰

조득照得.

장개연張介然에게는 세 아들이 있고 개연은 죽었는데 처 유씨劉氏는 아직 살아 있고 장남 장영張迎은 진씨陳氏를 맞아들였는데 아들이 없이 일찍 죽고 말았다. 아마 유씨가 건강하고 형제가 함께 살면서 가산을 아직 분할하지 않고 가사를 모두 모친 유씨의 명에 따랐기 때문에 아들이 죽었어도 과부 (유씨)가 안주할 수 있었던 것이다. 이것은 불행 중 다행이었다. 이제 일족 중의 장달선張達善이 소장을 내어 “숙부 장영이 후사가 없고 내가 소목昭穆이 맞으니 지금 승계해야 할 것입니다”라고 주장하고 있다. 유씨는 백발의 노인이지만 누차 본청에 와서 장씨를 세우는 것을 원하지 않는다고 하는데 그 말이 매우 설득력이 있다.

유씨의 공술을 자세히 검토해보니, 장달선이 승계해서는 안 되는 이유 세 가지가 있음을 알 수 있다. 유씨의 공술에 의하면 “장달선은 생모가 증의鄫醫에게 재가할 때 데리고 간 아들로서 증의의 집에서 양육되어 결국 증씨의 아들이 되었으며 이것은 현의 기록이 있어 증명할 수 있습니다"라고 한다. 또 유씨의 공술에 의하면 "장달선은 원래 장자수張自守의 아들이고 형제는 두 명인데 형 장전로張全老는 방랑하다가 돌아오지 않고 회전淮甸[25]에서 죽었습니다. 자수의 호戶는 호절戶絶이 되었으므로 만약 장씨를 승계하는 것이라면 자수의 호를 승계해야 할 것입니다"라고 한다. 이 주장 역시 도리에 맞는 말이다. (장달선은) 어찌 양육해 준 가家를 버리고 생부의 후사를 끊으면서 도리어 타인의 후사가 되겠다는 말인가? 이것이 첫 번째 안 되는 이유이다.

법은 "입사는 조부모와 부모의 명에 따라야 한다. 만약 일가가 모두 호절이면 친족 존장의 뜻에 따른다"라고 규정하고 있다. 지금 모친 유씨가 생존해 있고 과부 진씨도 건재하므로 입사하려고 한다면 당연히 일족 중의 훌륭한 자제를 골라서 유씨와 진씨의 의향을 물어보아야 할 것이다. 장달선은 이 점을 생각지 않고 반대로 족장 장상도張翔道의 서장을 갖고 당연히 (자기를) 후사로 세워야 한다고 하는데 참으로 일방적인 주장이며 근거를 왜곡시키고 있다. 더구나 장달선이 직접 그린 가계도에는 원래부터 장상도라는 이름은 없으니 그는 분명히 친족이 아니다. 어찌 친조모의 명은 거부하고 제멋대로 먼 족인의 주장에 따라 억지로 남의 후사가 되겠다는 것인가? 이것이 두 번째 안 되는 이유이다.

또 장달선의 공술을 보면 달선은 유씨를 숙조모叔祖母라 부르고[26] 진씨를 숙모(숙심叔嬸)라 부르고 장초상張肖祥과 장재張梓를 당숙이라 부르고 있다. 존비尊卑의 명분은 범할 수 없는 것인데 지금 장달선의 공술을 보면 첫째는 진씨를 소환시키려고 하고 둘째는 두 숙부를 강제로 출두시키려고 하고 셋째는 "늙어빠진 노파 아유阿劉를 출두시켜라"고 하면서 협박하고 심지어는 "가산을 불법으로 기탁했다"고 무고하였다. 소동을 일으켜 빨리 후사를 세우려고 하고 있으니 참으로 불효자이다. 존장을

25) 회전淮甸 : 회전은 지명이 아니라 회수淮水 주변이라는 뜻이다.
26) 달선은 유씨를 숙조모叔祖母라 부르고 : 원문은 達於取劉氏爲叔祖母. 이 문장은 앞의 達於取를 達善於로 고쳐 읽어야 할 것이다.

이처럼 불손하게 대하고 있는데 만약 승계를 시킨다면 그 다음에는 틀림없이 조부모와 부모(중친重親)를 효양하지 않을 것이고 두 숙부도 공경하여 모시지 않을 것이다. 반드시 윗사람을 범하고 아랫사람을 능멸하며 재산을 차지하려고 싸울 것이기 때문에 평소의 화목은 사라질 것이고 일가의 재산은 텅 비게 될 것이다. 어찌 숙조모의 아들이나 딸을 출두시키고 숙모의 재산을 노리면서 사람의 자손이라고 할 수 있는가? 이것이 세 번째 안 되는 이유이다.

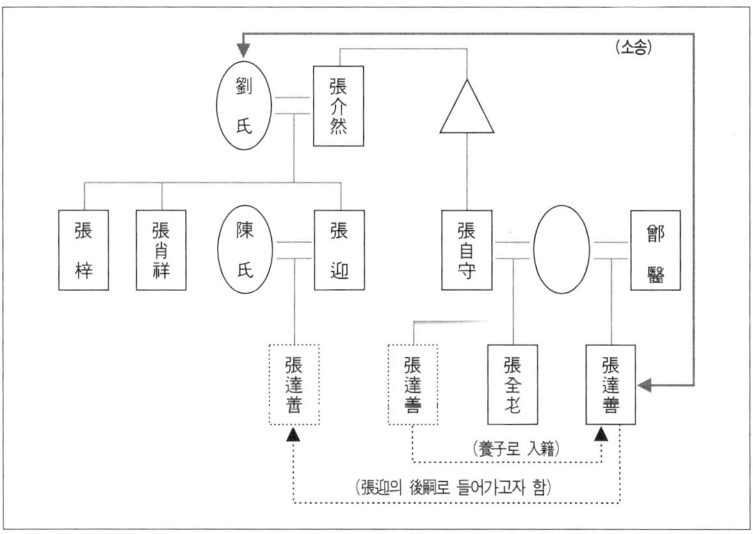

卷7-9조

세간의 정이 부박하여 예의를 아는 자가 적어, 후사를 세우는 것과 같은 중대한 일은 당연히 해야 하는데도 이를 달가와 하지 않는 자도 물론 있지만, 반대로 소송까지 해서 강제로 승계시켜야 한다는 말은 아직 들어보지 못했다. 서로 공격하여 원수같이 된 이상 무슨 낯으로 자제로서의 직분을 할 수 있을 것인가? 장래 악역惡逆[27]의 지경까지 가게 되지 않을 리가 없다. 이러한 풍조는 개혁하지 않으면 안 된다. 이제 유씨에게 명하여 아들과 며느리를 무육하게 하고 손자를 세우고 싶다면 원하든 원하지 않든 모두 유씨의 의향에 따르게 하라. 장달선은 장 80에 처해야 하나 일단 봉안封案(집행유예)한다.[28] 다시 범하면 탁단拆斷(집행)할 것이다.

10. 사위가 후사문제로 싸우다

婿爭立 : 葉巖峰

대증戴贈은 친동생 대성戴盛과 동거하면서 한솥밥을 먹고 형제의 우의가 아주 돈독했다. 대성은 미혼으로 아들이 없었기 때문에 진아육陳亞六을 젖먹이 때부터 수양해서 후사로 삼았다. 올해 진아육의 나이는 47세인데 아채阿蔡를 처로 맞이하여 아들 둘을 얻었다. 불행히도 대성은 먼저 죽었고 대증은 조카(대성의 양자)를 양육하여 자신의 아들 이상으로 돌봐주었을 뿐만 아니라 재산도 반분하여 주었으니 참으로 본분을 아는 백성이라고 할 만하다.

그런데 어찌된 일인지 사위 서문거徐文擧가 분수를 모르고 (재산을 차지하려는) 욕심을 품고, 갑자기 현승청縣丞廳에 "처의 일족이 나의 차남을 대성의 후사로 세우려고 하지 않습니다"라고 고소했다. 이에 서문거의 장인이 되는 87세의 노인 대증은 분노하여 지팡이를 짚고 와서 현과 부

27) 악역惡逆 : 십악十惡 중의 하나에 들어가는 대죄로서 "친親 살해의 예비음모 및 친에 대한 폭행 또는 근친존장의 살해 등을 가리킨다. 유교 윤리에서 보아 최대급의 범죄이고 그 형벌은 모두 참수이고 사면이 있어도 감형되지 않는다." 『宋刑統』 권1 「名例律」, 十惡 참조.

28) 일단 봉안(집행유예)한다 : 봉안은 말 그대로는 판결문을 봉하여 안案(본건 문서철)에 첨부해둔다는 뜻일 것이다. 봉안과 반대로 판결문을 개봉하여 형을 집행할 때는 탁봉柝封이라 한다. 봉안은 보통 탁봉과 함께 쓰이고 있는데 예를 들면 판 제12조, 『청명집』 권13, 告訐服內親이 있다. 이 판어에는 柝封이 折封으로 오기되어 있다(淸明集研究會, 『名公書判淸明集(懲惡門)譯注稿』 3, 133면, 주8). 봉안에 관한 논고로는 愛宕松男, 「封案~柝斷の制－宋代における執行猶豫刑について」, 『東方學會創立二十五周年記念東方學論集』, 1972가 있다.

로 사위의 비의非義를 두루 고소하며 조카(대성의 양자)를 위해 분투했다.

본건의 문서를 보면 서문거는 허위로 고소장을 쓰고 제멋대로 소송을 하고 있으며 친척간의 우의는 거의 없는 자라는 것을 알 수 있다. 처의 외숙 대육칠戴六七이 제부弟婦와 간통했다고 고소한 것은 첫 번째 죄라고 할 것이다. 처숙부 대성이 궤명입호詭名立戶[29]했다고 고소한 것은 두 번째 죄라고 할 것이다. 처제 대응손戴應孫이 칼로 살인을 했다고 무고한 것은 세 번째 죄라고 할 것이다. 이러한 모욕들은 처의 일족을 원수같이 보고 장인을 타인처럼 대하는 것인데 그래도 자신의 어린 아들을 처삼촌의 후사로 세우려고 한다는 말인가? 더구나 남의 후사를 폐하고 자신의 아들을 세우겠다니 그런 법령이라도 있다는 말인가? 만약 응징하지 않으면 서문거의 고소는 끊이지 않아 처의 일족은 소동에 계속 휘말릴 것이고 노령의 장인 대증은 죽어도 눈을 감지 못할 것이다.

서문거를 장 80에 처한다. 재범再犯하면 압송해 와서 별도로 처벌하라. 지부에 상신하여 조회받도록 하라.

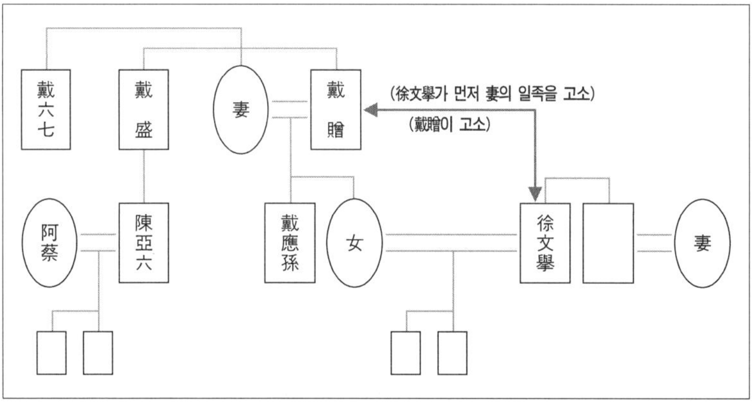

卷7-10조

29) 궤명입호詭名立戶 : 권4, 제4조 참조.

11. 하상[30]의 경우에는 입계할 도리가 없다
下殤無立繼之理 : 葉巖峰

조대照對.

주운간朱運幹[31]에게는 두 아들이 있는데 장남은 사호참군司戶參軍의 등과登科이고[32], 차남 힐승詰僧은 10세로 요절하였다. 그런데 하상자下殤者를 위해 입사한다는 도리는 들은 적이 없다. 주운간은 연민의 정에 이끌리고 또 족인에게 선동되어 드디어 주원덕朱元德의 아들 주개옹朱介翁을 힐승의 후사로 세웠다가 곧 후회하고 현에 소장을 내어 (주원덕을) 본가에 돌려보낸 지 이미 몇 년이나 지났다. 최근 주운간이 죽었는데 시신의 온기가 가시기도 전에 주원덕의 소송이 시작되어 이제 다시 아들 개옹을 (주운간의) 손자로 세우려고 하고 있다. (주원덕의 장남인) 주사호朱司戶는 상중에 있어[33] 재판정에 나가 싸우는 것을 원하지 않고 결국 족인의 화의和議에 따라 전 5백관족[34]을 내어서 주원덕에게 주었다. 이것은 정당한 명분이 없는 것이었지만, 아마 주사호의 의도가 안정을 바랐기 때문이었을 것이다. 주원덕은 이미 동전을 수령했다는 증서를 쓰고 또 "(화의를

30) 하상下殤 : 8세 이상 11세 이하에 죽은 경우를 말한다. 상殤이란 20세를 넘기지 못하고 일찍 죽는 것을 말하는데 그중에서도 장상長殤, 중상中殤, 하상下殤으로 구별한다. 『儀禮』「喪服」에 "年十九至十六爲長殤, 十五至十二爲中殤, 十一至八歲爲下殤, 不滿八歲以下, 皆爲無服之喪"이라고 한다.

31) 운간運幹 : 전운사간변공사轉運司幹辨公事의 약칭. 북송 희령熙寧 때 처음 전운사轉運司에 구당공사勾當公事를 두었는데 남송 고종高宗의 휘諱 '구構'를 피하여 구당을 간변幹辨으로 개칭했다.

32) 장남은 사호참군司戶參軍의 등과登科이고 : 원문은 長司登科. 司 다음에 戶가 결자缺字로 후문에 의해 보충하여 해석한다.

33) 상중喪中에 있어 : 在苫塊之中. 부모의 상을 입는 것을 말한다. 『儀禮』「喪服」에 "居倚廬, 寢苫枕塊"라고 하여 부모가 죽었을 때는 여막廬幕으로 거처를 옮겨, 거적자리를 깔고 흙뭉치를 베개로 하여 잔다는 것에서 온 말이다.

34) 전錢 5백관족足 : 족足이란 동전 100개를 100문文으로 사용하는 것을 말하며 정식으로는 족맥足陌이라고 한다. 중국에서는 송대뿐만 아니라 100개 미만의 동전을 100문으로 사용하는 단맥短陌, 성맥省陌 등으로 불리는 관행이 있었는데, 이것과 구별해서 족을 붙여 부르는 것이다.

지키지 않는 경우는) 벌금 2천관(을 낸다)"는 서약서도 썼다. 글의 내용 및 필적은 뚜렷하고 일족 즉 주수병朱修炳 등이 모여 한 사람씩 서약서 뒤에 서명을 하고 있고, 또 한 장은 관에서 보관 중이다.

그런데 생각지도 않게 주원덕은 이미 화의를 했는데도 다시 소송을 하고 주수병은 또 따라서 허위 증언을 하며 "우리들이 쓴 서약서는 증거로 사용할 수 없습니다"라고 하고 있으니 이길 수가 있는가? 일속의 정의情誼가 각박하고 탐욕이 한도 없음을 알 수 있다. 이처럼 다시 계략을 꾸며 돈을 뜯어내려는 구실을 만들려고 하는 것을 보면 설사 주사호가 재산을 다 끌어 쓴다 해도 그 끝없는 욕망을 채워주지는 못할 것이다.

허위 소장을 낸 자를 징벌하고 싶지는 않다. 주사호에게 명하여 선친의 명을 준수하여 힘써 주개옹을 밀어내고 인정 없는 일족에게 흔들리지 않도록 하라. 금후 주원덕이 다시 고소한다면 반드시 화의서약서에 따라 소환하여 벌금(2천관)을 내게 하고 처벌한다.[35] 사부에 회신하여 조회받도록 하라.

贖屋

12. 이미 양자가 있는데 후사를 세우는 것은 부당하다
已有養子, 不當求立 : 葉巖峰

조득照得.

아진阿陳은 형수이고 장양중張養中은 시동생이다. 형수는 버린 자식을

35) 소환하여 벌금(2천관)을 내게 하고 처벌한다 : 원문은 追人罰錢斷罪. 上海圖書館校勘本에 따라 人을 入으로 고쳐 해석한다.

세워 손孫으로 삼으려고 하고 시동생은 자기의 아들을 후사로 세우려고 한다. 형수와 시동생이 싸우고 있으니 일족의 도의道義는 온데간데없다.

법은, "호절이 되어 명계命繼할 경우 근친의 존장의 명에 따른다"라고 규정하고 있다. 또 "남편이 사망하고 처가 생존해 있으면 처의 뜻에 따른다"라고 규정하고 있다. 아진은 남편 장양직張養直이 사망한 후 이미 30년을 수절하면서 하나밖에 없는 친아들 장이옹張頤翁을 길렀는데 (이옹이) 24세로 요절하자 마침내 이옹을 위해 후사를 세웠다. (전자의 법에 규정된 바와 같이 존장이라고 하는) 조모의 명命을 갖고 논한다면 마음대로 아들을 위해 어린 손孫을 세울 수 있고 과부가 된 형수의 지위를 갖고 논한다면 시동생보다 (형수의 의향이) 더 존중되지 않겠는가? "존장의 명에 따라 후사를 세운다"는 법에도 전혀 저촉되지 않는다.[36]

또 법은, "버린 자손 3세 이하의 자를 수양한 경우, 이성異姓이라도 친자손의 법과 같이 처우한다"라고 규정하고 있다. 장이옹은 소정 3년(1230)에 사망했는데 모친 아진이 그해 버려진 세 살이 안 된 아이를 거두어 손으로 삼고 이름을 동조同祖라고 하였다(라고 아진은 진술하고 있다). 당청에서 조사해보았더니 이제 여덟 아홉 살로 (아진의) 진술이 허위가 아님을 알 수 있다. (앞의) 버린 자식의 양육에 관한 법으로 따져보아도 확실히 타당하다. 또 법은, "무릇 자손이 없는 경우 소목이 맞는 자를 세우는 것을 허락한다[37]"라고 규정하고 있다. 아진은 스스로 이옹을 위해 후사를 세우기를 원한 것이고 아들에서 손자로 세대의 순차가 잘 맞는다. 더구나 법은 또한 "무릇 자식이 없어 손을 세우는 것은 허락한다"[38]라고 규정하고 있다. 지금 장양중은 반드시 차남 장아애張亞愛를 후

---

36) 앞에서 두 개의 법을 인용하고 있는 점을 생각하면, 이 문장의 뒤에 〈"남편이 사망하고 처가 생존해 있으면 처(의 뜻)에 따른다"는 법령에 비추어 보아도 장애가 되는 점은 없다〉라는 문장이 빠져 있는 것은 아닐까 생각한다.

37) 소목이 맞는 자를 세우는 것을 허락한다 : 원문은 '許乞昭穆相當者'인데 乞은 立의 오기로 보고 고쳐 해석한다.

38) 무릇 자식이 없어 손을 세우는 것은 허락한다 : 원문은 許無子立孫者聽. 앞의 許는 아

사로 세우려고 하지만 그렇게도 모르겠는가? 아애는 이옹의 동생이므로 만약 동생을 손자로 세운다면 곧 천륜이 문란해진다는 것을! 소목昭穆이 맞아야 한다는 법에 전혀 부합하지 않는 것이다. 이제 아진에게 동조를 수양하여 손으로 삼도록 명한다. 장양중의 진술은 법에 저촉되지만 형 집행을 유예한다.[39)]

13. 관에서 두 딸이 받은 토지를 관장하여 입계자에게 주어 제사를 받들게 하다
官司幹二女已撥之田, 與立繼子奉祀

본건 서류를 인출하여 조사해보니, 황행지黃行之는 후사가 없고 두 딸만 있는데 장녀는 9세이고 차녀는 유아幼兒이다. 지금 (황행지를) 위하여 소목昭穆이 맞는 이를 세워 후사로 삼았다. 지금 두 딸 명의의 가산 중 아직 미정의 결혼지참금 중에서 삼분의 일을 (관에서) 관장하여 입계자立繼子에게 주어 제사비용으로 쓰게 하면, 대를 잇는다는 의義와 딸들에게 균등히 분급한다는 법[40)]을 모두 만족시킬 수가 있고, 황씨의 대도 이어질 것이다. 방장房長에게 (이 판결을) 보여주고 공평하게 재산을 분할하고 상신하라.

마 諸의 오기일 것으로 보고 고쳐 해석한다. 만약 오기가 아니라면 뒤의 聽이 없어야 할 것이다. 한편 이 인용문에 대해서 高橋芳郎은, 원래부터 아들이 없는데 아들을 건너뛰고 손자를 후사로 세우는 것도 허용한 것이 아니라, 본 판어에서처럼 죽은 아들을 위해서 후사를 세우는 것을 대상으로 한 것이라고 지적하고 있다. 高橋芳郎, 2001, 94면, 주1 참조.

39) 형 집행을 유예한다 : 寄斷. 기寄는 예치한다는 것이므로, 기단寄斷은 집행유예라는 뜻이 된다.

40) 딸들에게 균등히 분급한다는 법 : 均給諸女之法. 이 법은 다음 조의 판어에 나오는 '諸戶絶財産盡給在室諸女, 歸宗女減半'이라는 법을 가리킨다. 또한 이 법은 『청명집』 권4, 권8의 판어에도 인용되고 있다.

14. 입계에 근거가 있다면 호절이 아니다
立繼有據不爲戶絶 : 司法擬

조득照得.

호혼戶婚에 관한 소송은 간단한 일이 아니다. 재판관이 인정을 참작하고 법률에 의거하여 일을 공평하게 처리하지 않는다면 소송은 치열하게 끊임없이 계속되어 가산을 탕진하지 않고는 그치지 않을 것이다. 사건은 본사에 접수되었고 법은 구비되어 있으니 오직 시비를 명확히 밝히고 인정에 맞추어야 할 것이다.

오침吳琛에게는 딸 넷과 아들 하나가 있는데 이 점은 가계도에 명백히 기재되어 있다. 장녀 오이십사낭吳二十四娘은 석고石高의 처이고, 차녀 오이십오낭吳二十五娘은 호인胡闉의 처이며, 아들 오이십육吳二十六 즉 오유룡吳有龍은 현재 이성異姓으로서 입사한 자이다. 삼녀 오이십칠낭吳二十七娘은 듣는 바로는 이미 허씨許氏에게 시집을 갔다고 하고, 막내딸 오이십팔낭吳二十八娘은 고소장에는 아직 미혼이라고 되어 있다. (이상과 같이) 형제자매의 서열이 정렬되어 있는 이상 구차하게 시작된 이 소송은 쉽게 결말을 지을 수가 있다.

석고와 호인은 데릴사위이니 사리事理로 말하자면 사위와 같은 것이다. 만약 오침이 두 사위에게 노후를 의탁하려고 했다면 생전에 이성異姓의 아들을 후사로 세웠을 리가 없다. 이전에[41] 여구閭丘(즉 현재의 오유룡)를 세워 대를 잇게 하고 다시 이씨를 맞아들여 그의 처로 삼게 한 것은 모두 이유가 있어서 한 일일 것이다. 오랜 세월이 지나 손자도 생겨 자손이 늘어나고 일가가 부자 형제 모두 여러 해 동안 오래 안주하며 이제껏 별 말이 없었는데 어느 날 갑자기 소송이 일어난 것은 무엇 때문인가? 그것은 오유룡이 부당하게 오침의 아들이 되었기 때문이라는 것이 아닌가! 그렇다면 오침이 죽었을 때 참최斬衰[42]의 상복을 입은 것은 두

41) 이전에 : 원문은 阿. 上海圖書館校勘本에 의해 向으로 고쳐 해석한다.

사위가 입었는가? 유룡이 입었는가? 유룡이 입지 않았는가! 또한 소송이 일어난 두 번째 원인은 유룡이 오이십사낭 등의 형제가 아니기 때문이라는 것이 아닌가? 그렇다면 유룡이 죽었을 때 대공大功의 상복을 입은 것은 자매들이 입었는가? 다른 사람이 입었는가? (자매들이 입었으므로 유룡은 오이십사낭 등의 형제인 것이다.) 더구나 유룡이 (부친 오침을) 잘 섬기고 (사후에는) 장례도 잘 치러 아들로서의 책임을 극진히 하였는데도 그를 아들이 아니라고 하는 것은 안 될 말이다. 만약 유룡이 친자식이 아니어서 의남義男[43]이라고 부르고 싶다면, 오이십사낭은 왜 오침이 죽을 무렵, 아직 명위名位(상속자로서의 법적인 지위)가 확정되지 않았을 때 고소하지 않고 하필 유룡이 죽은 다음에야 고소한 것인가?

법은, "무릇 의자손義子孫 및 (의자손을) 양육한 조부모나 부모가 모두 사망한 경우, 혹은 의자손 본인이 살아 있어도, 생전에 양육한 조부모나 부모가 모두 사망한 경우, (양자의 지위를 놓고) 고소를 당하거나 의자손 자신이 고소해도 관사는 수리할 수 없다"라고 규정하고 있다. 또 법은, "이성異姓 3세 이하는 모두 수양을 허락하고, 양부의 성으로 바꾸어 양자로 삼은 가家에서 관에 신고하여 호적에 등록하여 친자손과 같은 법을 적용하는 것을 허락한다. 호적에 등록을 하지 않아도 관에서 조사하여 사실이라면 법에 따른다"라고 규정하고 있다. 유룡은 성이 다른 아들이지만 최초에 후사로 세웠을 때 이미 그 성을 바꾸었고 (유룡의) 친부가 죽은 후 오침이 소장을 낸 적이 있었는데 (관에서는) 다시 증명서를 발급

---

42) 참최斬衰 : 참최 및 뒤에 나오는 대공大功은 복상服喪의 제도로서 참최는 아들이 아버지에게 처가 남편에 대해 입는 상복이고 대공은 조부祖父를 같이 하는 자에 대해 입는 상복이다. 여기서 유룡有龍이 오침吳琛에 대해 참최의 복을 입었다는 것은 그가 오침의 아들이라는 것을 확증하는 근거로서 제시한 것이다.

43) 의남義男 : 양자 중에서도 승계를 위한 법률상의 양자를 '사자嗣子'라고 하고 그렇지 않은 양자는 의남이나 의자義子라고 한다. 대개 송대 이후 승계를 위한 법률상의 양자를 '사자'라 하고 사실상의 은혜로 키운 양자를 '의자'로 구분했다. 의자를 들이는 것도 사자의 경우는 '과계過繼' '과방過房'이라 하고 후자의 경우는 '걸양乞養'이라고 했다. 滋賀秀三, 『家族法』, 576면 참조.

하여 확인을 해주었다. 그렇다면 오유룡을 의남이라고 할 수는 없다. 호인은 또 “오씨의 재산은 두 사람의 사위가 처가의 재물을 운용해서 불린 것입니다”라고 하며 네 딸들에게 나누어 귀속시키려고 하지만, 법은 그렇게 되어 있지 않다. 법은 “무릇 데릴사위가 처가의 재물을 운용해서 재산을 늘렸다면 호절戶絶하는 날에는 데릴사위에게 3할을 준다”라고 규정하고 있다. 지금 오침에게는 이미 본인이 세운 자손이 있기 때문에 호절에 비할 수는 없다. 그런데 어찌 갑자기 호절이라고 주장하며 가산을 분할하려고 하는가?

쌍방이 고소의 근거로 삼는 바를 가만히 생각해보면, 유언과 현의 증명서가 있다. 그 이른바 유촉이라는 것은 입에서 나온 것인가? 아니면 종이 위에 쓴 것인가? 만약 종이 위에 쓴 것이라고 한다면 반드시 관에 제출하여 그것이 사실임을 밝혀야 한다. 만약 입에서 나온 말이라면 아마 대단히 방만하여 증거로 삼기에 충분하지 못할 것이니 사람들을 설득할 수 없을 것이다. 한편 이른바 현의 증명서라는 것은 본현에서 발급한 두 통이 있다. 아도阿涂의 증명서에는 ‘1세의 유아乳兒’라고 기재되어 있고 오림吳琳의 증명서에는 그 부분이 ‘남자 7세’라고 고쳐져 있다. 유룡이 분명히 7세의 남자라면 법적으로 후사로 세울 수 없고 현에서는 ‘1세의 유아’라는 증명서를 발급할 리가 없다. 또 유룡이 분명히 1세의 유아라면 법적으로 후사로 세울 수 있다. 오림은 부당하게도 ‘일一’을 ‘칠七’이라 하고, ‘유乳’를 ‘남男’이라고 하고 있는데 시시비비가 여기서 명백히 드러나고 있다.

그러나 이 소송은 분명 오등 모자가 일족의 윗사람이나 아랫사람과 화합하지 못하고, 이십팔낭이 나이가 차도 결혼을 시키지 않은 데서 비롯된 것이다. 여러 사람의 노여움은 막기 어렵고 한 사람의 욕망은 이루기 어려운 법이다.44) 이 때문에 이십팔낭은 팔려나갈 것이라는 소송을

44) 여러 사람의 노여움은 막기 어렵고 한 사람의 욕망은 이루기 어려운 법이다: 衆怒難犯, 專欲難成. 『左傳』 襄公 10年條에 보이는 자산子産이 “衆怒難犯, 專欲難成. 合二難以

일으키게 된 것이다.

조지현趙知縣은 그 사정을 깊이 통찰하여 결국 "가산을 균분하고 혼인을 의론하라"는 판결을 내렸다. 그러나 이십사낭 등은 육친의 의義를 중시하지 않고 다시 (조지현의 판결을 근거로 삼아) 공격했다. 그러나 그들은 출가한 딸에게 가산을 분급한다는 법령은 없으나 미혼의 딸에게는 재산을 분급한다는 법령이 있다는 사실은 전혀 생각지 않고 있다. 즉 "무릇 가산을 분할할 때 미혼의 아들에게는 빙재聘財를 주고, 고모나 자매로 미혼인 자 및 귀종녀歸宗女에게는 가자嫁資를 주고, 아직 결혼적령기가 되지 않은 자매에게는 별도의 재산을 주는데 그 액수는 가자嫁資의 액수를 넘을 수 없다"라는 법이 있는 것이다. 또 "무릇 호절의 재산은 모두 재실녀在室女에게 주고 귀종녀는 (재실녀의) 반분으로 한다"라는 법령도 있다.

이십사낭 등은 부친의 창업의 노고를 생각하여 서로 함께 고난이나 위기를 헤쳐나가 오씨 일가의 생계를 이어나가려는 생각은 하지 않고 어느 날 갑자기 호인에게 미혹당해 오히려 부친이 후사로 세운 아들을 (양자가 아닌) 의자義子라고 하여 남은 재산을 분할하려고 했다. 아버지의 딸이면서 이렇게 해야 되겠는가? 지금 오유룡이 후사가 된 것에 대해서는 현의 증명서가 있어 이를 증명할 수 있으므로 법에 따라 가산의 승계를 허락해야 할 것이다. 이십팔낭은 이미 성년이 되었다. 법은, "남자는 15세, 여자는 13세 이상이면 혼인을 허락한다"라고 규정하고 있으므로 오직 법에 따라 가자嫁資를 지급해야 할 것이다. 그러나 오랫동안 오씨의 가家에 있으면 만약 빙물聘物을 주어도 필시 전부 없어져버릴 것이고 또 창대倉臺[45]의 고아를 돌보라고 지시하신 뜻을 저버리고 말게 것이다.

오등 모자에게 명하여 이십팔낭을 맞이하러 오게 하여 고모와 조카간의 예를 극진히 하고 즉시 배우자를 찾도록 한다. 지연시켜 다시 소송

安國, 危之道也"라고 한 데서 온 말이다.

45) 창대倉臺: 권6, 제10조의 주 참조.

을 야기하는 일이 없도록 하라. 호인 등은 이를 보고 의를 잊어버려 위법행위에 관여하거나, 붓 한 자루로 관부를 흔들며 끝까지 소송을 해서는 안 된다. 이십칠낭이 이미 허씨에게 시집을 갔다든가 혹은 팔려서 의녀義女가 되었다고 하는 점에 대해서는 소송이 시작된 이래 지금까지 철저히 심문하지 않았고 또 의거할 혼서婚書도 없다.

통성현通城縣[46]에 공문을 보내어 물어보고 처리하도록 한다. 문제의 본건의 담당자가 호절의 경우 재산을 딸에 나누어준다는 법을 인용한 초안은, 본사本司에서는 검단檢斷할 수가 없으므로 창대에 상세하게 상신하여 조회 받도록 한다.

관견은 이와 같으니 각하의 판결을 받도록 하라.

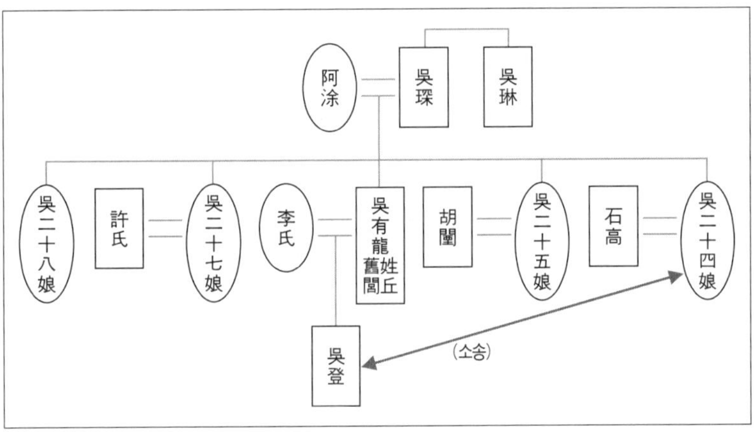

卷7-14조

46) 통성현通城縣 : 형호북로荊湖北路 악주鄂州의 속현(현 호북성湖北省 통성현通城縣).

15-1. 모친이 명한 아들과 동족의 아들 두 사람을 후사로 세우다. 통성현지현의 판결원안
雙立母命之子與同宗之子：通城宰書擬[47)]

조득照得.

천지가 제자리를 잡자 성인聖人은 이를 본받아 예를 정하고 법을 만들었다. 부인이 남편을 따르는 것은 신하가 임금을 섬기는 것과 같은 것이다. 정녀貞女가 두 남편을 따르지 않고 충신이 두 임금을 섬기지 않는 것은 참으로 천지의 대의大義이며 인륜의 대절大節이다. 그래서 공강共姜이 백주栢舟의 맹서盟誓를 하고,[48)] 이씨李氏가 단비斷臂의 정절을 보인 것[49)]이 (시경詩經) 국풍國風에 빛을 발하고 역사에 칭송받게 된 것이다. 결코 하나의 선행善行에 불과하다고 할 수는 없다. 아모阿毛도 이들처럼 매서운 정절을 보여주었다.

황정길黃廷吉 친형제 네 명 중 위의 두 형은 정진廷珍, 정신廷新이고 동생은 정수廷壽이다. 정길은 모씨毛氏를 처로 맞이했는데 단평端平 원년(1234) 5월에 정길은 단명하여 세상을 떠났고 자식은 없었다. 당시 모씨의 나이는 겨우 23세였고 종신 의탁할 만한 아들 하나 없었고 다만 두 딸이 있었는데 모두 요절하였던 것이다. 모씨는 분연히 수절하겠다고 스스로 맹서했는데 이것은 참으로 사람이 하기 어려운 일이다. 나이가 들어 수절하는 것도 존경할 일인데 젊어서 수절하는 것이기 때문이며 아

47) 통성재서의通城宰書擬 : 재宰는 여기서는 현재縣宰 즉 지현知縣을 가리킨다. 서의書擬란 의擬, 의판擬判, 의필擬筆 등이라고도 하는데 판결원안을 말한다. 후계자 문제는 현에서 판결할 수 있는 것인데, 여기서는 제거사提擧司로부터 되돌아온 것에 대해 다시 판결하고 있는 것이므로 서의라고 겸손하게 표현한 것이라고 한다. 高橋芳郎, 2001, 110면, 주1 참조.

48) 공강共姜이 백주栢舟의 맹서盟誓를 하고 : 共姜作栢舟之誓. 이것은 『詩經』 「國風」에 보이는 공강의 노래에 나오는 말이다. 이 노래는 위衛의 태자 공백共栢과 허혼許婚한 공강이 공백의 사후 수절하고 부모가 재혼하라고 권유하는 것을 거절하며 부른 것이다.

49) 이씨李氏가 단비斷臂의 정절을 보인 것 : 李氏勵斷臂之操. 이것은 『五代史記』 권54 「傳日」에 보이는, 왕응王凝의 처 이씨가 팔을 자르면서까지 정절을 지켰다는 고사를 말한다.

들이 있으면서 수절하는 것도 존경할 일인데 아들도 없이 수절하는 것이기 때문이다. 만약 "그것(모씨의 수절)은 황정길의 가산에 마음이 있었기 때문이다"라고 한다면, (황정길의 가산은) 7관의 세금을 내는 정도이기 때문에 전혀 부유한 것이 아니다. 천하에 이보다 더 많은 세금을 내는 집이 어찌 없겠는가?

(모씨가) 황진黃臻을 후사로 세운 이유를 찾아보면 참으로 부득이한 사정이 있었던 것이다. 정길이 죽었을 때 정신은 처를 맞이했지만 아직 자식이 없었고 정수는 정신병에 걸려 미쳤기 때문에 결혼을 하지 못했다. 정진은 아들 셋이 있었으나 아들들은 정길과 연령이 비슷했고 (즉 삼촌과 조카가 나이가 비슷했고) 게다가 정길이 생전에 정진과 평소 사이가 좋지 않아 형제는 관계를 끊고 서로 왕래하지 않았다. 정길이 죽었을 때 정진 부자는 수수방관하고 한 사람도 찾아와서 조문하지 않았고 또 그들(정진의 아들들)이 못났기 때문에(그들을 후사로 세우고 싶지 않았고), 그래서 아모는 그 해 11월[50]에 이모 료씨廖氏의 집을 방문해 (이모의) 차남 법랑法郎을 달라고 하여 정길의 후사로 세우고 이름을 황진으로 개명하였다. 〈이것은 "시마緦麻 이상의 친속의 이성異姓의 자子를 남에게 주어 양육하는 경우, 3세 이하는 그 성에 따른다"는 법에 부합한다.〉[51] 그러나 황진의 입사는 공의公議로 헤아려보면 분명히 아직 명백하지 못한 점이 있다.

지금 모씨가 "남편의 생전에 수양했습니다"고 말하는 것은 이것으로써 이성異姓이라는 명목을 감추어 덮어버리려고 하는 것임에 불과하다. 첫째 신빙할 만한 호적변경증명서[제부지거除附之據]가 없고, 둘째 증명할 만한 종족의 주맹主盟[52]이 없으며, 다만 정길의 사후에 조성한 묘비의 경

50) 11월 : 원문은 十一日. 日은 月의 오기이다. 上海圖書館校勘本에 따라 고친다.

51) 〈〉는 작은 글씨로 된 할주割註이다.

52) 주맹主盟 : 입사立嗣나 결혼을 결정할 때 쌍방의 중간에 서서 결정을 하는 것, 또는 그 사람을 가리킨다. 결혼의 주례와 비슷한 것이다.

부經簿[53]와 모경산毛景山과 황중원黃仲元의 고소 후에 발급된 현의 증명서만으로 증거로 삼으려고 하는데, 이것은 신뢰하기에 부족하다.

옛사람의 말을 잘 들어보면 "죽은 자는 동족이 아닌 자가 바친 공양을 받지 않고, 산 사람은 동족이 아니면 제사지내지 않는다"[54]고 한다. 그래서 증씨鄫氏가 거莒의 공자公子를 후사로 세운 것에 대해 『춘추春秋』에서 "거인莒人이 증鄫을 멸하였다고 하나 거인이 증을 멸망시킨 것이 아니라 증인鄫人 스스로가 멸망시킨 것이다"[55]라고 해석한 것이다. 즉 다른 종족을 후사로 세웠기 때문에 겉으로는 후계자가 있는 것처럼 보이지만 속으로는 사실상 멸망했다는 뜻이다. 그러므로 황진의 입사를 "모인이 황을 멸망시킨 것이다"라고 할 수도 있지 않겠는가? 조상이 고생 끝에 마련한 재산을 외성外姓이 앉아서 차지하는 것에 대해 황정진黃廷珍이 어찌 소송하지 않겠는가?

그러나 (입사에 관해서는) "남편이 사망하고 처가 살아 있으면 처의 뜻에 따른다"라는 명백한 법이 있다. 황진이 후사가 된 지 이미 18년이 지났고, 모자가 서로 평안하여 늘 사이가 좋고 가사를 관장하여 차역差役을 부담하고 토지를 늘렸으므로 털끝 하나 뚜렷한 잘못이 없다. 그리고 (황진의) 백부伯父 성신과 정수가 해마다 선생을 초빙하여 훈육하고 결혼을 주맹主盟한 것에 대해서는 전혀 이론이 없었다. 그런데 최근에 정신과 정수가 잇달아 사망하자 아모와 황진은 드디어 기댈 곳을 잃게 되었다. 이에 정진의 아들 황한룡黃漢龍이 (가산을) 집어삼키려는 욕심을 내어 정진과 공모하여 끊임없이 소송을 일으키게 된 것이다. 그의 의도는 황진

53) 경부經簿 : 의미 미상.

54) 죽은 자는 동족이 아닌 자가 바친 공양을 받지 않고, 산 사람은 동족이 아니면 제사지내지 않는다 : 神不歆非類, 民不祀非族. 『左傳』 僖公 10年條에 보이는, 진晉의 호돌狐突이 태자 신생申生에게 한 말이다.

55) 거인莒人이 증鄫을 멸하였다고 하나 거인이 증을 멸망시킨 것이 아니라 증인鄫人 스스로가 멸망시킨 것이다 : 莒人滅鄫, 非莒人滅之也. 『春秋穀梁傳』 襄公 6年 條에 나오는 기사이다.

을 쫓아내고 자신이 후사로 서려고 하는 것이다. 따라서 전에 주에서 현으로, 현에서 주로 고소한 것은 모두 정진 본인이 한 짓이 아니라 황한룡이 한 짓이다. 정신과 정수에게는 각각 아들이 있는데 그들이 살아 있을 때는 왜 한 번도 고소하지 않았는가? 두 사람이 사망하자 곧 소송이 일어난 것을 보면 역시 황한룡이 이 틈에 (가산을) 노리려고 하는 것을 알 수 있다.

제거사提擧司 각하는 (황정진과 황한룡의) 심중을 통찰하시어 그 계략에 빠지지 않고 다음과 같은 명령을 내리셨다.

"아모와 황진을 현으로 압송하고, 황정신과 황정수의 아들과 조카 8명에게 명하여 당청(현청縣聽)에서 아모 스스로 후사를 선정하게 하라. 그 외에 아모의 현존하는 가산은 양분으로 나누고 (그 분재문서分財文書를) 관에 제출하여 관인을 찍어 황진 및 새로 후사가 된 자에게 주어 각자가 보관하기로 하고, 일단 아모가 관리하게 하라."

본현은 명령에 따라 아모와 황진을 압송받아 황정신과 황정수 두 사람의 아들과 조카 8명[56]을 소환하고, 당현에서 아모가 황정신의 차남 황우룡黃禹龍을 이미 선정했기 때문에 (황정신과) 함께 후사로 세웠다. 그리고 모씨에게 (입사에 관해 발급된 증명서의) 수령서를 받아 현에 넘겼다. 가산분할 건에 대해서는 곧 아모의 남편 황정길의 관서關書 및 전당잡은 호戶의 재산 증서를 찾아오게 하고, 문인文引을 준비해서[57] 오절감댁鄔節監宅의 아인牙人[58] 동정걸董丁傑을 파견하여 보증인으로 삼은 후, 황씨의 족장을 소집하여 황정길의 재산을 공평하게 양분으로 균분했다.

---

56) 황정신黃廷新과 황정수黃廷壽 두 사람의 아들과 조카 8명 : 원문은 黃廷壽兩位子姪八人. 그러나 앞에 黃廷新이 누락되어 있다.

57) 문인文引을 준비해서 : 備引. 인引은 문인文引을 말하는데 문인이란 관에서 서리나 아역衙役, 백성에게 대해서 발행하는 지령서나 허가증 등을 가리킨다.

58) 아인牙人 : 거래를 알선하거나 중매仲買를 하는 자.

15-2. 제거상평사의 속료에 의한 판결원안

倉司擬筆

"무릇 자손이 없는 경우, 동족의 소목이 맞는 자를 수양하여 자손으로 삼는 것을 허락한다."[59] 이것은 법이다. "무릇 자손을 남에게 주거나 또는 버린 자식인 경우, 이성異姓이라도 3세 이하의 자라면 수양하여 양부의 성에 따라 수양한 가家가 관에 신고해서 호적에 등록하는 것을 허락하고 친자손의 법을 적용한다"는 것도 법이다.

"자손이 없는 자는 동족을 수양하여 자손으로 삼는다"고 한 이상, 동족이 아니면 후사로 세워서는 안 되는 것이다. (그러나 이와 반대로) "이성이라도 수양을 허락하고 친자손의 법을 적용한다"는 또 하나의 법이 있는 것은 무엇 때문인가? 나라에서 사람의 후사를 끊는 것보다 중시하는 것은 없기 때문이다. 만약 반드시 "동족을 양자로 삼는다"고 하여 이성을 후사로 세우는 문을 닫아버리면 동족 중에 후사로 세울 만한 자손이 없거나,[60] 혹은 있어도 후사가 되는 것을 감당하지 못하고, 혹은 후사가 되는 것을 감당한다 해도 양자의 가와 친부모의 가가 불화하여 저쪽이 원하지 않으면 이쪽도 바라지 않는다면, 힘들여 후사가 된다 해도 은의恩義가 없을 것이다. 그렇게 된다면 참으로 처리하기 어려운 문제가 된다. 그래서 이성의 문을 열어서 이성을 세우는 것을 허락한 것이다. 황정길과 모씨가 황진을 세운 것이 이에 해당하는 사례이다.

황정길 형제 4인이 처음 후사를 세울 때 두 사람은 아들이 없었고 정진 한 사람만 아들이 있었는데 그 나이가 황정길과 거의 같아서 세울 수 없었던 것이다. 법은, "자손이 없어서 동족의 소목이 맞는 자를 수양하는 경우, 생전에 양자로 삼은 자는 반드시 양부의 나이보다 적어야 한다"

59) 동족의 소목이 맞는 자를 수양하여 자손으로 삼는 것을 허락한다: 원문은 聽養同宗昭穆相當爲子孫. '相當' 뒤에 '者'가 누락된 것 같다.

60) 동족 중에 후사로 세울 만한 자손이 없거나: 원문은 同宗或無子孫少立. 소少는 高橋芳郎의 추정대로(高橋芳郎, 2001, 115면, 校勘4) 可의 오기로 본다.

라고 규정하고 있다. 이것은 륭흥隆興 연간(1163~1164)의 칙勅이다. 칙령소勅令所[61]의 간상看詳[62]에는 "모친이 수양한 경우라도 역시 모친의 나이보다 적어야 한다"라고 규정하고 있다. 즉 모씨가 황정진의 아들을 수양하지 않았던 것은 바로 상기의 법과 부합하는 것이며 의논의 여지가 없다. 또 법은, "호절가戶絶家의 후사를 세우려고 하는 경우, 절가의 근친의 존장의 명계命繼를 얻으면 이를 허락한다"라고 규정하고 있으며 또 "남편이 사망하고 처가 살아 있으면 처의 뜻에 따른다"라고 규정하고 있다. 칙령소의 간상은 "만약 생전에 양자를 수양하지 않고 부부가 모두 사망하여 근친이 그들을 위해 후사를 의정議定한 경우를 계절繼絶이라고 한다. 만약 부부가 모두 사망했어도 조부모나 부모가 살아 있어 손자를 수양한 경우, 혹은 남편이 사망하고 처가 살아 있어 양자를 수양한 경우는 모두 계절의 범주에 들어가지 않는다"라고 규정하고 있다.

법의 취지를 상세히 검토해보면 "부부가 모두 사망한 경우는 (조부모나 부모가 있으면) 조부모나 부모가 손자를 후사로 세울 수 있고, 조부모나 부모가 없으면 근친 존장이 명계[63]를 한다"는 뜻이다. (위의 법령들은 입사에 관해 부부의 권한을 가장 우선하고 있는 것이며 따라서) 만약 남편이 사망하고 처가 살아 있으면 당연히 그 처의 뜻에 따라야 한다는 것이고 조부모나 부모가 있어도 양자를 쫓아낼 수 없는 것이다. 더구나 숙부나 백부나 형과 같은 근친 존장들은 더욱더 그러하다.

이것은 바로 다음과 같은 이유에서이다. 법은, "무릇 가산을 분할할 때는 형제가 죽은 경우 (형제의) 아들이 부친의 상속분을 승계한다. 과부가 수절하고 아들이 없는 경우는 처가 남편의 상속분을 승계한다"라고

---

61) 칙령소勅令所 : 정식 명칭은 詳定一司勅令所. 북송 희령熙寧 이후에 설치되어 역대의 칙, 령, 격, 식, 신명申明, 간상看詳 등의 법률 및 그 해석을 산정刪定하고 편찬했다. 『玉海』 권67 「宋朝勅局」 참조.

62) 간상看詳 : 일반적으로 동사로 상세히 검토한다는 뜻이지만, 여기서는 법률용어로서 칙勅이나 영令에 대한 중앙정부의 해석을 의미한다.

63) 명계命繼 : 원문은 命斷. 斷은 繼의 오기이다.

규정하고 있다. (그러므로) 처가 승계한 남편의 상속분은 처의 재산이고 후사를 세워서 그에게 재산을 줄 때, 처가 당연히 재산을 줄 수 있는 것이며 결코 근친이나 타인이 되니 안 되니 하며 간섭할 수는 없는 것이다. 단지 이상 논의한 것만을 근거로 논해도 황진은 정길의 아들이며 이미 "3세 이하 이성은 수양을 허락한다"는 법에 부합하며 또 "남편이 사망하고 처가 있으면" 이라는 법에도 부합하며, 황진만 후사로 세우고 황우룡은 후사로 세우지 않는다고 해도 문제가 없는 것이다.

전임 제거사提擧司[64]는 다만 황정길에게 조금 재산이 있기 때문에 이득이 있는 곳에서는 소인들이 반드시 싸우기 마련이므로 황씨의 자손 중에서도 한 사람을 후사로 세움으로써 황씨 일족들의 이의異意를 차단하여 소송을 종식시키려고 하였다. 모씨 또한 상사上司의 판결에 따라 황정신의 아들 하나를 후사로 세워 후사는 두 사람이 되었다. 그런데 정신의 처 서씨徐氏는 남편이 생전에 늘 황진을 올바로 키우려고 선생을 초빙해서 훈육시킨 뜻을 생각지 못하고 오히려 황정진과 황중거黃仲擧[65] 무리들의 꾐에 빠져 그들을 위해 소장을 내고 아들 우룡을 속여서 본가로 돌아가게 하고는 모씨 모자가 그를 쫓아냈다고 무고하였다. 관사에 출두하게 되자 결국은 모씨가 쫓아냈다는 것에 대해서는 아무 말도 못하고 다만 "(우룡이) 황진에게 구타당하고 욕을 먹었습니다"라고 말할 뿐이었다. 현재 구타하고 욕했다고 증언하고 있는 것은 모두 성이 황씨인 자들이고 이제껏 구타하고 욕한 적이 없다고 증언하고 있는 사람들은 모두 이해관계가 없는 타인이다. (심지어) 서씨가 우룡을 데려 오라고 보낸 사람조차 구타하고 욕한 사실이 없다고 증언하고 있다. 서씨는 어리석은 여인이다. 이토록 이해를 계산하지 못하고 관의 면전에서 한 공술은, 조사관[간정관看定官]이 일찍이 몇 가지 지적하기도 했지만, 모두 황정진의 사주를 받은 것이며 사건의 진상도 이미 폭로되었다.

---

64) 전임 제거사提擧司 : 다음 조에 거명되고 있는 장제거章提擧를 가리킨다.
65) 황중거黃仲擧 : 원문은 黃重擧인데 상해도서관교감본에 따라 重을 仲으로 고친다.

사람이 살다가 불행히도 아들이 없어 남의 자식을 후사로 세우는 것은 부득이한 일이다. 그러나 아직 후사를 세우기 전이나 세우려고 할 때는 반드시 반복해서 생각하여 책임을 감당할 수 있는 자를 잘 물색하고 계책을 세운 다음 후사로 세워야 할 것이다. 그래서 어느 날 (양부가) 눈을 감으면 일족 형제들은 마땅히 망자가 부득이해서 (후사를) 세운 것임을 생각하여 서로 부지하여 (후사가) 장성해서 자립할 수 있도록 해야 할 것이다. 그런데 반대로 무리를 지어 공격한다면 공격하는 것이 이미 잘못된 것이다. 상사上司도 또한 후사를 둘 세우게 하여 소송을 종식시키려고 했고 (황씨 일족도) 싸움을 그만둘 수 있을 터인데도 여전히 싸움을 그치지 않고 있다. 그들(황씨 일족)은 결코 진정으로 황정길의 후사가 없음을 걱정하고 있는 것이 아니다. 겨우 평소부터 노리고 있던 재산을 탈취하고, 형제 사이에 평소부터 사이가 좋지 않아 생긴 분을 마구 쏟아내어, 소송으로 가산을 탕진하고야 말려고 하고 있을 뿐이다. 황정진과 황중거는 어찌 이다지도 사람들이 못되었는가?

모씨의 일에 대해서는 또 말해야 될 것이 있다. 개가하지 않는 것은 절부節婦의 큰 덕목이다. 황정길은 결혼 후 곧 사망하였다. 그 처 모씨는 한창의 나이인데도 수절하며 개가하지 않고 남편을 위해 양자를 들였다. 설사 고소인이 하는 말대로 황진이 후사가 된 것이 정길이 이미 사망한 후라 하더라도 참으로 가상하다.

조사관은 "모씨에게는 공강共姜의 정절이 있어 듣는 사람은 모두 존경하는 마음을 품을 것이고 도적이라 할지라도 서로 경계하여 그 집에는 들어가지 않을 터인데, 황정진과 황한룡, 황중거 등은 끊임없이 공격해 마지 않으며[66] 무례하게 모욕하기도 했다. 그러나 모씨는 관에서 공술하면서 최후까지 (황씨 형제에게 대해) 지나친 말이 없었다"고 한다.

본건 문서를 꺼내어 조사해보니 사람으로 하여금 더욱 감탄하게 하는

66) 공격해 마지않으며 : 원문은 攻擊下已. 상해도서관교감본에 의해 下를 不로 고친다.

바가 있다. 의부義父와 절부節婦는 조정이 중시하는 바이다. 지금 만약 황중거 등의 근거 없는 고소를 믿고 모씨 모자를 (끝없는 소송에) 계속 시달리게 한다면, 이것은 틀림없이 의義를 지키는 자의 마음을 상하게 하고 불인不仁한 자의 악행을 돕는 것이 된다. 법으로 따져도 그렇고 정리情理로 생각해도 그렇다.

악주鄂州에 통첩하여 모두 이선의 판결대로 시행하도록 한다. 아울러 황진과 황우룡 두 사람을 후사로 세우고 관서鬮書 2통을 관의 면전에서 추첨하여 결정하고 이전처럼 모씨에게 주어 관리하게 한다. 그러나 우룡은 이미 모씨의 아들이 되었는데 여전히 서씨가徐氏家에서 거주한다면 도리에 맞지 않는 일이다. 명하여 즉시 황씨가에 돌아와 황진과 함께 모씨를 봉양하게 하라. 만약 서씨가 다시 남의 말을 듣고 소란을 피운다면 다만 황진 한 사람만을 후사로 세우고 황우룡은 본가로 돌려보내고 그의 상속분은 모두 황진에게 주어 관리하도록 하라. 황정진은 불응위不應爲의 죄[67]에 처해야 할 것이나 황정길의 형이고 황진의 백부이므로 일단 그 한 사람은 처벌을 면제한다. 황한룡은 숙모 모씨를 무례하게 모욕한 자이므로 압송하여 원래 집행을 유예[봉안封案]했던 형벌대로 장 1백을 집행하라. 황중거는 대대로 명문의 자손이다. 그런데 황정진 등에 비할 바가 아닌 (먼 친척인) 데도 모씨의 재산을 사취하려고 하였다. 그의 마음은 징벌해야 할 것인데 더구나 악주에서 이미 본사本司에 상신한 뒤에[68] 다시 본사에 감히 고소하였으니 소송꾼임이 분명하다. 장 80에 처한다.

---

67) 불응위不應爲의 죄 : 不應爲罪. 법령에 규정은 없으나 사람으로서 해서는 안 된다고 생각되는 행위에 대해 주어지는 죄명이다. 그 형벌은 『宋刑統』 권27 「雜律」 違令及不應得爲而爲 조에 일반적인 경우 태笞 40, 사정이 중한 경우는 장 80으로 규정하고 있다.

68) 악주鄂州에서 이미 본사本司에 상신한 뒤에 : 于鄂州已申之後. 이것은 악주의 판결이 제거사提擧司에 상신된 것을 말하는데, 이 악주의 판결은 여기에는 수록되어 있지 않다. 모씨毛氏와 황씨 일족의 분쟁과 관련된 판어는 본조本條와 전조前條 및 후조後條의 3조이다. 본 사건은 통성현通城縣에서 악주로, 악주에서 제거사로 상신되었고 당시 제거사였던 (다음 조에 나오는) 장제거章提擧로부터 다시 통성현으로 되돌아온 것으로서 전조의 통성재서의通城宰書擬는 두 번째의 현의 판결이었다고 추정된다. 이것은 악주

(이상의 원안에 대해) 제거사 각하의 판결을 받도록 한다.

15-3. 제거상평사의 판결
提擧判

(창사倉司의) 판결원안은 타당하다. 다시 본건 문서를 검토해보니 황진이 후사가 된 것은, 즉 둘째 백부 황정신이 생전에 주맹主盟하고 선생을 초빙하여 가르치고 황진에게 처를 선택해준 것이므로 입계立繼라는 것을 분명히 알 수 있다. 황정신의 사후 황한룡과 황중거 등은 가산을 노리고 반드시 황진을 쫓아내 그들의 부정한 계략을 빨리 성사시키려고 했지만, 도대체 그들은 "남편이 사망하고 처가 살아 있으면 처의 뜻에 따른다"든가 "이성을 세우는 것을 허락한다"는 법이 있다는 것을 알지 못하는가?

황정신이 처음 황진을 세운 뜻은 아마 모씨의 수절하고자 하는 의지를 순조롭게 이룰 수 있도록 하기 위해서였던 것이고,[69] 서씨는 정신의 처이니 그 뜻을 몰랐을 리가 없다. 더구나 같이 후사로 세운 아들은 정신의 아들인데도, 서씨는 부당하게도 남편의 뜻을 거슬러 일족 중의 간교하고 탐욕한 자들과 한패가 되어서 그들로 하여금 억지 소송을 계속하게 하였다. 또 (전임) 장제거가 후사를 병립하라는 판결을 내렸기 때문에 결국 이들에게 요행을 바라는 마음이 생기게 된 것이다.

원안대로 주州에 통첩하여 시행하게 하라. 만약 다시 고소를 한다면 황우룡을 축출하고 황진만을 (후사로) 남겨두어 정길의 제사를 받들게

의 판결을 거쳐 제거사로 상신되었는데, 이 악주의 판결이 바로 '악주이신鄂州已申'을 가리키는 것이라고 생각된다. 이 판결은 여기에는 수록되어 있지 않은데 악주에서 제거사로 상신될 무렵 당시 제거사提擧使 즉 장제거는 교체되었고 본조의 판결을 내린 제거사는 신임 제거사이다(이상의 설명은 高橋芳郎, 2001, 123면의 보설에 의한다).

69) 아마 모씨의 수절하고자 하는 의지를 순조롭게 이룰 수 있도록 하기 위해서였던 것이고 : 蓋欲安毛氏栢舟之志. '백주지지栢舟之志'란 전전조前前條의 판어에 나온 바, 정절을 지키는 것을 맹세한다는 뜻이다.

함으로써 모씨가 20년간 굳게 지켜온 정절을 보상하고 일족의 이利만 좇고 의義를 잊어버린 음모를 징벌할 것이다. 증명서를 발급하여 황진에게 주도록 하라. 두 소송당사자인 황진과 황중거를 소환하여 관의 면전에서 판결을 읽어주고 속히 황중거에게 장 80을 집행한 후 (모든 관련서류를) 상자에 넣어 통성현通城縣에 통첩하여 황한룡을 현에 소환하여 집행유예를 취소[탁인拆案]하고 형을 집행하게 하라.70)

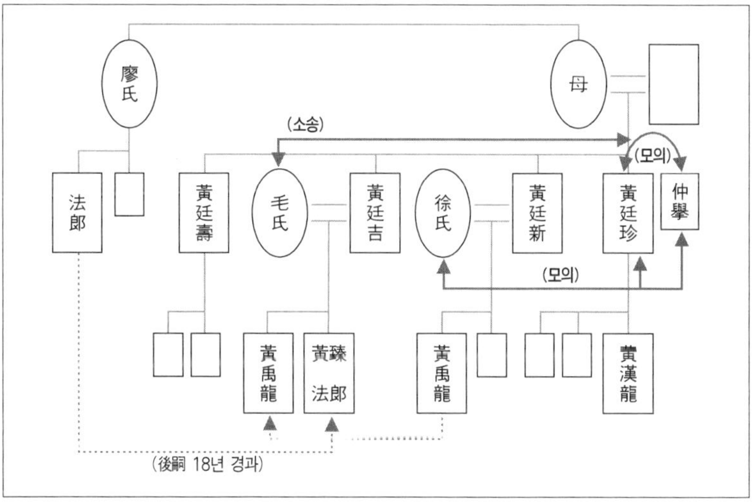

卷7-15조

70) 형벌의 집행과정을 볼 때 황진黃臻과 황중거黃仲擧는 악주鄂州에 구속되어 있고, 황한룡黃漢龍의 통성현通城縣의 자택에 있었던 것을 알 수 있다.

16. 출계한 아들이 불초하여 귀종시키다

出繼子不肖, 勒令歸宗 : 擬筆

이번에 첨청에서 고소장을 선택하던 날, 하씨何氏가 아들 석기자石豈子를 고소하자 석기자가 동생 석국자石國子 및 어머니까지 고소한 소장이 있는 것을 보았다. 모자가 동시에 고소를 하는 것은 도리에 어긋나는 것이지만, 그 어머니가 한 아들은 사랑하고 한 아들은 미워했기 때문에 미움 받은 아들은 하늘을 부르며 통곡하고 싶었을 것이다.[71] 그러므로 (그 소장을 선택하여) 말을 들어보아야 할 것이다.[72]

첨청에서 모자를 대면시킨 바, 석기자는 하씨의 남편 석거경石居敬의 생전에 동족인 석필선石必先 가에서[73] 입계立繼[74]하여 후사로 세우려고 했던 자라는 것을 알았다. 작년에 석씨의 3가가 보역保役[75]을 담당하게 되어 하씨는 6월분과 10월분 두 달의 보역을 돌아가며 충당하기로 하였다.[76] 왕래하면서 임기가 끝나기를 기다리는 자가 9인 있었는데[77] 석기

---

71) 아들은 하늘을 부르며 통곡하고 싶었을 것이다 : 其子有號泣于旻天之意. 이것은 순舜이 부모의 병은 자신의 책임이라고 생각하여 매일 하늘과 부모에게 호읍號泣하였다고 하는 고사에서 온 말이다(『尙書』「大禹謨」 "帝初于歷山, 往于田, 日號泣于旻天, 于父母").

72) 그러므로 (그 소장을 선택하여) 말을 들어보아야 할 것이다 : 不可使之上達. 中華書局本은 '不'에 결획缺劃이 있는데 본래 亦 자일 것으로 추정하고 있다(225면). 이에 따른다.

73) 동족인 석필선石必先 가에서 : 于本族必先位下. 위位란 일족 내에서의 한 계통을 말하는데 여기서는 가家로 번역해둔다.

74) 입계立繼 : 원문은 命繼인데, 부모 생전의 입사立嗣이기 때문에 立繼가 옳다.

75) 보역保役 : 남송 대에 시행된 보오법保伍法에 의한 요역徭役을 가리킨다. 향촌의 방위나 치안, 백성의 교화나 기민구제가 목적이었다. 그 조직은 지방이나 시기에 따라서 상당히 다르지만, 대개 5가家를 1갑甲으로 하고, 5갑을 1소보小保, 5소보를 1대보大保, 5대보 이상을 도都로 하여, 보장保長, 대보장大保長, 도보정부都保正副를 두었다.

76) 하씨何氏가 보역을 두 달 담당한 것은, 석씨가 실제 가산분할을 하고서도 관의 호적상으로는 1호戶로 등록이 되어 있었기 때문에 석씨의 3가家가 보역 반년 분을 3분의 1씩 나누어 했기 때문이다. (高橋芳郎, 2001, 127면의 주 참조).

자는 제대로 관리하지 않고 이를 방탕의 기회로 삼아, 제멋대로 소를 팔고 몰래 토지를 소작하고 은팔찌와 비단 등을 도용盜用하고 손객孫客 등의 돈을 빌려 모았다. 여기까지는 그래도 엄하게 책망하지 않을 수도 있지만, 엄벌하지 않으면 안 될 것이 있다.

즉 그 조부 석은옥石韞玉 및 부친 석거경이 잇달아 사망하였는데 시신의 온기가 가시기도 전에 석기자는 소상小祥[78]도 지내지 않았고 마땅히 상복을 입고 예禮(서書)를 읽어야 할 터인데 전혀 예를 갖추지 않았다는 점이다.

작년 9월 한번 집을 나가자 해가 바뀌어도 집에 돌아오지 않아 모친이 노복奴僕 오천일五千一을 보내어 데려오라고 했는데 (석기자는) 모친의 명을 거역하고 오히려 오천일을 구타하여 모친의 마음을 아프게 하였다. 조부와 부친의 시신이 안장되려고 할 때 석기자는 방탕하면서 돌아오지 않고 때에 맞추어 참배를 하지도 않았으니 어찌 이러한 자손이 필요하겠는가? 5월 14일에 집에 돌아와서는 어머니를 욕하고 손가락질하며 칼과 몽둥이까지 들고 날뛰기까지 했다. 석기자는 도대체 무엇을 하려는 것인가?

진십陳十과 적칠육翟七六과 주십周十을 소환하여 증언을 시킨 바 하나하나가 분명한 사실이며 석기자의 족장 석모石某 등의 서장을 살펴보니 증거는 더욱 명백하다. 법은 "무릇 동족의 소목이 맞는 자손을 수양한 경우, 양조부모나 부모가 이유없이 축출하는 것은 불허한다. 만일 양자손이 가산을 탕진하고 양조부모와 양부모를 봉양하지 못하거나 현저한 잘못이 있어서 근친 존장이 관에 증거(증험證驗)를 고발한 경우 조사하여 증거가 사실이라면 (양자를) 축출하는 것을 허락한다"라고 규정하고 있다. 이제까지 석기자가 범한 바는 모두 풍교風敎를 손상한 것이므로 법대로 처벌하도록 한다.

---

77) 임기가 끝나기를 기다리는 자가 9인 있었는데 : 원문은 聽限者有人. 그러나 有로 하면 의미가 통하지 않기 때문에 자체의 흡사함에서 有는 九의 오기로 추정하는 高橋芳郎의 지적(高橋芳郎, 2001, 126면, 校勘3)에 따라 해석한다.

78) 소상小祥 : 사후 1년째에 지내는 제사를 말한다.

석기자를 파릉현巴陵縣[79]으로 압송하여 친부모에게 돌려보내고 (부모로부터) 인수했다는 서장을 받아 상신하여 지주知州 각하의 지시를 받도록 하라.

(상신하여) 서지주徐知州 각하부터 다음과 같은 지시를 받았다. "석기자가 이렇게 불초한 아들이니 어찌 처벌하지 않을 수 있겠는가! 장 1백에 처하고 귀종歸宗시키도록 하라. 나머지는 원안대로 시행하라."

17-1. 출계한 아들이 일가를 파산시켜도 귀종시킬 수 없다
出繼子破一家, 不可歸宗

『춘추春秋』에 '거인멸증莒人滅鄫'이라고 한 것에 대해서 『춘추』「곡량전穀梁傳」은 "이성異姓을 후사로 세우는 것은 멸망의 길이다"라고 해석하였다. 그러나 『춘추』가 (증인鄫人이 거인莒人을 후사로 세운 것에 대해) 증에게 죄가 있다 하지 않고, 거에게 죄가 있다고 한 것은 거가 나쁜 마음을 품고 있는 것을 책망한 것이다. 하존충何存忠이 아들 하강공何康功을 황씨의 후사로 세운 후 황씨의 가산을 탕진시킨 것은 이와 다를 바가 없다. (즉 황씨에게 잘못이 있는 것이 아니라 후사가 된 하씨何氏에게 잘못이 있는 것이다.) 그러나 천도天道는 근본으로 돌아오기 마련이고[80] 자신에게서 나간 것은 자신에게 돌아오는 법이다.[81] 하존충은 자신의 아들을 남의 후사로 세울 줄은 알았어도 자신의 대가 끊어질 줄은 몰랐고, 자신

79) 파릉현巴陵縣: 파릉현(형호남로荊湖南路 악주岳州의 속현으로서 현 호남성 악양시岳陽市)은 권6, 판어 제14조 소렴전訴奩田(파릉조재巴陵趙宰)에서도 나오는데 그곳에서도 사건 관련자는 석씨石氏였던 것이 주목된다.

80) 천도天道는 근본으로 돌아오기 마련이고: 天道好還. 『청명집』 권6, "가옥을 사기로 빼앗으려고 계략을 꾸미다(謀詐屋業: 葉巖峰)"의 주석 참조.

81) 자신에게서 나간 것은 자신에게 돌아오는 법이다: 出爾反爾. 『孟子』「梁惠王章句下」에, "曾子曰, 戒之, 戒之, 出乎爾者, 反乎爾者也"에서 온 말이다. 자기가 한 일은 자기에게 응보가 돌아온다는 뜻이다.

의 아들을 시켜서 황씨 가家에게 화를 입힐 줄은 알았어도 자신의 적자를 끊음으로 해서 스스로 화를 부를 줄은 몰랐다.[82] 하존충이 죽자 시신의 온기가 가시기도 전에 사방에서 싸움이 일어났다. 황강공黃康功이 출계한 몸으로 귀종하려고 하자 황걸부黃傑夫라는 자가 소송을 걸고, 황강공이 귀종할 수 없게 되자 진정부陳靖夫가 자기 아들을 (하존충의) 후사로 세우려고 하였다. 이에 하존충 일당이 소송을 걸고, 진정부[83]가 물러나자 하린부何麟夫 등이 하두환何斗煥을 내세웠고, 이번에는 출계한 황강공이 다시 들고일어나 6년 동안 소송이 끊이지 않았다. 그래서 하존충의 가산은 반은 딸이 떼어 갔고, 반은 출계한 아들 황강공이 전매하여버려 거의 남은 것이 없다. 천도는 근본으로 돌아오기 마련이라는 말이 사실로 나타난 것이다. 통판청通判廳의 상신을 보면, "그 집안의 화는 모두 하존충이 자초한 것이니 『춘추』의 주심誅心의 의義를 얻었다고 할 만하다"라고 말하고 있다.

본건의 자초지종을 조사해보니 통판청의 판단에는 아직 미진한 바가 있다. 소송이 갑자기는 끝나지 않는 것도 당연하다. 왜냐하면 하두환이라는 자는 하존충의 족자族子이고 황강공이라는 자는 하존충의 서자이기 때문이다. 하두환이 후사가 된 것은 보우寶祐 3년(1255)의 일인데, 관에서 제부除附 증명서를 준 것은 5년이나 질질 끈 후의 일이다. 이것은 틀림없이 하씨何氏 일족의 논의가 아직 미진한 바가 있어서 그랬을 것이다.

황강공은 서자로서 고모의 집으로 출계出繼하였지만 본가에 후사가 없어서 귀종歸宗하겠다고 한다면 안 되는 것은 아니다. 황강공이 서자로서 출계한 집이 부유한데도 본가의 후사가 없음을 마음 아파하여 황씨 일족 중의 현자賢者를 택하여 양부의 후사로 삼은 후 귀종하여 본가의 제사를 받들겠다면 명분이 바르고 주장도 타당하며 양가 모두에 은의恩義를 다했

---

82) 자신의 적자를 끊음으로 해서 스스로 화를 부를 줄은 몰랐다 : 원문은 不知終也適以自禍也. 上海圖書館校勘本에 따라 처음의 也를 之로 고쳐 해석한다.

83) 진정부陳靖夫 : 원문은 陳靖天. 상해도서관교감본에 의해 天을 夫로 고친다.

다고 할 수 있을 것이다. 지금 황강공은 이미 생부와 함께 황씨의 가산을 탕진하였고 황씨의 자손은 없는데도 황씨를 버리고 하씨가 되었다. 그러나 그에게는 결코 진심으로 부친을 생각하는 마음은 없을 것이다. 다만 황가黃家가 이미 파산했으니 황씨에게 화를 입힌 자가 하씨에게 화를 입히겠다는 것에 불과하다. 이것이 첫 번째 (귀종시켜서는) 안 되는 이유이다.

황강공이 스스로 고모부 황현위黃縣尉의 후사가 된 지 27년이 지났다. 후사가 된다는 것은 아들이 된다는 것이다. 황강공의 아들은 즉 황현위의 손자이다. 지금 (황강공은) 황씨를 버리고 하씨가 된 다음 그 아들로 황현위의 제사를 받들게 함으로써 손자가 조부를 승계하게 하고 그 혼자서 양가의 재산을 다 차지하려고 한다. 천하에 결코 부모가 없는 나라가 있을 수는 없다. 이것이 두 번째 (귀종시켜서는) 안 되는 이유이다.

황강공의 생모 양씨楊氏는 부친이 남긴 자식(즉 황강공)을 염려하여 친딸과 함께 몰래 토지를 떼어주었으니[표발摽撥] 처음에는 황강공을 각박하게 대하지 않았다. 그러나 황강공은 끝없이 욕심을 품고 반드시 모두 차지하고 싶어서 하두환이 토지를 되찾겠다고 소송을 일으켰을 때에, 헌사憲司가 "하존충에게는 자신의 아들(즉 황강공)이 있다"라는 판결을 낸 것을 기회로 삼아, 다시 귀종하겠다는 생각을 품고, 모친을 근거 없이 비방하기까지 하여 모자의 정이 떨어져버리고 말았다. 양씨는 연로하고 과부로 살고 있기 때문에 반드시 황강공을 아들로 세우려고 해도 황강공은 결코 양씨에 순종하지 않을 것이고 양씨도 황강공에게 의지할 수 없을 것이다. 이것이 세 번째 (귀종시켜서는) 안 되는 이유이다.

이 세 가지를 종합해보면 집을 파산시키고 모친을 비방하는 출계出繼한 서자 강공을 후사로 세우기보다는 동종의 나이 어린 두환을 세우는 것이 참으로 더 좋을 것이고, 그렇게 하면 모자가 서로 평안하고 가산을 보전할 수 있으며, "남편이 사망하면 처의 뜻에 따른다"는 법에도 저절로 부합하게 될 것이다.

그러나 한편 이런 생각도 할 수 있다. 황강공은 출계한 아들이고 (귀종시켜서는) 안 되는 세 가지 이유가 있지만, 그러나 본래 하씨의 핏줄이다. 그는 황씨의 가산을 파산시켜 하나도 남겨놓지 않았지만, 항산恒産이 없으면 항심恒心도 없는 법이다. 생가에 경작할 수 있는 땅과 살 수 있는 집이 있는 것을 보게 되면 넘겨다보는 마음이 생기는 것도 당연한 일이다. 관에서 만약 하씨를 위해 뒷수습을 잘 하고 정을 참작하여 조치하지 않으면 두환과 강공의 분쟁은 모든 재산을 탕진하지 않고서는 끝이 나지 않을 것이다. 말하자면 강공을 세우면 하씨의 가家가 파산이 날 것이고 강공을 세우지 않아도 하씨의 가는 역시 파산한다는 것이다. 지금 하두환의 소장에 의하면 부친 하존충의 사후 현재 재산은 28종種이라고 한다.

현승縣丞에 통첩하여 하씨의 가장 하천린何天麟 등에게 공평하게 가산을 분할하여 그 중 반은 출계한 아들인 황강공에게 주고 또 반은 입계立繼한 아들인 하두환에게 주도록 한다. (이렇게 하면) 설사 강공이 가를 파산시켜 재산을 보전할 수 없다고 하더라도, 하씨는 그 반을 보전하여 (제사에 쓰이는) 한의寒衣, 찻잔, 식기 등을 장만해서 (하씨의 핏줄을) 존립시킬 수 있을 것이다. 이렇게 하는 것이 황강공과 하두환이 함께 파신하는 것보다 나을 것이다. 황강공이 도매盜賣한 것이 만약 14종을 넘는다면 관사官司는 비율을 바꾸어서 하두환에게 교부해야 할 것이다. 이렇게 하면 이제 황강공의 소송도 종식될 것이다.

17-2. 판결

斷 : 韓竹坡

황강공은 태어나서 곧 황씨의 양자가 된 지 이미 27년이 되었는데 가산을 탕진하고 또 동족의 토지를 도매盜賣하여 한 몸으로 양가의 불효자가 되었다. 이런 자가 어찌 이 세상에 있을 수 있는가! 이제 또 하두환을 쫓아내어 하씨에게 돌아가게 한다면 하씨의 토지는 장차 하나도 남지 않을 것이고 모친도 안주하지 못하고 틀림없이 한을 품을 것이며 편히 죽지 못할 것이다. 이것은 하존충이 남겨놓은 재산과 홀로 남은 과부 모두 불초자식에 의해서 피해를 입는다는 말이다. 이제 천리로 헤아려보면 (하두환을 쫓아내고 하씨에게 복귀시킨다는 것은) 결코 용납할 수 없는 일이다. 첨청의 원안은 인정과 법리를 두루 참작하였으니 그대로 시행하라.

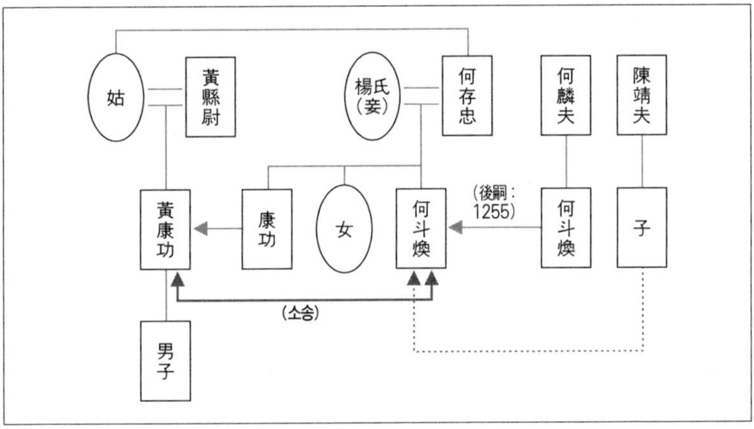

卷7-17조

檢校

18. 검교해서는 안 되는데 검교를 요구하다

不當檢校而求檢校 : 葉巖峰

장문경張文更의 부친이 죽자[84] 장중인張仲寅은 당숙이라는 이유로 어린 조카의 재산처리를 신청했는데 그 의도는 검교檢校하는 데 있다. 법으로 보면 이른바 검교라는 것은 "본인은 죽고 아들은 미성년인 경우[85]에 관에서 재물을 검교하여 필요한 것을 계산하여 이를 아들孤幼에게 지급하고 의탁할 만한 친척에게 양육을 부탁하고 성년이 되면 관에서 전부 반환한다"는 것이 검교의 법이다.[86] 또 칙勅에 의하면, "주현州縣에서 검교할 것이 아닌데 검교했다면 월소越訴하는 것을 허락한다"고 한다.[87] 이것은 또 법을 잘못 적용하는 것을 막는 것이다.

현재 장문경은 이미 나이가 30세로 가사家事를 완전히 감당할 수 있으며 여동생이 아직 10세가 안 되었다고 해도 양육할 수 있는 친오빠가 있으므로 검교해서는 안 된다는 법률에 바로 부합한다. 장중인이 의義에 의지하여 소장을 낸 것은 공公인가 사私인가? 이전에는 (장문경의) 모친에게 참언讒言을 하여 부친과 이반離反하게 만들더니 이제 또 그 집안을 요란시켜 부친의 가산을 지키지 못하게 하려는 것은 재난을 다행으로 삼아 원수를 갚으며 윗사람이란 것을 내세워 아랫사람을 업신여기는 것이 아닌가! 그 마음씀씀이가 얼마나 혹독한가? 법으로서 행할 수가 없는데도 헛되이 소란을 피우는 것은 못된 마음씨와 일족의 정의情誼가 가박하다는 것만을 보여줄 뿐이다. (혈연이란) 천도天道에 가까운 것이므로 반드시 스스로 자손을 위해 배려해야 할 것이다.

이제 장문경에게 명하여 부친의 재산을 관리하고 동생을 양육하게 한다. 장래 가산분할을 원한다면 법률이 갖춰져 있으므로 (이에 따라 시행할 것이고) 다른 사람은 누구도 간여해서는 안 된다.

---

84) 장문경張文更의 부친이 죽자: 원문은 張文更父. 父 뒤에 亡자가 빠져 있는 것으로 보고(중화서국본, 228면) 해석한다.

85) 미성년인 경우: 孤幼. 고아이면서 미성년인 자를 말한다. '고孤'에는 부친을 잃은 경우와 부모 모두를 잃은 경우가 있는데 여기서는 후자의 의미이다.

86) 검교檢校의 법과 관련하여 보다 자세한 내용이 『宋會要輯稿』「食貨」61-62, 「民産雜錄」 紹聖 3년 2월10일 條에 보인다. "元豊令, 孤幼財産, 官爲檢校, 使親戚撫養之, 委給所需, 貲蓄不滿五百萬者, 召人戶供質當擧錢, 歲取息二分, 爲撫養費."

87) 이 칙勅은 『慶元條法事類』 권36 「庫務門1」, 給還寄庫錢物, 隨勅申明廐庫에 보인다.

孤幼

19. 어린 고아를 기만하고 업신여기다

欺凌孤幼; 吳恕齋

우빈尤彬은 포병鋪兵[88] 출신으로 집안을 일으켜 세웠지만, 재물을 정당하게 모은 것이 아니며, 일족(생취生聚) 또한 예법을 분별하지 못하고 있다. 형제인 우빈과 우언보尤彦輔는 가산을 분할하고 별거한 지 이미 수십 년이 되어 형제의 의義를 잊은 지 오래이다. 형 우빈은 눈이 멀고 자손이 없었다. 우언보는 우빈의 임종이 가까워져올 때에 관에 고소하겠다고 협박하여 강제로 자신의 8세 손자인 우영가尤榮哥를 (우빈의) 후사로 세웠다. 우빈이 죽자 우언보는 이번에는 호절戶絶이 되었기 때문에 검교檢校해야 한다고 소송을 벌였다. 이에 우빈의 처 아륙阿陸이 화가 나서 토지 8무, 회자 천관과 집 한 채만을 떼어서 우영가에게 주고 본래의 생가에 귀가시켜 양육하게 하고, 본인은 딸 우백삼낭尤百三娘과 함께 삭발하고 비구니가 되어 가옥을 기부하여 절로 만들었다. 아마 언보彦輔와 아육阿六 부자가 재산을 집어삼키려는 계략을 차단하려고 했기 때문이었을 것이다.

우언보는 다시 소송을 걸었고 결국 대부臺府에까지 오게 되었다. 육겸첨陸兼僉[89]의 원안을 보면 이미 철저히 사정을 파악하고 있다. 언보와 아륙의 의롭지 못한 마음을 자세히 검토해보니 모두 징벌해야 할 점이 있다. 언보에게 과연 형을 사랑하고 형수를 생각하는 마음이 있어, 후사가 끊어진 것을 가련하게 생각하여 대를 잇기 위해 자기의 손孫을 형의 손으로

---

88) 포병鋪兵 : 포병鋪兵은 포병鋪兵이라고도 하며, 순라巡邏를 도는 병졸을 가리킨다. 맹원로孟元老의 『東京夢華錄』「防火」에 "每坊三百步許, 有軍巡邏鋪屋一所, 鋪兵五人, 夜間巡警, 收領事"라는 기사가 보인다.

89) 육겸첨陸兼僉 : 겸첨兼僉이란 겸첨서판관兼僉書判官의 약칭. '兼'은 兼官 즉 잠시 이 직職을 겸하고 있는 것을 말한다.

삼은 것이라면 도리와 법의에 부합하는 것이고, 또 육친의 정으로 두루두루 조치를 할 수 있었다면 안 될 것도 없을 것이다. 그런데 어찌 우빈이 죽자 곧 호절戶絶이라고 (그래서 검교檢校해야 한다고) 소송을 일으켰는가? 아마 언보가 본래 육친(천륜天倫)의 사랑을 돈독히 하려는 것이 아니라 손을 이용하여 단지 그 집의 재산을 차지하려고 했기 때문일 것이다. 이것은 언보가 의롭지 못한 마음을 품고 욕심을 부렸다는 것을 의미한다.

아륙은 (언보의 불의의 행위에 대해) 분을 이기지 못하여 재산을 떼어주어 끝없는 탐욕을 차단하고 오히려 뒤도 돌아보지 않고 집을 버리고 출가해버렸지만, 화가 나서 절에 들어가 비구니가 되기보다는 참고 견디어 남편의 후사에 (재산을) 남겨주는 쪽이 더 나은 일이라는 것은 전혀 생각해보지 않은 것 같다. "초나라 사람이 활을 잃어버렸는데 초나라 사람이 주웠다"[90]는 말이 있는데 부녀자가 그 의미를 깨닫지 못한데다가 또 심백삼沈百三이라는 자가 있어 몰래 아육을 사주했기 때문에 이런 일이 벌어진 것이다. 이것은 아육이 불의의 마음을 품고 잘못하여 인색했다는 것을 의미한다.

두 사람의 의롭지 못한 마음은 처벌을 받아야 할 것이다. 탐욕했거나 인색했거나 모두 이利를 좇고 의義를 잊어버린 것이기 때문이다. 그 마음에 대해 논한다면, 무릇 사람이 누가 자손을 갖고 싶다는 마음이 없겠는가! 아륙이 어느 날 갑자기 삭발하여 비구니가 되고 집을 부수어 절을 만든 것은 부득이한 것으로서, 사실은 우언보尤彦輔 부자父子가 아륙을 핍박했기 때문이다. 지금 본건 담당관의 원안을 보면, 아륙을 강제로 환속시켜 재산을 검교하고 따로 족장을 선임하여 가사를 주관하게 한 다음, 우영가가 성인이 될 때까지 기다리고 우언보의 간여를 허락하지 않는다는 안을 내놓았다. 이 안은 물론 실행할 수는 있지만, 다만 아륙의 나이가 80세 고령이고 딸도 죽고 완전히 홀몸이 되어 의탁할 곳이 없는 참으로 가련한

90) 초나라 사람이 활을 잃어버렸는데 초나라 사람이 주웠다: 楚人亡弓, 楚人得之. 『청명집』에 자주 인용되고 있는 고사이다. 권6, 판어 제1조 주석 참조.

신세가 되었다는 문제가 있다. 만일 갑자기 출가를 못하게 막는다면 이는 아륙을 더 분하게 만들어 죽음을 재촉하게 될 것이며 우언보 부자가 재산을 집어삼키려는 사심을 더 빨리 성사시켜주는 꼴이 될 것이다.

아륙이 우영가尤榮哥를 손孫으로 세우지 않고 우씨의 대를 완전히 끊는다면 이것은 안 될 일이다. 지금 이미 우영가를 후사로 세워 남편의 대를 잇게 하고 또 토지와 돈과 가옥을 떼어준 것은 남편과 자신을 위해 생각했기 때문이며 할 수 없이 이 하책下策을 쓴 것이다.

이미 분할한 토지와 돈과 가옥을 우영가에게 주는 외에, 아륙에게 고시告示하여 우선 힘써 남편과 딸을 안장한 다음 현재 전산田産에서 다시 반분을 떼어 우빈의 제사용으로 삼고, 우영가가 이것을 관리하고 전매하지 못하게 한다. 우선은 우언보 부자에게 부탁하여 손孫(우영가)을 위해 관리하게 하고 (우영가가) 성인이 되기를 기다리는 것도 사리에 맞는 일이다. 문제의[소유所有] 아륙은 이미 비구니가 되고 집은 절이 되었다. 아륙이 갖고 있는 모든 동산 및 (떼어주고) 남은 나머지 전산은 그녀 마음대로 하게 하여 노후를 편히 지낼 수 있도록 한다. 이렇게 조치하면 노인은 편안히 하고 어린 사람은 보살펴주게 되어 생자나 사자나 모두 만족할 것이다. 이렇게 하지 않으면 8세의 손자는 장성하기까지 보살핌을 받을 수 없고 80세의 조모는 외로워 죽음을 재촉하게 될 것이니 죽은 우빈도 살아 있는 우언보도 마음이 편안치 못할 것이다.

20. 관에서 처리하다

官爲區處; 韓似齋

이개옹李介翁은 아들 없이 딸만 하나 남기고 죽었는데 이름은 양자良子이고 바로 계집종 정삼낭鄭三娘의 소생이다. 관에서는 이미 이개옹을 위해 후사를 세우고 또 검교檢校하여 이李양자가 받을 재산을 지정하여 떼어내고 아정阿鄭에게 양자가 시집갈 때까지 양육하게 하고, 현금과 회자와 은기銀器 등은 관에서 맡아두었다. 이렇게 하여 어린 고아를 보살피기 위한 계획을 모두 실행하였던 것이다.

그런데 생각지도 않게 아정은 계집종의 천성인지 외로운 어린 딸을 생각지 않고, 오히려 양자의 결혼자금용 토지를 취하여 자신의 결혼자금으로 삼고, 주인의 장례를 기다리지도 않고 스스로 종실宗室[91] (조趙)희가希珂에게 시집을 갔다. 양자는 의탁할 곳이 없어 결국 방장房長 이의달李義達의 양육을 받게 되었다. 얼마 후 유혼幼婚을 합의合議함에 따라 여일형余日焭의 아들 진자震子의 결혼예물을 받고 다시 양자를 여씨余氏에게 보내어 양육하도록 하였는데 반년이 다 되었다. 이 결혼은 이의달이 주도했고 한봉韓鳳이 중매를 서서 성사되었다. 그런데 아정이 출가했음에도 불구하고 부당하게 다시 이씨의 일에 간여하고 또 증거로 합동계를 작성하여 여씨에게 주었다. (관에서는 아정이) 이제까지 모두 관여했다는 것을 알고 있는데, (아정은) 또 다시 희가의 탐욕에 이끌려 양자가 부친의 장례에 참석하기 위해서 생가에 돌아온 틈을 타서 (양자를) 빼앗아 가버렸다. 양자의 거취 문제는 아정이 관여할 일이 아니며 희가는 더욱더 관여해서는 안 되는 일이다. (희가의) 이름은 (이씨의) 호적에 올라 있지도 않은데도, 기꺼이 법을 위반하고 남의 계집종을 처로 맞이하고는 짝이 안 맞는 것을 부끄러워하지도 않는다는 것은, 몸을 욕되게 하면서 싫은 짓을 하고, 이를 탐하고 권세에 기대는 짓이다. 그러니 타인의 부녀자를 빼앗으면서 그것이 위법임을 스스로 돌아볼 틈이나 있었겠는가!

이런 일을 당했을 때 관에서는 즉시 당연히 법과 도리에 따라 행하면 될 터인데도, 아정의 고소를 듣고는 똑같은 것을 10세의 양자에게 묻고 있다. 양자가 어찌 알겠는가! (양자가) 일시는 생모의 곁으로 돌아간 것이 즐겁겠지만 자신의 장래가 어떻게 될지를 알 리가 없다. 아정이 하는 말

91) 종실宗室 : 원문은 宗子. 황제 조씨趙氏의 일족을 가리킨다.

은 단지 희가가 시키는 대로 하는 것일 뿐이고[92] 양자가 하는 말은 단지 아정이 시키는 대로 하는 것일 뿐이다. 그런데 관에서는 양자를 위해 깊이 생각하지 않고 양자의 생각을 묻고 있으니 이것은 결국 단지 양자가 시키는 대로 하는 것밖에 되지 않을 것이다. (관에서 일을 이렇게 처리하고 있으므로) (양자를) 조필관趙必慣에게 개가改嫁시키겠다고 획책하고 (양자가) 기고寄庫한 물건을 탈취할 때[93] 희가와 임단林端 등이 모두 양자의 이름을 빌려 계속 관을 기만할 수 있었던 것도 당연한 일이라 하겠다.

지금 만약 첨청의 원안에 따라 종사宗司[94]에 통첩하여 조회照會하여 조필관이 이전에 결혼하지 않았는가를 묻는 것은 전에 양자를 연행하여 심문했다고 하는 그 방식[95]과 거의 같다. (그래서 다시 그들에게 기만당할 뿐일 것이다.) 양자는 이제 겨우 열두 살이므로 그녀가 사기당하고 있다는 것은 묻지 않아도 알 수 있다. 관에서 희가 등의 간악한 행위를 추궁하려고 한다면 관계자를 모두 소환하여 담당부서로 보내고, 양자가 결혼할 수 있는 연령이 되었을 때 양자를 이씨李氏의 방장에게 돌려보낸 후 여일형이 길일을 택하여 결혼을 시키도록 하는 것이 좋을 것이다. 이렇게 한다면 누가 안 된다고 하겠는가?

그러나 이의달이라는 자에게 고아를 맡길 수는 없고 희가는 양자의 이름으로 소장을 내면서 여일형을 사방으로 손가락질하고 다니므로 다시 여씨의 부인이 되기는 어려울 것이다. 여일형의 입장에서는 지금은 싸우면서까지 양자를 며느리로 삼을 수는 없기 때문에 포기해야 할 상황이고, 관으로서도 또한 양자를 보살필 여유가 없기 때문에 (누군가에

---

92) 단지 희가希珂가 시키는 대로 하는 것일 뿐이고 : 惟希珂是聽. 시청是聽이란 '惟命是聽'을 줄인 것으로, 시키는 대로 한다는 의미이다. 『左傳』 成公 2年條에, "敝邑之幸, 亦云從也. 況其不幸, 敢不唯命是聽"이라는 기사가 있다.

93) (양자良子가) 기고寄庫한 물건을 탈취할 때 : 원문은 脫所寄庫之物. 脫 다음에 取가 누락되어 있다. 뒤에 '奪取李良子寄庫物件'이라는 말이 나온다.

94) 종사宗司 : 황족을 관리하는 대종정사大宗正司의 약칭.

95) 전에 양자良子를 연행하여 심문했다고 하는 그 방식 : 前日引問良子之故智. 여기서 故智란 비웃는 의미로 쓰이고 있다.

게) 맡겨야 할 상황이다. 그러나 여일형의 아들이 결혼할 수 없게 된 이상 전에 보낸 결혼예물과 반년 동안 양육한 비용은 법과 도리로 보아 모두 반환해야 할 것이다. 이의달이라는 자는 처음에 이미 여진자의 결혼예물을 받아놓고 이제 또 다시 조필관의 혼담을 주선하면서 사기를 반복하고 이를 좇아서 행동하고 있는데 아직은 죄를 추궁하지 않겠다.

이정과 이의달을 감독하여 하나씩 계산하여 반환시킨 후 여일형의 수령서를 받아 대조하고 상신하라. 만약 불복한다면 철저히 추궁하여 처벌하라. 임단은 원래 임덕의 이름으로 소장을 써서 이양자가 기고한 물건을 탈취하였는데 지금 또 임단으로 이름을 바꾸어 관부官府를 기만하고 죄를 벗어나고 종실을 도와 멋대로 악행을 일삼았으므로 장 1백에 처한다. 이양자의 혼인을 본래의 바른 모습으로 회복할 수는 없다 하더라도 우선 사기로 남의 물건을 탈취하는[96] 자들을 징계하려고 한다.

21. 방장이 첩의 부친이 재산을 가졌다고 고소하다

房長論側室父包併物業 : 韓似齋

무릇 재물에 결백하지 않은 자는 반드시 다 사심에서 나온 것은 아니라 하더라도 사심에 따라다니는 흔적을 가릴 수는 없고, 무릇 재물에 결백하려고 하는 자는 반드시 다 공정한 것은 아니라 하더라도 틀림없이 공정함을 보여주기 마련이다.

양태梁太는 본래 양거정梁居正의 일족이다. 그런데 한번 양거정의 장의葬儀를 주관하게 되자 결국 일가를 전부 끌어들여 거정居正의 집을 점거하고 매일 이 집에서 먹고 마셨다. 전당포의 종업원[97]을 불러 모아 운영하

96) 사기로 남의 물건을 탈취하는 : 欿攘矯虔. 『尙書』「呂刑」에 "罔不寇賊鴟義, 姦宄奪攘矯虔"라는 말이 있다. 欿은 奪과 통용.

97) 전당포의 종업원 : 원문은 庫僧. 이것은 高橋芳郎의 해석(高橋芳郎, 2001, 153면, 주1)을 따른 것이다.

고 전호佃戶를 불러 (소작료를) 징수하고 모든 재산관리를 잘 하여 다소 공헌을 했다 해도 사람들은 돈욕심에서 그런 것으로 보고 있었다. 정씨鄭氏는 본래 양거정의 측실인데 거정이 죽자 곧 양태에게 이것저것 지시하여 방장房長의 일을 하게 했지만, 양태가 의탁하기에 부족한 사람이라는 것을 알고 결국 관을 찾아와 "검교檢校하여 두 아이들이 성년이 되기를 기다리게 해주십시오"라고 도움을 간청하였다. 그러나 양태의 사심이 문제가 된다면 반드시 본인이 그 사심을 차단할 수 있어야 할 터인데, (그렇게 하지 않고) 갑자기 부친 정응서鄭應瑞를 불러 양씨의 가사에 간여시키면 양태의 고소를 피할 수 없을 것이다. 관에서는 전후의 진술만을 근거로도 이권을 관에게 맡겨 장래 몸을 보전하고 위험을 피하는 계책으로 삼고, 공과 사를 구별하여 양씨와 정씨의 분쟁의 시비를 결정할 수 있다.

지금 양태는 큰소리로 정씨는 거정의 첩이며 처가 아니라고 열심히 비방하고 있지만 정씨가 첩이라고 자칭하는 것을 수치스럽게 생각하고는 있다 하더라도, 검교를 간청했다고 하는 것은 분명히 감히 처로 자처하려고 하지는 않는다는 것을 말해주는 것이다. 정씨가 거정의 처라고 속였다면 어찌 검교를 할 수 있겠는가? 양태가 만약 사자를 애도하고 고아를 불쌍히 여기는 마음이 있고 사심을 부려 이익을 얻으려는 계략이 없다고 한다면 왜 검교를 싫어하겠는가?

첨청의 판결원안을 보면, 양태에게는 자신의 집에 돌아가도록 고시하고, 또 정응서에게는 다시 양씨의 집에 와서는 안 된다고 고시하고, 정씨는 이자를 관리시켜 두 어린아이를 양육하는 비용으로 삼고, 두 개의 전당포를 운영시켜 이를 빌미로 농간을 부리게 해서는 안 된다고 하였다. 모두 아주 타당한 논리이다.

그런데 양거정은 생전에 매월 돈을 내어 정씨의 부모를 보살피게 했었는데, 지금 양태라는 자도 전당포에서 매월 3천문文을 가져가고 있다. 앞으로는 분명히 정씨가 관리하는 이자 중에서 매월 동전 5관문을 양태에게 보내고, 정응서는 양거정의 생전대로 동전 3관 5백문족을 지급해서

도와주어야 할 것이다. 토지의 계약서는 이미 현청의 창고[현고縣庫]에 유치해두었지만, 자본금(질고전質庫錢) 3천 6백단 8관족은 방비하지 않으면 양태나 종업원이 슬그머니 빼돌리거나 혹은 정응서가 몰래 들어내갈 것이다. 그러므로 모두 현고에 유치해두기로 한다. 그러나 관고官庫에 백성의 돈을 맡겨두면 시간이 지나고 관리가 교체되면서 창고의 금품의 일부를 이체移替해야 하는 폐단이 있기 때문에 관의 증명서가 있어도 다만 휴지조각이 될 수가 있다. 본현에서 증명서를 발급하여 두 어린아이에게 증거로 주고, 계절마다 서장을 써서 현에 제출하여 재무관과 서장을 제출한 자가 함께 창고에 들어가 점검하고 (두 어린아이가) 성인이 되면 액수대로 환급하기로 한다.

창고에 자산이 있는 이상 반드시 창고 내에 책상이나 선반이 있을 터이고 원래 검교한 관에 통첩하여 종업원을 시켜 장부에 기록하게 한 다음 점검대조한 후 상신하라. 이 중에는 매월의 이자가 35관, 연간 곡물수입이 37석, 이자가 163관이 있는데 이것은 모두 정씨와 두 어린아이의 의복, 음식, 교육, 세금의 비용 및 양태와 정응서에게 매달 지급해야 할 비용이다. 양태는 당연히 때때로 그 집에 출입하여 보살펴주어야 할 것이지만 재물과 곡식에 간여할 필요는 없으며, 정응서는 당연히 양거정의 생전에 빌리고 있던 집에만 거처하면서[98] 이제부터 원래의 금액대로 생활비의 보조를 받아야 할 것이며 아무 때나 집에 와서 가사에 간여해서는 안 된다.

본관은 특히 고유孤幼의 소송에 관해서는 임시 미봉책으로 처리하지 않을 것이다. 인정을 참작하고 법률과 도리에 부합되게 하여 후환을 끊도록 할 것이다. 남은 일은 원안에 따라 처리하라. 현에 통첩하여 그대로 조치시키고 저자거리에 이 판결문을 게시하라.

---

98) 당연히 양거정梁居正의 생전에 빌리고 있던 집에 거처하면서: 원문은 當處居止在自借住之屋. 上海圖書館校勘本에 의해 止를 正으로 自를 日로 고친다.

孤寡

22. 고아와 과부를 속인 죄를 다스리다
正孤寡之罪 : 許宰

진자목陳子牧은 먼저 대씨戴氏를 처로 맞이하였는데 아들이 없어서 장손璋孫을 아들로 삼았다. 얼마 후에 첩에게서 아들 오손琠孫이 태어났는데 이제 나이 13세이다. 진자목은 다시 정팔낭鄭八娘을 처로 맞이하였는데 역시 아들이 없었다. 18년 후 진자목과 진장손은 잇달아 사망했다. 오손은 자목의 친생자이므로 자목의 가는 후사가 끊어진 것은 아니므로 장손을 위해 후사를 세우든 말든 진씨陳氏의 대계大計가 손상되는 것은 아니다.

진자목이 먼저 대씨를 처로 맞이했을 때 처의 일족이 못된 사람들이었는데, 후에 정씨를 처로 맞이했을 때도 부인이 덕이 없었다. 진자목은 참 처복이 없는 사람이다. 진자목이 정씨를 재취再娶한 것은 바로 (서자) 오손을 양육해서 그를 키워 가업을 보전하기 위해서였다. 자목이 죽은 후에 오손을 교도하고 그를 혼인시켜 가업을 유지하고 파산하지 않도록 하는 것은 오직 정팔낭의 책임이 아닌가? 어찌하랴, 자목의 시신이 온기가 가시기도 전에 정팔낭의 마음이 싸늘해진 것을! 그래서 진사경陳士駉은 먼저는 오손을 선동하여 가산을 탕진시키고 나중에는 또 소룡紹龍을 후사로 세워서 가산을 집어삼킬 수 있었던 것이다. 대주경戴周卿과 정형부鄭亨父 무리들은 그래서 가산을 차지했지만 모친이 집에 있고 오손琠孫은 아직 결혼도 하지 않았는데 어떻게 갑자기 전업田業을 균분할 수 있다는 것인가! 당시 홍지현洪知縣이 증명서를 발급한 것은 다만 한때의 고소장에 의거한 것이고, 지금 당시 발급한 것을 보니 단지 토지매매계약서일 뿐 입사立嗣계약서가 아니다. 정팔낭이 과연 남편의 집안을 생각하는 마음이 있었다면 오빠 정형부의 말을 듣고 자신이 그 땅을 팔려고 했겠는가? 대주경과 정형부 각자의 계약서[99]를 자세히 검토해보면 구구절절이 교묘히 사기를 치고 있고 전혀 보통의 계약서 같지 않다.

거짓을 꾸미려고 애를 쓸수록 점점 졸렬해지는데 아직도 자가당착이라는 사실을 깨닫지 못하는 것을 보면 조물주도 역시 정팔낭이 남편의 집안을 파멸시키는 것을 미워하고 진사경이 숙부의 가산을 집어삼키는 것을 싫어하여 금일 (악행이) 탄로되는 발판을 만들어준 것 같다. "하늘의 그물은 넓고 넓어 성긴 것 같지만 새지 않는다"는 (노자老子의) 말이 있듯이 대주경과 정형부는 사람은 속일 수 있지만 하늘은 속일 수 없다는 것을 생각하지 못했다. 암탉이 울면 집안이 망한다[100]고 하더니 대주경과 정형부는 모두 정팔낭처럼 못된 인간에 편승하여 모두 달려들어 가져갔던 것이다. 집안에 못된 처가 있으면 반드시 이렇게 되는 법이다. 정팔낭은 (남편 집안의 일에서) 손을 떼고 물러나 유유히 생활하면서 살이 쪄 가지고는, 남편 진자목 집안의 일을 보기를 마치 월나라 사람이 진나라 사람이 살이 쪘는가 말랐는가를 보듯이 하며[101] 전혀 관심이 없다. 『좌전左傳』에서 말하는 "식언이 많으니 살이 찌지 않으리오?"[102]와 같은 것이다. 여름 대낮이나 겨울 한밤에 한번이라도 진자목의 18년간의 은의恩義[103]를 생각하는 마음이 있었다면 차마 그럴 수 있었겠는가? 만

---

99) 각자의 계약서 : 원문은 各人契家. 家는 字의 오기일 것이다.

100) 암탉이 울면 집안이 망한다 : 牝鷄之晨, 惟家之索. 『尙書』「周書」「牧誓」에 나오는 말이다. 여자가 권력을 잡으면 나라가 망한다는 것을 비유한 말이다.

101) 마치 월越나라 사람이 진秦나라 사람이 살이 쪘는가 말랐는가를 보듯이 하며 : 猶越人視秦人肥瘠. 『韓昌黎文集』 권14 「雜文」「諫臣論」에 나오는 말이다. "視政之得失, 若越人之視秦人之肥瘠, 忽焉不加喜戚於其心." 자기와 아무 관계없는 듯 무관심한 모양을 뜻한다.

102) 식언食言이 많으니 살이 찌지 않으리오? : 食言多矣, 能無肥乎. 『左傳』 哀公 25年條에 나오는 말이다. "(孟)武伯爲祝, 惡郭重曰, 何肥也 (…중략…) 公曰, 是食言多矣, 能無肥乎." 약속을 지키지 않아 신의가 없음을 비난하는 말이다.

103) 진자목陳子牧의 18년간의 은의恩義 : 원문은 陳子十八年之恩義. 陳子 뒤에 牧이 누락되어 있는 것 같다.

약 진자목이 죽어서도 눈을 못 감고 오손이 살아있어도 즐겁지가 않다면 그것은 모두 정팔낭의 책임이다.

정형부와 대주경의 문제의 허위계약서는 법에 따라 원소유주인 진자목 가에 반환해야 할 것이다. 진소룡은 진사경의 장남인데 법은 "무릇 남의 후사가 되는 자는 장남이어서는 안 된다"라고 규정하고 있다. 못된 정팔낭은 진자목의 집안에 재난을 가져왔으므로 이는 진자목의 죄인이다. 장 80에 처해야 하나 집행을 유예한다[봉안封案]. 이렇게 하여, 진자목의 원통함을 풀고, 불의의 죄를 다스리며, 또한 천륜을 무너뜨린 자를 징계하려고 한다.

진자목의 전업은 본래 합계 300여 석이었지만, 정팔낭이 진자목의 자손을 양육하여 일찍 결혼시키지 못하고 진사경의 선동을 받아 반분을 탕진하였고 또한 허위로 진소룡을 후사로 세워 재산을 집어삼키려는 계략을 세워 이미 정형부와 대주경의 수중에 들어갔다. 진오손은 진자목의 친자인데 혼자 외톨이가 되어 매일 밥도 제대로 먹지 못하여 관에서도 마음이 아픈데 정팔낭은 사람의 마음이 없다는 말인가? 진자목은 후사가 끊어지지 않을 것이다. 대모戴某는 평소 늘 남의 위급함을 틈타 재산을 차지하려고 책략하고 돈을 벌기 위해 못된 짓을 하였으니 죽어서도 썩은 냄새를 자손에게 전할 것이다. 만약 족한 줄 모른다면 훗날 집안을 파괴시키는 자손이 있을 것이다. 만일 그렇지 않다면 이는 하늘이 무도한 집안을 부유하게 만드는 셈이 된다.

대량좌戴良佐는 대주경의 아들이며 진자목의 외가이지만, 그리고 진사경은 진자목의 근친이지만, 이후 진자목의 가사에 간여할 수 없다. 다시 소송을 일으킨다면 법에 따라 처단할 것이다. 만약 정형부가 다시 정팔낭을 선동하여 진자목의 가에 안주하지 못하게 하고 소장을 내는 일이 있다면 역시 법에 따라 처단할 것이다. 대주경과 정형부의 허위계약서는 모두 말소하고 증명서를 발급하여 정팔낭과 진오손에게 주어 증거로 삼게 한다. 진소룡의 (허위) 입사 (계약서)도 역시 말소하여 서류에 첨부하

라. 그리고 현문縣門에 판결을 게시하고 정팔낭에게 하루 동안 서서 보게 하여 판결의 의미를 곰곰이 생각해보게 하라. 그리하여 이전의 비행을 통렬히 자성하고 돌아가 진오손과 함께 남편의 가사를 관리하여 망자(구천九泉)의 원통함을 풀고 마을의 기풍을 높이도록 한다.

대성臺省(중앙정부)에 상신하여 조회 받도록 하라.

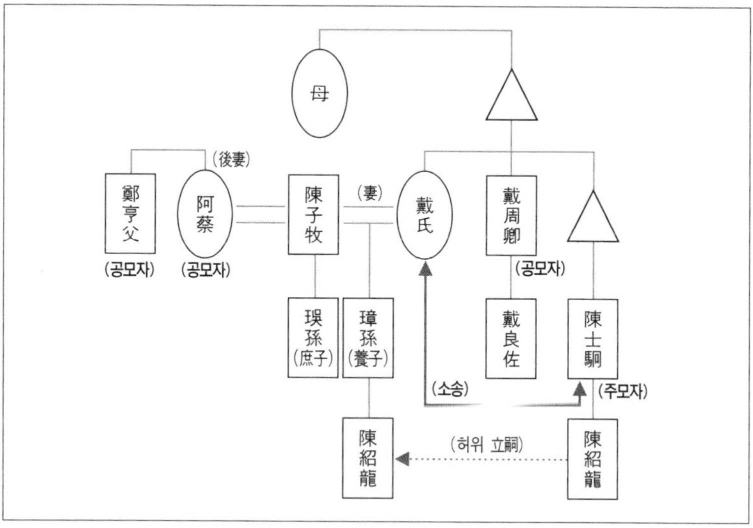

卷7-22조

23. 동족이 고아를 속여 재산을 빼앗다

宗族欺孤占産 : 吳恕齋

동족친척 중에 불행히도 요절하였는데 처는 젊고 자식은 어리거나 대를 이을 후사가 없는 사람은 가장 가련한 사람이다. 그의 죽음을 애도하여 장례를 치르고 끊어진 대를 잇기 위해 후사를 택할 때는 진실하고 측은한 마음으로 해야 하며 사심을 버리고 진력하지 않으면 안 된다. 이것이 동족친척의 책임이다.

그런데 근래의 소송을 보면 전혀 그렇지 않다. 망자의 시신이 온기가 가시기도 전에 형제·사위·친척이라는 자들이 장례에 대해서는 전혀 묻지도 않고 단지 고아나 과부를 속일 줄만 알 뿐이다. 혹은 재물을 몰래 들어내거나, 혹은 계약서를 감추거나, 혹은 토지를 도매盜賣하거나, 혹은 강제로 벼를 베어내거나, 혹은 재산상속권이 없는데 있다고 하고, 혹은 아들이 있는데 없다고 하여 후사를 세우려고 획책하는 등, 이를 좇고 의를 잊어 인심人心이라는 것이 없다. 세상에 이렇게 풍조가 각박할 수가 없다. 양만삼梁萬三이나 아조阿曹 등과 같은 소인들뿐만 아니라 심지어 유자儒者의 의관을 한 이들까지도 이런 소송을 하고 있으니 태수인 나로서 심히 부끄럽다. 이제 우선 아조의 한 건을 재판하여 각박한 풍조를 징계하려고 한다.

유전경劉傳卿에게 일남 일녀가 있는데 딸은 계오季五, 아들은 계육季六이라 한다. 계육은 아조를 처로 맞이했고 계오낭은 양만삼을 데릴사위로 맞이했다. 유전경이 죽고, 계유도 죽고, 계오낭도 또 죽었기 때문에 그 집의 가산은 아조가 관리해야 할 것이다. 그런데 아조는 주인이 되지 못하고 양만삼이라는 자가 모두 가산을 차지하려고 하고 있으니 천하에 어찌 이런 도리가 있다는 말인가! 설사 계오낭이 살아 있다고 해도 양만삼은 데릴사위의 몸이기 때문에 역시 유씨의 가업家業을 전매하거나 소유해서는 안 되는 것이다. 계오낭이 죽은 뒤 양만삼은 이미 오랫동안 밖에 나가 거주하고 있는데 어찌 가산을 전매하거나 차지할 수 있다는 것인가?[104] 이미 가재家財를 약탈한 다음 또 가업을 도매盜賣하고 이미 차점茶店을 차지한 다음 또 소작료를 강제로 수취하고 유계육과 처의 시신은 아직도 방치해놓고 안장하지 않고 있으니, 이런 일을 불문에 붙이는

104) 어찌 가산을 전매하거나 차지할 수 있다는 것인가? : 원문은 豈可賣占據其產業乎. 앞의 문장으로 보아 賣 앞에 典이 누락된 것 같다.

것은 사람의 마음이 있는 자로서 도저히 참을 수 없는 일이다.

유중고劉仲高와 유계안劉季安은 유씨의 일족이라고는 하나, 왕왕 재산을 병탄하여 이득을 보고 후사를 세워 이득을 보려 하면서 오히려 양만삼에게 가담하여 아조를 공격하고 있다. 아조는 수절하려고 하는데도 개가하려 한다고 무고하고, 아조에게 아들 춘가春哥가 있는데도 없다고 말하고 있다. 아들로서 조카로서 같은 조상을 섬기고 있다는 것을 생각지 않고 반대로 이성異姓(양만삼)과 힘을 합쳐 고과孤寡를 능멸하고 있으니 이것은 도대체 무슨 심보인가?

양만삼은 즉시 처단해야 하나 그래도 친척이기 때문에 갑자기 (친척 간의) 은의恩義를 손상시키고 싶지 않다. 통첩하여 관계자를 주첨청朱僉廳에게 압송하고 그에게 청하여 유전경의 모든 가업계약서를 철저히 색출하여 그중에서 이미 전매한 것이 얼마인지, 남아 있는 것이 얼마인지를 점검하고 만약 아조가 과연 수절할 수 있고 춘가가 과연 양자로 삼은 아들이라면, 현존하는 가산[105]을 장부에 적고 관인을 날인하고 아조에게 주어 확실히 관리하게 하되 전매를 불허하고 아들이 장성하기를 기다리도록 한다. 다만 (춘가가 장성할 때까지) 그동안에 드는 비용은 계산해서 지급하고 신속히 남편의 장례를 치르도록 한다. 또한 적당히 비용을 떼어 양만삼에게 지급하여 본인이 확실히 처의 장례를 치르도록 한다. 양만삼이 이제까지 전매하고 점거한 모든 토지는 반환시키지 않으면 안 된다. 이렇게 하면 천리天理와 인정人情에 부합할 것이다. 만일 양만삼이 여전히 힘을 믿고 속이고 점거한다면 즉시 신병을 압송하여 옥에 보내어 철저히 죄를 따져 법대로 처리하도록 (주첨청에게) 부탁한다. 이제 판결을 저자거리에 게시하여 경계의 표시로 삼도록 하라.

---

105) 현존하는 가산 : 원문은 見存產. 產 뒤에 業이 누락된 것 같다.

女受分

24. 친딸에게 주도록 유언하다

遺囑與親生女; 吳恕齋

증천균曾千鈞에게 두 친딸 조일랑兆一娘, 조이랑兆二娘이 있고 아들로는 양자로 삼은 증문명曾文明의 아들 수랑秀郎이 있다. (증천균은) 임종할 때 친필 유언을 남겨 세전稅錢 800문(을 낼 수 있는 땅)을 두 딸에게 주었다. 이것은 당시 증천균의 처 오씨吳氏와 동생 증천승曾千乘과 아들 증수랑이 모두 서명하여 승인했고 관에 제출하여 관인도 받았던 사실이다. 그런데 지금 수랑의 생부 증문명이 유언은 위조된 것이고 현청의 관인官印은 몰래 찍은 것이라고 주장하고 있는데 필시 증천균의 유산을 모두 차지하려고 하는 것 같다. 어찌 이렇게 인정 없는 짓을 하는 것인가?

증문명은 그 아들을 증천균의 후사로 보냈으므로 당연히 그 집의 가산에 간여해서는 안 될 것이다. 더구나 증문명이 양자로 보낸 아들을 여전히 아들로 대하려고 하고, 증천균에게는 끝까지 딸을 딸로 대하지 못하게 하는 것은 도리에 맞지 않는 일이다. (증문명은) 부모의 재산은 부모가 지급하는 것으로 자식 된 자로서 누가 이를 거역할 수 있는지를 전혀 생각하지 않고 있다. 만약 수랑이 천균의 아들이 될 수 없다면 일편의 토지도 가질 수가 없는 것이다. 현재 수랑은 천균의 아들인 이상, 누이를 생각하기를 부친을 생각하는 것처럼 해야 할 것이다. 지금 유언이 위조된 것이라고 주장하는 것은 이는 누이에게 동생노릇을 못하는 것일 뿐만 아니라 실은 부친에게도 불효한 것이 된다. 증천균이 수랑을 아들로 명한 것은 과연 어떤 생각에서였을까(를 생각해보아야 할 것이다).

사리참군司理參軍의 원안은 아주 명쾌하다. 다만 시행은 면제하기로 한다. 또 다시 후회할 줄을 모른다면 부친이 없는 것처럼 불효한 행동을 한 죄를 벗어날 수 없을 것이다. 조일랑은 최근에 사망했다. (그녀가) 얻은 재산[세산稅産][106]은 (그녀의 남편) 주신은朱新恩이 후사를 세워 (재산을) 승계시키는 것은 허락하겠지만, 재산을 전매할 수는 없다. 이렇게 하면 증천균의 딸을 사랑하는 마음은 실처럼 계속 이어질 것이고 증문명 부자도 승복시킬 수 있을 것이다. 판결을 보여주고 지위知委[107]를 받아 상신하라.

25. 아침과 고오이가 소작미를 놓고 싸우다
阿沈高五二爭租米 : 吳恕齋

고오일高五一은 아들 없이 죽고 다만 계집종 아침阿沈이 딸 공손公孫을 하나 낳았는데 현재 한 살이다. 아침은 소정 5년(1232)에 전산田産의 검교를 신청했다. 고오일의 친동생 고오이高五二도 같은 해에 자신의 차남 고육사高六四를 고오일의 후사로 세워줄 것을 신청했다. 관에서는 이미 사호참군司戶參軍을 보내어 검교를 하고 법관[108]을 파견하여 (고공손高公孫과 고육사가 승계해야 할 재산을) 지정하고 고육사를 후사로 세워서 고오이에게 함께 공손을 양육하게 하였다.

얼마 후 아침은 그 딸 공손을 데리고 왕삼王三에게 개가하였다. 고육사는 가희 2년(1238)에 "성년이 되었습니다"라고 주장하며 상속받은 전산의 지급을 요구했다. 관에서는 법에 따라 4분의 3을 고육사에게 주고 나머지 4분의 1은 고공손의 것으로 남기고,[109] 아침에게 매년 소작미를 거

106) (그녀가) 얻은 재산 : 원문은 所得産. 上海圖書館校勘本은 所得稅産.

107) 지위知委 : 『청명집』 권6, 판어 3조의 주석 참조.

108) 법관法官 : 사법참군司法參軍을 가리킨다.

109) 관에서는 법에 따라 4분의 3을 고육사高六四에게 주고 나머지 4분의 1은 고공손高公孫의 것으로 남기고 : 이 판결의 재산 분배방식은 이 외의 판결과 다른 부분이 있다. 고육사는 이른바 명계命繼한 아들이고 고공손은 미혼녀(재실녀在室女)인데, 『청명집』 권8 「女承分」 「處分孤遺田産」의 판어에서는 남송령南宋令을 인용하여 명계자命繼子에게 재

두어 공손을 양육하는 비용으로 쓰게 했다. 그런데 어찌된 일인지 9년 동안 아침이 받은 소작미는 겨우 13석에 불과하였다. 이것은 고오이의 친척이며 소작인인 고강일高康一이 소작미를 연체하면서 체납한 소작미를 고오이에게 주지 않고 자기가 가졌기 때문이었다. 아침은 누차 요구했지만 (고강일은) 돌려주지 않았다. 이 때문에 아침은 화가 나 있었는데 고오이가 다시 아침에게 회자 30매[110]를 주어 속이고는, 어느 날 갑자기 아침이 양육하고 있는 12세의 딸 공손[111]을 핍박하여 집에 데리고 가버렸다. 그 의도는 어디에 있는 것일까? 아마 고공손의 상속분 4분의 1에 대해 고오이와 고육사가 어떻게든 빼앗으려고 했기 때문일 것이다. 이래서 아침은 화가 나서 고소하게 되었던 것이다.

아침의 주장에 의하면 세산을 검교한 후[112], "고육사를 후사로 세운다는 것은 전혀 몰랐습니다. 또한 서명을 한 적도 없고 단지 고오이 부자에게 토지를 점거당했을 뿐입니다"라고 한다. 본건의 문서를 조사해보니 처음에는 관에 맡겨 검교하고 이어서 법관이 지정한 다음 4분의 3을 떼어 고육사에게 주고 있다. 문서의 전달은 모두 명확하여 신빙할 수 있기 때문에 "고육사를 후사로 세운 적은 없습니다"라는 말은 성립되지 않는다. 아침은 이미 개가했고 부녀자에게는 반드시 교사教唆하는 이가 있기 마련이지만, 고오이·고육사는 실로 인간의 정이라고는 전혀 없는 자들이다. 고오이의 재산 중 4분의 3은 이미 손에 넣었는데도 남은 4분의 1

산의 4분의 1을, 미혼녀에게는 4분의 3을 주고 있는 것이다. 법 인용의 잘못이거나 법이 개정되었거나, 혹은 고공손이 모친의 개가에 따라 왕삼王三의 가에 들어간 때문인지 불분명하다.

110) 회자 30매 : 원문은 三十券. 여기서 券은 회자를 가리킨다. 高橋芳郎, 2001, 171면, 주 3 참조.

111) 12세의 딸 공손公孫 : 十二歲之女. 여기서 12세란 판관인 오서재吳恕齋의 착오라고 高橋芳郎은 주장한다. 이 판결은 부판府判이므로 오서재가 통판임안부通判臨安府(純祐 9년, 1249) 때의 것으로 추정되므로 당시 공손은 이미 18세에 도달한 성인이라는 것이다. 이러한 오해는 판결문이 서류심사만으로 이루어졌기 때문에 생겼으리라는 추정이다. 高橋芳郎, 2001, 172면, 참조.

112) 세산稅産을 검교檢校한 후 : 稅檢校後. 稅 뒤에 産이 누락된 것으로 본다.

마저 집어삼키려고 하니 어찌 이리도 인간이 못되었단 말인가! 소작인이 과부와 어린아이인 아침 모녀를 속였으면 고오이와 고육사는 당연히 그들을 위해 납입할 것을 주장해야 할 터인데도 오히려 고강일과 짜고 소작료를 연체시켜 9년 동안 겨우 13석을 납입했다니 이는 참을 수 없는 일이다.

고오이·고육사·고강일을 도할都轄[113]에 보내어 9년간 미납한 소작미를 강제 징수하여 아침에게 주어 공손을 양육하도록 하고 (아침의) 수령서를 받아 상신하라. 그 4분의 1의 재산은 아침에게 명하여 스스로 관리하여 소작미를 거두게 하라. 고오이는 간여할 수 없다. 공손이 성인이 되면 관에 와서 증명서의 발급을 요청하고 그것으로 결혼자금으로 삼도록 한다.

遺腹

26 시비를 가리다

辨明是非 : 葉巖峰

한시근韓時覲의 소장에 의하면, "백부 한지승韓知丞[114]이 영풍현永豊縣[115]에서 별세하여 관을 운구하여 겨우 집에 돌아왔더니, 돌연 상백이桑百二, 동삼팔董三八 등이 칼을 갖고 들이닥쳐 대문과 담장을 부수어버렸습니다"고 한다. 그 다음 이름이 난저蘭姐인 아주阿周의 소장에 의하면, "아

113) 도할都轄 : 도총할방都總轄房 또는 도총할都總轄의 약칭. 황제 및 임안부臨安府 각급의 관청의 요청에 따라서 공사公事에 관한 안건을 처리하고 또 도적의 체포도 담당했다. 『宋史』 권166 「職官志6」 「臨安府」 참조.

114) 지승知丞 : 지대종정사승사知大宗正司丞事의 약칭. 대종정사大宗正司 소속의 관.

115) 영풍현永豊縣 : 강남동로江南東路 신주信州와 강남서로江南西路 길주吉州 두 곳에 있는데 여기서는 어느 곳을 가리키는지 알 수 없다.

들 동삼팔은 본래 한지승의 아들인데, 집에 들어가 부친의 상을 입는 것을 한시의韓時宜는 용인하지 않습니다"라고 한다. 공술을 자세히 검토해 본 결과 주난저周蘭姐는 바로 한지승의 여종이었는데 가정 2년(1209)에 동삼이董三二에게 출가하여 동삼팔을 낳았고 지금 이름은 아란阿蘭이라 하며 (출가한 지) 이미 27년이 지났다는 사실을 알 수 있다.

이제 한지승이 사망하자 드디어 (동삼팔은) 한지승의 친자라고 하면서 귀종歸宗하여 재산(상속)을 주장하려고 하고 또 한니파韓妳婆[116]를 데리고 왔다. 아마 한지승의 생전에 일찍이 한니파의 아들이 조상의 묘를 도굴한 사건을 처벌하고 강제로 이장시켰던 적이 있었는데 여기에 한을 품고 소장을 날조한 것으로서 신빙할 수가 없다. 그러나 한지승은 이미 세상을 떠나 물어볼 길이 없으니 (아란이 동삼이와 결혼하기 전에) 임신했던 (한지승의) 아들인지 여부를 알 수가 없다. 그러나 정황으로 추론해보면 어렵지 않게 알 수 있다.

한지승은 경학經學에 통달한 명사로서 만년에 과거에 급제하였으므로 이의理義에 밝고 세파도 실컷 겪은 사람이라는 것을 알 수 있다. 그런 그가 어찌 애첩의 자식이란 뱀의 배에서 나온 용과 같은 것임을 모르겠는가? 야채가게에 자식을 버려두고 오랜 세월이 지나도 수양하지 않고 이처럼 버려둔 것은 무엇 때문인가? 이것이 (주란저의 소장을) 믿을 수 없는 첫 번째 이유이다.

주란저가 정말 임신한 후 출가하여 한 달이 지나 낳았다면 당장 아들을 데리고 한지승의 가에 돌아왔어야 했을 것이다. 만약 정처正妻가 허락하지 않는다면 관에 고소하여 장래의 증거로 삼았어야 했을 것이다. 지금 그 아들 동삼팔은 이미 결혼하여 아들도 있다. 27년간이나 묘연하게 이에 관해 한 번도 고소한 적이 없었던 것은 무엇 때문인가? 이것이 믿을 수 없는 두 번째 이유이다.

116) 니파妳婆 : 모친이나 조모의 자매를 말한다. 여기서는 한시의韓時宜의 외조모의 자매를 가리키는 것 같다.

한지승은 이미 여러 관직을 역임하여 가난을 벗고 부귀를 누려, 소금에 절인 야채를 버리고 황무지를 비옥한 땅으로 만들어 이전과 비할 바 없는 넉넉한 생활을 보내고 있었다. 주란저는 애첩으로서의 구은舊恩을 생각지 않고[117] 빈궁한 처지를 부끄러워하지 않고 오히려 자식의 빈천을 감내하며 길거리에서 야채나 팔면서 추위와 굶주림을 참고 살아왔다. 그런데 (자식을) 데리고 관청에 와 배부르게 살 수 있는 길이 있었는데 그렇게 하지 않았던 것은 무엇 때문인가? 이것이 믿을 수 없는 세 번째 이유이다.

또한 한지승은 자식이 많았던 것도 아니고 전처 소생의 시의 하나가 있을 뿐이었다. (시의는) 몸이 약하여 반드시 부친의 일을 잘 이어나가리라는 희망이 있었던 것도 아니다. 만약 한지승이 정말 자신의 아들이 밖에 있는 것을 알았다면 왜 일찍 수양하여 잘 먹이고 가르쳐 자손이 번창하고 대대로 출세하도록 하지 않았겠는가? 이것이 믿을 수 없는 네 번째 이유이다.

또 주란저는 "한지승은 받아들이려고 하였습니다만, 전처인 임씨林氏가 질투가 심해 돌아오는 것을 용납하지 않았기 때문에 오랫동안 거리에서 방황했던 것입니다"라고 주장한다. 그러나 이 말 또한 믿을 수 없는 것이, 임씨는 보경 2년(1226)에 이미 사망하였기 때문에 이 때에는 질투할 처는 없었던 것이다. 동삼팔은 왜 돌아와 임씨의 상에 복服하지 않았는가? 한지승은 왜 기회를 타서 (동삼팔을) 수양하지 않고 이 10여 년간 자신의 친생자에 대해 거의 한마디도 하지 않았던가? 이것이 믿을 수 없는 다섯 번째 이유이다.

이 다섯 가지 점을 놓고 볼 때 한지승이 생전에 동삼팔을 수양하지 않은 것은 자신의 자식이 아니었기 때문이라는 점이 명백하다. 동삼팔은 한지승의 사후에 귀종하려고 하나 장차 누구를 속이려고 하는가? 관에서는 아주가 증거가 없다는 것을 간파하였다. 처음에 그 싹을 자르지 않으면 후에 분분해

117) 애첩으로서의 구은舊恩을 생각지 않고 : 不思抱衾之舊恩. 포금抱衾이라는 말은 『詩經』「召南」「小星」, "肅肅宵征, 抱衾與裯, 寔命不猶"의 '포금여주抱衾與裯'를 줄인 말로 첩을 사랑한다는 뜻이다.

질 소송을 막을 수 없을 것이다. 이제 한시의에게 명하여 스스로 한지승의 가업을 보전하게 하고 아주와 동삼팔은 허위 고소를 하였으니 각각 장 80에 처한다. 담당부서는 상백이를 압송해 오도록 최촉催促하고 그가 오면 사람들을 모아 시끄럽게 싸운 죄를 조사하여 처벌하라. 남은 사람은 방면하라.

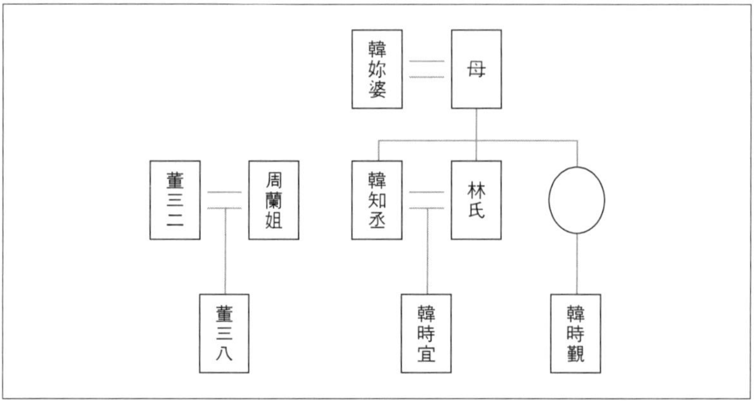

卷7-26조

27. 유복자[118]라고 속여 귀종을 기도하다

妄稱遺腹以圖歸宗 : 葉巖峰

점술사 진아묵陳亞墨이 손화孫華가 자신의 생부라고 주장하며 결국 작년 겨울 손경인孫景仁이라는 이름으로 현위縣尉에 고소했다. 손화孫華의 소작인이 이유 없이 성씨를 바꾸었는데 아마 그것은 출생의 사실을 은폐하고 후일 귀종歸宗을 하기 위한 발판을 마련하기 위해서였을 것이다. 손화는 이를 알고 현에 고소했다. 진아묵을 소환하여 당청에서 심문해보니 과연 입을 열 때마다 손화가 자기의 아버지라고 주장하였다. 또 "얼굴이

118) 유복遺腹이란 남편의 사망 때 또는 결혼 전에 처의 뱃속에 있던 자식을 말하는데 여기서는 후자의 경우이다.

손화와 닮았습니다. 전산田産은 손화가 위장하여 옮겨놓았습니다"라고 말하였다. 말이 아주 유창하여 손화가 대적할 바가 아니었다.

사정을 자세히 검토해보니, 진아묵의 부친 진삼사陳三四가 손화의 여종 아림阿林을 처로 맞이하여 진아묵을 낳은 지 이미 45년이 지났다. 40여 년간 유복자에 대해서는 거의 한마디도 없더니 이제 와서 갑자기 이런 생각을 해낸 것이다. 즉 손화가 곧 사망할 것 같으므로 그가 죽기만 하면 근거도 없이 마구 귀종을 주장하여 재산을 점거하고 손화의 자식들과 끝없이 싸우겠다는 생각인데 매우 음흉한 책략이다.

옥에 보내어 증언을 시키고 친필의 공술서를 받아본 바 손화의 유복자가 아님이 분명하다. 손화는 늙었지만 다행히 용의주도하여 진아묵의 간계를 미리 좌절시켰다. 그렇지 않았다면 후일의 화를 막을 수가 없었을 것이다. 진아묵을 장 80에 처하여 성을 바꾸고 함부로 소송한 죄를 징계하라. 그리고 지부각하知府閣下[사부使府]에 상신하여 조회받도록 하라.

義了

28. 의자가 친자의 재물을 전부 가지다
義子包併親子財物

재가한 처가 전부前夫의 자식을 데리고 후부後夫의 집에서 양육하는 경우는 많이 있다. 법에, 계부繼父와 동거하는가 아닌가에 따라서 등급을 낮추어 상복을 입는 차이는 있지만,[119] 그러나 이것은 다만 양육해준 은혜에 보답하기 위한 것일 뿐이다. (본관은) 아직까지 성씨를 혼란시키고

---

119) 『慶元條法事類』 권77 「服制門」 「服制格」의 규정 참조.

속여서 후사의 지위를 넘보고 (계부의) 아들을 능멸하고 억지로 계부의 후사가 되려고 했다는 일은 들어본 적이 없다.

요악姚岳은 만년에 아정阿鄭을 처로 맞이하였는데 아정은 전부 숙씨肅氏의 아들 숙진손肅眞孫이라는 자를 요씨 가에서 양육하였다. 진손은 당시 5세였는데 요악은 그를 양육하여 장성하자 혼인도 시켜주었다. 그를 대우함에 있어 많은 은혜를 베풀었지만 이것은 아정이 있었기 때문이었다. 요악은 비록 은혜를 베풀긴 했으나 이것은 그를 관대히 보아준 것뿐이었고 (숙진손이) 결혼한 이후 그를 별거시켰다. 근래 아정이 죽자 임시로 옆방에 거처하게 하면서 뒷문에 빗장을 채우고 왕래를 못하게 했지만 인仁과 의義를 다했다고 할 만하다. 요악의 서자로 요우좌姚虞佐라는 인물이 있는데 요악이 주의를 기울여 진손을 방비한 것은 바로 후일 진손이 요우좌의 근심거리가 될까 우려해서였다.

그런데 어찌하랴. 아정이 죽고 잇달아 요악도 죽자 숙진손은 재산을 노리고 못된 짓을 하기 시작했다. 유약한 요우좌를 기만하고 능멸하였을 뿐만 아니라 이름을 요숭姚崇이라 속이고, 요악의 계집종을 유혹하여 제 것으로 삼고, 요악의 재물을 마구 약탈하였다. 그는 요우좌가 외출한 것을 보고 요악의 관 앞의 상에 놓여 있던 상자 6개와 은기銀器 160량兩을 약탈하고 아울러 요악이 남긴 필단疋段, 서화書畵, 회자會子, 옷 등도 싹쓸어 갔다. 그리고 계집종 춘희春喜를 끼고 몰래 수도(임안臨安)에 들어가 요악의 주가主家에 몸을 맡기고, 요악의 신역身役을 인수하고 성명도 (요숭으로) 바꾸었다. 그러나 성명은 바꿀 수 있지만 법은 바꿀 수 없는 것이다. 만약 숙진손이 요악의 재물을 차지하고 요악의 아들이 되게 내버려둔다면, 모친의 개가에 따라간 천하의 모든 아들들이 친부를 버리고 남의 자식이 되어 근본은 잊고 이익을 추구하게 될 것이다. 그렇게 되면 혈연이 뒤섞여 인륜의 질서가 무너져 천하가 모두 금수의 소굴이 되어버리고 말 것이다.

재물도 요씨의 재물이고 노비도 요씨의 노비인데 어찌 숙진손이 이를 차지할 수 있는가? 지금 숙진손이 요숭이라는 이름으로 공술한 것을 보면 분명히, "친부를 함부로 저버렸고, 멋대로 성명을 바꾸어 부친의 핏줄을 끊으려 했고, 의부에게 죄를 뒤집어 씌었고, 의부의 재물을 약탈하여, 생자나 망자 모두에게 해를 끼쳤습니다"라고 말하고 있다. 모두 마땅히 중벌에 처해야 할 것이다. 그러나 소인의 탐심에서 법을 범하였으니 깊이 질책할 필요는 없어 죄를 경감하여 장 1백에 처한다. 요약 가의 은기, 회자, 상자 등 모든 물건을 강제 반환시키고, 요우좌의 수령장을 받아 상신하라. 그리고 이후로는 성을 사칭하고 집에 가서 소란을 피우지 않겠다는 서약서를 받도록 하라. 아정이 결혼 때 지참한 모든 화장도구와 옷가지 등은 요우좌에게 보이고 그 반분을 지급한다. 채복蔡福, 진순陳順, 춘희春喜, 래희來喜, 소동小童 등은 요약의 노비들인데 감히 진손에게 빌붙어 주가主家의 재물을 운반하였다. 그 중에서도 춘희는 직접 진손과 함께 도망쳐 주인을 배신하는 불충의 죄를 저질렀으니 당연히 진손보다 죄가 무겁다.

본관은 부임 이래 백성의 죄를 정할 때 대개 가벼운 벌에 따랐다. 모두 관대히 용서하여 장 1백에 처한다. 그 중 소동은 나이가 14세이므로 고쳐서 장 20에 처한다. 일이 풍기風紀에 관한 것이니 저자거리에 게시하라.

권8

立繼類[1)]

1. 후사는 가장이 결정해야 한다
當出家長; 蔡久軒[2)]

입계立繼의 법은 반드시 그 권한을 가진 사람에 의해 실행되어야 한

1) 입계立繼 : 입계는 조상의 제사를 통한 종족宗族의 보존이라고 하는 중국인의 종교적 관념에 깊이 뿌리를 두는 것으로서 중국의 가족법에 있어서 가장 핵심적인 문제를 이루고 있다. 그러나 현실적으로 입계는 재산의 상속과 관련되는 것이기 때문에 늘 이를 두고 분쟁이 있어왔다. 『청명집』「戶婚門」의 내용 중에서도 중심을 차지하는 것은 바로 입계를 둘러싼 분쟁이다. 입계를 비롯한 중국의 가족법에 대한 것은 滋賀秀三의 『中國家族法の原理』, 東京 : 創文社, 1967(이하 滋賀秀三으로 약함)에 철저하게 밝혀져 있고 본 역주도 이에 많이 힘입고 있다. 이를 참조해 입계에 관련해 간략히 설명하면 다음과 같다. 입계는 입사立嗣라고도 하는데 가家를 상속할 실자實子가 없을 때 부처夫妻 생전에 또는 부 사망 후 처가 양자를 들여서 후사를 세우는 것을 말한다. 입사를

다.[3] 이씨李氏가 가장家長인 이상 후사後嗣는 반드시 이씨의 의사를 따라서 세워야 할 것이다.[4] 이씨는 "유회劉恢를 후사로 세운 지가 이미 10여 년이 지났는데 유빈劉賓이 몰래 증거를 조작하여 후사의 자리를 빼앗으려고 합니다"라고 주장하고 있다. (이에 대해) 유빈은 첫째로 "여러 존장尊長들이 빈의 아들인 명손明孫을 후사로 세웠습니다"는 것, 둘째로 "이씨가 노병으로 정신이 혼매합니다"라는 등의 주장을 하고 있다. 이를 보면 명손이 후사가 된 것은 여러 사람의 음모에서 나온 것이며 이씨의 본의가 아닌 것이 명백하다. 본현에서의 상신을 보면 아직 철저한 진상규명이 이루어지지 않고 있는 바 주의 첨청에 이첩하고 상세히 검토하여 결말을 지은 다음 상신하라.

하지 못하고 부처가 모두 사망한 경우 또는 부 사후에 처가 개가한 경우, 성년 남자가 미혼으로 사망한 경우 등에 그 부모형제나 일족에 의해 후사를 세우는 것을 계절繼絶이라고 한다. 또 계절 중에서도 호절가戶絶家에 입사하는 것을 명계命繼라고 한다. 호절戶絶이란 일가 내에 남자도 그 처도 없는 상태를 말한다. 후사後嗣는 종족宗族(동족同族) 내에서 소목昭穆이 맞는 자를 세우는 것을 원칙으로 한다. 이에 해당하는 이가 없으면 이성異姓 즉 종족이 아닌 3세 이하의 남아를 후사로 세우는 것을 법은 인정하고 있었다. 이렇게 양자가 되어 나가는 것을 출계出繼라 하고 다시 본가로 돌아오는 것을 귀종歸宗이라고 한다. 당唐대 및 명청明淸대에는 원칙적으로 입계도 명계도 실자와 동일하게 가산을 상속받을 수 있었는데 송대에는 입계와 명계에 따라 가산 상속에 차이가 있었다.

2) 채구헌蔡久軒 : 구헌久軒은 채항蔡抗의 호. 채항은 건양建陽(복건福建)인人으로 주희朱熹의 문인門人으로 유명한 채침蔡沈의 아들이다. 紹定 2년(1229)의 진사進士로서 淳祐 11년(1251) 절동제형겸지무주浙東提刑兼知婺州가 되었다. 이 판어는 그때의 것이었을 가능성이 있다. 후에 지추밀원사知樞密院事, 참지정사參知政事를 역임했다. 『宋史』 권 420에 전기가 있다.

3) 입계立繼의 법은 반드시 그 권한을 가진 사람에 의해 실행되어야 한다 : 송본 원문. 立繼之法, 必由所由. 명본에는 必由가 必有로 되어 있다. 문맥상 송본이 타당하다.

4) 이씨李氏가 가장家長인 이상 후사는 반드시 이씨의 의사를 따라서 세워야 할 것이다 : 李氏旣是家長, 則 立繼必由李氏. 이것은 여기 『청명집』에 수록된 판어에 자주 인용되고 있는, "남편이 사망한 후에는 처의 뜻에 따른다"는 법령에 의거한 것이다.

2. 생전에 양자를 들이다

生前乞養 : 趙庸齋[5]

생전에 양자를 들이는 것[6]과 호戶가 단절되어 후사를 세우는 것은 별개의 일이며 관련법령도 전혀 다르다. 정일지丁一之는 자식이 없어 생전에 왕안王安의 아들을 양육하여 후사로 삼았다. 이것은 왕안의 아들이 3세 미만이었으므로 법령에 부합한다.[7] 정일지가 사망한 후 동생 용지用之가 자신의 아들을 정일지의 후사로 세우려고 하나, 정일지가 생전에 기른 양자는 친자나 다름없고 이렇게 정일지가 이미 자신의 자식이 있는 이상 정용지는 후사에 간여할 수 없다. 다시 고소하면 엄중히 처벌할 것이다.

3. 부의 생존 중 이성을 후사로 세웠다면 부의 사후에 돌려보낼 수 없다

父在立異姓父亡無遣還之條 : 胡石壁[8]

법에 의하면 "모든 양자나 양손養孫은 양조부나 양부가 사망한 후 그 조모나 모가 이유 없이 (생가로) 돌려보낼 수 없다"라고 규정하고 있다. 정문보鄭文寶는 아들이 없어서 원진元振을 양자로 삼았다. 비록 이성異姓이라 하더라도 3세 이하라면 양부의 성을 따라 친자의 법을 적용한다고 법은 규정

---

5) 용재庸齋(?~1261) : 조여등趙汝騰의 호. 복주福州(복건福建)의 종실이다. 寶慶 2년(1226)의 진사進士로서 온주溫州, 무주婺州 등의 지사知事를 역임하고 한림학사翰林學士에 이르렀다. 『宋史』 권424에 전기가 있다.

6) 생전걸양生前乞養 : 양자養子에는 크게 두 가지 종류가 있다. 승계承繼를 위한 법률상의 양자와 은양恩養과 같은 사실상의 양자가 그것이다. 송대 이후 전자를 사자嗣子, 후자를 의자義子라고 부르는 것이 보통인데 양자를 맞이하는 행위도 전자는 과계過繼, 과방過房 후자는 걸양乞養이라고 부른다. 걸양의 '乞'에는 예부터 타인의 자子를 집에 끌어들인다거나 자를 타가他家에 준다는 뜻이 있다. 『宋刑統』 권20 「賊盜律」 略賣良賤條의 "卽私從奴婢買子孫, 及乞取者, 準盜論, 乞賣者與同罪"에 보이는 '乞'은 준다는 뜻으로 쓰이고 있다. 滋賀秀三, 576면 참조.

7) 이성양자異姓養子의 연령제한에 대해서는 『宋刑統』 권12 「戶婚」 養子條에 "其遺棄小兒, 年參歲以下, 雖異姓, 聽收養, 卽從其姓"이라고 되어 있다.

하고 있다. (그러므로) 문보가 원진을 양자로 삼았을 때, 제부除附를 하지 않았기 때문에 당시의 연령은 입증할 수 없지만 문보의 생전에 정봉길鄭逢吉이 그에게 준 편지에서 이미 (원진을) 조카라고 부르고 있기 때문에, 원진이 친자나 다름없다는 사실을 속일 수는 없을 것이다. (따라서 원진을 양자로 삼았던 것은 합법적인 일이었다.) 이제 문보가 이미 사망한 이상 모친이 (원진을 생가로) 돌려보내려고 할지라도 이는 (법이 정한 바와 같이) 불가능한 일이거늘 하물며 백숙伯叔이 돌려보낼 수는 없는 것이다.

정봉길이 만일 거莒나라 사람이 증鄫나라를 멸망시킨 고사를[9] 생각하여, 조상의 영靈이, 자기와 동족이 아닌 사람이 제사지내는 것을 싫어해서 제사를 기쁘게 받지 않을까 염려한 것이라면 마땅히 도리에 맞게 제부弟婦(정문보의 미망인)를 설득하여 본종本宗[10] 중에 소목昭穆이 맞는 자

---

8) 호석벽胡石壁 : 호영胡穎의 호. 담주潭州 상담湘潭(현 호남성 상담현湘潭縣)인이다. 이종理宗 紹定 5년(1232)에 진사進士에 급제하고 지평강부겸절서제점형옥知平江府兼浙西提點刑獄 등을 역임했다. 성품이 강직하고 박학강기博學彊記하고 판결문을 쓰는 데 매우 능했다고 한다. 재판을 할 때는 경사經史에 의거하여 사정事情에 맞게 판단하고 창졸倉卒 간에도 대구가 맞는 문장을 써서 읽는 이를 놀라게 했다고 한다(대구를 맞춰 판判을 썼다고 하는 것은 당唐代 이래의 전통을 따르고 있었다는 것이다). 호영은 선정善政으로 유명한데 유력자를 두려워하지 않았다고 한다. 절서제점浙西提點이었을 때 영왕부榮王府의 12인이 약탈행위를 저지르자 모두 참수하였는데 이 일로 이종이 "경은 살인을 좋아하는가?" 묻자, 호영은 "신臣은 감히 태조太祖의 법을 어김으로써 폐하를 등지고 싶지 않았던 것이며 살인을 좋아해서 한 것은 아닙니다"라고 대답하고 있다. 본 판어에도 그의 강직한 성품이 잘 나타나 있다. 『宋史』 권416에 전기傳記가 있다.

9) 거莒나라 사람이 증鄫나라를 멸망시킨 고사故事 : 莒人滅鄫之事. 『春秋穀梁傳』 襄公 6년, "莒人滅鄫非滅也"의 注疏에 증나라에서 공公의 조카인 거莒의 공자를 후사로 세운 것에 대해서 거가 증을 멸했다고 하는 것은 귀신이 자기의 제사가 아닌 것은 받지 않기 때문에 '滅'이라 표현했다고 설명하고 있다.

10) 본종本宗 : 공동조상에서 갈라져 나온 남계혈통을 총괄해서 동종同宗이라고 한다. 종족宗族, 동족同族, 족인族人, 족당族黨은 동종과 같은 의미이다. 즉 원래 자연적인 의미이다. 여기에 자연적인 혈통으로는 동종이 아니지만 사회적인 의미의 동종으로서 처妻가 동종에 포함된다. 여성은 원래 이성異姓이지만 결혼에 의해서 사회적으로 동종이 된다. 요컨대 남계혈족 및 그 처를 총괄해서 동종이라고 한다. 동종자同宗者는 모두 동일한 성姓을 칭하며 성을 통해 다른 종宗과 구별이 된다. 여계혈족 및 처의 가족이나 사위의 가족 등을 총칭하여 외인外姻이라고 한다. 동종은 본가本家, 외인은 친척親戚이라고도 하는데 친속親屬이란 본종과 외인을 합친 개념이다(滋賀秀三, 19면 이하 참조).

를 택하여 원진과 함께 후사로 세워야 마땅할 것이다. 이렇게 한다면 공정하다고 할 수 있을 것이다. 만일 제부가 승복하지 않는다면 법은 "남편이 사망한 후 처가 생존해 있을 때는 처의 뜻에 따른다"라고 규정하고 있으므로 존장尊長이나 관사官司라도 강제할 수는 없는 일이다.

지금 그가 그린 가계도家系圖[종지도宗枝圖]에 의하면 정봉길은 오히려 사씨에게 두 아들이 있다고 말하고 있는데 그의 속셈은 필경 여기에 있을 것이다![11] (정봉길의 행위는) 사실은 "형의 팔을 비틀어서 빼앗아 먹으려고"[12] 하는 것과 같은 것이다. 동생이 살아 있을 때는 동생을 무고하고 동생이 죽자 조카를 무고하니 어찌 이리도 마음씨가 못 되었단 말인가! 본관은 평소 이 같은 무리를 원수같이 미워하고 있는 바 금일 관직에 있는 사람으로서 어찌 이를 벌하지 않을 수 있겠는가. 장 1백대를 치고 목에 칼을 씌워 저자거리에서 10일간 사람들에게 보이도록 한다. 오늘 밤은 상廂에 유치하고 내일 아침 단행하라.

4. 시동생이 그 형수에게 후사를 세우는 것을 원치 않는다고 말하라고 시킨 것은 재산을 집어삼키려는 속셈 때문이다

叔教其嫂不願立嗣意在吞併 : 胡石壁[13]

이학문李學文은 결혼을 한 후에 사망했고 그 조부가 또 일찍이 그의 후

---

11) 그의 속셈은 필경 여기에 있을 것이다! : 其意果在是乎. 이 말은 정봉길鄭逢吉이 죽은 동생의 양자養子(원진元振) 대신에 소목이 맞는 자기의 아들을 후사로 세우려고 한 것은, 춘추시대의 고사에 있는 것처럼 죽은 동생의 영靈이 이성異姓인 양자가 제사를 지내는 것을 좋아하지 않으리라고 염려해서가 아니라, 자기 아들을 내세워서 죽은 동생의 재산을 차지하려고 한다는 의미이다. 한편 中華書局本은 이 문장의 乎에 의문부호? 를 붙이고 있는데(245면), 문맥으로 보아 강한 추측을 나타내는 것으로 보아야 할 것이다.

12) 형의 팔을 비틀어서 빼앗아 먹으려고 : 紾兄之臂而奪之食也. 『孟子』「告子下」에 "형의 팔을 비틀어 빼앗아야만 먹을 수 있다고 한다면, 형의 팔을 비틀어 빼앗겠는가?"라는 맹자의 말이 있다.

13) 이 판어는 명본에는 하나의 판어로 되어 있는데 송본에는 두 개의 판어로 나누어져 있다. 내용상으로는 연결된 것이다. 中華書局本은 하나의 판어로 분류되어 있다.

사를 세웠던 것을 보면 그는 미성년이 아니었다. 장씨張氏[14]가 최근에 "명을 받은 후사가[15] 이학문의 친당제親堂弟이기 때문에 소목이 맞지 않습니다"라고 고소했기 때문에 관할 부府에서는 결국 (후사를) 생가로 돌려보내고 새로 후사를 세우도록 명했다. 그런데 이제 여기서 진술하고 있는 바로는 "학문의 친제親弟 이하 모두 후사가 되기를 원하지 않는다"고 한다. 그렇다면 학문의 대는 끊어지게 될 것이다. 장씨는 어리석고 식견이 없는 사람이므로 이 일은 아마 이학례李學禮가 형의 재산을 집어삼킬 속셈으로 그 모친에게 소송을 하라고 시켜서 생긴 일임이 틀림없을 것이다. 이는 형제의 우애를 잊는 것이며 끊어진 대를 잇는다는 의를 저버리는 것이며 제사를 폐하여 귀신을 굶기는 일이니 이런 일을 참는다면 무슨 일을 참지 못하겠는가! 이러한 금수와 같은 인간들을 본관은 원수처럼 미워한다. 만일 사면령이 곧 내려오지만 않는다면 즉시 편관編管[16]에 처해야 할 것이나 우선은 신병을 구금하여 첨청에 압송하고 본가

14) 장씨張氏 : 원문은 阿張. 여기서 장씨는 판어에 나오는 죽은 이학문李學文의 부인으로서 시동생 이학례李學禮의 형수에 해당한다. 뒤에 나오는 모친이란 양자의 모친 즉 장씨를 가리킨다. 한편 공문서나 계약서 등에서 미혼의 여성에 대해서는 성명 또는 이름만을 부르지만, 기혼여성의 경우는 자칭 타칭 모두 이름을 부르지 않고 '某氏' 또는 '阿某'라고 부른다.

15) 명을 받은 후사後嗣 : 본문은 所命繼子. 여기서 명계命繼란 입계立繼와 구별되는 별개의 후사를 세우는 방법을 가리키는 것인지 명확하지 않다. 명계와 입계는 판 제17조에 인용된 법령, "조종祖宗의 법을 상고詳考하면 입계란 남편이 사망한 후 처가 생존해 있을 때 아들이 없는 경우 후사는 처의 뜻에 따라 세워야 한다는 것을 가리키고, 명계란 부부가 모두 사망한 경우에 후사는 근친의 존장의 명에 따라 세워야 한다는 것을 가리킨다. 입계의 경우는 아들이 아버지의 지분을 상속한다는 법에 따라 그 재산을 (후사에게) 모두 주어야 하고 명계의 경우는 미혼의 딸이나 이혼한 딸이 없을 때 재산의 삼분의 일을 주는 데 그친다"에 따르면 명확히 구분되는 것인데, 여기서는 망자의 처 장씨가 후사에 대해 이의를 제기한 이유가 단지 소목이 맞지 않는다는 것이고 본인이 망자의 처로서 행사할 수 할 수 있는 입계의 권한을 근거로 이의를 제기한 것은 아닌 것으로 보이기 때문이다. 만약 입계와 구별되는 의미로서의 명계로 쓰였다면 본문의 소명계자所命繼子는 '명계에 의한 후사'로 번역되어야 할 것이나 단순히 후사를 세운다는 의미로 쓰인 것이라고 판단하여 '명을 받은 후사'로 번역해두었다.

16) 편관編管 : 살인 등 중죄를 지은 자가 사형에서 죄 1등을 감형 받아 타향에 유배되는 것을 가리킨다. 『慶元條法事類』 75 「刑獄門」 「移鄉」 「盜賊勅」에, "諸應移鄉, 而又應配本

의 존장尊長과 함께 소목이 맞는 이들을 모두 공술시키고 이에 근거하여 후사를 세우도록 한다.[17]

다시 존장을 소환하니 소목이 맞는 사람이 없다고 하며 이성異姓을 세우게 해 달라고 청하였다.

나라에 이성을 세우는 것을 '멸滅'이라 하고 집안에 이성을 세우는 것을 '망亡'이라 한다. 『춘추』에 "거나라 사람이 증나라를 멸하였다"고 쓴 것은 이성을 후사로 세웠기 때문에 하는 말일 것이다. 후세에 법을 만들어 이성으로 3세 이하의 경우라면 후사를 세우는 것을 허용한다고 했지만 이것은 간곡히 인정에 따른 것으로 홀아비나 과부로 하여금 의지할 곳이 있도록 하기 위해서 만든 법일 뿐이다. 일찍이 사람이 죽어 그 후사가 끊어졌을 때 관사官司로 하여금 나서서 이성의 후사를 세우게 하도록 명한 적은 없었다.

이제 이학문에게 소목이 맞는 자가 없고 또 그 모친도 후사를 명하기를[명계命繼] 원치 않는다고 말하고 있는데 어찌 관에서 이성을 후사로 세우라고 강제할 수 있겠는가? 다만 일가의 토지를 분할하여 반분은 이유현李惟賢에게[18] 돌려주고 반분은 장씨와 이학례에게 돌려주어 공동으로 관리하게 해야 할 것이나. 이학례에게 반일 상래 두 아들이 생긴다면 한 사람을 이학문의 후사로 삼도록 하고 아들이 없으면 장씨가 처리해도 좋다. 이학례는 방면한다.

州或隣州者, 配五百里, 即配應續者, 移鄉如法."

17) 여기까지가 송본에는 하나의 판어로 되어 있다.

18) 이유현李惟賢 : 아마 이학문李學文의 조부가 죽은 이학문의 후사로 세웠던 이학문의 친당제親堂弟일 것이다. 그런데 이미 후사를 취소된 그에게 재산을 반분 주는 것은 법적인 근거는 없는 것 같다. 다만 인정상 그렇게 한 것이라고 생각된다.

5. 이미 소목이 맞는 자를 후사로 세웠는데도 동종이 함부로 고소하다
已立昭穆相當人而同宗妄訴 : 翁浩堂[19]

삼가 법령을 살펴보면 "자손이 없는 경우에는 동종同宗 중에 소목이 맞는 자를 양자로 삼아 자손으로 삼을 수 있다"[20]라고 규정하고 있고 또 "계절繼絶할 경우 절가絶家의 근친의 존장으로부터 허락을 얻으면 그렇게 할 수 있다"[21]라고 규정하고 있으며, "남편이 사망한 후 처가 생존해 있을 때는 처의 뜻에 따른다"라고 규정하고 있다. 이 세 가지 법령을 보면 왕씨의 소송은 단번에 해결할 수 있을 터인데 어찌해서 서류를 계속 쌓아놓고 달이 지나고 해가 바뀌도록 이토록 분분한 것인가?

학정學正[22] 왕사중王思中은 강씨와 결혼하였는데 자식이 없어 동생인 왕학록王學錄의 차남을 아들로 삼았다. 그가 작림作霖인데 두 사람의 처를 맞이했지만 자식이 없어 왕사중 부부는 다시 질종姪宗 왕이수王二秀의 차남을 (왕작림의) 아들로 삼았다. 그가 화로華老인데 소목이 맞는 후사라고 할 수 있다.

왕영석王永錫이 화로에게 숙부인 것은 족보와 공술서를 보면 이의異議

---

19) 옹호당翁浩堂 : 옹보翁甫. 호당浩堂은 옹보의 호. 建寧府崇安人. 寶慶 2년(1226)에 진사에 급제했고 淳祐 연간에 지서안현知西安縣(절강성구주浙江省衢州)에 제수除授되었고(『嘉慶西安縣志』 권24) 淳祐 12년(1252) 지임안부知臨安府(절강성항주杭州)에 제수되었다. (『閩中理學淵源考』 권25). 또 『宋史』 권438 「王應麟傳」에는 다음과 같은 기사가 보인다. (王應麟) 調西安主簿, 民以年少易視之, 輸賦後時, 應麟白郡守, 繩以法, 遂立辦 諸校欲爲亂, 知縣事翁甫倉皇計不知所出, 應麟以禮諭服之. 差監平江百萬東倉. 調 浙西提舉常平茶鹽主管帳司, 部使者鄭霖異待之. 丁父憂, 服除, 調揚州教授.

20) 『宋刑統』 권12 「戶婚律」 「養子」에 "諸養子所養父母, 無子而捨去者, 徒二年"의 疏議에 "依戶令, 無子者, 聽養同宗於昭穆相當者, 旣蒙收養而輒捨去徒貳年"이라고 되어 있다. 또 『續資治通鑑長編』 권303, 元豐 3년 3월 乙丑條의 "禮院言, 國子博士孟開乞, 姪孫宗顏爲嫡孫, 據無子者, 聽養同宗之子昭穆合者" 참조.

21) 『宋會要輯稿』 禮36−16, 紹聖 元年 12월 5일 條, "尙書省言, 元祐七年南郊赦書節文, 今後戶絶之家, 近親不爲依條立繼者, 官爲施行. 今戶絶家, 許近親尊長命繼, 已有著令, 即不當官爲施行. 從之." 참조.

22) 학정學正 : 학교의 정규교관이다. 품계와 정원수는 학교의 등급에 따라서 다른데 국자감國子監이나 태학太學에서는 박사博士, 학정學正, 학록學錄의 순이며 8, 9품관이다. 학정과 학록을 합쳐 정록正錄이라고 부르는 경우가 많다. 『宋會要輯稿』 「職官27」 참조.

가 없고, 강씨江氏가 화로에게 조모인 것 또한 이론異論이 없다. 조부와 부가 양육하고 존장이 명하고 조모가 주도한 이상 화로가 작림의 후사가 될 수 있다는 것은 태산처럼 굳건한 사실이니 누가 이를 흔들 수가 있겠는가?

왕종권王宗權은 옆에서 침을 흘리며 도리에 맞지 않음을 돌아보지 않고 다만 재물을 낚아채는 것만을 생각하여 고아와 과부에게 사기를 쳐서 일을 벌이고 모략을 꾸몄다. (왕종권은) "화로는 이미 호적을 옮겨 왕흥조王興祖의 후사가 되었다"고 함부로 말하고 있는데 족보를 보면 그렇지 않다는 것을 알 수 있다. 즉 밖에서 들어와서 왕흥조의 후사가 된 것은 화로가 아니고 귀로貴老인 것이다.

왕종권은 (자신의 주장이) 이치에 어긋난다는 것을 알고 있기 때문에 전관前官이 누차 소환해도 출두하지 않고 재판을 끌어 왔다. 본관이 옛 기록을 상세히 살펴보니 사리가 명확하므로 사권思權의 출두를 기다릴 필요도 없이 판결을 내릴 수 있다. 다만 강씨가 가마, 의복, 기명器皿 등을 빼앗겼다고 호소하고 있는데 이제 대강大綱은 이미 바르게 되었기 때문에 말절末節에 대해서는 눈감아주기로 한다. 사권을 소환하여 판결을 보여주도록 하라.

만약 금후 분수를 지키지 않고 함부로 사단을 일으킨다면 관에서 철저히 단죄할 것이다. 판결사유서[단유斷由]를[23] 강씨에게 발급하여 보관하도록 하고 관에서 호적을 변경[제부除附]하도록 하라. 판결을 현문에 게시하고 주州와 제거사提擧司에[24] 상신하여 조회받도록 한다.

---

23) 판결사유서 : 斷由. 『宋會要輯稿』「刑法3-28」, 紹興 22년 5월 7일 조에 다음과 같은 기사를 참조. "臣僚言, 今後民戶訴訟, 如有婚田差役之類, 曾經結絶, 官司須具情與法, 敍述定奪因依, 謂之斷由, 人給一本. 如有飜異仰繳所給斷由于狀首, 不然不受理(이제부터 민호民戶의 소송 중에 혼전婚田, 차역差役 등에 관련된 건은 재판이 완료되면 관사는 반드시 정情과 법法을 갖추어 판결의 사유를 서술한다. 이를 단유斷由라 하는데 당사자에게 한 부 발급한다. 만약 항소를 하게 되면 발급한 단유를 소장訴狀의 앞에 첨부하도록 한다. 그렇지 않으면 수리하지 아니한다)."

24) 제거사提擧司 : 왕안석王安石의 신법新法 이후 로路의 감사監司의 하나로 설치되었다.

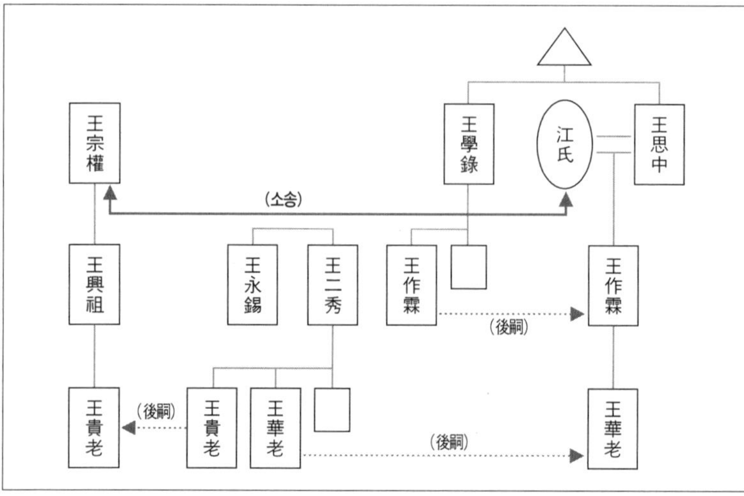

卷8-5조

6. 소목이 맞는 자를 후사로 세우고 나서 다시 사심을 품고 돌려보내려고 하다

立昭穆相當人復欲私意遣還; 王留耕[25)]

해설 : 시아버지가 아들 내외가 함께 사망한 후 며느리가 가져 온 땅을 차지하려고 동족 중 우계虞繼라는 이를 서둘러 후사로 세웠는데 마음이 변해 새로 우추虞錐를 후사로 세우려고 하였다. 그 근거로 우계가 사망하였다든가, 불효자이기 때문이라든가 등의 허위 사실을 날조하였으나 사실이 밝혀져 우계가 계속 후사가 된 사건이다.

조득照得.

우애虞艾는 진씨陳氏와 결혼했을 때 처가에서 전田 120종種을 표발摽撥[26)]하여 결혼지참금으로 준 것을 취득하였다. 불행히도 진씨와 우애가 잇달아 사망하였는데 부친 우현승虞縣丞이 후사를 세울 수 없었기 때문에

25) 왕유경王留耕(?~1253) : 왕백대王伯大. 호가 유경. 복건장계인福建長溪人으로 嘉定 7년(1214)의 진사이다. 淳祐 연간(1241~1252)에 무주지사婺州知事를 역임했고, 『宋史』 권420에 열전이 있다.

26) 표발摽撥 : 표발의 標는 송본도 標로 되어 있는데 中華書局本은 摽로 오기하고 있다.

(처가의) 진좌陳佐가 관에 소장을 내게 되었다. 초전운사譙轉運使가 후사를 세우도록 내린 판결에 따라 우현승은 비로소 논의하여 일족 중 우승부虞升夫[27]의 아들 우계를 우애의 후사로 세웠다. 이것을 보면 우현승은 처음부터 나쁜 마음을 품고 있었다는 것을 알 수 있다. 우계를 후사로 세운 이상 우현승은 자기 아들이 사망한 것을 생각해서 마땅히 친손자처럼 사랑하고 키우고 가르쳐서 훌륭한 사람이 되게 했어야 할 것이다. 그러나 일개 애첩이 이간질을 하여 갑자기 우계를 미워하고 그를 후사로 세운 것을 후회하게 되었다. 이리하여 "버린 자식을 거두어 키웠다"는 것을 명분으로 삼아 몰래 양자를 내쫓을 계략을 세웠던 것이다. 이것을 보면 우현승의 마음씨는 더욱더 옳지 않은 것임을 알 수 있다. 원래 우계를 후사로 세운 것은 그의 본심이 아니었다. 다만 자신의 아들 우애가 처가 시집 올 때 가져온 땅을 취득했는데 (우애가) 사망한 후 땅이 귀속될 곳이 없어지고 진씨에게 소송을 당하자 땅을 잃지 않을까 초조한 마음이 생겨 우선 임시로 초전운사의 판결에 따라 후사를 세움으로써 목전의 분쟁을 해결하였던 것뿐이다.

그러나 (우현승은) 우계가 동족 중에 소목이 맞는 자라는 것을 생각하지 못했다. 다행히 그를 아들의 후사로 세울 수 있었거늘 우계에게 큰 잘못이 없는 이상 어찌 박절하게 쫓아낼 수 있겠는가. 저 우계라는 이는 도대체 어떻게 후사로 세워졌던 것인가? 3세 이하의 이성異姓의 자子를 양자로 삼을 수 있다는 것은 법에 명백히 규정되어 있지만 사실 세상사람들이 남이 버린 자식을 양자로 거두어 키우는 일은 매우 드물다. (따라서 우계가 성이 다른 양자였을 것 같지는 않다.)

(우현승이) 며느리가 가져 온 땅을 손에 넣으려고 음모를 꾸며 서로 짜고 증언한 것은 십중팔구는 사심에서 나온 것이다. 우추를 후사로 세우려고 한 것도 이처럼 사심에서 나온 일일 것이다. 본현에서 발급한

27) 虞升夫는 뒤에는 虞升之로 되어 있는데 어느 쪽인가 잘못되어 있다.

"(우추를) 후사로 세운다"는 공거公據를 조사해 보아도 (우추를 후사로 세운 이유로) 다만 우계가 사망하였다고만 말하고 있을 뿐이기 때문에 우계(가 우애의 후사였다는 사실)에는 아무 결함이 없다.[28] 진좌가 관에 고소하고 우현승이 관에 출두하여 일일이 설명하기에 이르러서 "우계는 이미 죽었기 때문에 우추를 후사로 세웠다"고 말하고 있으니 얼마나 앞뒤가 모순되는 말인가? 원래 우계가 후사가 된 것은 우애의 사후 초전운사가 진좌의 고소에 따라 후사를 세우라고 명한 이후의 일이었다. 이제 공거에 의하면 "우애가 죽었을 때 우계가 집에 돌아와 상복을 입지 않은 것은 큰 불효이므로 우추를 후사로 세울 수 있고 우계를 내쫓을 수 있다"라고 되어 있으나 사실은 공거가 모두 보존되어 있어 후사를 세운 일자를 분명히 밝힐 수 있는 것을 모르고 있다.

근래 우계가 실부實父인 우승지虞升之와 함께 관에 출두하여 진술한 사실이 있는데도 이미 죽었다고 말할 수 있는가? 도대체 이미 죽었다던가, 상에 복하지 않았다던가 하는 말은 모두 우현승의 마음이 우추를 세우려는 데 가 있고 우계를 세우는 것을 바라지 않기 때문에 하는 말이다. 버린 자식을 양자로 거둔 것이라고 꾸미고 현에 공작하여 문서를 발급하게 하는 등 그 꾸미는 솜씨가 날로 졸렬해지는 것을 보니 우현승으로서도 아마 마음이 괴로울 것이다.

이제 서류는 완비되어 참조하기에 충분하고 중요한 증인들도[29] 모두 관에 출두해 있다. 아직 관에 출두하지 않은 자는 방장房長[30] 우계공虞季恭

28) 우추虞錐를 후사後嗣로 세우려고 한 것도 이처럼 사심에서 나온 일일 것이다. 본현에서 발급한 "(우추를) 후사로 세운다"는 공거公據를 조사해보아도 (우추를 후사로 세운 이유로) 다만 우계虞繼가 사망하였다고만 말하고 있을 뿐이기 때문에 우계(가 우애虞艾의 후사였다는 사실)에는 아무 결함이 없다 : 이 부분은 송본과 명본이 상당히 다르다. 송본에는 虞繼之立, 恐亦如此. '詳其本縣出給所立虞繼公據, 但言此, 則虞繼本無恙'으로 되어 있는데 명본에는 '虞錐之立, 恐亦如此. 詳其本縣出給所立, 但言繼死'로 되어 있다. 전후 내용을 살펴보면 명본 쪽이 타당하여 명본에 따랐다.

29) 중요한 증인들 : 원문은 절간인切干人인데, 梅原郁은 『宋會要』「刑法3-87」에 보이는 '緊切干證人'과 같은 것으로 추정한다. 이에 따른다(梅原郁, 18면, 주11 참조).

과 우현승의 첩 유씨劉氏뿐이다. 이 두 사람은 이미 자필 공술서를 제출해 놓고 있으니 그들을 소환하지 않더라도 시비를 명확히 가릴 수 있다.

우계는 이미 우현승에 의해 후사로 세워졌고 소목이 맞고 명확한 잘못도 없는 이상 그를 내쫓을 이유는 전혀 없다. 전에 관에 제부除附한 대로 우애의 제사를 지내게 하도록 한다. 유씨는 함부로 일을 만들고 소송을 일으켜서는 안 되며 우주는 함부로 후사에 끼어들어서는 안 된다. 다만 유씨는 우현승의 첩이고 일찍이 우현승의 아들을 낳은 일이 있으므로 우계로서는 상복을 입을 의무가 있다. 부모가 아낀 것은 견마犬馬라도 아껴야 하거늘 하물며 사람을 아끼지 않을 수 있겠는가! 부모에게 잘못이 있다 해도 자식이 어찌 말을 할 수 있겠는가. 우계는 다만 밖에서 와서 대를 잇는다는 것을 유념하여 우애의 가문을 일으켜 세워 그 조상의 업을 실추시키지 않도록 해야 할 것이며 구악舊惡을 마음에 담아 유씨와 사이가 벌어져서는 안 될 것이다. 우추와 우계에게 주는 판결을 문에 게시하고 또 현에 통첩하여 유씨에게 보여서 서약서[지위知委]를 받도록 하라[31] 그렇게 하면 우애의 제사를 지낼 수 있을 뿐만 아니라 진좌의 계속되는 소송도 멈추게 할 수 있을 것이다.

(이상을 상신하여) 각하로부터 다음과 같은 판결을 받았다.[32] "원안대

30) 방장房長 : 방房은 종족 내의 지파支派를 말한다. 滋賀秀三, 56면 참조.

31) 우추虞錐와 우계虞繼에게 주는 판결을 문에 게시하고 또 현에 통첩하여 유씨劉氏에게 보여서 서약서(지위知委)를 받도록 하라 : 欲門示虞錐虞繼, 仍帖縣備示劉氏知委. 모두冒頭의 欲은 '하고 싶다, 하고자 한다' 등의 의미이나, 판결은 상급자가 내리는 것으로 명령의 의미를 담고 있고 또 내용상으로도 그러하기 때문에 본 역주에서는 欲을 명령투로 번역한다. 첩현帖縣의 첩帖은 상급관청이 하급관청에게 문서를 보낼 때, 즉 하행문서下行文書에서 쓰는 용어이다. 이에 대해 판어에서 가끔 쓰이는 첩牒은 통할관계에 있지 않은 관청 간에 보내는 평행문서平行文書에 쓰는 용어이다. 첩牒이 정식의 문서형식을 갖춘 것인데 비해 첩帖은 약식의 문서형식으로 되어 있다. 佐竹靖彦, 「『作邑自箴』譯 注稿」3, 『岡山大學法文學部學術紀要』 37, 1977, 42면 참조. 또한 지위知委란 '판결에 따르겠다는 서약서'를 말한다. 비슷한 용어로 판어 제22條(子隨母嫁而歸宗)에 보이는 '各人責遵從狀入官訖並放'의 준종장遵從狀을 들 수 있다.

32) 각하로부터 다음과 같은 판결을 받았다 : 奉台判. 태판台判은 부주府州 이상 상급 관청의 책임자가 내린 판결이란 뜻이다. 송본에는 台가 없고 칸을 띄어 유경留耕의 서명

로 실행하라. 현재 구류중인 사람들을[33] 소환하여 판결을 읽어준 후 모두 석방하라."

7. 친자가 있는 이상은 명계할 수 없다[34)]

已有親子不應命繼; 天水

본건의 문서를 꺼내어 조사해본 바 진현승陳縣丞도 재임 중에 역시 다음과 같은 판결을 내렸음을 알았다. "방삼方森에 친형제가 없는데 어찌 지서支書가 있겠으며 처 황씨黃氏와 아들 방흡方洽이 있는데 어찌 후사를 명할 수 있겠는가. 이는 명백히 허위사실이다. (판결을) 문에 게시하라."

이처럼 권현權縣[35)]은 사정을 잘 알고 있었지만 그 죄를 바로잡지 않았기 때문에 방귀方龜가 다시 재심을 청구하게 되었다.[36)] 그때에 본관도 의혹이 없지는 않았는데 이제 관련자들로부터 공술서를 취하여 방삼, 황씨, 방귀, 방유고方柳姑, 방흡이 현재 몇 살인지, 방삼은 몇 년 몇 월에 사망했는지 보려고 한다. 이제 공술서에 의하면 다음과 같은 사실을 알수 있다.

방삼은 경신庚申년생으로 20세에 황씨를 처로 맞이하였다. 황씨는 갑자甲子년생으로 16세에 방삼에게 시집을 갔다. 황씨는 계미癸未년에 일녀一女를 낳아 이름을 유고柳姑라 했는데 5세에 부친을 잃고 현재 15세이다.

이 있는데 이것은 연자衍字일 것이다. 판判 이하는 유경이 상부에 올린 원안에 대해 회답으로 내려온 것이기 때문에 유경의 판일 리가 없다. 명본에는 칸이 띄어져 있지도 않고 유경도 없다.

33) 현재 구류중인 사람들 : 見知在人. 梅原郁은 '현재 관찰 처분을 받고 있는 자'로 해석하고 있는데 지재知在는 구류拘留가 옳다. 梅原郁 역시 판 제31조의 지재에 대해서는 구류라고 해석하고 있다(梅原郁, 95면 참조).

34) 이 판어는 송본에만 있고 명본에는 없다.

35) 권현權縣 : 권지현權知縣의 약칭.

36) 방귀方龜가 다시 재심을 청구하게 되었다 : 方龜又復番訴. 번소番訴는 번소飜訴, 번소翻訴라고도 하는데 판결에 불복하여 재심을 청구하는 것을 말한다. 宮崎市定, 「宋元時代の法制と裁判機構－元典章成立の時代的・社會的背景」, 『東方學報』 24冊, 京都, 1954; 『アジア史研究』 4, 京都 : 同朋舍, 1975 참조.

황씨는 또 을유년에 일남을 낳아 이름을 흡이라 했는데 3세에 부친을 잃고 현재 13세이다.

그리고 방귀에 대해서 공술서는 다음과 같이 말하고 있다. "(방귀는) 방삼이 (자신의) 백부인 방개方凱로부터 아들로 삼겠다고 해서 데려왔으며 그때 나이는 8세였다. 정축년 5월 방삼과 함께 서방書坊[37]에 가서 작은 전당포를 열어 영업을 했으며 기묘년 성월 방귀의 부친이 곧 황씨를 처로 맞이했다"는 것이다. 정축이라는 해로 따져보면 방삼의 나이는 겨우 18세인데 방귀를 양자로 삼은 셈이 된다. 무릇 자식이 없어 후사를 세우는 것은 처음부터 그럴 수는 없는 것이고 연로하다든가 중병이 들었다든가 해야 할 수 있는 일이다. 어찌 18세의 나이에 이유 없이 남의 여덟 살 난 아이를 끌어들여 아들로 삼을 수 있겠는가. 또한 방귀의 모습을 보면 늙은 것이 28세의 혈기방장한 나이로 볼 수는 없다. 이런 것을 보면 소장訴狀이 허위라는 것은 더욱더 명백해진다.

(방귀에게) 지서支書(분재문서)를 제출하라고 요구해도 하루하루 끌면서 제출하지 않더니 엄하게 독촉하자 관인官印이 없는 문서를[38] 제출하였다. 관인이나 서명이 전혀 없는 것이다. 재산을 다투는 분쟁은 모두 지서를 근거로 삼고 있는데 관인과 서명이 있는 것조차도 위조가 많아서 충분한 증빙이 되기 어렵거늘 하물며 관인과 서명이 없는 것이 증빙이 될 수 있겠는가! 보아하니 방삼과 방귀는 나이 차이가 많지 않고 방삼 생전에 방귀는 방삼을 따라서 서방에서 상거래를 하려고 했었다. 그런데 방삼이 죽은 후 그가 남겨놓은 재산을 보고 탐심이 생겨 양자로 들어갔었다는 설을 날조한 것이다. 그렇지 않다면 방삼 집안의 일을 방귀가 어찌 이토록 자세히 알 수 있겠는가? 타인의 죽음을 다행으로 생각하고 그 재산을 나누어 가지려고 하는 것은 양민을 어지럽힐 뿐만 아니라 관부를 번거롭게 만드는 것이다. 방귀를 장 80에 처하고 현 밖으로 축출하라.

---

37) 서방書坊: 서점들이 모여 있는 거리, 동네를 말하는 것 같다.
38) 관인官印이 없는 문서: 백지白紙. 붉은 색의 관인이 없는 문서.

만일 재심을 요구하면 공거를 발급하여 편의에 따르도록 한다.[39] 관인이 없는 지서는 문서에 첨부하라.

8. 절호를 이은 자손은 재산의 사분의 일만을 얻을 수 있다

繼絶子孫止得財産四分之一：劉後村[40]

해설 : 현승縣丞에게는 처가 없이 첩 유씨劉氏만 있었고 그 소생으로 아들 진진珍珍 및 두 딸이 있었다. 현승은 양자 세광世光을 두었는데 세광 또한 정처正妻는 없었고 총애한 여종 추국秋菊에게서 낳은 두 딸이 있었다. 그런데 현승과 세광이 함께 사망하면서 현승의 실제實弟 통사通仕가 자신의 아들 세덕世德을 세광世光의 후사로 세워 모든 재산을 승계시키려고 하였다. 이에 유씨가 불만을 품고 소송을 제기한 사건이다.

전현승田縣丞에게 두 아들이 있는데 등사랑登仕郎 세광[41]은 양자이고 진진은 (첩이 낳은) 친자이다. 현승의 사후 재산은 두 사람에게 균등히 배분되어야 할 터인데 세광은 사망하였다. 세광에게는 아들은 없고 두 딸만 있는데 아직 유아이다. 통사랑通仕郎[42]이라는 자는 현승의 실제實弟이며 진진은 그의 조카가 되고 세광의 두 딸은 조카딸이 된다. 남자는 이제 총각에 불과하고 여자는 아직 어린 아이이기 때문에 통사는 마땅히 고아가 된 조카딸을 잘 가르치고 돌보아 공정한 마음으로 세광의 후

39) 재심을 허락하겠다는 것인데 같은 것으로 爭業, 姪與出繼叔爭業, 浩堂에도 "如不服所斷, 聽自經向上官司"라는 판결이 보인다.

40) 유후촌劉後村 : 유극장劉克莊(1187~1269)의 호. 보전莆田(복건福建)이 본관이고 은음恩蔭 출신이다. 淳祐 초에 동진사출신同進士出身을 부여받았다. 강동제형江東提刑 시절의 판이 『後村先生大全集』에 20여조가 수록되어 있는데 본 판은 권193의 '建昌縣劉氏訴立嗣事'의 전반부이다.

41) 등사랑登仕郎 세광世光 : 世光登仕. 등사登仕는 등사랑登仕郎으로 문산관명文散官名이다. 북송 전기에는 문산관文散官 29계階 중의 27계였고(『宋史』「職官志」 권9 「文散官」), 남송에서는 선인選人 10계 중의 제9계로서(『宋史』「選擧志4」) 아직 관직에 나가지 못한 서리胥吏를 보임하였던 문관 최하급의 서열이다.

42) 통사랑通仕郎 : 通仕. 통사通仕는 통사랑으로 남송에서는 선인 10계 중의 제8계이다. 등사랑, 장사랑將仕郎과 함께 문관 최하급의 서열이다.

사를 세워야 할 것이다. 그러나 고아를 돌볼 생각은 전혀 하지 않고 재산을 노리는 탐심만 가득하여 먼저 자신의 아들 세덕世德을 세광의 후사로 삼으려고 세광의 유촉 두 장을 날조하여[43] 이를 증거물로 내세우고 있다. 세상에는 동생을 아들로 삼는 일이 물론 있긴 하지만 그 경우는 문중에 이의가 없어야 비로소 가능한 것이다. 지금 소송이 해를 거듭하고 있는데 만약 통사가 일찍 잘못을 깨닫고 뉘우칠 줄 모른다면 이 두 장의 유촉은 마땅히 말소시켜버려야 할 것이다. 왜냐하면 나라에 이에 관한 법이 없고 세광이 다시 살아나 관에 신고하여 세덕을 후사로 세우려고 해도 관에서는 역시 따로 소목이 맞는 자를 찾으라고 할 것이기 때문이다. 더구나 (통사가 제시한 유촉은) 문중의 뜻에 따르지도 않고 관의 확인도 없는 것이 아닌가!

통사가 법을 무시하고 어떻게 해서라도 자신의 뜻을 밀어붙이려고 하는 것은 다만 현승과 세광이 모두 정처를 맞이하지 않았고 조카와 조카딸은 모두 어려서 속이기 쉽다고 생각했기 때문이다. 법령에는 "무릇 호절인戶絶人에 생모가 동거하고 있으면 재산은 모두 그가 주도하여 치리하는 것을 허락한다"고 되어 있다.[44] 동거자同居者[45]조차 이와 같은 권한이

43) 날조하여 : 원문은 寶藏. 즉 '보물같이 간직하고'라는 뜻이다. 그러나 『後村先生大全集』에서는 撰藏으로 되어 있어 이에 따랐다.

44) 법령에는 "무릇 호절인戶絶人에 생모가 동거하고 있으면 재산은 모두 그가 주도하여 처리하는 것을 허락한다"고 되어 있다 : 在法, 諸戶絶人, 有所生母同居者, 財産並聽爲主(諸戶絶人의 '人'은 '家'의 오기가 아닐까?). 여기서 소생모동거자所生母同居者란 동거하고 있던 남편 사후에 친자親子도 사망하고 혼자 생존해 있는 첩을 가리킨다. 이 말은 판어의 후반부에 나오는 판결 중에 "현승縣丞의 재산은 법령에 따라 일단 검교檢校하여 이를 이분二分하여 생모와 그 자녀들이 각각 주도하여 처리하도록 한다(縣丞財産合從條檢校一番, 析爲二分, 所生母與所生子女各聽爲主)."는 말과 연계해서 생각해야 뜻이 명확해진다. 이 말은 남편과 그 처가 사망하고 첩과 첩의 아들이 살아 있을 때는 이들이 재산을 처리할 수 있는 권한을 갖는다는 뜻인데, 이때 아들도 사망한다면 호주의 첩이었던 아들의 생모에게 그 처리 권한을 준다는 뜻이다. 이 부분의 해석은 滋賀秀三, 574면, 주64를 참조. 한편 滋賀秀三은 "有所生母同居者, 財産並聽爲 主"의 '主'를 소유주所有主로 해석하는데 본 역주에서는 '주도하여 처리한다'는 권한을 의미하는 것으로 해석했다. 법률상 첩이나 또 처의 경

있는데 더구나 유씨는 진진의 생모요, 추국은 두 아이의 생모가 아닌가! 모자母子가 모두 생존해 있으므로 재산은 마땅히 그들이 처리할 수 있거늘 통사가 어찌 후사를 세운다는 것을 이유로 머리를 들이밀고 간섭할 수 있는가? 생각건대 통사의 생각은 자식을 이용해서 현승의 재산을 반분하겠다는 것이지만 이것은 크게 잘못된 일이다. 법령을 찾아보면 "무릇 호절戶絶의 재산은 모두 미혼의 자녀들에게 준다"는 조항도 있고 또 "호절戶絶된 후 그 절호絶戶를 잇기 위해서 세운 자손에게는, 만약 미혼자녀만 있는 경우에는, 절호의 재산의 사분의 일을 준다"는 조항도 있다. 그런즉 세광 일가가 후사를 세우지 않는다면 관에서 세광 몫의 재산을 모두 그 두 여식女息에게 주어도 무슨 안 될 일이 있겠으며 통사가 무슨 이의를 제기할 수 있겠는가? 만약 유씨와 추국 및 그들의 아이들이 세덕을 세광의 아들로 삼는 것을 인정했다고 해도 세광의 재산의 사분의 일만 얻게 될 뿐이다. 그런데도 통사는 전부 차지하려고 하니 이것이 가당한 일인가? 때로는 통사도 법을 잘 몰라서 남에게 속아 넘어가니 이것은 통사의 잘못이다.

유씨는 현승의 생존 시에 이미 가사를 장악하고 있었고 비록 정식으

우라도 부가夫家의 재산을 개가하지 않는 한에서만 소유할 수 있다는 것은 滋賀秀三씨도 인정하는 바이다(滋賀秀三, 551면 이하 참조). Gudula Linck 에 의하면 '爲主'는 첫째로 소유권, 둘째로 집유재산集有財産의 관리, 셋째로 수탁受託의 뜻을 갖고 있으며 『청명집』의 판례에서는 법적으로 유일한 개념으로서 엄격하고 명확하게 사용되고 있지 않다고 한다. Gudula Linck, *Zur Sozialgeschichte der Chinesischen Familie im 13.Jahrhundert Untersuchungen am 'Ming-Gong Shu-pan Qing-ming Ji'*, Stuttgart, Franz Steiner Verlag Wiesbaden GMBH, 1986, p.153 참조. 그러나 '爲主'도 '以佃爲主'(현재의 소작인을 소유주로 한다)라고 할 때는 명확하게 '소유주'라는 뜻이 될 것이다. 그러나 이 경우는 主에 대응하는 佃이 소작인이라는 명사로서 사용되고 있고 主도 이에 대응하여 소유주(즉 지주地主)의 의미가 될 수밖에 없는 구조이다. 따라서 '各聽爲主'의 '爲主'와 같이 논할 수는 없을 것이다. 요컨대 이 '爲主'는 위의 세 가지 의미를 모두 내포하고 있는 개념이라고 할 수 있으며 여기서는 특히 관리한다는 쪽에 비중이 더 실린 것으로 보고 본문과 같이 번역해둔다.

45) 동거자同居者 : 원문에는 戶絶者로 되어 있는데 『後村先生大全集』에는 同居者로 되어 있다. 戶絶者로 하면 문맥에 맞지 않아 『後村先生大全集』에 따라 同居者로 고친다.

로 혼례를 올리지는 않았지만 부군의 총애를 등에 업고 추국 등을 첩처럼 대하고 있었다. 그러나 그녀가 관에 제출한 이제까지의 소장訴狀을 보면 세광의 두 딸에 대해서는 한마디도 하지 않고 있다. 유씨 소생의 진진은 알아도 추국의 소생인 두 딸이 있는 줄은 몰랐기 때문에, 채제형蔡提刑은[46] "재산은 유씨가 주도하여 처리하라"고 판결했었고, 본관이 처음 유씨의 소장을 보고 내린 판결도 그러했다. 이것은 세광의 몫을 모두 진진에게 돌리려고 한 것인데 이는 유씨의 잘못이다. 통사도 유씨도 모두 법을 몰라 교활한 소송꾼[수아송사囚牙訟師]의[47] 선동에 넘어가 그것이 도리에 어긋나는 것인 줄 알지 못했다.

본관은 이 안건을 반복하여 심사하던 중 전씨田氏의 존장尊長 검할鈐轄의[48] 가서家書 몇 통을 보았는데 그도 역시 소목이 맞지 않는다고 의심하고 있다. 또 이 가서는 "일족 중 후사로 세울 만한 사람이 없으니 가련

---

46) 제형提刑은 제점형옥提點刑獄의 약칭으로서 로路의 감독기관인데 주로 사법관계의 감독을 담당하며 헌사憲司, 얼사臬司라고도 한다.

47) 교활한 소송꾼 : 囚牙訟師. 송사訟師는 전근대의 중국에서 송대 처음 출현하는 것으로 보이는데 현대의 변호사와 같은 존재이다. 전근대의 중국에서는 변호사라는 존재는 용인되지 않은 불법적인 존재였다. 『청명집』에 그 판어가 수록된 호석벽胡石壁과 방추애方秋崖와 교분이 있었던 홍동암洪東巖이 景定 2년, 지광주향산현知廣州香山縣으로 임지에 부임했을 때 유능한 지방관으로 이름을 떨쳤다고 하는데 당시 그를 가장 괴롭혔던 문제도 바로 송사의 활약이었다. 홍동암은 이 송사의 문제를 해결함으로써 치적을 쌓았다고 하는데 당시 송사 중에서도 가장 교활한 자를 가리켜 수아송사囚牙訟師라고 부르고 있다. "其爲政一在於義, 俗譁健訟其尤桀黠 者, 曰此囚牙訟師去則吾民安矣. 邑以大治"(『文山集』 권16, 「知潮州寺丞東巖先生洪公行狀」). 송사에 대해서는 박영철, 「訟師의 출현을 통해서 본 宋代 중국의 법과 사회」, 『法史學硏究』 26, 2003 참조.

48) 검할鈐轄은 병마兵馬(도都)검할鈐轄의 간칭으로서 송대의 군직軍職이다. 그 연원은 오五대로 소급되는데 송초 태종 때 양절로도검할사兩浙路都鈐轄使를 출발하고 이후 각 지방에 설치되어 로路에는 로분검할路分鈐轄, 주州에는 주검할州鈐轄이 두어졌다. 북송 신종神宗 때 장병법將兵法이 실행된 이후 지위가 점차 낮아져 지방장관인 지주知州와 함께 공사를 처리하게 되고 남송 대에는 문신 지방장관이 겸직하고 무신이 부병마검할副兵馬鈐轄의 직함을 가졌다. 남송 紹興 이후에는 군정이 피폐해져 병관兵官은 많은데 병졸은 적은 현상이 벌어지고 사실상 권요자제權要子弟의 한직閒職으로 바뀌었다(『宋會要』 「職官48−107」 109, 113, 114, 117 참조). 본문에서 검할을 이 군직의 직함으로 볼 것인가 보통의 뜻으로 통할統轄한다는 뜻으로 보느냐에 따라 해석이 달라지는데 여기서는 문맥 상 직함의 뜻으로 보는 것이 옳을 것 같다.

하고 가련하다"[49]라든가 "등사登仕와 진랑珍郎이 양분하는 것이 옳다"라든가 "등사의 두 딸은 누가 거두어줄 것인가"라든가 "아무것도 모르는 젊은 유씨가 지금 (송사訟師에게) 넘어가 관에 소장을 냈지만 돈을 다 쓰고 나면 재산을 팔 터이고 그리 되면 1남 2녀 삼남매가 모두 흩어지게 될 것이다"라든가 "늙도록 골육 간에 의리 없는 쟁송을 많이 보아왔지만 이 문제는 반드시 족인族人들과 함께 의논해 풀어야 할 일이다"라고 말하고 있다. 그의 말은 모두가 통사를 질책하는 말인데도 통사는 이를 깨닫지 못하고 이 가서를 증거로 고집하고 있으니 통사는 정말 문리文理도 모른단 말인가?

본관은 아직 통사를 즉각 법에 따라 처벌하고 싶지는 않다. 만약 "절호의 자子는 사분의 일을 가질 수 있다"라는[50] 법에 따르기를 원한다면 그렇게 할 수 있을 것이다. 본관이 서약서를 쓰게 하고 관에 맡겨 전씨 일족과 유씨 및 추국 모자를 설득하기를 기다려 이전의 합의대로 우선 세덕으로 하여금 세광의 제사를 지내게 하여 사분의 일을 주고 사분의 삼은 세광의 두 딸에게 준다면 법의法意에 합당할 것이다. 만약 다시 분규를 일으킨다면 "모두 미혼 자녀에게 준다"는 법을 적용하여 전부 두 딸에게 줄 것이다. 이것이 후사를 세우는 한 방법이다.

유씨는 현승의 측실이고 추국은 등사의 여종이다. 옛날에는 두 사람 사이에 서열이나 친소親疎관계에 차이가 있었고 애정에도 차등이 있었다. 그러나 이제 현승과 등사가 모두 세상을 떠난 이상 남은 두 사람 (유씨와 추국)은 똑같이 자식을 낳은 어머니일 뿐이다. 현승의 전 재산을 모두 유씨에게 주면 두 딸이 성장해서 다시 송사訟事를 일으킬 것이니 유씨는 어떻게 변명할 것이며 또 당장 추국은 어떻게 처우할 것인가?

---

49) 가련하고 가련하다 : 원문은 可憐. 『後村先生大全集』에는 可憐可憐으로 되어 있어 이에 따른다.

50) 절호絶戶의 자子는 사분의 일을 가질 수 있다 : 원문은 絶戶可得四分之一條令. 『後村先生大全集』에는 '可' 앞에 '之子'가 있다. 이에 따라 해석한다.

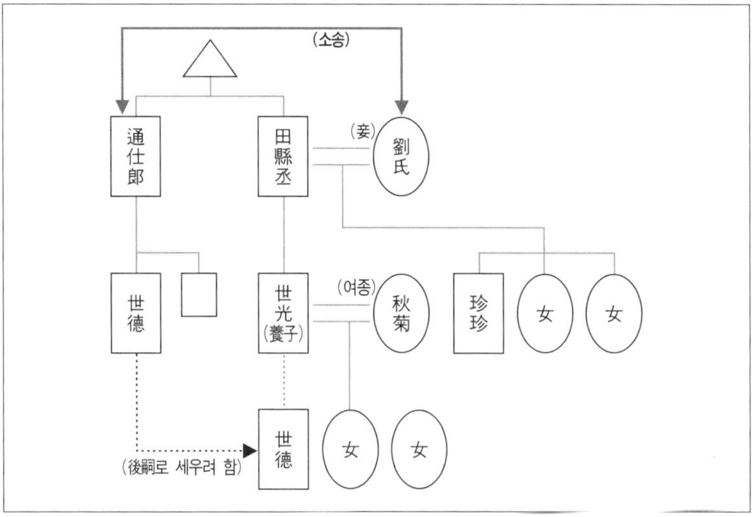

卷8-8조

친자親子가 서로 이별하는 법은 없고 추국에게 두 딸이 있는 것은 유씨에게 진진이 있는 것과 같은 것이니 그 인정人情에 어찌 차이가 있겠는가? 현승의 재산은 법령에 따라 일단 검교하여[51] 이를 이분하여 생모와 그 자녀들이 각각 주도하여 처리하도록 한다. 이 중 세광의 두 딸에게는 우선 4분의 3을 지급한다. 단 아이들이 아직 어리기 때문에 생모가 전매하는 것은 불허한다. 검교가 끝나는 날을 기다려 분명히 방시牓示하여 불법거래를 하는 자를 단속하도록 하라. 본건을 본군本軍[52]에 상정해

51) 검교檢校 : 梅原郁은 검교를, 동사가 아니라 송대 주현에 설치된 고아의 재산을 관리하는 검교고檢校庫의 검교라고 해석했다(梅原郁, 27면, 주12). 그러나 여기서는 상속대상이 고아가 아니라 엄연히 생모가 있기 때문에 고아를 위한 조치라고 보기는 어렵다. 실제 이 판문判文의 모본母本이 된다고 생각되는 『後村先生大全集』(四部叢刊)의 판문(권193, 「建昌縣劉氏訴立嗣事」)의 후반부에 "緣縣丞身後浮財籠篋, 皆是劉氏收管, 卽不在檢校分張之數"라는 대목을 보면 검교는 재산의 배분을 위한 준비작업으로서 재산의 측정을 뜻하는 것임을 알 수 있다. 梅原郁이 말하는 검교고의 검교는 공권력에 의해 재산을 조사하고 감시하는 것을 말하는데 이것은 본 판 제18조(先立一子俟將來本宗有昭穆相當人雙立) 및 제33조(叔父謀呑併幼姪財産)에서 볼 수 있다.

52) 본군本軍 : 군軍은 주州와 동격의 특수 행정구획인데 이 송사訟事가 일어났던 건양현

현임 관원 중 일인을 선임하여 봉행하도록 하라.

곧 상정하여 다시 다음과 같은 지시를 받았다. "구사리裘司理의[53] 근무 태도가 공정하고 청렴하므로 통첩하여 본관에 위임한다. 전씨 일족의 존장 — 제속制屬이 사의私意로 간청하는 일이 많이 있을 것이니 사리司理는 의리로 깨우쳐야 할 것이다[54] — 과 통사 부부와[55] 유씨와 진랑 그리고 추국 모녀를 소환하여 관의 면전에서[당청當廳][56] 권유하라. 본종本宗 중에 특별히 후사로 세울 만한 사람이 없으므로 만약 세광의 재산을 모두 두 딸에게 준다면 세광의 제사는 지낼 수 없을 것이다. 통사는 처음에 법을 잘 모르고 자신의 아들에게 세광의 모든 재산을 승계시키려고 하였다. 그래서 유씨가 불만을 품고 소송을 벌였던 것이다. 이제 '미혼자녀는 4분의 3을 받고 절호를 승계한 남아는 다만 4분의 1을 준다'는 법을 알고 진정으로 이 법에 따라 재산을 분할하기를 원하고 있다. 유씨와 진랑도 추국 모녀와 함께 4분의 1을 남겨 등사의 제사를 받들도록 해야 할 것이다. 일동이 연명한 대정장對定狀을 받아 상신하라."[57]

이 속해 있는 남강군南康軍을 가리킨다. 남강군의 관할구역은 반양호潘陽湖 입구 일대이다. 梅原郁, 27면, 주14 참조.

53) 사리司理 : 사리참군司理參軍의 약칭. 송대에 신설된 부주군府州郡의 속관의 하나로서 사법을 담당했다.

54) 이 부분은 본문에서는 같은 크기의 글자로 정문正文으로 되어 있는데 앞의 『後村先生大全集』에는 작은 글자로 주문注文으로 되어 있다. 작자의 염려를 특히 강조하여 삽입한 문구일 것이다. 또한 전집에는 "制屬頗有私意干請司理可以義理曉之"라고 되어 있는데 본문에는 이 중 '干請' 두 글자가 빠져 있다. 여기서는 전집에 따라 해석했다.

55) 통사부부通仕夫婦 : 송본 원문의 '與通仕夫婦劉氏珍郎幷秋菊二女'는 명본에는 '與通仕女則劉氏……'로 되어 있는데 명본에 따르면 해석이 곤란하다.

56) 당청當廳 : 당청은 단순히 '관청에서'라는 장소의 의미가 아니라 서리胥吏 등이 아니라 관이 직접이라는 뜻이 포함되어 있다. 당청과 같은 말로 당당當堂이 있는데 『六部成語註解』는 "凡領憑, 掣簽等事, 皆在當官面前辨理"라고 풀이하고 있다(內藤乾吉 原校, 浙江古籍出版社, 1987, 9면).

57) 일동이 연명한 대정장對定狀을 받아 상신하라 : 取聯書對定狀申. 대정對定에 대해서는 "당사자를 대면시켜 공술하게 하여 판가름하는 것"(田中謙二, 「『朱子語類』外任篇譯註 4」, 『東洋史研究』 31－1, 1972, 92면)이라는 해석이 있다. 그러나 여기서는 '판결한다'고 볼 수는 없기 때문에 이 해석에 따르기는 어렵다. 대정장은 '但據鄧四賓出裴乙對定文狀'(『청명집』 권14 「懲惡門」; 裴乙訴鄧四勒渡錢行打, 中華書局本, 554면)에 말하는 대정문장對定

9. 후사를 세우는 일, 장례를 치르는 일, 조카를 시집보내는 일을 병행하다
立繼營葬嫁女竝行 : 建陽[58]

도자공涂子恭이 후사 없이 죽은 후 당형 도자인涂子仁이 차남으로 후사를 세우려고 하는 것은 의로운 일이다. 또한 실제實弟인 도공涂拱이 유해遺骸를 아직 안장하지 못하고 조카를 아직 시집보내지 못한 것을 근심하는 것도 의로운 일이다. 모두 의로운 일이므로 선후를 따지지 말고 후사를 세우는 일이나 장례를 치르고 시집을 보내는 일을 병행해도 사리에서 벗어나는 것은 않을 텐데 이처럼 분쟁을 일으키는 것은 무엇 때문인가? 혹시 의를 행하는 척하면서 마음속으로는 이익을 생각하고 있는 것은 아닌가? 할 일은 여기에 있는데 생각은 저쪽에 가 있는 것은 아닌가? 풍속이 각박한 것은 참으로 한탄할 일이거니와, 만일 도자공에게 조상 전래의 재산이 없어서 재산을 분할할 일도 없다면 틀림없이 그의 집안 일에 대해 아무 관심도 갖지 않았을 것이다. 관련부서[유사有司]는 사태를 더욱 분분하게 만들지 말고 각각 의에 맞게 일이 처리되도록 힘써야 할 것이다.

조득照得.

도자인이 그 아들 회손淮孫으로 형 도자공의[59] 후사를 세운 것은 소목이 맞고 법률상 문제가 없다. 다만 도자공과 도공 양가에 재산이 얼마나 있는지 모르므로 족장(문장門長)을 소환하여 보이도록 하라. 공정하게 조사하여 확인서를 받아 상신한 후 회손을 도자공의 후사로 세우는 것을

文狀과 같은 것으로 보고 싶다. 해석하면 "관의 면전에서 공술한 내용 및 그것이 틀림없는 것을 보증한 서류"가 될 것이다(淸明集硏究會, 『名公書判淸明集「懲惡門」譯注稿』5, 1995, 240면, 주2 참조). 대정은 『新註無寃錄』에 보이는 '對衆定驗'의 약어인 것 같다. "對衆定驗 得某人委因致 命"(王與著 · 崔致雲 외註, 金浩 역, 『新註無寃錄』, 사계절, 2003) 卷上, 格例, 134면)

58) 건양建陽 : 복건로福建路 건녕부建寧府의 속현으로서 현 복건성 건양시建陽市에 해당한다.

59) 형도자공兄涂子恭 : 서두에 도자인涂子仁이 도자공涂子恭의 당형堂兄으로 되어 있으므로 여기에서는 제弟로 되어야 할 것이다. 어느 한 쪽이 잘못되어 있다.

허락한다. 또한 도공에게 즉시 조카 회손과 함께 유해를 안장하고 질녀를 시집보내겠다는 서약서를 받아 서류에 첨부하라. 이렇게 하면 (후사를 세우고 장례를 치르고 시집을 보내는 세 가지) 일을 병행해도 사리에 벗어나지 않을 터이고 형제의 의도 다할 수 있을 것이다.

제거사대提擧使臺에 상신하라.

10. 무릇 호절이라도 후사를 세운 경우 관사는 그 재산을 몰수하여 학교에 주어서는 안 된다

諸戶絶而立繼者官司不應沒入其業入學 ; 李文溪[60]

건양현建陽縣에서 상신해온, 주덕周德의 토지를 몰수하여 학교에 준 사건에 대해 첨청에서는 다음과 같이 입안했다. "현에 통첩하여 가옥재산을 주기종周起宗에게 반환하고 주덕의 후사를 세우도록 하라. 10일 내 주기종의 재산관리서류를 받아 상신하라. 만일 장씨張氏가 다시 장람掌攬[61]의 교사를 받아 소송을 하면 그녀의 후부後夫인 장사덕章師德을 추급追及하여 여러 해 동안 빼앗아 쓴 주덕의 소작료(조미租米) 액수를 철저히 조사하여 장물로 계산하여 죄를 정한다."

(이 초안에 대해) 제거사提擧使 각하로부터 다음과 같은 판결을 받았다.

"원래 요절한 이의 후사는 세워서는 안 된다는 법령은 없고, 출가한 첩은[62] 주가主家의 전田을 관에 납입해야 한다는 법령도 원래 없다. 주기

60) 이문계李文溪 : 이앙영李昻英(1201~1257). 문계는 호. 광동廣東 번우番禺 출신으로 寶慶 2년(1226) 진사에 급제했다. 저작에 『文溪集』이 있는데, 『文溪集』 卷首에 의하면 이 판문은 그가 복건제거사福建提擧使 시절에 작성한 것으로 추정된다.

61) 장람掌攬 : 梅原郁은 남납인攬納人의 남납攬納과 같은 것이라 보고 보통은 조세청부의 의미인데 여기서는 재산관리인 정도의 의미라고 한다. 梅原郁, 32면, 주2 참조.

62) 출가한 첩妾 : 첩은 특수한 가족구성원으로서 가산家産과 후사를 둘러싼 권리에 대해서도 특수성을 갖는다. 남편이 사망하고 처자도 없고 첩만 남은 경우 후사를 세울 권한은 남편의 직계존속 또는 동족의 존장尊長에게 돌아가는데 이때 첩은 후사를 세우

종이 주성周成의 친자는 아닐지라도 어쨌든 어릴 때부터 양육되어왔고 더구나 그에게는 아들도 있으니 주덕의 끊어진 대를 이을 수 있다. 관사官司는 마땅히 관대히 처분해야 할 것이거늘 이제 그 재산을 몰수한다면 이것이 이치에 맞는 일이겠는가? 건양은 주문공朱文公이 사시던 곳이고 학교는 교화의 근본이다. 학우 제형들은 평생 의와 이를 분별하고 밝혀서 버림과 취함에 있어서 반드시 구차하지 않아야 하며 도리가 아닌 것은 비록 천종千鍾[63]의 곡식이라 할지라도 쓰레기처럼 생각해야 할 것이다.[64] 이제 십오 석의 미미한 양으로는 끼니를 잇는 데 아무 소용도 안 되는데 차마 옳지 않은 일을 저지를 작정인가?

이 일은 관사가 미명美名을 탐한 나머지 그렇게 (학교에 주도록) 시킨 것에 불과하다. 현학縣學의 문전에 게시하여 주기종을 본사本司에 출두시켜 후사로 세울 사람의 이름을 공술供述시키고 이에 근거하여 증빙서를 발급하라. 현에 통첩하여 즉시 토지를 본인에게 돌려주어 관리하게 하라. 장씨는 출가한 첩의 몸으로서 경망하게 주가의 토지를 관사에 헌납했다. 장 60에 처해야 하나 사면령에 의해 형을 면제한다. 나머지는 초인대로 시행하라."

는 데 있어서 이해관계가 있는 중요한 인물로서 동족회의에서 어느 정도의 발언권을 가질 수는 있지만 부夫의 재산을 관리할 권한은 없다. 첩은 남편의 사망 후 재산의 분여에 권한이 없는 것이다. 인정人情에 의해 분여된 재산도 원칙적으로 재혼하지 않고 있을 경우만 향수享受할 수 있으므로 결국은 부夫의 승계인, 즉 부의 동족에게 귀속하게 된다. 요컨대 첩은 부가夫家의 재산에 대해서 주체적 권리를 갖지 못하고 부의 사후死後 종신 집에서 부양받을 자격과 일종의 중요 인물로서 어느 정도의 발언권을 가질 뿐이다. 이것은 첩이 종宗이라는 이념적 질서 속에서의 지위를 차지하지 못하지만 일상생활에 있어서는 부의 가족의 한 구성원이라는 특수한 성격과 상응하는 것이다. 滋賀秀三, 560면 이하의 설명 참조.

63) 종鍾은 양을 재는 단위로 6곡斛 4두斗, 또는 8곡, 10곡(1곡=열 말)이라고도 하는데 극히 많다는 뜻으로 쓰이고 있다.

64) 쓰레기처럼 생각해야 할 것이다 : 雖千鍾若將浼焉. 『孟子』「公孫丑上」에 "其冠不正, 望望 然去之, 若將浼焉."

11. 토지를 노려 스스로 존장이 되어 친손자를 타인의 후사로 삼다
利其田産自爲尊長以親孫爲人後 : 李文溪[65]

오자순吳子順이 사망하고 그 아들 오승吳昇이 또 사망하여 자순子順의 처 장씨張氏만이 남아 염전奩田[66] 10여 종種을 갖고 있었다. 만년에 병과 근심은 번갈아 일어나는데 이미 의지할 남편도 자식도 없어 친정에 돌아가서 여생을 보내니 참으로 슬픈 일이다. 장씨 생전에 오씨 문중에 그녀를 애처롭게 생각해 보살펴준 사람이 있었다는 말을 듣지 못했는데 이제 병들어 죽자 그 얼마 되지 않는 토지를 노리는 자가 나타나니 더욱 슬픈 일이다.

(이 사건은) 오진吳辰이라는 자가 작년 2월 소장을 내어 장씨의 두 조카가 토지계약서와 소작료를 훔쳤다고 고소하면서 시작되었다. 전임 포지현包知縣의 판결을 보면 이미 그 간계를 간파하고 있었는데 장씨가 죽자 오진이 또 그 손자 오진로吳鎭老를 억지로 오승의 후사로 삼으려고 한 것이다. 제출한 제부除附 문서를 보고 그가 말하는 족장族長으로 보증인이라는 인물을 찾아보니 바로 오자대吳子大라는 자였다. 오자대는 바로 오진이고, 오진로는 오군문吳君文의 자子이고, 오군문은 곧 오자대의 자子이니 어찌 스스로 존장尊長이 되어 친손자를 남의 후사로 삼는 도리가 있단 말인가? 얼마나 속이 빤히 보이는 행동인가? 장씨가 비록 중병이 들었다 하더라도 2월에 오진과 소송을 시작하였는데 (장씨가 죽자) 바로 6월에 자신(오자대)의 손자를 후사로 삼으려고 할 수 있단 말인가? 이는 삼척동자라도 속일 수 없는 일이리니, 이것이 그 토지를 노리고 한 일이 아니라면 무엇이란 말인가?

오씨 본가의 존장 오군지吳君至를 출두시켜서 증언을 들은 바, 남아 있는 토지는 장씨가 시집 올 때 가져온 것이며 오씨의 토지가 아니라고 하고, 또 오군문이 장씨의 소장을 위조해서 권관權官[67]에게 증서의 발급을

---

65) 이문계李文溪 : 송본에는 없는데 명본에 의거해 보충했다.

66) 염전奩田 : 염전은 시집올 때 가지고 오는 땅으로 말하자면 지참금 같은 것인데 우리말로 옮기면 '화장전化粧田' 정도로 옮길 수 있을 것이다.

청원했다고 하니 이렇게 불의를 저지를 수가 있단 말인가!

지금 장씨와 오승 두 사람의 유해는 아직 안장도 하지 못하고 있다. 오군지의 진술에 따라 장씨의 토지에서 필요한 경비만큼 매각하여 두 사람의 장례를 지내고 관에서 장부를 만들어 출납을 기록한다. 장례가 끝나면 동족 중에서 중의衆議에 따라 한 사람을 선출하여 후사로 세워 제사를 물려받게 하고 나머지 토지는 모두 그에게 주고 오군문 일가는 이에 간여하지 못하게 한다. 이렇게 하면 망자도 안심하고 눈을 감고 공론公論에도 합당한 일이 될 것이다. 오군문은 장 80의 형에 처해야 하지만 집행을 유예한다[봉안封案].[68] 다시 소송을 한다면 유예를 취소하고 처단할 것이다. 남은 사람들은 모두 석방한다. 제거사에 상신하라. 권지현權知縣의 현에서 잘못 발급한 문제의[69] 공거公據는 말소하여 문서에 첨부하라.

12. 형수가 시동생이 일부러 후사를 세워 재산을 빼앗으려 한다고 고소하다 — 등운관이 입안하고 요립재가 판결하다

嫂訟其叔用意入繼奪業：鄧運管擬姚立齋判[70]

해설 : 이 판어는 전운사轉運司의 한 속관인 운관運管이 작성한 것이다. 이 사건은 여러 기관을 거치며 복잡하게 진행된 것 같다. 먼저 구령현甌寧縣에서 소송이 제기되었고 사건은 현의 판결을 거쳐 주의 판결을 받기에 이른다. 그런데 현과 주의 판결이 서로 대립하였기 때문에 여기에 제거사가 개입하여 현에서 다시 판결하도록 명하였다. 그 후

67) 권관權官 : 권관은 판 제8조의 권현權縣 즉 권지현權知縣과 같은 말이다.

68) 집행을 유예한다封案 : 봉안封案에 대해 『淸明集』 권7, 판어 제9조의 주 참조.

69) 문제의 : 所有.

70) 운관運管 : 전운사관구문자轉運司管句文字의 약칭. 남송에서는 전운사주관문자轉運司主管文字라고 했다. 전운사轉運司나 안무사安撫使의 속관의 하나로서 관구문자管勾文字가 있는데 문서의 초안작성이나 문서수발 등의 일을 관장했다. 대개 종실, 외척이나 지방 대성大姓의 자제 중에서 충당했고 이후 출세의 발판이 되는 자리였다. 『咸淳臨安志』 권53, 「浙西安撫司」 참조.
요립재姚立齋 : 姚瑤. 입재는 호, 복건로남검주순창福建路南劍州順昌 출신이며 嘉定 4년(1211)의 진사이다. 복건도전운사검상문자福建都轉運司檢詳文字와 지건령부知建寧府 등을 역임했다.

이 사건은 다시 전운사로 넘어갔고 전운사에서는 현과 주의 첨청의 판결을 비교한 후 현의 판결에 따르는 것이 옳다는 의견을 내고 있다.

구령현甌寧縣의[71] 과부 장씨張氏가 시동생 범우范遇가 후사를 세워 재산을 빼앗기 위해 싸우려 한다고 고소한 안건에 대해 각처의 판결사유서[단유斷由]를 자세히 조사한 결과 다음과 같은 사실이 밝혀졌다.

범통일范通一에게 네 아들이 있었는데 장남은 희보熙甫, 차남은 자경子敬(즉 감세監稅[72]), 삼남은 우遇(즉 달보達甫), 사남은 술述(즉 선보善甫)이다. 희보는 이미 결혼하여 아들을 얻었는데 얼마 지나지 않아 부부와 아들 모두 사망하고 말았으니 이치로 말하자면 당연히 후사를 세워야 할 것이다. 법령에 "입계는 족장에 의한다"라는 것은 양친이 없는 경우를 말한다. 만일 부모가 생존해 있으면 당연히 부모의 명을 따라야 한다. 희보가 사망했을 때 부모는 모두 생존해 있었지만 후사를 세울 의사는 없었다. 이것은 아들을 사랑하지 않았기 때문이 아니다. 생각건대 손바닥만 한 땅을 살아 있는 세 아들에게 나누어주면 그 재력은 균등해진다. 그런데 후손 한 사람을 희보의 후사로 세우면 그 일가가 토지의 반을 잘라 갖게 된다. 나머지 반을 두 아들에게 나누어주면 세 아들 사이에 빈부의 차가 생기게 된다. (이렇게 되는 것을 방지하고자 한 것이다) 이것이 통일의 본심이었다. 따라서 (희보의 후사를 세우지 않고 희보의 토지를) 세 아들에게 오히려 균등하게 배분하고 희보 소유의 토지를 증상전烝嘗田[73]에 충당하여 3가家가 돌아가면서 경작하여 그 제사를 지내도록 했다. 3가의 아들들은 모두 희보의 조카이니 희보의 후사를 세우지 않더라도 제사는 끊어지지 않기 때문이다.

---

71) 구령현甌寧縣 : 복건로건령부福建路建寧府의 속현屬縣. 현 복건성 건구시建甌市.

72) 감세監稅 : 감모모세무監某某稅務의 약칭이다. 상세商稅나 전매세징수장專賣稅徵收場의 책임자이다. 보통은 하급의 선인選人이나 무관武官이 임명된다. 이들은 감당관監當官으로 총칭되는데 지현知縣 등의 친민관親民官보다 한 단계 낮게 취급 받았다.

73) 증상전烝嘗田 : 제사의 비용을 충당하기 위한 땅이다. 겨울제사를 증烝, 가을제사를 상嘗이라 한다. 『左傳』 喜公 33년 조 참조.

이 때문에 소정 2년(1292) 10월 침기부[74]를 작성하여 장부의 모두에 "장남 희보는 사망했지만 전산의 분할은 원치 않는다. 그가 생존 시 처가 가져온 토지를 증상전에 충당한다"라고 쓰고 장부의 말미에는 범통일과 모母 진씨陳氏와 형제들이 함께 서명을 하였다. 부친의 명이 있었음은 이것으로 명백하며 문서에도 이미 날인과 서명이 다 되어 있다.

희보가 사망한 지 이미 15년이 지났지만 춘추의 제사를 거른 일이 없었던 것은 15년[75] 전 범희보 소유의 토지를 증상전으로 정해놓은 것이 있었기 때문이다. 세 아들이 부친의 명을 따라 해마다 번갈아 제사를 지내 범씨의 귀신이 굶는 일이 없었던 것이다. 그런데 다만 (3남) 범우가 부모가 사망하고 재산을 분할한 지 8년이 지난 후 형인 자경도 사망하자 동생 선보와 조카 여경餘慶을 핍박하여 입계문서에 억지로 서명을 시켜서 자신의 아들인 문손文孫을 희보의 후사로 세웠으니 이 어찌 진심으로 그 형이 아직 후사를 세우지 못한 것을 걱정했기 때문이겠는가? 형과 동생이 분배받은 재산을 빼앗으려고 하는 것에 불과하다.

(이 사건에 대해) 제거사는 사건을 현으로 돌려보내 결말을 지어 상신하라고 명했고 현에서는 다음과 같이 상신했다.[76] "만약 문손을 세운다

74) 침기부砧基簿 : 토지대장, 권4, 제16조 참조.

75) 15年이 송본에는 15公으로 되어 있는데 명본의 15年이 옳다.

76) 여기서 주목되는 것은 제거사提擧司와 전운사轉運司의 통할관계이다. 제거사, 전운사는 제형사提刑司, 안무사安撫司와 더불어 송대 최고 행정구역인 로路에 설치되어 지방행정을 총괄하고 감사하는 감사監司이다. 이들 감사는 각각 재정財政, 전운轉運, 형옥刑獄, 치안治安 등 전문적인 역할을 수행하면서 모두 사법기구로서의 권한을 갖고 있다는 점이 주목된다. 감사는 중앙에 직접 책임을 질 뿐 상호 독자적인 행정기구로서 통할관계에 있지 않았다. 그러나 독자적인 기구이면서 동시에 모두 사법기능을 갖고 있었기 때문에 소송당사자들은 어느 곳에나 재심을 요구할 수 있었다. 또 중국의 민사재판에서는 현대와 달리 판결의 확정력이라는 관념이 없었기 때문에 소송당사자는 언제라도 만족한 판결이 얻어질 때까지 소송을 할 수가 있었다. 본 판어에 나타나는 제거사와 전운사는 아마 동로同路에 설치되어 있었던 것으로 생각되는데 처음 주현을 거쳐 제거사에 올라온 안건이 다시 현으로 반송되었고 이 현의 판결에 불만을 품은 범우范遇가 다시 이번에는 전운사에 재심을 요구했던 것으로 추정된다. 여기에서는 전운사의 판결이 제거사의 판결보다 우월한 것으로 보이지만 반드시 그런 것은 아니었다. 여러 감사들이 사법기능을 수행하지만 제형사는 특히 옥송獄訟을 주된 업무로 하는

면 이미 분할한 재산을 다시 정리해서 사분하게 되는데 이것은 첫째로 부모의 명에서 나온 것이 아니고, 둘째로 형제가 이에 따르도록 강제하는 것은 곤란하다. (따라서 문손을 후사로 세우는 것은 부당하다)"

현에서 상신한 판결은 논리가 아주 명백하다. 그런데 첨청에서 소홀하여 자세히 보지 않고 부모의 명은 없었다고 한다. 그리고 이제 범선보, 범여경 등의 약정대로 문손을 희보의 후사로 삼는다고 한다. 또 증상전을 문손에게 주지 않으면 부모의 훌륭한 뜻을 어길까 봐 두렵다고 말하고 있다. 그렇다면 형제의 토지를 떼어내어 문손에게 주는 것만이 부모의 뜻을 손상시키지 않는 것이란 말인가? 이것은 도리에 맞지 않는 일이며 다만 절호를 잇는다는 미명에 (첨청이) 현혹된 것뿐이다.

지금 (현에서 상신한) 연유를 살펴보니 범우는 일찍이 도형徒刑을 받았던 자로서 부모에게 불효하고 누나, 형에게 불경하고 동생에게 우애롭지 못하였고 걸핏하면 칼을 휘둘러 사람을 죽이려들고 옆에서 말리는 사람의 이를 부러뜨릴 정도로 폭력을 행사했다. 더 심하기로는 형 자경의 사

감사이며 모든 안건에 있어서 최종심판권을 갖는 일로一路의 최고사법기구라는 것이 일반적인 설이나(王雲海主編, 『宋代司法制度』, 河南大學出版社, 1992, 46면), 이에 대해 민사안건의 경우는 전운사가, 형사안건의 경우는 제형사가 최종심판권을 갖는다는 설도 제기되고 있다(屈超立, 『宋代地方政府民事審判職能研究』, 巴蜀書社, 2003, 136면 이하 참조). 확실히 제형사 스스로가 제형사는 호혼戶婚과 같은 민사안건을 다루는 곳이 아니라고 하는 주장을 볼 수도 있지만(『청명집』 권9, 已出嫁母賣其子物業 및 권1, 監司案牘不當言取索 참조), 그러나 이 설 또한 실제 반드시 그대로 적용할 수는 없는 것 같다. 예를 들면 역시 민사안건에 해당되는 판어 제28조(侵用已檢校財産論如擅支朝廷封椿物法)의 경우는 먼저 전운사, 안무사를 거친 다음 다시 제형사에서 재심을 하고 있는 것이 보인다. 또 판어 제21조(夫亡而有養子不得謂之戶絶)의 경우는, 제거사의 판결보다 제형사의 판결이 우위에 있는 것임을, 적어도 판어의 작성자의 입장에서 볼 때는, 보여주고 있다. 특히 동로同路에 설치된 전운사의 하행문서에 대해서 제형사가 크게 반발하는 것을 보면 (『청명집』 권1, 監司案牘不當言取索 참조) 민사안건에 대해서도 제형사가 얼마든지 간여할 수 있으며 또한 전운사의 지시를 받는 하급관청이 아니라는 것임을 알 수 있을 것이다. 요컨대 송대의 감사들간의 관계는 통할관계에 있는 것이 아니며 또한 민사와 형사를 구별해서 독립적으로 전담하는 사법기구는 없었다고 해도 좋을 것이다. 이것은 원래 전통 중국사회의 법개념 속에 민사와 형사가 뚜렷이 구별되지 않았던 역사적 상황과 상응한다.

후 방에 돌입하여 형수를 끌어내어 때리는가 하면 장례식의 인부들을 쫓아내어 시신을 염하지도 못하게 하여 돈 300관과 쌀 수백 석을 뜯어내기도 했다. 또한 동생과 조카를 핍박하여 이렇게 함부로 계약서를 작성했다. 그리고 형수 장씨에게 고소당하자 곧 현리縣吏와 짜고 제부除附에 관인을 찍고 또 승청丞廳을 통해 호적문서를 변경시켰다.

이 (범우가 작성한) 계약서는 부정不正한 것이니 어떻게 증거로 삼을 수 있겠는가? 더구나 그 마음씀씀이가 심히 사악하지 않은가. 첨청관은 사악한 마음을 처벌하는 법을 써야 할 것이다. 협박해서 맺은 맹약을 요맹要盟이라고 하는데 요맹[77]은 바로잡으면 되는 것이다. 그런데 이미 그 계략에 빠졌으니 후회해도 늦었다 하고 간악한 행위를 용인한다면 약육강식의 세상이 되어 천지간에 사람이 바로 설 수 없게 되어버릴 것이다.

나(등운관鄧運管)의 생각으로는 희보는 이미 증상전이 있으니 제사는 거르지 않을 것이다. 만일 재산을 분할한 후 갑자기 한 사람을 후사로 세운다면 이전에 부모가 작성한 침기지서砧基支書(토지 분할 문서)는 모두 증거로 삼기에 부족하게 될 것이므로, 그 사람은 반드시 토지를 전부 차지하려고 할 것이다. 재산을 분할한 지 8년이라는 긴 세월이 지났으니 토지에 어찌 변함이 없겠는가? (범우가) 재산을 분할하여 문손에게 넘기려는데[78] 형과 동생이 어찌 순순히 따르겠는가? (문손에게 재산이 넘어간다면) 반드시 집안에 난리가 일어나고 원한은 점점 쌓이고 소송은 분분해져 해결할 수 없게 될 것이다. 그리하여 결국에는 흉악한 자의 토지를 집어삼키려는 음모가 성공할 것이니 이는 죽은 자에 무익하고 산 자에게 해가 될 일이다. (따라서 문손을 후사로 세우기보다는) 지서支書에 의거하여 각자 토지를 관리하기로 하고 계약서와 공거公據는 파기하는 것이 좋을 것이다. 이렇게 하면 일가도 편안하게 살 수 있을 것이다. 만약 꼭 후사를 세우려 한다면 그 아들 문손을 세워서는 안 될 것이다. 범

77) 요맹要盟 : 송본에는 要盡이라고 되어 있는데 문맥으로 보아 要盡은 오기이다.
78) 재산을 분할하여 문손文孫에게 넘기려는데 : 以畀文孫. 송본은 以錇文孫.

우가 간계를 꾸며 토지를 병탄하려고 할 것이기 때문이다. 현에 통첩하여 (현에서 상신한 판결) 그대로 시행하게 하기 바란다.[79]

(이상의 초안에 대해서) 도운검상都運檢詳[80] 요립재姚立齋로부터 다음과 같은 지시를 받았다. "초안대로 시행하라. 후사를 세운다고 해도 이미 분할한 토지를 움직이는 것은 곤란하므로 다만 증상전 내에서 이해관계가 없는 가계家系에서 추천해서 세우도록 하라. 범우가 이토록 흉악하고 용의주도하게 토지를 집어삼킬 음모를 꾸민 이상 그 아들을 후사로 세워서는 안 된다. 현에 통첩하여 그대로 조처하도록 하라."

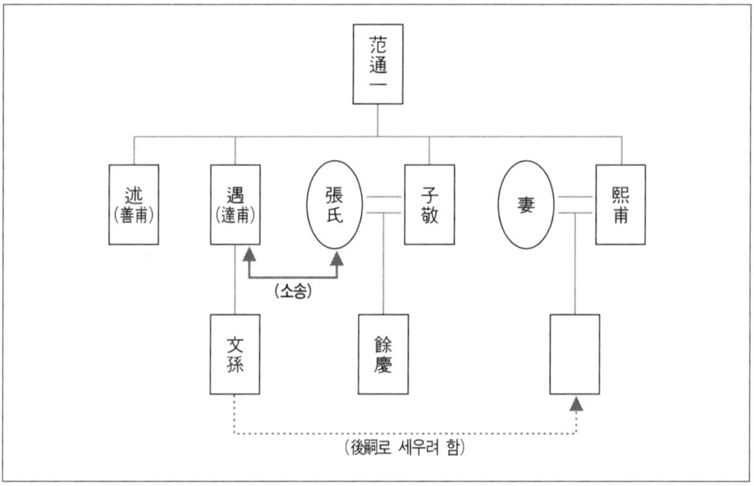

卷8-12조

79) 여기까지가 등운관鄧運管이 도전운사都轉運司에게 상정한 원안이다. 도전운사는 북송 단공端拱 원년(988)에 처음 설치되었는데 5품관 이상이 전운사에 임명된 경우 앞에 '都'를 붙인다. 또 여러 로路의 전운사를 통괄하기 쉽게 하기 위해서 이들 전운사 위에 도전운사를 설치하는 경우도 있다.

80) 도운검상都運檢詳 : 도전운사의 속관인 검상문자檢詳文字의 약칭이다. 문서의 검열이나 주요문서의 작성에 관여했다.

13-1. 부자가 모두 사망하여 손자를 후사로 삼다

父子俱亡立孫爲後 : 建倉[81)]

호절戶絶한 가家의 후사를 세우는 경우 일거양득이라는 말이 있다. 즉 부자가 모두 사망하여 제사를 지낼 사람이 없는 경우 반드시 부父를 위하여 후사를 세우지 않아도 손孫을 하나 세워두면 부의 제사도 함께 지낼 수 있기 때문이다.

왕성여王聖與에게 두 아들 장남 이怡와 차남 촉蜀이 있었는데 불행히도 모두 일찍이 세상을 떠났다. 이에 왕광문王廣聞의 아들 혜손惠孫을 이의 후사로 세우고 왕광조王廣祚의 아들 형손衡孫을 촉의 후사로 세웠다. 마침 불행히 왕광문의 장자 왕연도王淵道도 함께 죽었다. 그래서 혜손은 할 수 없이 생부의 가에 돌아와 왕광문의 재산을 승계하게 되었고 왕이의 제사는 끊어졌다. 그러나 혜손이 떠났다 하더라도 형손이 남아 있다. 즉 촉의 후사는 있고 이의 후사가 없다 하더라도 촉의 제사가 끊이지 않는다면 왕성여의 제사도 끊어지지 않는 것이다. 다만 왕이가 제사를 못 받는 귀신이 되는 것이 애석할 뿐이다.

족장族長 왕성목王聖沐이 본사本司를 통해서 "조문條文대로 소목이 맞는 자를 택하여 왕이의 후사로 삼고 싶습니다"라고 청원한 것은 의에 맞는 당연한 일이다. 그래서 본사는 통판청에 지시하여 판결하도록 했다. 곧 상신해온 연유에 의해 다음과 같은 사실을 알았다.

혜손이 비록 생부의 가에 돌아갔지만 여전히 상속인이 없는 왕이 일가의 유산을 집어 삼키려고 하기 때문에 왕성목이 고소한 것이고, 또 왕제익王齊益(즉 왕성여의 부)은 이미 아들 성여와 처 여씨余氏의 생전 가정 13년(1220)에 현에 고소하여 "광한廣漢을 성여의 후사로 세우고 싶지 않

---

81) 건창建倉 : 梅原郁에 의하면 건창은 복건로福建路의 제거상평등사提擧常平等使를 가리킨다고 한다. 제거상평사는 창사倉司로 아칭雅稱되기 때문이다. 梅原郁, 44면, 주1 참조.

습니다(광한은 바로 성여의 당질堂姪이다)"라고 청원한 것이며 그래서 결국 당질 왕광문의 아들 혜손을 왕이의 후사로 삼았던 것이다.

(통판청의 판단으로는) 이제 혜손이 실가實家로 돌아갔기 때문에 본가本家내에서 소목이 맞는 자를 택하여 왕이의 제사를 지내게 할 수밖에 없다고 한다. 그 이치가 아주 명백하여 본사에서는 그대로 시행하라고 본현에 문서를 내려보냈다. 곧 (현에서) 상신한 바에 의하면 "왕가王家의 족장 왕성태王聖泰 등을 소환하여 조사한 결과 왕광병王廣炳의 차남으로 겨우 세 살이 된 연해淵海가 있을 뿐입니다. 왕이는 그의 숙행에 해당하며 이(연해淵海) 외에 후사를 이을 만한 자가 없습니다."라고 한다. 본사本司는 다시 조사를 명하고 만약 사실이라면 즉시 후사를 세우도록 한 후 다시 상신하라고 지시했다. 보다 상세한 심사를 하려고 생각했기 때문이다.

그런데 이제 족장의 평의評議에 따르면 이미 연해를 왕이의 후사로 세운 외에 다시 왕광한을 왕성여의 후사로 세우겠다는 것이다. 그 이유를 구명究明해보니 여씨의 생전에 이와 같은 유촉이 있었다는 것인데, 이것은 전에 통판通判이 상신한 바 "왕제익 부자와 여씨가 모두 왕광한을 후사로 세우지 않겠다"고 한 말과 배치되는 것이다. 만약 실제 유촉이 있었다면 우선 관의 날인과 서명을 받은 것을 증거로 제출하여야 할 것이지 왕이의 후사가 정해지기만을 기다린 후에 비로소 유촉을 들고나와 왕광한을 불쑥 끼어서 후사로 세우려고 해서는 안 될 것이다. 족장이라는 자가 덩달아 나서서 둘 다 후사로 세우자고 하는 것은 '또 하나의 진秦나라를 세워'[82] 왕이의 재산을 함께 탕진하자는 것에 불과하니 도리상 참으로 하기 어려운 일이다. 다만 본현에 명하여 연해를 왕이의 후사로 세우도록 할

82) 또 하나의 진秦나라를 세워 : 원문은 又生一秦. 출전은 『史記』 권89 「張耳陳餘列傳」. 陳王大怒, 欲盡族武臣等家, 而發兵擊趙. 陳王相國房君諫曰, 秦未亡而誅武臣等家, 此又生一秦也. 不如因而賀之, 使急引兵西擊秦. 陳王然之, 從其計, 徙繫武臣等家宮中, 封張耳子敖爲成都君.

수 있을 뿐이다. 왕이의 제사가 끊어지지 않는다면 왕성여의 제사 또한 끊어지지 않을 것인즉 일거양득이란 바로 이를 두고 하는 말이다.

(이상의 안에 대해) 제거提擧 서호부궁강徐戶部宮講 각하로부터[83]"시행하라"는 판결을 받았다.

13-2. 후사로 세운 자도 사망하여 다시 근친의 자를 후사로 세우다

所立又亡再立親房之子 : 建昌

왕광한이 다투고 있는 입계立繼 건에 대해 조사해보았다. 해당 법령에 의거해 논한다면 왕이가 사망했으므로 근친 중에 소목이 맞는 자를 택하여 뒤를 잇도록 해야 할 것이다. 왕광한은 (왕이의) 종형제인데 당시 그에게 이미 두 아들이 있었더라면 이쪽이 가까운 친척이기 때문에 두 아들을 배제하고 먼 친척을 세우는 것은 부당할 것이다. 그러나 당시 왕광한의 차자次子가 아직 태어나지 않았고 친족들은 왕이의 제사를 끊을 수 없다고 하여 함께 상의해서 왕광병의 세 살 아들 연해를 후사로 세웠던 것이다. 연해가 원친遠親이기는 하나 소목이 맞고 이 외의 친족에게 자손이 없었기 때문에 분쟁할 일이 없었는데 왕광한이라는 자만은 조상의 재산이 원친에게 분할되는 것을 잠시도 참지 못해 관에 고소하였다. 유촉을 들고 나와 왕이의 모친이 일찍이 자신을 후사로 세워두었다고 하며 연해와 함께 두 사람을 후사로 세워주기를 원했다. 즉 숙부의 손孫이 되겠다는 것이다.

관사官司에서는 그 유촉이 꼭 정당한 것은 아니기 때문에 당시에는 주저하고 시행하지 않았다. 그런데 생각지도 않게 연해가 후사가 된 지 얼마 지나지 않아 갑자기 사망하였다. 왕광한에게는 이미 차자次子(왕춘王

83) 서호부궁강徐戶部宮講 : 梅原郁은 호부낭중戶部郎中이나 호부원외랑戶部員外郎으로서 동궁東宮의 강독관講讀官을 가리키는 것이라고 한다. 梅原郁, 44면, 주4 참조.

椿)가 있었기 때문에 관에서 왕이의 후사로 세운다면 족인은 아무도 다툴 수가 없었을 터이다. 그런데 현청에서 조사를 잘못하여 왕기王奇를 연해의 후사로 세웠다. 도대체 세 살의 나이로 사망한 어린 아이를 위해 법을 어기고 순서를 뛰어넘어 후사를 세운다면 어찌 소송을 막을 수 있겠는가? 왕광한의 소송에 대해 관에서는 아직 판결을 내리지 못하고 있는데 후사로 세운 왕기마저 사망한 것을 보면 역시 조물주도 왕조산王朝散[84]의 재산을 외방外房이 계략을 꾸며 가지려는 것을 원하지 않아 반드시 마땅한 인물을 기다려 그에게 주려고 하는 것이리라.

왕광한의 아들 왕춘은 왕조산의 직계 자손인 이상 왕이의 후사로 세우는 것은 명과 실이 일치하고 소목도 맞다. 해당 법령을 찾아보아도 추호도 흠잡을 것이 없다. 다만 여기에 왕성목이라는 자가 있어 족장이랍시고 후사를 세우는 권력을 장악하고 오로지 (소송을) 교사하며 농락하기만을 일삼고 있다. 이 자는 모든 소송에 끼어들어 오직 족인을 선동하여 분쟁을 일으켜 일신의 이익만 탐하려 하고 족인이 패가망신하든 파산하든 전혀 염두에 없다. 소송이 마구 일어나고 있는 것은 모두 이 때문이다.

최근에 왕성목은 다시 본사本司에 고소하여 재차 왕연해의 후사를 세우려 하고 있다. 얼마 전에 세 살에 죽은 유아를 위해 손孫을 세웠는데 관에서 조사를 잘못했기 때문에 지금도 소송이 끊이지 않고 있는데 말이다. 여기서 만약 다시 전의 잘못을 되풀이한다면 또다시 왕성목의 간계에 떨어지고 마는 것이다.

현에 통첩하여 법에 따라 공정하게 왕광한의 차자 왕춘을 왕이의 후사로 세우고 호적을 변경하고 증서를 발급하도록 하라. 왕성목은 왕이, 왕광한과는 먼 친척이고 사람이 공정하지 못하니 간여하게 해서는 안 된다. 왕성목에게는 "또다시 소송을 한다면 소송을 일삼아 세상을 어지럽힌 죄로 반드시 처단한다"고 고시하라. 삼일 이내에 구신具申하라.

---

84) 왕조산王朝散 : 조산朝散은 문관기록계文官寄祿階의 정7품 조산랑朝散郎 또는 종6품 조산대부朝散大夫이다. 원외랑員外郎이나 낭중郎中에 상당한다.

(이상의 초안에 대해) 제거 서호부 각하로부터 다음과 같은 지시를 받았다. "초안이 심히 타당하니 그대로 시행하라."

14-1. 명계와 입계는 다른 것이다

命繼與立繼不同 : 擬筆85)

해설 : 이 사건은 강유원江劉員, 강제맹江齊孟, 강제대江齊戴 삼형제 중 제맹과 제대가 아들이 없이 잇달아 사망하자, 이전에 자신의 아들을 제맹의 후사로 세웠던 강연江淵이 제대의 후사로 또 자신의 아들을 세우려고 한 것이 발단이 되었다. 맏형인 강유원이 삼등분된 부친의 유산 중 삼분의 이가 사람이 별로 좋지 않은 강연의 수중에 들어가게 되는 것을 싫어해서 강초江超의 손자 강희江禧를 후사로 세우겠다고 고소한 것이다. 그러나 강희는 제대와 같은 항렬이어서 문제가 되었다. 이 소송은 결국 인정과 법리를 함께 고려한 끝에 강연의 아들인 강서江瑞를 후사로 인정하되, 이것은 입계立繼가 아니라 명계命繼의 법에 따른 것으로 처리하여 강제대의 재산 중 삼분의 일만을 강서에게 주어 제사를 받들게 하고 또 삼분의 일은 의장義莊으로 삼고 나머지 삼분의 일은 몰관沒官하는 것으로 판결이 났다.

명계(후사를 명命하는 것)에 대해서는 이에 해당하는 정규의 법령이 있다. 관에서는 다만 법을 지키는 것만 생각하나 친족 측에서는 성情을 참작하기를 바라므로 정과 법을 모두 다해야 산 자도 죽은 자도 각각 제자리를 찾을 것이다.

강제대는 아들이 없었다. 소목이 맞는 자를 따져보니 강연의 아들 서가 후사를 이을 만한데, 친족의 고소에 의하면 "강연은 일찍이 아들을 강제맹의 후사로 삼았지만 남의 후사를 세운 자로서의 책임을 다하지 않았으므로 강초江超의 손자 희를 강제대의 후사로 삼고 싶다"고 한다.

이제 조사해보니 희는 초의 아들이지 손자가 아니다. 손자가 아니라면 소목이 맞지 않으므로 관에서 친족의 의견에 따르고 싶어도 불가능한 일

---

85) 의필擬筆 : 장관이 내리는 판결의 원안이 되는 것으로 장관의 속료屬僚나 서리胥吏가 작성한다.

이다. 그렇다면 다른 종파에서 택해야 할 것이다. 강씨의 족보를 보면 강중임江仲任 이하 세 파로 나뉘었는데 그 중 응억應億과 주언周彦의 두 파는 5대까지 내려와서 끊겼고 다만 원위元偉 일파만이 8대를 내려오고 있다. 그러므로 원위 파의 제8대 후손들만이 제대의 뒤를 이을 수 있을 뿐이다. 8대 후손 중에서는 강서 한 사람만 후사가 될 수 있는 것은 아니고 (다른 사람을 후사로 세울 수도 있으나) 지금 소송이 분분하여 일족의 동의를 얻기 어려운 이상, 관에서 갑자기 누군가를 후사로 세우게 하면 중의衆意를 얻을 수 없을 것이고 혹은 다시 소송이 제기될 수도 있다. 이렇게 되면 후사를 세운 것이 오히려 (죽은 자에게) 누를 끼치는 결과가 된다.

본관은 재삼 신중히 대처하여 반드시 정과 법을 모두 다 하고자 하였다. 그러나 여전히 친족의 의론이 완전히 공정하지는 않은 것 같고 족보에도 무언가 숨긴 것이 있는 것 같아 성급하게 족보를 근거로 판단할 수는 없다.

생각건대 강연, 강제대 두 사람은 모두 집찬集撰 유시랑游侍郎[86]의 사위이고 현재 후사를 놓고 싸우고 있는 강서는 바로 유시랑의 외손外孫이니 후사를 세울 것인가 말 것인가, 후사를 세울 수 있는가 없는가는 오직 시랑에게서만 바른 판단을 얻을 수 있을 것이다. 시랑은 덕이 높고 인망이 두터운 분이어서 틀림없이 친족 간의 분쟁을 끝낼 수 있을 것이고 공정한 마음과 올바른 도리로 틀림없이 족인의 사심私心을 뚫어보고 한마디로 해결할 수 있을 것이다. 그렇게 되면 인정과 법리를 두루 다 참작하고 친족의 의도 보전할 수 있을 것이니 오히려 좋은 일이 아니겠는가?

본현의 지현에 통첩하여 친히 시랑댁을 방문하여 이상의 곡절을 말씀드리고 족장과 절충하여 의견을 결정한 후 회신토록 하라. 본부本府는 공정히 법에 따라서 시행할 것이다. 관계자 일동은 모두 현에 돌려보내고 이미 내린 판결을 참조하도록 하라.

---

86) 집찬集撰 유시랑游侍郎 : 梅原郁은 『永樂大全』 권8843에 인용된 「建安志」에 보이는 權刑部侍郎, 集英殿修撰 游九功이라고 추정한다. 梅原郁, 50면, 주2.

14-2. 재판결

조득照得.

강서와 강희가 강제대의 후사를 놓고 싸우고 있는 사건은 사부使府의 판결에서 이미 상세하고 충분하게 밝히고 있다. 현에 통첩하여 유시랑에게 말씀드려 친족의 의견을 모아 절충하여 의견을 결정해달라고 한 것은 정情과 법法을 모두 다하고자 함이었다.

이제 본현에서 시랑侍郎의 회답과 족장의 진술을 일괄해서 상신해왔는데 아직 의견의 일치를 보지 못하고 있는 상태이다.

사부의 판결에 따라 관찰추관觀察推官[87]이 다음과 같은 안을 상정했다.

생각건대 명계와 입계는 각각 법령이 있으니 법대로 하면 강희의 계승은 소목이 맞지 않으므로 참으로 후사로 세워서는 안 되고 세울 사람은 강서뿐이다.[88] 그러나 중정衆情을 생각하면 시랑 쪽은 강연과 강제대 누 사람의 장인이기 때문에 강연의 소행을 불평하면서도 그 싸움에 간여하려고는 하지 않을 것이고, 강유원 쪽은 제대의 친형으로서 강연이 잘못을 모두 열거하면서 그 아들을 후사로 세우려고 하지 않을 것이 자명하다. 더구나 동로東老 일문의 세 아들, 장남 유원, 차남 제맹, 삼남 제대 중에 제맹이 죽었을 때 후사가 없어 강연이 자기의 아들을 제맹의 후사로 세워놓고서는 후사를 세운 자로서의 책임을 다하지 않아 그 모친 왕씨에게 고소까지 당했던 터이다. (따라서 강유원 쪽은 더욱더 강연의

---

87) 관찰추관觀察推官 : 察推. 찰추察推는 관찰추관의 약칭으로 막직관명幕職官名이다. 본부本府의 막직관幕職官과 부府의 행정을 분담했다. 선인選人에서 충당하는데 종8품이다. 『淳祐臨安志』 권5, 「舊治古迹」에 '찰추청察推廳'이란 말이 보이고 『咸淳臨安志』 권53, 「臨安府」에 "觀察推官廳在僉判廳西"라고 있다.

88) 즉 동생뻘이 후사가 될 수는 없다는 것인데, 그러나 동생이 후사가 된 경우가 『청명집』에 보인다. 권8, 제8조 참조.

아들을 후사로 세우려 하지 않을 것이다.) 이제 제대의 뒤가 끊어져 강연이 또 자기 아들을 그 후사로 세우려고 하는데 이렇게 되면 동노 일문 삼가三家의 재산 중 삼분의 이를 강연이 차지하게 되는 것이므로 일족이 싸우고 소송이 분분해지는 원인이 될 것이다. 재삼 실마리를 찾아 중정을 모아 소송을 종식시키려고 하려면 반드시 그에 맞는 법령을 참작해서 실행해야 가능할 것이다.

(이제 그에 맞는 법령을 참작해보면) 강서를 후계로 삼는 것은 명계로 논해야 할 것이고 입계로 논해서는 안 된다는 결론에 도달하게 될 것이다. 순희 연간(1174~1189)의 지휘指揮[89] 중에 신료는 다음과 같이 주청하고 있다.

"조종祖宗의 법을 상고詳考하면 "입계란 남편이 사망한 후 처가 생존해 있을 때 아들이 없는 경우 후사는 처의 뜻에 따라 세워야 한다는 것을 가리키고, 명계란 부부가 모두 사망한 경우에 후사는 근친의 존장의 명에 따라 세워야 한다는 것을 가리킨다. 입계의 경우는 아들이 아버지의 지분을 상속한다는 법에 따라 그 재산을 (후사에게) 모두 주어야 하고 명계의 경우는 미혼의 딸이나 이혼한 딸이 없을 때 재산의 삼분의 일을 주는 데 그친다"라는 법령이 있다."[90]

또한 호령戶令에 따르면 "무릇 후사가 끊어진 가家에서 절가絶家를 이을 자손을 세울 때 — 근친의 존장이 후사를 명하는(명계) 경우를 말한다[91] — 절가의 재산은 다음과 같이 처리한다. 만약 미혼의 딸만 있는 경

89) 지휘指揮: 지휘는 당송 시대 황제의 조칙과 조정의 관련 기관에서 하달하는 명령과 지시의 통칭이다. 『吏學指南』 「公式」에 "示意曰指, 戒勅曰揮. 猶以指披斥事務也"라고 한다.

90) 요컨대 당시의 입법은 같은 입사라 하더라도 미망인에 의한 입사는 입계라고 하고, 처도 사망한 경우 친족의 합의에 의한 입사는 명계라고 하여 양자를 구별하고 있었다. 명계의 경우는 사자嗣子는 최대 가산의 3분의 1을 취득함에 불과한데 입계의 경우는 전 재산이 사자에게 승계되는 것으로 되어 있다. 이는 입계의 경우는 호절이 아닌데 비해 명계의 경우는 호절로 간주되었기 때문이다. 입계와 명계에 대한 보다 상세한 설명은 滋賀秀三, 397~398면 참조.

91) 근친의 존장이 후사를 명하는(명계命繼) 경우를 말한다: 謂近親尊長命繼者. 송본에

우는 전 재산의 사분의 일을 주고 만약 이혼한 딸도 있는 경우는 오분의 일을 준다. 또 이혼한 딸만 있는 경우는 호절법戶絶法에 따라 지급하는 것 외에 나머지의 반을 주고 그 나머지는 몰관한다. 출가한 딸만 있는 경우는 전 재산을 삼등분하여 삼분의 이는 출가한 딸들에게 균등하게 나누어 주고[92] 나머지 삼분의 일은 몰관한다"라고 규정하고 있다.

법령이 이렇게 일월처럼 밝으니 이것이야말로 주현州縣에서 마땅히 받들어 행해야 할 것이다. 이제 위의 법령에 따라 현에 통첩하여 관에게 위임하여 강제대 소유의 토지, 가옥, 동산 등 일체의 재산을 공정히 조사하여 기록하고 삼등분하도록 해야 할 것이다. 그 중 삼분의 일은 강서를 강제대의 후사로 명하여 제사를 받들게 하고 관사에서는 다시 조사하여 장부를 작성해서 족장[93]을 택하여 그 출납을 관장하게 해야 할 것이다. 관에서는 이를 감독하고 (강서가) 성인이 된 후 재산을 지급하고 강연은 간여할 수 없도록 해야 할 것이다. 그리고 삼분의 일을 딸들에게 주는 법에 따라 의장義莊[94]을 만드는 데 충당하여 종족 중의 고아, 과부, 빈자를 돕게 하고 족장을 택하여 그 출납을 관장하도록 하고 관에서 이를 감독하고 나머지 일분은 몰관해야 할 것이다. 이렇게 하면 분수를 알지 못하고 요행을 바라는 생각도 막을 수 있고 서로 분생하는 마음도 사라질 것이며 인정과 법리 모두 공평함을 얻고 소송도 종식시킬 수가 있을 것이다.

이 八자는 작은 글자로 두 줄로 쓰여져 있다.

92) 3분의 2는 출가한 딸들에게 균등하게 나누어 주고 : 以二分與出嫁諸女均給. 여기의 3분의 2(二分)는, 송본과 명본 모두 二分으로 되어 있으나, 3분의 1(一分)이 되어야 옳을 것으로 생각된다. 본문대로라면 후사에게 줄 몫이 없기 때문이다.

93) 여기서 족장族長은 친족을 대표하는 일인의 수장首長이 아니라 친족 중의 장로長老 정도를 말한다. 滋賀秀三, 366면, 주83 참조.

94) 의장義莊 : 의장이란 동족의 구제를 목적으로 하는 동족 공유, 공영의 토지로 그 수익으로써 빈곤자의 구제, 교육과 제사 등을 보조했다. 11세기 중엽 범중엄范仲淹이 향리鄕里 소주蘇州에 설치한 것이 효시로서 유명한데 남송에 와서 전국적으로 만들어지게 되었다.

"변변치 못하나 우견愚見은 이와 같으니 판부判府[95] 각하께서 판단하시어 시행하기 바랍니다."

(이에 대해 판부는) 건양현의 현위에 위임하여 공정하게 조사하고 10일 내에 상신하도록 하라고 통첩했는데 관찰추관觀察推官이 (이에 이의를 제기하여) 다시 다음과 같은 안을 상정했다.[96]

"상기 안건은 분쟁이 오래된 것입니다. 지금 만약 현위에게 조사를 위임한다면 차출 문제도 있고 해서 일이 지연되어 다시 소송이 야기될까 우려됩니다. 바라건대 부府에서 관원 일인을 위임해서 파견하여 강가江家의 간인幹人을 소환하여 토지문서 원부原簿를 가져오게 하고 본족本族의 존장들을 소집하여 공정하게 대조시키기를 바랍니다. 법에 따라 조사한 후 즉시 삼등분을 하여 현청에서 위임관과 족장들이 함께 추첨하게 한 후 10일 한限으로 구신具申하도록 하시고, 그 나머지 동산動產과 집기는 일괄 조사하고 균분하여 편곡偏曲됨이 없게 하시기 바랍니다."

(이 안에 대해) 판부로부터 다음과 같은 판결을 받았다. "전적으로 동의한다."

---

95) 판부判府 : 판모부군부사判某府軍府事의 간칭이다. 송대 상서복사尙書僕射나 사상使相 이상의 관리가 주부州府를 다스릴 때 판이라고 했다. 龔延明, 『宋代官制辭典』, 中華書局, 1997, 537면.

96) 관찰추관觀察推官이 (이에 이의를 제기하여) 다시 다음과 같은 원안을 상정했다 : '察推再擬. 송본은 察推擬. 再가 있어야 할 것이다.

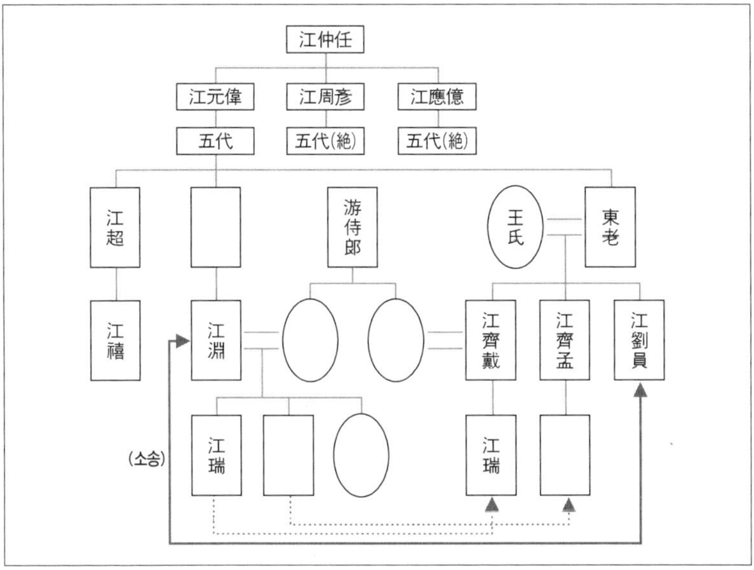

卷8-14조

15. 먼저 한 아들을 후사로 세워놓고 장래 본종에 소목이 맞는 이가 있다면 함께 후사로 세운다[97)]

先立一子俟將來本宗有昭穆相當人雙立; 方鍥菴[98)]

해설 : 후사를 둘러싼 인간관계가 복잡하고 구체적인 상황설명이 빠져 있어 매우 난해한 사건이다. 정丁□□의 후사를 둘러싸고 삼파전이 벌어졌는데 세 사람의 후보는, 삼종조카(정희丁僖의 손자), 이성異姓의 유복자(귀노貴奴의 아들), 그리고 관계를 알 수 없는 영손榮孫(처가의 후손?)이라는 인물이다. 이 중 삼종조카는 법적으로 유자격자이나 행실이 못되어 탈락했고, 영손은 이성이고 유촉의 진위도 알 수 없어 탈락했고 결국 노비의 아들이 후사가 되는 것으로 판결이 났다. 이 판결은 인정과 법리를 모두 고려했다고 하지만 법을 택하기보다는 인정이나 유교적 윤리를 강조했다는 점에서 중국적 재판의 특징이

97) 이 판어는 송본에만 있고 명본에는 없다.

98) 방철암方鍥菴 : 방대종方大琮(1183~1247)의 호, 자는 덕윤德潤이다. 복건로흥화군보전현福建路興化軍莆田縣 출신. 開禧 2년(1206)의 진사이다. 지건녕부知建寧府, 복건전운판관福建轉運判官 등을 역임했다(『後村先生大全集』 권151, 「墓地銘」 참조).

잘 드러나는 판결이라고 할 수 있다. 하지만 이성인 노비의 아들을 후사로 세웠고, 또 후사를 둘이나 세운다는 점에서 잘 납득이 가지 않는 매우 독특한 판결이다. 뒤에 나오는 제20조의 판결도 두 사람의 후사를 다루고 있지만 이 사건과는 성격이 다르다.

정□□가 아들이 없이 사망한 후 그 후사를 놓고 모두 세 가지 쟁점이 있었다.[99)]

(첫째로 지현의 판결에 대해) 이 사건에 대해 지현은 족인들이 추천하는 정희의 손자를 지지했는데 물론 그럴 수 있다. 그러나 첨청은 이에 대해 의문이 있다.

(둘째로 처 □씨의 주장에 대해) 만약 □씨가 과연 정모丁某의 처의 자격이 있다면 "부夫가 사망하면 처妻에 따른다"는 법령[100)]이 있다. (따라서 문제가 없을 것이다) 그러나 □씨는 (기다렸다는 듯이) 정모가 사망하자 이를 틈타 들어온 것이니 이렇게 수치를 모르는 부인도 있는가? (따라서 □씨는 후사를 논할 자격이 없다.)

(세째로 서모庶母의 주장에 대해) 정모의 부친의 첩인 안안安安은 사위집의 임신한 노비를 지지하여 뱃속의 아이는 정모의 유복자라고 말하고 있고 형수 모씨도 그렇게 말했다고 한다. 그러나 족인은 그렇게 생각하지 않고 있다. 만약 등씨鄧氏 즉 안안이 과연 정모의 생모라면 "무릇 호절가戶絶家에 생모나 조모의 동거인이 있으면 그 사람이 재산을 관리할 수 있다"라는 법이 있으므로 문제될 것이 없다. 그러나 등씨는 소장訴狀

99) 그 후사를 놓고 모두 세 가지 쟁점이 있었다 : 爭立者凡三項. 梅原郁은 項을 뒤에 붙여 項을 項縣이라고 보고 知縣이라고 있는데, 項縣이라는 縣은 이 판判의 작자가 봉직하고 있었던 복건로福建路에는 없는 현이다. 項縣은 한漢대에 여남군汝南郡에 설치된 것인데 수隋대에 와서 項城縣으로 개칭되었고 송대에 와서는 開封府 남쪽의 京西北路(남송에서는 南京路, 현재의 河南省), 陣州에 속하여 項城縣으로 불리고 있다(『讀史方輿紀要』 권47, 河南 開封府 陣州 : '項城縣, 州南百二十里, 古項子國, 漢置項縣, 屬汝南郡') 따라서 본문의 項은 項縣을 가리키는 것이 아닐 것이다. 오히려 知縣의 성姓이라고 볼 수는 있을 것이다. 그러나 여기서는 三項으로 하여 '세 가지 쟁점'으로 해석하는 것이 자연스러운 것 같다. 中華書局校勘本도 項에서 구두점을 찍고 있다.

100) "부夫가 사망하면 처妻에 따른다"는 법령 : 이 법령에 대해서는 滋賀秀三, 330면 이하에 자세한 설명이 있다.

에서 정모를 죽은 (자신의) 아들이라 주장하면서 또한 자기는 (생모가 아닌) 서모라고 엇갈리는 말을 하고 있다. 그리고 정일붕丁一鵬이 (등씨를) 다만 딸 하나만을 낳은 첩이라는 주장을 들어보면 등씨가 정모의 생모라는 말은 의심스럽다.

현에 통첩하여 다시 조사하여 확실하게 밝혀서 10일 내에 상신하도록 하라. □□□□□□□□□□□□□[101]

본건 문서를 자세히 살펴보고 통판의 상신을 참고하여 다음과 같은 사실을 알았다.

정모에게는 후사가 없고 정희의 손자는 정모의 삼종 조카이므로 소목은 맞다. 하지만 나이는 21세에 이미 부친의 재산을 상속받고 결혼도 했다. 게다가 (자신의 삼종 숙부가 되는) 정모와는 평소 사이가 나빴고 그 집에 들어가 정모의 첩과도 어울렸다. 더우기 근친의 일붕一鵬, 일기一夔 및 (정모) 서모와 계모가 모두 불만이므로 억지로 후사로 세운다면 어찌 소송을 종식시킬 수 있겠는가?

영손은 이성으로 7세이고 유촉도 진짜가 아니어서 후사를 다투기는 어려운 것 같다. 귀노의 아들은 이성이라 하더라도 아직 강보에 싸인 어린 아기이고[102] 또 일붕, 일기와 등씨□□ 모두 후사로 세우기를 원하는 바이고 본래 존장이 결정할 것도 아니다. 인정과 법의를 아울러 생각한다면 (귀노의 아들이 후사로) 가장 적합할 것이다. 그러나 홀로 후사로 세우면 정희의 소송이 끊이지 않을 것이다. 법에 따라 검교하여 먼저 귀노의 아들을 세워놓고 정씨 집안에 자손이 태어나는 것을 기다려 소목이 맞는 자를 택하여 나란히 후사로 세우고 등씨□□에게는 재산의 전매를 허락하지 않는 방법이 가장 옳을 것이다. 그렇게 하면 정모의 재산도

---

101) 원문에 약 13자 정도의 공백이 있다.

102) 귀노貴奴의 아들은 이성異姓이라 하더라도 아직 강보에 싸인 어린 아기이고: 이것은 3세 이하의 이성異姓을 양자로 맞이하는 경우 친자로 인정한다는 법을 적용하겠다는 것이다.

보전할 수 있고 고아를 속이고 과부를 업신여기는 인간들의 분수를 모르고 요행만 바라는 마음도 없앨 수 있을 것이다.

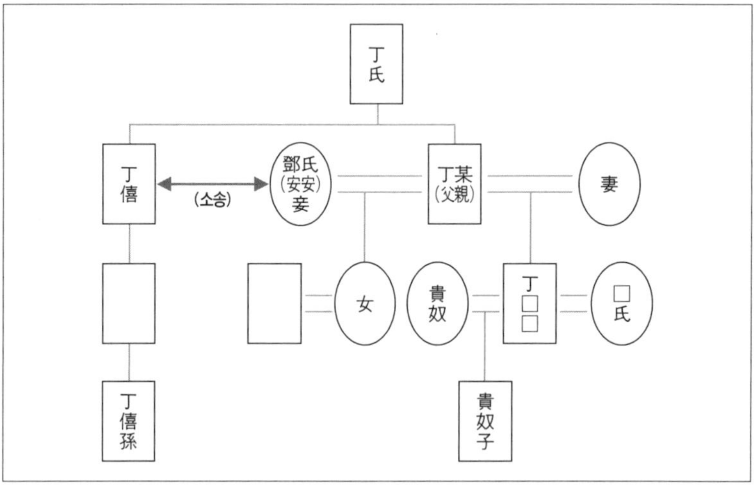

卷8-15조

16. 이치에 합당한 유언[103]은 변경할 수 없다

治命不可動搖 : 人境

듣건대 일이 편의에 맞으면 반드시 자로 정확히 잴 필요는 없으며 정情이 사심私心에서 나온 것이라면 쉽게 공公으로 꾸밀 수 없다고 한다. 지금 오숭吳崇이 오원보吳元寶와 번갈아 사수詞首가 되어 오탄吳坦의 후사를 위해 고소한 것은 의거義擧라고 할 만하다. 그러나 안건의 원부原簿[104]를

103) 이치에 합당한 유언 : 治命. 치명治命이란 병자의 정신이 흐려지기 전의 유언이라는 뜻으로 난명亂命의 대어對語이다. 난명은 질병이나 정신상태에 의해 의사능력을 결한 자의 유언이고 이것은 무효이다. 『左傳』 宣公 15年 條 및 仁井田陞, 『支那身分法史』, 東方文化學院, 1942, 461면 참조.

104) 원부原簿 : 본문은 案祖, 사건의 최초의 서류를 말하는데 원대에는 권종卷宗이라고

가져오게 하여 조사해본 결과, 오당吳鐺을 세워 오탄의 아들로 삼은 것과 오심吳深을 세워 오탄의 손자로 삼은 것은 모두 조부모와 부모의 이치에 합당한 유언에서 나온 것임을 알았다. 아들에서 손자로 순서에 따라 승계하여 이미 2대에 이르고 있거늘 하루아침에 이를 위태롭고 불안하게 만드는 것이 가당한 일인가? (남의 자식이 후사로 들어와서 대를 잇는 것은) 비유해서 말하면 유자나무에 귤나무를, 배나무에 살구나무[105]를 접목시키는 것과 같은 것이다.[106] (나무라는 것은) 줄기가 굳건하고 기세가 이어져야 비로소 싱싱하게 생기가 날 터인데 혹시 그 종자가 다른 것을 지나치게 의식해서 날마다 이것을 베어버린다면[107] 어찌 가지만 손상될 뿐이겠는가? 뿌리까지 함께 죽어버릴 것이다. 지금 오승이 소송을 벌이고 있는 것은 바로 이러한 짓이나 다름없다.

만약 오숭이 참으로 골육을 사랑하는 마음을 갖고 있다면 마땅히 백부 오원좌吳元佐가 후사를 의논할 당초에 넌지시 간언했어야 할 것이다. 어찌 그때 정성을 다하지 않고 오당 형제가 가산을 분할하려고 하자 백부 오원보와 연명으로 서명하여 소송을 일으키는가? 이제 오당이 후사가 된 지 이미 30여 년이 지났는데 갑자기 소송을 한다는 것은 이전에 관서關書(분재문서)에 시명한 뜻과는 대단히 모순되니 어찌 공론을 납득시킬 수 있겠는가? 본관은 이 때문에 두루두루 심사숙고 해보았는데 당시 오탄과 그 부친 오원좌가 후사를 세울 의논을 하면서 본가本家를 둘러보니 세울 만한 사람이 없어 할 수 없이 처가의 후손 중에서 취하였던 것이다.

했다고 한다(『吏學指南』「冊籍」, "事始所出, 謂之卷宗, 宋曰案祖").

105) 살구나무: 杏. 송본은 査.

106) 이것은 유자나무에 귤나무를, 배나무에 살구나무를 접목시키는 것과 같은 것이다: 이 말은 뒤에 나오는 대로 본가에 후사가 없어 이성異姓의 처갓집에서 후사를 데려온 것을 비유해서 한 말이다.

107) 날마다 이것을 베어버린다면: 旦旦而伐之. 이것은『孟子』「告子上」에 나오는 말인데("其所以放其良心者, 亦猶斧斤之于木也. 旦旦而伐之, 可以爲美乎"), 인간의 본성은 원래 선한 것인데 환경에 의해서 악하게 된다는 내용을 담고 있다. 맹자의 인간본성론을 이 판에 인용한 것은 썩 적절하지는 않은 것 같다.

처가도 또한 구족九族[108]의 하나이니 친하게 지내어 화목하여 서로 의지하여 살 수 있을 것이니 친척이 전혀 없는 것과 비교하면 훨씬 나을 것이다. 하물며 사람이 자식이 없어 후사를 세우게 되는 경우에는 다만 가업家業을 보전하여 조상의 제사가 변함없이 이어지기를 바랄 뿐임이 아니겠는가!

이제 오당과 오언기吳彦基가 오원좌의 산전產錢[109]을 분할한 것을 조사[계감契勘]해보니 매 가家마다 합계 1관 400문 남짓이다. 현재 오언기는 겨우 400문 남짓을 남기고 있는데 오당 가는 2관 800문 남짓까지 늘어나 있다. 조사 결과가 이러하니 과연 조부와 부친이 후사를 의논했던 애초의 뜻에 무슨 어긋남이 있는가? 그렇다면 오당이 후사가 된 것은 일시의 편의에서 나온 것이지만 결국 그것이 옳았음을 부정할 수 없다.

얼마 후에 이와 관련하여 족보를 참조해보았더니 오숭은 오탄[110]에게 당제堂弟가 된다. 당제의 친연親緣으로 고인이 된 당형을 위해 후사에 참견하는 것을 누가 안 된다고 하겠는가? 그런데 처음 소장에서는 자기의 아들 기錡를 오탄의 후사로 세우려고 했던 것이다. 후사가 이미 결정되고 나서 지현 진선교陳宣教[111]는 그의 사심私心을 간파했지만 바로 잡으

---

108) 구족九族 : 구족의 해석은 여러 가지이다. 경서經書에 보이는 해석으로는 본가本家 직계의 구대九代 즉 자신을 중심으로 위로 고조高祖, 증조曾祖, 조부祖父, 부父와 아래로 자子, 손孫, 증손曾孫, 현손玄孫을 포함한다는 설과 본가뿐만 아니라 외조부, 외조모, 이종사촌, 장인, 장모, 고종사촌, 조카, 여자지자女子之子 등 외가外家를 포함한다는 두예杜預의 설(『左傳』 桓公 6년, 親其九族以致其禋桓의 注) 등 여러 가지가 있다.

109) 산전產錢 : 재산액에 따라서 부과되는 세금인데 토지의 무당畝當 징세액을 산전으로 표현하는 경우도 있다. 가령 북송 때 복주福州에서는 중전中田은 무당 산전 4문文 4분分, 미米 8승升이고 하전下田은 3문 7분, 미 7승 4작勺이었다(『淳熙三山志』 권10). 『청명집』에 보듯이 산전은 반대로 토지의 크기 즉 재산을 표시하는 데 쓰이고 있다.

110) 오숭은 오탄에게 당제堂弟가 된다: 원문은 吳崇之祖吳坦乃其堂弟野. 그러나 오숭과 오탄은 형제 뻘이므로 문맥이 맞지 않는다. 중화서국본에서는 상해도서관교감본(명본 중에 주필朱筆로 삽입되어 있는 주석본을 말한다)에 의거하여 祖를 與로 개정하였는데(270면, 주2), 梅原郁은 자형字形에서 보아 於의 오자誤字가 아닌가 추정하고 있다.梅原郁, 62면, 주12). 梅原郁의 추정이 문맥상 정확할 것이다. 다음에 동일한 어법으로 '曾氏之於吳鎭乃其親生之子也'라는 구절도 보인다.

111) 진선교陳宣教 : 선교宣教는 선교랑宣教郎의 약칭. 선덕랑宣德郎이라고도 한다. 경관京

려고 하지는 않았다. 이제 오승은 다시 분가分家의 자子를 오탄의 자 오진吳鎭의 후사로 세우려고 한다. 이것을 공정하지 않다고는 할 수 없지만 어찌 잘못인 줄 알면서 자기의 사욕을 이루지 못하자 다시 공의公義에 가탁하여 자신을 위장하며 계속 증씨를 괴롭히려고 하는 것인가?

증씨는 오진에게 친생자가 된다. 자식이 일찍 세상을 떠났는데 어찌 어머니로서 차마 자식의 후사를 세우려고 하지 않겠는가? 이제 증씨의 공술에 의하면 이미 3번째 손孫 암호岩護를 오진의 후사로 세웠고 이 외 새로 다른 사람을 후사로 세우는 것은 바라지 않는다고 한다. 남편 오탄이 세상을 떠난 후 매사는 모두 증씨가 처리해왔다. 오진의 후사를 세우는 논의도 증씨의 뜻에 따라야 할 것이며 타인은 이에 간섭할 수 없다. 더구나 오당吳堂 호하戶下의 산전産錢은 겨우 3,000문뿐이고 현재 손자 3인과 손녀 1인은 모두 장성하여 결혼을 해야 하니 이 또한 작은 문제가 아니다. 설사 관에서 오승에게 양보하여 오승의 청원에 따라 새로 한 사람을 후사로 세운다 하더라도 지금 인정이 불미不美하고 이렇게 화기和氣가 이지러져 있는 상황에서 어찌 가운의 번창을 보지保持할 수 있겠는가?

생각건대 증씨는 이미 고령이니 후사로 세운 손자 암호에 대해 관사官司는 제부除附(호적 변경)하여주어 노후를 보살피도록 해야 할 것이다. 그렇지 않으면 장래 다시 소송이 벌어져 오탄의 재산을 보전하기 어려울 것이다. 돌이켜 생각하면 오승이 후사를 잇겠다는 행위는 역시 미담이겠지만 애초 본가에 무슨 도움이 되는 일은 아니었다.

구구하지만 관견管見은 이와 같다. 오승이 갖고 있는 족보를 기록하여 앞에 붙여서 구비하여 사부에 상신하여 시행을 재가해주기를 간청하라. 현재 출두해 있는 자는 모두 집으로 압송하여 감독하고[112] 지휘를 기다

官의 기록관寄祿官으로 종8품이다.

112) 모두 집으로 압송하여 감독하고: 各押下着家知管. 지관知管의 지知나, 지재知在의 지知는 지주知州, 지현知縣의 지知처럼 모두 지배나 통제의 의미를 갖고 있다. 착가지관着家知管의 경우는 집의 가장家長 등이 감독을 하도록 한 것 같다.

리도록 하라.

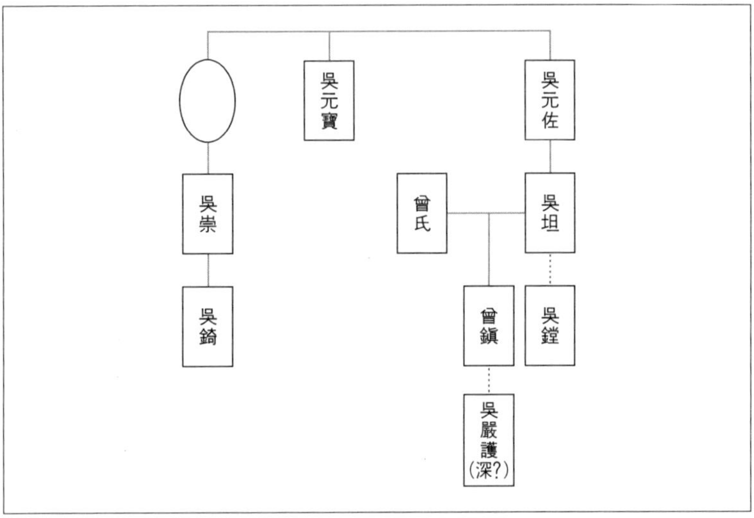

卷8-16조

17. 뒤에 후사가 된 사람이 먼저 후사가 된 사람이 매입한 땅을 가질 수는 없다
後立者不得前立者自置之田113)

조득照得. 가문의 후사를 세우는 것은 본래 조부모나 부모의 이치에 합당한 유언[치명治命]에서 나온 것이고 소목이 맞고 법의에 맞는 것이라면 관에서도 추호도 간섭할 수 없다. 그러나 혹 사적인 애정에 빠져 함부로 초심을 바꾸어 마침내 두 사람을 후사로 세우는 경우가 있다. 그래서 소송이 시작되어 드디어 가산을 탕진하기에 이른다면 관으로서도 함께 공론을 주도하여 처리하지 않을 수 없다.

지금 왕경안汪慶安이 그 동생 왕요명汪堯蓂과 후사를 다투고 있는 사건

113) 명본에는 이 판의 제목이 빠져 있다.

에 대해 본관은 지금까지의 서류를 인출시켜 살펴보고 다음과 같은 사실을 알았다. 유씨游氏는 남편 왕구汪球와의 사이에 여단如旦, 여규如珪, 여장如璋, 여송如松, 여옥如玉의 다섯 아들을 두었다. 남편 왕구가 죽고 장남 여단도 일찍 세상을 떠났는데 여단의 처 주씨周氏는 시어머니 유씨의 명과 남편 여단의 생전의 유촉을 받들어 여규의 아들 경안을 여단의 후사로 세웠나. 그 문서 내에 여러 아들이 모두 서명을 하고 있고 말자末子 여옥도 분명히 서명에 참여하고 있다. 또 관에서 제부除附를 경안에게 발급해주었다. 그런데 약 10여 년이 지난 가정 9년(1216)에 이르러 유씨가 말자 여옥의 말을 믿고 소장을 내어 여옥의 차남 요명을 여단의 후사로 세우기를 청원하였기 때문에 경안이 소송을 하게 된 것이다.

(이 사건에 대해) 전임관이었던 진봉의陳奉議[114]는 유씨가 이전에 관에 출두한 적이 없고 이제까지의 소장訴狀이 모두 친필이 아니며 요명을 세운 것도 필시 본인의 뜻이 아닌 것을 간파하였다. 그래서 주씨와 그 시어머니 유씨와의 원래의 분재문서分財文書[관약關約][115]대로 경안만을 여단의 후사루 세울 것을 명하였으니 공정히고 다당한 판결이라고 할 만하다. 그런데 왕여옥은 이 판결에 불복하여 9살 요명의 이름으로 사부에 재소하였다.

이제 유씨가 다시 요명을 후사로 세우라고 했다는 유촉을 조사해보니 (그런 말은 없고) 다만 경안이 병환이 있어 장래 여단의 제사를 지내지 못할까 걱정이라고 말하고 있을 뿐인데, 가정 9년(1216) 3월의 소장에서는 경안이 술과 도박에 빠져 생업을 돌보지 않는다고 말하고 있고, 또 가정 10년 7월의 소장에서는 경안이 흉악 불초하여 존장 앞에서 큰소리를 질렀다고 말하고 있다. (이런 것을 보면) 왕여옥은, 후사를 둘 세우자는 (자신의) 말을 따르지 않는 경안을 미워하여 (후사를 세우는 큰 문제

---

114) 진봉의陳奉議 : 봉의奉議는 문관기록관文官寄祿官인 봉의랑奉議郎. 조관朝官으로 정8품이다.

115) 관약關約 : 가산분할약정서를 말한다. 關書와 같다.

와는 무관한) 지엽말단적인 주장을 하며 경안을 법망에 빠트리려고 한 것이 아니겠는가?

유씨를 소환해서 취조해보니 후사로 요명을 세우기를 원한다고 공술하고 있다. 그러나 이미 연로하여 마음을 다스릴 수 없고 관에 출두할 때마다 늘 왕여옥이 뒤를 따라다니고 있다. 또 조사해보니 왕여옥에게도 다섯 명의 자식이 있는데, 가산분할 이후 가업은 줄어들기만 하고 늘어나지는 않으니 생각건대 (어머니 유씨와) 동거하고 있을 때 조석으로 모친에게 (자신의 차남 요명을 후사로 세워달라고) 울고불고 졸랐음이 틀림없다. 대개 어머니는 막내아들을 편애하기 마련이다. 더구나 막내아들인 여옥의 처자권속의 모습과 가난한 살림살이를 직접 눈으로 보았기 때문에 더욱 그러할 것이다. 결국 두 사람을 후사로 세우려는 모의를 들어주었지만 이것이 소송의 발단이 되리라는 것은 생각지도 못했던 것이다.

그러나 경안과 요명은 모두 유씨의 친손자이기 때문에 유씨가 사망한 장남 여단을 위해 두 사람을 후사로 세우기를 원한다면 관에서도 그 말을 따를 수밖에 없다. 그러나 경안이 여단의 후사로 명을 받았을 당시 유산으로서는 다만 생곡전生穀田 21석이 있었을 뿐이고 후에 생부 여규에게 돈을 빌어 여단이 생전에 전당잡히고 있었던 논 17석을 속회贖回하였다. 현재 유씨가 두 사람을 세우겠다는 뜻이 확고하여 철회할 수 없다면 경안이 원래 경작하고 있던 생곡전 21석은 요명과 균분하여 보유하도록 한다. 자기 돈으로 속회한 생곡전 17석은 균분의 대상으로 할 수 없다. 이렇게 하면 공론公論에 부합하고 소송도 끝맺을 수가 있을 것이다. 경안도 이후에는 조모 유씨에게 순종할 것이며 이 때문에 원망을 해서는 안 된다. 판결에 따르지 않으면 용서하지 않을 것이다. 이제 갖추어 사부에 상신하라. 각자는 집에 연금감독하고 지휘를 기다리도록 하라.

18. 남편이 사망해도 양자가 있으면 호절이라고 할 수 없다

夫亡而有養子不得謂之戶絶 : 葉憲[116)]

해설 : 이 판어判語는 현과 제형사提刑司(헌사憲司), 제거사提擧司 간에 문서의 왕복이 여러 차례 있었던 것을 보여준다. 내용을 요약하면 다음과 같다.

① 임지현林知縣은 정창丁昌의 양자는 제부除附되어 있지 않기 때문에 양자로 인정할 수 없다고 하나 제부라는 것은 본래 동종인同宗人을 양자로 들일 때 요구되는 수속이다. 빈사에 빠진 부모가 버린 영아의 호적을 제부하는 수속은 기대할 것이 아니다. 제부하지 않아도 관에서 검사하여 사실이라면 제부의 법에 따른다는 법령도 있기 때문에 수속을 밟지 않았다고 해서 양자의 자격이 상실되는 것은 아니다.

② 감씨甘氏가 접각부接脚夫를 들였기 때문에 전부前夫를 위해 양자를 길러서는 안 된다고 하는 것은 부당한 논리이다. 부인이 의지할 곳 없어 양자로써 전부의 후사로 삼고 자신은 후부後夫에 의탁하는 것은 상식에서 벗어난 것이 아니며 법률상으로도 이를 금지하는 조항은 없다.

③ 설사 양자의 자격이 상실되었다고 해도 접각부를 들인 부인에게는 재산을 보유하게 하는 법이 있다. 정창의 유산은 200여 관에 불과하기 때문에 이것을 몰수해서는 안 된다.

이상을 논거로 하여 토지는 감씨에게 돌려주고 주선朱先에게는 이미 납입한 돈을 수령하도록 출두할 것을 명하는 내용이다. 이 판어에서 주목되는 것은 제형사가 제거사의 판결을 번복하면서 제거사의 판결에 따라 사건을 처리한 지현을 질책하고 있다는 사실이다. 그것은 곧 제형사의 판결이 제거사의 판결보다 우위에 있다고 볼 수도 있겠지만 제형사와 제거사, 전운사, 안무사들 간의 판결의 등급 문제는 불분명하다. 판判 제28조(侵用已檢校財産論如擅支朝廷封樁物法)에는 전운사轉運司와 안무사安撫司에 이어서 제형사에 월소하는 경우가 보인다.

"감씨는 현재 접각부를 들여놓고 있지만 3세 이하의 아이를 양자로 들여놓았기 때문에 호절戶絶이 아닌 것은 명백하다. 현에 통첩하여 몰수한 재산을 감씨 모자에게 반환하고 제거사에 첩牒하여 조회照會하도록 하

---

116) 섭헌葉憲 : 제점형옥提點刑獄의 아명雅名이 헌사憲司이므로 성이 섭씨인 제점형옥일 것이다. 그렇다면 본문에서 말하는 본사本司는 제형사提刑司가 된다.

라."[117] 계속해서 영도현寧都縣[118]이 상신해온 연유에 의거하여 각하로부터 다음과 같은 판결을 받았다.

"영도현의 상신에 의거하면 정창은 생전에 3세 이하의 아이를 양자로 들였기 때문에 정창은 절호가 아니고 주선의 고소는 망언에 불과하다. 임지현은 이미 이를 명확히 알고 있으면서도 (감씨 모자가) 제부(호적변경)의 법을 준수하지 않은 이유로 논죄하려고 한다. 그러나 촌사람들이 제부가 무엇인지 어찌 알 것인가? 지금 자세히 살펴보니 임지현 또한 이 두 글자의 의미를 모르고 있다. 제부라고 하는 것은 어느 집에서 동종同宗의 자子를 양자로 삼는 경우 양호兩戶 모두 호적은 있지만 갑호甲戶에 자가 없어 을호乙戶의 자를 양자로 들일 때 을호의 자의 명적名籍을 떼어 갑호에 붙이기 때문에 제부라고 하는 것이다.[119]

저 후사侯四(감씨가 들여놓은 접각부)는 가난한 사람이기 때문에 반드시 호적이 있다고 할 수는 없을 것이다. 또한 3세 이하의 이성異姓의 아이를 양자로 들이는 경우 법은 명확하게 그 성을 따르는 것을 허가하고 있어 애초부터 내력을 묻지 않는 것이거늘 어찌 제부라는 것이 있을 수 있겠는가?[120] (후사가 아니라) 정창이 양자를 들인 것이기 때문에 마땅히 관에 보고하여 정식으로 호적에 등록했어야 한다고 이의를 제기할 수는 있을 것이다. 그러나 법에는 또 "제부를 하지 않았다고 해도 관에서 조사하여 확실하면 제부의 법에 따른다"라는 조문도 있다.

그런데 임지현은 이를 무시하고 곧 정창을 호절이라 하여 정창의 처

117) 이 인용문은 뒤에 나오는 섭헌葉憲의 지시일 것이다. 이것은 섭헌의 첫 번째 판어 또는 지시로 보아야 할 것이다. 누가 판어 또는 지시를 받는지는 명확하지 않은데 섭헌의 속료일 것이다.

118) 영도현寧都縣 : 강남서로공주江南西路贛州의 속현(현 강서성영도현江西省寧都縣).

119) 을호乙戶의 자子의 명적名籍을 떼어 갑호甲戶에 붙이기 때문에 제부除附라고 하는 것이다 : 則除乙戶子名籍, 而附之於甲戶, 所以謂之除附. 송본은 則除乙戶子名籍, 而附之於甲戶, 所謂之除附로 以가 없다. 명본이 명확하다.

120) 어찌 제부라는 것이 있을 수 있겠는가? : 何除附之有. 송본은 何除之有로 착오.

자의 재산을 몰수하여 박탈하였기 때문에 소송을 부추기는 무뢰배들에게 구실을 대어주었다. 이것은 아주 불합리한 처사이다. 또 전에 (임지현이) "감씨가 이미 접각부를 들였기 때문에 전 남편을 위해 아이를 양육해서는 안 된다"라고 하여 그 재산을 몰수하려고 한 것은 더욱 불합리한 처사이다. 부인이 의지할 곳이 없어 양자를 택하여 전 남편의 대를 잇고 자기 몸을 새 남편[후부後夫]에게 의탁하는 것은 역시 당연히 생각할 수 있는 일이며 법에도 이를 금지하는 명문은 전혀 없다. 비록 이 아이를 양자로 삼아서는 안 된다고 하더라도 감씨는 접각부를 들이고 있고 또 다음과 같이 '권급權給'(임시 지급)에 관한 법령도 있기 때문에 전부 몰수해서는 안 된다.

호령戶令에 의하면 "과부가 자손이 없거나 동거인 중에 분재分財의 권한을 가진 친척이 없어서 접각부를 들인 경우는 전부前夫의 전택田宅을 관에 등록한 후 임시 지급(권급)하는데 지급액은 5,000관을 넘을 수 없다. 부인이 후부의 집에 시집가거나 사망한 경우 비로소 호절법戶絶法에 따른다"고 되어 있다. 정창의 재산은 200여 관[121]에 불과하므로 감씨에게 주어야 한다는 것은 아주 명백한 사실이다.

주선은 무뢰배로서 님의 자식이 어리고 그 집안이 위급한 상황을 틈타 호절이라고 망소妄訴한 것인데 관에서는 다만 미미한 이익에 좋아라고 의리를 돌아보지도 않고 법령을 참조하지도 않고 한쪽말만 따라서 몰수해버렸으니 이는 '상하가 번갈아 이익을 뜯어가니 나라가 위태롭다'는[122] 말과 같은 상황이다.

본사(헌사憲司)의 판결은 이理와 법法에 근거한 것이고 또한 제거사의 판결[결절結絶] 후에 판결을 뒤집은 것이니 시행함에 있어 자연히 순서가

---

121) 200여 관: 명본 원문에는 300여 관이라고 되어 있다.

122) 상하가 번갈아 이익을 뜯어가니 나라가 위태롭다: 『孟子』 「梁惠王篇」에 "上下交征利而國危矣"라는 말이 있다. 본 판어에서 상하上下란 관官과 무뢰배無賴輩 주선朱先을 가리키고 있다.

있을 것이다. 본현에서는 본사의 최후 판결에 따르지 않고 멋대로 제거사의 판결 중의 부당한 이문移文을 망신妄申하였다.[123] (본현의) 담당자[승행인承行人][124]를 장형杖刑 80에 처한다. 다시 현에 통첩하여 정창의 재산은 한 푼도 남김없이 모두 법대로 감씨에게 환급하여 관리토록 하고 (감씨의) 수령증을 받아 상신하도록 한다. 주선은 함부로 고소를 했기 때문에 처벌해야 할 것이지만 사면에 의해 처벌을 면제한다. (주선이) 토지를 사기 위해 이미 납입한 돈 240관 남짓은 무슨 근거로 그랬는지 확실하지 않지만 관에서 함부로 수취하였다. 주선에게 고시하여 즉시 수령증을 갖고 와서 돌려받도록 하라. 이미 발급한 공거公據는 본현의 서리에게 책임지고 찾아오게 하여 말소시킨 다음 문건에 첨부하라. 또한 판결문을 감씨에게 주어 소지하도록 한다. 제거사와 본주本州에 첩하여 조회하도록 하라."[125]

123) 이것은 지방관으로서 문제가 된 월소越訴의 폐해를 논한 것인데, 판 제28조(侵用已檢校財產論如擅支 朝廷封椿物法)에 다음과 같이 보다 구체적인 상황이 참조된다. "참으로 억울한 것이 있다 해도 역시 각 관사官司의 처치가 완료되기를 기다려 비로소 순서대로 상소할 수 있는 것이거늘 (순서도 가리지 않고) 어찌 앞뒤로 두 달도 안 되는 사이에 여러 관사들에게 상소할 수 있는가?" 판 제28조에서는 지방에서 판결이 내리기도 전에 전운사, 제거사, 제형사 등으로 월소越訴하고 있는 모습이 보인다.

124) 승행인承行人 : 문서행정을 담당하는 하급관리.

125) 여기까지가 섭헌葉憲의 판어이다.

19. 아들이 재혼한 어머니를 따라 왔다가 본가로 돌아가다
子隨母嫁而歸宗 : 蔡久軒

제간提幹[126]의 초안은 이미 사정을 파악하고 있다. 옛날 범문정공范文正公[127]은 주씨朱氏 집안에 시집간 어머니를 따라와서 주씨로 성을 삼았는데 장성하여 본인의 가계를 알게 되자 울면서 떠났다. 그렇지만 종신토록 주씨의 은혜를 잊지 않았다. 선현先賢의 행동은 밝고 밝아 법으로 삼을만하다. 서상舒常은 후처 부씨傅氏가 데려온 아들을 받아들여 서씨로 성을 삼았다. 이것은 위법이긴 하지만 그러나 20년 가까이 장유 사이에 불화가 없었다는 것은 요즈음 세상에 보기 어려운 고인의 충후한 기풍을 보는 것 같다.

그러나 설룡손薛龍孫 등은 의부 서상이 사망한 후 본가로 돌아갔어야 했고 부씨로서도 마땅히 정도正道에 따라 돌려보냈어야 했다. 지금껏 틀어 앉아 돌아가지 않고 있으니 서씨의 족인도 편치 않은 것이다. 부인이 무엇을 알겠는가? 다만 데리고 온 자식이 성을 바꾸어 오랜 세월이 지난 것을 보고 장차 서씨의 재산을 나눠 가질 수 있을 것이며 또 설룡손이 연장자로서 가사를 장악하면 서씨의 친자는 오히려 공손히 명을 따를 것이라고 생각하는 것일까? 천하에 어찌 이런 도리가 있겠는가? 이것이 서희설舒希說 등이 고소를 하게 된 연유이다.

서상의 친자 서사의舒思義는 이미 장성한 어른이다. 그 소장을 보면 모친을 당연히 사랑해야 할 것을 알고 있고 서희설 등이 집안을 시끄럽게 만들고 있다고도 말하고 있으니 그는 견식이 있는 인물이며 설룡손이

---

126) 제간提幹 : 제형사提刑司의 속관인 제점형옥사간변공사提點刑獄司幹辨公事의 약칭.
127) 범문정공范文正公 : 범중엄范仲淹의 시호. 『宋史』 권314에 전기가 있다.

그를 대신해 가사家事를 처리하기를[128] 기다릴 필요는 전혀 없는 것이다.

설룡손과 설룡제薛龍弟는 각자 돌아가 설씨의 제사를 받들고 다시 서씨를 성으로 삼지 말 것이며 서씨 집안의 일에 간여하지 말 것을 명한다. 부씨 또한 지공무사의 마음으로 세 아들을 양육하는 것만을 생각할 것이며 다시 설룡손 등을 부추겨서는 안 된다. 설씨의 두 아들이 각자 본래의 성으로 돌아가면 서희설과 풍경양馮景揚의 소송도 당연히 끝을 맺을 것이다. 만약 다시 계속 시끄럽게 한다면 고아나 과부에게 사기를 친 죄로 처벌할 것이다. 풍경양은 사위의 몸으로서 조정은 하지 못하고 아내의 말을 따라 어머니를 고소하였다. 이것은 대개 이익을 노리고 한 짓이다. 어찌 참으로 서씨를 위하는 마음이 있었겠는가?

(제간提幹과 달리) 첨청의 원안은 재산을 삼등분해서 배분하자는 것인데 이것은 법의 취지가 무엇인지 모르고 하는 말이다. 다시 (입안하여) 상정上呈하라.[129] 각자는 판결에 따르겠다는 서약서[준종장遵從狀]를 받은 후 모두 석방한다.

곧 첨청관이 입안하여 다시 상정하였다. 이에 대해 장관(제형사提刑使)으로부터 다음과 같은 판결을 받았다. "다만 표발標撥의 법에 따르라."

20. 타인의 후사가 되었으나 불초하여 관에서 명령하여 본가로 돌려보내다

出繼不肖官勒歸宗 : 翁浩堂

노공달盧公達은 시랑侍郎의 후손인데 불행히도 아들이 없어 결국 동족

128) 그를 대신해 가사家事를 처리하기를 : 代之幹蠱. 『周易』「蠱」에 '幹父之蠱', '幹母之蠱'라는 말이 보이는데 부모의 일을 계승하여 잘 처리한다는 뜻이다. 여기서 고蠱는 일事을 뜻하는데, 일설에는 원래 고는 독충이므로 부모의 결점이나 잘못을 잘 바로잡는다는 뜻이라고도 한다.

129) 다시 (입안하여) 상정上呈하라 : 別呈. 정呈은 하급기관이 상급기관에게 보내는 공문.

중에서 노군용盧君用의 아들 응신應申을 아들로 삼았다. 그런데 또 불행하게도 (노응신이) 불초하여 시랑의 권세를 빌려 마을에서 일을 저질렀다. 양부에 등을 돌리고 생부를 좇아 장물을 은닉하는가 하면 물건을 훔치기도 하였다. 그리하여 본주에서는 노응신을 척장脊杖과 함께 무주撫州로 편관編管하라는 판결을 내렸다. 이러고도 노응신이 시랑의 후손이 되어 제사를 받들 수 있겠는가? 시랑의 후손이 될 수가 없는데도 여전히 노공달의 아들이라고 부를 수 있겠는가?

아버지가 자식을 낳는 것은 살아서 자신을 봉양할 수 있고 죽어서 자신을 장례지낼 수 있기 위해서이다. 지금 노응신을 심문해보니 의부 공달과 별거하면서 식사도 따로 했다고 하니 이것은 생존 중 봉양의 의무를 다하지 못한 것이다. 공달의 사후에 의자 진일선陳日宣이 (응신을) 현에 고소하였는데 응신이 돈을 내어 장례를 치르려고 하지 않는다는 것이다. 살아서 봉양하지 못하고 죽어서 장례도 치르려고 하지 않으니 부자의 도리가 이럴 수는 없다. 이렇게 되어서는 인륜과 천리가 사라진 것이나 다름없다.

지금 노응신과 진일선이 각자 제출한 노공달 생전의 유촉 즉 노응신이 죄를 범하기 전의 유촉과 금년 6, 7월의 유촉 및 판시는 내용이 서로 어긋난다. 이 유촉은 노공달이 죽을 때가 임박해서 남긴 난명亂命(이치에 맞지 않는 유언)이기 때문에 신빙할 수 없다. 이제 다만 대의에 따라 판단하면 응신은 이미 생부 군용과 함께 형刑을 받았기 때문에 결코 (그가 시랑의 후손이 되어) 사대부의 의관을 욕되게 해서는 안 된다. 더구나 살아서 공달을 봉양하지 못하고 죽어서 장례도 치르지 않았으니 참으로 자식이라고 부르기도 어려운 터이다. 노응신을 압송하여 본가로 돌려보내어 (본래대로) 노군용의 아들로 삼는다. 공달의 산부産簿130)는 당청에

130) 산부産簿 : 梅原郁은 뒤에 나오는 嘉熙 4년 산부일선産簿一扇과 같은 오등정산부五等丁産簿라고 추정한다. 북송 중엽부터 주호主戶 정남丁男의 재산을 5등급으로 나누어 직역職役을 부과하고 세금을 징수하게 되었는데 3년에 한 번 갱신된다. 梅原郁, 76면,주4 참조

서 방장房長 노경유盧景愈 등에게 급부하고 공정하게 본가에서 소목이 맞는 이를 택하여 공달의 후사로 삼도록 한다. 그리고 관의 감독 하에 시랑의 고칙誥勅을 찾아내어 이를 후사에게 주어 관리하도록 한다. 응신이 마음대로 팔아버린 토지와 써버린 돈 등은 모두 추궁을 면제한다. 진일선은 본래 외성인外姓人이며 그 모친이 공달에게 시집올 때 데리고 온 자식이다. 공달 소유의 모든 가산에 대해 일선이 끼어들어 소송을 일으켜서는 안 된다. (이 판결을) 주와 제거사에 상신하여 조회받도록 하라.

21. 의관의 후예가 자식을 비류[131]에게 팔았으나 본가로 돌려보내 방장[132]이 책임지고 수양하게 하다

衣冠之後賣子於非類歸宗後責房長收養：翁浩堂

부자란 인륜의 대본大本이다. 부친이 늙었는데 자식이 섬길 수 없다면 그 죄는 자식에게 있고 자식이 어린데 부가 양육할 수 없다면 그 책임은 부친에게 있다. 유정劉理은 형주지군衡州知郡의 후손으로 아들 원로元老가 있는데 어린 아들을 보살피지 않고 향민 정칠鄭七에게 팔아버렸다. 의관의 신분을 버리고 논밭 일을 하게 된 것은 가련한 일이지만 그래도 내가(유정) 한 때 가난했기 때문이라고 변명할 수 있을 것이다. 그런데 얼마 지나지 않아 원로는 정칠의 집에 안주하지 못하고 도망쳐 생부에게 돌아왔다. 유정은 마땅히 천리天理로 돌아가 스스로 자식을 보살펴야 했을 것인데 다시 원로를 정십을程十乙에게 팔았으니 도대체 그는 무슨 생각을 하고 있는 것인가? 인륜을 해치고 천리를 멸함이 너무 심하지 않은가!

지금 정칠은 원로가 떠난 지 이미 3년이 지났는데 원로를 되찾으려고 고소했다. 이것은 결코 천리로 돌아가는 도리가 아니다. 원로는 사대부

131) 비류非類 : 사대부에서 보아 동류同類가 아닌 것을 말한다.
132) 방장房長 : 방房은 같은 종족宗族의 한 지파.

의 후예이고 정칠은 농사꾼이다. (옛말처럼) "우리와 같은 족류族類가 아니니 그 마음도 필시 다를 것"[133]이고 다시 확인할 필요도 없을 것이다.

유정은 두 번이나 원로를 팔아 넘겼으니 아버지라고 하지만 아버지로서의 자격이 없다. 장형에 처해야 할 것이지만 은음恩蔭에 따라 소장小杖 20에 처한다. 원로는 통첩하여 족장 유만이선교劉萬二宣教 댁으로 데리고 가 기두이 양육하도록 한다. 이 아이를 보면 모습도 간교하고 습성도 비틀어져 있으니 만이선교에게 엄격히 단속해주기를 청하라. 그렇게 하면 타락하여 의관의 명예를 더럽히는 것을 막을 수 있을 터이니 역시 아름다운 일이 될 것이다.

分析

22. 사위가 처가의 재산을 반분해서는 안 된다[134]

女婿不應中分妻家財產 : 劉後村

법에 의하면 "부모가 사망하여 자녀가 재산을 분할할 때 여자는 남자의 반분을 취득해야 한다"라고 되어 있다. 유복자의 경우도 남자는 남자이기 때문에 주병周丙이 사망한 후 재산은 삼분해서 유복자는 이분을 세을랑細乙娘은 일분을 가져야 할 것이다. 이렇게 분할해야 법의에 맞을 것이다.

이응룡李應龍은 남의 사위가 되어 처가에 고아가 있는데도 법령도 돌

133) 우리와 같은 족류族類가 아니니 그 마음도 필시 다를 것 : 원문 "非我族類, 其心必異"는『左傳』成公 4年 條에 보인다. 노성공魯成公이 초楚와 손잡고 진晉을 배반하려고 하자, 계문자季文子가 사일史佚의 말을 인용하여 초나라는 우리와 동성同姓이 아니어서 우리를 좋아하지 않을 것이고 따라서 같이 손잡을 수 없다고 말렸다고 한다(史佚之志有之, 曰非我族類其心必異. 楚雖大. 非吾族也, 其肯字我乎. 公乃止).

134)『劉後村先生大全集』권193, '鄱陽縣同尉檢校周丙家財產事'와 같은 판어이다.

아보지 않고 고아도 돌보지도 않고 제멋대로 장인의 기름진 땅을 자기의 친족에게 주고는 장인, 장모가 나눠준 것이라고 하니 천하에 어찌 사위가 처가의 재산을 반분하는 도리가 있는가? 현위가 인용한 장괴애張乖崖가[135] 재산을 삼분해서 사위에게 주었다는 고사는 즉 현행법에 여자는 남자의 반분을 취득해야 한다고 규정한 것과 같은 뜻이다.

통첩하여 동위東尉[136]에게 위임시켜 주병 명의의 일건의 전원田園의 증서와 동산 목록을 정리하여 기름진 땅과 메마른 땅, 좋은 것과 나쁜 것을 골고루 섞어 삼등분하여 재산을 분할 받을 사람들을 소환해 당청에서 추첨하도록 하라. 첨청은 우선 이응룡의 위법증서 한 통을 찾아내어 말소하여 문건에 첨부하라.

23. 모친 생전에 친생자와 양자에게 재산을 분할해서는 안 된다
母在不應以親生子與抱養子析産

진문경陳文卿과 처 오씨吳氏[137]는 앞서 진후陳厚를 양자로 삼았었는데 후에 두 아들을 낳았다. 진겸陳謙과 진인陳寅이 그들이다. 오씨吳氏 부부가

135) 장괴애張乖崖 : 북송의 유명한 정치가 장영張詠(946~1015)을 가리킨다. 『宋史』 권293의 전기에 다음과 같은 이야기가 실려 있다. 어느 백성이 자형姊兄과 가산분할을 놓고 소송을 하고 있었다. 사위는 장인이 임종할 때 이 아이는 겨우 세 살이었기 때문에 "유산을 관할하라"고 명을 받았고 또 유서에서도 "후일 10분의 3을 이 아이에게 주고 나머지 7분은 사위에게 준다"라고 되어 있다고 말했다. 장영이 보고 술을 꺼내 땅에 뿌리며 말했다. "너의 장인은 참 지혜로운 사람이다. 아들이 어려서 너에게 부탁했지만 만약 7분을 아이에게 주라고 했다면 아이는 네 손에 죽었을 것이다." 장영은 급히 명하여 7분은 아들에게 3분은 사위에게 주라고 했다. 사람들이 모두 그 명석한 판단에 감복했다. 이 판결은 『棠陰比事』 「司空省書」에 전한前漢의 태수太守 하무何武의 재판과 나란히 실려 있다. 역시 장괴애의 또 하나의 판결이 『棠陰比事』 「乖崖察額」에 실려 있다.

136) 동위東尉 : 현은 크기에 따라서는 현위가 둘이나 셋이 두어지기도 하는데 관할 구역에 따라 동위東尉, 서위西尉라 한 것이다.

137) 진문경陳文卿과 처 오씨吳氏 : 송본 원문에는 '陳文卿吳氏'로 되어 있고 명본에는 '陳文卿妻吳氏'로 되어 있다.

만약 현명했더라면 친자가 생긴 후에도 (양자인 진후陳厚를) 똑같이 보살펴주었을 것이고 그랬다면 세 사람이 화목하게 지낼 수 있었을 것이다. 그런데 오씨 부부는 이유도 없이 재산을 삼분하였다. (그리고 세 아들에게 나누어주었다.) 남편 진문경이 사망한 후 처 오씨는 아직 분할하지 않았던 재산도 다시 분할하였다. 진후가 자신의 재산을 팔아버린 것은 물론 옳은 일은 아니었다. 그러나 오씨가 처음부터 사심이 없었다면 재산을 분할하지 않았을 것이고 그랬다면 지금도 한솥밥을 먹고 있을 것이다. 모친이 재산을 모두 관할했다면 진후가 재산을 내다 팔려고 해도 할 수가 없었을 것이다.

진겸과 진인은 모친을 이용하여 형을 벌하려고 했고 진후가 모친을 구타하였다고까지 말했다. 소장에서는 10월 29일 소장을 내어 판결을 받았다고 하고 있지만 이것은 단지 진겸과 진인이 관인이 찍혀 있는 백지白紙를 구입해서 소장 원본에 첨부한 것에 불과하다. 그렇지 않다면 29일의 소장 명부에 어찌 오씨의 이름만 없을 수 있겠는가? 법에 "부모 생전에는 호적을 나누고 재산을 분할하는 것을 불허한다"[138]고 한 것은 바로 (형제 사이에) 빈부의 차이 없이 효제孝悌의 마음을 키우기 위한 것이다. 이제 보니 오씨 모자가 법을 어기고 가산을 분할하여 신후에게 준 것은 그를 내쫓아 가난하게 만들려고 한 짓이다. 옛날 (춘추시대의) 강씨姜氏는 (장남) 장공莊公을 미워하고 (차남) 숙단叔段을 편애했다.[139] 이를 두고 여동래呂東萊[140]는 "애오愛惡(사랑과 미움) 두 글자[141]가 사건의 원인이다"

138) 『宋刑統』 권12 「戶婚」, "諸祖父母父母在, 而子孫別籍異財者, 徒三年." 『吏學指南』 「戶婚」 「別籍異財」: 祖父母父母在堂, 而子孫另居營業者.

139) 옛날 강씨姜氏는 (장남) 장공莊公을 미워하고 (차남) 숙단叔段을 편애했다: 춘추시대의 고사이다. 『左傳』 隱公 元年에 다음과 같은 기사가 있다. 처음 정무공鄭武公이 신申에서 처를 맞이했는데 이것이 무강武姜이다. 무강은 장공과 공숙단共叔段을 낳았는데 장공은 눈을 뜨고 태어나서 강씨를 놀라게 했다. 그래서 오생寤生이라고 불렀는데 강씨는 장공을 미워하고 공숙단을 편애했다.

140) 여동래呂東萊: 동래東萊는 남송의 저명한 학자 여조겸呂祖謙(1137~1181)의 호. 절강성浙江省 금화현金華縣 출신이다. 많은 장서를 소장한 북송 이래의 명문가에서 태어나

라고 말하였는데 지금 오씨의 애오도 바로 이와 다를 바 없다. 다행히 오씨 모자가 진후의 고소에 의해 궤호詭戶[142]를 거두었기 때문에[143] 조금씩 화해를 하려고 하고 있다. 이는 본관이 매우 바라는 바이다.

진후를 소환하여 당청에서 먼저 모친에게 사과시키고 또 진겸, 진인을 형 진후에게 사과시키도록 한다. 향사鄕司[144]를 소환해 진후, 진겸, 진인의 3호戶는 제외하고 그 외의 범종정范從政, 진몽룡陳夢龍, 진씨아陳氏兒, 진감陳堪의 호적 하의 황경黃庚, 삼저三姐, 진문경陳文卿 등 5호의 재산은 모두 진문경 1호에 귀속시켜 오씨에게 관리시키고 동거해서 한솥밥을 먹으면 모자형제 간의 사이가 옛날처럼 화목해질 것이다. 후에 오씨가 사망하면 법령에 따라 다만 진문경 1호만을 삼자三子에게 분여分與하면 되는데 진후는 진겸, 진인 양호兩戶의 재산을 다시 분배 받을 수는 없다. 왜냐하면 이미 재산을 분할하여 1호를 등록한 뒤 자신이 전부 팔아버렸기 때문이다. 법의 취지로 말한다면 진겸, 진인 양호도 합쳐야 하겠지만 진후는 이미 자신이 받은 재산을 팔아버렸다. 만일 재산을 합친다면 진후가 이중으로 재산을 분배받게 되는 잘못을 저지르게 된다. 그렇게 된다

풍부한 학식을 쌓았다. 1163년의 진사출신이다. 태학박사太學博士, 국사원편수관國史院編修官, 실록원검토관實錄院檢討官 등 학문과 관계 깊은 관직을 역임했다. 『皇朝文鑑』을 편찬했으며 이 외에 본문의 출전이 되기도 하는 『左氏傳續說』 등을 저술했고 특히 친우 주자朱子와 함께 『近思錄』을 같이 지은 것으로 유명하다. 『宋史』 권434에 전기가 있다.

141) 애오愛惡(사랑과 미움) 두 글자 : 명본은 愛惡二子, 송본은 愛惡二字로, 명본은 착오이다. 원문의 출전은 呂東萊, 『左氏傳續說』 권1 「鄭伯克段」에 보인다. "愛惡兩字, 便是事之因由. 大率人所以致骨肉之不睦者, 多緣此兩字, 婦人常情, 每每如此."

142) 궤호詭戶 : 궤호란 궤명협호詭名挾戶, 궤명입호詭名立戶의 약칭인데 가공의 명의로 호적을 만들어 세금이나 부역을 탈루하거나 기피하는 것을 말한다. 『淸明集』 권4, 제4조 참조.

143) 오씨吳氏 모자가 진후陳厚의 고소에 의해 궤호를 (오씨의 가家에) 거두었기 때문에 : 吳氏母子因 陳厚論收詭戶. 구체적인 설명이 없어 어떤 상황인지 알 수 없다.

144) 향사鄕司 : 향鄕 단위로 설치된 호적이나 세역장부稅役帳簿 등을 취급하는 역인. 본래는 이정里正이나 호장戶長의 밑에 있고 3, 4등호等戶의 농민이 윤번輪番으로 역役을 졌는데 서리와의 교섭도 많아 점차 전업화하여 향내에서 권위를 가지게 되어 향사라고 불리게 되었다. 梅原郁, 83면, 주6 참조.

면 법을 왜곡하고 인정에 따르게 되는 셈이다.

이에 증서를 발급하여 진겸과 진인에게 증거로 삼게 한다. 진후가 처자와 함께 돌아와 마음을 고쳐 모친을 섬기고 도타운 정으로 동생들과 잘 지내어 이후로는 싸우거나 업신여기는 일이 사라지고 마을의 인정이 두터워지기를 본관은 특히 바라는 바이다. 상신하라.

檢校

24. 어린 과부의 재산을 검교하다[145)]

檢校嫠幼財產 : 吳雨巖[146)]

방천록方天祿은 아들 없이 죽고 처는 겨우 18세로 과부가 되었다. 반드시 수절을 할 수는 없지만 하루를 머물러 있으면 하루 동안 남편의 재산을 상속할 수가 있지만 아침에 개가하면 저녁에 곧 의절이 되어버리는 것이다.

처가 남편의 재산을 갖는다고 하더라도 왕사성王思誠이 간여할 수 있는 것은 아니다. 물론 후사는 세워야 하겠지만 남편이 사망하면 처의 뜻에 따르는 법이다. 방천복方天福의 아들은 형제가 없기 때문에 (방천록의 후사로) 세울 수가 없다. 만약 방천복의 아들을 후사로 세우면 방천록의 재산은 방천복에게 귀속되므로 후사가 단절되는 것과 같다.

우선 왕사성에게 간여하지 않겠다는 서약을 받고 위반하면 '불응위不應爲의 죄'[147)]에 따라 장죄杖罪로 처단한다. 또한 방천복을 현에 압송하고

---

145) 검교檢校 : 검교에 대해서는 판 제9조의 주를 참조.

146) 오우암吳雨巖 : 吳勢卿. 우암雨巖은 호. 복건福建 건안建安 출신. 淳祐 원년(1241)의 진사이다. 강동제점형옥江東提點刑獄을 지냈고 절서전운부사浙西轉運副使로 치사致仕했다.

147) 불응위不應爲의 죄 : 불응위不應爲란 법률에는 죄명이 없으나 도리로서 해서는 안 될

족장을 소환하여 공정하게 방천록의 재산을 이등분한다. 방천록에게 귀속되어야 할 것은 관에서 장적帳籍에 올려놓는다. 그리고 동족 중에 소목이 맞는 자를 택하여 방천록의 후사로 세운다. 처가 있으면 본래는 재산을 검교할 필요가 없지만 사정에 따라 임시로 조치할 수도 있다. 18세의 청상과부에게 이미 굳은 의지가 없고 게다가 왕사성이 옆에서 침을 흘리고 있으므로 검교하지 않을 수 없다. 본현은 신중하게 판결하고 처리한 후 상신하기 바란다.

25. 이미 검교한 재산을 침용한 경우는 "조정의 봉장물을 함부로 지출한 죄"148)로 처벌한다

侵用已檢校財産論如擅支朝廷封樁物法：胡石壁

해설 : 지방행정에 있어서 지방의 장관(지현知縣)으로서는 골칫거리였던 월소越訴(본문에 나오는 월옥越獄)를 다룬 사건이다. 여기서는 지방관에게 있어서 행정에 해악을 끼치는 소송꾼으로 간주된 증원수曾元收라는 이가 지방관의 원래의 판결에 불복하여 전운사轉運司, 안무사安撫使, 제형사提刑司 등 상급관청에 상소하고 있는 모습이 보인다. 사건은 제형사로부터 다시 지방관에게 되돌아온 것 같고 지방관은 이에 대해 원래의 판결대로 사건을 처리하고 있다.

호상湖湘의 백성은 본래 소송을 좋아해서149) 소양현邵陽縣150)이 변두리의 누추한 지방이라 해도 소송을 교사敎唆하는 기풍151)이 대단하다. 그러

일을 하는 것을 말한다. "不應得爲而爲之者, 笞四十[謂律令無條, 理不可爲者], 事理重者, 杖八十"(『宋刑統』 권27 「雜律」).

148) 조정의 봉장물封樁物을 함부로 지출한 죄 : 『慶元條法事類』 권30 「財用門」 「上供」에 인용된 구고칙廐庫勅에 "諸擅支借封樁錢物徒二年"에 따르면 도 2년의 죄로 처벌된다. 봉장封樁은 연말에 잉여의 재정을 봉하여 두고 필요할 때 쓰도록 준비해둔 제도이다. 송 태조 建隆 3년에 중앙에서부터 실시되어 지방으로 확산되었다. 후에는 매달 봉장을 하게도 되었다. 봉장에 관한 법령에 대해서는 『慶元條法事類』 권31 「財用門」에 모아져 있다.

149) 본래 소송을 좋아해서 : 송본 원문에는 '素多好訟'인데 명본에는 '率多好訟'으로 되어 있다.

150) 소양현邵陽縣 : 형호남로荊湖南路 소주邵州의 속현(현 호남성 소양시邵陽市).

나 본관이 부임한 이래 매사 이치로 깨우치고 법으로 처단했기 때문에 본래 사납고 시끄럽기로 이름난 자들도 모두 굴복하고 물러나 다시 소송을 하지 않았다. 그런데 이리같이 사나운 증사진曾仕珍 부자만은 전혀 거리낌 없이 법을 무시하고 도의에 어긋나는 짓을 하고 있다.

그들은 본부本府[152]에서 판결을 내리기도 전에 느닷없이 전운사[조사漕司]에 상소하고 전운사가 사건기록을 찾기도 전에 다시 안무사[수사帥司]에 상소하고 안무사가 지시를 내리려고 하자 다시 제형사[헌사憲司]에 상소하고 있다. 참으로 억울한 것이 있다 해도 역시 각 관사官司의 처치가 완료되기를 기다려 비로소 순서대로 상소할 수 있는 것이거늘 어찌 앞뒤로 두 달도 안 되는 사이에 여러 관사에 상소할 수 있는가? 더구나 본부의 판결은 추호도 사심이나 주관을 용납한 적이 없으며 모두 법에 의거하고 있는 것인데도 말이다. 그리고 이렇게 순서를 무시하고 상소한 (월옥의) 죄를 관대하게 용서하고 다시 추궁하지 않은 것도 본부로서는 최대한 봐준 것이다. 그런데도 소인들은 대개 잘못을 모르고[153] 소송에 능한 것만 믿고 일이 있을 때마다 늘 이기기만을 바라며 멈출 줄 모른다. 여러 관사에 상소한다 하더라도 차라리 본부의 판결이 부당하다고 말하면 오히려 나을 것이다. 그런데 처음부터 "부친을 옥사獄死[154]시켰다"는

151) 소송을 교사敎唆하는 기풍 : 珥筆之風. 송대 강서江西 지방은 소송이 많은 지역으로 유명했다. 황정견黃庭堅의 「江西道院賦序」에 "江西之俗, 士大夫多秀而文, 其細民險而健以終訟爲能. 由是玉石俱焚, 名曰珥筆 之民, 雖有辯者不能免解也"(『(光緖)江西通志』, 권67) '珥筆之民'이라는 말이 보이며, 주밀周密의 『癸辛雜識』에는 '簪筆之譏'라는 말도 보인다. "江西人好訟, 是以有簪筆之譏, 往往有開訟學以敎人者, 如金科之法, 出甲乙對答及譁訐之語, 蓋專門於此, 從之者常數百人, 此亦可怪. 又聞括之松楊, 有所謂業嘴社者, 亦專以辯捷給利口爲能, 如昔日張槐應, 亦社中之琤琤者焉"(『癸辛雜識』「續集」卷上, 「訟學業嘴社」).

152) 본부本府 : 소양현이 속해 있던 형호남로 소주를 가리키는가? 혹은 호석벽胡石壁이 지평강부겸절서제점형옥知平江府兼浙西提點刑獄으로 있던 양절로평강부兩浙路平江府를 가리키는가? 정확히 알 수 없으나 제형사에 상신하라는 것으로 보아 이 판어가 호석벽이 지평강부겸절서제점형옥 시절에 쓴 것은 아닌 것 같다(판 제3조의 주 참조).

153) 소인들은 대개 잘못을 모르고 : 명본에는 '小人略不知伏'으로 되어 있는데, 송본 원문은 '小人略不知辜'로 되어 있다. 송본에 따른다.

154) 옥사獄死 : 원문은 禁死, 미결수가 옥중에서 죽는 것을 말한다.

말만 계속 주장하고 있다. 감옥에는 옥관獄官도 있고 옥리獄吏도 있고 또 같이 수감된 사람도 있으니 만일 비명에 죽었다면 열 눈이 보고 있고 열 손이 가리키고 있는데[155] 어찌 속일 수 있겠는가? 더구나 (부친이 감옥에서) 도망친 후에 친척이나 동네사람들이 보아주기도 하고 숨겨주기도 한 사실은 기록을 조사해보면 알 수 있고 사람을 불러서 물어볼 수도 있으니 또 무엇을 속일 수 있겠는가? 그런데도 증원수[156]는 감히 함부로 이런 말을 지어내어 상관[대곤臺閫][157]을 속이고 주군州郡을 무고하고 있다. 이 한 가지만 보아도 그가 평소에 동네사람들이나 조카딸이 말하는 바와 같이 죄악을 저질렀음을 명확하게 알 수 있을 것이다.

이 일은 이미 헌대憲臺[158]에 계류 중인 이상 본부로서는 마땅히 불문에 부쳐야 할 것이다. (그러나 그럴 수는 없다.) 조칙에 의하면 "이미 검교한 재산을 함부로 쓴 경우는 조정에서 봉장封樁한 재산을 함부로 지출한 법에 따라 도이년徒二年[159]에 처한다"라고 규정하고 있고 율律에 의하면 "허위로 관문서官文書를 작성하거나 증감하는 경우는 장 1백에 처한다"고[160] 규정하고 있다.

이제 증원수는 이미 검교한 전錢 600여 관과 은잔 20개를 함부로 지출하고 또 주계朱契(관인계약서)[161] 6통을 고의로 고쳤다. 증원수는 법을 어

---

155) 열 눈이 보고 있고 열 손이 가리키고 있는데 : 十目所視十手所指. 출전은 『大學』「傳6章」, "曾氏曰, 十目所視, 十手所指, 其嚴乎".

156) 증원수曾元收 : 명본에는 曾元牧으로 되어 있다.

157) 대곤臺閫 : 본문 중의 주군州郡과 대조를 이루는데 주군 위의 상급관청을 말하는 것으로 서두에 나오는 전운사, 안무사, 제형사를 지칭하는 것 같다.

158) 헌대憲臺 : 앞의 서두에 나오는 전운사, 안무사, 제형사 중의 마지막 제형사를 가리킬 것이다.

159) 도徒 2년 : 명본에는 三年으로 되어 있는데 앞서 인용한 법에 따르면 송본의 2년이 옳다.

160) 『宋刑統』 권25 「詐僞」, "諸詐僞官文書, 及增減者杖一百."

161) 관인계약서 : 朱契. 재산을 매매하거나 전매할 때 그 계약서를 관에 제출하여 관인을 찍게 되는데 이때 붉은 색의 도장을 찍기 때문에 관에서 공인한 계약서를 주계朱契 또는 홍계紅契, 적계赤契라고 한다. (仁井田陞, 『唐宋法律文書の硏究』, 95면) 또한 관인을 찍은 것이기 때문에 인계印契라고도 표현한다.

떻게 보고 이런 짓을 하는 것인가? 만일 법에 따라 증원수를 처단하지 않는다면 이 사실을 듣는 사람들은 이제 본부도 그의 손에 장악되어 감히 그 죄를 따지지 못한다고 생각할 것이고, 이후 간민姦民들이 모두 이를 따라 할 것이다.[162] 어찌 법으로[163] 규탄하여 바로잡지 않을 수 있겠는가?

"두 가지 죄가 동시에 발각된 경우에는 무거운 쪽으로 논죄하는"[164] 법이니 증원수를 척장脊杖 15에 처한다. 증사수曾士殊의 지분 중 반은 법에 따라 증이고曾二姑에 주어야 할 것인데 지금 첨청이나 추관推官의 원안이 삼분의 일만 급부하라고 한 것은 법령과 크게 어긋나는 것이다. 대사사大使司[165]의 공문을 보면 "소송을 일으킨 것은 시집간 이후의 일이지만 호절戶絶이 된 것은 시집가기 전의 일이다"라고 명언明言하고 있고 그렇다면 마땅히 "미혼의 여식은 아들이 아버지의 재산을 상속하는 법에 따른다"는 법령을 적용하여 반분을 급부해야 할 것이니 다시 또 무슨 말이 필요하겠는가? 나머지 반분은 본래 몰관沒官해야 할 것이나 본관은 꼭 그렇게 처리하고 싶지는 않다. 왜냐하면 마치 내게 이득이 있어서 그렇게 하는 것 같기 때문이다. 그래서 증사진曾什珍, 증사량曾仕亮 두 사람에게 균분均分하는 것을 허락하는 외에 증사수 일가가 매입한 재산[166]은 모두 증이고에게 주기로 한다. 3일 내에 대정對定[167]하고, 이미 내린 판결에 따라 전인專人[168]은 심문담당자와 소송당사자를 사건기록과 함께 제형사로 압송하라.

---

162) 모두 이를 따라 할 것이다: 是則是傚. 『詩經』「小雅」「鹿鳴」, "視民不恌, 君子是則是傚."

163) 법法: 원문은 柱後惠文. 『漢書』 권76 「張敞傳」에 다음과 같은 기사를 보면 주후혜문柱後惠文은 원래 진秦의 옥법리獄法吏가 쓰던 관冠인데 여기서 법이라는 뜻이 파생한 것이다. (張敞)戒吏自問武 武應曰, 駁點馬者利其銜策, 梁國大都, 吏民凋敝, 且當以柱後惠文彈治之耳. 秦時獄法吏冠柱後惠文, 武意欲以刑法治梁.

164) "두 가지 죄가 동시에 발각된 경우에는 무거운 쪽으로 논죄하는": 『宋刑統』 권6 「名例」 45條, "諸二罪以上俱發, 以重者論."

165) 대사사大使司: 『宋會要輯稿』 「職官40-5」, 紹興 3년 9월 15일 조에 "詔江南西路安撫大使趙鼎, 充江南西路安撫制 置大使"라는 기사가 보인다. 그렇다면 안무사의 별칭인가?

166) 증사수曾仕殊 일가가 매입한 재산: 仕殊私房置到物業. 치置는 부동산 또는 비교적 고가高價의 내구성이 있는 물건을 사는 것을 가리킨다.

167) 대정對定: 관의 면전에서 공술시켜 확인하는 것. 판어 제9조(繼絶子孫止得財産四分之一)의 주 참조.

26. 검교한 문통판의 재산을 조카의 음모로 빼앗기다
檢校聞通判財産爲其姪謀奪

문통판聞通判이 평생 청빈하게 꿋꿋이 살아온 것은 향리사람들이 다 아는 바이다. 이제 불행히도 재임 중에 사망하고 집안에 다만 부인과 손자 하나가 남아 있을 뿐인데 근심하는 미망인과 어린 아이의 모습이 외롭고 처연하여 길 가던 사람도 차마 보지 못할 정도이다. 하물며 형제나 조카같이 지극한 사랑과 애정을 품어야 할 사람은 더욱 그렇지 않겠는가. 마땅히 부지하고 보호하여 죽은 자의 마음을 달래주는 것이 천하의 대의일 것이다. 그런데 (이 조카는) 문통판이 죽은 것을 요행으로 삼아 그가 남긴 금품을 노려보며[169] 오직 음모를 꾸며 빨리 빼앗으려고 안달하고 있다. 원래 가산도 미미한데 남은 봉급마저 통째로 늑대의 입에 들어가버리면 죽은 자는 어떻게 묻고 산 자는 어떻게 살란 말인가? 현재 잃어버린 한 상자는 관원을 시켜 조사하게 하라. 만일 외적이 침입한 일이 없다면 집안의 사람이 한 짓이 틀림없다. "겨를 핥다가 쌀까지 먹어치운다"[170]는 말도 있거니와 이것은 필연지세라 빨리 대처하지 않으면 화禍가 들판에 불이 붙듯 번질 것이다.

이제 관찰추관觀察推官에 명하여 친히 계지현季知縣, 왕종교王宗敎,[171] 반

---

168) 전인專人 : "牒州專人, 追解赴司"와 같은 용례가 있다. 특정한 임무를 띠고 상부에서 파견되는 사람으로 생각되는데 지방의 행정에 최대의 피해를 준 존재로 송대의 관잠서官箴書는 기록하고 있다. "縣之最被害者, 莫若不時專人, 每專人一來, 陵蔑名分, 擒捽吏貼"(『晝簾緒論』「事上編」). 여기서는 제형사에서 파견된 것으로 생각된다. 梅原郁, 89면, 주15 참조. 한편 『청명집』 권12 「懲惡門」 : 僧官留百姓妻反執其夫爲盜에 전인專人을 파견하는 예가 보인다. '專人具申嚴州審會, 仍照已行 ……'(中華書局本, 446면).

169) 그가 남긴 금품을 노려보며 : 睥睨歸橐之物. 귀탁지물歸橐之物이란 원래는 임지에서 물러날 때의 선물이라고 하는데 여기서는 내용으로 보아 임지에서 사망했을 것으로 생각되는 망자가 생전에 임지에서 썼던 물건이나 봉급 등을 포괄해서 말하는 것으로 보았다.

170) 겨를 핥다가 쌀까지 먹어치운다 : 舐糠及米. 송본은 括糠及米. 침식이 점점 심해지는 것을 말한다. 『史記』에 보이는 오래된 속담이다. 『史記』「吳王濞傳」 : "里語有之, 舐糠及米, 糠在外, 米在內."

현위潘縣尉, 탕장사湯將仕[172]를 그 집으로 소환하여 원래 검교했던 수량과 품목을 일일이 점검하고 엄중히 봉장封樁[173]시키도록 한다. 장래 지출할 장례(양사襄事) 비용 외에 남는 돈으로는 모두 논을 사서 고유孤幼가 살아갈 수 있게 한다. 현재 남아 있는 일용日用 노복들도 계산해서 지급해야 할 것이며 그 외 옆에서 잠식하려고 하는 행위는 일체 물리치고 적당하게 일을 처리하지 않도록 하라.

사람은 생사의 길을 달리했을 때 비로소 교정交情을 안다고[174] 했다. 계지현을 비롯해 관직에 계신 제공諸公은 세상에 평판이 자자할 정도로 우의가 두터웠으니 반드시 서로 협심하여 유산을 보전할 수 있을 것이다. 번거롭지만 관찰추관은 다시 이러한 뜻을 전해주기 바라니 이는 실로 본관이 충심으로 바라는 바이다. 부디 잘 배려해주기를 바란다.

---

171) 왕종교王宗教 : 종교宗教란 인명이 아니고 다른 인물들의 호칭처럼 관직명일 것으로 생각된다. 그렇다면 梅原郁이 추정하는 바와 같이 돈종원교수敦宗院教授의 약칭일 가능성이 있다(梅原郁, 92면, 주4). 돈종원敦宗院이란 종정사宗正司 소속의 기구인데 崇寧 원년(1102), 남외종정사南外宗正司, 서외종정사西外宗正司를 두어 종실에게 거주를 제공하고 학교를 설치하고 교수教授를 두어 교육을 담당하는 일을 관장했다.

172) 탕장사湯將仕 : 장사將仕는 장사랑將仕郎을 약칭한 것. 장사랑이란 남송 문관의 최말단 기록관寄祿官으로 은음恩蔭이나 매관買官으로 주어지는 경우가 많다.

173) 봉장封樁에 대해서는 앞의 판 제25조의 주를 참조.

174) 생사의 길을 달리 했을 때 비로소 교정交情을 안다 : 원문은 一生一死, 乃見交情. “太史公曰, 一死一生, 乃知交情. 一貧一富, 乃知交態, 一貴一賤, 交情乃見”(『史記』 권120 「鄭汲傳」).

孤幼

27. 부동산을 공유했다면 동산도 마땅히 공유해야 한다[175)]

同業則當同財 : 蔡久軒

이웃에 사는 증인의 공술[176)]을 보면 이춘오李春五, 이춘육李春六은 큰 기와집에 살면서 소도 많이 키우는데 정씨鄭氏와 진씨陳氏와 우리牛俚는 초가집에 살면서 아무 것도 가진 게 없으니 이것만 보더라도 대단히 불평등하다는 것을 알 수 있다. 왕년에 재산을 나누어 가졌다고는 하나 실제로 우리가 취한 지분은 공평하지 못했던 것이다. 이춘오, 이춘육은 우리와는 조부가 같은 친족이라는 것을 마땅히 생각해야 할 터이고 부동산[업業]을 공유한 이상 동산[재財]도 당연히 공유해야 할 것이다.

현위에게 통첩하여 조우관曹隅官[177)]과 함께 공술한 내용에 의거하여 3가家의 재산 중 토지를 제외하고 모든 곡물과 가축류를 합해 3등분하고 그 중 우리의 1분은 확실하게 서류를 갖추어 관에 제출하도록 한다. 진씨는 이 재산을 관리하고 (우리를) 양육하도록 한다. 모든 토지문서를 이춘오 형제로부터 색출하여 밀봉한 다음 현고縣庫에 보관하고 공거를 발급하여 증서로 주라. (이 토지문서는) 성인이 되면 환급하도록 한다.[178)]

---

175) 업業은 부동산, 재財는 동산에 해당한다.

176) 공술 : 單狀. 단장單狀은 간단한 공술서. 『吏學指南』「狀詞」에 간략지의簡略之義라고 설명한다.

177) 조우관曹隅官 : 우禑는 남송시대 도시 내에 방화나 치안을 담당하기 위해 설치된 구역이다. 원元대에 와서 우隅는 일반 행정구역으로 발전하여 이전의 행정구획이었던 방坊을 대체하게 되었다. 曾我部靜雄, 『中國及び古代日本における鄕村形態の変遷』, 吉川弘文館, 1963 참조.

178) 성인이 되면 환급하도록 한다 : 候出幼日還給, 송본은 幼가 命으로 오기되어 있다. 출유出幼란 관례冠禮를 치르고 성인이 되는 것을 말하는데 시대에 따라 그 연령은 다르다. 한대 이전에는 대개 20세에 관례를 했고, 한대 이후는 10세에 관례를 행하는 풍조도 유행하였다. 사마광司馬光은 12세 이후에 관례를 할 것을 제기했고 주희는 최소 15세 이후 관례를 할 것을 주장하였다. 費成康, 『中國家族傳統禮儀』, 上海社會科學院出版

각자의 서약서를 받아 상신하라.

28. 어린 사람을 꾀어 재산을 빼앗다
鼓誘卑幼取財

여정부黎定夫 등 6인은 손모孫某가 어린 점을 이용하여 그에게 (모친) 몰래 토지를 장상사張上舍[179]와 송통판宋通判댁에게 의당倚當[180]하게 하여 모두 120관족[181]의 생전生錢[182]을 받았는데 사용하지는 않았다. 이 중 여정

社, 2003, 44~47면 참조.

179) 상사上舍 : 국자감國子監, 태학太學의 상사생上舍生을 말한다.

180) 의당倚當 : 송본 원문 倚當. 명본에는 當이 결여되어 있다. 후문에는 倚當으로 되어 있다. 전당典當이 부동산을 인도하고 그 대가를 받는 것인데 비해 의당倚當은 부동산을 인도하지 않고 그 점유를 계속하는 것을 말한다. 즉 전당은 점유질占有質이고 의당은 무점유질無占有質이라는 차이가 있다. 의당은 지당指當, 저당抵當, 지명질거指名質擧로도 불렸다. 또한 전당이 정식으로 계약서를 작성하고 관의 공인을 받는 것이라면, 의당은 관의 개입 없는 사적인 계약에 의하며 매달 이자를 내는 형태였던 것 같다. 그리고 의당 기간은 단기간으로 1년 이내였던 것 같으며 대개 월리月利를 적용하였던 것 같다. 요컨대 의당은 전당의 변형된 형태로 관의 공인이 없는 사적인 계약에 따라 이루어지며 전당과 달리 이자가 붙어 있다는 차이가 있다. 이 경우 담보로 삼은 부동산으로는 이자가 붙은 부채를 갚을 수 없다는 것이 법으로 보이는데 "유리부채군질有利負債准折에 관한 법"이 그것이다. 유리부채에 관한 법에 대해서는 『清明集』 권4, 제6조, 游成訟游洪父抵當田産 참조. 송대에 널리 행해졌다고 하는 전전제佃田制는 바로 의당과 같은 것이다. 전전제란 업주業主가 전주典主에게 토지를 전당잡힌 후에도 토지를 계속 점유하면서 경작하며 전주典主에게 소작료를 납부하다가 전당 기한이 만료되면 이를 속회贖回하는 것이다. 전전제는 토지소유주가 토지세나 역役의 부담을 피하기 위해 세역稅役의 부담이 없는 관호官戶 등 권세가에 토지를 전매하고 여기에 투탁投託하는 이른바 궤명협전詭名挾佃과 같은 상황을 낳게 되어 결국은 국가재정의 위기를 가져오기 때문에 정부로부터 금지되었다. 정부에서는 전택田宅을 전매한 경우에는 상대방에게 전택을 점유하여 용익用益시키고 이를 속회한 경우에는 본인이 스스로 용익하게 하여 어느 경우도 점유를 계속하여 이를 임대 소작하는 것을 허락하지 않았다. 그러나 실제로는 이런 일들이 일어나고 있었던 것이다. 이상 전전제에 대해서 周藤吉之, 「宋代佃田制」, 『唐宋社會經濟史研究』, 東京大學出版部, 1975 참조. 전전제에 관련하여 벌어진 소송은 판 권4 제6조(游成訟游洪父抵當田産) 및 판 권4 제20조(漕司送鄧起江淮英互爭田産)에서 그 예를 볼 수 있다.

181) 관족貫足 : 족足은 족전足錢. 백전이 정확히 백으로 거래되는 것을 말한다. 보통은 생전省錢이라고 하여 약간 모자라는 수로 거래되었다.

부 등 3인이 손모의 현금과 회자를 대가로 수취한 것은 사기로 재물을 취득한 것이므로 도죄盜罪로 처단해야 할 것이다.[183] 여정부가 훔친 돈은 모두 30관 800문으로 (그 죄로) 본적의 주州에 배례配隸해야 할 것이다.[184] 하모夏某가 훔친 돈은 15관 200문으로 도徒 2년에 처해야 할 것이다. 유경사劉庚四가 훔친 돈은 5관 500문으로 도 1년 반에 처해야 할 것이다. 도涂[185]는 어린 사람을 유도하여 비리로 재산을 낭비시켰기 때문에 장 1백에 처하고 인주鄞州로 편관編管해야 할 것이다. 이절李楶은 손모가 의탁한 동전과 관회官會 합계 500관을 수취하였는데 손모와 그 모친 양씨의 공술에 의하면 모두 이절이 돈을 맡아두고 (손모의)과거합격자격을 사려고 했

182) 생전生錢 : 이자가 붙은 돈, 즉 유리부채有利負債이다. 여정부黎定夫 등의 거래가 의당依當 즉 무점유전매無占有典賣이기 때문에 이자를 붙인 것이라고 한다. 高橋芳郎, 「梅原郁譯注『名公書判淸明集』訂誤」, 『名古屋大學東洋史硏究報告』 12, 1987, 129면 참조.

183) 사기로 재물을 취득한 것이므로 도죄盜罪로 처단해야 할 것이다 : 『唐律疏議』 권25 「詐僞」, 諸詐僞官私, 以取材物者, 準盜論. 『慶元條法事類』 권7 「職制門4」 「監司巡歷旁照法」 「盜賊勅」에 자세한 처벌규정이 나와 있다. 절도죄는 400문 이하는 장 60, 400문 이상은 장 70, 이후 400문마다 가등加等한다. 2관부터는 도형徒刑을 적용하는데 2관은 도 1년, 그리고 2관마다 가등한다. 도 3년을 넘으면 3관마다 가등하여 20관이 되면 본적주本籍州에 배례配隸한다.

184) 본적本籍의 주州에 배례配隸해야 할 것이다 : 合配本州. 배配는 배례配隸, 배군配軍을 뜻한다. 배례, 배군은 배례충군配隸充軍의 약어로 지방의 잡군雜軍(상군廂軍)에 편입시켜 노역에 종사시키는 것이다. "太宗以 國初諸方割據, 沿五代之制, 罪人率配隸西北邊, 多亡投塞外, 誘羌爲寇"(『宋史刑法志』 3). 따라서 본주에 배례한다는 것은 본주의 잡군 즉 상군에 배속시켜 노역에 종사하는 벌에 처한다는 뜻이다. 이들은 상군의 군적軍籍에 편입되어 신분을 취득하게 되는데 배례될 때 얼굴에 입묵入墨을 가하는 경우가 많았다. 입묵의 유무에 의해 자자刺字와 불자자不刺字로 구별된다. 상군이란 중앙군인 금군禁軍에 대해서 각 주에 주둔하는 지방군인데 군사軍事보다는 주로 노역勞役에 종사했다. 滋賀秀三, 「刑罰の歷史－東洋」, 『刑罰の理論と現實』, 岩波書店, 1972 참조.

185) 도涂 : 涂는 인명으로 송본과 명본 모두 涂이다. 그런데 중화서국본(284면)에는 특별한 설명 없이 餘로 되어 있다. 이것은 아마 상해도서관교감본에 따른 오기일 것이다. 상해도서관교감본이 왜 涂를 餘로 주기하였는지는 궁금한 대목인데, 추측컨대 "黎定夫 등 3인"에 대한 설명 이후 남은 세 사람을 일괄해서 '餘'라고 한 것은 아닐까? 그러나 '涂'에 대한 처벌은 역시 '涂'라는 인물 1인에 대한 처벌로밖에 읽을 수 없기 때문에 '餘'(나머지)는 잘못된 것이다. 공교롭게도 이 판어의 말미에 '나머지'로 읽어야 할 '餘'가 나온다. 상해교감본의 '餘'가 착오가 아니라면 '餘'는 1인의 인명으로 보아야 할 것인데, 그렇다면 상해교감본은 현존의 송본이나 명본과 다른 제3의 판본에 의거한 것이 된다.

다고[186] 한다. (이절의 경우) 사안이 그다지 중대하지 않기 때문에 철저히 죄를 구명하지는 않겠다. 소자장蕭子章은 다만 이절의 명의로 돈을 빌렸을 뿐이고 이미 갚았기 때문에 관대하게 보아줄 수 있다. 손모는 모친이 계신데도 몰래 토지를 의당倚當하였으니 역시 속이고 기만한 죄를 처벌하는 법에[187] 따라 장 1백에 처해야 할 것이다. 유순劉順은 중개보증인[아보牙保]이기 때문에 동죄同罪에 해당한다. 비록 범죄가 사면 전에 발생했다고 하더라도 여정부 등은 사기로 재물을 취득하고 어린 사람과 어울려 다니며[188] 타인의 재산을 파괴하고 타인의 자제를 상해하였다. 어찌 벌을 내려 조금이나마 형刑을 가하지 않을 수 있겠는가?

담당부서[189]는 공술을 구비하여 사부에 상신하고 시행을 기다리도록 하라.[190] 소자장은 방면하고 그 외의 사람들은 구류시켜 기다리도록 하라.

29. 가정교사[191]가 탈취한 재물을 강제 반환시키다
監還塾賓攘取財物

조이曹頤가 장첨판張僉判의 은혜를 입은 것은 하루 이틀이 아닌데도 지금 그 부부가 잇달아 사망한 틈을 타서 어린 아이들을 만만히 보고 가지고 있는 현금과 물품을 모두 탈취하였다. 사람은 죽은 다음에야 비로소

---

186) 과거 합격 자격을 사려고 했다: 원문 欲爲鬻擧. 『宋史』 권156 「選擧志」에 죽거법鬻擧法에 관해 다음과 같이 말하고 있다. "(淳祐)九年, 以臣僚言, 士子又有免解僞冒入試者, 或父兄沒而竊代其名, 或同族物故而塡其籍. 於是令自本貫保明給據, 類其姓名, 先申禮部, 各州揭以示衆. 犯者許告捉, 依鬻擧法治罪."

187) 속이고 기만한 죄를 처벌하는 법: 관련된 법으로 『宋刑統』 권12 「戶婚」, "諸同居卑幼, 私輒用財者, 十匹笞十, 十匹加一等, 罪止杖一百" 참조.

188) 어린 사람과 어울려 다니며: 陪涉卑幼. 배섭陪涉에 관해 『都城紀勝』 「閑人」에 "專陪涉 富貴家子弟遊宴"이라는 용례가 있다.

189) 담당부서: 원문은 案.

190) 시행을 기다리도록 하라: 取自施行. 권4, 제20조의 청자시행聽自施行과 같은 뜻이다.

191) 가정교사: 塾賓. 과거제도가 정착되면서 유력자의 집안에 가정교사를 두는 일이 널리 보급되었는데 이를 숙빈塾賓 또는 관객館客이라 한다.

그 진정을 알 수 있다고 하는데 더욱이 장첨판의 집안은 원래 궁핍했던 것이다. 객사한 유해도 고향에 돌아오지 않고 장지葬地도 아직 정해져 있지 않으니 불쌍한 아이들은 그 누구를 의지해야 할 것인가? 길을 가던 사람들도 모두 슬퍼하는데 하물며 수십년을 함께 살아온 가정교사(숙빈塾賓)가 슬퍼해야 하지 않겠는가! 그런데 이 지경이 되었으니 사대부의 행실이라고는 흔적도 찾아볼 수가 없다.

이제 (조이가 탈취를) 인정한 595관의 현금과 의복 등 9점을 책임지고 반환시켜 장씨가 수령하도록 한다. 다만 장첨판 부부의 유해가 아직 돌아갈 곳이 없으니 당연히 조이의 돈을 추환追還하여 장씨에게 교부하여 우선 장례를 치르도록 한다. 두 아이들은 대사를 감당할 수 없으므로 동족의 존장과 친구 중에서 옛 도의道義를 아는 사람들이 처리해주어야 할 것이다. 왕종교王宗敎는 본래 의기 높은 사람으로 향곡鄕曲의 사람들로부터 오랫동안 존경을 받아 왔다. 이런 사정을 들으면 반드시 힘써 도와줄 것이다. 왕종교에게 통첩하여 속히 이를 도모하도록 청하라.

30. 숙부가 어린 조카딸의 재산을 집어삼키려고 하다
叔父謀呑倂幼姪財産 : 胡石壁

이문자李文孜는 천진한 어린 아이로 의지할 부모를 모두 잃어[192] 길가던 행인들도 함께 슬퍼하는 바이다. 이세이십삼李細二十三은 그 숙부로서 조금도 슬퍼하는 마음이 없을 뿐 아니라 재산을 마음대로 집어 삼키려고 하였다. 그리하여 자신의 아들을 형의 아들로 삼아 토지를 점거하고 집을 훼손하고 집을 훼손시켰을 뿐만 아니라 의복, 양식, 그릇이며 닭, 돼지, 개 등의 가축 등 실 한 오라기와 쌀 한 톨까지 모두 쓸어갔다. 마

192) 의지할 부모를 모두 잃어 : 원문은 怙恃俱亡. 출전은 『詩經』 「小雅」 「蓼莪」, "無父何怙, 無母何恃."

침내 형과 형수의 유해는 방치된 채 장례도 치르지 못하고 홀로 남은 조카딸은 도피하여 돌아갈 곳도 없게 되었다. 이는 참으로 천리天理에 어긋나는 짓이다.

비록 그 아들이 과연 형수가 생전에 양육한 아들이라 하더라도, 법에 "양자로 들인 자손이 가산을 탕진하여 부모를 봉양하지 못한다는 큰 잘못을 지지를 경우, 관에서 조사하여 사실로 드러나면 즉시 본가로 돌려보낼 수 있다"라고 규정하고 있다. 그런데 그가 이처럼 불효하고 우애가 없는데 그의 과오가 다만 가산을 탕진하여 부모를 봉양하지 못하는 것에 그칠 뿐일까? 관에서는 마땅히 도의로써 단죄하여 본가로 쫓아내어 돌려보내야 할 것이다. 더구나 애초 형 쪽에서 제부(호적변경)를 신청했다는 증거도 없을 뿐 아니라 관에서 (이세이십삼) 부자의 소장을 조사해 보니 모순이 한둘이 아니다. 또한 주부主簿의 상신에 의하면 위로는 관부를 업신여기고 아래로는 고아를 속이고 학대하고 있다. 그 죄를 이미 벗어날 수 없는데도 불구하고 그래도 감히 힘을 믿고 도당을 모아 주부가 조사하려고 하자 협박하고 순검巡檢[193]이 옥에 가두자 도로 빼내고 궁수弓手[194]가 체포하려고 하자 항거하니 세금을 내고 기약期約을 지켜야 할 백성[195]이 이래도 좋다는 말인가? 이런 자를 엄중하게 응징하지 않으면 어떻게 폭력을 막을 수 있겠는가?

조칙에 의하면 "재산을 남기고 사망한 자로서 그 자식이 의탁할 곳이

193) 순검巡檢 : 순검은 현위와는 별개의 계통에 속하고 성밖을 주된 관할구역으로 하는 광역경찰이라고 하는데(梅原郁, 102면, 주3), 순검과 현위는 합동으로 일을 하는 경우가 많았던 것 같다. 명본 『청명집』 권1, 「責罰巡尉下鄉」에 순검이 현위와 함께 걸핏하면 수십 명의 이졸吏卒을 거느리고 향촌에서 행패를 부리는 것이 문제가 되었음을 알 수 있다.

194) 궁수弓手 : 현위에 배속된 죄인을 체포하는 포리捕吏로서 차역差役의 하나이다. 송초에는 부호富戶에서 충당하는 경우가 많았다. 현위에 배속되어 무장하고 순라하며 도적을 체포하는 직역職役이었는데 신종神宗 때 차역에서 모역募役으로 변경되면서 점점 전문화되어 갔다.

195) 세금을 내고 기약을 지켜야 할 백성들 : 원문은 出租賦, 奉期約之民. 출전은 韓愈, 『送區冊序』, "始至言語不通, 畫地爲字, 然後可告以出租賦, 奉期約."

없거나 어린 경우, 마을의 장로[상기廂耆]나 이웃[196]이 관에 적몰籍沒하도록 신고하지 않는다면 장 80에 처한다. 속여서 빼앗거나 감추려고 하는 자는 2등等을 가해 처벌한다"라고 규정하고 있다. 동네사람이 신고하지 않아도 이러한데 하물며 숙부가 신고하지 않아서야 되겠는가! 속여서 빼앗거나 감추려고 해도 이러한데 하물며 집어삼키려고 해서야 되겠는가! 또 조칙은 "무릇 로路, 주州, 현縣의 관서에서 소리치며 욕하는 경우 장 1백에 처한다"라고 규정하고 있다.[197] 소리치며 욕을 해도 이러한데 하물며 죄수를 빼내서야 되겠는가! 또 율律은 "무기를 갖고 상대를 베거나 쏘려고 하였는데 미수로 그친 경우는 장 1백에 처한다" [198]라고 규정하고 있다. 일반인도 이러한데 하물며 주현에서 파견한 사자에게 무기를 갖고 항거해서야 되겠는가!

이렇게 여러 죄를 범하고 있으니 참으로 형을 경감하기 어렵다. 그러나 자식은 아버지의 명을 따르는 법이다. 이소이십일李少二十一은 자식이 아버지의 명을 따르는 것이 불효가 될 줄은 몰랐을 것이다. 정을 헤아려 죄를 정한다고 하면 이세이십삼의 죄는 무겁고 이소이십일의 죄는 가벼우므로 이세이십삼은 척장脊杖 15, 편관編管 500리에 처하고 이소이십일은 장 1백에 처하고 본래의 생부의 가로 압송하여 돌려보내고 또한 목에 칼을 씌우도록 하라. 탈취한 이문자의 재물과 계약서는 책임 하에 반환시키도록 하라. 이문자는 아직 어리기 때문에 귀향시키면 틀림없이 흉악

---

196) 마을의 장로(상기廂耆)나 이웃 : 廂耆隣人. 상廂은 大中 祥符 연간 이후 경성京城의 외곽을 몇 개의 상으로 구분하고 상관廂官을 설치하여 거민居民의 소송을 수리하게 한 것이다. 경부京府의 통할을 받지만 가벼운 사안은 직접 판결할 수 있었다.

197) 조칙은 "무릇 로路, 주州, 현縣의 관서에서 소리치며 욕하는 경우 장 1백에 처한다"고 규정하고 있다 : 勑諸路州縣官而咆哮凌忽者杖一百. 『宋刑統』 권21 「鬪訟律」에 이 조칙과 관련하여 보다 자세한 조항이 있다. "准刑部格, 州縣職在監臨百姓, 尤資禮奉, 其有謀殺及毆, 並 咆哮凌忽者, 先決杖一百"(『宋刑統』 권21).

198) "무기를 갖고 상대를 베거나 쏘려고 하였는데 미수로 그친 경우는 장 1백에 처한다" : 諸鬪以兵刃斫射人不着者杖一百. 『宋刑統』 권21 「鬪訟律」에 같은 조항이 있다. 단 본문의 '着'은 『宋刑統』에서는 '著'로 되어 있다.

한 무리들 속에서 자립할 수 없을 것이며 또 유종한劉宗漢은 남이기 때문에 고아를 맡아 기르도록 책임을 지우기 어렵기 때문에 이 문제는 처리하는 데 상당히 시간이 걸릴 것이다.

본관이 이전에 이문자를 불러 집안일을 물어보니 대답하는 것이 대개 조리가 있었다. 누군가가 가르쳐주었다고 하더라도 그 사람됨이 어리석지 않고 똑똑하므로 당연히 학교[부학府學]에 보내야 할 것이다. 학교의 노성老成한 선생에게 청하여 분에 맞게 교육을 시키고 아울러 의복과 음식을 보살피고 정성껏 키우도록 해야 할 것이다. 이문자 일가의 재산은 모두 관에서 검교하고 매년의 소작료[조과租課]를 부학의 전량관錢糧官이 수취하여 수업료와 의식비에 충당하고 남는 것은 장부에 기록하여 보관하고 성인이 되면 환급하기로 한다.

女承分

31. 고아의 토지를 처분하다

處分孤遺田産：范西堂

조대照對.

해여림解汝霖은 오랑캐의 침입으로 부부가 모두 죽고 온 집안이 포로가 되었는데 몇 년 후 비로소 어린 딸 칠고七姑와 손녀 수낭秀娘이 고향에 돌아왔다. 해여림의 조카 해근解懃은 그 집에서 아이들을 키우고 생업을 주관하면서 친족과 화목하고 고아도 잘 돌보고 있었다.

여영조余榮祖는 매년 소장을 내어 (해여림의 집이) 호절가戶絶家라고 주장하면서 "해근이 이를 숨기고 재산을 자기 소유로 하였으니 관에서 몰수해주시기를 바랍니다"라고 고소하였다. 전임관이 이에 따라 조과租課를 몰수하여 관에 납입시켰는데 그 액수가 1,000민緡이 넘었다. 이어서 칠고와 수낭이 돌아오자 재산의 몰수를 면제하고 원래대로 해근에게 맡겨 주관하도록 했다. 그런데 여영조는 지금까지 소송을 멈추지 않고 있고, 당초 주부州府도 오직 수입을 올릴 생각만 하고 있을 뿐이며 그 후 해근도 자기의 재산으로 차지하려고 하였다. 이렇게 주에서 처리를 잘못하여 소송이 계속된 지 이리저리 10년이니 다만 서리胥吏의 간악姦惡만 늘어나고 있을 뿐이다.

이미 두 자녀가 있는 이상 법으로 당연히 그 몫을 상속받아야 할 것인데 관에서 돈을 탐한 것이 이미 부당한 일이고 족인族人(해근)에게 책임을 지게 하였더니 또 이를 이용해 이익을 얻으려고 했기 때문에 소송이 끊이지 않고 있다. 소송이 일어난 것은 실로 이유가 있는 것이다.

해여림의 토지에서 1년에 거둬들이는 소작료는 곡물로 대략 200석 이상이므로 적다고 할 수 없다. 그런데 해근은 스스로 그 관리를 위임받았지만 출납장부도 만들지 않고 두 여아女兒의 혼인도 진행시키지 않고 있다. 다만 반가伴哥라는 이를 후사로 세워 해여림의 가산을 상속시키려고 하고 있다. 호절가의 경우 (법에) 존장尊長이 이성異姓을 후사로 명계命繼하는 것을 인정하고 있지만 이성이 3세 이하가 아니면 안 된다. 그런데 (3세가 넘는) 어린 아이를 끼고 숙부의 토지를 점거하면서 미혼의 두 자녀에 대해서는 아무 조처도 하지 않으니 어찌 불만이 없겠는가?

해여림에게는 친자가 없는 이상 당연히 호절가로 처리해야 할 것이다. 법은 다음과 같이 규정하고 있다. "후사가 끊어진 절가絶家에서 후사를 세웠을 때—즉 근친의 존장이 명계한 경우를 말한다—절가의 재산은, 미혼녀만이 있는 경우는 가산의 4분의 1을 후사에게 지급하는데 귀종녀歸宗女도 있을 경우는 5분의 1을 지급하고 미혼녀와 귀종녀에게는 전체의 5분의 4를 호절법에 의거해 지급한다. 귀종녀만 있는 경우는 호절법에 의해 지급하는 외에 나머지를 반분해서 후사에게 지급하고 나머지는 몰관沒官한다. 출가녀出家女만 있는 경우는 가산을 3등분하여 2분은 출가녀와 균등히 지급하고 1분은 몰관한다. 만약 미혼녀, 귀종녀, 출가녀가 없는 경우는 가산의 3분의 1을 지급한다. 모든 경우 3,000관을 한도로 한다. 재산이 20,000관에 달하면 2,000관을 증급增給한다."[199]

지금 해여림에게는 어린 딸과 손녀만 있을 뿐인데 미혼녀이므로 호절법대로 균분하는데 모두 3,000관 이상은 되지 않는다. 반가는 후사이므로 4분의 1을 지급해야 하고 나머지 3분은 두 자녀에게 균등 지급한다. 칠고는 본래 성이 정씨鄭氏라고는 하나 해여림이 생전에 양녀로 들였기 때문에 친자녀와 같다. 올해 25세인데 아직 혼담도 이루어지지 않고 있다. 25세가 지나 혼인을 한다고 하면 어찌 '무덤에 심은 나무가 이미 한 아름이 되었구나!' 하는 탄식[200]이 없겠는가? 형이 길러준 뜻은 어디에 있는가? 더구나 수낭은 선년先年 포로가 되어 머나먼 변경[구역九埸][201]에 버려진 것을 양양襄陽의 장관將官이 집에 데려와 자기 자식처럼 길렀던 것인데 8년이 지나 해근이 처음 여영조와의 소송에서 빙자할 만한 것이 없어서 양양에 가서 따지고 데려온 것이다. 해근의 본심은 헤아려보면 수낭을 데려온 것은 토지를 차지하기 위한 계략에 불과하다. 만약 여영조가 고소하지 않아서 (해근이 그대로) 해여림의 재산을 차지할 수 있었다면 수낭은 필시 그대로 양양의 사람이 되도록 놓아두었을 것이다. 고향으로 데려온다는 계략 따위는 생각하지도 않았을 것이다.

(양양으로부터의) 회신을 가져와 조사해보니 수낭은 본래 왕씨王氏 집에서 차남의 며느리로 삼으려 하고 있었다고 하니 참으로 좋은 생각이다. 해근은 당청에서 책임지고 그녀를 인수하면서 "잠시 데리고 돌아가

---

199) 이 법과 관련하여 『宋史』 권200, 「刑法志」의 다음과 같은 기사를 참조 "戶令, 戶絶之家, 許給其家三千貫, 及二萬貫者, 取旨. 帝曰, 其家不幸而絶, 及二萬貫迺取之, 是有心利其財也."

200) '무덤에 심은 나무가 이미 한 아름이 되었구나!' 하는 탄식 : 墓木已拱之歎. 무덤에 심은 나무둘레가 한 아름이 될 정도로 오랜 세월이 지났다는 뜻이다.

201) 구역九埸 : 中華書局本(288면)에는 九場이라고 되어 있는데 착오일 것이다.

토지소유권을 승인 받게 할 뿐 감히 혼약을 저버리는 일은 없을 것입니다"라고 말했다. 그러나 지금도 수낭을 집에 두고 있는 것을 보면 (수낭을 데리고 온 것은) 사실은 토지를 차지하기 위한 계략이었다고 할 것이다. 그는 왕씨와의 혼약은 돌아보려 하지 않는다.

만약 (수낭이) 재난을 당했을 때 왕장王璋을 만나지 않았더라면 오래 전에 죽었을 것이다. 살아 돌아온 이상 그 은의恩義를 잊을 수 있을까? 죽은 조부가 살아 돌아와 조부의 뜻을 물어보아도[202] 결코 혼약을 저버리는 것을 허락하지 않을 것이다. 전에 왕장이 며느리로 삼으려고 한 것은 물론 그 재산이 많은 것을 노리고 한 것이 아니었지만 지금 수낭이 딸로서 상속분을 수취한 이상 당연히 그것으로 은덕에 보답해야 할 것이다. 해근은 무지하여 자기 것만 불리려고 생각할 뿐 타인에 대해서는 각박하니 소송이 계속해서 벌어진 것도 스스로 자초한 일이라고 하지 않을 수 없다.[203]

본관은 해여림의 재산을 법에 따라 균분하고 세 통의 관서關書를 작성하여 한 통은 반가에 주고 해근의 명대로 그를 후사로 세우는 것을 허락한다. 또 한 통은 칠고에게 주고 사람을 불러 혼담을 추진시킨다. 또 한 통은 수낭에게 주어 재산소유의 증거로 삼도록 한다.

현위에 통첩하여 재산을 조사하여 균등히 4분하고 보고하도록 하라. 그리고 이에 의거하여 추첨을 하도록 하라. 또한 양양에 공문을 보내 왕장을 소환하여 본래의 약속대로 수낭을 데려가 혼사를 이루도록 하라.[204]

---

202) 죽은 조부가 살아 돌아와 조부의 뜻을 물어보아도: 九原可作度祖父之意. 구원九原이란 원래 지명으로서 춘추시대 진晋의 경대부卿大夫들의 무덤이 있던 곳이다. 『禮記』「檀弓下」에, 조문자趙文子와 숙예叔譽가 구원을 바라보면서 다음과 같이 말하는 대목이 있다. "文子曰, 死者如可作也, 吾誰與歸?"(문자文子가 말하기를, 죽은 사람이 살아 돌아온다면 나는 누구를 따를까?).

203) 소송이 계속해서 벌어진 것도 스스로 자초한 일이라고 하지 않을 수 없다: 終訟之招, 不爲無自. 종송終訟은 건송健訟과 통하는 것으로서 소송으로 사건을 해결하려고 끊임없이 소송을 하는 것을 말한다.

204) 수낭秀娘을 데려가 혼사를 이루도록 한다: 取回成婚. 송본은 取回成畢.

호절가에 대해서는 원래 해당법령이 있다. 관사의 처리가 오직 법령에 따라 이루어진다면 소송을 막을 수 있을 뿐 아니라 죽은 자의 자식을 사랑하는 마음도 위로할 수 있고[205] 산 자의 겸병의 혐의를 벗길 수도 있을 것이니 소송을 일삼는 소송꾼이라도 어찌 끼어들 수 있겠는가?[206] 또 (해근이) 스스로 생각해 영조에게 잘못한 것이 없다면 저잣거리에 (판결을) 게시하는 것을 이찌 두려워하겠는가?

(칠고와) 혼담을 원하는 이가 있으면 본인이 신청서를 제출하도록 하고 잘 심사하여 혼사를 추진하도록 한다.

한편 제출된 족보에 의하면 해근도 후사가 없고 다만 딸 하나만 있을 뿐이다. (해근은) 나이가 60을 넘었으니 이는 해가 엄자산崦嵫山에 기울고 새벽종이 울리고 물시계가 다 하듯이 인생의 끝에 다가와 있는 때이다.[207] 그런데도 악착같이 이익을 건지려고 하고 스스로 반성할 줄 모른다. 사람을 속일 수는 있어도 하늘을 속일 수는 없으며 한 때를 잴 수는 있어도 먼 장래를 잴 수는 없다. 참으로 훗날에 지금을 돌아보니 지금 옛날을 돌아보는 것과 같이 될까 두렵다. 함께 써서 이를 경계하도록 한다.

해여림 몫의 전조田租는 모두 관에서 봉장封椿(보관 관리)하여 관리하며 앞으로 있을 두 자녀의 결혼비용으로 남겨 놓는다. 남은 사람은 모두 석방하라. 주에 상신하여 시행을 조회照會받도록 하라.

---

205) 죽은 자의 자식을 사랑하는 마음도 위로할 수 있고 : 死者可慰舐犢之念. 지독지념舐犢之念이란 부모가 자식을 사랑하는 마음을 어미소가 새끼소를 핥아 어루만지는 것에 비유한 말이다. 출전은 『後漢書』「楊彪傳」, "愧無日磾先見之明, 猶懷老牛舐犢之愛."

206) 소송을 일삼는 소송꾼이라도 어찌 끼어들 수 있겠는가? : 縱有健訟奚所容喙. 송대 강서江西, 복건福建 등 강남지역에는 소송이 빈발하였는데 이를 건송健訟이라는 말로 표현하고 있었다. 한편 소송의 교사敎唆를 직업으로 삼는 소송꾼들도 나타났는데 이들은 송사訟師, 송곤訟棍이라는 말로 불리고 있었다. 여기서는 건송을 송사, 송곤을 의미하는 것으로 해석하였다.

207) 이는 해가 엄자산崦嵫山에 기울고 새벽종이 울리고 물시계가 다 하듯이 인생의 끝에 다가와 있는 때이다 : 此日迫崦嵫, 鐘鳴漏盡之時也. 엄자崦嵫란 『山海經』에 나오는 해가 진다고 하는 산의 이름이다.

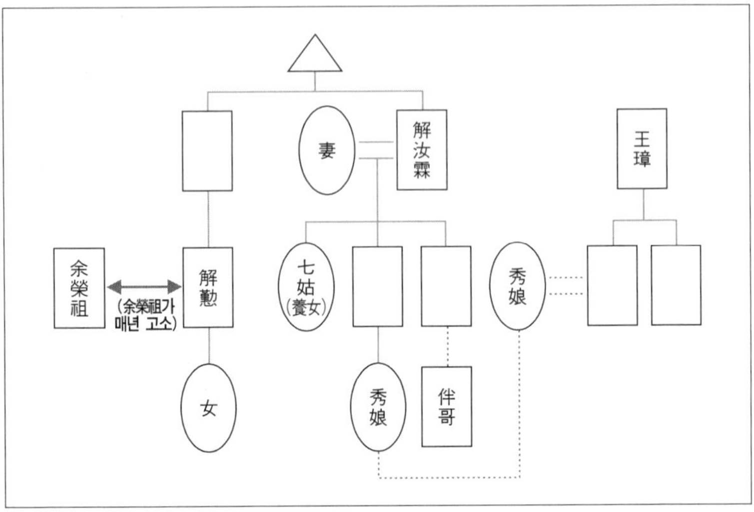

卷8-31조

遺囑

32. 유촉을 가장하여 장례를 망치다

假僞遺囑以伐喪：蔡久軒

범유范瑜는 방탕무뢰한 인물이다. 범대우신조봉范大佑神朝奉[208]의 사망을 틈타 망령되게 탐욕을 내어 족인族人을 교사하여 범조봉이 임종할 때

208) 범대우신조봉范大佑神朝奉 : 이것은 뒤에 나오는 小范佑神朝奉과 같은 용법인데 范大는 小范의 잘못인지도 모른다. 우신佑神은 제거우신관提擧佑神觀을 가리킨다. 우신관은 북송 개봉開封에 있었던 궁관宮觀의 이름인데 남송에 와서 명목적인 직함(사록관祠祿官)으로 사용되었다. 조봉朝奉은 문관기록관文官寄祿官인 조봉랑朝奉郎(정7품) 또는 조봉대부朝奉大夫(종6품)를 가리킨다. 사록관은 『宋史』 권170 「宋會要」 「職官54」 등에 기재가 있다. 梅原郁, 111면, 주2 참조.

집에 몰려가 장례를 망치고 돈과 회자를 사취했다. 지금 또 그 깡패기질을 발휘하여[209] 멋대로 사기를 치고 있다.

범유를 옥에 가두어 심문하니 조리도 맞지 않고 말도 궁색하고 이른바 (범조봉의) 유촉이라는 것도 없었다. 있지도 않은 말을 만들어내어 다만 사기를 쳐서 재산을 뜯어내기 위한 구실로 삼았던 것이다. 나라의 대신이 죽어 시신의 온기가 가시기도 전에 어리석은 족인들이 떼를 지어 일어나 재산을 집어삼키려고 하였으니 이는 사악한 풍속이며 인정이 있는 사람이라면 누구나 미워할 일이다. 지금 엄중히 징벌하지 않는다면 이후에는 훈계하기 어려울 것이다.

범유를 장 1백에 처하고 인주鄰州에 편관編管한다. 범조봉이 임종할 때 재산을 사취해 간 자들은 모두 부에 통첩하여 성명을 빠짐없이 상신시켜 이를 근거로 죄를 추궁하도록 한다. 원사院司[210]에서 소환해서 단죄하려는 중에 국자감진사國子監進士[211] 범환范渙 등이 연명한 상소와 범승의范承議[212]의 상소가 계속해서 올라와 감형을 간청하고 있다. 범유는 본래 이미 판결한 대로 장을 치고 편관해야 하지만 마침 명당明堂의 사은赦恩[213]이 내려왔고 또 범씨 일족의 존장 및 소범우신승의小范佑神承議도 함께 간청하였기에 우선 죄를 경감해둔다. 주학州學에 보내어 죽비竹篦 20을 치고[214] 3개월 간 면학시킨 후 석방한다. 나머지는 전의 판결대로 한다.

---

209) 그 깡패기질을 발휘하여 : 恃其蕩落. 송본에는 蕩이 落으로 되어 있다.

210) 원사院司 : 주州의 사법기구의 하나인 사리원司理院을 가리킨다.

211) 국자감진사國子監進士 : 梅原郁은 국자감진사를 국자감에서 출신한 진사라고 하는데(梅原郁, 111면, 주4) 이것은 진사가 아니라 감생監生을 가리키는 말이다. 高橋芳郎, 「宋代の士人身分について」, 『史林』 69−3, 1986 참조.

212) 범승의范承議 : 승의承議는 승의랑承議郎. 종7품으로 조관朝官 기록관寄祿官이다.

213) 명당明堂의 사은赦恩 : 송대에는 남교南郊에서 천지를 제사지내는 것을 궁중의 명당에서 간편히 제사지내는 것으로 대신하였다. 이것은 3년에 1회 9월에 행해졌는데 교사郊祀의 대례大禮 때와 같이 대사大赦나 백관에 대한 은상恩賞이 시행되었다.

214) 죽비竹篦 20을 치고 : 決竹篦二十. 죽비는 형벌에 들어가는 태장笞杖과 달리 징계용으로 쓰였기 때문에 범죄이력에는 들어가지 않는다. 高橋芳郎, 「宋代の士人身分について」, 『史林』 69−3, 1985 참조.

33. 딸도 재산을 상속해야 한다

女合承分 : 范西堂

정응진鄭應辰에게는 아들은 없고 효순孝純, 효덕孝德 두 딸과 효선孝先이라는 양자(사자嗣子)가 하나 있다.[215] 집에 토지 3,000무와 고庫 10좌座가 있으니 상당한 재산이다. 정응진은 생전에 두 딸에게 토지 130무와 고 1좌를 줄 것을 유촉했는데 과분하다고는 할 수 없다. 그런데 정응진 사후에 이 유산을 양자 효선이 모두 독차지하려고 하였다. 그가 공술한 것을 보면 참으로 각박하게 말하고 있다. 설사 부모의 유촉이 없었더라도[216] (딸은 유산을) 당연히 받아야 할 것이고 만약 다른 군郡에서 균분한 예를 적용하여 처리한다면 두 딸과 양자는 각각 그 반을 받아야 할 것이다. 한 사람에게 다만 130무씩 주라고 했을 뿐인데도[217] 이것도 (못 주겠다고) 고집을 부리는 것은 불의가 심하다. 저승의 부친이 안다면 유감스럽지 않겠는가?

(이 사건에 대한) 현승縣丞의 판단을 보면 그 집의 재산은 얼마나 되는지, 상속받은 재산이 얼마나 되는지는 계산하지 않고 다만 유촉의 시비와 의리義利의 거취만을 따지고 있을 뿐이다. 양자에게는 토지 3,000무나 물려주면서도 (두 딸에게는) 겨우 260무만 떼주라고 하니 이런 유촉의 시是와 비非를 따져서 무엇 하겠는가? 두 딸은 아버지의 친자식인데도 조

215) 효선孝先이라는 양자養子(사자嗣子)가 하나 있다 : 過房一子曰孝先. 과방자過房子란 동종同宗 중 소목이 맞는 자를 후사로 삼기 위해 맞아들인 양자를 말한다. 이러한 양자를 사자嗣子라고 하여 단순한 양자인 의자義子와 구별하는데 대개 송대 이후의 용법이다. 과방過房은 가家의 승계를 위해 맞아들인 법률상의 양자를 들이는 것으로서 과계過繼라고도 하는데 의자로서 양자를 삼는 것은 걸양乞養이라고 한다. 과방, 과계란 일상생활의 장場 및 가산家產을 둘러싼 권리관계의 모든 것을 실부實父의 자子라는 지위에서 양부의 자라는 지위로 옮기는 행위이고 동종 중의 소목이 맞는 범위 내에 있어서만 가능하다. 과방의 경우는 원칙적으로 동성同姓이고 걸양의 경우는 이성異姓이다. 滋賀秀三, 576면 참조.

216) 설사 부모의 유촉이 없었더라도 : 假使父母無遺囑. 송본에는 母가 없다.

217) 한 사람에게 다만 130무씩 주라고 했을 뿐인데도 : 원문 令只人與田百三十畝. 송본에는 令이 今으로 되어 있다. 명본에 따라 해석한다.

상이 남긴 재산으로부터 아무 은혜도 입지 못하고 재산은 모두 양자에게 넘어가버리게 된 경우에 의義와 이利를 택하라고 한다면 어느 쪽을 택하겠는가?

비를 버리고 시를 따른다는 것은, 주어도 좋고 주지 않아도 좋은 경우에 말하는 것이고 (이 경우에는 주어도 은혜가 되지 않으니 주지 않는 것이 좋고), 이를 버리고 의를 따른다는 것은, 받아도 좋고 받지 않아도 좋은 경우에 말하는 것이다. (이 경우에는 받으면 염치가 없는 것이 되니 받지 않는 것이 좋다).[218]

이제 효선이 (260무를 두 딸들에게) 준다고 해도 (너무 적기 때문에) 은혜를 해칠 것도 없으며, 두 딸이 받는다고 해도 (너무 적기 때문에) 염치를 해칠 것도 없다. 단연코 그렇게 주고받아야 된다는 것은 한 눈에 알 수 있는 일이다.

정효선을 장 1백에 처하고 정고釘錮한 후,[219] 원래의 유촉대로 각자 130무를 떼어주어 즉시 재산으로 관리하게 하라.

---

218) 捨非而從是, 此爲可以與, 可以無與者. 設捨利而從義, 此爲可以取, 可以無取者. 출전은 『孟子』 「離婁下」, "孟子曰, 可以取, 可以無取, 取傷廉. 可以與, 可以無與, 與傷惠. 可以死, 可以無死, 死傷勇."(받지 않아도 되는데 받는다면 염치를 해치는 것이고 주지 않아도 되는데 준다면 은혜를 해치는 것이고 죽지 않아도 되는데 죽는다면 용기를 해치는 것이다) 한편 본문의 捨非而從是, 此爲可以與, 可以無與者. 設捨利而從義, 此爲可以取, 可以無取者에서 捨非而從是 앞에는 뒤의 設捨利而從와 조응하여 당연히 '設' 자가 붙어야 할 것이다. 이 문장의 바로 뒤에 나오는 '設今孝先之予 ……'의 設은 잘못 붙어 있는 것으로 생각된다. 즉 '設今孝先之予 ……'의 設은 본문의 맨 앞에 붙어서 '設捨利而從'가 되어야 할 것이다. 또 中華書局本은 "捨非而從是, 此爲可以與, 可以無與者? 設捨利而從義, 此爲可以取, 可以無取者?"라고 '?'를 붙이고 있는데 이 문장은 의문문이 아니다.

219) 정고釘錮: 칼을 씌어 못을 박아 가두는 것이다.

34. 조카들이 숙부가 유촉한 돈을 찾아 달라고 고소하다

諸姪論索遺囑錢 : 范西堂

유경柳璟의 형제 네 명은 오래전에 분가하여 각자 호적을 갖고 있었고 평소 고소 따위는 없었다. 그러다가 세 형이 모두 사망하고 조카가 넷 남게 되었다. (이 후 문제가 생겼다.) 유경이 임종할 때 재산은 제일 많았지만 아들은 아직 어렸다.[220] 그런데 네 명의 조카들이 가난했기 때문에 각각 10관을 원조하기로 하고 이를 문서로 만들어 매년의 상례로 삼았다. 그리고 이제 겨우 5, 6년이 지났는데 유경의 처자가 원래의 약속을 지키지 않아 조카들이 고소하여 돈을 찾으려고 하였다.

족장族長에게 가서 문서[비첩批貼]를[221] 찾아오게 한 바 확실히 유경의 친필이다. 따라서 이것을 (합법적인) 증서로 인정하여 계속 지급하게 해도 이론의 여지는 없을 것 같다. 그러나 (이러한 유촉을 쓰게 된) 본래의 사정을 살펴보면 거기에는 실로 깊은 뜻이 있다. 옛날 어떤 이에게 어린 아들과 장성한 사위가 있었는데 임종할 때 가산을 유촉하기를 사위가 아들의 2배를 가지라고 하였다. 곧 약속이 지켜지지 않아 소송이 벌어졌다. 선현先賢 괴애乖崖는 자신이 죽은 후에 어린 아들을 사위의 손으로부터 보호하기 위해서 거짓 유언을 남긴 부친의 지혜로움을 간파하고[222] (유언장에서 말한) 상속지분을 뒤집었기 때문에 드디어 고인이 된 부친의 뜻이 이루어지게 되었던 것이다. 유경이 죽을 때 자식은 아직 강보에 싸인 어린 아이였다. (유경은) 조카들이 이 아이를 맡길 수 있을 만한 민

---

220) 아들은 아직 어렸다 : 而子幼. 송본에는 生子獨幼로 되어 있다.

221) 비첩批貼 : 『吏學指南』에는 비시批示, 첩권貼卷, 백서帛書 등의 뜻이 있고, 『六部成語』에는 "各項憑帖, 由官批調 於後尾者"라고 하여 관에서 공식적으로 증명된 문서라고 한다.

222) 선현先賢 괴애乖崖는 자신이 죽은 후에 어린 아들을 사위의 손으로부터 보호하기 위해서 거짓 유언을 남긴 부친의 지혜로움을 간파하고 : 원문은 先正乖崖以其善保身後之子, 而遂識乃翁之智. 괴애乖崖는 장괴애張乖崖를 말한다. 앞의 25조, 유후촌劉後村의 판어 "사위가 처가의 재산을 반분해서는 안 된다"에도 인용되어 있다. 자세한 것은 25조의 주를 참조.

음직한 사람들이 아니라는 것을 알고 이익으로써 유도했던 것이다.

그 유촉을 보면 처음에는 (조카들의) 생계의 곤란함을 걱정하여 금전으로 돕겠다고 하고 끝에는 고아와 과부가 의탁할 곳이 없기 때문에 간절히 부탁한다고 하고 있다. 또한 재산이 사기를 당해 빼앗기는 일이 없다면 죽어도 유감이 없다고 말하고 있다. 유경은 자식을 보호하기 위해 어쩔 수 없이 이렇게까지 썼던 것이다. 이것은 실로 옛사람(괴애)이 가산을 당부한 것과 같은 의도이며 참으로 심원한 배려라고 할만하다.

조카들은 숙부의 진의를 깨닫지 못하고 이미 몇 년 동안이나 문서를 구실삼아 배상을 요구해왔지만 유경의 아들이 나날이 성장하고 유경의 처가 나날이 집안일에 익숙해져 집안을 맡을 수 있게 되리라는 사실은 몰랐다. 이제 그들이 집안일을 책임질 수 있을 정도로 성장한 이상 그들을 달래기 위해서 돈을 주겠다고 했던 약속을 지키지 않아도 될 것이다.[223]

이 사건은 (옛날 이와 비슷한 사건에 대해 판결을 내렸던) 괴애의 뜻을 본받아 판결해야 한다고 생각한다. (유경이 남긴) 원래의 유촉은 파기하고 오늘 이후 각자는 가산분할의 법에 따라 취득한 것만을 자신의 소유로 한다. 만약 침탈하는 자가 있다면 반드시 처벌할 것이다.

---

223) 그들을 달래기 위해서 돈을 주겠다고 했던 약속을 지키지 않아도 될 것이다: 以利啗人, 無嫌諾責. 낙책諾責이란 하겠다고 하고서 실행하지 않았기 때문에 받는 책망을 말하는데 처음부터 하지 않겠다고 해서 받는 원망인 이원已怨과 대구를 이룬다. 출전은 『禮記』「表記」, "子曰, 口惠而實不至, 怨菑及其身. 是故君子與其有諾責也, 寧有已怨."

別宅子

35. 증거가 없다
無證據 : 范西堂

요조饒操는 자식이 없어 응신應申을 양자로 들였다. 만약 서출의 친자가 있는데도 기르지 않고 또 모친을 함께 쫓아내어 그 노복奴僕 이삼李三에게 시집을 가게 했다면 인정에 어긋나는 것이다. 그런데 지금 이삼의 아들 이오李五가 "모친은 임신한 채로 쫓겨나 이삼에게 시집왔다"고 하면서 자신이 (요조의 친자로서) 요씨 본가로 돌아갈 권리가 있다고 주장하고 있는데 무슨 근거로 그렇게 주장하는 것인가?

법은 "별택자別宅子[224]는 그 부친이 사망한 후 증거가 없는 경우는 관에서 수리受理하지 않는다"라고 규정하고 있다. 이오는 이삼의 집에서 태어나 20세가 지났지만 부친(요조)이 아직 자신의 아들이라고 인정한 적은 없으니 그 증거가 없는 것이 확실하다.[225]

이삼은 요조의 노복인데 20년간 요조의 집을 왕래하면서 그러한 (이오가 요조의 친자라는) 기미를 몰랐다는 것은 필시 주복主僕의 분分을 엄하게 했었기 때문일 것이다. (요조가 이오를) 아들로 삼으려고 했다면 이럴 수가 있겠는가? 이오의 공술에 의하면 "생모가 쫓겨난 것은 실은 모(정처正妻)가 쫓아낸 것이다"라고 하는데 이치상으로는 물론 있을 수 있는 일이다. 그러나 모친(요조의 정처)이 죽고 10년 후에 요조도 사망했는데 10년이라는 세월은 하루아침의 짧은 시간이 아니다. (정처가 죽은 후 사망하기까지의 10년 동안 계속) 요조가 어떻게 (이오와 그의 생모를) 모두 내버려두고 있었던 것인가? (이오는 요조의 친자가 아니었기 때문이다.)

---

224) 별택자別宅子 : 부친 및 가족과 동거하지 않는(호적을 같이 하지 않는) 자식. 仁井田陞, 『支那身分法史』, 769면 참조.

225) 그 증거가 없는 것이 확실하다 : 其無證據也決矣. 송본에는 決이 大로 되어 있다.

(이오는) 처음 모친(요조의 정처)이 죽었을 때 모친의 상도 입지 않았다. 지금 부친이 죽자 부친의 재산을 받으려 하고 있으나 어찌 그럴 수가 있는가? 이오는 분명히 20년 이상이나 이삼의 집에서 살아오면서 몰래 요조의 아들이 되려고 하고 있다.

천하에 어찌 아버지가 없는 나라가 있겠는가? 부자의 관계는 천륜이며 강제로 합칠 수 있는 것이 아니다. 설사 아버지의 소생이라도 아버지가 인정하지 않으면 역시 강제할 도리는 없다. 하물며 (아버지의 소생이라는 것이 사실이 아니고) 허위임이랴!

옛날 위태자衛太子가 궁궐로 찾아 와 공거公車[226]에서 조정에 보고하자 위태자인지 아닌지 알 수 없어 사람들이 처리하기 곤란했을 때 경윤京尹 준불의雋不疑가 부하를 질책하여 포박시키고 나서 말했다. "태자는 선제에게 죄를 지어 도망가고는 즉시 죽지 않았다. 지금 스스로 찾아왔으나 이는 죄인이다." 그를 심문한 결과 가짜 위태자임이 밝혀졌다.[227] 무릇 대의大義가 존재하는 것은 고금불변의 이치이고 가家와 국國은 비록 다르다 하나 그 이치는 같은 것이니 의義로써 결단하면 이론異論의 여지가 없을 것이다.

이오가 족인族人의 가에 출입하게 되면서부터 왕왕 많은 사람들이 그를 지지하고 있지만, 족장에게 묻는다면 반드시 출두해서 사실을 증언할 것이다. 대체로 요조가 응신을 양자로 삼은 것에 대해서는 일족에 불평이 많아 기회나 틈만 있으면[228] 불평이 터져 나오려고 한다.

만약 참으로 일족의 의를 돈독히 하고 그 행동을 공정하게 하려고 했었다면 어째서 요조 생전 당시에 부자의 관계를 바로 잡아 훗날에 일어날 분쟁의 화근을 끊지 못하였는가? 어째서 요조 사후에 갑자기 손을 맞

226) 공거公車 : 한대의 관명. 장관은 공거령公車令으로 궁궐의 경호를 맡았다. 천하의 보고할 일은 모두 이곳을 통하게 되어 있다.

227) 위태자衛太子 사건은 『漢書』 권71, 「雋不疑傳」 참조.

228) 기회나 틈만 있으면 : 원문 乘機抵隙. 송본에는 隙이 巇으로 되어 있다. 뜻은 동일하다.

잡고 소송으로 해결을 하려고 꾀하는가? 일족의 대의가 부박하다 해도 이보다 심할 수는 없을 것이다.

군현郡縣이 내린 판단을 보면 변증辨證을 거듭하여 속까지 꿰뚫어보고 있다. 지금 정치를 하는 데 있어서는 아는 것이 어렵다고 말하지 말고 과감하게 실행하는 일이 필요하다. 끝까지 소송을 하게 되면 가산을 탕진하고 결국 족인의 간계에 빠지게 될 것이다. 이오를 장 1백에 처하고 인주鄰州에 편관編管한다. 이삼은 본래 요조의 소작인[229]이니 현에서 추방한다. 다시 소송을 일으키면 유배형에 처할 것이다.

義子

36. 모친의 은혜를 저버리고 못되게 굴다

背母無狀[230] : 蔡久軒

왕씨王氏의 공술을 자세히 살펴보면 처음 장현지張顯之를 섬겨 처가 되었는데 장현지가 죽은 다음에는 아들 장대겸張大謙만 남게 되었다. 왕씨는 남편은 죽고 자식은 어렸기 때문에 허문진許文進을 불러 접각부接脚夫로 삼았다. 허만삼許萬三이라는 자는 곧 허문진의 의자義子인데[231] 왕씨가에 데리고 온 자식이다. 허문진은 왕씨의 재산을 운영하여 부를 쌓았다. 허만삼이 성장하여 왕씨는 며느리를 들이게 되었는데 가계를 모두

229) 소작인 : 원문은 地客. 전객佃客, 화객火客, 객호客戶 등도 같은 말이다.

230) 배모무장背母無狀 : 명본에서는 義子背母無狀. 송본에서는 소항목의 제목으로 쓰인 의자義子가 명본에서는 소항목의 제목이 아니라 판의 제목으로 쓰이고 있다. 무장無狀은 자식이 불초한 것, 못된 것을 말한다. 『漢書』「杜周傳」, 誠哀老姊垂白, 隨無狀子出關. 州師古曰, 無狀 猶言不肖.

231) 곧 허문진許文進의 의자義子인데 : 원문은 乃許文進之義子. 송본에는 의義가 없다.

며느리에게 맡겼다. 전부前夫의 친생자(장대겸)는 이미 죽었지만 다시 후사를 세우지 않았다. 그리고 허만삼을 양육했으니 그 은혜는 실로 크다고 할 것이다.

금년 4월 허문진의 병이 중해져 허만삼에게 유촉을 받아쓰게 하여 가사를 분부했는데 이것은 바로 허만삼이 모친을 저버리는 마음을 품지 않도록 하기 위해서였던 것이나. 그런데 허만삼은 그대로 유촉을 훔쳐버렸으니 참으로 불초자이다. 게다가 처 대씨戴氏가 시어머니에게 못되게 구는 것도 그냥 내버려두고 또 염협鹽筴[232]도 전부 쓸어가 버렸으니 이런 도리가 있는가? 왕씨가 고소를 한 것도 어쩔 수 없는 일이리라.

본주는 임도감林都監[233]에게 사실의 구명을 맡겼지만 모자의 명분을 바로잡지 못하고 다만 돈의 행방만을 조사하고 있으니 이는 근본은 버리고 말단을 구하는 것이고 대의를 버리고 이익만을 말하는 것이며 돈만 알고 모자의 천륜을 모르는 것이다. 비루하구나! 하긴 무부武夫가 이런 것을 알 수 있겠는가?

더욱 이상한 것은 왕씨가 본관에게 고소를 한 바로 그 때 홀연히 허문통許文通이라는 자가 갑자기 소장을 들고 출두하여 마치 도적이라도 잡은 것처럼 왕씨를 앞으로 끌고 나타난 것이다. 붙잡아 공술을 받아본 즉 허문통이라는 자는 바로 허만삼의 생부였다. 그런데 공술한 서장書狀과 제

232) 염협鹽筴 : 염협鹽筴은 본래 염책鹽策, 즉 소금을 먹는 자의 호구를 기록한 장부를 뜻하나(『管子』「海王」, "齊桓公問管仲, 何以爲國, 管仲曰, 海王之國, 謹正鹽策") 여기서는 '鹽筴之弊', '鹽筴不通'이라고 할 때처럼(梅原郁, 122면, 주2) 염인鹽引, 즉 현금같이 유통될 수 있는 염鹽어음을 가리키는 것으로 보아야 할 것이다. 영역본 또한 'salt certificates'로 번역하고 있다(Brian E. McKnight and James T.C. Liu, 앞의 책, p.306). 염인은 염초鹽鈔, 염표鹽票라고도 하며 송대에 처음 발행된 것으로 정부에서 염상鹽商에게 소금의 판매를 허가하는 증서로 준 것이다. 염인에는 판매할 수 있는 소금의 양과 가격이 기재되어 있다.

233) 도감都監 : 도감은 주로 성내에 주둔하는 군대를 관할하는 군정관이다. 로路, 주州에 설치되는데 남송에서는 안무사가 겸임하여 병마도감兵馬都監이라고 하는 것이 보통이다. 도감이 문관인 때는 부도감副都監에 무관을 임명하는데 본 판어에서는 무관이 도감을 하고 있다. 梅原郁, 122면, 주3 참조.

출한 소장訴狀은 글자 모양이 다른 것이 한 사람이 쓴 것이 아니다.

(허문통처럼) 이유 없이 과부의 집안일에 간여하는 것은 있을 수 없는 일이고 또 남의 후사로 나간 자식을 위해 소장을 낸다거나 자식을 시켜 모친을 공격하게 하는 것도 있을 수 없는 일이며 공리公理를 위배하고 남의 일에 끼어들어 사리私利를 탐하는 것도 있을 수 없는 일이다. 과부가 공정公庭에서조차 그에게 잡혀 모욕을 당하고 있는 것을 보면[234] 자기 집에서는 어떠할지 알 만하다. 그가 친자를 도와 양모에게 얼마나 패륜의 행동을 시키고 있는지도 알 만하다.

본관이 직접 그 무어라 말할 수 없는 상황을 보니 참으로 가증스럽다. 천지에 부모 없는 자식이 어디 있으며 자식을 키우지 않는 부모가 어디 있는가? 천리와 인륜이 어찌 이 지경에 이르렀단 말인가!

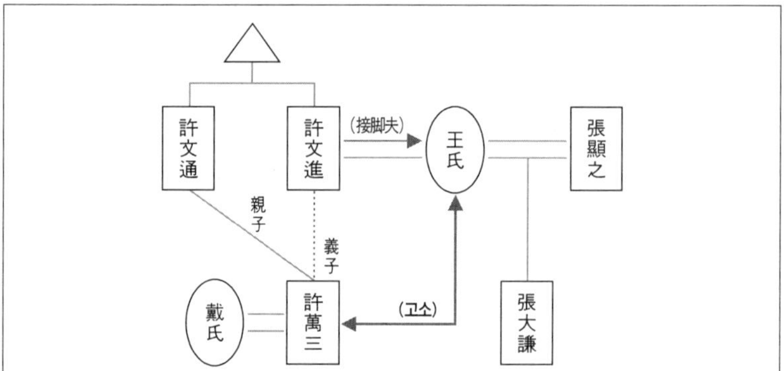

卷8-36조

허문통은 장 80의 죄에 처해야 하나 집행을 유예한다[봉안封案]. 만약 다시 왕씨의 집안일에 참견하면 즉시 형을 집행할 것이다.[235] 주에 통첩

234) 그에게 잡혀 모욕을 당하고 있는 것을 보면 : 원문 爲其擒紐欺撼. 송본은 欺를 期로 오기.

235) 즉시 형을 집행할 것이다 : 명본은 卽行折斷. 송본은 折이 拆으로 되어 있다. 송본이

하여 사람을 차출하여 허만삼 부부와 재산을 감독 하에 두고 (허만삼 부부가) 왕씨와 동거하면서 모시도록 한다. 만약 다시 소리를 지르고 불효를 하여 왕씨를 불안하게 한다면 반드시 자식과 며느리를 같이 불효죄로 다스릴 것이다. 문에 게시하라.

옳다. 탁단拆斷은 봉안封案과 대조되는 말이다.

권9

違法交易

1. 이미 출가한 모친이 아들의 재산을 팔다
已出嫁母賣其子物業 : 蔡久軒

최근 서씨徐氏가 아들이 불효하다고 본사本司에 고소하였는데 일이 풍교風敎에 관계되는 것이어서 철저히 조사하였다. 지금 모자가 관에 출두하여 공술供述한 바, 서씨는 바로 진사언陳師言의 후처로서 원래 소조紹祖라는 이름의 양자 하나를 두었는데 다시 소고紹高와 소선紹先이라는 친아들 둘과 진랑眞娘이라는 친딸 하나를 낳았다는 사실이 밝혀졌다. 진사언이 죽자 서씨는 스스로 남편의 재산을 5등분하여 양자에게 1분을 주고 본인과 친자녀 셋[1]이 5분의 4를 가졌다. 법률상 이것은 타당하지 않다. 따라서 소조가 모친이 편애한다고 비방하고 또 모친이 아들(양자)을 불효죄로 고소[2]한 것도 당연한 일이다. 그러나 서씨가 (이러한 불법적인 재산분할에 대해) 변명을 할 수 있으려면 서씨가 수절守節을 했었어야 할 것이다.

현재 서씨가 수절하지 않고 스스로 진가모陳嘉謀[3]에게 출가한 이상 이미 진사언의 처가 아니며 진사언의 처가 아니라면 진소조 형제의 모친도 아닌 것이다. 이미 그 사람의 처도 아니고 모친도 아닌데, 함부로 그 집의 재산을 팔고, 그 아들의 불효를 책망하는 것은 정당한 일인가? 법에 접각부[4]라는 것이 있는데 남편은 죽고 자식은 어려 가사를 주관할 수 있는 사람이 없는 집을 위해 설정한 것이다. 지금 진씨의 삼자三子는 나이가 서른에 가깝고 각자 가사를 주관할 수 있는데도[5] 왜 진가모가 필요(하여 그에게 출가)한 것인가? 서씨는 아들이 장년壯年인데 진가모를 (남편으로) 섬겼다.[6] 이것은 그에게 출가한 것이지 접각부로 맞아들인 것은 아니다. 그런데 어찌 남의 집을 차지하고 남의 재산을 팔 수 있는가? 어찌 이럴 수가 있는가?

서씨가 취득한 일분을 스스로 매각한 것은 분명히 위법이다. 유통판劉通判이라는 자는 어떤 자이길래 감히 위법거래를 하는가? 호혼戶婚의 일은 본사[7]에서 취급할 일이 아니다. 주에 통첩하여 즉시 철저히 조사하여 법에 따라 처리하도록 하라. 그러나 서씨가 진가모에게 출가한 것은 진가모 집안의 사람이 되었다는 것이며 따라서 부당하게 진소조의 집안일

---

1) 본인과 친자녀 셋: 己與親生二子. 송본에는 二子가 三子로 되어 있다.
2) 모친이 아들(양자)을 불효죄로 고소: 母又以不孝加其子. 송본에는 母가 없다.
3) 진가모陳嘉謀: 謀는 송본에서는 뒤에는 謨로 나온다. 명본에 따라 謀로 통일한다.
4) 접각부接脚夫: 『청명집』 권6, 판어 10조의 주석 참조.
5) 각자 가사를 주관할 수 있는데: 各能主家. 송본에는 主가 없다.
6) 서씨는 아들이 장년壯年인데 진가모를 (남편으로) 섬겼다: 徐氏於子壯年事陳嘉謀. 성년의 아들이 있으면 접각부는 인정되지 않는다는 뜻이다. 한편 송본에는 子壯이 去로 되어 있다.
7) 본사本司: 여기서는 채구헌蔡久軒이 장관으로 있던 제형사提刑司를 가리키는 것으로 생각된다.

에 간여한 것이기는 하지만 진소조 형제는 이전에 서씨를 분명히 모친으로 섬겼었고 지금 출가했다고는 하나 역시 능멸하고 모욕해서는 안 될 것이다. (처벌해야 할 것이나) 일단 한 차례 처벌을 면제한다. (서씨와 진소조에게) 훈계하여 이후 이러한 일이 없도록 하겠다는 서약서[8]를 받고 서씨와 진소조에게 (판결문을) 보여주고 속히 주에 가서 대기하도록 하라. (주에서 상신한) 원래의 문서는 모두 돌려보내도록 하라.

2. 출계자가 생가의 재산을 팔다
出繼子賣本生位業：蔡久軒

(본건에 대해) 원안은 이미 아주 상세하게 검토하고 있다. 여자강余自强이 여단례余端禮의 후사가 된 것은 소정 5년(1232)의 일이며 현과 제형사提刑司에서 제부除附하였던 것은 사실이다. 이처럼 공연한 사실이니 누가 모르겠는가? 이李(안무安撫) 댁에서 여자강의 토지를 매입한 것은 계약서에 도장을 찍은 날짜가 소정 6년(1233) 정월로 되어 있다. 그러므로 여자강은 출계出繼한 지 1년 후에 생가의 토지를 도매盜賣한 것이고 이(안무) 댁은 분명히 위법이라는 사실을 알고 그와 거래를 한 것이다. 설사 여자강이 다른 집에 출계하지 않았다 하더라도 어머니를 속여 내다 판 것만으로도 대금은 관에 몰수하고 토지는 주인에게 돌려주어야 하는 것인데, 더구나 남의 양자가 된 후 생가의 토지를 도매하다니 이보다 더 법에 위배되고 도리에 어긋나는 일은 없을 것이다.

이안무 댁[9]에서는 감사監司와 주군州郡 및 어사대御史臺에서 이미 말소하라고 판결한 계약서를 (제출하기를) 거부하며 15년간이나 관에 출두하

---

8) 이후 이러한 일이 없도록 하겠다는 서약서：勵狀.

9) 이안무李安撫 댁：안무사를 배출한 집안을 말한다. 안무사는 보통 일로一路의 가장 중요한 주州의 지주知州가 맡는다. 이 판어는 유력관호有力官戶가 법을 어기며 지방에서 횡포를 부리고 있는 모습을 잘 보여주는 일례이다.

지 않으면서 수확을 강행하고 있으니 횡포가 심하다. 설사 이李 댁의 수확을 허씨許氏에게 강제 반환시키지는 않는다고 하더라도, 어찌 토지대금을 이 댁에 강제 반환시켜야 한다는 도리가 있다는 말인가?

여자강과 하담夏潭은 각각 장 80에 처하고 아울러 수확과 토지대금을 관에 강제 납입시킨다. 허위계약서는 단지 허씨의 서명을 위조한 것일 뿐만 아니라 필사한 자획字劃도 모두 주인朱印의 위에 있고 또 날짜도 없으므로 전혀 근거로 삼을 수 없다. 얼마나 졸렬하게 위조한 것인지 알 수 있다.[10] 말소하여 서류에 첨부하라. 허씨에게 토지를 반환하여 관리하게 하고 나머지 사항은 원안대로 시행하라. 또한 어사대에 상신하여 조회하도록 한다.

3. 어린 아들의 토지가 생부에 의해서 팔리다
卑幼爲所生父賣業 : 蔡久軒

해설 : 배경에 대한 언급이 없어 난해한 이 판어는 제사법齊司法의 후사로 들어간 제공단齊公旦의 아들이 생부 제공단이 생전에 [아무개에게] 토지를 양도했던 거래가 부당하다고 고소한 안건에 대한 것이다. 이 소송은 복잡하게 전개된 것 같고 주州를 거쳐 제형사提刑司 채구헌蔡久憲에까지 올라오게 되었는데 채구헌은 이전에 주의 첨청과 본사本司의 검법관檢法官이 내린 판결들이 부적당하다고 비판한 것이 이 판어의 내용이다. 채구헌이 우선 반박한 것은 내용상으로 보아 첨청이 내린 판결이다. 그 판결내용은 "가령 제원구齊元龜가 (아무개가) 자신의 친부의 재산을 취득한 것이 부당하다고 고소할 수 있는 것이라면"이라는 말이 암시하듯이 첨청은 제원구가 친부의 재산을 취득할 수 있다는 내용이었을 것이다. 이에 대해서 채구헌은 다소 윤리적인 입장에서 친부보다 양부를 존중하면서 첨청의 판결을 비판하고 있음을 알 수 있다.[11] 또 하나 채구헌이 비판한 검법관

---

10) 얼마나 졸렬하게 위조한 것인지 알 수 있다 : 可見詐僞之拙. 송본에는 詐가 作으로 되어 있다.

11) 그러나 『청명집』 권8의 子隨母嫁而歸宗軒(아들이 재혼한 어머니를 따라 왔다가 본가로 돌아가다)에 보이는 다음과 같은 채구헌의 판결은 이와 모순되어 주목된다. "옛날 범문정공范文正公은 주씨朱氏 집안에 시집간 어머니를 따라와서 주씨로 성을 삼았는데 장성하여 본인의 가계를 알게 되자 울면서 떠났다." 친부보다 양부의 뒤를 잇는 것

의 판결내용은, 친부 제공단이 (아무개에게) 토지를 양도한 거래는 오랜 시간이 지났기 때문에 수리할 수 없다는 것으로 추정된다. 검법관의 판결에 대한 채구헌의 비판은 앞의 비판과는 달리 단순히 법제적인 입장에서 내려지고 있다. 즉 "비유卑幼의 재산이 존장尊長에게 도매盜賣당했다면 연한에 관계없이 고소하는 것을 허락하고 있다"는 법령을 인용하여 충분히 고소는 할 수 있다는 것이다. 그러나 물론 판결문에서 보듯이 채구헌이 주장하는 요점은 고소를 하라는 것이 아니고 (이 경우는 한 집안의 후사가 걸린 문제이기 때문에) 윤리적인 입장에서 그렇게 해서는 안 된다는 것에 있다.

본건 제원구齊元龜가 토지문제로 고소한 사건에 대해 본주 첨청의 판단이나 본사 검법관의 원안은 모두 잘못되었다. 천하에 어찌 두 사람의 부친이나 두 개의 근본이 있을 수 있는가! 길러준 은혜는 물론 깊은 것이지만 타인의 가家를 잇는다는 의리는 더욱 중요한 것이다. 남의 후사가 된 자는 친부를 뒤돌아보아서는 안 된다. 가령 제원구가 (아무개가) 자신의 친부의 재산을 취득한 것이 부당하다고 고소할 수 있는 것이라면,[12] (그래서 승소하면) 제원구가 그 토지를 석권하여 (친부) 제공단의 집으로 돌아갈 수도 있는 것이고, 반드시 (양부) 제사법의 아들이 될 필요는 없는 것이 된다.[13] 그렇다면 (후사를 세우기 위해 설정된) 계절繼絶이나 검교의 법도 필요가 없으므로 모두 폐기해도 좋을 것이다.

이것은 단지 법에 저촉될 뿐만 아니라 도리에도 어긋나는 일이다. 사람이 부자의 인륜을 모르는 것은 바로 이런 일에서 비롯된다.

이 의리상 옳은 일이라면 범문정공은 떠나지 말았어야 할 것이다.

12) 가령 제원구齊元龜가 [아무개가] 자신의 친부의 재산을 취득한 것이 부당하다고 고소할 수 있는 것이라면: 設齊元龜訴[某]取其父之業爲不當. [아무개가]라는 말이 생략되어 있어 본 판어는 매우 난해한 것이 되어버렸다. 물론 이렇게 주어가 생략되는 것은, 지금의 독자에게는 아쉬운 일이지만, 당시 본건의 재판관은 소송의 상황을 잘 숙지하고 있었기 때문이다.

13) McKnight는 제공단齊公但은 양부이고 제사법齊司法은 그의 직함이라고 이해하고 나아가 제원구齊元龜가 친부와 소송하고 있는 사건으로 파악하였다. 한편 양부와 소송하고 있는 것일지도 모른다고 추정하는 오해에 빠졌는데 이것은 앞의 (아무개가)가 생략되었음을 간파하지 못함으로써 생긴 오류이다. Brian E. Mcknight and James T.C. Liu, *The Enlightened Judgments Ch'ing-ming Chi The Sung Dynasty Collection*, State University of New York Press, 1999, pp.310~311 참조.

더욱이 법은 비유卑幼의 재산이 존장에게 도매盜賣 당했다면 연한에 관계없이 고소하는 것을 허락하고 있다.[14] 그러므로 제원구가 (생부) 제공단이 사망한 후 고소한 것을 세대가 바뀌었다고 해서 위법으로 논할 것은 아니다. (다른 것을 근거로 논해야 할 것이다.) 그러나 본사는 전운사轉運司의 관할사항을 침범하고 싶지 않기 때문에 판결하기 곤란하다. 증명서를 발급하여 제원구에게 주고 다시 주에 고소하도록 하라.

4-1. 정식의 전매임을 모자가 모두 알고 있는 이상은 위법이라고 할 수 없다[15]

正典旣子母通知不得謂之違法

전매典賣와 절매絶賣[16]의 두 계약서는 모두 주도경周道卿의 친필이다. 소위 (두 계약서에 있는) '모친 노씨母親盧氏'라는 네 글자가 같지 않다고 하는데 이것은 해서체楷書體와 초서체草書體의 차이에 의한 것이며 주도경의 친필이 아니라고 하는 말은 믿을 수 없다. 주도경의 전매계약서의 압자押字[17]와 절매絶賣계약서의 압자는 분명 다르지만, 압자란 것은 때에 따라 바뀔 수 있는 것이며 또 그것은 토지를 팔려고 내놓는 사람이 할

---

14) 비유卑幼의 재산이 존장尊長에게 도매盜賣당했다면 연한에 관계없이 고소하는 것을 허락하고 있다: 비유의 재산에 관해 참고로 『黃勉齋集』 권33에 보이는 법령을 들어둔다. "在法, 若盜賣卑幼田産, 則先合給還卑幼, 後監盜賣人錢還錢."

15) 이 판어는 송본은 완전하나 명본에는 결문이 있다.

16) 절매絶賣: 단매斷賣 또는 단골斷骨이라고도 하는데 전매와 달리 속회권까지 매각하는 것을 뜻한다. 仁正田陞, 『中國法制史硏究 土地法·取引法』, 東京大學出版會, 376면 이하 참조.

17) 본 판어는 판본 상 매우 희귀한 경우를 보여주고 있다. 본 판어는 명본에서는 여기까지만 있고, 이어서 다음 판어로 연결되고 있다. 즉 '周道卿典契押者剋留而不分 ……'에서 '押'까지가 본 판어에 속하고 '者剋留而不分' 이하는 다음 판어의 내용이다. 이 부분은 원래는 다음 판어에 보듯이 '者' 앞에 '始'가 붙어 시작되고 있다. 다시 말해 명본에서는 '正典旣子母通知不得謂之違法'의 제명 하에 두 개의 판어가 수록되어 있고 그중 앞의 판어는 서두 부분만 있을 뿐이다. 서두 부분만 있는 이 판어는 송본에 의해 보충할 수밖에 없다.

일이지 토지를 매입하는 사람이 할 일은 아니다. 만약 토지를 매입하는 사람이 위조를 한다면 당연히 비슷하게 모방해야 할 것이며 다르게 만들 리는 없을 것이다. 盧氏의 押字는 도장을 찍은 것도 있고 손으로 쓴 것도 있는데, 이것은 붓이 있으면 손으로 쓰고 도장이 있으면 도장을 찍는 것일 뿐 (도구에) 구애될 필요는 없는 일이다.

또 전매는 다만 중개인의 증명서에 의할 뿐이고 이미 진덕청陳德淸이 증명한 계약서가 있는 이상, 다시 이리저리 말을 둘러대며 억지를 부리는 것인가? 또 노씨는 처음의 소장에서는 의당倚當이라고 했다가, 두 번째 소장에서는 전당典當이라고 했는데 만약 의당이라면 지서支書(분재문서分財文書)에 비기批記를 할 필요가 없고, 비기를 한 이상은 의당이라고 할 수 없다. 이것은 노씨가 스스로 속인 것이다.

(아들은) 질매한다고 시서에는 비기하지 않았지만, 절매계약서에는 명확히 표시해두었다. 그렇지만 노씨는 오직 이 (지서에는 비기하지 않았다는) 빈틈을 근거로 곧 "아들이 위법으로 단골斷骨했으며 본인은 사정을 몰랐습니다"라고 주장하고 있다. (노씨가 말하는 종류의) 소위 위법한 일이라고 하는 것은 세상에 혹은 있겠지만 그것은 반드시 자제가 불초하고 방탕하여서 몰래 전매하고 부모에게는 알리지 않았어야 성립되는 것이다. 지금 정식으로 전매한 것은 모자가 모두 알고 있는 사실이 되자 (그래서 이것은 위법이라고 할 수 없다) 절매는 전부 아들의 소행이라고 책임을 떠밀고 있다. 절매한 지 1년이 지나도 전혀 아무 말이 없더니 아들이 죽고 1달이 지나자 바로 이렇게 소장을 내는 것을 보면 그 속이 뻔히 들여다보인다.

다시 편록사編錄司[18]에 내려보내 해당 법령을 찾아내어 이에 의거하여 (지서에) 전매는 비기하고 절매는 비기하지 않은 경우, 거래가 성립되는지 여부를 확인하고 이를 근거로 시행하도록 하라.

---

18) 편록사編錄司 : 상설의 관이 아니고 필요에 따라 임시로 설치된 법령 편찬소를 말한다. 梅原郁, 263면, 주6 참조.

4-2. 재판결

상기의 사건은 본관이 전의 판결에서 이미 결말을 지은 것이지만 다만 지서(분재문서)에 전매는 비기하고 절매는 비기하지 않은 사항에 대해서는 의문이 있었다. 최근 사부使府에서 판결을 내린 첨보詹保와 정두남丁斗南의 소송에서, 정현승丁縣丞의 지서에 전매는 비기하고 절매는 비기하지 않았는데 역시 수리하지 않았다고 한다. 담당부서는 예에 따라 현문에 게시하여 노씨에게 보여주고[문시門示] 다시 고소하는 일이 없도록 하라.

5. 공동의 장부에 기재되어 있는 원지는 전매해서는 안 된다

共帳園業不應典賣 : 擬筆[19]

조득照得.

양회梁淮는 원래 3인 형제인데, 형과 동생은 모두 사망했고 양회만 생존해 있다. 조카 양회로梁回老와 양석로梁錫老는 형제의 아들이고 모두 아버지의 지분을 상속받았다. 양씨의 가산은 모두 분할되고 다만 영요사靈耀寺 주변의 원지園地 한 곳만이 남아 있는데 바로 지금 공승직龔承直[20]과 분쟁이 벌어진 땅이다. 그 지서支書(분재문서分財文書)에는, "이 땅은 공유지이며 잠시 제외해두고 다시 분할할 때까지 기다린다"[21]라고 명백히 기재되어 있다. 즉 문제의 원지는 공동장부에 있는 땅으로서 원래 분할이 용납되지 않는 것이다. 분할도 불가한데 더구나 전매를 어떻게 할 수 있겠는가!

19) 내용상으로 보아 이것은 지주知州에게 보내는 판결초안이다.

20) 공승직龔承直 : 승직承直은 승직랑承直郎, 선인選人의 기록관寄錄官 중 최상위이다.

21) 이 땅은 공유지이며 잠시 제외해두고 다시 분할할 때까지 기다린다 : 此係衆業, 權剋退, 候刦分. 극퇴剋退는 뒤에 나오는 극류剋留의 대어對語로서 분할대상에서 제외한다는 뜻이다.

현재 양회로는 (부친의 형제 두 사람 몫의) 양분兩分의 원지를 공승직에게 도매盜賣하여 양회의 몫만 남겨두어, 겨우 양회의 모친 범씨范氏를 그 안에 안장安葬할 수 있을 뿐이다. 공승직 댁에서는 매입한 양분의 원지 내에 토목공사를 하였다. 이것은 법에 저촉될 뿐만 아니라 인정상으로도 옳지 않은 것이다. 그러니 양회가 어찌 소송하지 않을 수 있겠는가?

본부의 통판通判은, "공승직 댁에서 매입한 원지는 범씨가 안장되기 전의 일이기 때문에 묘지라고 할 수는 없다"고 말하지만, 이것은 문제의 원지가 애초부터[22] 보류하고 분할하지 않았다는 것에 어떤 의미가 있으리라는 것을 생각하지 못한 것이다.

지금 양회로 등은 그 숙부를 생각지 않고 공동의 장부라는 것을 무시하고 함부로 공승직 댁과 거래를 했다. 이것은 이른바 존장을 속이고 몰래 거래를 한 것인데 법에 저촉되는지 여부를 알지 못했다는 말인가? 공승직에게는 양회의 원지와 꼭 붙어 있는 원지가 있어서 (양회의 원지가) 3분 중에 아직 분할되지 않은 토지라는 것을 모를 리가 없을 터인데 양회로 등을 꾀어 매입계약을 하였는가? 이것은 양회로의 입장에서는 훔쳐 판盜賣 것이고 공승직의 입장에서는 훔쳐 산 것이니 둘 다 죄가 없다고 할 수 없다. 당연히 법에 따라 대금은 관에 몰수하고 토지는 원소유주에게 반환해야 할 것이나 사면령이 내려왔기 때문에 법대로 시행하지는 않겠다.

이번에 통판이 건양현建陽縣에 공문을 보내어 양회에게 대금을 준비하여 속회하라고 명한 것은 참으로 타당한 조치이다. 계속해서 건양현의 승차인承差人[23]의 상신에 의하면, 양회에게 속회할 돈이 없다고 하는데,

22) 애초부터 : 始者. 이 판어는 명본에는 결문이 있는데, 즉 판어의 제목에서부터 '始'까지가 존재하지 않는다. 그 부분은 완전한 송본과의 대조에 의해서 알 수 있을 뿐이다. 한편 명본의 경우 '者'부터 존재하지만 이 부분은 전조前條의 판어에 삽입되어 있기 때문에 송본과 대조하지 않으면 이 불완전한 판어가 본래 전조 '正典旣子母通知不得謂之違法'에 속하는 것이 아니고 본조 '共帳園業不應典賣'에 속한다는 사실은 알 수 없다.

23) 승차인承差人 : 承差. 주현의 아역衙役에 징발된 자를 가리키는 말이다. 『宋史全文』

지금 양회의 진술에 의하면, "이미 돈과 회자를 갖고 관에 출두했지만, 현리縣吏가 재조사를 이유로 대금을 지불하고 계약서를 받는 것을 허락하지 않습니다"라고 한다. 아마 현리가 공승직의 청탁을 받고 고의로 지연시키는 것 같다.

현승청縣丞廳에 통첩하여 감독 하에 양회와 공승직 댁의 간인幹人이 관의 면전에서 대금과 토지를 서로 교환시키도록 하고[24] 3일 내에 모두 처리한 다음 즉시 상신하도록 한다. 만약 불복하는 사람이 있다면[25] 본사本司(지주知州)에 압송해 와서 시행하도록 한다.

(이상의 초안에 대해) 도전운사[도운都運] 각하로부터 다음과 같은 판결을 받았다. "초안대로 현승청에 통첩하여 책임 하에 대금과 토지를 서로 교환하도록 하라. 3일 내 완료하고 불복하면 압송하라."

6. 모친이 생존해 있다면 형제와 함께 상속 지분이 있다

母在與兄弟有分 : 劉後村

전택田宅의 거래에 대해서는 당연히 정규正規의 법령이 있다. 모친이 생존해 있으면 당연히 모친이 계수契首[26]가 되어야 한다. 형제가 아직 가산을 분할하지 않았다면 형제가 공동으로 계약서를 작성해야 한다. 모친이 생존해 있고 다섯 명의 형제가 모두 있는데 한 사람이 자기 마음대로 토지를 전매할 수는 없는 것이다.

권25下, 乾道 8年 8月 辛丑條에, "復有所謂承差人, 專一承受差使"라고 한다. 梅原郁, 265면, 주5 참조.

24) 관의 면전에서 대금과 토지를 서로 교환시키도록 하고 : 當官以錢兩相分付. 錢 다음에 業이 누락되어 있다. 후문에서 '錢業兩相'이라는 말이 나온다.

25) 만약 불복한다면 : 如有不伏, 仍……. 송본에는 仍이 人으로 되어 있고 中華書局本은 송본에 따라 人을 취하여 如有不伏人으로 읽고 있다. 그러나 이것은 송본의 오류일 것이다. 如有不伏人은 부자연스럽다.

26) 계수契首 : 계약의 책임자, 대표자를 의미한다. 비슷한 용례로 고소 대표인이라는 의미의 사수詞首, 장수狀首가 있다. 『청명집』 권4, 제7조 및 권8, 제37조 참조.

위준魏峻의 모친 이씨李氏가 아직 생존해 있고 형 위현魏峴과 위협魏峽, 동생 위교魏嶠[27]가 있으므로, 만약 전택을 전매하고 싶다면 모친의 동의를 얻어서 형제 5인이 동시에 서명을 해야 가능한 것이다. 위준은 불초하여 술과 도박에 빠져 유흥비를 마련하려고 마침내 (공동으로 분할해야 할) 공유의 전업田業을 구여려丘汝礪에게 전매해버렸다. 호민豪民은 불인不仁하여 겸병할 줄만 알고 법이 있다는 것은 모르고 공공연히 그와 거래를 하였고 중개인 위문모危文謨도 공모하여 일을 성사시키는 것을 도왔다.

고소가 관에 접수되자 구여려와 위문모는 법과 도리에 따르지 않고 도리어, "이것은 위준이 상속받은 토지입니다"라고 주장하였다. 그들은 그 모친과 형제가 어떤 처지에 놓여 있는지 모르고 있는 것이다. 또 "이것은 위준이 구여려의 집에 와서 거래를 하고, 위문모가 계약서를 갖고 (모친) 이씨의 집에 가서 서명을 받은 것입니다"라고 한다. 단지 공술에만 의거하더라도 이씨 본인이 나서서 거래한 것은 아니라는 것이 분명하다. 위준이 관사에 출두한 적이 없다 하더라도 본건은 충분히 판결할 수 있다.

위법거래의 법에 따라 대금은 관에 몰수하고 토지[업業]는 원소유주에게 반환시킨다. 계약서는 임시로 본건 문서철에 첨부해둔 다음, 위준을 독촉하여 대금을 강제 완납시킨 후 그날로 말소하라. 구여려와 위문모는 사면 이전의 범법이므로 면죄해야 할 것이다. 그러나 위문모는 함부로 고소하고 저항하면서 관사를 기망하고 타인의 불초자제를 타락시켰기 때문에 징벌하지 않을 수 없으므로 장 60에 처한다. 또한 선례에 따라서 보증인을 소환하고 만약 위준이 납입해야 할 대금이 부족하다면 법에 따라 보증인이 함께 완납하도록 한다.[28] 장오십張五十은 계약서 내에 이름이 없으므로 구여려와 함께 방면한다.

---

27) 위교魏嶠 : 송본에는 魏가 없다. 그리고 5형제이므로 여기에는 한 사람이 빠져 있다.
28) 이 부분과 관련된 법령은 『청명집』 권5, 「從兄盜賣已死弟田業」에도 보인다.

7. 이중으로 거래하다

重疊 : 翁浩堂

왕익지王益之 가의 원옥園屋과 택지는 서극검徐克儉에게 전매된 후 서원수舒元琇에게 다시 전매되었다. 관에 신고 된 날짜를 조사해보면[29] 모두 순우 원년(1241) 8, 9월 사이이므로 이것은 이중거래임이 분명하다. 서원수 가는 이전 증서[상수上手]를 갖고 있고 서극검 가는 비기가 있는 관서(분재문서)를 갖고 있는데 날짜를 따져보면 큰 차이는 없다. 그러나 서극검 가에는 또 왕익지의 부친 왕원희王元喜가 전매한 계약서가 있다. 처음에는 진짜가 아닐 것이라고 의심했지만, 매출인賣出人과 중개인 및 입회인[30] 왕안연王安然을 소환해서 공술을 받아보니 내력이 확실하므로 왕원희의 계약서는 위조가 아닌 진짜이다. 그러므로 이 부동산은 서극검이 취득해야 할 것이며 서원수가 취득해서는 안 된다.

왕익지는 즉 이중으로 부동산을 매각한 사람인데 그의 공술을 조사해보니, "왕규王規에게서 빌린 주조용酒造用 쌀의 대금 전錢 100관의 회자會子를 갚지 못하여 계속 이자만 늘어나서 300여 관이나 되었습니다. 그래서 할 수 없이 전매계약서를 썼습니다. 서원수는 왕규가 세운 허위의 호명戶名입니다"라고 한다. 중개인 진사총陳思聰의 공술도 역시 마찬가지다.

법은, "토지를 전매하여 유리부채有利負債를 현금으로 준절準折한 경우 토지는 원소유자에게 반환하고 현금은 추징하지 않는다"라고 규정하고 있다. 그렇다면 서원수의 거래는 확실히 위법이므로 본건의 가옥과 토지는 원래의 전주典主인 서극검에게 반환하여 관전管佃하도록 해야 할 것이다. 또 법은, "무릇 자기의 전택을 이중으로 전매한 자는 장 1백에 처한

29) 관에 신고된 날짜를 보면 : 考其投見年月. 송본에는 見이 皃로 되어 있다.

30) 입회인 : 知見人. 송본은 見知人. 견인見人이라고도 하는데, 당송시대의 토지매매 문서에 서명하는 사람으로서 매주, 매주, 보증인 및 지견인知見人이 있다. 지견인이란 입회인으로서 문서의 진위를 증명하는 증인의 역할을 한다. 仁井田陞, 『唐宋法律文書の研究』, 東方文化學院東京研究所, 1937, 132면 참조.

다. 중개인으로서 사정을 알고 있었던 자도 동죄同罪로 처벌한다"[31]라고 규정하고 있다. 왕익지는 이중으로 거래했고 진사총은 사실을 알고 있었으므로 모두 법에 따라 장 1백에 처한다. 서극검의 증서는 돌려주고 서원수의 증서는 말소하여 본건 문서철에 첨부한다.

8. 재산이 아직 분할되지 않았는데 몰래 계약서를 작성하여 도매하다
業未分而私立契盜賣 : 翁浩堂

방문량方文亮에게는 세 아들이 있는데 장남 언덕彦德과 차남 언성彦誠은 전처 황씨黃氏의 소생이고 막내 운로雲老는 첩 이씨李氏의 소생이다. 언성은 사망했고 아들 중을仲乙이 있으며 운로는 겨우 두 살이 되었을 뿐이어서 가업은 모두 장남 언덕이 주관하고 있다. 얼마 전에 언덕이 소장을 제출하며 "아들 중을이 불법으로 도박을 하고 전산田産을 도매盜賣했습니다"라고 고소했다. 중을을 소환하여 그의 공술서를 조사하고 아울러 족장이 그린 가계도를 검토해본 결과, 중을은 언덕의 아들이 아니라 조카라는 사실이 드러났다.

언덕의 말에 의하면, "오래전에 중을을 수양하여 아들로 삼았습니다"라고 한다. 조카를 아들로 삼는 것은 도리에 어긋나는 것은 아니나, 언덕은 이미 중이仲二라는 아들을 하나 세워놓고 있다. 중을의 친부인 언성은 다른 아들이 없는데 어찌하여 이유 없이 가계를 혼란시키고 언성의 대를 끊으려고 하는 것인가? 이것은 언덕이 전 재산을 차지하려는 욕심을 내어 조카를 가리켜 아들이라고 한 것인데 명분이 바르지 않으니 주장도 타당하지가 않다. 중을이 불복하고 불법으로 가산을 들어내어 방탕한 생활을 했던 것은 이 때문이다.

---

31) 이 법과 관련하여 『宋刑通』 권13, 「典賣指當論競物業」에 보이는 太祖 建隆 3年 12月의 勅을 참조. "一, 應有將物重疊倚當者, 本主牙人隣人並契上署名人, 各契所欺入己錢數, 並準盜論, 不分受錢者, 減三等."

호원십胡元十과 축만오祝萬五 일당은 이 숙부와 조카의 불화를 틈타 중을을 꾀어 도박에 끌어들여 700여 관의 돈을 잃게 만들고 몰래 토지계약서 및 차금증서[생전문약生錢文約]를 작성하게 하였던 것이다. 지금 백계白契(관인官印이 없는 계약서) 3매를 찾아내어 압수하여 조사해보니 중을 등의 서명이 분명히 있으므로 중을은 물론 죄가 없다고 할 수는 없으나 이는 또한 백부인 언덕이 조장한 결과이기도 하다.

조사해본 결과, 방문량의 상복을 아직 벗지 않았고 운로의 생모 이씨는 아직 생존해 있다. 그러므로 순우 7년(1247)에 칙령소勅令所[32]가 심의한[간상看詳] 평강부平江府 진사인陳師仁의 분할법에 따라, 토지를 이씨에게 떼어주어 생활비로 쓰게 하고, 나머지 재산은 3등분하여 각각 호戶를 세우게 한다면 아래로는 인정에 위로는 법의에 부합할 것이므로 영원히 분쟁하지 않게 될 것이다.

문제의 중을의 3통의 위법 전매계약서는 중을이 언덕의 친자이고 상속지분이 없다면, "대금은 추징하지 않고 토지는 원래 소유자에게 반환한다"라는 법조문을 적용해야 할 것이다. 그러나 실제로는 중을은 언성의 아들이므로 당연히 자신의 상속분을 갖고 있다. 만약 위법으로 전매하여 존장에게 발각되었는데도 대금을 추징하지 않고 토지를 얻게 한다면 불초한 어린 사람들이 무슨 짓인들 못하겠는가? 오히려 불의의 행동을 장려하는 셈이 될 것이다. 방중을을 법에 따라 장 1백에 처하고 대금은 추징하여 관에 몰수한다. 아직 출두하지 않은 자 및 방중을의 차금증서는 순검사巡檢司[33]에 통첩하여 3일 내에 색출하도록 한다.

32) 칙령소勅令所 : 4대 황제 인종仁宗 이래 칙령의 수는 계속 증대하여 방대한 양에 달하였기 때문에 이를 정리하는 작업이 필요하게 되었다. 칙령소는 이를 위해 임시로 설치된 기관으로 그 명칭도 일정하지 않았다. 왕안석 이후 칙령소는 상설기구가 되면서 명칭도 상정일사칙령소詳定一司勅令所, 줄여서 칙령소라고 부르게 되었다. 『宋史』 권161 및 『咸淳臨安志』 권7 참조.

33) 순검사巡檢司 : 송본은 巡尉司. 순검巡檢과 현위縣尉를 가리킨다.

9. 과부를 선동하여 남편 집안의 재산을 도매시키다

鼓誘寡婦盜賣夫家業 : 翁浩堂

서이徐二는 처음에는 채씨蔡氏를 처로 맞이하여 다만[34] 육오랑六五娘이라는 딸 하나를 낳았다. 그 후 풍씨馮氏를 재취再娶하였는데 아들이 없었다. 풍씨에게는 데리고 온 전부前夫 진십삼陳十三의 아들 진백사陳百四가 있었다. 서이가 후사를 세워야 할 터인데 세우지 못했던 것은 풍씨 모자가 가사家事를 장악하고 후사를 세우는 것을 허용하지 않았기 때문일 것이다. 서이는 심사숙고하여 자신의 사후 이성異姓의 손에 들어갈 것을 염려하여 순우 2년(1242)에 친필로 유촉을 써서 집과 원지園地[35]를 친누이와 딸에게 주고 또한 장래 풍씨를 부양하고 뒷일도 살펴주도록 약정하였다. 서이가 가산 때문에 심사숙고하였다고는 하나 한편으로는 풍씨를 위해서도 배려하지 않은 것은 아니었다. 그 유언은 간곡한 것이어서 풍씨로서는 전혀 유감이 없을 것이었다.

그런데 어찌된 일인지 서이가 죽자마자 동네사람 진원칠陳元七이 못된 마음을 품고 과부가 된 풍씨에게 사기를 쳐 재산을 집어삼키려는 음모를 꾸몄다. 가만히 앉아 진소삼陳小三을 중개인으로 세우고 풍씨를 꾀어서 계약서를 작성하여 서이의 가산을 도매盜賣시켜버렸던 것이다.

법은, "무릇 상속자가 없는 재산을 유촉하여 내외의 시마緦麻 이상의 친족에게 주기를 원하는 경우, 본인의 신고를 허락하고 관이 공인의 증명서를 발급한다"라고 규정하고 있다.[36] 또 법은, "무릇 과부로 자손이 없는 자가 함부로 전택을 전매하는 경우, 장 1백에 처하고 전택은 소유주에게 반환한다. 매입자와 중개인, 보증인이 사실을 알고 있었던 경우는 동죄로 처벌한다"라고 규정하고 있다.

---

34) 채씨蔡氏를 처로 맞이하여 다만 : 娶蔡氏惟. 송본에는 惟가 爲妻로 되어 있다.

35) 원지園地 : 송본은 園池.

36) 이 법은 『청명집』 권5, 「繼母將養老田遺囑與親生女」條의 戶令에 보인다.

현재 서이의 재산은 이미 유촉으로 누이 백이랑百二娘과 딸 육오랑에게 주었고 관에 신고하여 관인을 받았으니 합법이라고 할 것이다. 그런데 진원칠이 풍씨를 꾀어 도매시켰다. 만약 함부로 전매한 법으로써만 논한다 하더라도 죄를 처벌하고 재산을 추징해야 할 것인데 도매한 것은 더 말할 필요도 없다.

진원칠과 진소삼 그리고 풍씨를 각각 장 1백에 처한다. 그 중 풍씨는 연로하기 때문에 처벌을 면제하고 대금을 강제 납부시킨다. 가산은 서백이랑徐百二娘과 육오랑에게 반환하여 공동으로 관리하게 하고 따로 연유를 발급하여 이들에게 주어 증거로 삼게 한다. 또한 백이랑에게 명하여 유촉대로 풍씨를 종신토록 봉양하고 저버리지 않도록 한다. 문제의 허위 계약서는 부府의 판청判廳(통판청通判廳)에서 보내오기를 기다려 즉시 말소한다.

10. 매입자가 계약서를 위조하여 모두 차지하려고 하다

買主僞契包幷 : 翁浩堂

과부 송씨宋氏에게는 장남 종현宗顯, 차남 종구宗球, 삼남 종휘宗輝 세 아들이 있다. 호적에 등재된 재산은 3등분으로 분할하는 것 외에 (자식들에게 분할하지 않고) 남겨두어 송씨의 노후자금으로 삼는다고 약정한 문전門前의 연못과 동구곡東丘谷의 원지園地와 또 한 곳의 연못이 있다.

가정 16년(1223)에 황종구黃宗球는 계약서 한 통을 내어서 동구곡의 토지 3분 중 1분을 황종지黃宗智에게 전매했다. 제출한 증서를 보니 모친 송씨 및 중개인의 서명이 있으니 이것은 확실히 합법적인 거래인데 종현과 종휘의 두 지분은 아직 출매出賣되지 않았다. 송씨는 최초의 소장에서는 우관隅官[37] 황종지가 강제로 그 땅을 점거한 것이라고 주장하고 있

37) 우관隅官 : 『청명집』 권8, 제27조 참조.

는데, 황종지는 모두 정식으로 매입한 것이라고 공술하고 있다. 찾아낸 가희 원년(1237)의 계약서 1통에는 황종휘와 황종현의 서명만 있고 중개인은 없으며 모친 송씨의 서명은 어디에도 없다. 황종현의 필적을 공술서와 비교해보면 전혀 다르다. 또한 송씨의 말로는, "황종휘는 을미년에 죽었습니다"라고 한다.

지금 앞서 말한 계약서는 황종휘가 사망한 후의 것이다. 형제의 서명이 다를 뿐만 아니라 모친의 서명이나 증언해줄 중개인도 찾을 수 없다. 결함이 백출百出하여 엄폐할 수도 없을 정도이다. 이것은 모두 황종지가 못된 마음을 품고 독수공방의 과부 송씨를 속여서 황종구의 지분을 취득하고 나아가 휴지와 같은 계약서를 꾸며내어 세 사람의 몫을 전부 차지하려고 한 것에서 비롯된 일이다. 만약 송씨가 병을 무릅쓰고 힘써 진술하지 않아 관에서 더불어 사정을 모두 밝히고 철저하게 조사하지 않았다면 이 토지는 결국 황종지의 손에 들어가고 말았을 것이다. 그렇게 되었다면 고아와 과부가 가만히 앉아서 억울함을 당할 것이니 참으로 가련하지 않겠는가?

황종지는 계약서를 위조하여 토지를 점거하려고 하였으므로 장 1백에 치한다. 진짜 계약서는 돌려주고 위조계약서는 말소하여 문서에 첨부하라. 또한 송씨에게 증명서를 주어 증거로 삼게 하라.

11. 이미 죽은 사람의 생전의 계약서를 위조하여 전부 점거하려고 하다

僞將已死人生前契包占 : 翁浩堂

황명지黃明之와 이일익李日益이 분쟁하고 있는 피당陂塘[38] 하, 동산변東山邊의 토지는 모두 오가吳家에서 나온 것이다. 색출한 황명지의 계약서에는, 오우섬吳友暹으로부터 토지를 취득한 것으로 되어 있고 크고 작은 토

38) 피당陂塘 : 송본은 破塘.

지 18구坵와 전매가격 30관 등이 빠짐없이 기재되어 있으며 금년 4월의 관인이 찍혀 있다. 이일익의 계약서에는, 오몽령吳夢齡으로부터 취득한 것으로 되어 있고 크고 작은 토지 11구와 전매가격 72관이 빠짐없이 기재되어 있으며 전 소유주인 서도순徐都巡의 계약서도 포함하고 있다.

오우섬은 부친이고 오몽령은 아들이다. 이치로 논하면 부친이 팔면 아들은 팔 것이 없기 때문에 황명지의 거래는 정당한 것이고 이일익의 거래는 부당한 것이 된다. 그러나 계약서를 검토하고 공술서를 참작하면 오우섬의 두 계약은 매우 의문스러운 점이 있다. 계약서 내의 18구의 토지는 한해 조곡租穀이 15석인데 왜 겨우 30관에 전당잡힌 것인가? 오우섬이 모두 전매계약을 했는데 왜 서도순의 상수계上手契는 이일익의 손에 있는 것인가?

또 오우섬의 별지의 서명은 전혀 다른데 양가의 계약 당사자가 모두 사망하였기 때문에 추측을 하자면 황명지는 오우섬이 죽은 뒤 계약서를 바꿔치기 해서 이런 짓을 했을 것이다. 그렇지 않다면 왜 추가로 전매한 계약서의 관인 날짜가 금년 4월 양가의 소송이 벌어진 이후로 되어 있는가?

두 계약의 중개인은 각각 자기 주장을 하며 사실을 실토하려고 하지 않는다. 다행히 오우섬의 의녀義女 오사랑吳四娘이 "본건의 18구의 토지는 오우섬이 단평端平 원년(1234)에 사망한 후, 오몽령이 토명土名 서변피당하西邊陂塘下의 11구의 토지를 이일익에게 총금액[39] 72관문족에 전당잡힌 것입니다. 이 외 두 구가 더 있습니다"라고 공술해주었다.

지금[40] 오자달吳子達의 공술에 의하면, "본인이 분할 받은 토지 1구는 이미 심억육수沈億六秀에게 전매했는데 또 다시 서종오수徐宗五秀에게 전매하여 현재 그의 관리 하에 있습니다. 또 1구는 오우섬이 소정 6년(1233)에 오씨에게 단매斷賣한 것으로 오씨의 남편 김백이수金百二秀가 관

39) 이일익李日益에게 총금액 : 李日益通計價錢. 송본은 李日新邊計價錢. 송본의 新邊은 益通의 오기일 것이다.

40) 지금 : 今. 송본에는 令으로 오기되어 있다.

리하고 있습니다"라고 한다.

이들의 공술로 생각해보면 18구라는 수는 모두 맞아 떨어진다.[41] 지금 황명지[42]가 이미 죽은 사람의 계약서를 작성해서 모두 18구에 맞추어 놓은 것은 3가家의 재산을 하나로 만들어 전부 차지하려는 것이다. 더구나 금년에 추가한 전매계약서 1통은 관인을 받은 것도 최근의 것이니 특히 신뢰하기 어렵다. 허위를 임폐하기는 어려울 것이다.

본건의 거래는 계두契頭가 사망했고 계약서도 분명하지 않아 공술한 증언에만 의거하고 인정을 참작하여 판결을 내린다. 담당부서는 현지에 방문榜文을 보내 확실히 게시하도록 하라. 각자에게 명하여 판결대로 관리하도록 하고 함부로 침범하지 않도록 하라. 문제의 황명지가 계약을 위조한 죄는 사면 전의 일이므로 일단 처벌을 면제해두기로 한다.

12. 숙부가 계약서를 위조하여 조카의 전업을 도매하다[43]
叔僞立契盜賣族姪田業

황공사黃貢士[44]의 소행을 보노라면 부끄러워서 쥐구멍에라도 들어가고 싶은 심정이다. 사대부는 천지 사이에서 옛 것을 배우고 도道를 배운다. 사대부가 범부와 다른 것은 인仁과 의義가 있기 때문이다. 침기부砧基簿(토지대장)를 빌려 와 토지의 매수枚數를 허위로 기재한 다음 이를 바꿔치고 풀로 붙여 남들이 식별할 수 없게 하였으니 불인不仁의 행위이다.[45]

---

41) 황명지黃明之는 원래 5구坵만을 30관에 전매한 것인데 이것을 속여서 11구와 2구를 자기 것으로 하려고 하였다. 그 합계는 18구가 된다.

42) 황명지黃明之: 송본에는 之가 누락되어 있다.

43) 본 판어는 명본에는 錯葉이 있다.

44) 황공사黃貢士: 송대의 공사貢士란 과거시험의 지방시地方試인 해시解試를 통과하여 중앙의 이부시吏部試의 수험자격이 있는 거인擧人을 가리킨다.

45) 남들이 식별할 수 없게 하였으니 불인不仁한 행위이다: 송본 원문 欲人不可得而辨, 不仁也에 따른다. 명본에는 而辨(권9, 10a, 4행) 이하가 누락되어 있고 그 부분은 而辨 이하 22자가 누락된 채로 다른 판어 「典賣田業合照當來交易或見錢或錢會中半收贖」(권9,

일당과 모의하여 몰래 값을 정하고 부택府宅에서 거래하여 남이 탈취하지 못하게 하였으니 불의不義의 행위이다. 일족의 아랫사람에게 이런 짓을 한 것은 후대해야 할 사람을 박대한 것이다.

황준덕黃俊德은 직접 그 숙부의 이름을 댈 수 없어서 우선 황연黃延이 도매盜賣했다는 구실로 고소를 하여 황연이 스스로 숙부를 규탄하도록 시켰다. 이 사건을 담당부서에 넘긴다 하더라도 은음恩蔭으로 (가볍게) 죄를 논해서는 안 된다. 관에서는 조카가 숙부까지 처벌하는 것은 원치 않으므로 황계자黃桂子는 면죄하기로 하고, 황연은 부당하게 계약서와 수령증을 쓰고 돈을 받았기 때문에 장 80에 처한다. 진수陳秀는 부당하게 중개인과 보증인이 되어 서명을 하였으므로 소장小杖 15에 처한다.

담당부서는 황준덕黃俊德이 제출한 계약서 말미의 수령증을 당청에서 말소하여 문서에 첨부하라. 아울러 (황준덕이 빌려 와 위서僞書한) 침기부에 비기批記한 다음 황준덕에게 반환하여 토지를 관리하게 하라. 남은 사람은 방면한다.

取贖

13. 친린의 법

親鄰之法：胡石壁

조득照得.

어느 곳의 백성이라도 대개 친린親鄰(친족親族과 근린近鄰)의 법[46]을 이

11表, 9행 이하) 중에 발견된다. 한편 나머지 부분은 다른 판어 「妄執親鄰」(권9)에 속하는 것인데, 「妄執親鄰」은 명본을 보면 13表 3행부터는 또 다른 판어 「典賣田業合照當來交易或見錢或錢會中半收贖」에 속하는 내용이 이어진다.

해하지 못하고 왕왕 친족은 친족이고 근린은 근린이라고 (친족과 근린을 분리해서) 생각하고 있다. 친족주의자는 전당잡힌 물업物業을 같이 상속받은 사람들인데 근린의 여부를 불문하고 모두 속회贖回하려고 하고 한편 근린주의자는 동서남북의 근린에 있는 사람들인데 친족의 여부를 불문하고 역시 모두 속회하려고 한다. 이들은 법이 말하는 이른바 "친린이 있는지 물어야 할 것이다"라는 말이, 다만 본종本宗 중 복상服喪관계에 있는 친족으로서 근린에 있는 자에 한한다는 뜻이라는 것을 전혀 모르고 있다. 만약 친족이면서 근린이 아니거나 근린이면서 친족이 아닌 경우는 모두 친린의 대상이 되지 않는 것이다. 이것은 경원중수전령慶元重修田令과 가정 13년 형부刑部에서 반포된 조례책條例冊을 보면 명확히 알 수 있다.

현재 담형譚亨이 바라는 당제堂弟가 전매로 내놓은 토지의 속회는, 친족이지만 근린이 아니므로 법에 저촉된다. 첨청의 초안에 따라 시행해야 할 것이다.

14. 친족이고 근린이면서 3년 이내의 경우에 비로소 속회할 수 있다
有親有鄰在三年內者方可執贖

경두埂頭의 토지는 이미 왕자통王子通의 토지인 이상 그의 속회를 허락하는 것은 물론 합법이다. 그런데 남목산南木山의 육지[47] 쪽은 왕재고王在庫의 상속분이다. 법은, "무릇 전택을 전매할 때 사린四隣의 경계에 본종本宗의 시마緦麻 이상의 친족이 있는 경우 서면으로 묻는다. 다른 호戶의 토지가 사이에 있는 경우 및[48] 그 사이에 옛날부터 수로나 하천이 있거나 여러 사람이 왕래하는 도로가 있는 경우는 근린近鄰이라고 하지 않는다"라고 규정하고 있다.

---

46) 친족親族과 근린近鄰의 법 : 仁井田陞, 『唐宋法律文書の硏究』, 329면 이하 참조.
47) 육지陸地 : 수전水田의 대어對語.
48) 및 : 幷. 송본은 非로 오기되어 있다.

또 영令에 의하면, "무릇 전택을 전매하고 만 3년이 지난 후, 근린에게 물어야 하는데 묻지 않았다고 고소하는 경우는 수리할 수 없다"라고 규정하고 있다.

(위의 두 법령으로 논하면) 왕재고 상속분의 육지가 과연 왕자통과 관서關書를 같이 하는 (그래서 둘 사이가 친족관계에 있는) 토지라고 할지라도, 반드시 그것과 근린이고 기타 (옛날부터 수로나 하천이 있거나 여러 사람이 왕래하는 도로와 같은) 간격이 없으며, 3년 이내이라야 비로소 친린親鄰의 법을 적용할 수 있는 것이다. 지금처럼 친족이지만 근린은 아니며 친족이고 근린이지만 (전매한 지) 3년이 지났다면 두 경우 모두 속회할 수 없다.

이제 관서를 같이 한다는 것만을 이유로 간단히 속회를 요구하는 것은 법적으로 불가능한 일이다. 간조干照를 제출시켜 조사하고 처리해야 할 것이다.

15. 근거 없이 친린이라고 주장하다
妄執親鄰

진자만陳子萬은 이미 오래전에 가산을 탕진했으나, 갑자기 계략을 꾸며 30년 전에 진정승陳定僧의 부친에게 매각한 토지계약서를 근거 없이 속회하였다.[49] 계약서에 의하면 지가地價는 관회官會 300관이었다. 그런데 현재 보경 2년(1226) 3월에 속회한[50] 이후 보경 3년 정월에 이르기까지[51]

---

49) 근거 없이 속회贖回하였다 : 脫贖. 『청명집』에 보이는 '脫'은 '근거 없다'라는 의미로 쓰이는 경우가 많다.

50) 속회贖回 : 收贖. 송본은 取贖.

51) 보경寶慶 3년 정월에 이르기까지 : 至寶慶三年正月. 명본에는 이 이후부터(止有 이하)가 누락되어 다른 판어, 12조 '叔僞立契盜賣族姪田業'에 삽입되어 있다(권9, 10a 4행 이하). 나머지 부분은 다른 판어 「典賣田業合照當來交易或見錢或錢會中半收贖」의 내용이다. 한편 상해도서관교감본은 13表, 2行 중의 '今自寶慶 이하 28行'이 판어 「典賣田業合

다만 관회 120관을 지불했을 뿐이었다. 아직 관회 180관이 남아 있는데도 단지 허위약정(허비虛批)만 했을 뿐 한 푼도 갚지 않았다.

진정승이 돈을 받지 못한 이상, 진자만도 아직 토지를 관리해서는 안 된다.[52] 그런데 이미 계약서를 근거로 호두戶頭가 된 다음 다시 이 토지를 양세영楊世榮에게 매각하였다. 그리고 또 이 계약서를 근거로 친린을 주장하며 진징승의 다른 토지를 속회했다.

그런데 진자만이 이미 토지를 속회할 수도 있고[53] 호두도 될 수 있는 이상 속회한 토지는 당연히 본인이 보전해야 할 터인데 지금 아침에 속회하고는 저녁에 매각하고, 아침에 호두가 되고는 저녁에 토지를 양도하고 있는 것은 도대체 무엇을 하자는 것인가? 이 토지는 이미 양세영에게 매각하였으므로 양세영의 재산이 된 것이다. 진자만에게는 이미 토지도 없는데 어떻게 근린이라고 말할 수 있겠는가?

법은, "거래대금은 120일 내에 지불해야 한다"라고 규정하고 있다. 진자만은 토지를 속회한 지 이미 1년이 지났는데도 거래대금을 완불하지 못하였다. 그런데도 부당하게 간단히 다른 사람의 토지를 양세영에게 매각하고 근거 없이 친린을 주장하였다. 양세영은 부당하게 토지를 차지하려고 모의하였고 진자민에게 자금을 대어주어 (진정승의) 토지를 속회하게 하였고, 또 진자만에게 자금을 대어주어 근린을 주장하게 하였다.

두 사람을 각각 장 1백에 처한다. 준비된 동전과 관회官會는 관에 몰수해야 하지만, 양세영이 아마 당시 사정을 몰랐을 수도 있기 때문에 대금은 양세영에게 반환하고 토지는 전정승에게 반환하고 각각 수령장을 받

照當來交易或見錢或錢會中半收贖」의 '弊矣'(권9, 11表, 9행) 아래로 연결된다고 하지만(卷9, 13表, 2行 注), 이것은 착오이며 13表, 3行 중의 '稱提 이하 27행'이 '弊矣'에 연결된다고 해야 할 것이다.

52) 아직 토지를 관리해서는 안 된다: 송본 원문 亦未當管業에 따른다. 명본은 當이 嘗으로 오기되어 있다.

53) 이미 토지를 속회할 수도 있고: 旣能贖田. 이 4자는 명본에는 없다. 송본에 의해 보충한다.

아 문서에 첨부한다. 한편 유씨劉氏가 매입한 토지는 진정승에게 묻고 거래한 것이며 진자만에게는 토지가 없는 이상 친린이라 주장할 근거는 없다. 그러므로 유씨에게 반환하여 관업管業하게 하도록 하고 계약서를 모두 환급還給하도록 한다. 문제가 되고 있는 진정승의 부친 판관判官의 계약서 내에 있는 토지는 반드시 진악陳偓이 단매斷賣한 골계骨契[54]가 있을 것이다. 진정승이 나이가 어려 재산을 관리할 수 없었기 때문에 진자만 등이 속여서 단매를 전매로 속이는 일을 벌였던 것이다. 그러나 토지의 전매에는 반드시 합동계合同契[55]가 필요하다. 만약 진악과 진자만이 장래 속회를 요구한다면 합동계를 제출하여 이를 근거로 대조하기를 명한다. 각자에게 판단사유서[단유斷由]를 발급하라.

16. 전매한 토지는 그 당시의 거래에 따라 현금, 또는 현금과 회자로 속회해야 한다[56]

典賣田業合照當來交易或見錢或錢會中半收贖：胡石壁

이변李邊이 토지속회문제로 소송을 벌인 지 9년이 지났다. 현청의 결정이나 조사漕司(전운사轉運司)의 판단에서는 모두 이변이 부당하다고 하였다. 본관이 지금 관련문서를 하나씩 상세히 검토해본 결과 과연 이변의 억지가 심하다는 것을 알 수 있었다. 공술하는 동안 법조문을 하나

---

54) 골계骨契 : 골骨은 근根이라고도 하는데 토지의 근원적인 소유권을 말한다. 토지에 대한 권리를 소유권과 용익권으로 나눌 수 있는데 소유권이 골에 해당하는 것이다. 단매斷賣는 이 소유권을 매각한 것으로 완전히 매각한 것이 된다. 남송대에는 부동산 거래가 활발해지면서 전골田骨, 원골園骨, 옥골屋骨 등의 용례가 많이 나타난다. 상세한 내용은 周藤吉之, 「南宋の田骨, 屋骨, 園骨」, 『唐宋社會經濟史研究』, 東京大學出版會, 1965 참조.

55) 합동계合同契 : 하나의 계약서 중간에 크게 글자를 쓴 다음 이를 둘로 나눠 거래 당사자가 하나씩 소유할 수 있도록 한 계약서이다. 翟灝, 『通俗編』 권23 「合同」에 다음과 같은 기사가 있다. "按今人産業買賣, 多于契骨上, 作一手大字, 而于字中央破之. 謂之合同文契. 商賈交易, 則直言合同, 而不言契. 其制度稱謂由來, 具甚古矣." 또 『宋會要輯稿』 「食貨61－57」, 「民産雜錄」 중의 建興 元年 正月, 개봉부開封府의 상주上奏를 참조.

56) 이 판어는 송본과 명본이 순서가 바뀌어 있다.

하나 설명하면서 전주典主를 속이려고 할 뿐만 아니라 관사官司를 장악하려고 한다. 회자의 가격 절하를 빌미로 삼아 입만 열면, 성지聖旨를 위반했다고 말하고 있다. 만약 관에서 그의 잘못을 명백히 알면서도 주눅이 들어 그의 죄를 처벌하려고 하지 않는다면, 전주가 그에게 무고를 당해 억울해 하면서도 감히 그와 분쟁을 일으키려고 하지 않을 것이다. (이변) 본인이 노회하고 교활한 자로서 송사訟事에 익숙하지 않다면 이렇게까지 계략을 잘 꾸밀 수는 없을 것이다.

법과 인정은 실은 동일체로서 인정에만 따르고 법은 위반하는 것은 안 되는 일이며 법만 지키고 인정은 떨쳐버리는 것 또한 안 되는 일이라는 것은 조금도 생각하고 있지 않다. (법과 인정) 양자 사이를 저울질하여 위로는 법을 위반하지 않고 아래로는 인정을 떨쳐버리지 않는 것이어야 비로소 행하여도 폐해가 없을 것이다.[57)]

지폐의 가격을 유지하는 것은[58)] 조정의 법으로서 절대로 위반해서는 안 되는 것이다. (회자會子는) 주현州縣의 세금징수나 상인의 거래에서도 오랫동안 현금과 함께 유통하여 사용되고 있다. 다만 일반인이 전택을 전매하거나 전당포에서 물품을 보관할 때에 각지의 관사는 인정을 참작하여 처음 거래가 현금으로 이루어진 것은 현금으로 속회하고, 관회官會로 된 것은 관회로 속회하고, 현금과 관회 절반으로 된 것은 절반으로 속회시키고 있다. 이것은 경기京畿에서 먼 지방까지 준수하지 않는 곳이 없어 규칙처럼 되어 있다. 최근 제거사提擧司에서 판결한 안시승顔時昇이 이승李昇의 토지를 속회한 예도 그렇다.

지금 이변은 당중조唐仲照에게 원래 현금 120관으로 전당잡혔던 토지를 현금 50관과 관회 65관으로 속회하려고 한다. 이 얼마나 인정을 무시한

---

57) 행하여도 폐해가 없을 것이다: 通行而無弊矣. 명본에는 錯葉이 있다. 이후의 부분은 판어 제15조, 「妄執親鄰」 속에 삽입되어 있다(권9, 13a 3행 이후).

58) 지폐의 가격을 유지하는 것은: 稱提楮幣. 칭제稱提의 원의原義는 발행하는 회자의 양에 따라서 준비금을 준비해두는 것을 가리킨다.

것인가? (소송하지 말라고 설득했으나) 고집을 부리면서 따르지 않다가 결국 (당중조가) 회자가격을 절하했다고 현과 전운사[59]에 고소를 하였으나 모두 목적을 달성하지 못하였다. 그래도 그칠 줄을 모르고 이번에는 주에 고소하였다. 일개 백성이 현령의 판결에도 따르지 않고 감사監司의 판결에도 불복하는 것을 보면 얼마나 교활한 자인지 알 수 있을 것이다.

그런데 당중조가 토지를 양도하려고 하지 않는 이유를 보면, 다만 현금으로 전당을 잡혔으므로 현금으로 속회해야 한다는 주장을 하고 있을 뿐이며 시가대로 관회를 환산해서 지불해주기를 바라는 것은 아니다. 그런데 어찌 관회 가격을 절하했다는 죄로 (당중조를) 무고誣告할 수 있는가?[60] 그 당시 정말 현금과 회자 절반으로 거래했다면, 그때의 구회자舊會子는 770문으로 통행되고 있었고 현재는 액면가 200문[61]으로 절하되어 있으므로 이번 역시 당연히 다섯 배로 환산해서 갚아야 할 것이며 50관의 현금 외에 구회자 450여 관[62]을 더 갚아야 한다.

설령 속회할 때는 조정의 신회자新會子가 발행되기 전이어서 구회자의 가치가 절하되지 않았다고 해도 65관의 관회로 70관의 현금을 갚을 수는 없다. 삼척동자라도 그렇게 해서는 안 된다는 것을 알 것이다.

이변은 스스로 생각해보니 부끄럽고 변명할 수가 없어 속회한 후 전당잡힌 계약서를 제출하며 "어린아이를 속였습니다"라든가, "형제는 모릅니다"라고 한다. 관에서는 문서를 근거로 하는데 어찌 허튼 말로 이길

---

59) 전운사轉運司: 臺. 판어 서두의 조사漕司를 가리킨다.

60) 그런데 어찌 관회 가격을 절하했다는 죄로 (당중조를) 무고할 수 있는가: 安得橫以減落會價之罪誣之. 송본에는 會價가 百陌으로 되어 있다.

61) 액면가 200문: 200文省. 省은 액면가를 말한다.

62) 구회자 1관이 770문의 가치였는데 현재 액면가 200문이라면 실제가치는 154문이 되고 이것을 과거의 70관으로 환산하면 450여 관이 된다. McKnight는 120관에서 50관을 갚고 남은 70관을 다섯 배로 계산하면 350관이 된다고 하여 이 450관이라는 숫자는 350관을 착오한 것이라고 하는데(McKnight, op. cit., p.536, 주 209), 그의 주장이야말로 착오인 것 같다. 그는 회자의 실제 가치의 변동을 고려하지 않았기 때문이다. 한편 梅原郁은 65관을 구관회로 환산하면 450여 관의 숫자가 나온다고 하는데(梅原郁, 『청명집역주』, 289면, 주5) 65관으로는 420여 관이 나오기 때문에 계산이 맞지 않는다.

수가 있겠는가? 거짓말을 할수록 더욱 졸렬해지고 덮으려고 할수록 더욱 드러나는데도 오직 이기려고만 할 뿐 소송을 삼가는 마음은 없다. 만약 엄하게 징벌하지 않으면 간악한 짓을 막을 수 없을 것이다.

본부는 이미 전운사 각하로부터, "책임 하에 이변에게 준비시켜 당중조에게 반환시키도록 한다. 만약 불복하면 잡아서 죄를 조사하고 법에 따라 시행하라"는 공문을 받았다. 지금 침칭의 초인에 의하면, "이변은 장 1백에 처해야 할 것이다. 그러나 그 소장의 서두에 전학생前學生이라고 자칭하고 있어서 혹시 사인士人인지도 몰라서 처벌을 면제해주고 싶습니다"라고 한다.

그래서 이변의 전후 소장의 글을 들여다보니 모두 군자의 말이 아닌 믿을 수 없는 황당한 말들이며 시서詩書의 교양이라고는 털끝만큼도 없다. 이를 어떻게 유생의 반열에 넣을 수 있겠는가? 더구나 여론을 수집해 보니 모두 이변은 원래 소송꾼으로서 수없이 많은 죄를 지었다고 한다. 만약 이번에 또 요행히 죄를 면한다면 모든 추악한 무리들, 악행을 저지르기를 좋아하는 무리들 중 낫 놓고 기역자라도 아는 자들은 모두 사인이라고 자칭하며 무도한 일들을 자행하게 될 것이며 관에서는 말 한마디 할 수 없을 것이다. 이것은 악을 조장하는 길이니 어찌 시정의 방침으로 삼을 수 있겠는가?

법에 따라 장 1백을 집행하고 소환하여 원금을 당중조에게 강제 반환시킨다. 즉시 계약서를 반환시키고 추수가 끝나면 토지를 교부하라.

17. 20년이 경과한 후 원소유자가 사망한 경우는 수리할 수 없다[63]

過二十年業主死者不得受理 : 吳恕齋

토지에 관련된 소송은 관이나 민이나 모두 다만 증서에 의거할 뿐이

63) 이 판어는 송본에는 없다.

다. 심방정沈邦政은 조부 심문도沈文道가 소유한 인화현仁和縣 서당西塘 소재 토지 8무가 손택孫宅에 전매되어 있는데 (속회를 요구하는) 소송을 제기했다. 본현이 속회불가라고 판결하자 부에 소송을 제기했다.

첨청이 문서를 검토한 결과 다음 사실이 밝혀졌다.

그 토지는 유방어劉防禦가 순희 5년(1178)에 진보의陳保義에게 매각하였고, 진보의는 경원慶元 6년(1200)에 서사徐四에게 매각, 서사는 전등사錢登仕에게 매각, 전등사는 가정 6년(1213)에 토지 100여 무와 함께 손택에게 매각한 것이다. 함께 제출된 전등사의 매매계약서 및 원래 매입자인 서사가 갖고 있던 상수적계上手赤契(이전 소유자의 관인계약서)가 분명히 이 사실을 밝혀주고 있다. 그동안 소유주가 4, 5명이나 바뀌고 시간은 5, 6십년[64]이 지났는데 어떤 계약서에도 이 토지가 심문도의 것이었다는 기록은 없다. 그러므로 심방정이 어째서 어느 날 갑자기 자기 것이라고 주장하는지 이유를 알 수 없다. 만일 조부의 것이라면 반드시 이를 증명할 토지대장이나 분서分書가 있어야 하고 조부가 전당잡힌 것이라면 반드시 전당계약서가 있어야 하는데 지금 아무 근거도 없는 것이다.

또 본인의 공술에 의하면 지가가 얼마였는지도 모르고 보증인이나 중개인도 모르고 업주業主의 이름도 모르면서 다만 먼저 자신이 유씨가劉氏家로부터 속회했던 전당계약서 한 통을 갖고 "(조부의 토지는) 이 토지와 같은 구역에 있습니다. 조부가 필시 다른 사람에게 전당잡힌 것이 분명한데 아직 속회를 못해서 소송을 제기한 것입니다"라고 한다. 그러나 이 토지가 유낭자劉娘子의 토지와 같은 구역에 있다 하더라도 그것은 건도乾道 연간(1165~1173)의 것이라는 사실을 전혀 모르고 있다. 어찌 건도 연간 이후에 부친이나 조부가 이 토지를 다른 사람에게 매각하지 않았는지 알 수 있다는 말인가? 가령 과연 조부가 일찍이 남에게 전당잡힌 것이라고 하더라도 왜 유방어 등이 이 토지를 내다 팔 때 즉시 속회를 요

64) 오육십년 : 원문은 五六年. 五六十年의 오기가 분명하다. 후문에 五六十年이 나온다.

구하는 고소를 하지 않았는가? 지금 50년 동안 유씨 이후 연속으로 매매되어 손대이 다섯 번째의 주인이 되었다. 만약 근원을 찾고 싶다면 반드시 근본적으로 유방어가 토지를 매입하고 매각한 연유를 물어야 할 것인데 그러나 관에서 어찌 50년 전, 80년 전의 증서에 관한 것을 철저히 밝혀낼 수 있겠는가?

원래 세상에는 부정으로 축재하는 자들이 남의 토지를 전당잡고 속회해주지 않는 일이 있지만 관에서는 다만 공정하게 처리하지 않으면 안 된다. 그러나 심방정에게 한 장의 증서도 없고 그 주장도 거의 근거가 없는 것을 보면 이것은 필시 일을 꾸미기 좋아하는 자들이 그를 교사하여 소동을 피운 것임에 불과하다. 법은 "무릇 전택을 전매하는 경우 모두 합동계약서를 만들어 전주錢主와 업주業主가 각각 한 통씩 갖는다"[65]라고 규정하고 있고, 또 "계약서가 불분명하고 20년이 경과한 후 전주나 업주가 사망한 경우는 수리受理할 수 없다"라고 규정하고 있다. 지금 심방정에게 합동 전매계약서가 없고 또 이미 오육십 년이 경과했으므로 본현의 판결은 타당한 것이다.

손택에게 계약서에 따라 토지를 관리하도록 한다. 만약 심방정이 여전히 감히 근거 없이 소송을 하면 부로 압송하여 법대로 시행한다.

18. 계약서를 변조하여 점거한 다음 속회해주려고 하지 않다

揩改契書占據不肯還贖[66]

전당잡힌 것을 속회하는 법은 일월과 같이 명확하다. (속회할) 연한이

---

65) 원문: 契要不明, 過二十年, 錢業主死者, 不得受理. 이 법령은 『청명집』에서 자주 인용되는 법령 중의 하나이다. 예를 들면 권4의 제9조, 15조, 25조, 28조, 권5의 16조, 권9의 20조 등의 판어에 인용되고 있다. 그러나 이 법은 재판관들에게 있어서 정확한 해석이 문제가 되기도 했다. 가령 권4의 28조의 판어가 그렇다.

66) 이 판어는 송본에는 없다.

지났다고 계약서를 변조하여 토지를 점거하고 속회해주지 않을 수는 없다. 담당부서에서 도착한 현의 판결과 합동 전당계약서를 검토해보니 '치도置到'[67] 를 '치전置典'[68]으로 글자를 바꿔놓은 것을 뚜렷이 알 수 있으니 오사연吳師淵은 마음이 바르지 못한 자이다. 지현의 판단과 사호참군司戶參軍의 초안은 지극히 타당하다.

지금 오사연은 다시 섭운보葉雲甫가 전당잡힌 토지는 상수적계(이전소유자의 관인계약서)가 없다는 것을 근거로 소송을 제기했다. 그러나 가희 연간(1237~1240)에 현금을 주고 거래를 할 당시에 적계의 유무는 따지지 않았다. 이제 (속회) 연한이 만기가 되어 퇴속退贖하려고 하니 적계를 따지는 것은 무슨 일인가? 더욱이 이미 관의 서명날인을 받았고 분서에도 이 토지가 분명히 기재되어 있으므로 반드시 적계가 있어야만 본인의 토지임을 증명할 수 있는 것은 아니다.

그런데 오사연은 또 섭운보가 전당잡힌 토지는 이전에 타인의 토지를 전당잡은[69] 것이었고 이미 원래의 소유주는 사망했으므로 속회해주지 않아도 된다고 한다. 법으로 따지면 "무릇 전택의 소송에서 계약서가 불분명하고 20년을 경과, 전주나 업주가 사망한 경우는 수리할 수 없다"라고 규정하고 있다. 섭운보는 현재 토지를 전당잡힌 전주典主이며 사망도 하지 않았고 합동계약서도 불명한 점이 없다. 설령 섭운보가 이전에 타인의 토지를 전당잡은 것이라 해도 역시 섭운보의 속회를 허락해야 할 것이다. 더구나 계약서 내에 '치도'라 한 것은 본인이 분할 받은 상속분을 뜻하는 것이니 무엇을 더 의심하겠는가? 이법理法으로 따져보면 오사연의 주장은 하나도 타당한 것이 없다. 시간을 끌면서 토지를 점거한 것과 문서를 변조한 두 가지의 죄를 논한다면 오사연은 법에 따라 처단해야 할 것이다.

---

67) 치도置到 : 뒤에 설명이 나오듯이 상속받은 토지를 소유하고 있다는 뜻이다.

68) 치전置典 : 전당을 잡혔다는 뜻이다.

69) 이전에 타인의 토지를 전당잡은 : 원문은 先典得人者. 中華書局本(314면, 최후행)은 先典他人者로 오기. 得이 없으면 전당잡힌 것과 전당잡은 것과의 차별이 애매해진다. 후문에는 先典他人者로 나오기 때문에 원래 정확히 말하면 先典得他人者가 옳을 것 같다.

장 1백에 처하고 현으로 압송하여 관고官庫에 기탁한 현금과 회자를 수령하고 속회하도록 한다. 과오를 뉘우칠 수 있다면 처벌을 면제할 것이다. 합동계약서를 섭운보에게 환급하고 토지를 관리하도록 한다. 본건의 담당자가 뇌물을 받은 부분에 대해서는 따로 보고하여 처리한다.

19. 고아가 된 딸이 부친의 토지를 속회하다

孤女贖父田 : 吳恕齋70)

유량兪梁은 자기 소유의 토지 9무 3보를 개희 2년(1206)에 대사임戴士任에게 87관을 받고 전당잡혔다. 유량은 소정 2년(1229)에 사망했고 자손이라고는 유백육랑兪百六娘이라는 딸만 하나 있었는데 진응룡陳應龍을 불러 남편으로 삼았다. 당시에는 아유阿兪 부부는 이 토지가 전매였는지 단매였는지 몰랐으며 가희 2년(1238) 2월에 처음으로 현에 속회를 요구하는 고소를 하였다.

그런데 대사임이라는 자는 "소정 원년에 유량이 다시 이 토지를 45관을 받고 단매하였습니다"라고 주장하면서 결코 퇴속하려고 하지 않았다. 그 후 5년 동안 계속해서 쌍방은 서로 현에 고소하였고 현으로부터 두 번의 판결을 받았다. 현의 판결은 대사임이 제출한 것은 유량의 전매 및 단매계약서71)가 분명하므로 진응룡 부부는 속회할 수 없다는 것이었다.

다시 진응룡은 부에 재심을 계속 요구하였고 지부각하로부터 첨청에서 검토하라는 지시를 받았다. 곧 양 당사자를 소환하여 심문을 하고 아울러 유량이 했다는 전매 및 단매계약서를 색출하여 자세히 조사하였다.

생각건대 관사에서 토지전매 소송을 판결할 때는 법적으로 당연히 계약서를 위주로 해야 하지만 또한 계약서의 진위를 명백히 가려야 실정

70) 이 판어는 송본에는 없다.

71) 전매 및 단매계약서 : 典賣契字. 전매典賣는 보통 전당典當으로 쓰이는데 여기서는 전당典當과 단매斷賣의 두 가지 의미를 동시에 갖고 있다.

을 놓치지 않고 파악할 수 있다. 그러나 본현에서는 계약서를 신빙할 줄은 알아도 그 이상으로 계약서의 진위를 판명하는 것이 중요하다는 것은 모르고 있다. (즉 계약서만 있으면 된다는 생각을 하고 있다.) 이 때문에 대사임은 토지를 내놓으려고 하지 않았고 진응룡도 격렬하게 싸우게 되었던 것이다.

지금 대사임이 갖고 있던 유량의 전매계약서를 제출시켜 서포書鋪를 불러 본관의 면전에서 검증을 하였다. 개희 연간의 전매계약서와 소정 연간의 단매계약서에 있는 유량의 서압書押은 두 손의 모양과 필적이 뚜렷한데 전매계약서는 진짜이지만 단매계약서는 가짜라는 것은 삼척동자도 속일 수 없을 것이다. 거짓을 꾸미려고 애는 썼으나 마각이 드러난 것이다.

거짓이라는 것을 증명하는 또 하나의 사실이 있다. 유백육랑이 가희 2년 2월에 고소하자 대사임은 급히 가희 3년 12월에 단매계약서에 관인을 받고 또 그전 가희 3년 3월에 진응룡에게 토지 4무의 단매계약서를 써달라고 돈을 주어 유도하였던 사실이다. 그런데 유백유랑이 불응하자 중개인이 돈을 관에 헌납하였던 것이다.

만일 분명히 단매를 했고 계약서가 진실이라면 왜 굳이 진응룡에게 단매계약서를 쓰라고 하였겠는가? 또 왜 유백유랑이 고소한 지 1년 후에 급히 관의 날인을 받았던 것인가? 이것은 아유가 속회를 요구하는 고소를 하자 급히 위조계약서를 만들어 기만하려고 했던 것인데 그것이 억지라는 것만 더욱 숨기기 어렵게 되었다.

대사임의 속셈을 헤아려보면 토지를 거래한 후 오랜 세월이 지나 거의 자기 것으로 생각하고 있었는데 어느 날 갑자기 원래 소유주의 사위에게 토지를 속회해주려니 아까운 생각이 들어서 이런 계략을 꾸몄을 것이다.

조득照得.

부인의 결혼지참금과 호절재산의 상속분은 남편과 공유한다. 법령에 따르면 호절재산은 모두 미혼자녀에게 주고 귀종녀는 반감해서 준다. 유량에게는 자식이라고는 유일한 딸 유백유랑이 이 집을 지키고 있다가 후에 진응룡을 남편으로 불렀을 뿐이다. 또 이 외 별다른 재산도 없으니 이 토지는 유백육랑 부부에게 전당계약서에 따라 속회해주는 것이 법과 도리에 맞을 것이다. 문제의 위조계약서는 당청에서 말소한다. 그러나 진응룡이 이 토지를 속회하고 싶은 만큼 대사임이 들였던 공도 생각해주어야 할 것이다. 오랜 시간이 지났기 때문에 인정이라는 것도 참작해야 할 것이다.

지금 지가는 계회 연간에 비해 배로 뛰었고 회자 가격은 개희 연간보다 떨어졌다. 그런데 응룡이라는 자를 보면 파락호 같은데 어찌 속회할 돈이 있겠는가? 필시 옆에 입맛을 다시는 무리들이 있을 것이고 소송도 그들이 자금을 대주어서 몇 년을 계속 할 수 있었을 것이다.

진응룡이 18계界 관회 87관을 준비해서 당청에서 대사임에게 갚도록 하고 그 다음에 계약서를 주어 토지를 관리하게 한다. 유랑에게는 다른 자식이 없고 제사를 지낼 사람은 유백유랑뿐이다. 이 토지를 속회하면 영원히 잘 보전하여 세시의 제사비용에 쓰겠다는 서약서를 받아 관에 보관한다. 다른 사람에게 매매할 수는 없다. 응룡이 감히 팔겠다고 하면 대사임이 고발해도 좋다. 즉시 관에 몰수할 것이다.

이렇게 하면 대를 잇는 미덕을 보존할 수 있고 진응룡이 싸게 사서 비싸게 팔려는 사심도 막을 수 있을 것이고 대사임의 분한 마음도 조금은 누그러들 것이다.

20. 전주가 시일을 끌어 농무에 들어가버리다[72]
典主遷延入務 : 胡石壁

조득照得.

손지현孫知縣은 작년 12월에 아룡阿龍에게 무개務開의 날을 기다려 조단趙端에게 전당잡힌 토지를 수속收贖하라고 판결했다. 그런데 조단은 현의

72) 농무農務에 들어가버리다 : 入務. 입무入務에 대해서는 권4, 제5조 참조.

명령에 따라 무개가 되면 당연히 퇴속해야 할 터인데도 여전히 경작과 파종을 핑계대고 (퇴속하지 않고) 있다. 본관이 본 바, 각지의 호민豪民들은 소민小民의 전업田業을 노려 빼앗으려고 모두 이처럼 노심초사하고 있다. 무개가 되면 시일을 끌면서 (퇴속하지 않으려고) 백방으로 핑계를 대고 있는 것이다. 예를 들면 "계약서를 찾아보았는데 아직 발견하지 못했습니다"라든가, 혹은 "가장이 외출하여 아직 돌아오지 않았습니다"라고 말하고 있다. 또 소민이 고소를 하면 호민들은 담당서리[안사案司]에게 부탁하여 소환장의 발급을 지연시키거나 기한이 될 때마다 핑계를 대어 몇 달을 끌다보면 이미 입무入務에 들어가게 된다. 결국 토지를 전매한 사람은 속회할 시간이 없게 되는 것이다.

본래 가난한 하층 백성에게는 한 뼘의 땅도 모두 피땀으로 마련한 것이다. 일단 남에게 전매하게 되면 집안의 어른 아이 할 것 없이 모두 가슴 아파하며 근심하리라는 것은 말하지 않아도 알 수 있는 일이다. 부부가 밤낮으로 밭 갈고 베를 짜면서, 한 홉의 곡식도 배불리 먹을 생각을 못하고 한 올의 비단도 입을 생각을 못하고, 추위와 배고픔을 참고 견뎌 조금이라도 저축해서 전매한 땅을 되찾으려고 애를 쓰고 있으니 참으로 가련한 일이 아닐 수 없다. 그런데 불인不仁하게도 부를 축적하려는 자들을 보면 측은지심은 도무지 없고 간계를 꾸며 가만히 앉아서 소민들을 곤경에 빠뜨리고 있다. 그들로 하여금 속회할 때 쓰려고 모은 돈을 재판으로 소모하게 하여 소송에서 이기더라도 속회할 돈이 없게 만드는 것이다. 그래서 부자는 이겨도 져도 이기게 되지만, 빈자는 이기든 지든 지게 되어 있다. 이것이 부자는 광대한 땅을 갖지만 빈자는 바늘 꽂을 만한 땅도 없는 원인이다. 지금 조단이 아룡을 곤경에 빠뜨린 것도 바로 이러한 술책에서 나온 것이다.

아룡의 이 토지는 조단 가에 전매한 것으로 네 곳[73] 합계 현금 98관에

---

73) 네 곳 : 명본은 四頃. 송본은 四項. 명본의 착오이다.

해당하는데 전부 8년이나 걸려 속회자금을 마련할 수 있었다고 한다면, 얼마나 고난을 겪었을지 짐작할 수 있을 것이다. 아룡이 저축해서 이 돈을 손에 쥐게 되었을 때는 다만 토지를 빨리 속회하지 못할까봐 걱정이었다. 그런데 조단은 추수가 되기를 기다려 토지를 양도하려고 하였다. 조단의 이 같은 의도는 아룡의 돈은 모으기는 어려우나 나가기는 쉽다는 것을 알기 때문이다. 현재 추수 때까지는 아직 반년이나 남아 있고, 반년 동안 요행으로 그 돈이 다시 다른 곳으로 전용된다면 무개務開의 날에 와서 찾아가라고 해도 상대방은 손을 쓸 수 없는 것이다.

본관이 보건대 조단의 마음씨가 악한 것이 속속들이 다 들여다보인다. 더구나 아룡은 작년 봄 손지현의 판결을 받고 금년 봄 다시 현에 고소를 했는데 모두 입무入務에 들어가기 전이었다. 법은 "무릇 토지를 전매하고 연한이 만기가 되면 업주業主(전당잡힌 사람)는 입무가 되기 전에 속회해야 한다. 그리고 전주典主(전당잡은 사람)가 시간을 끌면서 점거하면 장 1백에 처한다"라고 규정하고 있다. 조단은 본래 법에 따라 처단해야 하지만 연로하기 때문에 집행을 유예한다. 또 조단은 납세영수증[세령稅領]을 위조하여 관사를 기망하였다. 이것은 특히 간악한 일이지만 지금은 형벌을 가산하지 않겠다. 일단 두 건의 영수증을 당청에서 말소하고 즉시 대금을 교부하고 토지를 퇴속하게 하라.

21. 가짜 분묘를 만들어 속회하다

偽作墳墓取贖 : 擬筆

무릇 사람들이 토지로 소송을 벌일 때는 계약서만을 근거로 하여 판결한다. 지금 양적공楊迪功[74]과 황수실黃秀實은 토지를 속회하는 문제로

74) 양적공楊迪功 : 적공迪功은 적공랑迪功郎으로 선인選人 7계階 중 최하위의 기록관명寄祿官名이다.

서로 싸우고 있다. 쌍방의 계약서를 제출시켜 조사해본 결과 다음과 같은 사실을 알았다. 위의 토지는 원래 양적공의 부친 양시가楊時可가 황종黃琮에게 단매한 것인데 황종은 다시 아들 황계자黃桂子에게 분여分與하였다. 그 후 황계자가 오순거吳舜擧에게 전매한 것을 황계자의 형 황수실이 오순거로부터 속회한 것이다.

가정 10년(1217)에 황계자는 계약서를 작성하여 형 황수실에게 단매하였는데 (계약서 상의) 사지四至 내에는 양씨의 조상묘가 전혀 기재되어 있지 않다.

단평 3년(1236) 12월에, 황계자는 다시 위의 토지를 양적공에게 이중으로 매각하면서 여기서는 양씨의 조상묘가 있다고 하였다. 원래 황계자가 형 황수실에게 토지를 매각했을 때는 조상묘가 있다는 말은 전혀 없었는데 지금의 계약서와 이전의 계약서가 상반되는 것은 무슨 까닭인가?

당장 황계자를 소환해 심문해보니, "양적공의 부탁을 받아 일시 이익을 보려고 일단 양씨의 부탁에 따라 양씨의 조상묘를 추가해 넣은 것입니다"라고 공술하였다. 본관이 직접 이끌고 현지에 가서 검사를 해보니 토지의 좁은 길 위에 몇 개의 바위덩이가 한 옆에 모아져 있는 것을 보았는데 묘비명이 있다고 한다. 당장 양적공에게 물어보니 "세월이 많이 흘렀지만 땅속에 증거가 될 석비石碑가 묻혀 있습니다"라고 말하였다. 그가 노복에게 땅을 파보게 하여 1척 남짓 들어가자 한 조각의 돌이 나타났다. 길이가 대략 1척 4, 5촌쯤 되는데 몇 글자가 그 위에 새겨져 있다. 그런데 지서支書에는 아무 기재도 되어 있지 않는데 땅속에 비석이 있다는 것은 어떻게 알았을까? 이 점은 아무래도 의문이 가지 않을 수 없다.

양적공은 또 건도 연간(1165~1173)의 상수계를 근거로 제출하면서 "묘지가 있습니다"라고 하였다. 그래서 자세히 점검해보니 계약서 내에 관인이 없다. 계약서 뒤의 접합 부분에 관인이 찍혀 있지만 아무래도 의심스럽다. 서포書鋪를 불러 검증을 해보니 역시 위조된 것이라고 하는데도 잘못을 뉘우치는 서약서를 제출하려고 하지 않는다.

이 계약서가 과연 진짜라면 양적공의 부친 양시가가 황종에게 매각했을 때 당연히 자기의 조상묘가 있다고 분명히 말하고 빠뜨리지 말았어야 했는데 말하지 않았다는 점 또한 아무래도 의문이 가지 않을 수 없다. 더구나 이 토지는 양적공의 집 앞에 있어서 본인에게 이용하기 매우 편리한 토지였지만 손에 넣을 계책이 없어서 몰래 석비를 묻어두고 계약서를 위조하고 황계지를 매수하는 등 다방면으로 금일의 속회를 위해 공작을 해두었다.[75] 계약서를 조사해보면 하나도 신빙할 것이 없는데 어찌 속회를 말할 수 있는가?

지금 색출된 양적공의 위조계약서 및 황계자에게 이중으로 거래한 계약서가 현에 상신되어 와 있다. 당청에서 말소하고 두 고소인은 대기하도록 한다. 각하에게 상신하여 지시를 기다리도록 하라.

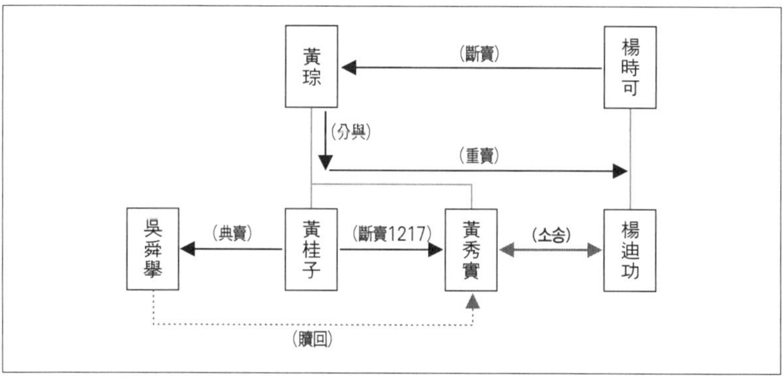

卷9-21조

75) 금일의 속회를 위해 공작을 해두었다: 爲今日贖回張本. 송본에는 爲가 없다.

22. 사망한 동성의 전업을 근거 없이 속회하다
妄贖同姓亡歿田業 : 僉廳

전前 무강군武岡軍[76] 황주부黃主簿의 처 강씨江氏가, "강문휘江文輝 등이 사망한 동성同姓 강통보江通寶가 전매한 토지를 근거 없이 속회하려고 합니다"라고 고소한 건에 대해 다음과 같은 각하의 판결에 따라 시행하였다.

신명지휘申明指揮[77]에, "토지계약의 계두契頭가 사망한 지 30년이 지난 경우는 수리할 수 없다"고 되어 있다. 지금 전매의 합동계도 없고, 관의 판결도 기다리지 않고, 황씨댁에서 대금을 수취할 때까지 기다리지도 않고, 함부로 수확물을 강제 수확한 것은 고아를 기만하고 과부를 능멸한 것임이 명백하다. 현에 통첩하여 두 사람을 소환하고 침기부(토지대장) 및 당시의 전매계약서를 색출하고 보내고 고소인을 압송하고 보증인을 불러 대기하도록 하라.

그 후 건양현建陽縣에서 강문휘江文輝와 유대을劉大乙을 부로 압송해 왔다. 고소인과 간인幹人 진길陳吉을 소환하여 각각 간조干照, 침기부, 지서, 계약서를 갖고 오게 하여 당청에서 심문하고 공술하도록 했다.

조득照得.

강씨아江氏兒[78]의 부친 강조종江朝宗은 순희 15년(1188)에, 현금 100관족으로 강통보의 토지 합계 3단을 전당잡았다. 또 소희 4년[79](1193)에 현금 100관으로 다시 토지 1편 합계 2단을 전당잡았다. 이어서 가정 5년(1212)에 딸 강씨아에게 떼어주어 황주부와 결혼할 때 지참금으로 쓰게 하였

---

76) 무강군武岡軍 : 형호남로荊湖南路(호남성湖南省) 서남부의 소주邵州에 인접한 군軍. 崇寧 5년(1106)에 현縣에서 군軍으로 승격하였다.

77) 신명지휘申明指揮 : 성부省部에서 조칙이나 법률의 의미를 해설하여 내는 지시서.

78) 강씨아江氏兒 : 모두에 나온 강씨江氏를 가리킨다.

79) 소희紹熙 4년 : 원문은 紹熙가 紹興으로 되어 있으나 앞뒤 문맥으로 보아 紹熙가 옳다.

다. 전당잡은 지 지금[80]까지 이미 48년이 지났고 강조종과 전당잡힌 강통보 모두 사망하였기 때문에 관에서는 수리할 수 없다. 이것이 첫 번째 밝혀진 사실이다.

강문휘는 공술에서 "강통보의 직계자손으로서 강통보의 토지를 속회하고 싶습니다"라고 하였지만, 반드시 합동계合同契가 있어야 하는데 지금 합동계가 없으므로 본사本司에서는 속회하게 할 근거가 없다. 이것이 두 번째 밝혀진 사실이다.

강문휘는 본현에서 소흥 23년(1152)에 압인押印한 합계 10장의 용지로 된 강호江浩의 토지대장 한 책을 제출하였다. 지금 일일이 대조해본 바 강조종에게 전당잡힌다고 기입한 토지는 12장 째의 용지에 있다. (그러므로 신빙할 수 없는 것이다.) 더구나 용지의 양식이나 색깔이 다르고 필적의 농담도 다르다. 즉 이것은 용지를 덧붙여 써넣은 것이므로 속회의 증거가 될 수 없다. 이것이 세 번째 밝혀진 사실이다.

또 강문휘가 제출한 경원 3년(1197)에 관사가 압인한 강종민江宗閔의 지서에는, "강호에게 두 아들이 있는데 장남 이십팔二十八은 언彦을 낳았고 차남 삼십三十은 종민을 낳았다"라고 기재되어 있지만, 강통보라는 이름은 없다. 그런데 '삼십'이라고 씌어 있는 옆에 '명통보名通寶'라는 석 자가 첨서添書되어 있다. (이것은) 강통보의 정식 명칭이 있는 지서가 아닌 이상, 친자인지도 변별하기 어렵다. 더구나 강문휘가 지적한 기재된 전매 토지와 계약서 내의 지명은 서로 다를 뿐만 아니라 또한 토지까지 첨가되어 있어서 이 또한 증거로 사용하기 어렵다. 이것이 네 번째 밝혀진 사실이다.

강문휘가 제출한 별개의 오래된 계약서 및 납세증명서에 의거해서 이를 방증으로 삼으려고 해도 모두 오랜 시간이 지난 것으로서 인용하기 어렵다. 이것이 다섯 번째 밝혀진 사실이다.

---

80) 계산하면 지금은 端平 3년(1236)이 된다.

강문휘가 공술한 사정은 대부분 허위가 많고 사리에 맞지 않아 속회의 근거로 삼기 어렵다. 그리고 강씨가, "강문휘가 2년분의 수확을 거두어 갔습니다"라고 고소한 부분에 대해서, 江文輝는 단지 금년의 쌀 12석만 반환하겠다고 인정하고 있다. 통첩하여 본현에 압송해 보내어 강제 반환시키도록 한다. 그리고 강씨아가 "유대을이 강문휘에게 자금을 대주어 토지를 속회하게 했습니다"라고 고소한 부분에 대해서 지금 소환하여 공술을 받아본 바, 그런 사실은 없으므로 처벌하기는 어려운 것 같다. 서약서를 쓰게 하고 일단 방면하기로 한다.

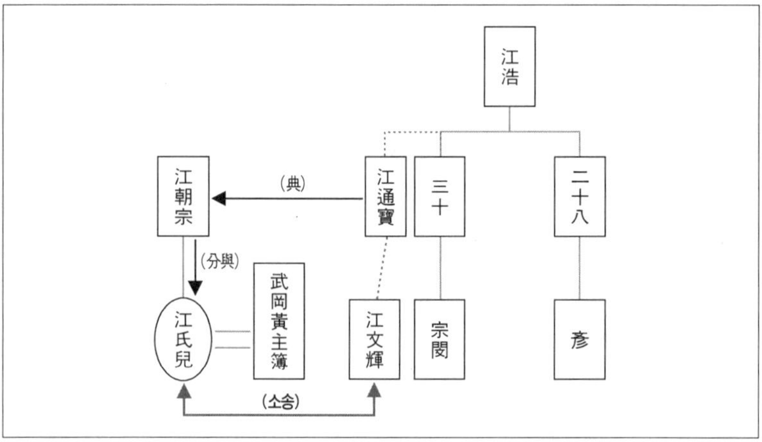

卷9-22조

23. 전주가 단골을 원하지 않는다면 업주에게 수속해주어야 한다
典主如不願斷骨合還業主收贖

무릇 사람들이 전택을 매입할 때는 물론 법에 부합해야 하지만 또한 마음도 맞아야 한다. 법에 부합한다면 소송은 일어나지 않을 것이고 마음이 맞는다면 자손이 영구 보존할 수 있을 것이다. 그런데 전택을 매입하려고 할 때는 반드시 높은 값을 지불한다. 이것은 음덕陰德을 많이 쌓아 자손들이 이처럼 전매를 하지 않기를 바라기 때문이다.

범부范鄜의 부친은 처음에 어릴 때의 이름 신侁의 명의로 호를 등록했다. 후에 범경范庚이라는 이름으로 과거에 합격하여 관직을 얻게 되어 주부主簿에서 시작하여 추관推官에 이르렀다. 그러나 그 호戶의 명의는 최후까지 범신范侁이라는 옛 이름 그대로 하고 변경하지 않았다. 따라서 토지를 전매할 때도 범신이라는 이름으로 계약을 하였다.

범신이 관직에 있을 때 전산은 거의 다 팔아버렸으며 범신이 갖고 온 여러 장의 증서는 그 과정을 뚜렷이 보여주고 있다. 범신은 건도 3년(1167)에서 순희 4년(1177)까지 소곽판小郭坂의 원지園地와 가옥家屋을 3차에 걸쳐 합계 192관족을 받고 정일丁逸에게 전당잡혔다. 정일의 가인家人 정숙현丁叔顯 등은 가태嘉泰 말년(1201)과 개희開禧 초년(1205) 양차에 걸쳐 합계 182관족을 받고 상수계와 함께 다시 정백위丁伯威에게 전당잡히고 관리하게 하였다. 고스란히 20년 동안 누적된 이익도 결코 적지 않을 것인데 그것이 범부 부친의 소유라는 것을 모를 리가 있겠는가?

범부가 빈궁하여 가옥을 단매하려고 해도 이를 들어주지 않고, 속회하려고 해도 속회해주지 않고, 사람을 불러 거래하려고 해도 다른 사람에게 팔려고 하지 않는다. 우연히 부친에게 두 개의 명의가 있고 또 관칭이 있었기 때문에 이것을 핑계로 삼아 관사官司에 기대어 가만히 앉아서 범부를 곤경에 빠뜨려 공짜로 범부의 집을 차지하려고 하고 있으니[81] 도대체 이 무슨 심보인가? 더구나 (정숙현 등이 범부의 땅을) 다시 전당잡혀서 받은 가격과 원래 (범신이 전당잡혀서 받은) 가격은 이미 10관의 손실이 있다. 겨우 이 10관 외에 늘어날 것이 얼마나 되겠는가? (10관의 이익을 보았으면 충분하지 않겠는가?) (이제 범부가 원하는 대로) 단매하

81) 공짜로 범부范鄜의 집을 차지하려고 하고 있으니 : 欲白據其屋骨. 송본에는 屋이 園으로 되어 있다. 앞에는 屋骨로 나왔으므로 둘 중 한쪽이 착오이다.

게 해준다면 범부의 희망을 채워줄 수 있을 것이다. 그런데 오히려 교묘하게 말장난을 하면서 계속 관부官府에 고소하고 있는 것을 보면 정백위는 참으로 몹시 불인不仁한 자라고 할 것이다.

그런데 범신의 상수계는 정원진丁元珍이 쓴 것이고 범신의 계약서는 애초 범부가 쓴 것이다. 당청에서 필적을 대조해보니 원래의 소장의 날짜는 전혀 어긋남이 없다. 본관이 소환해서 확인해보니 정원진은 얼굴이 붉어지더니 입만 벌리고 대꾸를 못하였다. 만약 정원진이 단매를 원한다면 당연히 시가에 따라 해주도록 명하고, 만약 정원진이 원하지 않는다면 즉시 범부가 당시 전당잡혔을 때 받은 돈을 준비해 정백위로부터 속회하도록 해야 할 것이다. 만약 범부가 속회할 돈이 없다면 법에 따라 다른 사람을 불러 거래하도록 명한다. 정백위가 이전처럼 관에 출두하는 것을 방해한다면 반드시 법에 따라 시행할 것이다. 증서는 각자에게 환급하라.

墳墓

24. 묘역 내가 자기 땅이 아닌 경우, 단지 분묘만 다시 만들 수 없을 뿐이며 건물을 짓거나 경작하는 것은 편의대로 할 수 있다

禁步內如非己業只不得再安墳墓起造墾種聽從其便; 胡石壁

본건에 관련된 문서를 자세히 들여다보니 지현知縣의 판단과 추관推官의 판단 모두 법의 취지에 맞는 것 같지만 그렇지 않다.

추관이 인용한 법은, "무릇 전택을 전매하는 경우, 사린四隣의 경계에 본종本宗의 시마緦麻 이상의 친족 및[82] 묘전墓田이 100보 이내에 있는 자가 있다면 서면으로 묻는다"라고 규정하고 있다. 이세오李細五[83]가 여우녕黎友寧으로부터 매입한 이이고李二姑의 육지는 묘에 인접한 지역이기 때문에 이세오李細五의 속회를 허락한다는 주장은 물론 옳은 말이다. 그러나 법은 또, "전택을 전당잡힌 지 만 3년이 지난 후, (그 전매건에 대해서) 근린에게 물어보아야 하는데 물어보지 않았다고 고소하는 것은 수리할 수 없다"[84]라고 규정하고 있다. 여우녕이 매입한 것은 가희 2년(1238)의 봄이고, 이세오가 고소한 것은 순우 2년(1242)의 가을로 5년의 시차가 있다. 그러므로 "근린으로서의 권리가 있습니다"라고 말해도 이미 접수의 대상이 되지 않는다.

그런데 지현이 인용한 법은 또 다음과 같이 규정하고 있다.

"공유의 전택을 전매하고 제멋대로 사용한 경우는 분할의 법에 따라 반환시키고 원래의 전매인에게는 대금을 반환하게 한다. 만약 전매한 지 만 10년이 지났으면 (전택의) 반환을 면제하고 다만 대금만 배상시킨다. 10년을 지나 전매인이 사망하거나, 또는 (사망하지 않았더라도) 20년이 지난 경우는 논의의 대상이 되지 않는다. 만약 묘전이라면 기한을 넘었어도 지분을 가지고 있는 자가 권리를 인정해달라고 요구하는 경우 이를 허락한다. 대금과 물건은 각각 주인에게 반환시킨다. 전매인이 이미 사망했으면 대금을 추징하지 않는다."

(지현은 이 법을 적용하여) 결국 이세오에게 기한 외의 속회를 하게

---

82) 및 : 원문은 其. 及으로 고쳐 읽는 것이 타당하다. 이 법의 원문은 "諸典賣田宅, [具帳開析]四鄰所至, 有本宗緦麻以上親, 其[及]墓田相去百步內者, 以帳取問"이다. 이 법은 권4, 판어 제21조, "漕司送下互爭田產"에도 인용되어 있는데 본조의 법령은 그곳에 인용된 법령에 비교해 불완전하다. [ ] 부분이 차이가 나는데, 여기서 其와 及에 따라 내용이 크게 달라지는 점에 주의해야 할 것이다. 其는 及의 착오이다. 왜냐하면 이 법령은 시마 이상의 친족 및 묘전이 100보 이내에 있는 자 두 가지에 선매의 우선권을 부여하는 것이기 때문이다. 其로 읽는다면 본종의 시마 이상의 친족으로서 동시에 묘전의 거리가 100보 이내에 있는 자만이 선매의 자격이 있는 것으로 해석될 우려가 있다.

83) 이세오李細五 : 송본에는 細가 四로 오기되어 있다.

84) 이 법과 관련해서 『宋會要輯稿』「刑法3-47」, 紹興 5년 閏4월 12일 條의 다음 기사를 참조. "戶部言, 賣田宅, 依法, 滿三年, 而訴以利息債負準折, 或應問鄰而不問者, 各不得受理."

한 것인데 그 논리는 아주 허점이 많다. 왜냐하면 그 법 중에 명언하고 있는, 공유의 전택을 전매하고 제멋대로 사용한 경우라는 것은 아직 분할되지 않은 재산을 가리키는 것이고 이미 분할한 경우라면 공유라고 말할 수는 없는 것이기 때문이다. 또 "지분을 가지고 있는 자가 권리를 인정해달라고 요구하는 경우 이를 허락한다"라는 것은 공유분 중에서 지분을 가지고 있는 것을 가리키는 것으로서 이미 분할되어 있으면 각자 소유할 지분이 생긴 것이기 때문에 여러 사람이 다시 지분을 가질 수는 없다. 현재 이 땅은 이씨의 조상 전래의 재산인데 이이고의 부친 이언심李彦椹이 보경 2년(1226)에 이미 딸에게 결혼자금으로 떼어주었고 그러므로 분할된 지 이미 오래된 것이므로 공유재산이 아니다. 그런데 이세오가 어찌 지분이 있다고 할 수 있겠는가?

법문法文에만 집착하여 그 의도를 정확히 모르고 있으니 여우녕이 땅을 내주려고 하지 않는 것도 당연한 것이다.

그러나 법률상으로 연한을 따지는 것은 계약서에 관인을 받은 날을 시점으로 한다. 또 소흥 12년 2월 2일의 도성都省의 지휘指揮[85]에 의하면, "서인庶人의 묘전은 법에 따라서 면적을 사방 18보로 한다.[86] 이미 안치한 분묘의 보수步數가 원래 부족하지만, (이미) 묘역 내에 다른 사람이 건물을 짓거나 전원田園을 만들었거나 뽕나무·과실나무 등을 심어서 매각을 원하지 않는다면 편의에 따르도록 한다. 다만 묘역 내에 다시 분묘를 안치할 수는 없다. 칙령소勅令所의 심의에 의하면 사방이 각각 18보 떨어져 있으면 동서남북으로 모두 72보가 된다"라고 한다.

또 소흥 14년 10월 5일 상서성尙書省은 다음과 같은 칙령소의 상신[87]을

85) 이 지휘指揮는 『慶元條法事類』 권77 「服制門」 「喪葬」의 紹興 12年 2月 2日 條에 자세히 수록되어 있다.

86) 서인庶人의 묘전墓田은 법에 따라서 면적을 사방 18보步로 한다: 『慶元條法事類』 권77 「喪葬」 「服制式」에 1품 사방 90보에서 7품 이하 사방 20보까지 단계적으로 묘전의 규정이 있다.

87) 이 상신上申의 보다 자세한 내용은 『慶元條法事類』 권77 「喪葬」 「服制式」에 기록되

비준하였다. “무주婺州에서 상신하여, 묘역 내에 지은 건물을 철거해야 할지, 이후부터 (지주地主가) 건물을 짓거나 벌목하는 경우를 허가해야 할지, 만일 그것이 전원이라면 지주가 경작하는 것을 허가해야 할지 여부를 물어 왔습니다. 본소所(칙령소)의 검토에 따르면, 묘역 내에 있다 하더라도 이미 자신의 소유가 아닌 이상, 이후부터 묘의 안장을 불허하는 것 외에는, (지주가) 매각을 원하지 않는다면 편의에 따라야 할 것이며 또한 묘역 내에서는 굴착하거나 흙을 쌓는 것을 불허해야 할 것입니다.”

또 건도 9년 7월 15일의 지휘[88]에 의하면 역시 지주에게 묘역 내에서는 굴착하거나 흙을 쌓는 것을 금하고 있다.

지금은 여우녕의 매입계약서를 제출시켜 계약서에 관인을 받은 날짜를 조사해야 할 것이다. 만약 이세오의 고소가 계약서에 관인을 받은 날부터 3년 이내라면, 여우녕에게 강제로 대금을 교부하고 토지를 퇴속시킨다. 만약 계약서에 관인을 받은 날부터 3년 이후라면, 여우녕이 이전처럼 관리하는 것을 허락해야 할 것이다. 건물을 짓거나 경작하는 것은 편의에 따르게 하나 묘역 내에서는[89] 다시 분묘를 안치하거나 굴착하거나 흙을 쌓을 수 없다.

첨청이 감독하여 그대로 시행하도록 하라.

25. 묘산과 묘역을 놓고 싸우다

爭山及墳禁 : 翁浩堂

서극명徐克明과 정종립鄭宗立이 싸우고 있는 오당하烏塘下의 산은, 정종립은 정자헌鄭子軒으로부터 매입했는데 가정 6년(1213)의 관인계약서가 있고, 서극명은 정사문鄭思文으로부터 매입했는데 가정 13년(1220)의 관인

어 있다.

88) 이 지휘는 『慶元條法事類』 권77 「喪葬」 「隨勅申明」에 보인다.

89) 묘역 내에서는 : 禁步內. 송본에는 內가 없다.

계약서가 있다. 부친인 정자헌과의 계약은 정당한 것이고 아들인 정사문과의 계약은 부정한 것이라면 정종립이 토지를 소유해야 할 것이고 서극명이 소유해서는 안 될 것이다.

금일의 분쟁은 다만 토지 문제만이 아니다. 서극명과 정팔鄭八은 조모 손이낭孫二娘을 먼저 산에 안장하였는데 말로는 40여 년이 지났다고 한다. 그런데 금년 정종립은 또 자신의 처를 묘 옆에 안장했다. 조사해보니 서극명이 토지를 취득한 것이 뒤의 일이라고는 하나 묘지에 안장한 것은 먼저이다. 토지는 빼앗을 수 있어도 분묘는 빼앗을 수 없으므로 정종립이 산을 소유할 수는 있어도 법을 위반하고 옛 묘역을 점거해서는 안 된다.

통첩하여 서극명과 정종립을 지계芝溪로 압송하고 순검巡檢에게 청하여 직접 현지에 가서 측정하도록 하라. 손이낭의 묘소에 대해 측량하여 법대로 되어 있다면 묘역(금지禁地)으로 놓아둔다. 만약 정종립이 (자신의 처를) 안장한 별개의 분묘가 묘역을 침범했다면 강제로 이전시켜야 한다. 만약 묘역 외에 있다면 두 묘는 서로 침범하지 않으므로 이전처럼 해두는 것을 허락한다. 또한 그 산은 정종립이 계약서대로 관업管業하기로 한다. 서극명은 묘역 외에는 점거를 놓고 분쟁해서는 안 된다. 증서는 각자에게 환급한다.

26-1. 지주와 전호가 묘지를 다투다[91]

主佃爭墓地 : 莆陽[92]

오춘吳春이, "왕생王生이 땅을 파고 나무를 베어 조상의 묘를 메워버렸습니다"라고 고소했다. 이어서 탁청부卓淸夫가,"오춘과 오휘吳輝가 소작인을 구타하여 상처를 입히고 장례를 방해하고 묘비를 부수려 안장을 못

90) 이 판어는 송본은 완전하나 명본은 결문이 있다.

하게 하려고 합니다"라고 고소했다. 두 고소인이 그린 산의 도면圖面으로는 시비를 판별할 수 없다. 해당 보保에서 조사를 했는데 쌍방이 서로 고소하는데 근거가 없다. 따라서 직접 현장에 가서 조사한 다음 양가의 증서에 비추어보고 판결을 할 수밖에 없다.

조득照得.

이 산의 총칭은 내임大广이라 한다. 동쪽으로 한 언덕이 있는데 여기에 탁청부의 조상묘가 있다. 남쪽의 산은 두 개의 산으로 둘러싸여 있고 그 가운데에 토지가 있는데 모두 탁청부의 소유이다. 북쪽 산의 뒤쪽은 이름이 북갱北坑인데, 언덕머리에서 들어가면 오가吳家의 소유이다. 지금 분쟁중인 토지는 대엄 북산北山의 분수령의 남쪽에 있다. 탁청부는 지서와 갖고 있는 증거문서[92]를 제출하며, "오춘의 조상에 오념오吳念五[93]와 오념칠吳念七이 있는데 본가의 소작인이었습니다. 경원 2년(1196)에 조부를 안장할 묘지가 없다고 본가에 간청하였기에 대엄 분산墳山의 오른쪽의 일혈一穴을 주고 조금이라도 침점侵占하는 것은 안 된다고 분명히 약속했습니다"라고 주장한다.

오춘이 증거로 갖고 있는 것은 오정吳樫의 계약서 1통인데, 200관족으로 강언江彥의 산 1구획, 그 지방에서 대엄북갱구롱두大广北坑口隴頭라고 하는 곳을 매입했다는 내용이다. 또 "산 위에 조상을 안장한 묘지 5기基

91) 이 판어의 작성자의 신분은, 후에 나오는 조지현趙知縣의 판결에 보이는 대로 보양현莆陽縣의 주부主簿라는 것을 알 수 있다. 보양이라는 이름은 39조의 판어에도 보이고 동일인물일지도 모르는데, 『청명집』에 보이는 정확한 이름이나 신분을 밝히지 않은 판어의 주인공들은 아마 현령 이하의 직위를 가진, 무명의 명공名公이라고 불러야 옳을 것 같다. 이 판어와 관련하여 생각해볼 문제는 주부가 독자적인 판결 권한을 가지고 있는가 하는 것이다. 현승縣丞의 경우는 제48조에 보이는 것처럼 승청丞廳이라고 하는 판결을 내릴 수 있는 독자적인 집무소를 갖고 있었다고 해도 좋을 것이다. 본 판어의 내용으로 볼 때, 주부도 독자적인 판결을 할 수 있었던 것으로 생각되는데, 판어 53조에 '통판청通判廳'이라는 말이 있는 것을 보면 주부청主簿廳도 충분히 있을 수 있다.

92) 갖고 있는 증거문서 : 執狀. 『吏學指南』에 '待以備用'이라고 한다.

93) 오념오吳念五 : 송본에는 吳四五로 되어 있다. 뒤에 吳念七이 나오므로 吳念五가 옳을 듯하다.

가 있는데 이미 50여 년이 지나 나무가 무성하게 자라고 있습니다"라고 주장하고 있다.

본관이 직접 현장에 가서 이웃사람과 보증인과 쌍방 고소인을 소집하여 함께 산에 올라 실상을 조사해본 결과 다음의 사실을 알 수 있었다. 대엄산의 북쪽에서 남쪽을 바라보면 오가의 묘가 1기 있고, 동쪽으로 10장丈도 떨어지지 않은 곳에 고묘古墓 1기가 있다. 탁청부가 새로 조성한 묘는 바로 고묘의 오른쪽에 있는데 오가의 묘에서 약 6장 정도 떨어져 있다. 근방에는 (오춘이 주장한) 5기의 묘의 흔적 같은 것은 없고 묘를 메웠다는 곳도 없다.

재삼 심문하니 모두 같은 말을 한다. 오춘은 또다시, "이 사람들은 모두 탁가에 매수된 사람들이고 (그래서 그들의 말을 신빙해서는 안 되며), 다만 가장 근접한 이웃인 위칠칠魏七七이 증언할 수 있습니다"라고 주장하여 다시 소환하여 심문하니 역시 (앞서 심문한 사람들과) 같은 말을 한다. 오춘 형제는 서로 바라보며 부끄러운 듯 식은땀을 흘리고 있다.

심하도다! 날이 갈수록 인정은 각박해져서 명분은 도치되고 예의는 무시되고 오직 빈부의 차이만을 강약의 기준으로 삼고 있다. 탁청부의 선친은 유자儒者로서 소작인이 안장할 곳을 구하자 땅을 떼어주었으니 인인仁人 군자君子의 마음이다. 세대가 바뀌어 자손이 쇠약해져 주전主佃의 형세가 역전되자 오춘과 오휘는 구은舊恩을 잊고 요란하게 주인에게 짖어대면서 끝없이 욕심을 부리며 집어삼키려고 노리고 있다. 만약 탁씨에게 선견지명이 없고 관에 제출할 증거문서가 없었다면 이제 와서 무슨 말을 한들 (진실을) 판별할 수 없었을 것이다.

오춘처럼 사람을 기망하는 자도 없을 것이다. 동서남북은 천하 불변의 방위이다. 그런데 오춘은 현에 산도山圖를 그려 제출하면서 감히 북쪽을 남쪽이라 하고 서쪽을 동쪽이라 하고 현장에서 증인이 증언하는데도 방향을 속여 가리켰다. 또 길이가 이동하고 형상이 바뀌었다고 주장하기도 하였는데 나침반으로 측량하니 그의 속임수도 결국 궁해지고 말았다. 만일 오춘이 공술한 대로 과연 조상이 보정保正의 역을 맡았고 탁가의 소작인이 아니며, 탁가의 토지가 아니라 자기 산에 스스로 안장한 것이고, 묘소에 정말 5기의 묘가 있고 50여 년을 지났다고 한다면, 계약서로 생각해보자. 오정과 강언의 거래는 가정 16년(1223)에 계약세를 낸 것이다. 법은 "전당잡힌 날짜는 오직 계약서에 관인을 받은 날을 증거로 삼는다"라고 규정하고 있다. 어찌 관에 출누하지도 않고 물건을 인도하지도 않고 미리 남의 산에 매장하는 도리가 있는가! 만약 제멋대로 비기批記한 날짜를 근거로 한다고 하면 순희 10년(1183)부터 가정 16년까지 통산 40년이 지나고 있는데 관인이 없는 계약서를 숨기고 있는 것은 과연 법에 맞는 것인가? 더구나 강언이 매각한 산은 분명히 대엄북갱구大广北坑口라 하고 있으며 등재된 사지四至의 기록을 보면 서쪽으로는 탁현위卓縣尉의 산이 경계이고, 남쪽으로는 우로牛路 및 탁현위의 산이 경계이다. 그렇다면 지금 만든 묘는 자연히 대엄북산의 남쪽, 우로 분수령의 아래에 있는 셈이 되는데 탁가의 산이 아니고 무엇인가? 이웃사람들이 모두 말하고 있으며 관사官司도 목격하였다.

오춘 형제는 어찌 금일 땅을 손에 넣는 줄만 알고 옛날 그 조상이 (묘지를) 산청했던 사실은 전혀 생각할 줄 모르는가! 그들은 낮을 보사마사 곧 다 말아먹으려고 했다. 그러나 북산에는 원래 고묘가 1기 있었고 이웃사람들이 모두, "오랫동안 제사지내는 사람이 없었습니다"라고 말하고 있다. 오가에서 조상의 묘라고 하는 것은 물론 안 되는 일이지만, 탁씨가 숙모 진씨陳氏의 무덤이라고 하려고 하는 것도 아무 증거가 없다. 오랜 세월 잡초만 무성하고 이전에 누구 한번 쳐다보지도 않은 무덤에[94] 한번 싸움이 붙자 다투어 곽숭도郭崇韜처럼 절을 하려고 하는[95] 것은 참으

94) 이전에 누구 한 번 쳐다보지도 않은 무덤에 : 曾不得爲馬醫夏畦之鬼. 유종원柳宗元의 시 「寄許京兆孟容書」에 "馬醫夏畦之鬼, 無不受子孫追養者"라는 말이 나온다. 마의馬醫는 『列子』에 보이는 거지소년, 하휴夏畦는 『孟子』 「藤文公」의 夏月治畦에서 온 말로 모두 빈천한 사람을 가리킨다.

95) 다투어 곽숭도郭崇韜처럼 절을 하려고 하는 : 爭欲下郭崇韜之拜. 곽숭도는 오五대 후

로 가소로운 일이다.

문제의 대엄산북두大广山北頭의 분수령에서 남쪽 우로를 경계로 하는 지역은, 탁현위가 본래 보류해서 오가의 묘지로 삼았던 일부를 제외하고, 모두 탁현위 댁의 상속권이 있는 자손에게 주어서 관리시켜야 할 것이다.

오휘와 오춘은 사람을 구타하고, 장례를 방해하고, 명분을 고려하지 않고, 남북을 바꾸고, 관사를 번거롭게 하였다. 각각 장 60에 처하고 원래 독책督責한 배상금[96]을 그대로 강제 징수하여 관에 납입시키도록 한다. 만약 다시 무얼 믿고 계속 소송한다면 원래의 약속에 따라 단죄하고 강제 이전시킨다. 이렇게 하면 소인들이 은혜를 잊고 명분을 범하며 끝없이 욕심을 부리는 마음을 징계할 수 있을 것이다.

담당부서는 판결 사유를 갖추어 상신하고 다시 현의 결정을 받아 시행하라.[97] 쌍방의 고소인은 본건 관련서류와 함께 압송하라.

26-2. 조지현의 판결
趙知縣判

오춘의 부친 오정은 강언의 산을 매입했다. 토명土名은 대엄북갱구롱두大广北坑口壟頭[98]라고 하는데 경계를 따져보면, 동쪽은 농隴의 분수령에 이르고, 서쪽은 탁현위의 토지에 이르고, 남쪽은 우로 및 탁현위의 산에 이르고, 북쪽은[99] 범가산范家山에 이른다. 이것은 강언이 작성한 계약서

당의 추밀사樞密使인데, 중신인 두로혁豆盧革이, "당의 곽자의郭子儀도 같은 산서山西 출신이기 때문에 각하가 출세한 것도 그 여덕餘德일 것입니다"라는 말을 듣고 스스로 곽분양郭汾陽의 4대 후손이라고 칭하고 사천四川을 토벌했을 때 그 묘 앞에서 통곡하여 사람들의 비웃음을 샀다고 한다. 『舊五代史』 권57, 『新五代史』 권24 참조.

96) 배상금 : 償錢. 송본은 償이 賞으로 오기되어 있다.

97) 다시 현의 결정을 받아 시행하라 : 更取自縣衙𨍏酌施行. 명본에서는 更까지만 있고 이후는 누락되어 있다. 송본에 의해 보충한다.

98) 대엄북갱구롱두大广北坑口壟頭 : 원문은 北을 比로 오기하고 있다.

99) 북쪽은 : 北. 원문에는 比로 오기되어 있다.

에 그렇게 되어 있는 것이다. 탁청부가 제출한 분서分書에 기재되어 있는 바로는 "황모黃茅, 낭지산莨芝山의 두 구획, 즉 그곳 이름으로 대엄이라는 산은 조상 전래의 토지인데 동쪽으로는 농의 분수령, 범초范楚의 토지에 이르고, 서쪽으로는 범만范萬의 토지, 남쪽으로는 범만의 산 및 자기의 토지, 북쪽으로는 농의 분수령에 이른다"고 되어 있다. 경계와 사지가 역시 분명하다.

다시 양가의 계약서를 참고해보니 양가가 그린 지도는 주부主簿가 현장을 실제 조사해서 그린 지도와 모두 같다. 그러나 주부가 조사한 산도山圖의 동쪽은 오춘이 그린 지도에서는 남쪽으로 되어 있고, 주부가 조사한 산도의 남쪽[100]은 오춘이 그린 지도에서는 서쪽으로 되어 있으며, 주부가 조사한 산도의 북쪽은 오춘이 그린 지도에서는 서쪽으로 되어 있다. 이것으로 생각해보면 오춘이 그린 사지는 모두 틀린 것이다. 더구나 주부가 나침반으로 실험까지 한 결과 이것은 분명한 사실임이 드러났다. 오춘과 오휘가 의를 저버리고 날뛰었던 사실은 주부가 상세히 말하고 있다. 정례를 망치고 남을 구더한 죄는 모두 처단해야 할 것이다. 오춘과 오휘를 형을 경감하여 장 60에 처한다. 나머지는 주부의 원안대로 시행하라.

27. 남의 땅을 훔쳐서 매장하다[101]
盜葬

조대照對.

오태사吳太師[102]의 손자며느리 신부 단段씨가 남편 생전 시에 전객佃客

100) 남쪽 : 원문은 北. 후문에 다시 북쪽이 반복되므로 둘 중의 하나는 착오이다. 방위를 따져보면 이것은 남쪽이 되어야 옳다. 명본은 결문이어서 대조할 수가 없다.

101) 이 판어는 송본에는 없고 명본에만 있다.

102) 오태사吳太師 : 오익吳益(1124~1171)을 가리킨다. 자는 숙겸叔謙이고 고종 오황후吳皇

사오을謝五乙 형제가 본가에서 서대부徐大夫의 아들 서양徐洋과 유재경遊在卿으로부터 매입한 토지내의 풍수가 좋은 곳에 몰래 매장한 것을 고소한 사건의 전말은 이미 6년을 경과하고 있는데, 관에서 판결을 내렸음에도 불구하고 여전히 결말이 나지 않고 있다.

본관은 남의 땅을 훔쳐서 매장한 연유와 묘를 옮기지 않으려는 이유를 추궁해보았다. 그 결과 단씨의 남편 오사경吳思敬은 본부의 성내城內에 기거하고 있는데 분쟁 중인 땅은 본현의 삼십이도三十二都에 소재하고 있어 서로 400여 리[103]나 떨어져 있어서 평소에 관리하기 어려웠기 때문에 결국 사오을謝五乙 형제가 결국 몰래 땅을 훔쳐서 매장하게 된 것이라는 것을 알았다.

주인댁이 고소를 하자 역시 사오을 형제 역시 주전主佃의 명분을 잊어버리고 제멋대로 온갖 계략을 꾸며 반드시 싸워 이겨 자기 것으로 만들려고 욕심을 부렸다. 근년 오사경이 세상을 떠나 과부와 어린아이만 남게 되자, 사오을 형제는 더욱 거리낌 없이 행동하였다.

지금 다시 쌍방의 증서 및 지도를 제출시켜 검토해본 결과, 본건의 산지山地는 오태사 댁에서 순희 8년(1191)에 서양에게서 매입한 것과 경원 2년(1181)에 유재경에게서 매입한 것으로서 계약서 내에 면적과 사지가 모두 분명하게 자세히 적혀 있음을 알 수 있다. 한편 사오을 형제가 매입한 강감진姜監鎭의 1무 1각 73보의 땅은 오태사의 앞서 말한 산지의 사이에 끼어 있는데 실은 훔쳐서 매장한 무덤의 아래에 있다. 또 개희 2년(1206)에 계약한 것은 실은 오태사가 토지를 매입한 해보다 이후의 일이다. 그리고 계약서 내에는 땅의 사지가 누구와 상접하고 있는지 아무 것도 기재하고 있지 않다. 이것은 즉 사오을 형제가 그해에 몰래 매장을 할 때 이러한 애매모호한 계약서를 날조하여 억지로 싸워서 불법으로

后의 동생이다. 부인이 진회秦檜의 장손長孫의 딸이다. 효종 때 태사로 승진하였다. 『宋史』 권465 참조.

103) 400여 리 : 약 20여km이다.

점거하려고 한 것임이 분명하다.

또 단씨의 간인幹人 주경周慶은 공술에서, "주인께서 가정 5년(1212) 이래 누차 주현에 고소하였는데 사오을 형제는 오히려 소송꾼[건송인健訟人] 고육십古六十과 결탁하여 제멋대로 주인댁의 퇴장退狀(퇴속하겠다는 서약서)을 위조하여 보정保正인 영안榮安에게 관에 제출하도록 부탁하였습니다. 이 사건은 이미 전임 진지현陳知縣께서 사실을 철저히 수궁하여 보정 영안을 장 60에 처했습니다"라고 주장하고 있다. 그렇다면 사오을 형제가 억지로 그 땅에 매장하려는 의도를 갖고 결국 이런 간계를 꾸미게 되었다는 것이 더욱 분명하다.

연유를 짚어보건대 사오을 형제는 현재 단씨의 토지를 경작하고 있는데 한쪽은 주인이고 한쪽은 전객佃客으로서 신분의 차가 뚜렷하다. 그런데도 이미 주인의 땅을 훔쳐 매장하고 나서 지금 또 다시 주인의 모친과 과부 및 어린아이를 속이며 전혀 묘를 옮기려고 하지 않고 다시 고소하기에 이른 것이다. 만약 관에서 결말을 짓지 않으면 단씨가 남편을 안장할 수 없을 뿐만 아니라 이후 거주지에서 멀리 떨어진 곳에 있는 땅은 모두 남이 강점할 수 있게 될 것이다. 이래서는 관사나 서리를 임명하고 배치할 필요가 없지 않겠는가?

사오을은 장 1백에 처해야 마땅할 것이다. 정강새定江塞의 순검에게 통첩하여 엄중히 기한을 정하여 (사오을이 훔쳐 매장한 묘를) 강제 이전시키도록 하라. 만약 다시 누군가에게 청탁해서 일을 벌이면 사오을의 동생 사오이謝五二도 함께 소환하여 같은 벌을 부과하여 힘을 믿고 남의 산지를 강점하는 자들의 징계로 삼을 것이다. 고육십은 부당하게도 퇴장을 위조하였는데 이전 진지현은 처벌에서 누락시켰다. 역시 장 60으로 처벌해야 마땅할 것이다. 아울러 전운사轉運使에 상신하여 각하의 지시를 받도록 하라. 사오을과 고육십 등은 가택에 연금하여 관리하도록 하고 지휘가 내려오기를 기다리도록 하는 외에, 삼가 전운사 각하께 빠짐없이 상신하여 각하의 지시를 받들어 시행하도록 한다.

28. 차별 없이 똑같이 대하다

一視同仁[104) : 蔡久軒

다만 이모와 누이의 묘만 이전해서는 안 될 것이 아니라 고묘古墓도 이전해서는 안 될 것이다. 국가의 법률은 차별 없이 똑같이 대하는 것이므로 경중이 있을 수 없다. 만약 유자성劉自誠이 이미 저곳에 안장되어 있다면 다만 법에 따라 강제 이전해야 할 것이다. 관에서 법에 따라 시행하지 않고 이처럼 간곡하게 권유하려고만 한다면 언제 일이 끝나겠는가?

29. 묘를 팠다고 고소하다

訴掘墓 : 蔡久軒[105)

쌍방의 소장을 주에 보내어 사람과 계약서를 찾아서 사리에 맞게 판단하고 결말을 지어 상신하도록 독촉하라. 만약 과연 묘를 판 것이 사실이라면, 이원량李元亮의 죄는 결코 가벼운 것이 아니다. 만약 근거 없는 고소라면 이경표李景標는 반좌反坐에 해당하며 역시 용서할 수 없다.

---

104) 일시동인一視同仁 : 『韓昌黎文集』 권11, 「原人」에 "聖人一視同仁, 篤近而擧遠"이라는 말이 있다.

105) 이 판어는 명본에는 앞의 판어에 삽입되어 있다. 당연히 명본으로는 본래의 제목을 알 수 없다.

墓木

30. 묘목을 중에게 주다
捨木與僧 : 蔡久軒

묘목墓木을 중에게 준 것은 불효자손이고 희사하도록 권유하여 벌채가 금지된 나무를 베게 한 것은 법을 모르는 중이다. 만약 현의 판단대로 한다면 윗사람은 묘목을 주어도 좋고 조카는 묘목을 (베어서 주었다고) 고소해서는 안 된다는 것이 되므로 법의 취지와 큰 차이가 있다. 정단여程端汝를 장 1백에 처한다. 중 묘일妙日은 불응위不應爲의 죄[106]로 장 60에 처한다. 현에 통첩하여 이대로 처단하도록 하라.

31. 묘목을 놓고 싸우다 사람을 죽이다
爭墓木致死 : 蔡久軒

사형死刑 사건을 결단하는 데 있어서는 흉행을 저지른 자가 싸움을 하게 된 원인을 살펴보아야 할 것이니 이것이 이른바 "정情을 헤아려 죄를 정한다"[107]는 뜻이다. 여세삼십余細三十과 아들 여재육余再六, 조카 여재삼余再三에게 조상의 묘림墓林이 있는데 매관인買官人[108] 호소칠胡小七의 토지

---

106) 불응위不應爲의 죄 : 『宋刑統』 권27 「雜律」 「違令及不應得爲而爲」조 참조.

107) 정情을 헤아려 죄를 정한다 : 原情定罪. 본래 춘추의 대의라고 하는 원심정죄原心定罪를 가리킨다. 중국법의 특색 중의 하나로 본래의 의도를 헤아려 정죄定罪하는 것인데 그러나 여기서는 『청명집』에도 수많이 보이듯이 법대로만 처리하지 않고 인정이나 정황 등을 고려해서 재판하는 것을 가리킨다.

108) 매관인買官人 : 말 그대로 돈으로 관위를 산 사람을 말하는데 송대 특히 남송에서는 과거제와 함께 매관買官도 성행하였다. 본 판어에서도 매관인 또는 매관買官으로 불리는 것은 그만큼 성행했다는 것을 보여주고 있다. 또한 본 판어는 매관인이 얼마나 지역에서 대단한 위세를 부렸는지를 보여주고 있다.

와 연접連接해 있다. 여가의 묘산墓山은 조상 전래의 토지이고, 호가의 토지는 근년에 취득한 것이다. 묘목이 무성해지면 아무래도 땅을 덮어버리게 되는데 이런 일은 곳곳에서 일어난다. 만일 이 땅이 묘목으로 덮여져 있었다면 호소칠이 당시 사지 않아도 될 것이었다. 물건을 양도한 후 소작인 홍재십이洪再十二가 소작을 그만두려고 한 것은 간갑幹甲[109]과 공모하여 전주田主에게 소작료를 인하 받으려고 한 것에 불과하다. 그래서 호소칠의 사나운 종[한복悍僕] 호재오와 주선周先이 서장書狀을 갖추어 호소칠에게 보고하자 호소칠은 곧 서장에 비준한 다음[110] 한복 여러 명을 차출하고 소작인 백여 명을 이끌고, 명목은 '자경自耕'[111]이라지만, 실은 칼과 도끼를 들고 소란을 피우면서 곧바로 토지 옆에 있는 여가의 묘목을 마음대로 베어버려 거의 민둥산으로 만들어버렸다.

한편 여세삼십이 그 소식을 듣고 묘목을 보호하기 위해 아들과 조카를 데리고 급히 달려간 것 또한 인지상정이지만 칼과 몽둥이를 들고 간 것은 잘못이었다. 묘산에 올라가자 과연 마구잡이로 벤 흔적이 있고 또 나무는 간갑 양흥이梁興二의 집으로 운반해 간 것을 알았다. 위신을危辛乙[112]이란 자는 호소칠의 소작인[113]에 불과한데 역시 사람들을 따라 나무를 베러 갔다. 일시 여재육이 산에 올라가 잡으려 했지만 실패하고 돌아오는 길에 마침 위신일이 도끼를 들고 산에 오르는 것을 보았다. 두 사람이 드디어 마주치자 위신일이 먼저 도끼로 상대를 쳤고 다음에는

109) 간갑幹甲 : 간인幹人 즉 지주地主의 토지나 소작인을 관리하는 간인의 우두머리일 것으로 추정해둔다.

110) 서장에 비준한 다음 : 就狀批判. 비판은 원래 어떤 사건의 보고에 대해 판단을 가하여 실행을 재가裁可하는 것을 말하는데 여기서는 호소칠胡小七이 돈으로 사긴 했지만 관인官人이기 때문에 이런 식으로 말하는 것으로 생각된다. 바로 앞에 나온 '서장書狀을 갖추어 보고하자' 등의 말도 관인의 흉내를 낸 것이다. 梅原郁, 322면, 주5 참조.

111) 자경自耕 : 앞서 홍재십이洪再十二가 소작을 그만두려고 한 것에 대해 우리가 직접 경작하겠다고 나선 것이다.

112) 위신을危辛乙 : 뒤에 계속 위신일危辛一로 나오는데 乙은 一의 오기인 것 같다.

113) 소작인 : 佃人. 송본은 전화佃火.

여재육이 칼로 상대를 찔렀고[114] 여재삼도 장봉長棒으로 가격하였다. 결국 위신일은 급소에 칼을 맞고 죽었다.

분쟁이 일어난 것은 모두 호소칠이라는 자가 한복에게 지시를 내리자, 호소칠의 위세를 믿고 이유 없이 남의 묘목을 베어버렸기 때문이었다. 여재육이 참지 못했던 것은[115] 묘목을 아꼈기 때문이었고, 묘목을 아꼈던 것은 조상을 아꼈기 때문이었다. 사람이 누가 조상의 묘가 없겠는가! 이것이 싸움의 원인이니 그 정황을 헤아려보면 참으로 슬픈 일이다.

매관 호소칠은 사건 발생 후 1년 반이 지났는데도 아직도 출두하지 않고 있다. 주원州院에서 강제소환을 명했음에도 불구하고 도리어, "본인은 소흥부紹興府의 신제간辛提幹[116]의 처소에 있고, 신에게도 통하는 돈과 죄를 면제해주는 판장判狀도 있다"라고 한다. 가히 호강豪强의 위세를 알 만하다.

조득照得.

여재육의 범죄는 죄를 경감하라는 사면령이 내리기 전이었다. (따라서 처벌을 면제한다.) 동생 여재삼은 이미 옥에서 죽었다. 부친 여세삼십은 이미 여초余超의 명의로 형부刑部에서 특별히 사형을 면제받았는데, 척장脊杖 20에 처하고 2천 리 밖의 군주軍州의 뇌성牢城에 자배刺配한다.[117] 호재오와 주선은 위세를 믿고 여러 소작인들을 불러들였으므로 척장 13에 처하고 1천 리에 편관編管한다. 방신사方辛四와 양홍이는 모두 호소칠이 악행을 하도록 옆에서 도왔으므로 장 1백에 처하고 인주隣州에 편관한다. 현리縣吏 주원周元과 주리州吏 서필선徐必選, 주사민周思民은 추궁을 면제하

114) 다음에는 여재육余再六이 칼로 상대를 찔렀고: 次以管刀敵揭. 揭은 명본에서는 觸으로 되어 있는데, 여기서는 송본에 따라 揭으로 본다.

115) 여재육이 참지 못했던 것은: 원문은 余再六所以不忿者. 忿으로는 해석이 곤란하다. 자형字形의 유사성에서 忍의 오기일 것으로 보고 해석해둔다.

116) 제간提幹: 제점형옥사간변공사提點刑獄司幹辨公事의 약칭. 소흥부紹興府에는 절동로浙東路를 관할하는 제형사提刑司가 설치되어 있었다.

117) 척장脊杖과 자배刺配에 대해서는 宮崎市定, 「宋元時代の法制と裁判機構－元典章成立の時代的・社會的背景」, 『東方學報』 24冊, 京都, 1954)이 자세한 설명을 하고 있다.

고 장 1백에 처하고 파직시킨다. 모두 주에 통첩하여 이대로 처단하도록 하라.

그리고 매관買官 호소칠은 아무 것도 아닌 주제에 위세를 부리고 살인을 야기했다. 주에 통첩하여 전인專人[118]을 시켜 소환하여 본사로 압송하도록 하라. 두 번 소환해도 오지 않으면 반드시 도리都吏에 책임을 지울 것이다. 이미 베어버린 나무 및 토지대장은 여씨가의 상속권이 있는 자에게 책임지고 반환하게 하고 수령장을 받아 본건 문서에 첨부하라. 그 외 사람들은 방면한다.

32. 암자의 중이 묘목을 도매하다[119]
庵僧盜賣墳木

허목許牧은 옛날의 현사賢士이다. 묘 옆에 소나무를 심었는데 사슴이 와서 심은 소나무를 짓밟아 버렸다. 허목은 울면서 "사슴조차도 나를 생각해주지 않는가?" 하고 한탄했다. 다음 날 그 사슴은 나무 밑에 죽어 있었는데 마치 누가 죽여서 거기에 갖다놓은 듯하였다. 짐승도 옳지 않은 일을 저지르면 저승의 귀신이 마치 원통함을 소리내어 외치려는 듯 이를 주살誅殺하거니와, 하물며 영명한[120] 인간이 법으로 이를 처벌하지 않고 용서할 수 있겠는가?

사빈師彬이 근본을 거스르고 의를 잊어버린 것은 짐승만도 못한 짓을 한 것이다. 소인배들이 이익을 좇아 사빈을 도와 잔인하게 남을 학대한 것은 오히려 봐줄 수도 있다. 반제거潘提擧의 말에 의하면 사빈의 선대는 모두 명문의 선달先達이라고 한다. (그런데 이런 일을 저지를 수 있다는 말

---

118) 전인專人: 상급관청에서 특정한 임무를 띠고 파견된 자인 것 같은데 현에 가장 피해를 주는 존재로서 악명을 떨치는 것으로 인식되고 있었다. 권8, 제27조 참조.

119) 본 판어의 송본은 초반 몇 행 이후부터 결문이다.

120) 하물며 영명한: 矧靈而. 송본에는 矧靈而 이하가 결락缺落되어 있다.

인가?)

조상의 무덤이 있는 곳은 반드시 공경하지 않으면 안 된다.[121] 그런데 소나무가 구름처럼 높이 뻗어 올라가자 곁에서 보고 탐을 내어[122] 도끼를 번갈아 들고 전부 베어버리고 말았다. (그리고 이것을 갖다 팔았다.) 이렇게 향촌의 도의가 땅에 떨어지고 찾아볼 수 없게 되었으니 이것은 결코 늘 예의를 배우고 익히는 명문의 집안에서 할 짓이 아니다.

사건이 관에 접수되었기에 법으로 이를 징계하려고 한다. 이렇게 함으로써 퇴폐해진 습속을 조금이라도 만회하기 위해서이다. 사빈을 척장 17에 처하고 천 리 밖의 주군州軍의 뇌성牢城에 유배하여 수감한다.

33. 묘목을 팔다[123]
賣墓木

조득照得.

정무鄭茂와 냉언철冷彥哲은 분쟁은 처음의 고소에서는 다만 정눈례鄭文禮 형제가 묘목을 베어 냉언철에게 팔았기 때문이었다. 그 후 냉언철의 부친 냉준의冷濬義가 공술에서 "정무가 토지를 속회하고 아직 대금을 다 갚지 않았습니다"라고 하자 정무가 다시 고소하여 "냉언철이 소를 도살하여 벌목꾼들에게 먹였습니다"라고 하였다. 이것은 모두 지엽적이고 쓸데없는 말에 불과하니 관사가 깊이 신뢰할 필요는 없다.

---

121) 조상의 무덤이 있는 곳은 반드시 공경하지 않으면 안 된다 : 維桑與梓, 必恭敬止. 『詩經』「小雅」「小弁」에 보인다. 상재桑梓(뽕나무와 가래나무)는 담장 옆에 많이 심는 나무인데 이것은 부모가 자손을 생각해서 심어놓은 것이라 한다. 그래서 상재를 보면 부모를 생각하게 된다는 것이다. 한편 상재지향桑梓之鄕이라 하면 선대 조상의 무덤이 있는 고향을 가리키는 말이다.

122) 곁에서 보고 탐을 내어 : 旁起臨淵之羨. 『漢書』「董仲舒傳」에 나오는 말이다. "古人有言, 臨淵羨魚, 不如退而結網."

123) 본 판어의 송본은 제목을 비롯해 초반 몇 행까지 결문이다.

일찍이 듣기로 세간에는 원래 이득을 좇는 무리들이 있는데 늘 즐겨 싼값으로 남의 물건을 전당잡고는 사람들이 돈이 없어 전당잡힌 물건을 찾아가지 못하는 것을 행운으로 생각한다고 한다. 지금 보면 냉준의가 정무의 토지를 전당잡은 것은 정당한 거래인데 어찌 정무가[124] 현금과 관회(를 수령했다)고 위조하고 모두 빼앗아 갈 수 있겠는가? 더구나 가정 8년(1215) 이래 그것을 찾게 해달라는 고소도 없다가 정무를 소환하여 진술시켜본 후 비로소 토지를 속회한 후 미납금이 있다고 고소하였으므로 참으로 그 주장을 믿기 어렵다. 또한 많은 법령들이 소의 도살을 금하고 있으나[125] 고발을 하든 체포를 하든 무고를 해서는 안 된다. 지금 정무가 냉언철이 소를 도살했다고 고발했으나 구술에 의한 것일 뿐이며 아무 증거도 없다. 더구나 작년 정월에 고소를 했을 때에는 이런 말은 전혀 없었는데 냉언철을 소환하여 변명을 들어본 후부터, 소를 도살하여 인부들을 먹였다고 말하니 이런 말을 과연 믿을 수 있겠는가?

묘목을 베어서 몰래 매매했기 때문에 소송이 일어난 것은, 일이 풍교風教에 손상을 끼치는 것인 만큼 관으로서도 직접 조사하지 않으면 안 된다. 요전에 지부 각하의 판결에서도 이미 그 불효하고 불인한 모양은 명확히 드러났지만 이제 통첩 받은 명에 따라 다시 조사하였다.

정무의 소장에 의하면, "정문례 형제가 선조들의 묘 옆에 심은 나무를 베어서 팔았습니다"라고 진술하고 있다. (이에 대해) 정문례는 그의 협호挾戶[126]인 정주鄭舟의 산에 있는 나무를 벤 것이라고 주장하고 있다. 그러나 '삼촌과 조카 사이'이고, '내 할아버지는 너의 할아버지'라는 관계인 이상, 당연히 묘목을 모두 베어서는 안 될 것이다.

한편 인보隣保가 가져온 산도山圖를 검토해보면 역시 정주의 묘 1기가

---

124) 어찌 정무鄭茂가 : 豈應被鄭茂. 본 판어의 제목에서 豈應被까지는 송본에서는 결락되어 있다.

125) 이 법령들의 일부가 『慶元條法事類』 권79 「畜産門」, 「殺畜産」에 수록되어 있다.

126) 협호挾戶 : 궤명협호詭名挾戶의 협호挾戶, 즉 호민豪民이 부역을 기피하기 위해 만든 가공의 호이다.

선조들의 묘 옆에 있는 것은 분명하다. 정문례가 일단 정주를 지칭하여 협호라고 했다면 이것은 그가 자신의 조상의 묘목을 돌보지 않고 고의로 매각한 것이므로 아주 불효한 짓을 한 것이다. 또 냉언철이 제출한 원래 정문례의 나무를 매입했다고 쓴 수비手批를 보면 그 속에 분명히 "본인이 도끼로 베어 반출하여 매각한다"라고 명언하고 있지만 매입자에 대해서는 언급이 없다.

그렇지만 쌍방이 같이 증인으로 부른 차언초천사車彦超千四[127]라는 자를 조사해보니 "냉언철이 요전에 정무와 분쟁했을 때 같이 선조의 묘가 있는 산에 있었습니다"라고 주장하고 있다. 그렇다면 역시 정씨의 묘목이라는 것을 분명히 알고 샀다는 것인데 이것은 더없이 불인한 짓을 한 것이다.

여기까지 조사한 결과 정문례가 제멋대로 묘목을 판 죄가 벗어날 수 없는 것이라면 냉언철이 사정을 알고 나무를 산 것 또한 같은 죄로 처벌을 받아야 할 것이다. 문제의 벌채한 나무는 요전에 지현 이선교李宣教[128]가 몰수해서 보관하겠다고 했지만 나무는 모두 그대로 있다. 사부에 상신하여 각하의 지시를 받아 시행해야 할 것이다.

---

127) 차언초천사車彦超千四 : 한 사람의 원래의 이름과 통칭을 합한 것으로 생각된다.

128) 이선교李宣教 : 선교宣教는 선교랑宣教郎을 가리킨다. 선교랑은 종8품으로 경관京官의 기록관寄祿官이다.

賃屋

34. 세든 집을 마음대로 개조하다

賃人屋而自起造 : 胡石壁

이무삼李茂森은 남의 점포를 빌리는 계약이 성사되기도 전에 주인의 허락도 받지 않고 갑자기 개조를 행하였으므로 제멋대로 한 죄가 없지 않다. 그러나 작년 10월 초에 공사를 시작하여 금년 3월 말에 공사가 완료될 때까지 이처럼 오랜 시간이 걸렸는데 (주인) 장방선蔣邦先이 어찌 이를 몰랐을까? 만일 안 된다고 생각했다면 당연히 공사가 끝나기를 기다리지 말고 관에 고소를 했을 것이지 왜 이제 와서 소송을 시작하는 것인가? 더구나 준공 후에 개조비용이 얼마인지 알려달라고 한 메모도 있다. 이것을 보면 틀림없이 개조하기 전에 미리 약정한 말들이 있었을 것이다. 그렇지 않다면 이무삼이 아주 무지한 사람도 아닌데 어찌 돈을 써가며 남을 위해 공사를 벌였겠는가?

요컨대 소송은 이것 때문에 일어난 것은 아니다. 필시 이무삼이 제시한 액수가 너무 크고 그 하나하나가 모두 사실로 볼 수는 없기 때문에 소송으로 대처하려고 한 것이다. 그 의도는 그에게 압력을 넣어 비용을 줄이게 하려는 것 뿐이며 진정으로 점포를 철거하려는 것은 아니다. 소인의 간악함을 간파하는 것은 별로 어려운 일이 아니다.

양가가 친척인데 어찌 작은 것 때문에 큰 것을 잃으려고 하는가? 소속 상廂으로 압송하여 이웃을 불러 공정하게 화해를 시키도록 하라. 양쪽 모두에게 공평하도록 힘쓸 것이며 한쪽 편에 치우쳐서는 안 된다. 5일 이내 결말짓도록 하라.

庫本錢

35. 전당포의 원금을 받은 사람이 빈궁하여 강제 반환하도록 결정하다
領庫本錢人既貧斟酌監還：胡石壁

나우성羅友誠은 몇 회에 걸쳐 주자준周子遵의 전 270관을 받고 전당포[質庫][129]를 열었다. 이를 증빙할 계약서도 있으며 이미 8년이 지났다. 주인집(주자준)에서 채무불이행을 고소하자 (나우성은) "받은 돈이 원래 액수가 미달이고 전당포를 연다는 것은 궤방櫃坊[130]을 말하는 것입니다"라고 주장하였다. 이것은 계약서에 쓴 것과는 크게 모순되는 것이며 그 의도는 무고히여 이득을 보려는 데 있다는 것은 말하지 않아도 알 수 있다. 다만 소인이 돈을 손에 넣으면 바로 함부로 써버리기 때문에 관에서 내놓으라고 한다 해도 일일이 약정대로 될 수는 없을 것이다.

다행히 주자준은 모두 합쳐 이미 216관을 수취하였다. 원금과 이자를 합쳐서 계산하면 받은 돈은 겨우 이자의 반에 불과하지만 만약 원금만으로 따지면 겨우 54관이 부족할 뿐이다. 일이 이렇게 된 이상 원금을 받은 것만으로도 아주 다행한 일이니 다시 이자를 계산할 겨를이 어디 있겠는가? 아닌 사람에게 맡긴 것이라면 자신의 잘못을 인정할 수밖에 없다. 만약 반드시 철저하게 해보아야겠다고 해서 우선 보증인을 찾고 채무자[131]를 찾고 한다면 온 동네를 소란에 빠뜨릴 것이다. 문서왕래에 걸핏하면 열흘이고 한 달이고 성내城內에 체류하면서 관부를 출입해야

---

129) 전당포 : 質庫. 질고質庫는 해고解庫라고도 한다. 강북인江北人은 해고라 부르고 강남인江南人은 질고라고 부르는데 이것은 남조南朝 이래의 관습이다. 吳曾, 『能改齋漫錄』 권2 참조.

130) 궤방櫃坊 : 원래 당송시대 도시에 금은 등의 재물을 대신 보관해주는 영업을 하는 곳인데 송대에 많은 무뢰배들이 동전을 주조하고 도박 등을 일삼는 불법장소가 되어 중앙의 단속대상이 되었다.

131) 채무자 : 檐錢人. 송본은 擔錢人.

되니, 설령 바라는 대로 다 되었다 하더라도 이득보다 손실이 더 클 것이다. 더구나 나우성이 이렇게도 가난하니 결코 돈 나올 데가 없을 것이다. 지금으로서는 인정을 참작해서 처리할 수밖에 없다.

나우성을 장 1백에 처하고 몸에 칼을 씌워 현으로 압송해 돌려보내고, 아직 갚지 못한 원금 54관을 강제 반환시키는 외에, 다시 이자 100관족을 강제 납입시키도록 한다.[132] 만약 1개월 내에 납입하지 않으면 압송해 와서 판결에 따라 강제 반환시키도록 한다.

36. 전당포의 이자는 사채와 다르다

質庫利息與私債不同 : 胡石壁

무릇 관에서 재물의 출입에 관한 소송을 판결할 때는[133] 진위의 고찰은 문서에 의거하고 시비곡직의 판단은 법률에 의거한다. 그렇지 않고 억측으로 판결한다면 한쪽 말만 듣고 판결을 내리는 것 보다 더 위험할 것이다.

황공재黃公才는 처음 1백관을 이사이李四二에게 주어 전당포를 차리게[134] 했다. 이사이의 아들 이오삼李五三과 이오칠李五七은 단지 50관을 받았다고 인정하고 있는데 지현은 그것을 믿어버리고 말았다. 생각건대 당시 과연 단지 50관만 받았다고 한다면 무엇을 근거로 한쪽의 말[135]이 거짓이 아니라고 증명할 수 있는지 모르겠다. 이것은 문서에 의거하지

---

132) 다시 이자 100관족을 강제 납입시키도록 한다: 更監納息錢一百貫足. 명본에는 이 구절이 없다.

133) 무릇 관에서 재물의 출입에 관한 소송을 판결할 때는: 송본 원문은 大凡官聽財物勾加之訟. 명본은 '청聽 = 재판하다'라는 동사가 아니라 '청 = 청사廳舍'라는 명사로 되어 있다. 中華書局本은 명본에 의거해서 고치고 있는데 이것은 착오일 것이다. 관청官廳의 재물에 관한 소송이라면 모르겠지만 본 판어의 내용은 그런 것이 아니다. '聽'은 청송聽訟의 聽으로 이 구절 최후의 '訟'과도 어울린다.

134) 전당포를 차리게: 作解. 解는 해고解庫의 解 즉 전당포로 해석한다.

135) 한쪽의 말: 單詞. 앞의 편언片言과 같은 뜻이다.

않고 진위를 고찰한 것이다.

이사이는 돈을 받은 당초에 이자로 매년 2할을 납입하기로 약속했다. 14년으로 계산하면 해당 이자는 280관이다. 황공재의 공술에 의하면 이미 27관을 지불했다고 하므로 남아 있는 것은 원금과 이자를 합쳐 353관이다. 이것은 즉 장기간 이자를 전당포에 유치해두고 전혀 밖으로 내가지 않았던 것으로 결코 재물을 출거出擧하여 이자를 굴려서 본전을 만든 것이 아니다.[136)]

지현은 "(이자는) 대차貸借기간이 아무리 길어도 원금보다 많을 수는 없다"[137)]라는 법령을 인용하여 판단을 했는데 어찌 아직도 순희 14년(1187)의 신명칙申明勅[138)]을 보지 못했는가? 신명칙에서는 다음과 같이 규정하고 있다.

"만약 갑가甲家가 1백관문의 돈을 내어 을가乙家를 고용하여 전당포를 열어 운영하게 했을 때 벌어들인 이자가 원금을 초과했다고 하더라도, 그 고용인은 원금에 의해서 운영한 것이다. 소득 이자는 밖에서 수많은 사람들이 의류나 금백金帛 등을 전당잡힌 것에서 나온 것이고 원금은 그대로 남아 있기 때문에 이것을 임대차로 이자를 원금보다 많이 벌어들이는[139)] 것과 비교하면 사정이 같지 않다. 그러므로 사채와 같은 것으로

---

136) 결코 재물을 출거出擧하여 이자를 굴려서 본전을 만든 것이 아니다: 初非以財物出擧, 而回利爲本者. 출거란 싸게 사두었다가 비싸게 파는 것을 말한다. 『慶元條法事類』 80「出擧債負」에 "諸以財物出擧, 而回利爲本者, 杖陸十, 以威勢毆縛取索, 加故殺罪三等"이라고 하는 바와 같이 법으로 금지되었던 행위이다. 한편 회리위본回利爲本의 回는 명본에는 因으로 되어 있는데 위에 인용한 『慶元條法事類』에 의해서 回가 옳음을 알 수 있다.

137) 대차貸借 기간이 아무리 길어도 원금보다 많을 수는 없다: 積日雖多, 不過得一倍. 『慶元條法事類』 80「關市令」 참조.

138) 이 신명칙申明勅은 『慶元條法事類』 80「關市令」에 보인다.

139) 임대차로 이자를 원금보다 많이 벌어들이는: 借貸取利過本. 송본에는 借貸가 借措로 되어 있다. 『淸明集』 권7에도 보이는데, '借措'는 송대의 속어로 貸·借 어느 쪽으로도 쓰이는 말이다. 宮崎市定, 「借措の解」, 『アジア史研究』 4, 京都: 同朋舍, 1975 참조. 비슷한 예로 『淸明集』 권6, 판어 제9조, 「爭田業」에는 '借措於李氏者不一'처럼 借措라는 용례도 보인다. 따라서 중화서국본처럼 굳이 송본의 借措를 잘못된 것으로 보고(중

판결해서는 안 된다."

그런데 지금 이사이가 황공재의 돈을 미납한 것은 바로 전당포의 이자인데도 불구하고 지현이 사채라고 판결했다면 이 또한 법령에 의거하지 않고 시비곡직을 판결한 것이다. 이렇게 판결을 내린다면 어떻게 소송을 종식시킬 수 있겠는가?

첨청은 다시 양 고소인을 소환하여 황공재 측에서 이사이의 현금수령서를 제출시켜 실제 얼마를 미납하였는지 조사하고 만약 특별히 미진한 사항이 없다고 판단되면, 법에 따라 강제 추징하고 강제 반환시키도록 하라. 다시 증인을 소환할 필요는 없다.

37. 주인을 배신하고 전당포의 원금을 집어삼키다
背主賴庫本錢

처음에 나거태羅居汰가 관청에 와서[140] 억울함을 호소했을 때는 "주인이 한 달 동안 목에 칼을 씌웠고, 두 차례나 퇴장腿杖을 맞았으며 향원鄉院에 호령號令하라고 전하여[141] 처를 핍박해 죽게 만들었습니다"라고 말하였다.

본관은 소장을 보자마자 그의 처가 그것 때문에 죽은 것은 아닌데도 처의 죽음을 끌어들인 것은 관에서 그의 호소를 귀를 기울여 듣고 조치해주기를 바라는 마음에서 그렇게 한 것임을 알았다. 목에 칼을 씌우고 매를 때린 것은 사실일지도 모른다. 이 지방은 궁벽한 촌구석인데 대체적으로 사람들의 기질이 사납고 모질며 부호들이 수없이 많은 불법을

화서국본, 337면) 교정할 필요는 없을 것이다.

140) 관청에 와서 : 坐牌. 좌는 좌방坐方, 좌석坐席의 좌坐로 '가다'·'앉다'는 뜻이고 패牌는 패사牌司의 패牌로 패사牌司는 소장訴狀을 접수하는 관리를 가리킨다("舊制凡訟訴, 不得徑造廷下, 府吏坐門, 選收狀 諜, 謂之牌司"). 결국 관에 고소를 하는 것을 말한다.

141) 향원鄉院에 호령號令하라고 전하여 : 송본에는 院이 없다.

자행하고 있다. 그들은 사설 감옥을 만들어[142] 마음대로 형을 가하고 있는데 이것이 거의 풍습처럼 되어버려 조금도 이상하게 생각하지 않고 있다. 나거태의 고소도 전혀 사실무근이라고 할 수는 없으며 사실을 추궁해보아야 할 것이다.

이제 두 고소인이 법정에 나와 있는데 한 사람은 그런 사실이 있다고 주장하고, 또 한 사람은 그런 사실이 없다고 서로 사기주장을 고집하고 있어서 모두 신용하기는 어렵다. 다만 나거태는 "5월 16일 심문에서 1백 대를 맞았으며 25일에도 30대를 맞았습니다"라고 하는데 그 사이는 겨우 10일 정도이다. 본관이 조사해보니 전혀 맞은 흔적이 없다. 또 청사의 이졸吏卒 중에서 동시에 심문을 받은 한 사람을 불러 비교해보니 이쪽은 매를 맞은 흔적이 분명히[143] 있다. 이로 볼 때 나거태의 말은 허위라는 것을 어렵지 않게 알 수 있다.

한편 전당포를 열게 된 시말을 물어보니, "경자년庚子年 3월부터 시작하여 여러 차례에 걸쳐 원금 1,100관을 받았습니다. 매년 이자는 1할 7리 반이었습니다"라고 한다. 호상湖湘의 관례로는 1관이면 3할, 100문이면 4할이고 아무리 적어도 2할을 내려가지는 않는다. 지금 이자로 겨우 1할 7리 반을 받은 것은 수익이 적다고 할 수는 없으나 또한 마구 착제했다고 할 수도 없다. 그렇다면 (주인인) 구원정區元鼎은 당초 왜 나거태에게 배반당해 나거태가 감히 이렇게 주인을 해치도록 만들었는가? 만일 구원정이 부자이면서도 빈자를 학대했다면 그 죄는 물론 용서할 수 없다. 나거태는 노복奴僕으로서 주인을 배반했으므로 그 일은 실로 용서할 수 없다. 날이 더우므로 일단은 죄를 경감하여 장 1백에 처하고 보름 기한으로 원금을 주인에게 반환하도록 하고, 미납한 이자는 추징을 면제한다.

---

142) 사설 감옥을 만들어 : 私置牢獄. 당시 지방사회의 형세호形勢戶와 같은 유력자들에게 이런 풍조가 있었으며 도徒 2년이라는 중벌로 제재를 가하고 있었음을 다음 법령은 말해주고 있다. 『慶元條法事類』 75, 「刑獄雜事」에 "斷獄勅, 諸形勢之家(豪民同), 輒置獄具而關留人者, 徒二年, 情理重者奏裁, 許被關留人越訴."

143) 분명히 : 般般. 송본은 辨辨.

그리고 밖에서 거주하도록 하라.

爭財

38. 미납자가 실제 돈을 마련할 수 없다면 강제납입을 면제해야 한다
欠負人實無從出合免監理：胡石壁

이오삼李五三 형제는 주인에게 원금을 미납했으므로 관에서는 당연히 추징해야 할 것이다. 그러나 그 집이 원래 생업이 없고 부친이 굶주려 황공재黃公才 가에 몸을 맡긴 것이라면, 아마 황공재가 아무 이유도 없이 수백관을 그의 손에 맡긴 것은 아닐 것이다. 필시 "굶주린 매는 사람에게 달라붙지만 배가 부르면 곧 날아가버린다"144)는 말과 같은 상황을 예상했기 때문에 임시 계약서를 만들어 돈을 받게 하여 (날아가지 못하게) 묶어두려는 방편으로 대처했던 것이다. 그렇지 않다면 이렇게 이자율이 낮을 리가 없다.

지금 본부에서 그 형제를 압송하여 현에 내려보냈지만 이미 몇 달이 지났는데도 한 푼도 갚지 못하고 추위와 굶주림에 떨고 있다. 언제 죽을지도 모르는데 미납금이 있다 해도 더는 책임지고 갚으라고 할 수 없다. 더구나 반드시 사실인지 아닌지도 모르는 상황이라면 더욱더 그렇다. 법은 "부채가 있는데 계약을 위반하며 갚지 않는 경우, 죄는 다만 장 1백으로 그치고 구금은 하지 않는다"라고 규정하고 있다. 지금 그 형상을 보니 이렇게 초췌하니 구금은커녕 매를 치는 것도 시행하기 어렵다. 강

144) 굶주린 매는 사람에게 달라붙지만 배가 부르면 곧 날아가버린다: 飢鷹附人, 飽則颺去. 이것은 『後漢書』「呂布傳」에 나오는 말이다.

제 반환을 면제하고 각자 빈민구제미에서 쌀 1되를 지급하고 방면한다.

39. 전당포 주인과 관리인이 서로 싸우다[145)]

掌主與看庫人互爭 : 莆陽

본 사건에 대해 현의 문서를 인출해보니, 여윤조黎潤祖의 소장에는 두 개의 의문점이 있고, 진씨아陳氏兒의 소장에는 세 개의 의문, 그리고 최대의 의문점이 하나 있다. 한번 말해보자.

여윤조는 소장에서, "범아范雅의 집 한 채를 임차하여 작은 쌀집을 열었는데, 을미년(단평 2년, 1235) 연말에 범아가 매출용으로 쌀 50석을 맡기고 (이자로) 50관족을 구두 약속[면약面約]했습니다.[146)] 익년 3월이 되어 이자를 더 붙여서 170관으로 하자고 수비手批하게 하였습니다"라고 주장한다.

이 부분을 따져보면 50관의 미가米價가 수개월 뒤에 이자가 2배도 더 불어난 것인데 이것은 분명히 사실이 아닐 것이다. 그리고 "수비하게 하였습니다"라는 말 같은 것은 더욱 믿기 어렵다. 세상일이 도리와 인정에 맞지 않거나 또는 마음으로 하고 싶어 하지 않는다면 남이 시키는 대로 따라하기 어려운 법이다. 예를 들면 여기 한 사람이 있는데 어떤 사람이 끓는 물이나 불속에 뛰어 들어가라 하면 할 수 있겠는가 없겠는가? 이것이 최초의 의문점이다.

(여윤조는) 또 "후에 점차로 다 갚았습니다. 문제의 상기의 비기批記는 범아가 '결국 찾지 못했다'고 하여 그냥 놔두고 더 이상 달라고 하지 않았습니다"라고 한다. 이 부분을 따져보면, 이미 돈을 갚았는데 만약 원래

---

145) 이 판어의 명본에는 작자의 이름 보양莆陽도 없고 초반에 27자가 누락되어 있다. 다음 주 참조.

146) 50관족을 구두 약속(면약面約)했습니다 : 명본의 원문은 面約. 이후 명본에는 '五十貫足至次年三月展筭加利令作一百七十貫手批論此一節以' 총 27자가 결문이다.

의 (비기批記한) 계약서를 받지 못했다면, 어찌 영수증을 달라고 요구하여 증거로 삼지 않고 그냥 묻지 않고 방치할 수 있는가? 이것이 두 번째 의문점이다.

한편 진씨아의 소장에 의하면, "남편이 소호小湖에 부모님을 뵈러 간 사이에 범아가 첩들을 부려[147] 멋대로 공갈하고 욕하며 때려 죽이려고 했습니다"라고 한다. 이 부분을 따져보면, 범아의 첩들과 아무 원한관계가 없었다면 왜 갑자기 때려 죽이려고 할 정도로 악한 마음을 먹었겠는가? 이 말이 과연 사실이라면 거기에는 반드시 원인이 있을 것이다. 이것이 세 번째 의문점이다.

또 "범씨의 첩들은 우악스럽습니다. 그날 저녁 고모부 오손吳孫과 함께 머리장식, 은, 회자, 그릇과 보자기[148] 등을 갖고 오손의 집에 피신했습니다"라고 한다. 이 부분을 따져보면, 만약 진씨아가 만약 범아의 첩들에게 욕을 보았다면 마땅히 남편[149]이 돌아오기를 기다려 사실을 고하고 피해야 한다면 피해야 할 것이다. 왜 있는 것을 모두 싸 가지고 오손과 함께 갔는가? 이것이 네 번째 의문점이다.

또 "범아의 첩들이 강제로 그릇과 상자와 은과 회자 등을 모두 강탈하여 집에 돌아갔습니다. 그리고 1경이 지나서 비로소 같은 집에 사는 구대이丘大二와 진씨아의 원수인 첨대詹大[150]를 불러모아 봉장封椿(보관관리)하도록 시켰습니다"라고 한다. 이 부분을 따져보면, 정말 강탈이 있었다면 진씨아는 당연히 이웃을 소리쳐 불러야 했을 것이다. 왜 범아의 첩들이 강탈하고 가져가고 봉장하도록 한마디라도 해서 이웃을 깨우지 못하

147) 범아范雅가 첩들을 부려 : 范雅縱使群妾. 송본에는 縱使가 縱臾로 되어 있다.

148) 보자기 : 袱. 송본은 伏.

149) 남편 : 藁砧. 고대에 죄인을 사형에 처할 때 죄인을 모탕 위에 깔린 짚 위에 앉힌 다음 도끼鈇로 참했다고 하는데, 도끼 부鈇와 남편 부夫가 발음이 통하기 때문에, 처가 남편을 부르는 은어로 쓰였다고 한다.

150) 첨대詹大 : 송본에는 詹十八. 詹大의 '大'가 송본 詹十八의 '十八'을 잘못 읽은 것으로 본다면 이 오기는 송본이 명본보다 앞선 판본이라는 증거가 될 수 있을 듯하다.

였는가? 낮은 시時라 하고 밤은 경更이라 하는데 "1경이 지나서"라고 말하는 것을 보면 이 사건은 밤에 있었던 것이 확실하다. 진씨아가 정말 범아의 첩들이 두려워 피하려고 했다면,[151] 당연히 대낮에 당당히 나갔어야 했을 것이다. 범아의 첩들이 가로막고 공갈하고 욕을 한다 해도 사람들은 범아가 옳다고 하지 않을 것이다. 지금 진씨아가 밤중에 상자와 보자기[152] 등을 운반한 것은 의혹이 가는 일이고 그래서 범아가 진씨아에게 말할 구실이 생긴 것이다. 이것이 다섯 번째 의문점이다.

최대의 의문점은 이런 것이 아니다. 여윤조는 소장에서, "이전에 범아의 집에서 가정교사를 3년 했으며 더할 수 없을 정도로 친숙하게 지냈습니다. 다만 정초에 양가 부녀자 간에 좀 좋지 않은 말이 있어서 제(여윤조)가 소호에 부모님께 인사드리러 간 사이에 드디어 범아의 첩들이 공갈하고 욕하여 모욕을 주었고 처 아진阿陳이 물건을 싸가지고 피난하게 되었습니다"라고 한다.

아! 참으로 가소롭다. 친숙하게 지냈다는 말을 검토해보고 부녀자의 부족한 말을 음미해보니 분쟁의 발단과 소송의 근원이 여기에서 비롯되었다는 것인가? 이 여섯 가지 의문점을 종합하고 또 이전에 조사한 견해를 참고한다면 어떤 결과가 나올 것인가?

지금 범아가 제출한 여윤조의 비기批記에 의하면, "단평 3년(1236) 정월 모일부터 다시 액을 늘려 계산하면 전 168관문족인데 다시 3관문족을 추가한다"라고 되어 있다. 또한 여윤조는 소장에서, "무자戊子, 기축己丑, 신묘辛卯 3년 동안 범아 가에서 가정교사를 하였으며 갑오년에 범아의 집을 빌려 쌀가게를 열었습니다"라고 한다. 그 집에 거주한 지 3년이나 되니 친숙한 것도 당연한 일이다. 그 친숙함이 인연이 되어 범아에게서 약간의 돈을 빌려 가게를 내는 자금으로 삼았던 것인데, 여윤조로서는 말

---

151) 정말 범아의 첩들이 두려워 피하려고 했다면 : 果有畏范雅群妾而避之. 송본에는 마지막의 之가 누락되어 있다.

152) 보자기 : 袱. 송본은 伏.

을 꺼내기 쉬웠을 것이고 범아로서도 거절할 수 없었을 것이다. 돈을 빌려주고 나서 범아는 후에 갚지 않을까 우려하여 결국 단평 3년에 그 계약서의 옆에 여윤조에게 171관이라고 손으로 써 넣도록 요구하였다. 그 사이 혹 액을 늘려 이자를 추가했는지는 모르지만, 이미 친서한 이상 다시 무슨 말을 할 수 있겠는가? 여윤조는 결코 정신이 이상한 사람이 아닌데도, "범아가 그렇게 쓰라고 해서 시키는 대로 그렇게 썼습니다"라고 말하는 것은 나는 믿을 수 없다.

현에서 첩문帖文에 따라 여윤조, 범아 등을 압송해왔다. 진씨 혼자 시끄럽게 떠들어대는데 말을 못하는 것은 아닌 것 같다. 이제 직접 심문하는 날이 되자 오히려 말을 하지 않고 다만 때로 몇 마디 말로 범아의 첩들을 자극했다. 범아의 첩들은 다른 사람은 모두 묵묵히 있는데[153] 그중에 진씨가 조롱하는 뜻을 깨닫지 못하고 재잘거리며 응수하는 사람이 있었다. 남쪽의 방언이어서 전부 알아듣지는 못하겠는데 화가 난 얼굴빛이나 기세나, 시끄러운 말들을 보니 이 또한 선량한 자는 아니다. 어쨌든 이것은 진씨아가 범아의 첩들이 화를 내도록 자극하여 그들이 얼마나 사나운지를 증명하려고 한 것일 뿐이었다. 그러나 본관은 이미 진씨의 본 모습을 압송되어 오던 날에 알았던 것이다.

범아는 직접 심문하는 날에 오직 여윤조에게 전당포를 관리시켰던 것만을 갖고 때로 소리를 지르며 여윤조와 싸웠다. 이것은 범아가 자신은 전당포[질고質庫]의 주인(장주掌主)이고 상대방(여윤조)은 전당포의 관리인[간고인看庫人]임을 명백히 보여줌으로써 본관에게 (두 사람 사이에) 신분의 차이가 있음을 알리려고 한 것일 뿐이다. 그러나 옛날에는 여씨는 가정교사(관빈館賓)였고, 범씨는 주인이었다. 주빈이 서로 교제하여 아주 친숙해졌는데도 불구하고 약간의 돈을 갚지 않았다고 해서 그를 전당포 관리인으로 보아서는 안 될 것이다. 그렇지만 일이 분쟁에까지 이르러서

153) 묵묵히 있는데 : 默默. 송본은 默然.

는 예법이 어디 있겠는가? 이 또한 "인仁에 관해서는 (스승에게도) 양보하지 않는다"[154]는 뜻일까? 그러나 도리란 큰 소리를 치는 데 있는 것이 아니므로 범아는 실수한 것이다.

한편 이웃사람 구대이丘大二 등은 공술에서, "정월 19일 밤 3경 전후에 이웃에 사는 범구해范九解 댁의 고용인 왕칠팔王七八이 창고에 도적 소리가 난다는 말을 듣고 저희들과 이웃사람들이 각사 불을 밝혀들고 문을 열어보니 황롱黃籠 한 짝과 상자 두 개와 보자기 하나가 각각 한 짐이 되어 가지런히 큰길(관가官街) 위에 놓여 있었습니다. 그 때 왕칠팔과 여육구黎六九가 두건을 벗어[155] 땅에 내려놓았습니다"라고 말하고 있다. 그렇다면 여윤조는 소호에 있었던 것이 아니고 범아의 첩들이 그릇과 보자기[156]를 빼앗아 가서 1경이 지난 후에 사람들을 불러 모아 봉장한 것도 사실이 아니게 된다. 만약 구대이와 왕삼일王三一이 여윤조가 말한 대로 범아의 집에 거주하는 전호佃戶이기 때문에 진실을 말하지 못하고 있는 것이라면, (이와 반대로) 여태余太는 범아의 집에 거주하고 있지 않고 그 토지도 경작하지 않는데도 이웃사람들과 함께 같은 공술을 하고 있으므로 다 위증이라고 볼 수는 없다.

이번 사건은 필시 여윤조와 범아가 서로 친숙했을 때 전물을 빌려[157] 점포를 열었고, 후에 분쟁이 생겨 여윤조가 모두 가져가려고 하자, 범아가 드디어 이를 저지하려고 해서[158] 이렇게 된 것일 뿐이다. 이를 강탈이라고 한다면 불합리한 것이다.

---

154) 인仁에 관해서는 (스승에게도) 양보하지 않는다 : 當仁不遜. 『論語』「衛靈公」, "當仁不讓於師"에서 온 말이다.

155) 그때 왕칠팔王七八과 여육구黎六九가 두건을 벗어 : 時有王七八黎六九乃脫落頭巾. 송본에는 黎六九乃가 黎六九秀로 되어 있어 해석이 달라진다.

156) 보자기 : 袱. 송본은 伏.

157) 전물錢物을 빌려 : 借貸錢物. 송본에는 借貸가 借借로 되어 있다.

158) 드디어 이를 저지하려고 해서 : 遂致攔截. 송본에는 致가 知로 오기되어 있다.

현에서 통첩하여 본관으로 하여금 초안을 작성하여 상신하도록 명하였기에 이제 현에 상신해야 할 것이다.

"두 분쟁당사자를 다시 압송하여 관의 면전에서 여윤조에게 명하여 약간의 돈을 마련하여 범아에게 반환하도록 한다. 반드시 원래의 금액에 구애될 필요는 없다. 이런 것이 세상에서 말하는 "파는 사람은 사는 사람을 부자로 만든다"는 뜻일 것이다. 더구나 범아의 아들 범계가 이미 여윤조의 훈도를 받은 이상, 모범(여윤조 선생)은 올바른 사람일 터이고, 지금 범아가 여윤조에게 상환을 요구한다고 해도 완전히 갚기를 요구하지 않는다면 음덕陰德을 베푸는 것이다. 모범이 서 있고[159] 음덕은 서로 도와 후일 범계范繼가 과거에 합격하여 관직에 오른다면 여윤조가 근본이 맑고 바르도록 가르친 것도 힘이 되었을 것이다. 그렇다고는 하나 인사를 다해야 천리가 보이는 것이니 범계는 음덕에만 모든 것을 의지해서는 안 될 것이다."

담당부서는 갖추어 상신하라. 그리고 압송되어 온 사람들을 회송하여 판결을 기다리도록 한다. 만약 두 분쟁 당사자가 불복한다면 모두 현아縣衙에서 법에 따라 시행하도록 한다.

婚嫁

40. 이미 출가한 딸을 남몰래 다시 출가시키다

將已嫁之女背後再嫁 : 蔡久軒

호천삼胡千三은 며느리를 희롱하였다. 간음까지 하지는 않았더라도 그

159) 모범이 서 있고 : 模範旣立. 송본은 模範旣正.

는 심한 패륜을 저질렀다. 아오阿吳는 물론 다시 그 집에 돌아가기 어려워한다. 그러나 이것은 아오의 말이 그렇다는 것일 뿐 아직 관에서 정식으로 조사한 것은 아니다.[160] 그런데 그 부친 오경을吳慶乙이 형 오대삼吳大三의 지시를 받아 갑자기 아오를 숨기고 남몰래 다른 주의 사람에게 출가시켜 놓고 딸이 행방불명이라고 함부로 본사에 고소하였다. 만약 찾아내지 못한다면 호천삼은 큰 화를 입게 될 것이다.

법으로 논하면, 이것은 반좌反坐에 해당하며 오경을은 장 1백에 처해진 후 인근의 주에 편관編管당하게 된다. 만약 함부로 고소한 것이 오대삼이 시켜서 한 것이라면 오대삼은 당연히 장형杖刑에 처해지고 편관될 것이며 오경을은 면죄로 처리해야 할 것이다.

현에 통첩하여 오대삼을 소환하여 철저히 조사하고 본사에 압송해 와서 시행하도록 한다. 아오가 만약 호천삼의 집에 돌아오게 되면 반드시 투신하거나 목매어 죽는 참사가 일어날 것이다. 그러나 남편을 배신하고 도둑 출가를 했으니 호씨 가에 다시 돌아올 수도 없을 것이고 남편을 배신하는 짓을 했으니 할 말도 없을 것이다.

관할현에서 관의 중개인에게 책임 지워 다시 개가를 시키도록 한 것은 올바른 판결이므로 고식적으로 해서는 안 된다. 호천삼은 아직 관에서 정식으로 조사하지 않았기 때문에 죄를 처벌하기 어렵다. 만약 다시 소송을 한다면 본현은 옥에 보내어 패륜의 죄를 정식으로 조사하여 엄중히 처단함으로써 시아버지로서 행동이 문란한 자들에 대한 경계로 삼도록 하라.

---

160) 아직 관에서 정식으로 조사한 것은 아니다: 未經官司勘正. 송본은 뒤에 聽이 추가되어 있다. 뒤에 勘正이 계속 나오기 때문에 명본이 타당한 것 같다. 중화서국본(344면) 역시 聽을 연자衍字로 본다.

41. 사인이 기생을 처로 삼다

士人娶妓 : 蔡久軒

세상의 모범이어야 할 사인士人이 관기를 처로 삼다니 어찌 명교名教에 어긋나는 죄인이 아니겠는가? 어찌 사우士友를 욕되게 하는 것이 아니겠는가? 아니 된다! 아니 된다! 절대로 아니 될 일이다!

42. 사망한 후 혼약을 취소할 수는 없다

薨逝之後不許悔親 : 蔡久軒

한 치의 비단만으로도 혼약의 표시가 될 수 있는데 이렇게 많은 고급 비단을 받았다면 더 말할 나위도 없다. 서시랑徐侍郎이 관직에 있을 때 혼약을 했다가 서시랑이 사망하자 혼약을 깨겠다는 것은 공론公論에 비추어볼 때 있을 수 없는 일이다. 4년 동안 소식이 없었다고 하지만, 서시랑의 슬픔은 아직도 여전한데 혼인을 재촉해도 되는 것인가?

주에 통첩하여 이미 판결한 대로 서둘러 일을 추진하여 결말을 짓고 상신하라.

43. 형수가 출가하자 시동생이 고소하다

嫂嫁小叔入狀 : 胡石壁

아구阿區는 세 번이나 남편을 바꾸었으니 참으로 정절이 없는 부인이다. 그렇다고 해도 시동생인 이효덕李孝德이 형수의 운명을 좌우할 수는 없는 것이다. 만일 형수가 형을 배신했기 때문에 미워서 그러는 것이라면, 형수가 이종룡李從龍에게 개가했을 때 곧바로 그 죄를 성토하기 위해 관에 고소를 했어야 할 것이다. 그렇다면 말과 행동이 일치한다고 할 수 있을 것이다. 이종룡에게 시집간 지 이미 오랜 시간이 지난 이상, 아구는 이미 이종룡의 처이지 다시 (형) 이효표李孝標의 처가 될 수 없는 것이다. 즉 이효덕의 형수도 아닌 것이다. 이종룡이 죽은 후 개가하든 안 하든 아구 본인이 선택하면 되는 것인데 왜 이효덕이 간여하는 것인가? 더구나 아구가 양숙梁肅에게 시집갈 때 혼인을 주관한 사람은 시할아버지였고 송가送嫁[161]를 한 것은 족숙族叔 이효석李孝勣이었다. 불의로 만나 몰래 결혼을 한 것은 결코 아니었다.[162]

이효덕은 또 무엇을 구실로 소송을 하는 것인가? 소인이 본분을 지키지 않고 본업에는 힘쓰지 않고 소송하기만을 좋아하면서 동네에서 왕인 것처럼 행세하고 있다. 후일 가산을 탕진하고 생명을 손상하게 된다면 그 원인은 모두 여기에 있을 것이다. 처단하지 않으면 분쟁을 끝맺을 수 없을 것이므로 이효덕을 장 1백에 처한다. 그 외의 사람은 모두 방면한다.

44. 여자가 예물을 받은 후 다시 출가했다면 당연히 책임지고 남편에게 돌려보내야 한다

女已受定而復雇當責還其夫 : 翁浩堂

이 사건에 대한 본관의 원래 판결은 소략함을 면치 못했는데 그것은 강일랑姜一娘을 소환하여 공술을 시키지 않았기 때문이었다. 이제 강일랑의 공술에 의하면, 강택康宅에서는 이 여인을 다시 오아이吳亞二의 가에 출가시켜 돈을 받았다고 한다. 지금 아오가 혼인을 주장하는 말을 들어보면 오히려 서공원徐貢元의 이름을 대어 강백삼姜百三을 비호하고 있다.

---

161) 송가送嫁 : 송친送親이라고도 하는데 결혼의 한 절차로 여자 집에서 신랑을 신랑 집에까지 환송하는 것.

162) 불의로 만나 몰래 결혼을 한 것은 결코 아니었다 : 初非鑽穴隙相窺, 踰墻相從者比. 출전은 『孟子』「藤文公下」, "不待父母之命, 媒妁之言, 鑽穴隙相窺, 踰墻相從, 則父母國人皆賤之."

이미 예물을 받은 여자를 파는 것은 물론 죄가 되지만 그것은 빈곤하여 어쩔 수 없어서 나온 계책이었다. 그 형상을 보니 몹시도 피로한 기색인데 강제로 반환시킬 돈도 없을 것이다. 차일피일 시간을 끈 지는 오래되고 부자와 부부가 서로 떨어져 다시 합칠 수 없게 된 모습을 보노라면 어진 군자의 마음이 움직이는 것도 당연할 것이다.

옛날 왕문공王文公[163]은 90만전錢을 내어 첩을 샀다. 그런데 (왕문공이 산 첩은) 남편이 (배로) 쌀을 운반하다가 배를 잃어버렸기 때문에 자신의 처를 팔아서 변상한 것이라는 말을 듣고, 즉시 남편을 불러 처를 돌려주어 다시 부부로 살게 하였다고 한다.[164] 이것은 우리 동지同志들이 당연히 함께 경모해야 할 일이 아니겠는가? 서공원이 참으로 과거 합격에 뜻을 두고 있다면 이 이야기를 들으면 당연히 감동할 것이다.

간인幹人을 소환하여 (판결을) 보여주고 서약서를 쓰게 하고, 그리고 무엇보다도 우선 책임지고 강일랑姜一娘을 그 남편에게 돌려주어 법대로 성혼하도록 한다.

45. 처가 남편이 가난하다고 헤어지다

妻以夫家貧而仳離 : 劉後村

남편이 아내를 쫓아내는 법은 있지만 아내가 남편을 버리는 법은 없다. 구교수丘教授가 급제하기 전에 여동생을 황계黃桂에게 출가시켜 이미 딸 다섯을 낳았다. 어느 날 구교수가 우등으로 급제하자 집안이 바뀌어졌다. 그런데 황계는 (가계家計) 운영을 잘 못하여 집안이 쇠락하였다. 그러자 구교수는 갑자기 여동생을 빼앗아가서 이혼장을 쓰게 하였다. 아! 구교수가 단명으로 만리타향에서 객사한 것은 이런 (옳지 않은) 일들이

163) 왕문공王文公 : 왕안석王安石을 가리킨다.

164) 이 이야기는 『河南邵氏聞見前錄』 권11 참조.

음덕에 누를 끼쳐 그렇게 된 것이 아니겠는가? 아깝도다! 당시 유사有司는 안색을 보고 의義와 이理로써 구교수를 설득하지 않았으니 전임 지현은 그 책임을 지지 않을 수 없을 것이다. 그렇다고는 하나 필부의 뜻은 빼앗을 수 없는 것이다. 황계가 만약 진정으로 부부의 정의情誼가 있었다고 한다면 팔을 잘라서라도[165] 이혼장을 써서는 안 되는 것이었다. 7년이 지나 이제 자신이 쓴 이혼장을 보고 후회를 해도 이미 돌이킬 수 없는 일이 되고 말았다.

황계는 어떤 의절義絶[166]도 범한 적이 없는데 처를 빼앗긴 데다가 딸까지 구씨 가에 빼앗기고 말았다. 천하에 아버지가 없는 나라가 어디 있는가?[167] 구공사는 형의 실패를 거울삼아 약간이라도 선행을 베풀어 앞일을 도와야 할 것이다. 만약 황계 부부가 다시 합칠 수 있다면 구씨를 돌려보내야 할 것이다. 옛 사람은 딸에게 "가난하다고 해서 남편을 섬기는 것을 정성껏 하지 않아서는 안 된다"라고 가르쳤다. 구교수가 많은 책을 읽었으나 이 구절은 아직 배우지 못한 것 같다. 만약 부부가 다시 합칠 수 없다면, 그래도 황계가 빈궁한 것을 생각해서 전물錢物을 원조하여 다시 처를 맞이할 수 있도록 하라.

두 사람이 낳은 큰딸은 원래 유현위劉縣尉의 빙재聘財를 받았는데 누가 수취했는지 알 수 없다. 원래 본건의 담당관이 쌍방의 평의評議를 감독하여 확정하라.[168] 2일 내에 시행하라.

---

165) 팔을 잘라서라도: 斷臂. 『新五代史』 권54 「歐陽脩傳」에 정녀貞女 왕응王凝의 처 이씨李氏가 정절을 지키기 위해서 팔을 잘랐다는 고사가 있다. "我爲婦人 (…중략…) 不可以一手幷汚吾身, 卽引斧自斷其臂."

166) 의절義絶: 『宋刑統』 권14 「戶婚律」 「和聚人妻」 條의 疏議 참조.

167) 천하에 아버지가 없는 나라가 어디에 있는가: 天下豈有無父之國哉. 『禮記』 「檀弓」에 나오는 말이다. "世子曰, 不可君謂我欲弑君也. 天下豈有無父之國哉, 吾何行如之."

168) 원래 본건의 담당관이 쌍방의 평의評議를 감독하여 확정하라: 元承監兩下評議定. 원승元承이란 원래 이 재판을 담당한 관을 가리키는 것이라고 추정된다. 梅原郁, 354면, 주7 참조.

46. 여자 집에서 결혼약정서[169]에 회답하고 나서 이를 번복하다
女家已回定帖而翻悔 : 劉後村

사적謝迪은 결혼약정서를 작성한 사실을 인정하려고 하지 않지만, 전행대서방全行代書房[170]을 소환하여 조사해본 결과 위의 첩자帖子는 사적의 아들 사필홍謝必洪이 친필로 쓴 것이며 사적도 처음에는 (여자 집에서 보내 온) 정첩定帖에 대해 "정성껏 회답하라"고 했다고 한다. 그런데 지금은 회첩回帖을 보냈다는 사실을 감추며 전혀 인정하려고 하지 않으니 마음속으로 무슨 생각을 하기에 이렇게 앞뒤가 맞지 않는 것인가?

법은 "결혼을 승낙한 여자가 이미 혼서를 건네고 또 사약私約도 했는데도 함부로 번복하는 자는 장 60에 처한다. 새로 다른 사람에게 결혼을 허락한 자는 장 1백에 처한다. 이미 결혼한 자는 도徒 1년에 처하고 여자는 전부前夫에게 돌려보낸다"[171]라고 규정하고 있다. 정친첩자定親帖子가 혼서婚書는 아니라 하더라도 사약은 될 것이다. 법은 또, "결혼을 허락한 혼서는 없다 하더라도 예물을 받으면 이에 해당한다"라고 규정하고 있으며, 이 법에 대해, "예물에 한도는 없다"는 주석[172]도 부가되어 있다. 그러므로 비단 1필을 받은 것도 빙재聘財가 아니겠는가? 더구나 정첩 내에 혼수 도구의 수목數目까지 자세히 기재되어 있으며, "사씨의 딸과 유교수 댁의 아들이 혼인한다"[173]고 명언明言하고 있다. 검토해보니 모두가

---

169) 결혼약정서 : 定帖. 정첩定帖은 본문에 나오는 정친첩자定親帖子의 약칭이다. 초첩草帖이라고도 하는데, 『新編事文類要啓箚青錢』 別集 권2 「婚姻啓狀試式」에 초첩의 서식이 보인다. 여기에 보면 남자 집에서 보내는 초첩에는 본관本貫과 3대(증조, 조부, 부친)의 이름과 본인의 생년월일 및 모친의 이름 등이 기재된다.

170) 전행대서방全行代書房 : 全行書鋪. 서포書鋪는 대서방代書房을 말한다. 전행全行이란 확실치 않은데, 일단 이 서포의 호칭으로 보아둔다. 서포를 하는 데에는 일정한 자격이 요구되었다.

171) 이 법에 대해서는 『宋刑統』 권13 「戶婚律」 「婚嫁妄冒」 條 참조.

172) 이 주석은 앞 조의 법에 나와 있다.

173) 사씨謝氏의 딸과 유교수劉教授 댁의 아들이 혼인한다 : 謝氏女子與劉教授宅宣教議親. 선교宣教란 본래 선교랑宣教郎을 가리키는데 양가의 자식이라는 미칭美稱으로 쓰이고 있다.

명백한 사실이며 다른 초첩草帖에 비할 바 아니다.

관에서는 아직 법으로 죄를 논하고 싶지는 않다. 사적 부자에게 명하여 다시 법의 취지를 잘 생각해보고 좋은 방향으로 논의하도록 하라. 관에서 법대로 일을 처리하여[174] 후회막급의 지경이 될 때까지 기다려서는 안 될 것이다. 두 분쟁 당사자를 압송하여 내려보내 의논하도록 하고 다음 날 보고하라.

재판결[재판再判] : 필적은 감출 수 없는 것이다. 아직도 위조된 정첩이라고 한다니 그래서 되겠는가? 남녀를 결혼시키는 것은 작은 일이 아니다. 왜 처음 결혼의 혼담이 오갈 때 깊이 생각하지 않고 이미 정첩에 회답을 한 후 번복하는 것인가? 성혼을 시켜야 할지 말아야 할지는 법이 결정할 문제이며 지현이 결정할 문제는 아니다. 다시 원래의 판결을 되돌아보고[175] 좋은 방향으로 논의하여 원래의 뜻을 이어가도록 하라. 아울러 유영劉穎 모자에게, "이미 소송이 일어난 이상 성혼이 된다 해도 무슨 낯으로 서로 볼 것인가? 다만 쌍방이 대화하여 결정을 내릴 수밖에 없다"고 권유하도록 하라. 오늘 밤으로 결론을 짓지 않는다면 어쩔 수 없이 당사자들을 수감해야 할 것이다.

재판결 : 화해를 시키는 일에 마을의 친척들 중에 도와줄 사람이 없단 말인가? 지현은 재판 당사자들을 화해시키는 사람이 아니다. 이미 판결한 대로 비단과 정첩을 강제로 제출시켜 1일 한으로 보고하라.

---

174) 법대로 일을 처리하여 : 以柱後惠文從事. 주후혜문柱後惠文이란 법관들이 썼던 관冠의 문양을 말하는 것으로 여기서는 법에 따라 가차 없이 처벌하는 것을 비유하고 있다. 이 관은 다른 말로는 해치관獬豸冠이라고도 하는데, 해치관에 대해서는 박영철, 「獬豸考－中國에 있어서 神判의 向方」, 『東洋史學硏究』 61, 1998 참조.

175) 원래의 판결을 되돌아보고 : 推詳元判. 송본에는 推가 消로 되어 있어 뜻이 통하지 않는다.

재판결 : 정첩을 보낸 것도 분명한 사실이고, (이를 번복하는 경우 처벌하는) 법률도 분명히 있는데도 좋은 방향으로 논의하지 않고 또 비단과 정첩도 제출하지 않고 있다. 반드시 형벌을 받고 옥에 갇히고야 말겠다는 것인가? 무엇 때문인가? 다시 오늘 밤으로 결론을 짓도록 하라.176)

재판결 : 소송이 관에 접수되면 도리와 법으로 판결할 뿐이다. 어찌 유력자[형세形勢]가 간섭한다는 말인가? 사적은 여기저기에서 글을 구하고 또 사람을 오게 해서 간청하도록 했다. 이것은 유력자에게 기대는 것이라고 할 것이다. 이미 정첩에 회답을 한 후 본인이 번복하는 경우, 법에 의거한다면 다만 친가에 돌려보낼 수 밖에 없다. 다시 오늘 밤 따로 처리할 것이다.

재판결 : 법은 "무릇 선약先約을 어기고 다른 사람과 결혼하는 경우 전부前夫에게 돌려보낸다"라고 규정하고 있다. 이미 출가했는데도 돌려보낼 수 있는데 더구나 출가하지 않은 경우는 말할 필요도 없다. 만약 유영이 혼담을 끊을 의향이 없다면 사적은 오직 약속을 이행해야 할 것이다. 그렇게 하지 않는다면 소송은 계속될 것이다. 명하니 다시 법제를 잘 검토해보고 쌍방이 좋은 방향으로 대화하여 결론을 짓도록 하고 상신하라.

재판결 : 판결대로 방면하고 각자에게 판결사유서[연유緣由]를 발급하라.

47. 혼인 소송을 판결하다

定奪爭婚 : 劉後村

오중오吳重五는 집안이 가난했다. 처가 사망했을 때 그는 마침 집에 없

176) 다시 오늘 밤으로 결론을 짓도록 하라 : 再今晚. 명본에는 없다.

었다. 동성同姓인 오천을吳千乙 형제가 장례를 치러주고 그 대신 어린 딸을 데리고 가버렸다. 오중오는 돌아왔어도 딸이 갈 곳이 있다는 것을 다행으로 생각하고 묻지 않았다. 곧 오천을과 오천이吳千二는 (오중오의 딸) 아오阿吳를 옹칠칠翁七七에게 며느리로 팔아 넘겼다. 오중오도 이 사실을 알고 있었는데 이것은 가정 13년(1220) 11월의 일이었다.

작년 8월 오중오는 딸을 데리고 집에 돌아왔는데 11월에 다시 이삼구李三九에게 시집을 보냈다. 이 때문에 옹칠칠이 부현에 고소하였다. 오천이 등을 소환하여 공술을 시켜보니, "전에 아오를 처로 맞이하려고 생각했는데 동성이라 안 되어서 다시 옹칠칠의 아들에게 시집을 보낸 것입니다"라고 주장하였다. 동성은 친족이라 법에 저촉되기 때문에[177] 떼어놓아 바로잡아야 하겠지만, 개가시키면서 예물을 받는 것은 결코 있을 수 없는 일이다. 오천이가 아오를 옹칠칠의 아들에게 시집보낸 것은 물론 위법이다. 그러나 (오중오가) 후에 이미 사정을 알고 또 옹칠칠로부터 관회 2관문을 받았는데 어찌 (남의 집 며느리가 된 딸 아오를) 다시 빼앗아 출가시킬 수 있다는 말인가? 당연히 옹칠칠의 아들에게 아오를 강제로 돌려보내야 할 것이다. 그러나 아오는 이미 이삼구에게 시집을 가서 임신 중이므로 장래 아이를 낳은 후 결발을 지어야 할 것이나. 만일 출산 때 예측하지 못한 일이 생기면 오중오와 이삼구는 반드시 소송을 일으킬 것이고 그렇게 되면 옹칠칠의 집도 편안치 않게 될 것이고 관사로서도 일이 많아지게 될 것이다.

당청에서 옹칠칠을 소환해서 이러한 뜻을 알려주었더니 흔쾌히 물러나면서[178] 소송을 해서 (아오를) 빼앗는 것은 원하지 않으며 다만 예물만은 강제로라도 돌려주어 따로 혼인을 하게 해줄 것을 요구하였다.

아오는 감독 하에 이삼구[179]에게 돌려보내어 인수하도록 한다. 오천일

---

177) 동성은 친족이라 법에 저촉되기 때문에 : 『宋刑統』 권14 「戶婚律」, "諸同姓爲婚者, 各徒二年, 緦麻以上, 以姦論."

178) 흔쾌히 물러나면서 : 欣然退歸. 송본에는 歸가 없다.

과 오천이 그리고 오중오가 죄를 저지른 것은 사면 전이므로 일단 처벌을 면제해준다. 세 명을 소환하여 원래 받은 돈과 회자를 강제로 모두 내놓게 하여 옹칠칠에게 돌려주도록 한다.

48. 무릇 정혼 후 이유 없이 3년간 성혼하지 않는 경우 이연을 허락한다
諸定婚無故三年不成婚者聽離 : 趙惟齋[180]

조득照得.

진감陳鑑이 "유유광劉有光이 의녀義女 위영저魏縈姐를 친가에 돌려보내려고 하지 않습니다"라고 고소한 사건.

생각건대 본건은 우선 현에서 판단하고 다시 현승청에서 검토하여 결정을 내렸지만, 모두 좋은 날을 택해 친가로 돌려보내도록 권유하고 있다. 이것은 인정을 두루 참작한 조치이다. 그런데 어찌된 일인지 쌍방의 고소가 끊이지 않고 각자 자기주장을 고집하고 있다. 애초 혼담이 있었을 때 진陳, 유劉 양가는 삼대三代의 이름을 써서 결혼약정서(정첩)를 교환하고[181] 결혼을 약정하였다. 이렇게 혼담을 하고 약정서를 교환했으니 완전무결하게 된 것이다. 그러나 남자 측에서 5년 동안이나 머뭇거리면서 결혼을 성사시키지 않았기 때문에 여자 측에서 중단할 생각[182]을 갖게 되었다. 쟁송의 발단은 여기에 있었다.

각자의 전후 공술을 보면 사정은 아주 명백하다. 보경 원년(1225)에 혼담이 있었는데 소정 2년(1229)에 남자 집에서 현에 소장을 내어 성혼을 재촉하였다. 따라서 혼인을 허락한 날로부터 고소하게 된 날까지 모두 5

179) 이삼구李三九 : 송본에는 李卅九.

180) 조유재趙惟齋 : 송본은 조추趙推. 추推는 추관推官의 약칭일 것이다.

181) 3대의 이름을 써서 결혼약정서(정첩定帖)를 교환하고 : 以三世交契. 여기서 '契'라는 것은 결혼약정서 즉 앞의 판어 46조에 나온 정첩을 가리킨다. 3세世라는 것은 정첩에 증조, 조부, 부친 삼대의 이름을 써넣기 때문에 나온 말이다.

182) 중단할 생각 : 中輟之意. 송본에는 輟이 輒으로 되어 있다.

년이 지났으므로 이미[183] "무릇 정혼 후 이유 없이 3년간 성혼하지 않는 경우 이연離緣을 허락한다"는 법에 해당되는 것이다.

본 현과 현승청에서 친가에 돌려보내도록 한 것은 법이 아니라 인정에 따른 것이다. 그러나 상기의 법은 '이유 없이 성혼하지 않은 경우'를 말하는 것이기 때문에 만약 이유가 있었다고 하면 이야기가 달라진다. 또 진감의 부친 진탄陳坦이 소정 2년(1229)에 현에 처음 소상을 제출했을 때 그때의 소장에서 이미, "안길주安吉州[184]의 장소莊所에서 돌아왔습니다"라고 말하고 있다. 이어서 진감의 소장을 보면 역시, "부친 진탄이 안길주를 나갔는데 도적을 피하다가 죽었습니다"라고 말하고 있다. 이 두 가지 사항으로 본다면, 진감 쪽에서는 이것은 이유가 있어서 성혼이 안 된 것이라고 생각하고 있으며 처음 소장을 제출했을 때 이미 3년의 기한을 넘었다는 사실은 전혀 염두에 두고 있지 않다. 만약 빙재聘財를 반환하고 이연을 허락한다면 전혀 위법은 아니다.

그러나 약속을 어긴 것[185]은 여자 쪽이 먼저이다. 사위 진개陳凱가 못된 무뢰한이고, 배운 것도 없다는 사실을 들은 이상, 어머니의 딸을 생각하는 마음이 애절하여 생각 끝에 다른 사람에게 시집 보내지 않을 수 없었다. 3년 기한의 법률에 실로 저촉되는 것은 없는데 안타깝게도 모친이 관에 개가를 신청하고 빙재를 돌려주는 절차를 거치지 않아서 결국 진감이 소송을 일으킨 것이다.

또한 유유광의 처 조씨趙氏가 소정 3년(1230) 3월에 조권지현趙權知縣의 판결을 받고 증거로서 발급받은 서장書狀에는, "요전에 왕포王褒를 매파

183) 모두 5년이 지났으므로 이미 : 송본 원문 首尾已歷五載已. 명본은 뒤의 已가 矣로 되어 있다. 그러나 문맥으로 볼 때 송본에 따라 已로 하여 뒤의 '違 (…중략…) 條'로 이어서 읽는 것이 타당할 것 같다.

184) 안길주安吉州 : 보경寶慶 원년(1225)에 호주湖州가 개칭되어 안길주가 되었다(현 절강성 안길현).

185) 약속을 어긴 것 : 寒盟. 『左傳』 哀公 12年, "今吾子曰, 必尋盟, 若可尋也, 亦可寒也, 乃不尋盟."

로 삼아 후부後夫 유공원의 딸 유일저劉一姐와의 혼담이 있었습니다. 그런데 진감이 오히려 고소하고 억지를 부리면서 혼담이 있었던 딸은 (유일저가 아니라) 먼저 위경선魏景宣에게 출가해서 낳은 딸 위영저라고 함부로 말하고 있습니다"라고 되어 있다. 그(조씨)의 의도는 생각해보면, 유일저를 위영저로 바꾸어 진개에게 출가시키려고 한 것인데 이전에 현에서 "남편 유공사劉貢士의 전처의 딸은 호북湖北에서 또 혼담이 있습니다"라고 진술한 말은 전혀 생각도 않고 있다. 그러므로 진개가 말하는 처란 위영저이며 유일저가 아니라는 것이 명백하다. 더구나 유유광이 "진개가 정혼한 것은 전처의 소생 유일저입니다"라고 말한 이상, 후처 소생인 위영저는 집에 있으며 출가도 하지 않았고 혼담도 없었으므로 만약 적당한 사람이 매파가 되고 생모가 혼인을 주도하면 명분이 올바르고 주장도 타당하니 아무 문제도 없을 것이다. 그런데 스스로 정도正道를 벗어나서 조권지현의 판결을 받아 이를 근거로 위영저를 숭안현崇安縣[186]의 첨응발詹應發에게 출가시킨 것은 "거짓말을 하려고 애를 쓸수록 더욱더 졸렬해진다"[187]는 말과 같은 것이나 다름없다.

진감은 또 "포성현浦城縣[188]의 모육수毛六秀에게 출가시켰습니다"라고 진술하고 있는데, 첨(응발)에게 출가했다고 하다가 또 모(육수)에게 출가했다고 하니 도대체 무엇이 진실인지 알 수 없다. 참으로 의문스러운 점이다.

이제 유유광이 후에 현승청에서 공술한 사항을 하나하나 검토해보니,[189] 그중에 "유일저는 병으로 죽었습니다"라고 말하고 있다. 이것은 살아 있는 위영저의 예물을 죽은 유일저의 예물이라고 속여서, 이미 성혼한 경우의 법률을 인용해서 반환하지 않으려고 한 것이다. 앞뒤의 말이 이렇게 모순되고 있다.

186) 숭안현崇安縣 : 복건로福建路 건녕부建寧府의 속현(현 복건성 숭안현).

187) 거짓말을 하려고 애를 쓸수록 더욱더 졸렬해진다 : 作僞心勞日拙. 『書經』「周官」.

188) 포성현浦城縣 : 복건로 건녕부의 속현(현 복건성 포성현).

189) 하나하나 검토해보니 : 畫一. 一, 某…… 一, 某…… 하는 식으로 사실을 열거한 것.

부부의 결혼이란 3대의 서약으로 맺어지는 백년의 대계大計이다. 그런데 지금 쟁송이 분분하고 피차 서로 증오하여 3대의 서약은 이미 사라져 버렸으니 혼인을 성사시킬 수 있겠는가? 법으로 따지면 3년의 기한은 이미 지났고, 인사人事로 말하면 결혼 후에 장래를 보증하기 어렵다. 각자 원한을 품고 이미 한 약속을 깨뜨렸으니 애초의 뜻은 사라지고 없다. 혼인소송은 다른 소송과는 다르다. 양가의 소송은 하루아침의 일이 아니므로 억지로 결혼을 시킨다면 화근이 생기게 될 것이다. 지금 다행히도 친영親迎은 하지 않았으니 거취를 정하기는 쉽다. 법으로만 판단하고 인정을 참작하지 않으면 후일 틀림없이 원한만 깊어지고 분란이 끊이지 않을 것이다. 더구나 진감은 현재 소장에서 "위영저를 포성현의 모원육수毛元六秀에게 출가시켰습니다"라고 말하고 있다. 만약 허위가 아니라면 이미 (위영저는) 타인의 처가 된 것이다. 여자는 두 남편을 섬기지 않는다. 진감은 사대부의 한 사람으로서 결코 이러한 도리를 모르지는 않을 것이며 위영저를 정절을 잃은 부인으로 만들지는 않을 것이다. 다만 그때의 혼담은 깨진 것으로 보고 다시 묻지 않는 것이 좋을 것이며 하필 위영저 한 사람에게 매달릴 필요는 없을 것이다. 그러나 원래의 혼약이 결국 지켜지지 않은 것은 실은 여자 측에 책임이 있으므로 모든 예물은 남자 측에 반환해야 할 것이다. 이렇게 하면 쌍방의 인정을 두루 참작한 조치일 터이니 소송도 없을 것이다.

각하의 판결[태판台判]을 받아 그에 따라 사리를 검토하여 시행하고자 하니 각하로부터 지시를 받도록 하라.

판지부황감부判知府黃監簿190) 각하로부터 다음과 같은 판결을 받았다. "초안이 참으로 타당하니 담당부서는 본현에 첩帖하여 그대로 시행하도록 하라."

---

190) 판지부황감부判知府黃監簿 : 判府黃監簿. 감부監簿는 중앙의 감監의 주부主簿를 가리키는 것으로 추정된다.

離婚[191]

49. 장가드는 쪽과 시집가는 쪽이 모두 법을 위반하다

婚嫁皆違條法 : 翁浩堂

삼가 법을 찾아보니, "무릇 남의 처를 합의하여 맞아들이거나 출가시키려고 한 경우, 각각 도徒 2년에 처한다. 남편이 스스로 출가시키려고 한 경우도 같다. 그리고 양쪽 모두 이연離緣시킨다"[192]라고 규정하고 있다. 또 "무릇 처가 자의自意로 나간 경우는 도 2년에 처한다"[193]라고 규정하고 있다.

섭사葉四에게는 처 아소阿邵가 있지만 부양할 수가 없어서 스스로 이혼장[194]과 돈 받은 영수증을 쓰고 또 장인掌印[195]을 찍고, 아소를 여원오呂元五에게 개가시켰다. 여원오 부자는 모두 관회 300관을 지불했고, 나머지 잔액 관회 200관은 섭만육葉萬六 가에 (보증금으로) 기탁해두었다. 이미 계약서와 돈을 주고받았는데 다시 관에 재판을 신청해왔다. 만일 이렇게 해서 (섭사가) 처를 되찾을 수가 있다면 이것은 처를 장난으로 사고 팔 수도 있다는 셈이다. 또 여원오는 아소를 탐하여 처로 삼으려고 하여 배천칠裵千七 부처와 양만을楊萬乙을 시켜 섭사를 꾀었고 이미 약정서도 썼는데 아직 미심쩍어 갑자기 아소를 끌고 와서 집에 두었다. 만일 이렇

---

191) 이혼離婚 : 송본은 '離'로만 되어 있다.

192) 무릇 남의 처를 합의하여 맞아들이거나 출가시키려고 한 경우, 각각 도 2년에 처한다. 남편이 스스로 출가시키려고 한 경우도 같다. 그리고 양쪽 모두 이연離緣시킨다 : 『宋刑統』 권14 「戶婚律」, "諸和娶人妻, 及嫁之者, 各徒二年."

193) 무릇 처가 자의自意로 나간 경우는 도 2년에 처한다 : 『宋刑統』 권14 「戶婚律」 「和娶人妻」 조 참조.

194) 이혼장 : 休書. 『元典章』 「戶部4」 「休棄」 「離異買休妻例」. "若以夫出妻妾者, 分郎寫立休書, 赴官告押執照, 卽聽歸宗, 依理改嫁, 以正夫婦之道."

195) 장인掌印 : 手模. 손바닥으로 찍는 도장을 말한다. 이에 대해 손가락도장은 화지畵指라고 한다.

게 해서 처로 삼을 수가 있다면 이것은 처를 힘으로 빼앗을 수도 있다는 셈이다. "양쪽 모두 이연시킨다"는 법은 바로 이런 사람들 때문에 있는 것이다.

아소 본인은 섭사의 처이다. 남편이 싫어도 그를 의지해야 할 것이지, 갑자기 여원오에게 몸을 맡겨서는 안 될 것이다.[196] 다만 빨리 개가하지 못할까 안달하는데 이렇게 하고서도 죄를 면할 수 있다면 이것은 처가 마음대로 나갈 수도 있다는 셈이다.

법에 의하면 3인 모두 도죄徒罪에 해당한다. 일단 현에서 각각 장 1백을 집행하고 법에 따라 양쪽 모두 이연시키도록 하라. 섭사와 여원오 모두 (아소를) 처로 삼을 수 없다. 아소의 처단이 끝나면 중매인에게 맡겨 책임지고 따로 출가할 사람을 찾도록 하라. 양만을, 배천칠, 섭만육은 본업에 안주하지 못하고 함부로 일을 벌여 남의 처를 이혼하게 하였으니 역시 도죄로 처단해야 할 것이다. 양만을과 배천칠은 사정을 알면서 계약서에 서명을 하였으므로 양인에게 각각 장 1백을 집행한다. 섭만육은 사정을 모르고 단지 관회를 맡아두고 있었을 뿐이므로 장 60을 집행한다. 배천칠과 아정阿鄭은 각각 법을 위반하고 이혼을 시켰다는 점에서 역시 죄를 처단해야 할 것이나 연로한 점을 감안하여 일단 처벌을 면제한다. 색출한 장전贓錢은 몰수하고 배천칠에 대해서는 사건이 일단락된 후에 추가로 단죄한다.[197]

196) 남편이 싫어도 그를 의지해야 할 것이지, 갑자기 여원오呂元五에게 몸을 맡겨서는 안 될 것이다: 송본 원문 雖夫不良, 且合依, 毋遽委身於呂元五. 명본은 毋를 母로 읽고 여기서 끊어 '且合依母, 遽委身於呂元五'로 읽는 오류를 범하고 있다. 중화서국본(352면)도 같은 오류를 범하고 있다.

197) 배천칠裵千七에 대해서는 사건이 일단락된 후에 추가로 단죄한다: 송본 원문 裵千七案後追斷. 명본은 後가 候로 되어 있는데 추가로 단죄한다고 하기 때문에 여기서는 일단 송본에 따른다.

50. 이미 성혼한 후 남편이 고향을 떠나 (타향에) 편관된 경우는 이혼을 허락한다

已成婚而夫離鄕編管者聽離

법은 "이미 성혼한 후 타향으로 옮겨 편관編管된 경우, 처가 이혼을 원하면 허락한다. 또 남편이 외향에 나가 3년간 돌아오지 않으면 역시 개가를 허락한다"라고 규정하고 있다. 현재 탁일지卓一之의 딸 오저五姐는 원래 임신중林莘仲에게 출가했다. 그 후 임신중이 어떤 일로 편관되었는데 6년이 지나도록 아무 소식이 없으므로 법으로 따져보면 당연히 이혼할 수 있는 것이다. 그런데 탁일지는 합의이혼하여 서약서를 작성하면서도 사위를 걱정하며 (사위로부터) 예물로 받은 관회 45관을 가져가게 했다. (이에 대해서는) 임신중의 수령서와 증인인 첨용詹用[198]의 서명과 이름이 명백하고, 또 탁씨가 자술한 소장도 있어 증거로 삼을 수 있으니 임신중으로서는 더 할 말이 없을 것이다. 이미 관회도 받고 또 개가도 허락하여 탁씨를 남에게 시집보내고 나서 이제 다시 되찾는다는 것이 될 일인가?

임신중의 고소는 허위로서 죄를 처단해야 하지만 면제한다.

198) 증인인 첨용詹用 : 詹用知見. 지견知見은 말 그대로 거래하고 계약할 때, 옆에서 지켜보는 입회인, 증인을 뜻한다.

接脚夫[199)]

51. 이미 개가한 처가 전부의 집을 차지하려고 하다

已嫁妻欲據前夫屋業 : 劉後村[200)]

거수擧首[201)] 유유광劉有光과 조씨의 딸 종희宗姬는 서로 사모하여 드디어 혼약을 하였다. 신랑의 재능과 신부의 미모가 잘 어울리지만 신랑 측에서 초칠일初七日에 예물을 보내 그 다음날 초팔일初八日에는 성혼을 한다는 것은 너무 서두른 감이 있다. 납채納采[202)]하기도 전에 신랑이 신부집에 찾아오고[203)], 합근合巹[204)]의 예를 올리기도 전에 술잔을 나누는 것은, 결혼을 강요하는 것이나 다름없지 않는가? 이미 지나간 일은 묻지 않기로 한다.

조씨가 출가한 후 남편 위경선魏景宣이 사망했을 때 수절을 할 수 있다면 언제까지라도 위씨의 가옥을 자기 것으로 해도 좋을 것이다. 이미 유유광에게 개가하여 (유유광이) 접각부接脚夫라는 명목으로 (위씨) 집에 들어박혀 살고 있으니[205)], 위경모魏景謨 등도 고소할 수밖에 없었을 것이다.

---

200) 이 판어는 앞의 48조의 판어와 연결된 것이다. 하나로 이어져야 할 것이 분리되어 떨어져 있는 것은 어떤 이유인지 알 수 없다.

201) 거수擧首: 과거의 수석합격자. 앞의 48조 판어에서 유유광劉有光은 유공원劉貢元, 즉 해시解試의 수석합격자로 지칭되었는데 여기서는 거수로 불리고 있다.

202) 납채納采 : 중매인이 혼인의 뜻을 전달한 후, 예물을 보내어 여성을 채택하겠다는 예를 하는 것을 말한다.

203) 신부집에 찾아오고 : 成身. 송본은 呈身.

204) 합근合巹 : 혼례의 일종으로 신랑신부가 서로 술잔을 주고 받는 것.

205) (위씨魏氏) 집에 들어박혀 살고 있으니 : 鵲巢鳩居. 『詩經』「國風」「召南」「鵲巢」에 나오는 말이다. 남이 훌륭한 집을 지어 놓으니까 그곳에 들어박혀 차지하고 산다는 것을 비유한 말이다.

206) 압류했습니다 : 展轉. 송본은 展縛.

207) 조趙씨가 경영하는 시박市舶 : 趙將領市舶. 장령將領은 원래 북송대에 설치된 무관의 고급지휘관을 가리키는데, 여기서는 동사動詞로 사용되고 있는 것으로 본다.

유유광이 제출한 양규楊奎의 편지에 의하면 "먼저 (조씨 측에서) 남편으로 맞이하겠다는 말이 있었고 이에 들어가겠다는 서약을 한 것입니다"라고 주장하고 있다. 한편 위경모가 제출한 유예劉豫의 편지에는 "임시로 본가를 빌려 성혼한 것입니다"라고 되어 있다. 서로 자기주장을 고집하고 있다.

그러나 이치에 맞게 생각하건대 조씨의 전부前夫에게는 아들 위여즙魏汝楫이 있고 손자까지 낳았다. 그 집에 동거하는 위경모와 위경렬魏景烈에게는 각자 가산상속분이 있고 지서(분재문서)에도 아직 분할되지 않았음을 명언하고 있다. 그런데 일족이 아닌 유유광이 그 집을 차지하려고 하니 참으로 마음이 편치 않은 것이다. 더욱이 이미 사이가 벌어졌는데 다시 그 집에 출입하며 음식을 먹거나 처와 잠을 잔다는 것은 서로가 낯부끄러울 뿐만 아니라 옆에서 보는 사람도 민망할 것이니 조금이라도 의기가 있는 사람이라면 돌아보지도 않고 가버릴 것이다.

조씨는 그 집에 시집 온 후 본인이 자기 돈으로 증축했다고 주장하고 있다. 그러나 위경모의 소장을 보면 "경원 4년(1198)에 형제 3인이 함께 지었습니다"라고 한다. (위경모의 진술이 사실이라면) 조씨는 경원 6년(1200)에 비로소 시집왔으니 시집오기 전에 위씨를 위해 집을 지을 수는 없다.

한편 논쟁이 되고 있는 (조씨가 증거로 삼는) 유언은 관의 입장에서는 더욱 신뢰하기 어렵다. 소송이 시작된 후 지금까지 다만 "시어머니 황씨黃氏가 유언하여 위경모 등에게 전물錢物을 계산해서 나에게 주어 남편을 부르게 하고 아울러 딸 위영저의 결혼자금에 충당하도록 하라고 명하였습니다"라고 주장하는데 소위 약정서라는 것에 대해서는 한마디도 없다. 그러다 갑자기 다섯 번째로 제출한 소장에서, "작년 겨울 남편(접각부 유유광)을 맞이했을 때 위경모가 조카 위여즙에게 서약서를 작성시켜 아들에게 유산을 분배한다는 약정서를 쓰게 했습니다. (이 서약서는) 위경렬이 갖고 있으며 조카 위당좌魏唐佐가 증인으로 입회했습니다"라고 주장하였다. 관련자를 소환하여 누차 공술을 시켜본 바, 모두 그런 사실은 없다고 말하였다. 만일 약정서가 있었다면 조씨가 전에 하나하나 공술할 때 깊이 생각하여 당연히 제일 먼저 이를 설명했어야 할 터인데 왜 다섯 번째 소장을 낼 때까지 아무 말도 없었는가? 또한 당시 서약서를 작성했을 때 위경모와 위경렬은 왜 서명을 하지 않고 아들에게 친서하게 시켰는가? 이로 볼 때 조씨의 말은 신빙하기 어렵다. 더구나 1,500관을 약정한 문서라면 이를 큰 보물을 얻은 것처럼 중시하고 깊이 보관하였다가 자기 몫을 가져갈 도구로 삼아야 할 터인데, 어째서 위경렬이 보관하도록 하였다는 것인가? 이미 보관하고 있던 것이라면, 이전에는 한마디도 없었던 것은 무엇 때문인가? 또 "그때 갑자기 병이 나서 구두로 유언을 받았습니다"라고 하고, 그 후 또 "4년간 병으로 누워 있었기 때문에 유언에 잘못된 말이 있습니다"라고 하면, 죽은 사람은 다시 일어날 수 없는 법이고, 조씨의 소장은 본인도 이렇게 말이 틀리는데, 관에서 무엇을 근거로 사람을 추궁할 수 있겠는가?

조씨의 최초의 공술을 자세히 검토해보면 다만, "두 백부에게 조금만 나눠주어 두루 생활을 살펴주시기를 권유했습니다"라고만 주장하고 있었는데 지금은 이렇게 분분하게 강력하게 주장하며 반드시 싸워 이기겠다고 하고 있다. 하지만 거짓말이 갈수록 졸렬해지고 있는데 본인은 그 파탄을 모르고 있다. 그래서 위경모가 조카 위여즙에게 돈을 빌려주고 전업田業과 차와 맷돌 등을 압류했습니다"206)라고도 주장하더니 곧 다시 "그 부지敷地는 시어머니 황씨가 아직 분할하지 않은 재산으로 전매할 수 없습니다"라고 하였다. 처음에는 "조趙씨가 경영하는 시박市舶207)은 남편 위경선의 전처가 설립한 것입니다"라고 하더니 곧 또 "위경모가 조종희趙宗姬 등의 호戶를 허위로 등록하고 곽신여郭神與 등의 전업을 매입

206) 압류했습니다: 展轉. 송본은 展縛.

207) 조趙씨가 경영하는 시박市舶: 趙將領市舶. 장령將領은 원래 북송대에 설치된 무관의 고급지휘관을 가리키는데, 여기서는 동사動詞로 사용되고 있는 것으로 본다.

한 것입니다"라고 주장하였다. (그 전에는) 누차 "시어머니 황씨가 매입한 것이니 황씨에게 돌려주어 관리하게 해야 할 것입니다"라고 하더니, 그 남편이 또 "(시어머니가 아니라) 위경모가 매입하여 조종희 등의 호를 허위로 등록했습니다"라고 말하고 있다. 이러한 식의 앞뒤가 맞지 않는 공술은 아직도 많이 있지만, 대저 말을 하면 할수록 말이 막히고 힐문할 때마다 곧 답변이 궁색해진다.

이제까지 관에서 성급하게 판결을 내리지 않고 대화로 결말을 짓도록 권유한 것은 양가의 우의를 보전시켜려고 한 것 뿐이다. 그러나 쌍방의 주장은 날이 갈수록 늘어만 가고 일은 번거로워지기만 할 뿐이다. 이제 본건에 대해 오직 이법理法에 따라 판결을 내린다.

위경모를 욕하는 자는 "조카인 위여즙을 훈도하지 못하여 방탕하게 만들고 또 제멋대로 조씨를 남에게 출가시켰다"고 말할 것이다. 자제가 불초한 생각을 하게 되면 부친이라 하더라도 그 아들을 어른답게 하기 어렵거늘 하물며 조카는 더 말할 필요도 없을 것이다. 조씨의 친오빠 조충익趙忠翊[208]은 작년 6월에 "종 조팔曹八이 누이동생 조씨를 선동하여 머리장식과 재물 2,000여 관을 갖고 밖에 나가서 방탕하게 놀아난 지 오래되었습니다"라고 말한 적이 있다. 이에 대해서는 현에 모든 문서가 보관되어 있어 조사할 수 있다. 조씨가 이전에 수절하지 않았기 때문에 위씨도 조씨가 개가하는 것을 마다하지 않았을 것이다. 위경선은 자손도 있고 또 그 집은 동거친족의 공유재산이기 때문에 법률상 접각부를 들일 수는 없다. 유공사는 참으로 원대한 뜻을 품고 스스로 장래를 기대해야 할 것인데, 만일 사소한 일에 휘말려 취할 것을 용단하지 못한다면 여기저기 고발당하여 마음만 손상될 뿐일 것이다. 참으로 애석한 일이 아닐 수 없다.

조씨는 개가하여 이미 의절했으므로 다시 전부前夫의 재산을 소유할

---

208) 조충익趙忠翊: 충익忠翊은 충익랑忠翊郎으로 삼반사신三班使臣으로 총칭되는 하급무계 중에서 중간 정도의 위계이다. 송대에는 우시금右侍禁이라 불리었다.

수는 없으며 당연히 유공사의 집에 돌아가 남편과 함께 시어머니를 섬기는 것이 인정과 법의에 부합할 것이다. 위경선 일가 상속분의 전산田產은 대부분 위여즙에 의해 전매되었다. 위영저는 미혼의 친딸이므로 이미 떼어준 재산은 당연히 결혼자금에 충당해야 할 것이다.

그런데 조씨가 열거한 시박 운영권과 종희와 족희族姬 호戶 등의 전산田產에 대해서, 위경모는 "동생 위경선이 매입한 것입니다"라고 공술하고 있다. 이것은 (허위로 호를 등록한 것이므로) 법에 저촉되는 것이지만, 이미 오래된 일이고 위경선과 그 전처前妻 모두 사망하였고, 호를 등록할 때 위여즙은 아직 어린 아이였으므로 지금 그 죄를 처벌하기는 어렵다. 향사鄕司에 명하여 모두 찾아 본호本戶(위여즙의 호)에 귀속시키도록 한다. 조씨는 위경선의 전처의 재산을 점거해서는 안 되며 그의 친아들인 위여즙에게 반환하여 관리하도록 해야 할 것이다. 그리고 존장 위경렬 등에게 명하여 각성하고 다시는 전매시키지 않도록 한다.

위여즙이 법을 어기고 창부娼婦를 처로 맞아들인 것에 대해서는 죄를 경감하여 장 80에 처하고 이연시킨다. (위여즙에게) 제출시킨 혼서를 보면 혼사는 위여즙 자신이 주관한 것으로 존장은 전혀 간여하고 있지 않다. 위여즙에게 각서를 받아 본건 문서에 넣어두고 속시 귀가시켜 뒤를 잇게 한다. 만약 계속 유곽에 머무르며 창부와 다시 합친다면, (창부) 탕새새湯賽賽와 함께 추단追斷할 것이다. 조씨가 주장한 황씨의 유촉 및 이미 떼어 반환한 전산은 증거가 전혀 없어 참으로 처리하기 어렵다. 다만 위영저는 위씨의 혈족이고 속히 출가시켜야 할 것이다. 따라서 위경모에게 명하여 형제(의 딸)인 것을 생각하여 그녀를 보살피게 하고, 혹시 공유 재산 중에서 약간 떼어 결혼자금으로 만들어주면 저승의 혼도 위로가 될 것이다. 담당부서는 연유를 구비하여 기한에 맞추어 지부각하(사부使府)께 상신하라. 이 외 유유광이 현에 고소한 위경모의 궤호詭戶 건은 당연 별개의 사건이므로 별도로 상정上呈하라.

雇賃

52. 현직 관원이 인신매매를 하는 것은 법에 저촉된다

時官販生口礙法 : 蔡久軒

현직 관원이 인신매매를 하는 것은 법이 특히 금지하는 일이다. 황우黃友를 압송해서 공술을 받아보니, 관의 아인牙人에게 세 명의 여종을 책임지고 매입하도록[209] 명령했다고 한다. 황우의 공술에 의거해 상신하여 각하로부터 다음과 같은 판결을 받았다.

"현직의 관원으로서 인신을 매매하는 것은 당연히 법에 저촉된다. 더구나 본현의 관원으로서 백성의 자녀를 사는 것이 법으로 가능한 일인가? 황우를 장 1백에 처하고 본로本路의 영역에서 압송해 내보낸다. 그 자녀 3명은 현으로 압송하고 지현에게 청하여 친속을 불러 분부하고 한 사람씩 인수증을 받아 상신하라.

현위가 법령을 준수하지 않고 관할 백성의 자녀를 매입한 것은 조사해서 상주해야 할 것이다. 우선 자세히 조사하여 1일 내에 상신하라. 또한 본현에 청하여 반아인潘牙人과 정아파程牙婆 두 명을 소환하여 각각 장 80을 집행한 후 상신하라."

53. 몸을 판 값

賣過身子錢 : 蔡久軒

아진阿陳이라는 여인은 처음 전년 11월에 정만칠관鄭萬七官이라는 자에게 팔렸는데, 값은 7년간에 구舊회자로 220관에 불과했다. 12월에 다시

---

209) 매입하도록 : 買. 송본은 賣.

신주信州 아인牙人 서백이徐百二라는 자에게 팔렸고 서백이는 곧 연산鉛山의 진북구陳北九[210]라는 자에게 팔았는데, 몸값은 이미 700관으로 값이 올랐다. 겨우 6개월도 되지 않는 사이에 진북구는 다시 칠공진漆公鎭의 객인客人 주천이周千二에게 팔았다. 몇 달 되지도 않는 사이에 값은 이미 3배 이상으로 올랐다.[211]

통판청에 보내어 10일 기한으로 강제로 변제하도록 하라. 기한을 어기면 여자를 판 죄를 물어 신병을 구속하고 변제하게 할 것이다. 이렇게 하면 법을 어기고 사기를 쳐서 득이 될 것은 없음을 알게 될 것이다. 그 외의 사람은 방면하고, 쇠사슬은 찾아서 부수어버리도록 하라.

---

210) 진북구陳北九 : 송본은 陳卄九.

211) 송본은 이하 궐문闕文이다.

역자 후기

워낙 난해한 고전으로 정평이 난 만큼 난산은 각오한 터였으나 역주는 뜻하지 않은 장애도 있고 이래저래 생각보다 오랜 시간을 요한 작업이었다. 해제에도 언급을 해두었으나 이나마 번역이 가능한 것은 동서의 선학들의 역주를 비롯한 연구 업적이 축적되어 있었기 때문이었다. 본 역주에서는 후발 작업인 만큼 가능한 한 선행의 연구를 흡수하여 최선의 성과를 내놓으려고 애를 써보았다. 중국 · 일본 · 구미의 업적을 참고해 보았으나 역시 일본 학계의 벽이 두텁게 느껴졌다는 것을 독후감으로 써두고자 한다. 학문은 절차탁마의 과정이라는 것은 하나의 낱말과 한 개의 구절에 대한 해석과 번역을 놓고 오랜 시간 이것을 갈고 닦는 번역이라는 이름의 작업을 하면서 새삼 실감하는 바이다.

이미 출판된 중국의 고전 판례집인 『절옥귀감』이 솔로몬의 판결과 같은 지혜를 담은 판결집이라면 본서의 명공 재판관들은 솔로몬의 지혜보다는 한편으로는 준엄한 법에 근거하고 한편으로는 인정 어린 판단에 의지하며 법과 인정 사이에서 형평에 맞는 판결을 내리려고 애를 쓰는 현실적인 모습을 더 많이 보여주고 있다. 본서는 재산을 놓고 벌이는 가족과 친척 간의 적나라한 투쟁의 세계를 보여준다는 점에서 보다 현실성과 현장감이 넘친다고 할 수 있다. 본서가 역사 연구의 1차 자료로 중시되는 이유이다. 본서의 리얼리티는 여러 가지 형태로 반복되는 가족과 친척 간의 적나라한 재산 분쟁에서 드러난다고 할 수 있겠거니와 그러한 점에서 본서의 주인공은 명공 재판관들이 아니라 사실은 이들 서로 고소하는 평범한 사람들이다. 이것이 『청명집』 「호혼문戶婚門」의 가장 큰 특징이며 매력이라 생각된다. 『청명집』 중에서도 「징악문懲惡門」은 명공 재판관들의 활약이 훨씬 돋보이는 부분이고 독자들에게 더 읽는 재미를 줄 수도 있을 것이라고 생각한다. 그러나 「징악문」의 번역은 또 하나의 과제가 될 것이며 아쉽게도 본 번역에서는 포함되지 못하였다. 머지않은 장래 「징악문」도 번역되어 나오기를 기대하는 바이다.

2년 전에 나왔어야 할 책이 벤쿠버의 브리티시 컬럼비아 대학 부설 아시아연구소에서 역자가 객원교수로 1년여 머물게 되면서 늦어지게 되었다. 오랫동안 책이 나오기를 기다리고 후원해주신 학술진흥재단에 감사드린다. 돌이켜보니 고독한 역주 과정에서 감사의 말을 전해야 할 분들이 있다. 초고를 전부 읽고 가독성에 큰 문제없다고 격려해준 정기문 교수, 중간 원고를 읽고 고언을 아끼지 않은 외국어대학의 이근명 교수, 난해한 부분을 흔쾌히 점검하고 조언해준 김석우 선생, 국적을 뛰어넘은 좋은 펑요우朋友로서 중국어 문제를 비롯해 난제를 해결하기 위해 도움을 아끼지 않았던 루둥魯東대학의 리루이李瑞 교수, 강원도 평창에서 마지막 난제에 대해 같이 고민해준 전북대학의 김성규 교수 여러분들에게 깊이 감사하고 싶다. 특히 역자의 작업에 관심을 기울여 주신 은사 이성규 선생님께는 감사와 함께 이 책이 부끄러운 졸역은 벗어나기를 바라는 마음 간절하다.

끝으로 하필이면 무더운 여름, 지루한 교정과 편집 작업에 노고를 아끼지 않고 애써 주신 소명출판의 박성모 사장님과 편집부의 하헌석 씨에게 깊이 감사의 말을 전한다.

2008년 8월 염천
선청재蟬青齋에서 박영철

찾아보기

(ㅁ)

(ㅂ)

(ㅅ)

(ㅇ)

(ㅈ)